U0027252

佛教建國信仰與佛教造像 上

古正美 ——— 著

BUDDHIST KINGSHIP
AND BUDDHIST ART

感謝

新加坡雲氏兄弟基金會（Woon Brothers' Foundation）及
星洲墨緣堂 Poh Boon Kher 先生
資助本書的出版

上冊

第六章　山崎大塔的支提信仰造像

上冊

第二章

第三章

下冊

第七章

第十章

佛教建國信仰與佛教造像（上）
Buddhist Kingship and Buddhist Art

古正美　著

第一章　緒論

自 1987 年筆者開始研究「佛教建國信仰」或「佛教政治傳統」在亞洲歷史上發展的情形之後，許多學者便常問筆者：到底筆者是依據甚麼理論或思想作為筆者研究「佛教建國信仰」或「佛教政治傳統」的基礎？筆者在 1993 年出版《貴霜佛教政治傳統與大乘佛教》（此後，《貴霜佛教政治傳統》）之後，[1] 筆者以為自己已經在此書解答了學者的疑問。事實上並不是如此；特別是，筆者在 2003 年出版的《從天王傳統到佛王傳統——中國中世佛教治國意識形態研究》（此後，《從天王傳統到佛王傳統》）之後，[2] 筆者不僅又提到，西元 7、8 世紀之後，亞洲各地的帝王有使用「密教觀音佛王信仰」建國的活動；同時也提到，中國初唐時期的武則天（624-705），在統治大周帝國（統治，690-705）之際，有使用「彌勒佛下生為女轉輪王」的面貌統治天下的活動。[3] 這些後來在亞洲歷史上出現的「密教觀音佛王信仰」及「彌勒佛下生為轉輪王的信仰」，顯然令許多學者對「佛教建國信仰」此詞的了解，又產生更多的困惑。到底「佛教建國信仰」，指的是哪一種佛教政治信仰？由於筆者在過去沒有撰寫過專文解釋這些「佛教建國信仰」之間的關係，故學者對亞洲帝王使用「佛教建國信仰」建國的情形一直沒有比較清楚的了解。筆者撰寫此書的目的之一，便是要說明貴霜所奠立的「佛教建國信仰」與後來亞洲歷史上發展的「密教觀音佛王信仰」及「彌勒佛下生為轉輪王的信仰」之間的關聯性，特別是與「彌勒下生為轉輪王的信仰」的關聯性。

　　「彌勒佛下生為轉輪王的信仰」，是大乘佛教僧人龍樹／龍猛菩薩（Nāgārjuna）於西元 2 世紀中期左右或稍後，在南印度案達羅地方（Āndhra）奠立的「支提信仰」（Caitya worship）。龍樹所提倡的「支提信仰」，並不是歷史

1　見古正美，《貴霜佛教政治傳統與大乘佛教》（台北：允晨出版公司，1993）。

2　見古正美，《從天王傳統到佛王傳統——中國中世佛教治國意識形態研究》（台北：商周出版公司，2003）。

3　見古正美，《從天王傳統到佛王傳統——中國中世佛教治國意識形態研究》第六章，〈武則天神功之前所使用的密教觀音佛王傳統及佛王信仰——中國女相觀音出現的原因〉及第七章，〈從南天烏荼王進獻的《華嚴經》說起——密教金剛頂派在南天及南海的發展狀況〉；並見同書第五章，〈武則天的《華嚴經》佛王傳統與佛王形象〉。

上最早見到的「佛教建國信仰」或佛教政治傳統。龍樹所提倡的「支提信仰」，事實上是在貴霜王朝（the Kushāns, c. 30-375）的建國者丘就卻（Kujūla Kadphises，統治，30-80），在西元 1 世紀 60 年代後半葉，於歷史上首創用大乘佛教的信仰統治貴霜王朝之後，才在歷史上出現的大乘「佛教建國信仰」。龍樹在南印度所奠立的「佛教建國信仰」，因受貴霜王丘就卻所奠立的「佛教建國信仰」的內容及方法的影響，因此我們可以說，龍樹奠立的「支提信仰」，是大乘佛教在繼貴霜王朝之後，於歷史上奠立的一種新佛教政治傳統。

　　許多學者事實上已經注意到，佛教在歷史上也如基督教（Christianity）及伊斯蘭教（Islam）一樣，有用自己的信仰奠立其自己的宗教信仰政治傳統。中國著名的歷史學家陳寅恪（1890-1969），在其 1940 年為陳垣的《明季滇黔佛教考》所作的〈序〉中便說：佛教與中國中古的政治活動即有密切的關聯。他如此說此事：

> 世人或謂宗教與政治不同物，是以兩者不可參互合論。然自來史實所昭示，宗教與政治終不能無所關涉。[4]

現代學者汪榮祖對陳寅恪所說的這些話作有如下的解釋：

> 所謂史實所昭示云云，即是他見到佛教與中古政治，實有極密切關係。1935年（陳寅恪）所寫的〈武曌與佛教〉一文，即此一問題最具體的研究。[5]

陳寅恪在研究佛教與中國中古政治史的密切關係時甚至注意到，佛經記載有佛教政治信仰或「佛教建國信仰」之事。他對其研究中國中古政治與佛教的密切關聯性作有下面的結論：（1）隋文帝、隋煬帝與佛教的深厚關係；（2）宗教與政治之密切關係，僧徒籍武曌恢復自李唐開國後所喪失的權勢，而武曌則轉借佛教教義以固其政治地位。（3）他翻檢佛經證明武曌並未偽造經籍，而係利用舊籍（古案：早期中國翻譯的佛經，有指《大雲經》），曲為比附而已。[6]

4　見汪榮祖，《史家陳寅恪傳》（台北：聯經出版公司，2019，增訂版），頁 102，註 59，引陳寅恪，〈陳垣明季滇黔佛教考序〉，載《金明館叢書初稿》，頁 204。
5　見汪榮祖，《史家陳寅恪傳》，頁 102
6　見汪榮祖，《史家陳寅恪傳》，頁 102。

陳寅恪雖然注意到，佛教經典有記載「佛教建國信仰」或佛教政治傳統的信仰內容，也注意到，傳入中國的大乘佛教信仰具有佛教政治思想的內容，然他對中國大乘佛教及大乘經典的研究始終還是與其同時代的中國及西方學者一樣，基本上都停留在處理及研究梁武帝（統治，502-549）用佛教信仰建國的情形、隋文帝（統治，581-618）父子發展「佛教建國信仰」的活動，及武曌（則天）使用北涼（統治，401-439/460）時代翻譯的《大方等無想經》，即《大雲經》，所載的女轉輪王姿態統治中國的歷史。[7] 陳寅恪和其同時代的東、西方學者一樣，都沒有進一步的談論或說明，大乘佛教所奠立的佛教政治傳統在歷史上始用於何時及何人所創立，又有哪些大乘佛教經典記載有「佛教建國信仰」的內容及方法。換言之，東、西方學者基本上都知道，除了中國以外，亞洲地區的許多國家直至今日都有使用大乘佛教信仰建國的現象。但這些學者似乎都不知道，貴霜王朝的建國者丘就卻，是歷史上奠立「佛教建國信仰」的先驅人物；似乎更不知道龍樹及其後來的佛教徒，在歷史上也有在貴霜王朝之後，繼承貴霜用大乘佛教信仰相繼創立新的「佛教建國信仰」的活動。

在西方學界中，以美國學者芮沃壽（Arthur F. Wright, 1913-1976）。在其《中國歷史中的佛教》（*Buddhism in Chinese History*）談論梁武帝的政治活動最受注意。芮沃壽如此解釋梁武帝之所以有「皇帝菩薩」及「菩薩天子」等稱號的原因：

> 這是一種「新的佛教統治模式」（A new Buddhist model for kingly behavior），而此「新的佛教統治模式」即指「印度轉輪王」（Indian Cakravartin-rāja）的治世法。印度的轉輪王因信佛與法，並以大施者或「大檀越」（Mahādānapatī）作大施以利益眾生，故被認為是如「活菩薩」（Living Bodhisattva）一樣的統治者。[8]

芮沃壽說：梁武帝的「新的佛教統治模式」，即指「印度轉輪王的治世法」。芮沃壽此說不是沒原因。因為「佛教建國信仰」就是一種「佛教轉輪王

7　見本文下方或本書其他章節說明。

8　Arthur F. Wright, *Buddhism in Chinese History*. California: Stanford University Press, 1959, p. 67.

治世法」。所謂「轉輪王」（cakravartin），乃通稱用宗教信仰建國的帝王。「佛教轉輪王」因此有指用佛教信仰建國的帝王。但芮沃壽將「佛教轉輪王治世法」視為「印度轉輪王的治世法」此事，便有商榷的餘地。原因是，「佛教轉輪王治世法」，並不是印度在歷史上創立的用佛教信仰統治的方法。[9] 芮沃壽對佛教「轉輪王」此詞的定義，很顯然的出自其對佛教經典所載的，印度大王阿育王（King Aśoka, c. 268 to 232 BC）以佛教轉輪王的姿態統治印度的印象及了解。故他說，阿育王因做「大施」（mahādāna），而有「轉輪王」及「法王」（dharmarājika）之稱。[10] 芮沃壽也完全沒有注意到，梁武帝之所以有「皇帝菩薩」等的稱號，乃因梁武帝用行「受菩薩戒儀式」登上其轉輪王位的緣故，故有「皇帝菩薩」等的稱號。梁武帝的「皇帝菩薩」號，與梁武帝常做「大施」的活動，事實上並無直接的關聯。[11]

　　西元 4、5 世紀之間，印度的「佛教建國信仰」因非常重視帝王必須經過行「受菩薩戒儀式」，即受「十戒」的儀式，才能登上其轉輪王位的活動，因此在印度，為此儀式及轉輪王用佛教信仰建國的方法，出現了許多《菩薩戒經》及《菩薩戒法》，作為印度帝王施行其用佛教信仰建國的方法及依據。[12] 所謂「菩薩戒」，即指大乘佛經常說的轉輪王用以建國的佛教「十善法」或「十戒」（Ten Bodhisattva pratimoksa）。[13] 梁武帝因行過「受菩薩戒儀式」，因此他才能以轉輪王的姿態統治天下。[14] 這就是梁武帝在天監三年（504）要與「（道俗）二萬人亦同發道心受持（菩薩戒）」的原因；這也是梁武帝在與其大臣及人民行「受菩薩戒儀式」之後，而有「菩薩戒弟子」、「皇帝菩薩」或「菩薩天子」等的稱號的原因。[15] 芮沃壽也注意到，中國的隋文帝也是用佛教信仰將

9　見本書第二章，〈大乘佛教建國信仰的奠立者——貴霜王丘就卻〉。

10　見（西晉）安息三藏安法欽譯，《阿育王傳》卷 1，《大正》卷 50，頁 102 中。

11　Arthur Wright, *Buddhism in Chinese History*, pp. 50-51.

12　見古正美，〈中國早期菩薩戒經的性質及內容〉，《南京大學學報》，第四期（2010），頁 1-15。

13　見本書第二章，〈大乘佛教建國信仰的奠立者——貴霜王丘就卻〉。

14　見古正美，〈中國早期菩薩戒經的性質及內容〉，《南京大學學報》，第四期（2010），頁 1-15。

15　Kathy Ku Cheng Mei, "Buddharāja Image of Emperor Wu of the Liang," in Alan K. L. Chan and Yuet-keung Lo, eds., *Philosophy and Religion in Early Medieval China*. New York: State University of New

中國南北統一起來的中國皇帝。[16] 但芮沃壽始終沒有對隋文帝使用的「佛教建國信仰」作進一步的說明。東西方學者在談論佛教與中國政治發展的密切關係之際，縱然注意到中國中古時期的帝王有用佛教信仰建國的活動，但他們都沒有進一步的說明，「佛教建國信仰」的性質及佛教政治傳統在中國歷史上施行的情形。故其等在解釋中國的中古帝王發展「佛教建國信仰」的情形時，常說不清楚中國帝王使用佛教信仰建國的確實情形。這也是今日許多學者都還不知道中國歷史上有許多帝王曾用佛教信仰統治中國的原因；特別是，中國的史料，如《二十四史》及《二十五史》，就從未正式或清楚的說明中國歷史上有許多中國帝王曾使用大乘佛教信仰統治中國的活動。

在西方學者中，以法國學者戈岱司（G. Coedes, 1886-1969）對「佛教建國信仰」此詞作有比較清楚的定義及說明。戈岱司於 20 世紀初葉，在研究古代東南亞國家如何形成之際注意到，古代東南亞國家的政治領袖有常使用印度教（Hinduism）或佛教（Buddhism）信仰建國的情形。戈岱司稱用印度宗教建國的政治傳統為「印度（教）帝王建國信仰」（Indian conception of royalty）。戈岱司在談論東南亞國家使用佛教信仰建國的情形時，則稱用佛教信仰建國的政治傳統為「佛教帝王建國信仰」（Buddhist conception of royalty）。所謂「佛教帝王建國信仰」，指的是帝王用佛教信仰建國的方法及內容。這種帝王用佛教信仰建國的方法及內容，就是我們今日所言的「帝王用佛教信仰作為其統治的意識形態（ideology）」的活動。這種帝王用佛教信仰作為其統治方法的政治活動，也就是今日西方學者常言的「佛教帝王統治術」（Buddhist kingship）。由於戈岱司所言的「佛教帝王建國信仰」是筆者在本書談論佛教政治傳統的起始點，筆者在本書因此要用戈岱司所言的「佛教帝王建國信仰」，或簡稱為「佛教建國信仰」，作為筆者談論亞洲帝王用佛教信仰統治天下活動的代名詞或簡稱。

戈岱司也稱東南亞國家用印度教及佛教信仰建國的活動為「印度教化」

York Press, 2010, pp. 265-290; 並見古正美，〈梁武帝的彌勒佛王形象〉，上海社會科學院編輯委員會編，《傳統中國研究集刊》，第二輯（2006，10月），頁 28-47。

16　Arthur Wright, "The Formation of Sui Ideology," In John K. Fairbank ed., *Chinese Thought and Institutions*. Chicago: Chicago University Press, 1957, pp. 93-104.

（Indianization）或「梵文化」（Sanskritization）的活動。戈岱司如此說明「印度教化」此詞的意思（節譯）：

> 「印度教化」此詞應如此被了解：（它）是一種有組織的文化擴張（The expansion of an organized culture）或文化移植活動。所謂「有組織的文化」，即指印度教或佛教各別奠立有「印度帝王建國信仰」（Indian conception of royalty）。這種「印度帝王建國信仰」，都有梵文（Sanskrit）文獻或經典記載其內容……我們因此也稱使用「印度帝王建國信仰」建國的國家為「印度教化」或「梵文化」的國家……東南亞國家「印度教化」的現象是，一種菁英文化的發展現象，不是普羅大眾的文化發展現象。[17]

戈岱司在其《東南亞印度教化國家》（*The Indianized States of Southeast Asia*）中注意到，許多古代東南亞國家的帝王或政治領袖，都有採用印度教或濕婆教（the Śivaite cult）的「印度教帝王建國信仰」建國的情形。東南亞國家用「印度教建國信仰」建國的活動，包括用婆羅門（印度教僧侶）與帝王合作的方式（Brahmana-Ksatriya pairing），將帝王推上轉輪王位，從而建立「印度教化」國家的活動。[18] 戈岱司認為，柬埔寨王（the Khmer King）闍耶跋摩第二（Jayavarman II, c. 770-852），即依據印度教密教經典所載的轉輪王登位儀式登上其「轉輪王位」（the cakravartin position）或天王位（the devarāja position）。

使用「印度教化」方法建國的帝王，無論是用「印度教」或「佛教」信仰建國，其等最終的目的都要以「轉輪王」（cakravartin）的姿態統治國家。筆者因此也稱此類佛教政治傳統為「佛教轉輪王建國信仰」。大乘佛教因為從一開始便在其撰造的一些早期大乘佛經中談論佛教的「轉輪王」定義，因此從大乘佛教撰造的一些經典，如貴霜王朝在 1 世紀 60 年代撰造的《道行般若經》，我們除了常見大乘佛經談論「佛教轉輪王」（Buddhist cakravartin）此詞的定義外，大乘佛經也常稱呼「佛教轉輪王」為「護法法王」或「法王」

---

17 G. Coedes, *The Indianized States of Southeast Asia,* edited by Walter F. Vella, translated by Susan Brown Cowing. Kuala Lumpur: University of Malaya Press, 1968, pp. 15-16.

18 G. Coedes, *The Indianized States of Southeast Asia,* p. 23.

（Dharmarājika or Dharmarāja）；甚至「世界大王」（Universal monarch）或「大王」
（Mahārāja or King of kings）。[19]

戈岱司在其書中對東南亞國家使用佛教信仰建國的情形也作有一些說明。戈岱司在其書中談論柬埔寨闍耶跋摩第七（Jayavarman VII, 1181-1218）使用佛教信仰統治吳哥王朝（the Angkor, 9-15 世紀）的情形，即是他說明東南亞國家或帝王使用「佛教建國信仰」統治天下的例子。他如此說明闍耶跋摩第七使用「佛教建國信仰」建國的情形（節譯）：

> 在巴雍（Bayon），即吳哥的中央寺院（the central temple），在前代建造天王像（the image of devarāja），即用黃金製造的「林噶」（the gold linga）處，代之造有一尊大型的石雕佛王造像（the image of Buddharāja）。此尊巨型的佛王造像，是尊濕婆教「天王」（the devarāja of Hinduism）的替代品，也是尊神化的（apotheosis）建國者造像。此建國者的造像，顯然的也以「四面面向四方」（facing the four directions）的「普門世間主菩薩」（Bodhisattva Lokeśvara Samantamukha）的面貌出現在無數的塔形建築上方……[20]

柬埔寨王闍耶跋摩第七在使用「佛教建國信仰」統治吳哥之際，他不僅以「佛王」（Buddharāja），即「既是佛又是王（轉輪王）」（He who is Buddha is rāja/cakravartin）的面貌統治吳哥；同時他也以「四面面向四方」的「普門世間主菩薩」的面貌面臨其子民。所謂「普門世間主菩薩」，即有指「世間主」（lokeśvara）或「轉輪王」，[21] 以觀音菩薩（Avalokiteśvara）或「普門菩薩」（Bodhisattva Samantamukha）的面貌統治天下的意思。闍耶跋摩第七在統治吳哥

19　見本書第二章，〈大乘佛教建國信仰的奠立者——貴霜王邱就卻〉。

20　G. Coedes, *The Indianized States of Southeast Asia,* p. 175.

21　「世間主」此詞，常被學者視為「觀自在」的梵文名字。見 Ian Mabbett, "Buddhism in Champa," in David G. Marr and A. C. Milner, *Southeast Asia in the 9ᵗʰ to 14ᵗʰ Centuries*. Singapore: Institute of Southeast Asian Studies, 1986, p. 298。日本學者荻原雲來編纂的《梵和大辭典》，在不確定此詞的意思之下，也將梵文 lokeśvara（世間主）此詞譯成「菩薩的名字」或「觀自在」，並打了個？號。見荻原雲來編纂，《梵和大辭典》下冊（台北：新文豐，1979，再版），頁 1159a。筆者認為，「世間主」此詞，乃由梵文 loka（世間或世界）及梵文 iśvara（主）二詞組合而成的一個名詞，故筆者將此詞譯成「世間主」或「轉輪王」；並見本書第六章，〈山崎大塔的支提信仰造像〉。

之際，其一面以佛教「轉輪王」或「佛王」的姿態用佛教信仰統治吳哥，一面又以「四面面向四方」的「觀音菩薩」或「普門菩薩」的面貌統治吳哥。

　　戈岱司在說明闍耶跋摩第七同時以「佛王」的形象及「普門菩薩」的形象統治吳哥時，他並沒有進一步告訴我們，闍耶跋摩第七為何能以「佛王」或「普門世間主菩薩」的面貌或形象統治吳哥；也沒有告訴我們闍耶跋摩第七的「佛王」信仰或「普門世間主菩薩」信仰出自何處。東、西方學者在使用戈岱司的「印度教化」理論說明古代東南亞國家建國的方法時，基本上都沒有進一步的追問，印度教及佛教建國信仰起源於何處，在哪些經典及文獻可以找到「佛教建國信仰」的記載？戈岱司雖然在談論東南亞國家的帝王使用印度宗教信仰建國的方法之際提到，印度教《法論》（the *Dharma Śastra*）記載有「印度教建國信仰」的文字，然他也沒有進一步的分析或說明《法論》記載此信仰的內容。戈岱司對「佛教建國信仰」如何被記載於文獻之事，基本上隻字未提。很顯然的，戈岱司在談論東南亞國家所使用的「佛教建國信仰」的情況時，他並不知道「佛教建國信仰」是貴霜王朝的建國者丘就卻在歷史上肇始使用的一種佛教政治傳統。戈岱司也不知道「佛教建國信仰」的發展方法及內容，包括其所談論的闍耶跋摩第七所使用的「觀音佛王」信仰統治天下的方法，都被記載於歷代大乘佛教（the Mahāyāna, c. 65 onwards）所撰造的一些大乘經典。[22] 戈岱司及其他研究亞洲佛教歷史及文化的學者，基本上只用「印度教化」的理論解釋、說明古代東南亞國家成立的原因及發展的情形，而沒有進一步的說明，「佛教建國信仰」此佛教政治傳統如何出現於亞洲歷史上，及此信仰又如何在亞洲歷史上被亞洲帝王使用以建國的情形。

　　筆者在閱讀戈岱司的書之後，便開始思索「佛教建國信仰」的起源、其與大乘佛教信仰的關係，及「佛教建國信仰」如何影響中國漢代之後的中國帝王使用佛教信仰統治中國的情形。這就是筆者在 1993 年及 2003 年各別撰寫，並出版《貴霜佛教政治傳統與大乘佛教》及《從天王傳統到佛王傳統：中國中世佛教治國意識形態研究》的原因。

22　見本書第二章，〈大乘佛教建國信仰的奠立者──貴霜王丘就卻〉。

筆者自 1987 年開始研究「佛教建國信仰」此題目以來，便一直用中國人常說的，「摸石子過河」的方式，逐一摸索、探究亞洲帝王使用佛教信仰建國的情形。在筆者開始研究此課題之前，研究佛教及亞洲史的學者，基本上對此課題都沒有作過比較系統性或全面性的解釋及研究。筆者在 1987 年於敦煌召開的「第一屆敦煌國際討論會」所宣讀〈再談宿白的涼州模式〉，[23] 事實上已注意到許多大乘佛教經典記載有「佛教建國信仰」的內容及發展方法，甚至記載有造像法之事。這就是筆者為何會用大乘經典所載的「護法信仰」（dharmaraksa）去談論宿白所言的「涼州模式」的原因。筆者在敦煌談論宿白的「涼州模式」之際，因為還不知道「護法信仰」是貴霜王朝奠立以說明其王朝發展的「佛教建國信仰」的內容及造像模式，因此筆者在敦煌宣讀〈再談宿白的涼州模式〉之際，尚無法清楚地說明「護法信仰」此「佛教建國信仰」被北涼王朝（401-439/460）使用的情形，包括北涼為何會在敦煌用「護法信仰（模式）」造像的原因。

後來筆者注意到，大乘經典載有貴霜王朝的建國者丘就卻在犍陀羅（Gandhāra，今日巴基斯坦的白夏瓦）統治貴霜王朝之際，有使用大乘佛教所創立的「般若波羅蜜」（prajñāpāramitās）行法的「施捨」行法，及「守戒」行法的「十善道」或「十戒」（Ten Bodhisattva prātimoksas）行法，統治貴霜王朝的現象，筆者這才開始在大乘佛經裡尋找「佛教建國信仰」的發展方法及發展內容。因為丘就卻在用「般若波羅蜜」行法的「施捨」行法及「守戒」行法統治貴霜之際，他常將「大乘佛教建國信仰」的發展方法及發展內容記載於其時代撰造的一些早期大乘佛教經典，如《道行般若經》（the *Prajñāpāramitā sūtra*）、《犍陀國王經》及《佅真陀羅所問如來三昧經》等經。[24]

所謂「般若波羅蜜」行法，乃指《道行般若經》所載的大乘「菩薩道行法」。此行法包括六種大乘行者或菩薩（Bodhisattva）修行的方法或內容，如：

23　見古正美，〈再談宿白的涼州模式〉，敦煌研究所編，《敦煌石窟研究國際討論會文集（石窟考古編）》（遼寧：遼寧美術出版公司，1987），頁 85-116。

24　見本書第二章，〈大乘佛教建國信仰的奠立者——貴霜王邱就卻〉。

「布施、受戒、忍辱、精進、禪定及智慧」；[25] 而「十善道」或「十戒」行法，則指日常生活中一般人所恪守的十種道德行法。此十種道德行法指：「不殺生、強盜、婬逸、兩舌、嗜酒、惡口、妄言綺語，不嫉妒、嗔恚罵，不疑」。[26] 丘就卻很顯然的用流通天下的大乘經典，如《道行般若經》等，提倡及流通這些大乘佛教行法作為其用大乘佛教信仰統治天下的基本方法。[27]

　　丘就卻施行「佛教建國信仰」統治貴霜王朝的目的，除了要建立一個和平、安定的國家外，其也要令其人民追求其等在道德上及宗教上的「終極關懷」，即達到修行成佛的目的。丘就卻要求其人民踐行「十善法」不是那麼困難，但要要求其人民修持大乘的「菩薩道」行法或「般若波羅蜜」行法，則不是那麼容易。因為不是每個丘就卻的國民都具有宗教修行的熱忱，並都想要修行成佛。為了簡化及普及丘就卻所施行的大乘「般若波羅蜜」行法，丘就卻不但將「般若波羅蜜」行法簡化成為只側重修持「般若波羅蜜」行法的第一行法，即「供養」或「施捨」（Dāna pāramita，or making offerings）的行法，及第二行法，即「守戒」（Śila prāmita）的行法。丘就卻在側重此二「般若波羅蜜」行法之際，他將「供養」或「施捨」行法再度發展成為兩種不同形式的行法。此二行法是：（1）法師（Dharma master）說法或作「法施」（Dharma-dāna）的行法，及（2）帝王及人民作財物供養或「財施」（Rūpa-dāna）的行法。「法施」行法，指法師說法、傳播佛法的活動；而「財施」行法則指帝王及一般人民施捨各種物資或財物，如，飲食、衣服、臥具、醫藥等，供養傳播佛法的法師的行法。佛教的「法師」常指僧團中的僧人，或修行有成的菩薩或佛。這些法師因不從事生產活動，故需要帝王及民眾作各種物質供養（財施）以維持生命。相對的，帝王及一般的民眾或人民因不知佛法，需要依賴「法師」傳播佛法（法施）才得以修行、成佛。丘就卻知道，「法施」及「財施」二行法

25　（後漢）月支國三藏支婁迦讖譯，《道行般若經》卷2，頁434中；並見本書第二章，〈大乘佛教建國信仰的奠立者——貴霜王邱就卻〉。

26　見後說明。

27　（後漢）月支國三藏支婁迦讖譯，《道行般若經》卷6，頁454中-下；並見本書第二章，〈大乘佛教建國信仰的奠立者——貴霜王邱就卻〉。

是相輔相成的行法。如果帝王能將此「二施行法」結合起來運作，他便能使其人民聽聞佛法、修行佛法，並將僧團（the Sangha）及國家（the State）結合起來，在犍陀羅建立佛教國家。[28] 丘就卻側重「守戒」行法的原因是，他要在犍陀羅建立一個和平、安定的國家。他因此希望他的人民都能恪守大乘所制定的「十善法」或「十戒」行法，作為其維持社會及國家安定的基本方法。[29]

　　丘就卻同時側重「法施」及「財施」的「二施並作」的方法及用「十善法」或「十戒」建國的方法，便是其用大乘佛教信仰建國的基本方法及內容。由於丘就卻用佛教信仰建國的方法是用大乘菩薩道的「般若波羅蜜」行法建國，我們因此也可以稱使用「般若波羅蜜」行法建國的方法為「大乘佛教建國信仰」。因為「般若波羅蜜」行法是大乘佛教的最重要行法。

　　貴霜王迦尼色迦第一（Kanishka I, 127-140）時代撰造的《大般涅槃經》，稱丘就卻用「二施並作」的方法為「護法信仰」或「護法行法」（dharmaraksa）。[30] 丘就卻時代在側重「二施並作」的「供養」行法時，不僅將「二施並作」的方法視為其用佛教信仰建國的方法，同時也將此「二施並作」的方法視為大乘佛教撰造其表達「佛教建國信仰」的造經方法。丘就卻時代所造的《道行般若經》第九卷的《薩陀波倫品》（the *Sadāprarudita*），就是一品用此「二施並作」的方法，或造經模式撰造的表達其「佛教建國信仰」的經文。[31] 後來丘就卻的曾孫迦尼色迦第一，及迦尼色迦第一的兒子胡為色迦王（Huvishka, 160-190），甚至將此「二施並作」的方法視為「護法信仰」，並將「護法信仰」發展成為「一佛（法施）、一轉輪王（財施）」的佛教造經模式及造像模式。[32] 貴霜之後，後來的亞洲國家也用此「護法信仰」作為其等表達貴霜「佛教建國信仰」的造像模式。我們在北涼時代開鑿的敦煌石窟，便見北涼有使用貴霜

28　見本書第二章，〈大乘佛教建國信仰的奠立者──貴霜王丘就卻〉。

29　見本書第二章，〈大乘佛教建國信仰的奠立者──貴霜王丘就卻〉。

30　（北涼）天竺三藏曇無讖譯，《大般涅槃經》卷 14，《大正》卷 12，頁 549 中；並見本書第二章，〈大乘佛教建國信仰的奠立者──貴霜王丘就卻〉。

31　見本書第二章，〈大乘佛教建國信仰的奠立者──貴霜王丘就卻〉。

32　見本書第三章，〈貴霜佛教建國信仰的發展者迦尼色迦第一及胡為色迦王〉。

的「護法信仰」造像模式，即「一轉輪、一佛」的造像模式，表達其施行貴霜「佛教建國信仰」統治天下的情形。[33] 這就是筆者認為，宿白所謂的「涼州模式」不會只指宿白所言的北涼時代製作的「佛教造像內容」而已。[34] 因為所謂「涼州模式」，在此還有指謂北涼使用的貴霜「佛教建國信仰」或「護法信仰」統治天下的意思。這就是北涼在敦煌莫高窟的莫 254 窟南壁前方，用造「一轉輪王、一佛」的方法表達貴霜的「護法信仰」造像的原因。我們在後來的許多亞洲地方，也見有其等使用貴霜的「護法信仰」作為表達「佛教建國信仰」的內容者。譬如，12 世紀統治雲南後理國（統治，1096-1253）的國王段智興（統治，1172-1200）所造的〈張勝溫梵畫卷〉，也見此畫卷有用貴霜的「護法信仰」造像模式表達其「佛教建國信仰」的內容。[35] 這說明丘就卻所奠立的「護法信仰」的造像模式，在貴霜之後已成為亞洲各地使用以表達其等的「佛教建國信仰」的造像模式。

丘就卻時代撰造的一些大乘佛教經典，不但載有丘就卻發展「佛教建國信仰」的內容及方法，而且也載有丘就卻在當時其建國的都城犍陀羅發展大乘佛教信仰的情況。這些大乘佛教經典除了提到「犍陀羅國王」（King of Gandhāra）在貴霜建國的都城犍陀羅發展初期大乘佛教信仰「般若波羅蜜」的情形外，[36] 甚至也提到是哪位「法師」在犍陀羅主持傳播大乘佛教信仰。譬如，《道行般若經》便記載有當日曇無竭菩薩（Bodhisattva Dharmodgata），如何在犍陀羅主持貴霜的佛教傳播活動，即宣揚「般若波羅蜜」行法的活動。[37] 這些記載，應該都是丘就卻時代用文字或經典，記載及傳播貴霜發展「佛教建國信仰」的活動情形。

33　有關此像的討論，見本書第十章，〈中國北涼發展支提信仰的證據——涼州瑞像與敦煌的白衣佛像〉。

34　見宿白，〈涼州石窟遺址與「涼州模式」〉，收入宿白，《中國石窟寺研究》（北京：文物出版公司，1996），頁 42。

35　見古正美，《〈張勝溫梵畫卷〉研究：雲南後理國段智興時代的佛教畫像》（北京：民族出版公司，2018），頁 100-102。

36　見本書第二章，〈大乘佛教建國信仰的奠立者——貴霜王丘就卻〉。

37　（後漢）月支國三藏支婁迦讖譯，《道行般若經》卷 9，《大正》卷 8，頁 471 下-472 上。

《道行般若經》所記載的當時貴霜在犍陀羅發展大乘佛教「般若波羅蜜」信仰及行法的情形，因此不是貴霜王或犍陀羅王信仰一般佛教信仰的情形，而是犍陀羅國王或貴霜王發展大乘佛教信仰為其「佛教建國信仰」或「國教信仰」（the state religion）的情形。丘就卻時代撰造的另一部初期大乘經典《伅真陀羅所問如來三昧經》（此後，《伅真陀羅》）[38]也說：「伅真陀羅王」（King of Chandradhāra）帶領「伅真陀羅人」及「犍陀羅人」去聽佛說法。[39]《伅真陀羅》所載的「伅真陀羅王」及「伅真陀羅人」，因此有指「月支王」及「月支人」的意思。因為「伅真陀羅」此詞是中文音譯梵文「月亮支持」（Chandradhāra）此詞，或簡稱「月支」或「月氏」的意思。《伅真陀羅》所載的「犍陀羅王」或「伅真陀羅王」，因此也有指《後漢書·西域傳》所載的，「貴霜王」或「月氏王」丘就卻的意思。[40]貴霜王丘就卻很顯然的是歷史上奠立用大乘佛教信仰建國的貴霜王；否則早期的大乘佛教經典，不會一再提到這位在古代「犍陀羅國」發展大乘佛教信仰建國的「月氏王」或「貴霜王」的身分，及其發展大乘佛教「般若波羅蜜」信仰及行法的情形。

　　由於丘就卻在犍陀羅用大乘佛教信仰「般若波羅蜜」行法統治貴霜王朝，我們因此認為，「大乘佛教」也在此時於歷史上崛起，並成為在貴霜統治下於犍陀羅出現的一個佛教大教派。由於丘就卻流通及傳播其所奠立的「佛教建國信仰」的方法，乃將其當時所提倡的大乘佛教建國方法及建國內容都記載於一些丘就卻在犍陀羅撰造的大乘經典，並用這些經典流通或散播其佛教建國信仰，筆者因此認為，丘就卻是用依據大乘經典，或簡稱「依經」的方法，在歷史上發展及傳播「佛教建國信仰」的始祖。這就是筆者在本書的第二章〈大乘佛教建國信仰的奠立者——貴霜王丘就卻〉所要談論，丘就卻如何用大乘信仰奠立其「佛教建國信仰」的情形，及丘就卻如何在貴霜或犍陀羅發展其「佛教建國信仰」的情形。

38　（唐）西崇福寺沙門釋智昇撰，《開元釋教目錄》卷1，《大正》卷55，頁478中。

39　（後漢）月支國三藏支婁迦讖譯，《佛說伅真陀羅所問如來三昧經》卷上，《大正》卷15，頁351下。

40　見本書第二章，〈大乘佛教建國信仰的奠立者——貴霜王丘就卻〉。

筆者在本書的第二章，也要再談論丘就卻的佛教政治活動如何受到「印度─希臘王」（Indo-Greek king）──或中國史書所載的大夏王「尼彌陀羅」或「彌蘭王」（King Menander or King Milinda of Bactra, 165-130 BC）──的影響、丘就卻在達夏西拉（Taxila）死亡的事件，及其葬塔「法王塔」（the Dharmarājika stūpa）的建造始末。筆者雖然在 1993 年出版的《貴霜佛教政治傳統》中談論過丘就卻與大夏王「尼彌陀羅」的關係及其葬塔「法王塔」的建造始末，[41] 然由於過去筆者在談論丘就卻與「尼彌陀羅王」的關係時，筆者因沒有詳細談論丘就卻受「尼彌陀羅王」的「轉輪王信仰」影響的細節，也沒有說明丘就卻不是歷史上第一位提出「轉輪王」此概念的人物，故筆者在本書的第二章，要用大乘經典及出土的尼彌陀羅錢幣再談論尼彌陀羅王發展佛教轉輪王信仰的情形，及尼彌陀羅王影響丘就卻發展其貴霜「佛教建國信仰」的情形。

　　筆者在本書的第二章要再談論「法王塔」的原因是，目前學界的學者都還是認為，「法王塔」是古代印度大王阿育王所建造之「佛塔」。但筆者認為，丘就卻的葬塔之所以會被稱為「法王塔」，除了因為丘就卻在其撰造的大乘經典及其鑄造的錢幣都記載其有「法王」及「大菩薩」的稱號外，丘就卻的這些稱號及身分，都與「法王塔」出土的「銀卷片銘文」（Inscriptions of the silver scroll）所記載的被葬人物的身分及稱號完全契合。特別是，後來製作的大乘佛經及文獻，如《月光菩薩經》等，還不斷地記載有「月光菩薩」稱號的丘就卻在達夏西拉（Taxila）死亡的故事。這說明「法王塔」的建造與丘就卻在達夏西拉被當時的貴霜王賜死的活動有密切的關聯。我們不要忘記，自丘就卻開始，貴霜便有用大乘佛教經典記載丘就卻的佛教活動的做法，丘就卻死亡的故事出現於後來撰造的《月光菩薩經》，自然也是大乘佛教用大乘佛經記載丘就卻佛教活動或死亡的例子。筆者在《貴霜佛教政治傳統》沒有談論「達夏西拉」在丘就卻死後有被毀城的事，筆者在此章因此也要談論為何「達夏西拉」在丘就卻死後會有被毀城的事。

41　見古正美，《貴霜佛教政治傳統與大乘佛教》第三章，〈丘就卻的葬塔──法王塔〉，頁 96-154；並見本書第二章，〈大乘佛教建國信仰的奠立者──貴霜王丘就卻〉。

丘就卻奠立及發展的「佛教建國信仰」，以其曾孫迦尼色迦第一及迦尼色迦第一的兒子胡為色迦王為最重要的繼承者。此二王在犍陀羅沿襲丘就卻所奠立及發展的「佛教建國信仰」統治貴霜時，也沿襲丘就卻用「依經」提倡「佛教建國信仰」的方法在犍陀羅發展貴霜「佛教建國信仰」。丘就卻之後，貴霜此二王因都用自己的方法發展貴霜「佛教建國信仰」統治貴霜，故此二王在犍陀羅都留下有許多值得我們談論的佛教活動。譬如，迦尼色迦第一在犍陀羅發展「佛教建國信仰」的活動之際，就建造有「西域第一大塔」、提倡彌勒下生信仰，及召開「佛教結集」（the Buddhist council），及製作新大乘經典等的活動。迦尼色迦第一時代撰造有許多大乘佛教新經，這些經典包括有名的：《彌勒下生經》、《法華經》、《大般涅槃經》，及《無量壽經》等經。迦尼色迦第一為了在犍陀羅發展彌勒佛下生說法的信仰，其除了撰造有《彌勒下生經》外，其也鑄造有許多具有彌勒佛造像的錢幣。[42]許多學者都曾談論過迦尼色迦第一在犍陀羅建造「西域第一大塔」、召開佛教結集，及鑄造彌勒佛錢幣的活動，但這些學者基本上都沒有進一步的說明，為何迦尼色迦第一要在犍陀羅建造「西域第一大塔」、召開佛教結集大會及製作大乘經典，甚至鑄造彌勒佛錢幣的真正原因。

迦尼色迦第一的兒子胡為色迦王，為了發展其用「依經」造像的方法，在犍陀羅大量系統性的製作佛教轉輪王造像，他不僅撰造了貴霜在歷史上第一部說明佛教轉輪王造像方法的經典《悲華經》（the *Karuṇapuṇḍarika sūtra*），[43]同時也依據《悲華經》在犍陀羅系統性的大量製作各種佛教轉輪王的造像。[44]胡為色迦王之後，《悲華經》明顯的成為亞洲歷史上製作貴霜佛教轉輪王像的最重要造像經典。胡為色迦王在犍陀羅用依經造像的方法大量製作佛教轉輪王造像的活動，雖然是我們在歷史上從未見過的佛教造像活動，然許多研究

---

42 見（西晉）月氏三藏竺法護譯，《佛說彌勒下生經》，《大正》卷 14，頁 421-422；並見本書第三章，〈貴霜佛教建國信仰的發展者迦尼色迦第一及胡為色迦王〉。

43 （北涼）天竺三藏曇無讖譯，《悲華經》，《大正》卷 3、卷 4，「大施品」及「諸菩薩本授記品」，頁 174 下-184 下。

44 見本書第三章，〈貴霜佛教建國信仰的發展者迦尼色迦第一及胡為色迦王〉。

佛教藝術史的學者直至今日尚認為，早期貴霜在犍陀羅製作的佛教造像，全是釋迦或佛陀的造像。事實上胡為色迦王在犍陀羅製作的佛教造像，都是各種佛教轉輪王修行、成佛的造像。[45] 這就是筆者在本書的第三章，〈貴霜佛教建國信仰的發展者迦尼色迦第一及胡為色迦王〉，除了要談論迦尼色迦第一在犍陀羅的佛教活動情形外，也要談論胡為色迦王使用《悲華經》製作的各種佛教轉輪王造像的方法及內容，如製作各種「《悲華經》經雕造像」的情形。

胡為色迦之後，我們便見亞洲帝王在發展「佛教建國信仰」統治天下之際，都有沿襲胡為色迦王使用依經造像的方法，表達「佛教建國信仰」的內容及轉輪王形象的造像活動。貴霜的胡為色迦王，因此可以說是歷史上奠立用依經造像的方法表達「佛教建國信仰」的內容，及製作佛教轉輪王像的創始者或開山祖。

2003 年筆者出版《從天王傳統到佛王傳統》之後，筆者在一段很長的時間，不但不知道是何人在歷史上奠立武則天於其統治大周時期（統治，690-705）所使用的「彌勒佛下生為女轉輪王的信仰」，[46] 而且也不知道為何梁武帝（統治，502-549）要同時以彌勒佛及轉輪王的面貌統治大梁王朝（統治，502-557）。[47] 後來筆者會知道龍樹／龍猛（Nāgārjuna）是「支提信仰」或「彌勒佛坐支提下生為轉輪王的信仰」的創始者，與筆者在 2004 年到 2006 年之間，有幸兩次被印度孟買大學索麥亞佛教研究中心（K. J. Somaiya Centre for Buddhist Studies, Mumbai University）邀請去孟買參加其主辦的國際佛教討論會，並在孟買附近及德干高原（the Deccan Plateau）西部考察許多印度在歷史上建造的塔形建築及造像的活動，有密切的關聯。印度西部這些塔形建築及造像的建造方式，有只造一塔形的建築結構但不見塔形建築內外造有佛像者，譬如，早期建造的納西克石窟（Nāsik）的第 3 窟及卡里石窟（Kārlī / Karle / Karla）所造的塔

---

45 見本書第三章，〈貴霜佛教建國信仰的發展者迦尼色迦第一及胡為色迦王〉。

46 見古正美，《從天王傳統到佛王傳統》第五章，〈武則天的《華嚴經》佛王信仰與佛王形象〉，頁242。

47 見本書第七章，〈犍陀羅的支提信仰性質及造像〉。

形建築物即屬此類者；[48] 也有在塔形的建築內部造一佛像者，譬如，康合理石窟（Kanheli）、阿旃陀石窟（Ajantā）及葉羅拉石窟（Ellorā）等處，都見有的此類在塔形建築內部造有一佛像的建築結構。同樣的大型塔形建築，筆者在2006年的印度之行，也見於印度中部建造的山崎大塔（Great Stūpa of Sāñci），只是山崎大塔的造像都被造在塔形建築的外部塔門上。[49] 筆者在考察印度西部這些塔形建築及其造像之前，基本上沒見過如此多此類的塔形建築及其造像，也不知道是何原因印度在歷史上會出現如此多此類的塔形建築及其造像。由於這些塔形建築出土的銘文都稱此類塔形建築為「支提」（caitya）的緣故，[50] 筆者在本書因此稱此類塔形建築為「支提」。事實上今日學者常稱此類塔形建築為「塔」（stūpa）。[51] 因為此類塔形建築的建築結構與佛教所言的「塔」的建築結構沒有甚麼區別。但因大乘經典對「塔」及「支提」作有明確的區分，並認為「塔」是作為收藏舍利（relics）之用，而「支提」內則造有佛像。[52] 雖是如此，研究佛教藝術史的東、西方學者今日仍常稱此類塔形建築為「塔」，並常視此類印度的塔形建築及其造像為印度最早製作的佛教造像。譬如，許多學者都稱山崎大塔的造像為印度歷史上最早建造的佛教造像。[53]

筆者在西印度見到如此多塔形建築及其造像之後，便開始思索這些塔形建築的建造原因及建造性質。雖然許多研究印度佛教遺址及造像的學者都已經注意到，德干高原東部的印度東南海岸，即玄奘（602-664）在其《大唐西域記》所載的「案達羅國」（Āndhra）及「憍薩羅國」（Kosala），也見有許多類似的大、小支提建築結構。譬如，古代「案達羅國」所造的「阿瑪拉瓦底大支提」（Mahācaitya at Amarāvatī）及「憍薩羅國」的「龍樹山」（Nāgārjunakoṇḍa）所造的大、小支提，都屬於同類型的塔形建築結構。但這些學者在研究東、西

48　見本書第四章，〈佛教支提信仰的奠立者——龍樹菩薩〉。
49　見本書第六章，〈山崎大塔的支提信仰造像〉。
50　見本書第五章，〈龍樹與阿瑪拉瓦底大支提的建築及造像〉。
51　見本書第四章，〈佛教支提信仰的奠立者——龍樹菩薩〉。
52　見本書第四章，〈佛教支提信仰的奠立者——龍樹菩薩〉。
53　見本書第六章，〈山崎大塔的支提信仰造像〉。

德干高原的支提及其造像之後，最終都還是無法說明清楚，為何德干高原東、西兩側會出現如此多同類型的塔形建築。譬如，印度有名的考古藝術學家蘇柏拉曼尼安（K. S. Subramanian），在其書中除了推測東、西德干高原建造的大、小支提與娑多婆訶王朝（the Sātavāhana, c. ? -225）有關外，他也認為印度這些支提及其造像與龍樹或有密切的關聯。[54] 但蘇柏拉曼尼安始終無法說明及確定，這些與印度娑多婆訶王朝及龍樹或有關聯的佛教造像址在東、西德干高原出現的原因。

　　筆者從印度回到香港之後，便開始翻閱、檢查與龍樹有關的佛教文獻、史料，和在「阿瑪拉瓦底大支提」出土的銘文及造像等資料。筆者發現，除了玄奘在其撰造的《大唐西域記》卷10，載有龍樹與娑多婆訶王朝的帝王「引正王」在古代的「案達羅國」及「憍薩羅國」有共同發展「待至慈氏」的信仰外，[55] 龍樹也撰有說明「建造支提」及「供養支提」的著作《寶行王正論》（the Ratnāvalī）。特別是，西藏文獻也提到，龍樹在娑多婆訶王朝的都城「丹尼亞卡塔卡」（Śrī Dhānyakataka）造有「阿瑪拉瓦底大支提」的「圍欄」（railing）的活動。[56] 由於龍樹在《寶行王正論》不斷的提到「建造支提」及「供養支提」的方法及重要性，筆者因此推測，龍樹應該就是歷史上奠立「支提信仰」，及在印度德干高原東、西兩側建造支提及其造像的關鍵性人物。因為目前保留的娑多婆訶王朝的銘文，也記載有與龍樹同時代的娑多婆訶王「喬達彌子・禪陀迦」（Gautamīputra Śātakarṇi），在其登位第十八年收復德干高原西部的納西克（Nāsik）及卡里（Kārlī）的失土時，在此二地都有建造「支提」的活動。[57]

54　K. S. Subramanian, *Buddhist Remains in South India and Early Andhra History, 225 to 610 A.D.* New Delhi: Cosmo Publications, 1981.

55　見下詳述，並見本書第四章，〈佛教支提信仰的奠立者——龍樹菩薩〉。

56　Tāranātha, *History of Buddhism in India*, edited by Debiprasad Chattopadhyaya and translated by Lama Chimpa and Alaka Chattopadhyaya. Delhi: Motilal Banarsidass, 1990（reprinted），p. 107；並見本書第四章，〈佛教支提信仰的奠立者——龍樹菩薩〉。

57　D. Jithendra Das, *The Buddhist Architecture in Āndhra*. New Delhi: Books and Books, 1993, p. 17；並見平川彰，《印度佛教史》（台北：商周出版公司，2002），頁 203 載：在（納西克）第三窟有二種記載瞿曇彌子王捐獻窟院與土地給納私迦（納西克）的碑文，還有同為娑多婆訶王族的普盧

納西克石窟第 3 窟所建造的「支提」，甚至乃是喬達彌子・禪陀迦的母親為了紀念其子收復失土而用「喬達彌子・禪陀迦」之名建造的一鋪「支提」造像。[58] 由於西藏文獻也提到，與喬達彌子・禪陀迦王有密切關聯的龍樹，也在德干高原東側，娑多婆訶王朝定都的都城，建造有「阿瑪拉瓦底大支提」的「圍欄」。我們因此推測，娑多婆訶王喬達彌子・禪陀迦在登位期間有發展「支提信仰」為其國教信仰，並在其領地有建造支提的活動。這就是筆者開始撰寫本書第四章，〈佛教支提信仰的奠立者——龍樹菩薩〉的原因。

　　從貴霜王丘就卻開始，貴霜的帝王也常用鑄造錢幣的方法流通其等的轉輪王形象或造像（The image of cakravartin）。由此可看，貴霜在發展其「佛教建國信仰」之際，也非常重視用鑄造錢幣的方法說明轉輪王的信仰及轉輪王的形象。貴霜對佛教「轉輪王」此詞的稱號，雖也用「法王」及「大菩薩」的稱號稱呼之，然貴霜所塑造的佛教轉輪王形象，基本上都還是佛教修行者（Buddhist practitioner）的形象。[59] 這說明貴霜時代尚未將佛教轉輪王視為超凡的人物。但到了西元 2 世紀中期左右或稍後，龍樹在南印度的「案達羅」奠立「支提信仰」時，我們不但見龍樹稱呼其「轉輪王信仰」為「支提信仰」或「彌勒佛自兜率天（Tusita heaven）坐支提下生為轉輪王的信仰」，[60] 而且因為龍樹用佛有「三身」（trikāyas）的信仰及理論說明「彌勒佛身」及「轉輪王身」的關係，龍樹因此認為，佛教的「轉輪王身」是彌勒佛的「法身」（dharma-kāya）下生的「轉輪王身」（化身，nirmāna-kāya）。這就是龍樹在其撰造的《寶行王正論》說：「大王佛法身」（諸佛有色身／皆從福行起／大王佛法身／由智慧行成）的

摩夷王（Sri Pulumāyi；古案：普魯馬偉）布施窟院的碑文，及前述瞿曇彌子王的母親布施窟院給賢胄部（the Bhadavaniya）比丘僧伽的碑文；並見本書第四章，〈佛教支提信仰的奠立者——龍樹菩薩〉。

58　見本書第四章，〈佛教支提信仰的奠立者——龍樹菩薩〉。

59　見本書第二章，〈佛教建國信仰的奠立者——貴霜王丘就卻〉；並見第三章，〈貴霜佛教建國信仰的發展者迦尼色迦第一及胡為色迦王〉。

60　見本書第四章，〈佛教支提信仰的奠立者——龍樹菩薩〉；並見《普賢菩薩說證明經》，《大正》卷 85，頁 1362 下-1368 中。

原因。[61] 龍樹所奠立的「佛教轉輪王形象」，從此便具有「彌勒佛」的形象。龍樹很顯然的是歷史上開始「神化」（divination）佛教轉輪王概念及形象的始祖。龍樹之後，西元 6、7 世紀之間，亞洲佛教歷史上也出現如密教「金剛頂派」（the Vajrayāna）所奠立的「密教觀音佛王」的信仰及形象。在此「密教觀音佛王」的信仰下，此信仰也認為帝王能以觀音的面貌統治天下。[62]「佛教建國信仰」在亞洲歷史上的發展，在龍樹之後，其轉輪王的信仰或轉輪王的形象，顯見的便能用「彌勒佛」或「觀音」的信仰及形象，表達或說明其帝王的信仰及形象。由於龍樹的支提信仰及密教的觀音信仰的轉輪王身都被視為具有佛或菩薩的身體，故此類信仰都被稱為「既是佛，又是王」（He who is Buddha / Bodhisattva is rāja）的「佛王信仰」（Buddharāja belief）。用此類「佛王信仰」建國的轉輪王，在造像上便能被造成「彌勒佛像」或「觀音像」。這就是戈岱司在其書中提到的，柬埔寨闍耶跋摩第七以「佛王」及「觀音佛王」的面貌統治吳哥的原因。

　　龍樹發展「支提信仰」的情形，除了見記於其所撰造的《寶行王正論》及《普賢菩薩說證明經》（此後，《證明經》）外，[63] 玄奘在其所撰造的《大唐西域記》卷 10 談論「憍薩羅國」的「龍猛與提婆」條也提到，龍樹與南印度國王「娑多婆訶王」或「引正王」有密切的關係。[64] 玄奘所言的「引正王」，即指娑多婆訶王「喬達彌子・禪陀迦」。[65] 玄奘甚至在《大唐西域記》卷 10 談到龍樹在「跋邏末羅耆釐山」（Mt. Bhrāmara-giri）或「黑蜂山」建造伽藍並造五重閣的活動時，透露龍樹與「引正王」有共同發展「待至慈氏」信仰的活動。筆者將龍樹與「引正王」在「黑蜂山」發展佛教的活動簡略的用三點文字說

61　見本書第四章，〈佛教支提信仰的奠立者——龍樹菩薩〉；並見（陳）天竺三藏真諦譯，《寶行王正論》，《大正》卷 32，頁 498 上。

62　見古正美，《從天王傳統到佛王傳統——中國中世佛教治國意識形態研究》第五章，〈武則天的《華嚴經》佛王傳統與佛王形象——中國女相觀音出現的原因〉。

63　見本書第四章，〈佛教支提信仰的奠立者——龍樹菩薩〉。

64　（唐）三藏法師玄奘奉　詔譯大總持寺沙門辯機，《大唐西域記》卷 10，《大正》卷 51，頁 824，「憍薩羅國」：「龍猛與提婆」。

65　見本書第四章，〈佛教支提信仰的奠立者——龍樹菩薩〉。

明於下：（1）引正王為龍樹在「跋邏末羅耆釐山」或「黑蜂山」建造伽藍並造五重閣。每層並造有寺院及精舍，而精舍內更造有「量等佛身」的金佛像。（2）龍樹與引正王在「黑蜂山」所發展的「待至慈氏」信仰，「功績未成，財用已竭」。（3）龍樹在「黑蜂山」「招集千僧，居中禮誦」。[66]

　　從玄奘在《大唐西域記》記載的，龍樹與引正王在「黑蜂山」所從事的佛教活動，我們可以看出，引正王為龍樹在「黑蜂山」建造伽藍的活動，並不是建造普通寺院的活動，而是建造一處具有國家發展佛教事業及信仰性質的建築物。龍樹為了要為娑多婆訶王朝發展「支提信仰」，並在全國建造「支提」及提倡「供養支提」的活動，其因此在「黑蜂山」有招募「千僧」的活動。龍樹在「黑蜂山」招募「千僧」的原因因此是，他要在「黑蜂山」訓練此「千僧」，並用此「千僧」在全國各地建造支提、管理支提及提倡支提信仰。龍樹在「黑蜂山」的活動，因此不是如玄奘所說，只是「招集千僧，居中禮誦」而已。[67] 龍樹因為要用其訓練的「千僧」在全國各地建造「支提」，包括在娑多婆訶王朝的都城建造「阿瑪拉瓦底大支提」及造像，龍樹因此需要花費國庫相當多的錢財，這就是為何《大唐西域記》所載的引正王會說，為了發展「待至慈氏」的信仰，「功績未成，財用已竭」的原因。

　　所謂「待至慈氏」的信仰，有指「民眾等待彌勒佛下生為轉輪王」的信仰，而此信仰即有指龍樹奠立的「支提信仰」。[68] 因為「支提信仰」即是「彌勒佛下生為轉輪王」的信仰。玄奘用「待至慈氏」此詞表達龍樹奠立的「支提信仰」，雖不見記載於龍樹所撰造的《寶行王正論》及《證明經》，[69] 但「待至慈氏」的造像法，卻是龍樹在娑多婆訶王朝都城負責設計及建造的「阿瑪拉瓦底大支提」的一種表達支提信仰的重要造像法。我們因此知道，玄奘所

66　（唐）三藏法師玄奘奉　詔譯大總持寺沙門辯機，《大唐西域記》卷 10，頁 930 上，「憍薩羅國」。

67　見本書第四章，〈佛教支提信仰的奠立者——龍樹菩薩〉。

68　見本書第四章，〈佛教支提信仰的奠立者——龍樹菩薩〉。

69　見本書第四章，〈佛教支提信仰的奠立者——龍樹菩薩〉及本書第五章，〈龍樹與阿瑪拉瓦底大支提的建築及造像〉。

言的「待至慈氏」的信仰，的確有指謂「支提信仰」的意思。[70]

　　龍樹在「黑蜂山」訓練「千僧」期間，其也有用其大眾部僧人領袖的身分奠立大眾部的「支提派」（the Caitika）或「支提山派」（the Chaitika / Chaitikīyas of the Mahāsāṅghikas）的活動。阿瑪拉瓦底大支提出土的銘文也提到，負責管理龍樹設計及建造「阿瑪拉瓦底大支提」的僧人是「支提派僧人」。[71] 這說明「支提派」是龍樹時代發展支提信仰的最重要佛教部派。從龍樹在「黑蜂山」的佛教活動我們因此非常確定，「黑蜂山」確實是龍樹在婆多婆訶王朝用以策劃、發展其支提信仰的佛教發展中心，故佛教文獻也稱「黑蜂山」為「支提山」。[72] 筆者因此在本書的第四章〈佛教支提信仰的奠立者——龍樹菩薩〉要談論龍樹在「黑蜂山」的佛教活動情形，包括龍樹奠立的「支提派」或「支提山派」的活動情形，及龍樹所屬的大眾部派僧人在「黑蜂山」出現的大眾部僧諍事件及大眾部部派分裂的事件。

　　筆者研究「佛教建國信仰」如此多年，從未見有如玄奘在《大唐西域記》記載龍樹與引正王在「黑蜂山」發展佛教活動的文獻。玄奘的記載得以讓我們「看見」龍樹如何與「引正王」聯手在「黑蜂山」策劃、發展支提信仰為婆多婆訶王朝的「國教信仰」，及龍樹如何以婆多婆訶王朝發展「佛教建國信仰」的「軍師」身分，在「黑蜂山」策劃、發展支提信仰的活動。我們因此要感謝玄奘的記載。

　　《寶行王正論》及《證明經》是筆者用以打開龍樹發展其支提信仰的最關鍵性大乘經典。由於此二經典在過去從未有學者將其視為我們研究印度支提信仰及其造像的依據，故筆者在本書的第四章也要談論龍樹撰造的《寶行王正論》及《證明經》的經文內容，及西方學者對《證明經》的了解及解釋。

　　龍樹在婆多婆訶王朝發展「支提信仰」之際所建造的支提共有三種類型：（1）關閉式小支提、（2）開放式小支提，及（3）大支提。在此三類支提中，以

70　見本書第五章，〈龍樹與阿瑪拉瓦底大支提的建築及造像〉。

71　見本書第四章，〈佛教支提信仰的奠立者——龍樹菩薩〉。

72　見本書第四章，〈佛教支提信仰的奠立者——龍樹菩薩〉。

「大支提」的建築造有許多造像。這就是龍樹在娑多婆訶王朝都城附近建造的「阿瑪拉瓦底大支提」造有各種支提信仰造像的原因。[73] 阿瑪拉瓦底大支提的建造方法，是在此大支提的建築體上造有其他兩種小支提的建築法，故從阿瑪拉瓦底大支提的建築體，我們不僅能見到龍樹所建造的三種支提的建築形制，同時也能看出，龍樹所建造的阿瑪拉瓦底大支提的建築形制具有在大支提上建造其他兩種小支提的建築特色。筆者因此在本書的第五章〈龍樹與阿瑪拉瓦底大支提的建築及造像〉要談論龍樹負責建造的阿瑪拉瓦底大支提的建築形制及建築特色。

龍樹在阿瑪拉瓦底大支提上也造有三種支提信仰的主要造像內容：（1）彌勒佛坐支提下生的造像、（2）轉輪王的造像，包括轉輪王以「釋迦佛誕方式」出世世間的造像，及（3）用象徵物造像法製作的「待至慈氏」的造像。[74] 前兩者的造像，就是龍樹直接用造像的方法表達「支提信仰」或「彌勒佛坐支提下生為轉輪王」的信仰內容。「待至慈氏」的造像，則是龍樹用象徵物（symbolism）的造像法表達支提信仰或「民眾等待彌勒佛下生為轉輪王」的信仰的造像。

龍樹在阿瑪拉瓦底大支提用象徵物造像法表達「待至慈氏」信仰的情形，就如早期研究大英博物館收藏的阿瑪拉瓦底大支提文物的諾斯（Robert Knox），在其書《阿瑪拉瓦底：大塔的佛教雕像》（The *Amarāvatī-Buddhist Sculpture from the Great Stūpa*）所載的鼓形石板（stone slabs）編號 60 的造像一樣，用象徵物的造像法表達支提信仰的內容。[75] 龍樹在阿瑪拉瓦底大支提所使用的象徵物，有用「菩提樹」（Bodhi tree）象徵「彌勒佛」，因為彌勒佛在菩提樹下或龍花樹下成道；用「支提」象徵彌勒佛坐支提下生，因為在支提信仰裡，彌勒佛是用坐支提的方式下生；用「金輪」象徵轉輪王的形象或威權，因為轉輪王的「金輪寶」是轉輪王最重要的象徵物；用「空王座」（the empty seat）象徵「轉輪王

73　見本書第五章，〈龍樹與阿瑪拉瓦底大支提的建築及造像〉。

74　見本書第五章，〈龍樹與阿瑪拉瓦底大支提的建築及造像〉。

75　Robert Knox, *Amarāvatī: Buddhist Sculpture from the Great Stūpa.* London: British Museum Press, 1992, p. 120, fig. 60.

座」（the cakravartin seat），及用「具寶相輪的佛足印」（Footprints with cakras）象徵手足具有「寶相輪者」將當「轉輪王」的意思，因為龍樹在其《寶行王正論》說：「大王汝諦聽／此因我今說／感三十二相／能莊嚴汝身／支提聖尊人／供養恆親侍／手足寶相輪／當成轉輪王」。[76]

龍樹的「待至慈氏」造像法要用象徵物造像的原因是，「待至慈氏」因為有「民眾尚在等待彌勒佛下生為轉輪王」的意思，因此在此類「待至慈氏」的造像上，造像者沒有造「彌勒佛像」及「轉輪王像」，只用造象徵物及民眾恭敬等待彌勒佛下生的造像表達其支提信仰的內容。這就是諾斯鼓形石板編號 60 的造像，只用象徵物——如「菩提樹」、「空王座」、「具寶相輪的佛足印」，及民眾等待的造像——表達「待至慈氏」的信仰的原因。這也是龍樹用象徵物造像法表達「待至慈氏」信仰的情形。由此，筆者認為，玄奘在《大唐西域記》卷 10 用「待至慈氏」此名表達「支提信仰」的做法，不是沒有原因，而是其來有自。

筆者在檢查及了解阿瑪拉瓦底大支提的造像內容之後便非常確定，龍樹即是佛教藝術史上奠立「案達羅佛教藝術學派」（School of Āndhra Buddhist art）的奠基者。因為後來亞洲製作的早期「支提信仰」的建築及造像，基本上都依據龍樹策劃及建造的阿瑪拉瓦底大支提的建築及造像作為其等建造「支提」、「大支提」（mahācaitya）及其造像的方法或依據，而阿瑪拉瓦底大支提的建築及造像就是「案達羅佛教藝術」的代表作。

阿瑪拉瓦底大支提也造有其他的造像，如獅子（lion）、摩羯魚（makara）及金翅鳥（garuda）等的造像。這些造像與阿瑪拉瓦底大支提的三大類造像一樣，基本上都依據《證明經》的經文製作這些造像。

《證明經》和《寶行王正論》一樣，都沒有具名龍樹菩薩造，西藏學者宗喀巴（Tsong-kha-pa, 1357-1419）在 14、15 世紀之間，在考證《寶行王正論》之

76　（陳）天竺三藏真諦譯，《寶行王正論》，頁 497 中；並見本書第五章，〈龍樹與阿瑪拉瓦底大支提的建築及造像〉。

後認為，《寶行王正論》乃是龍樹菩薩撰造的作品。[77] 筆者不但非常贊同西藏學者宗喀巴對《寶行王正論》的考證結果，而且認為，《證明經》也是龍樹及其造像集團為了要建造阿瑪拉瓦底大支提的造像所撰造的一部「支提信仰」經典。因為《證明經》不僅是龍樹及其造像集團製作阿瑪拉瓦底大支提造像，也是後來亞洲各地製作其支提信仰造像的主要經典依據，同時，《證明經》的經文也能補充、說明龍樹撰造的《寶行王正論》所載的支提信仰內容。過去學者常認為，《證明經》是一部中國製作的「偽經」，都以「偽經」處理。因此筆者在本書的第四章也要談論《證明經》的經文及東西方學者研究此經的情形。

阿瑪拉瓦底大支提的建築及造像既然是後來亞洲各地發展支提信仰的建築及造像的依據，因此，筆者在本書的第五章，〈龍樹與阿瑪拉瓦底大支提的建築及造像〉除了要談論阿瑪拉瓦底大支提的建築形制外，也要談論阿瑪拉瓦底大支提的造像內容及其與《證明經》經文的關聯性。[78]

亞洲各地在發展支提信仰之際，也如龍樹一樣，都有建造支提及造像的活動。這就是娑多婆訶王朝之後，在「龍樹山」建國的甘蔗王朝（the Ikṣuvāku / Ikshvaku, c. 225-315/325）於沿襲娑多婆訶王朝發展的支提信仰為其「佛教建國信仰」之後，也在其建國的龍樹山建造各種支提及造像。甘蔗王朝在龍樹山製作支提及造像的方法，因沿襲龍樹在阿瑪拉瓦底大支提製作支提及造像的方法，因此甘蔗王朝製作的支提及造像，便與龍樹時代所製作的支提及造像非常相似，只是兩朝的建築及造像風格有些不同。其主要的原因可能是，在龍樹時代負責製作支提信仰造像的大眾部僧人是「支提派」或「支提山派」的僧人，而甘蔗王朝時代負責製作支提信仰造像的僧人則是大眾部「西山住部」（the Aparaśaila）的僧人。[79] 為了讓讀者對比龍樹時代及甘蔗王朝的造像，筆者在本書的第五章談論阿瑪拉瓦底大支提的建築及造像之際，也會同時呈現及

---

77 呂澂，《印度佛學源流略講》（上海：上海世紀出版，2005年版），頁93。

78 見本書第五章，〈龍樹與阿瑪拉瓦底大支提的建築及造像〉。

79 見本書第四章，〈支提信仰的奠立者──龍樹菩薩〉及本書第五章，〈龍樹與阿瑪拉瓦底大支提的建築及造像〉。

談論龍樹時代及甘蔗王朝製作的支提及造像。

龍樹之後，支提信仰在歷史上發展的時間非常長，而其發展的地域也非常的廣闊，幾乎遍及亞洲各地。這說明龍樹奠立的支提信仰在歷史上深受亞洲帝王的青睞。這就是我們在印度以外的尼泊爾、西藏、中亞、東南亞，甚至中國，都可以見到亞洲各地的帝王在歷史上發展支提信仰活動的痕跡。筆者在本書沒有談論蒙古、日本及韓國等地發展支提信仰的情形，乃因筆者有限的能力及精力無法從事亞洲地區全部或大部分支提信仰的研究工作，故筆者在本書將不談論蒙古、日本及韓國這些地區發展支提信仰的情形。

支提信仰在印度本地的發展，不僅遍及印度各地，同時其發展的時間也很長。筆者有限的精力自然也無法在本書逐一談論印度在其歷史上發展支提信仰的情形，故筆者在本書只能選擇一、二較為特殊的例子，甚至是讀者較為熟悉的例子，作為筆者談論印度發展支提信仰的情形。這就是筆者在本書的第六章〈山崎大塔的支提信仰造像〉要談論「山崎大塔」的支提信仰內容及造像的原因。

筆者之所以要談論山崎大塔造像的主要原因之一是，山崎大塔出現許多新的支提信仰造像。其中以「功德天女神／吉祥天女神」（Lakṣmī）的造像最令人側目。我們在早期龍樹所造的阿瑪拉瓦底大支提及龍樹山的造像都沒見有造「功德天女神像」的情形。今日保存的山崎大塔還保留有九鋪功德天女神的造像，這說明功德天女神的造像是山崎大塔的重要造像。我們印象中的功德天女神，是具有「富饒女神」之稱或象徵繁榮的女神。但自西藏（Tibet）在 7 世紀發展功德天女神的信仰之後，西藏的功德天女神或吉祥天女神便具有護持達賴喇嘛的信仰特性。功德天女神具有護持國家及政治領袖的作用或特性，也見於在越南中南部建國的占婆王朝（the Champa, 4-13 世紀）因陀羅跋摩第二（Indravarman II, 860-900）統治占婆的時代。[80] 從西藏及占婆發展功德天女神的情形來判斷，功德天女神在亞洲的發展過程中，其有被「政治化」或「支提信仰化」的現象，而此「政治化」或「支提信仰化」的現象就西藏發展

80　見本書第六章，〈山崎大塔的支提信仰造像〉。

吉祥天女信仰的情形來判斷，在 7 世紀左右或之前可能已經存在。我們在西元 5、6 世紀之前中國翻譯的大乘經典，都沒見有中國早期的佛教譯經載有功德天女神信仰的情形。西元 6 世紀之後中國翻譯的大乘經典，雖記載有功德天女神的信仰，但這些中國譯經沒有提到功德天女神有被「政治化」或「支提信仰化」的現象。[81] 筆者因此推測，功德天女神被「政治化」或「支提信仰化」的源頭，非常可能就是在山崎大塔。因為山崎大塔的功德天女神的造像，無論是立像或坐像，都具有支提信仰的轉輪王造像元素。[82] 這就是筆者在本書第六章要談論山崎大塔、西藏和占婆王朝的功德天女神的信仰及造像的原因。筆者因對西藏發展功德天女神信仰的情形並不熟悉，因此筆者在本書的第六章會對山崎大塔及占婆發展功德天女神的造像情形著墨較多。

直至今日，許多學者都認為，目前保存的山崎大塔的造像，是佛教用象徵物的造像法表達「釋迦偉大事蹟」（Great events of the Buddha）的最早佛教造像。法國學者佛謝爾（A. Foucher, 1865-1952）因此認為，目前保存的山崎大塔是西元前 1、2 世紀建造的佛教造像址。[83] 佛謝爾也認為，山崎大塔是一處用古代印度的象徵物造像法表達「佛陀偉大事蹟」的造像址。[84] 佛謝爾因對山崎大塔的佛教造像具有這樣的看法，因此他說，佛教造像的發展過程，是由早期用「象徵物」（Iconic imagery）的造像法或「無人形佛像」（No human-formed image of the Buddha）的造像法，發展至具有「人形佛像」（Human-formed image of the Buddha）造像的過程。用佛謝爾自己的話來說，山崎大塔的造像是一處使用「沒有佛像」造像法說明佛陀生活或事蹟（Representing the life of Buddha without Buddha）的造像址。[85] 佛謝爾對山崎大塔造像的了解，甚至其造像理論，至今尚深刻地影響學界對山崎大塔造像的認識及了解。

81　見本書第六章，〈山崎大塔的支提信仰造像〉。

82　見本書第六章，〈山崎大塔的支提信仰造像〉。

83　A. Foucher, *The Beginning of Buddhist Art and Other Essays in Indian and Central–Asian Archaeology*. New Delhi: Asian Educational Services, 1994, p. 67.

84　A. Foucher, *The Beginning of Buddhist Art*, p. 73.

85　A. Foucher, *The Beginnings of Buddhist Art*, p. 4.

佛謝爾用山崎大塔「大出離」（Great Departure，意為佛陀出家）的造像例子，作為其說明山崎大塔是用古代印度象徵物造像法造像的例子，其中有許多問題。首先，佛謝爾似乎沒有注意到，其說明「大出離」造像所使用的象徵物，如「菩提樹」、「空王座」及「具寶相輪的雙足印」，都是龍樹在西元 2 世紀中期左右或稍後，在建造阿瑪拉瓦底大支提的造像之際，即已經使用作為其表達「待至慈氏」信仰的象徵物。[86] 佛謝爾似乎也沒有注意到，山崎大塔雖然沒有造支提信仰的「彌勒佛坐支提下生」的造像，然山崎大塔在其四塔門上，因用 7 種不同的「樹」及 7 種不同的「支提」，並用排列及組合這些「樹」及「支提」使之成為數目 7 的造像方法表達「七佛坐支提下生的信仰」，已有說明支提信仰的含義。因為龍樹撰造的《證明經》及 4、5 世紀之間犍陀羅撰造的支提信仰經典《彌勒大成佛經》，[87] 不但有說明「七佛下生」的信仰是「支提信仰」的源頭，而且也有說明「七佛信仰」具有護持眾生的作用。[88] 山崎大塔很顯然的用不同的造像方式說明山崎大塔是一座支提信仰的造像址。除此，山崎大塔也用造各種「轉輪王像」的方法，表達山崎大塔是一座說明支提信仰的轉輪王信仰造像址。我們認為山崎大塔是一處說明支提信仰的造像址還有一個原因，那就是，山崎大塔也銘刻有娑多婆訶王朝帝王「禪陀迦王」（Rāja Śrī Sātakaṇi）名字的銘文，[89] 此「禪陀迦王」名字的銘文也明顯的說明，山崎大塔的建造與支提信仰有密切的關聯。因為與龍樹在歷史上攜手提倡及發展「支提信仰」的娑多婆訶王，就叫做「禪陀迦王」。[90] 山崎大塔用「待至慈氏」造像法或象徵物造像法製作的「供養支提圖」或「支提崇拜圖」，也是一鋪說明山崎大塔是一座支提信仰造像址的重要證據。因為無論是此鋪造像所造的「支提」、「金翅鳥像」、「恭敬等待彌勒佛下生的民眾」，或「鼓吹樂隊」

86　見本書第五章，〈龍樹與阿瑪拉瓦底大支提的建築及造像〉。

87　有關犍陀羅撰造的支提信仰經典《彌勒大成佛經》，見本書第七章，〈犍陀羅的支提信仰性質及造像〉。

88　見本書第六章，〈山崎大塔的支提信仰造像〉。

89　A. Foucher, *The Beginnings of Buddhist Art*, p. 67.

90　見本書第四章，〈佛教支提信仰的奠立者——龍樹菩薩〉。

的造像，都有說明山崎大塔是一座表達支提信仰的造像。[91] 山崎大塔因此不會是一座如佛謝爾所言，用古代印度象徵物造像法表達「佛陀偉大事蹟」的造像址；也不會是一座如佛謝爾所說的，是西元前 1、2 世紀建造的紀念佛陀的佛教造像址。因為山崎大塔很明顯的用各種造像方法告訴我們，其是一座表達或說明支提信仰內容的造像址。山崎大塔的建造，因此不會是為要表達「佛陀偉大事蹟」而建造的大塔，而是為要表達支提信仰的內容而建造的「大支提」（mahācaitya）。山崎大塔的建造時間，因此不會早於龍樹奠立支提信仰的西元 2 世紀中期左右之前。這就是筆者在本書的第六章〈山崎大塔的支提信仰造像〉也要談論山崎大塔的造像內容及造像時間的原因。

學界的學者已經注意到，犍陀羅的佛教造像，造有早、晚兩種不同的造像。但這些學者在談論犍陀羅的佛教造像之際，基本上都沒有說明為何犍陀羅的造像會有早、晚兩期造像之別。犍陀羅的佛教造像，的確有早、晚兩期造像的區別。因為早期的犍陀羅製作的佛教造像，都依據貴霜製作的轉輪王造像經典《悲華經》製作其各種佛教轉輪王的造像，[92] 而晚期的犍陀羅造像，則是犍陀羅在發展龍樹所奠立的支提信仰期間製作的支提信仰造像。由於早、晚兩期的犍陀羅造像傳統及造像依據不同，因此犍陀羅在歷史上便出現兩種截然不同的佛教造像形式及造像內容。故筆者撰寫本書第七章〈犍陀羅的支提信仰性質及造像〉的原因，乃要說明犍陀羅發展支提信仰的情形及其造像的特色。

筆者注意到，犍陀羅在貴霜亡滅之後（375），雖傳入龍樹奠立的支提信仰及其造像，但犍陀羅的造像者並沒有完全接受龍樹奠立的支提信仰及其造像。犍陀羅的造像者除了有明顯改造傳入的支提信仰造像外，也依據犍陀羅或貴霜早期製作的《彌勒下生經》撰造的《彌勒大成佛經》，製作其支提信仰的各種造像。譬如，犍陀羅製作的如「巨型發光體的彌勒佛下生像」、「彌勒佛轉法輪像」及「彌勒佛轉三法輪像」等，都是依據《彌勒大成佛經》製作

91　見本書第六章，〈山崎大塔的支提信仰造像〉。

92　見本書第三章，〈貴霜佛教建國信仰的發展者迦尼色迦第一及胡為色迦王〉。

的支提信仰的造像。[93] 犍陀羅顯然沒有依據龍樹撰造的《證明經》製作其支提信仰的造像，而是依據犍陀羅撰造的《彌勒大成佛經》甚至《彌勒下生經》製作其支提信仰的造像。[94] 除此，犍陀羅也明顯的沒有依據龍樹所撰的《證明經》製作其「左脅生釋迦」的「釋迦佛誕圖」，作為說明轉輪王出世世間的方法；代之而用貴霜撰造的《彌勒下生經》所載的「右脅生釋迦」的經文來製作其「釋迦佛誕圖」。[95]

很顯然的，犍陀羅的造像者不但沒有完全地接受龍樹依據《證明經》製作的支提信仰造像，而且還用筆者所言的《彌勒下生經》及與《彌勒下生經》有關的《彌勒大成佛經》發展其支提信仰及造像。犍陀羅為何會出現這種一面接受支提信仰，一面又拒絕接受龍樹的支提信仰及其造像的糾結現象？

筆者推測，其中最大的原因是，龍樹因奠立其支提信仰的彌勒佛下生信仰於迦尼色迦第一或貴霜所奠立的《彌勒下生經》所載的彌勒下生信仰上，[96] 因此當支提信仰傳入犍陀羅之後，犍陀羅的造像者便對支提信仰及其造像產生強烈的反應。原因是，犍陀羅在貴霜三百多年的統治下，犍陀羅人不僅視迦尼色迦第一所奠立的「彌勒佛下生說法的信仰」或《彌勒下生經》所載的信仰，為珍貴的貴霜文化遺產，同時也視貴霜的「彌勒下生說法的信仰」為正統的彌勒下生信仰。大概基於此因，犍陀羅人便沒有完全接受傳入的支提信仰及其造像。犍陀羅人製作的新支提信仰造像，都不見於龍樹早期，甚至其之後依據《證明經》製作的支提信仰造像。犍陀羅人製作的支提信仰造像，因此是支提信仰在其發展史中出現的奇特造像現象。

筆者在本書第七章，因此要談論支提信仰傳入犍陀羅的時間、犍陀羅如何改造傳入的支提信仰造像、犍陀羅如何依據《彌勒大成佛經》及《彌勒下生經》製作其新支提信仰造像的情形。筆者研究犍陀羅發展支提信仰的結論是，犍陀羅的支提信仰造像產生變化，並不是因為犍陀羅的造像者依據《證

---

93 見本書第七章，〈犍陀羅的支提信仰性質及造像〉。
94 見本書第七章，〈犍陀羅的支提信仰性質及造像〉。
95 見本書第七章，〈犍陀羅的支提信仰性質及造像〉。
96 見本書第四章，〈佛教支提信仰的奠立者——龍樹菩薩〉。

明經》製作其支提信仰新像的緣故，而是因為犍陀羅長久以來受到貴霜《彌勒下生經》所載的，彌勒下生說法信仰的影響所致。筆者之所以要談論犍陀羅所發展的支提信仰及造像，乃因犍陀羅所造的支提信仰造像，雖然與龍樹依據《證明經》所載的支提信仰造像非常不同，然而犍陀羅所造的支提信仰新造像，在後來也一樣影響亞洲各地製作的支提信仰造像。

　　位於古代中亞（Central Asia）龜茲國的克孜爾石窟（Kizil caves），中文也稱為「龜茲石窟」。克孜爾石窟開鑿的時間非常早，中國佛教考古學家宿白（1922-2018）認為，西元 4 世紀初期左右，克孜爾石窟已經開始開鑿。[97] 這就是為何中國在 4 世紀初葉便有龜茲僧人佛圖澄（232-348）將當時龜茲或克孜爾石窟發展的支提信仰及造像，傳入在中國北方建國的後趙（統治，319-350）及前秦（統治，351-394）等國，並為後者這些國家發展支提信仰或「天王信仰」為其等的「佛教建國信仰」的原因。[98] 中國史料及文獻常稱十六國時代北方帝王所發展的支提信仰為「天王信仰」，也稱中國使用「天王信仰」建國的帝王為「天王」。所謂「天王」，在此因有「從天上下來做王」的意思，「天王」之名，很顯然的有指發展支提信仰為其「佛教建國信仰」的帝王的意思。因為支提信仰也被稱為「彌勒佛自兜率天坐支提下生為轉輪王的信仰」。[99]

　　筆者走過亞洲許多佛教石窟，但從未見過像古代中亞龜茲所建造的克孜爾石窟如此善於處理石窟的建築形制及造像內容者。所謂「善於處理石窟建築及造像」的意思是，克孜爾石窟的建築及造像設計方式，不僅依據龍樹奠立的支提信仰內容設計其石窟的建築形制，同時其石窟的造像方法也很能表達支提信仰的信仰內容。特別是克孜爾開鑿的「中心柱窟」，因用石窟中央建造的「甬道」將石窟分為「過去室」及「現在室」兩部分，克孜爾石窟的造像在此二室便能清楚的表達其支提信仰的現在信仰內容（如「彌勒佛下生為轉輪王的信仰」）及其支提信仰的過去信仰內容（如「釋迦涅槃」的故事等）。克孜爾

97　見本書第八章，〈新疆克孜爾石窟的支提信仰造像特性及其影響〉。

98　見古正美，《從天王傳統到佛王傳統：中國中世佛教治國意識形態研究》第二章，〈東南亞的天王傳統與後趙石虎時代的天王傳統〉，頁 78-81。

99　見本書第四章，〈佛教支提信仰的奠立者──龍樹菩薩〉。

的「中心柱窟」因用「甬道」連接石窟的「現在室」及「過去室」，因此「甬道」的壁面便常造有「彌勒佛坐支提下生像」或彌勒佛下生像，作為說明彌勒佛將下生世間為王的信仰。由於克孜爾石窟的「中心柱窟」有這樣的石窟設計方法，我們便能一目了然的看出克孜爾石窟要表達的造像有其時間性及空間概念。這是筆者在其他亞洲開鑿的石窟不曾見到的石窟開鑿性質及造像現象。

克孜爾石窟除了非常側重用石窟的開鑿及造像方法表達支提信仰的內容外，也非常擅長使用龍樹撰造的《證明經》製作其支提信仰的新造像。所謂「新造像」，乃指我們在克孜爾石窟開鑿之前未見過的支提信仰造像。[100] 克孜爾石窟製作的支提信仰新造像，以依據《證明經》所載的「釋迦涅槃後」及「彌勒正身下」此二經句製作的「釋迦涅槃像」和「彌勒下生下像」，常見影響亞洲各地製作的支提信仰造像。克孜爾石窟也用結合支提信仰的「轉輪王像」及「彌勒佛像」的造像法製作其「彌勒佛王新像」。克孜爾石窟製作的支提信仰新像，後來常見影響亞洲各地製作的支提信仰造像法，特別是印度。克孜爾石窟製作的支提信仰新像，也造有其依據《證明經》製作的「彌勒降魔像」，克孜爾石窟製作的「彌勒降魔像」不僅影響其鄰近的犍陀羅及中國敦煌製作的「彌勒降魔像」的造像法，也長時間的影響印度及亞洲其他地區製作「彌勒降魔像」的造像法。[101] 由於西元 5 世紀中期左右之後，我們便見克孜爾石窟製作的支提信仰新像被傳到亞洲各地，特別是印度，這些克孜爾石窟製作的支提信仰新像，因此在此之後便遍見於亞洲各地製作的支提信仰造像。譬如，5 世紀後半葉統治印度德干高原西部的哇卡塔卡王（King Vakataka）哈利先那（Harishena, 460-478）所開鑿的阿旃陀石窟（Ajantā caves），便見此石窟的造像有深受克孜爾石窟製作的支提信仰新像造像法影響的情形。阿旃陀石窟的第 26 窟製作的「釋迦涅槃像」和「彌勒佛王坐支提下生像」、第 2 窟製

---

100 有關克孜爾石窟的建造時間，見本書第八章，〈新疆克孜爾石窟的支提信仰造像特性及其影響〉談論。

101 見本書第八章，〈新疆克孜爾石窟的支提信仰造像特性及其影響〉。

作的「彌勒佛王新像」的畫像，及第 1 窟製作的「蓮花手」（Patmapāni，觀音菩薩）及「金剛手」（Vajrapāni，普賢菩薩）的畫像，都是明顯受到克孜爾石窟製作的支提信仰新像造像法及造像內容影響的例子。[102] 一直到 8 世紀在印度建國的帕拉王朝（the Pāla dynasty，8-12 世紀）統治印度的時代，我們尚見克孜爾石窟製作的支提信仰新像的造像法及造像內容還深刻地影響印度帕拉王朝製作的支提信仰造像的情形。譬如，帕拉王朝製作的「彌勒降魔像」，甚至其製作的「八相圖」，都還見克孜爾石窟製作的支提信仰新像影響的影子。[103]

克孜爾石窟製作的這些支提信仰造像法及造像內容，也影響 6 世紀在古代暹羅（Siam）建國的墮和羅王朝（the Dvāravatī，6-11 世紀）製作的支提信仰造像。譬如，今日國立曼谷博物館（National Museum at Bangkok）收藏的一鋪墮和羅時代製作的所謂「舍衛城神變」（Great miracle at Śrāvastī）的石雕造像，也是一鋪受克孜爾石窟的「釋迦涅槃像」和「彌勒佛下生像」造像法影響的墮和羅支提信仰造像。[104]

克孜爾石窟不僅依據《證明經》製作許多支提信仰新像，同時也依據支提信仰的各式轉輪王像的造像法及各式彌勒佛像的造像法創造「彌勒佛王新像」。克孜爾石窟創造的此類最有名的「彌勒佛王新像」，即是其用結合轉輪王的「交腳坐相」（下半身），[105] 與彌勒佛像（上半身）創造的，穿佛衣、呈「交腳坐相」的「彌勒佛王新像」。[106] 克孜爾石窟製作的「彌勒佛王新像」的造像法，也隨著克孜爾石窟的其他支提信仰造像在 5 世紀中期左右之後傳入亞洲

---

102 見本書第八章，〈新疆克孜爾石窟的支提信仰造像特性及其影響〉。

103 見本書第八章，〈新疆克孜爾石窟的支提信仰造像特性及其影響〉。

104 見本書第八章，〈新疆克孜爾石窟的支提信仰造像特性及其影響〉；並見古正美，〈古代暹羅墮和羅王國的大乘佛教建國信仰〉，收入《饒宗頤國學院院刊》（香港），第三期（2016），頁 265。

105 筆者在本書的第三章〈貴霜佛教建國信仰的發展者迦尼色迦第一及胡為色迦王〉，對唐代不空金剛翻譯的〈金剛頂一字頂輪王瑜伽一切時處念誦成佛儀軌〉，所載的三種轉輪王坐相：「交腳坐相」、「垂一坐相」及「獨膝豎相」已作有詳細的說明，故在此不再贅述。見（大唐）大廣智大興善寺沙門不空（金剛）奉詔譯，〈金剛頂一字頂輪王瑜伽一切時處念誦成佛儀軌〉，《大正》卷 19，頁 326。

106 見本書第八章，〈新疆克孜爾石窟的支提信仰造像特性及其影響〉。

各地，特別是印度。我們因此在西印度的阿旃陀石窟所開鑿的第 2 窟，也見此石窟用克孜爾石窟結合彌勒佛像及轉輪王像的造像法製作的一鋪「彌勒佛王新像」；只是阿旃陀石窟第 2 窟所造的此鋪「彌勒佛王新像」，是一鋪用「倚坐的彌勒佛像」（下半身）及「轉輪王像」（上半身）製作的「彌勒佛王新像」。此鋪「彌勒佛王新像」，事實上就是為開鑿阿旃陀石窟的哇卡塔卡王繪作的「彌勒佛王新像」。[107] 此鋪畫像將哇卡塔卡王的坐像，畫成一鋪用犍陀羅製作的「彌勒一組三尊像」的造像法 [108] 製作的「彌勒佛王新像」。畫像上的哇卡塔卡王，上半身裸露，但戴冠、瓔珞莊嚴（上半身為轉輪王造像）、下半身則呈彌勒佛王的「倚坐」坐姿，坐在此鋪畫像的中央。哇卡塔卡王的兩側各繪有女性侍者數人及呈黑色皮膚的普賢菩薩畫像和呈白色皮膚的觀音菩薩畫像。克孜爾石窟創造的「彌勒佛王新像」的造像法，也在 5 世紀初葉傳入中國北涼王朝（統治，401-439/460）於敦煌莫高窟開鑿的敦煌石窟，如敦煌莫 268 窟，作為此石窟的主尊造像。敦煌此鋪「彌勒佛王新像」的造像法，和克孜爾石窟所造的「彌勒佛王新像」的造像法一樣，即上半身穿彌勒佛衣，下半身造轉輪王呈「交腳坐相」的坐姿的「彌勒佛王新像」。[109]

　　克孜爾石窟製作的「彌勒佛降魔像」，在 5 世紀之後更是普遍的影響印度及亞洲其他地區製作的此類造像。克孜爾石窟製作的「彌勒佛降魔像」，常被學者視為「釋迦降魔成道像」。原因是，許多學者因都沒有注意到，克孜爾石窟所造的「彌勒佛降魔像」的造像內容或造像依據，與「釋迦降魔像」的造像內容或造像依據不同。克孜爾石窟的「彌勒佛降魔像」的造像依據，乃依據龍樹撰造的《證明經》所載的彌勒佛降魔經文製作的造像，[110] 而「釋迦降魔像」的造像法，基本上乃依據佛傳故事所載的釋迦成道故事製作的造像。由於學者常將克孜爾石窟的「彌勒佛降魔像」視為「釋迦降魔成道像」，故筆者在本書的第八章《新疆克孜爾石窟的支提信仰造像特性及其影響》也要談

---

107 見本書第八章，〈新疆克孜爾石窟的支提信仰造像特性及其影響〉。
108 見本書第七章，〈犍陀羅的支提信仰性質及造像〉。
109 見本書第八章，〈新疆克孜爾石窟的支提信仰造像特性及其影響〉。
110 見本書第八章，〈新疆克孜爾石窟的支提信仰造像特色及其影響〉。

論犍陀羅、克孜爾石窟及敦煌製作的「彌勒佛降魔變」及其造像經文。克孜爾石窟製作的「彌勒佛降魔像」，在傳入亞洲各地時，不僅常以主尊造像的姿態和其他克孜爾石窟製作的支提信仰造像同時出現在印度製作的「四相圖」及「八相圖」，並也常以主尊造像的姿態出現於其他的支提信仰造像。克孜爾石窟製作的「彌勒佛降魔像」，在 7 世紀之後，更見其與克孜爾石窟製作的「轉輪王像」結合成為「彌勒佛王降魔新像」，並出現於亞洲各地製作的支提信仰造像。玄奘及王玄策（643 年第一次出使印度）在 7 世紀初中葉於佛陀成道地「摩訶菩提」或「菩提迦耶」（Mahābodhi or Bodhgayā），所見的「摩訶菩提樹像」或也稱「菩提瑞像」，就是此類「彌勒佛降魔像」與「轉輪王像」結合製作的手作「降魔印」的「彌勒佛王降魔新像」。[111] 玄奘因不知此類「彌勒佛王降魔新像」的造像背景及造像法，因此用此類造像的下半身像稱此類像為「釋迦初成佛像」，而王玄策則用此類像的上半身像稱此類像為「彌勒菩薩像」。今日的學者則都稱此類像為「釋迦降魔成道像」或「菩提瑞像」。[112] 此類「彌勒佛王降魔新像」在印度帕拉王朝時代甚至成為帕拉王朝常用以製作其支提信仰的主尊造像。我們在今日印度及世界各地的美術館，常見這些美術館都收藏有帕拉王朝製作的「彌勒降魔像」及「彌勒佛王降魔新像」。譬如，筆者在本書第八章提到的印度帕特那博物館（Patna Museum, India）收藏的，用犍陀羅「彌勒一組三尊像」的造像法製作的「彌勒佛王降魔新像」、美國維吉尼亞藝術館（Virginia Museum of Fine Arts）收藏的，用犍陀羅「一組三尊彌勒像」的造像法 [113] 製作的「彌勒降魔像」的石雕造像，及波士頓美術館（Museum of Fine Arts, Boston）收藏的「彌勒佛王降魔新像」等，都是例子。[114]

直至目前，許多學者都還以「釋迦降魔成道像」稱呼克孜爾石窟及亞洲其他地區製作的「彌勒降魔像」及「彌勒佛王降魔新像」。這就是筆者要撰寫

---

111 見本書第八章，〈新疆克孜爾石窟的支提信仰造像特色及其影響〉。

112 見本書第八章，〈新疆克孜爾石窟的支提信仰造像特性及其影響〉。

113 有關犍陀羅製作的「彌勒一組三尊像」的造像法及「一組三尊彌勒像」的造像法，見本書第七章，〈犍陀羅的支提信仰性質及造像〉。

114 見本書第八章，〈新疆克孜爾石窟的支提信仰造像特色及其影響〉。

本書第八章的另一個原因。過去研究克孜爾石窟的學者在談論克孜爾石窟的造像時常認為，克孜爾石窟的造像都造「因緣故事」及「佛傳故事」之類的佛教故事造像。這些學者似乎都沒有注意到，克孜爾石窟的建築及造像特色、克孜爾石窟造有許多新支提信仰造像，及克孜爾石窟所造的新支提信仰造像曾在歷史上有傳播至亞洲各地，特別是印度，並影響亞洲各地製作支提信仰造像的情形。筆者因此在本書的第八章，要從克孜爾石窟開鑿的「中心柱窟」及其造像開始說起，並要談論克孜爾石窟製作各種支提信仰新像的情形，及克孜爾石窟如何將其製作的新像傳入亞洲各地，並影響亞洲各地製作支提信仰造像的情況，特別是影響印度帕拉王朝製作其「彌勒降魔像」及「彌勒佛王降魔新像」的造像情形。

支提信仰在歷史上產生最大的變化，即是《入法界品》（the *Gaṇḍavyūha*）於西元 4、5 世紀之間出現在歷史上的事實。《入法界品》常被中國學者及譯經僧視為《華嚴經》（the *Avataṃsaka*）的一品。但日本及西方學者常認為，《入法界品》的出經，早在《華嚴經》集結成經之前已經出現。[115] 大概由於中國學者及譯經僧都認為，《入法界品》是《華嚴經》的一品，因此在中國發展《入法界品》的信仰時期，我們便常見中國帝王有積極提倡《華嚴經》信仰的現象。這就是今日的學者還常用《華嚴經》的信仰或《華嚴經》之名說明《入法界品》信仰的原因。

中國共三次翻譯完整版的《入法界品》經文，前兩次翻譯完整版《入法界品》經文的時間是在中國翻譯六十卷《華嚴經》及八十卷《華嚴經》經本的時間，即 5 世紀初期及 7 世紀末期的時間。大概由於中國翻譯此二《華嚴經》經本的時間就是中國翻譯前兩部完整版的《入法界品》時間，故中國學者及譯經僧才會有將《入法界品》視為《華嚴經》一品的看法。中國翻譯第三部完整版《入法界品》經文的時間，是在唐德宗（統治，780-804）統治唐朝的時期。當時南印度的烏荼王，因唐德宗送他一口鑄鐘，前者便因此以烏荼

---

115 Jan Fontein, *The Pilgrimage of Sudhana: A Study of Gaṇḍavyūha Illustrations in China, Japan and Java*. Leiden: Mouton co. and others, 1966, Chapter 1, p. 17.

版的《入法界品》經本回送唐德宗作為答謝之忱。這就是中國有第三部完整版《入法界品》，或四十卷《華嚴經》譯本的來源。中國翻譯的四十卷《華嚴經》，因只載《入法界品》的經文，沒有載《華嚴經》的經文，故四十卷《華嚴經》也被稱為《普賢行願品》。[116]

《入法界品》所談論的「佛王信仰」因奠立於龍樹創立的支提信仰上，[117] 故筆者認為，《入法界品》此經是龍樹奠立的支提信仰的延伸或擴大版經文；換言之，《入法界品》的經文是由原來只載有「彌勒佛王信仰」的支提信仰經文延伸，並擴大到載有多種「菩薩佛王信仰」及多種「佛的佛王信仰」的《入法界品》佛王信仰內容。《入法界品》以記載「彌勒菩薩佛王信仰」及「盧舍那佛王信仰」（六十卷《華嚴經》）或「毘盧遮那佛王信仰」（八十卷及四十卷《華嚴經》），為其中心信仰。所謂「彌勒菩薩佛王」（Buddharāja Maitreya）信仰，即指由早期龍樹所奠立的「彌勒佛下生為轉輪王的信仰」發展而來的，並具有密教色彩的「彌勒菩薩佛王信仰」。「盧舍那佛王信仰」／「毘盧遮那佛王信仰」則是《入法界品》在延伸及擴大發展之際所發展的新信仰內容。《入法界品》的作者認為，「盧舍那佛王」／「毘盧遮那佛王」（Buddharāja Vairocana）與「彌勒菩薩佛王」是「同身」（having the same identity）的「佛王」，因此亞洲帝王在使用及發展《入法界品》的佛王信仰建國之際，其在造像上便可以同時造「盧舍那佛王／毘盧遮那佛王像」及「彌勒菩薩佛王像」作為其轉輪王的造像；但他也可以只用兩者之中的一種佛王面貌統治天下。《入法界品》的佛王信仰也常用《入法界品》經文所載的「善財童子五十三參師」的故事表達其佛王信仰的內容。

早期亞洲發展《入法界品》佛王信仰的情形，不是只用《入法界品》的經文發展其信仰。以中亞（Central Asia）的于闐（Khotan）為例，古代于闐所發展的《入法界品》佛王信仰，便有同時使用《入法界品》的經文及于闐仿照

116 見古正美，《從天王傳統到佛王傳統》第七章，〈從南天烏荼王進獻的《華嚴經》說起——密教金剛頂派在南天及南海的發展狀況〉，頁 326-368。

117 見本書第九章，〈《入法界品》的支提信仰性質及造像〉。

《入法界品》的經文撰造的《大方等大集經》（此後，《大集經》）發展此信仰的現象。原因是，于闐非常可能在 4、5 世紀之間便已成為亞洲一處發展《華嚴經》及《入法界品》的信仰中心，于闐因此出現各種仿照《入法界品》的經典，譬如，《大方等大集經》便是其中的一種。這些于闐仿造《入法界品》經文製作的經典，不僅成為于闐地區發展《入法界品》佛王信仰的重要經典，同時也成為中國早期發展《入法界品》佛王信仰的重要經典。譬如，中國北涼、東魏（統治，534-550）、北齊（統治，550-577），及隋代（統治，581-618）所發展的《入法界品》佛王信仰，都明顯的深受于闐撰造的兩種《大集經》所載的佛王信仰的影響。[118] 過去研究中國北涼佛教的學者都沒有注意到，其時代印度僧人曇無讖（Dharmaksema, 384-433）翻譯的于闐造經《大方等大集經》，是北涼用以發展其「佛教建國信仰」或支提信仰的最重要經典。[119] 同樣的，研究東魏、北齊，甚至隋代佛教信仰及佛教造像的學者，也常以為此時代中國的佛教發展及佛教造像，與《華嚴經》有密切的關聯，而沒有注意到，此時代中國的佛教信仰及佛教造像，與于闐撰造的另一部仿照《入法界品》的造經，即烏場僧人那連提（黎）耶舍（Narendrayasasa, 490-589）在北齊翻譯的《大方等大集經》，有密切的關聯。[120] 北涼曇無讖翻譯的《大方等大集經》與北齊那連提（黎）耶舍翻譯的《大方等大集經》，都用《大集經》之名流傳，但兩部譯經所側重的內容卻不同。[121] 前者曇無讖翻譯的《大集經》側重說明《入法界品》的「彌勒菩薩佛王」信仰內容，而後者那連提（黎）耶舍翻譯的《大集經》則側重說明《入法界品》的「毘盧遮那佛王」信仰內容。很顯然的，此二部《大集經》非常可能都是于闐仿照《入法界品》製作的經典，因為此二經除了側重《入法界品》的佛王信仰外，也都載有中亞許多國家的名字及其等發展支提信仰的情形；特別是記載于闐發展《入法界品》的支提信仰情形。故筆者認為，此二經非常可能都是于闐在發展《入法界品》信仰之際仿

---

118 見本書第九章，〈《入法界品》的支提信仰性質及造像〉。
119 見本書第十章，〈中國北涼發展支提信仰的證據——涼州瑞像與敦煌的白衣佛像〉。
120 見本書第九章，〈《入法界品》的支提信仰性質及造像〉。
121 見本書第九章，〈《入法界品》的支提信仰性質及造像〉。

照《入法界品》製作的于闐造經。[122]

　　東魏、北齊及隋代在發展《大集經》的佛王信仰及造像建國之際，其等也常用《入法界品》的經文發展其《入法界品》的佛王信仰內容，甚至造像。譬如，隋文帝在開皇九年（589）於河南寶山靈泉寺建造的「大住聖窟」的三尊主要造像，便是用《入法界品》的佛王信仰內容製作此三尊造像。但此三尊造像中的主尊「盧舍那／毘盧遮那法界人中像」，則是依據那連提（黎）耶舍翻譯的《大集經‧月藏分》所載的「毘盧遮那佛王信仰」或「月光童子信仰」製作的造像。[123] 這種「盧舍那／毘盧遮那法界人中像」，或簡稱「法界人中像」，在該時代也被稱為「月光童子像」。[124] 筆者因此在本書的第九章〈《入法界品》的支提信仰性質及造像〉，除了要談論《入法界品》的經文內容外，也要談論于闐製作其仿照《入法界品》經文的情形、中國北涼之後使用于闐造經的情形；特別是東魏、北齊及隋代發展《大集經》佛王信仰及造像情形。筆者在本書的第九章，也要談論中國唐代唐高宗（統治，650-683/690）和武則天等發展《入法界品》佛王信仰的情形。至於 12 世紀大理國國王段智興在雲南發展《入法界品》的佛王信仰建國的情況，筆者因在 2018 年出版的《〈張勝溫梵畫卷〉研究：雲南後理國段智興的佛教畫像》已作有詳細說明，[125] 故在此章談論中國發展《入法界品》的佛王信仰之處，筆者不再贅述。

　　筆者之所以要談論唐高宗及武則天等發展入法界佛王信仰的情形，乃因筆者見到的中國發展《入法界品》佛王信仰，以唐高宗所發展的《入法界品》佛王信仰，是最明顯的依據《入法界品》的經文發展其信仰及造像的例子。武則天在登位之前雖也有發展《入法界品》佛王信仰的傾向，但她最終還是沒有發展《入法界品》的佛王信仰建國。雖然是如此，筆者認為武則天努力

122　見本書第九章，〈《入法界品》的信仰性質及造像〉。

123　（高齊）天竺三藏那連提耶舍譯，《大方等大集經‧月藏分》卷 46，〈月幢神咒品第一〉，《大正》卷 13，頁 298 中起；並見本書第九章，〈《入法界品》的支提信仰性質及造像〉。

124　見本書第九章，〈《入法界品》的支提信仰性質及造像〉。

125　見古正美，《〈張勝溫梵畫卷〉研究：雲南後理國段智興時代的佛教畫像》（北京：民族出版公司，2018）。

準備發展《入法界品》佛王信仰的活動也值得我們注意。

　　在本書第九章的最後，筆者要談論在古代印尼中爪哇（Central Java）建國的「山帝王朝」（the Śailendra, 750-860）發展《入法界品》的佛王信仰及造像情形。筆者之所以也要談論中爪哇山帝王朝發展《入法界品》佛王信仰的造像，除了因為山帝王朝在發展《入法界品》佛王信仰之際所建造的「婆羅浮屠造像址」（Candi Borobudur）是亞洲建造的有名大型單體佛教造像址或「世界七大遺跡」之一外，其也是許多西方的考古學家及佛教藝術史學家都談論過的佛教建築及造像。在這些西方學者中，雖然有終身研究婆羅浮屠遺址的建築及造像為業者，然其等至今都還是無法打開婆羅浮屠的建築及造像之謎。譬如，西方學者基本上都已經注意到，婆羅浮屠地面第 2、3 及 4 層造像廊道的主牆上（The main walls of the art galleries）所造的浮雕造像，與《入法界品》的經文有關，但他們還是不清楚為何婆羅浮屠的這些浮雕造像要依據《入法界品》的經文製作其主要造像。美籍荷蘭佛教藝術史學家真・方登（Jan Fontein, 1927-2017）因此說，如果我們能了解《入法界品》的經義，我們便能打開婆羅浮屠的造像之謎。[126] 真・方登所說的這些話，的確有其道理。但如果我們不知道《入法界品》是支提信仰的經典，也不知道山帝王朝因要使用《入法界品》的經文造像，並表達其「佛教建國信仰」的內容，我們是無法了解，為何婆羅浮屠要如此設計其每層浮雕造像的內容。事實上，婆羅浮屠的浮雕造像，除了依據《入法界品》的經文製作其像外，婆羅浮屠也使用許多早期支提信仰的造像法及造像內容表達其用支提信仰建國的內容。筆者在撰寫本書第五章，〈龍樹與阿瑪拉瓦底大支提的建築及造像〉之後，因覺得阿瑪拉瓦底大支提的建築及造像有深刻影響中爪哇婆羅浮屠的建築及造像的情形，因此筆者便決定在本書的第九章也要談論婆羅浮屠的建築及造像。筆者自然無法完全了解婆羅浮屠的建築結構及造像內容，但因婆羅浮屠的建造者很明顯的依據龍樹建造的「阿瑪拉瓦底大支提」的建築法及造像法建造婆羅浮屠的基本建築結構及造像內容，故筆者基本上可以談論婆羅浮屠的基本建築結構，並逐

---

126 見本書第九章，〈《入法界品》的支提信仰性質及造像〉。

層的談論婆羅浮屠的造像方法及一些造像內容。這就是筆者在本書的第九章也要談論婆羅浮屠的建築及造像的原因。

　　筆者在文前說過，貴霜之後，「佛教建國信仰」的發展主要在於佛教轉輪王信仰及轉輪王形象的發展。中國北涼涼王沮渠蒙遜（367-433），在 5 世紀 20 年代初期（421）定都於河西的涼州（今日甘肅武威）之後，因用印度僧人曇無讖為北涼主持其發展「佛教建國信仰」事業的策劃者或「軍師」的緣故，北涼所造的佛教轉輪王造像，因此有「瑞像」或「尊儀」之稱；甚至也有「白衣彌勒瑞像」或簡稱「白衣佛像」的稱號者。這些北涼佛教轉輪王造像的稱號，很顯然的與北涼涼王沮渠蒙遜在北涼與曇無讖聯手大肆發展「佛教建國信仰」的活動，特別是開窟造像的活動，有密切的關聯。

　　曇無讖絕對不是一介普通的佛教僧人。《開元釋教錄》說：「他自幼讀咒經，先學小乘，後學大乘，專攻涅槃，以西域大神咒師之名聞於當世」。[127] 曇無讖不僅對大乘佛教經典非常熟悉，同時其也是一位具有濟世才能，並知道如何發展「佛教建國信仰」及開窟、造像的佛教高僧。從北魏太武帝（統治，424-451）說他：「博通多識羅什之流，秘咒神驗澄公之匹」，[128] 我們即知道，曇無讖是中國歷史上非常少見的一位佛教特殊人才。這也是為何蒙遜會「謂之聖人」的原因。[129] 曇無讖到中國來，大概就是準備要來中國為中國皇帝發展「佛教建國信仰」；否則《開元釋教錄》不會說他：「齎大涅槃經本前分十卷，並菩薩戒經、菩薩戒本等奔龜茲」。[130] 曇無讖帶來中國的經本，都與當時中國帝王要發展的「佛教建國信仰」有密切的關聯。[131]

　　玄始十年（421），北涼涼王沮渠蒙遜攻克敦煌、高昌等地，並在敦煌獲得曇無讖，蒙遜從而將曇無讖請入北涼都城涼州，作為北涼發展其「佛教建國

127　（唐）釋智昇撰，《開元釋教錄・沙門曇無讖》卷 4，《大正》卷 55，頁 520 上-下。

128　（梁）釋慧皎，《高僧傳・曇無讖傳》卷 2，《大正》卷 50，頁 336 下。

129　（宋）司馬光編著，（元）胡三省音註，《資治通鑑》上冊，《宋紀》4，頁 819 中。

130　（唐）釋智昇撰，《開元釋教錄・沙門曇無讖》卷 4，《大正》卷 55，頁 520 上-下。

131　見後詳述。

信仰」的「軍師」或「國師」。[132] 曇無讖來到北涼後，他便積極地為北涼蒙遜從事各種發展「佛教建國信仰」的活動。他除了為北涼翻譯各種與北涼發展「佛教建國信仰」有關的大乘佛經外，他也主持蒙遜及其臣民所行的「受菩薩戒儀式」，並將蒙遜推上「轉輪王位」及「彌勒佛王位」。蒙遜如果沒有行過「受菩薩戒儀式」，他是不能以「轉輪王」及「彌勒佛王」的姿態，用大乘佛教信仰統治北涼。

西元 4、5 世紀之後，由於佛教的帝王在使用「佛教建國信仰」統治天下之前，都有被要求須先行「受菩薩戒儀式」，才能登上其「轉輪王位」或「彌勒佛王位」的傳統，故亞洲帝王在使用佛教信仰建國之前，這些亞洲的帝王，便都要與其國的臣民一起先行「受菩薩戒儀式」，才能登上其等的轉輪王位的情形。亞洲帝王行此「受菩薩戒儀式」的活動，與支提信仰在印度的發展，及與《菩薩戒經》和《菩薩戒法》在印度的出經，都有極密切的關聯。因為帝王在行「受菩薩戒儀式」之際所行的儀式及儀式的內容，都被登錄於《菩薩戒經》和《菩薩戒法》。帝王在行此「受菩薩戒儀式」之後，其便能以「菩薩戒弟子」或「白衣居士」之名登上其「轉輪王位」或「彌勒佛王位」。這就是蒙遜能在登上轉輪王位或佛王位之後，為自己在敦煌石窟造其「白衣彌勒佛王像」的原因。

所謂「受菩薩戒儀式」，即指「受十善法」或「受十戒」的儀式。佛教轉輪王因要用「十善法」或「十戒」建國，故每位用佛教信仰建國的轉輪王都先要與其大臣及人民一起行「受菩薩戒儀式」，其才能登上其轉輪王位，並用佛教信仰建國。這就是梁武帝在其統治梁朝期間，其曾兩次帶領其臣民行「受菩薩戒儀式」的原因，及其有「皇帝菩薩」等稱號的來源。[133] 這也是曇無讖來中國之際要攜帶與發展「佛教建國信仰」有關的《大般涅槃經》、《菩薩戒

---

132 馮承鈞，《西域南海史地考證論著彙輯》（台北：中華書局，1978），頁 246。

133 See Kathy Ku Cheng Mei（古正美），"The Buddharaja Image of Emperor Wu of the Liang," in Alan K. L. Chan and Yuet-keung Lo, eds., *Philosophy and Religion in Early Medieval China*（New York: State University of New York Press, 2010），pp. 265-290；並見古正美，〈梁武帝的彌勒佛王形象〉，上海社會科學院編輯委員會編，《傳統中國研究集刊》，第二輯（2006，10 月），頁 28-47。

經》及《菩薩戒本》在身上的原因。

曇無讖到了北涼之後，其首先為北涼涼王沮渠蒙遜做的事，便是翻譯其要在北涼流通及發展「佛教建國信仰」的大乘經典。曇無讖為了要為蒙遜發展兩種「佛教建國信仰」，即貴霜奠立的「佛教建國信仰」及龍樹奠立的「支提信仰」，他在抵達北涼都城涼州學語三年之後，便開始為北涼翻譯《大般涅槃經》、《悲華經》、《大方等大集經》、《大方等無想經》（大雲經）及《優婆塞戒經》等經。[134] 曇無讖為何要為蒙遜發展兩種「佛教建國信仰」？原因是，曇無讖認為，貴霜奠立的「佛教建國信仰」可以用來作為北涼發展「佛教建國信仰」的基礎，而龍樹奠立的「支提信仰」可以作為蒙遜發展其「轉輪王信仰」及「轉輪王形象」的依據。這就是他要翻譯《大般涅槃經》作為北涼人民了解貴霜「佛教建國信仰」的內容的原因。曇無讖翻譯《優婆塞戒經》的原因，除了他要用此經作為蒙遜及其臣民行「受菩薩戒儀式」的依據，他甚至要用此經作為北涼發展「佛教建國信仰」之用。[135] 曇無讖翻譯《悲華經》的原因，則是為了要在北涼依據《悲華經》的經文在河西及敦煌開窟製作北涼涼王的轉輪王像。[136] 曇無讖翻譯《大方等大集經》及《大方無想經》的原因則是，他要用此二經作為其在北涼發展「支提信仰」的「彌勒佛王信仰」及「彌勒佛王形象」的經典依據，特別是《大方等大集經》。[137]

蒙遜既行了「受菩薩戒儀式」，又有「菩薩戒弟子」或「白衣居士」的稱號，他便能以「白衣居士」的身分登上其「轉輪王位」及「彌勒佛王位」。曇無讖為了紀念蒙遜行「受菩薩戒儀式」及登轉輪王位及佛王位的活動，便在其開鑿的敦煌莫高窟的莫 254 窟西壁，為蒙遜造了一鋪「白衣彌勒佛像」，或

---

134 見本書第十章，〈中國北涼發展支提信仰的證據——涼州瑞像與敦煌的白衣佛像〉。

135 見（北涼）曇無讖譯，《優婆塞戒經》卷 3，《大正》卷 24；也見古正美，〈中國早期〈菩薩戒經〉的性質及內容〉，《南京大學學報》，第四期（2010），頁 1-15。有關蒙遜行受菩薩戒儀式的活動，見本書第十章，〈中國北涼發展支提信仰的證據——涼州瑞像與敦煌的白衣佛像〉。

136 見本書第十章，〈中國北涼發展支提信仰的證據——涼州瑞像與敦煌的白衣佛像〉。

137 見本書第九章，〈《入法界品》的信仰性質及造像〉談論曇無讖翻譯的《大方等大集經》及本書第十章，〈中國北涼發展支提信仰的證據——涼州瑞像與敦煌的白衣佛像〉談論曇無讖翻譯的《大方等大集經》。

稱「白衣彌勒佛王像」。[138] 為何蒙遜行「受菩薩戒儀式」及其登轉輪王位及佛王位的活動如此重要？筆者在前面說過，蒙遜如果沒有與其臣民行「受菩薩戒儀式」，蒙遜不但無法登上其「轉輪王位」及「彌勒佛王位」，而且他也無法用佛教信仰建國，故蒙遜行「受菩薩戒儀式」的活動，及其登轉輪王位或佛王位的活動，都非常重要，都有說明蒙遜從此之後可以用大乘佛教信仰在北涼建國，並以佛教轉輪王或「彌勒佛王」的姿態統治北涼。

蒙遜在北涼行「受菩薩戒儀式」及造「白衣彌勒佛王像」的活動，很顯然的在北涼，甚至中國歷史上奠立了行此儀式及造「白衣彌勒佛王像」的傳統。蒙遜的繼承者沮渠茂虔（統治，434-440）及沮渠無諱（統治，439-444），在繼承蒙遜的北涼涼王位之後，都見其等也有在敦煌石窟開窟及製作「白衣彌勒佛王像」的活動。這就是北涼在敦煌石窟開鑿有三座「白衣彌勒佛王窟」的原因。敦煌此三座「白衣彌勒佛王窟」，即是敦煌莫 254 窟、莫 263 窟及莫 435 窟。曇無讖在北涼奠立的行「受菩薩戒儀式」及在敦煌製作「白衣彌勒佛像」的造像傳統，後來便成為中國歷代帝王在發展「佛教建國信仰」之際必遵行的轉輪王登位儀式及造「白衣彌勒佛王像」的造像傳統。[139] 這就是後來的梁武帝也用行「受菩薩戒儀式」登上其「轉輪王位」及「彌勒佛王位」的原因。[140]

北涼基本上都依據克孜爾石窟製作其「彌勒佛王像」的造像法，製作北涼的「轉輪王像」或「彌勒佛王像」。[141] 曇無讖為蒙遜在敦煌莫 254 窟製作的「白衣彌勒佛王像」，便是一鋪依據克孜爾石窟製作的，呈「禪定坐相」的蒙遜「彌勒佛王像」。[142] 北涼滅亡後，我們注意到，北魏孝文帝（統治，471-499）

---

138 見本書第十章，〈中國北涼發展支提信仰的證據──涼州瑞像與敦煌的白衣佛像〉。

139 見本書第十章，〈中國北涼發展支提信仰的證據──涼州瑞像與敦煌的白衣佛像〉。

140 See Kathy Ku Cheng Mei（古正美），"The Buddharaja Image of Emperor Wu of the Liang," in Alan K. L. Chan and Yuet-keung Lo, eds., *Philosophy and Religion in Early Medieval China*, pp. 265-290；並見古正美，〈梁武帝的彌勒佛王形象〉，上海社會科學院編輯委員會編，《傳統中國研究集刊》，第二輯（2006，10 月），頁 28-47。

141 見本書第十章，〈中國北涼發展支提信仰的證據──涼州瑞像與敦煌的白衣佛像〉。

142 見本書第十章，〈中國北涼發展支提信仰的證據──涼州瑞像與敦煌的白衣佛像〉。

在太和元年（477）之後，便沒有再用北涼的「白衣彌勒佛王像」的造像法製作其「白衣彌勒佛王像」，而開始改用《維摩詰經》所載的「維摩詰與文殊菩薩對話」的造像法，或後來所言的「文殊問道維摩詰」的造像法，製作北魏孝文帝的「白衣彌勒佛王像」。[143] 由此我們可以說，曇無讖不但是中國歷史上肇始帝王使用行「受菩薩戒儀式」登上其轉輪王位及佛王位的奠基者，而且其也是中國歷史上開創佛教石窟製作「白衣彌勒佛王像」或「白衣佛像」的人物。

　　曇無讖在為蒙遜發展「佛教建國信仰」之際，於敦煌所從事的造像活動不止於此。我們注意到，曇無讖在為蒙遜發展「佛教建國信仰」之際，其不僅有在敦煌石窟開鑿莫 254 窟此「中心柱窟」的活動，同時其也有在敦煌莫高窟開鑿莫 259 窟的活動。曇無讖開鑿的莫 254 窟的「中心柱窟」，有用造「中心柱」的方法，在「中心柱」的四面開龕、造像，作為表達北涼發展兩種「佛教建國信仰」的內容，即在「中心柱」的東、西向面，其用造「彌勒佛王像」的方法表達蒙遜的支提信仰的轉輪王信仰及轉輪王形象；並在「中心柱」的南、北向面，造貴霜的「護法信仰」造像，即造「一轉輪王、一佛」的造像，表達貴霜的「佛教建國信仰」內容。由此我們推測，敦煌莫 254 窟的開鑿時間，一定是在蒙遜登上其轉輪王位，並用「佛教建國信仰」統治北涼之後不久的時間。

　　曇無讖在其開鑿的敦煌莫 254 窟，除了用「中心柱」的四面造像表達蒙遜的二種「佛教建國信仰」內容外，他也在此石窟的南壁前方造有一鋪看似用貴霜的「護法信仰」造像模式製作的造像。曇無讖在此鋪看似用貴霜的「護法信仰」造像的上方，造一尊呈「交腳坐相」、戴冠，坐在宮室內的貴霜式「轉輪王坐像」；下方則造一鋪表達「支提信仰」的「彌勒降魔變／像」。此鋪造像，原本是一鋪表達貴霜「護法信仰」的造像，但因曇無讖用「轉化」造像的方法將下方原來表達法師作「法施」的造像轉化後，代之造了一鋪說明「支提信仰」的「彌勒降魔變／像」。曇無讖在用「轉化」造像的方法將此

---

143 見本書第十章，〈中國北涼發展支提信仰的證據——涼州瑞像與敦煌的白衣佛像〉。

鋪造像下方的造像轉化後，此鋪造像便成為一鋪具有同時說明貴霜的「佛教建國信仰」（上方的轉輪王像）及龍樹的「支提信仰」（下方彌勒降魔像）的造像。曇無讖使用「轉化」造像的方法，很顯然的是要說明北涼施行兩種「佛教建國信仰」建國的情形。[144]

　　曇無讖在敦煌莫高窟其開鑿的另一座石窟，即莫 259 窟，也有用犍陀羅使用的「轉化」造像的方法，[145] 表達北涼使用兩種「佛教建國信仰」的情形。[146] 除此，曇無讖在莫 259 窟也用「轉化」造像的方法，將原來在犍陀羅已經轉化過，並說明「轉輪王成佛像」的「二佛並坐像」，再度轉化成為支提信仰的「彌勒佛王像」。[147] 曇無讖將莫 259 窟主尊「二佛並坐像」再度轉化的情形，與他使用貴霜「護法信仰」的造像轉化成表達兩種「佛教建國信仰」的造像情形不同：後者用改變造像的方法將貴霜說明「法施」的佛像「轉化」成為具有說明支提信仰意涵的「彌勒降魔像」，而前者則用同樣的造像說明不同造像性質及造像含義的造像。換言之，前者這種「轉化」造像法，是將具有表達貴霜「轉輪王成佛像」的「二佛並坐像」，轉化成為具有說明支提信仰含義的「彌勒佛王像」，但此「彌勒佛王像」還保持原來的「二佛並坐像」的造像法。[148] 由於曇無讖在敦煌石窟使用的「轉化」造像方法沒有固定的方法及法則可以遵循，因此曇無讖在 433 年去世之後，[149] 敦煌的造像者，包括北涼的造像者，便再也沒有人能使用此類犍陀羅的「轉化」造像方法在敦煌石

144 見本書第十章，〈中國北涼發展支提信仰的證據——涼州瑞像與敦煌的白衣佛像〉。
145 見本書的第三章，〈貴霜佛教建國信仰的繼承者迦尼色迦第一及胡為色迦王〉，及見本書第十章，〈中國北涼發展支提信仰的證據——涼州瑞像與敦煌的白衣佛像〉談論「轉化」造像的方法。
146 見本書第十章，〈中國北涼發展支提信仰的證據——涼州瑞像與敦煌的白衣佛像〉談論「轉化」造像的方法。
147 見本書第十章，〈中國北涼發展支提信仰的證據——涼州瑞像與敦煌的白衣佛像〉談論「轉化」造像的方法。
148 見本書第十章，〈中國北涼發展支提信仰的證據——涼州瑞像與敦煌的白衣佛像〉談論「轉化」造像的方法。
149 見後詳述。

窟或中國石窟造像。[150]

　　雖是如此，我們注意到，曇無讖在敦煌所建造的「中心柱窟」的開鑿方法，即使在蒙遜及曇無讖去世之後（433），北涼的造像者，仍然依據曇無讖建造「中心柱窟」的方法，在石窟的「中心柱」東、西向面造「支提信仰」的「彌勒佛王像」；在「中心柱」的南、北向面造貴霜的「護法信仰」造像，即「一轉輪王、一佛」的造像，作為表達北涼施行兩種「佛教建國信仰」的內容。

　　北涼用開鑿「中心柱窟」的方法表達北涼使用兩種「佛教建國信仰」的造像法，因此成為筆者判定「北涼窟」的基本方法。[151] 筆者認為，北涼在敦煌開鑿的石窟，要比今日敦煌研究院所判定的「北涼窟」數目還多。曇無讖因此是歷史上奠立系統性開鑿中國佛教石窟及造像的始祖。北涼滅亡後（439），北魏太武帝將數以萬計的北涼人民，包括僧人及工匠，遷移到北魏都城平城（今日山西大同），[152] 北涼開鑿石窟及造像的方法隨之也傳入今日山西大同的雲崗石窟。曇無讖因此可以說是中國歷史上奠立系統性開鑿佛教石窟及造像方法的始祖。

　　筆者在本書所涉及的「佛教建國信仰」雖然只有兩種，然此二種「佛教建國信仰」在北涼王朝使用之前基本上都呈各自發展的狀態，北涼王朝因此是筆者見到的，亞洲帝王使用此二「佛教建國信仰」統治天下的早期王朝，故筆者將研究北涼發展「佛教建國信仰」及其造像的章節安置於本書的最後一章，即本書的第十章，作為本書結束的章節。北涼王朝因非常系統性的發展其「佛教建國信仰」的造像活動，中國歷史上才會出現具有區分一般佛教造像與「轉輪王像」和「佛王造像」的現象，及中國佛教歷史及文獻用「涼州瑞像」及「白衣彌勒佛像」或「白衣彌勒瑞像」等稱號，稱呼北涼製作的佛教轉輪王像及彌勒佛王像的造像現象。這些北涼稱呼其製作的佛教轉輪王

---

150 見本書第十章，〈中國北涼發展支提信仰的證據——涼州瑞像與敦煌的白衣佛像〉。

151 見本書第十章，〈中國北涼發展支提信仰的證據——涼州瑞像與敦煌的白衣佛像〉。

152 見古正美，《從天王傳統到佛王傳統》第三章，〈北涼佛教與北魏太武帝的佛教意識形態發展歷程〉，頁 134-136。

像及彌勒佛王像的稱號，顯然都指北涼用貴霜及支提信仰的造像法製作的其佛教「轉輪王像」或「彌勒佛王像」。過去研究北涼佛教及造像，甚至研究敦煌石窟造像的學者，基本上都沒有從「佛教建國信仰」的角度去研究北涼的佛教、造像及敦煌石窟的造像，這就是為何筆者要寫作本書第十章，〈中國北涼發展支提信仰的證據——涼州瑞像與敦煌的白衣佛像〉的原因。

就筆者在本書所談論的「佛教建國信仰」在亞洲各地發展的情形來看，「佛教建國信仰」的發展，與歷史上的佛教造像活動乃息息相關。因為自西元2世紀後半葉開始，貴霜王朝發展「佛教建國信仰」的方法，便有同時使用文字（經典）及造像的方法表達及流通其「佛教建國信仰」的內容及轉輪王造像的情形。研究「佛教建國信仰」此課題因此不能不談論與「佛教建國信仰」有關聯的佛教造像活動及佛教造像內容；相反的，我們在研究佛教造像活動及佛教造像內容之際，也不能不涉及與之相關的「佛教建國信仰」內容的研究。「佛教建國信仰」及佛教造像的研究，因此就如唇齒的關係一樣，缺一不可；更不能在研究此二課題之際不依據大乘經典所載的「佛教建國信仰」內容及轉輪王的造像法研究此二相關課題。如果我們不用這種依據經典研究此二課題的方法研究「佛教建國信仰」及佛教造像在亞洲歷史上發展的情形，我們就不能了解佛教政治文化及佛教造像活動在亞洲歷史上發展的情形及相關性。由於目前的學者都沒有用這種方法研究佛教造像史或佛教藝術史，更沒有用這種方法研究與佛教藝術或佛教造像活動有關的「佛教建國信仰」在歷史上的發展情形。這就是筆者要撰寫本書的原因。

龍樹所發展的「支提信仰」，除了其「彌勒佛下生信仰」深受犍陀羅或貴霜創立的「彌勒佛下生信仰」的影響外，支提信仰將其發展的方法側重在「供養」的行法上，並用「依經」發展支提信仰及造像的方法，也都深受貴霜發展其「佛教建國信仰」的方法及內容的影響。由此我們可以說，龍樹所發展的「支提信仰」不僅是一種新的大乘佛教的建國信仰，同時其也是在貴霜的「佛教建國信仰」影響下發展或延伸出來的一種新「佛教建國信仰」。後來大乘佛教在歷史上發展的「佛教建國信仰」，都與龍樹所發展的「支提信仰」一樣，在發展的方法及內容上都可以上溯至貴霜時代所發展的「佛教建國信

仰」。「貴霜佛教建國信仰」與後來發展的「支提信仰」或「密教觀音佛王信仰」，因此都是大乘佛教在歷史上發展的不同大乘佛教政治傳統。由於大乘佛教於 1 世紀 60 年代在犍陀羅崛起之初便提出「佛教建國信仰」的內容及方法，我們因此知道，大乘佛教自在歷史上崛起之時便具有政治信仰的個性；而此政治信仰的個性，是我們在古代印度發展的佛教不曾見過的特質。我們因此有必要將貴霜在犍陀羅創造及發展的大乘佛教視為一種新興的中亞地區的佛教。這就是筆者在本書要從貴霜王朝的建國者丘就卻於犍陀羅發展「佛教建國信仰」的活動開始談起的原因。

　　筆者在本書所談論的「貴霜佛教建國信仰」或「支提信仰」，雖然是大乘佛教於不同的地區及不同的時間所產生的「佛教建國信仰」，然這些「佛教建國信仰」並不是一成不變的佛教政治傳統。換言之，無論是貴霜所奠立的「佛教建國信仰」，或龍樹所奠立的「支提信仰」，其在歷史上都有變化的現象。譬如，我們在第三章談到的迦尼色迦王所提倡的「彌勒佛下生說法」的信仰，便是迦尼色迦王對丘就卻所奠立的「貴霜佛教建國信仰」的新解釋。同樣的，龍樹所發展的「支提信仰」，在龍樹之後，犍陀羅也出現新的「支提信仰」發展面貌（第七章）。雖是如此，無論其等如何在不同的時間或不同的地區產生變化，這些在信仰上及造像上所產生的變化，不是無跡可循。因為每個時代撰造的新經及新造的造像都會告訴我們，其等變化的原因及變化的情形。這就是筆者也能依據大乘經典及佛教造像在本書談論「支提信仰」的變化情形的原因。

第二章

大乘佛教建國信仰的奠立者
——貴霜王丘就卻

第一節　前言

自 1987 年筆者開始研究貴霜王朝（the Kushāns, 30-375）[1] 的建國者丘就卻（Kujūla Kadphises, 統治，30-80）所奠立的「佛教帝王建國信仰」（Buddhist conception of royalty or Buddhist Kingship），[2] 或簡稱「佛教建國信仰」以來，筆者即注意到，亞洲帝王在用大乘佛教信仰建國或立國之際，都會沿襲貴霜王丘就卻所奠立的「佛教建國信仰」的內容及方法，如「十善法」或「護法信仰」，作為其等用佛教信仰建國的基礎。[3] 筆者因此認為，貴霜王朝的建國者丘就卻即是歷史上奠立「佛教建國信仰」或佛教政治傳統的貴霜帝王。丘就卻所奠立的「佛教建國信仰」內容，即是其所奠立及提倡的初期大乘佛教信仰（Early Mahāyāna Buddhist belief, c. 65-80）的內容。丘就卻為了要用初期大乘佛教信仰統治貴霜王朝，他不但促成大乘佛教在歷史上的崛起及成立，而且也將其要施行以建國的初期大乘佛教信仰的內容及方法，記載於其時代所撰造的一些大乘經典，如，《道行般若經》、《仳真陀羅所問如來三昧經》（此後，《仳真陀羅經》），及《犍陀國王經》等經。[4] 丘就卻因將其發展大乘佛教信仰的內容及方法都記載於一些大乘經典的緣故，我們因此從這些大乘經典能了解一

1　此章所用的早期貴霜諸王的統治年表及順序，見 https://en.wikipedia.org/wiki/Kushan_Empire/ 1/26/2019。

2　有關「佛教建國信仰」此詞的說法，見本書第一章，〈緒論〉。

3　Kathy Ku Cheng Mei, "The Buddharaja Image of Emperor Wu of the Liang," in Alan K. L. Chan and Yuet-keung Lo, eds., *Philosophy and Religion in Early Medieval China.* New York: State University of New York Press, 2010, pp. 265-290；並見古正美，〈梁武帝的彌勒佛王形象〉，上海社會科學院編輯委員會編，《傳統中國研究集刊》，第二輯（2006，10 月），頁 28-47；並見本書第十章，〈中國北涼發展支提信仰的證據——涼州瑞像與敦煌的白衣佛像〉。

4　翻譯《道行般若經》的月支譯經僧支婁迦讖在中國翻譯初期大乘佛經的情形，被記載於（梁）會稽嘉祥寺沙門釋慧皎撰《高僧傳》卷 1，《大正》卷 51，頁 324 中載：「月支譯經僧支婁迦讖於漢靈帝時遊于雒陽，以光和中平之間傳譯梵文。出《般若道行》、《般舟》、《首楞嚴》等三經」。但唐代釋道宣撰的《開元釋教目錄》（此後，開元錄）則認為，支婁迦讖譯出《道行般若經》的時間是在光和二年（179）七月八日。見（唐）釋道宣，《開元錄》卷 1，《大正》卷 55，頁 478 中。

些有關丘就卻用大乘佛教信仰建國的情況。譬如，在《道行般若經》卷九的《薩陀波倫品》（the *Sadāprarudita*），我們即讀到，「犍陀羅王」（King of Gandhāra）在其都城「犍陀羅」（Gandhāra）發展初期大乘佛教信仰「般若波羅蜜」（prajñāpāramitā）行法的情況。《道行般若經》如此記載犍陀羅當時發展大乘佛教信仰的情形：

> 其城（犍陀越）中無有異人，皆是菩薩，中有成就者，中有發意者，皆共居其中，快樂不可言……其國中有菩薩，名曇無竭，在眾菩薩中最高尊，有六百八十萬夫人、采女，共相娛樂。犍陀越國中諸菩薩常共恭敬曇無竭，為於國中施高座……曇無竭菩薩常於高座上為諸菩薩說般若波羅蜜……師在深宮，尊貴教敬，當如敬佛無有異。[5]

從上面此段文字，我們可以看出，當時的「犍陀越城」（Gandhavatī），即「犍陀羅城」，就像一處發展大乘佛教信仰的聖地，有法師「曇無竭菩薩」（Bodhisattva Dharmodgata）帶領全國上下學習大乘佛教「般若波羅蜜」信仰及行法。當時「犍陀越國」的都城「犍陀越城／犍陀羅城」充滿大乘佛教的信徒，他們學習大乘佛教信仰及行法的情形是，「快樂不可言」的情形。這就是《道行般若經》說：「城中無有異人，皆是菩薩」的意思。《道行般若經》所說的「曇無竭菩薩」，很顯然的是當時負責在「犍陀羅國」傳布初期大乘「般若波羅蜜」信仰及行法的主要大乘法師。因為《道行般若經》說：「曇無竭菩薩常於高座上為諸菩薩說般若波羅蜜」。此處所言的「高座」，有指佛教法師說法最重要的席位。

《道行般若經》所描述的「犍陀羅國人」信仰及實踐大乘佛教「般若波羅蜜」行法的情形，顯然不是一般大乘佛教傳播或發展的情形，而是「犍陀羅國」用初期大乘「般若波羅蜜」行法作為其國教信仰或國家信仰的情形。

西元 2 世紀中期左右來華的安息僧人安世高，在其翻譯的初期大乘經典《犍陀國王經》中，也提到「犍陀國王」發展「般若波羅蜜」行法的事。《犍陀國王經》說，如果「犍陀國王」發展「般若波羅蜜」行法建國，其即能成

5　（後漢）月支國三藏支婁迦讖譯，《道行般若經》卷 9，《大正》卷 8，頁 471 下-472 上。

為「遮迦越（羅）王」（cakravāla）。[6]「遮迦越（羅）王」此詞，是中國早期翻譯「轉輪王」（cakravartin）一詞的音譯詞，故我們在中國早期的中譯佛經常見到此詞。此「遮迦越（羅）王」的梵文寫法，與後來我們在大乘經典所見的「轉輪王」此詞的梵文寫法有些不同，但意思相同，都指「轉輪王」此詞。《犍陀國王經》此話的意思是，「犍陀國王」如果用初期大乘「般若波羅蜜」行法建國，他便能以「佛教轉輪王」的姿態統治國家。所謂「佛教轉輪王」（Buddhist cakravartin），簡單的說，即指用佛教信仰建國或統治天下的帝王。[7] 因為「轉輪王」此詞有指用宗教信仰建國的世間帝王。《犍陀國王經》及《道行般若經》所載的「犍陀羅國王」因用大乘「般若波羅蜜」行法建國，因此此二經所載的「犍陀羅王」便是佛教的轉輪王。《犍陀國王經》不但在經中將佛教轉輪王一定要用佛教信仰建國的定義說得很清楚，而且也告訴我們，「犍陀羅國王」也用「五戒十善」建國。《犍陀國王經》載：

> 時有國王，號犍陀，奉事婆羅門……往到佛所，五體投地，為佛作禮白佛言：我聞佛道至尊，巍巍教化天下，所度無數，願受法言以自改操。佛即受王五戒十善，為說一切天地人物無生不死者。王以頭面著地，為禮白佛言：今奉尊法戒，當得何福？佛言：布施、持律，現世得福，忍辱、精進、一心、智慧者，其德無量，後上天上，亦可得做遮迦越王，亦可得無為度世之道。[8]

《犍陀國王經》在此只提到「五戒十善」的部分內容，但沒有進一步說明「五戒十善」或「十善道（法）」的全部內容。但《道行般若經》對「十戒」或「十善法」的行法則作有下面的解釋。《道行般若經》不但認為「十戒」或「十善法」行法為大乘「菩薩戒」（Bodhisattva prātimokṣa）的行法，此「十戒」或「十善法」的行法也是日常生活中一般人，包括出家人及在家人，都要恪守的道德行法。此道德行法共有十項，因此也稱「十戒」或「十善法」的行法。此十項或十種道德行法指：「不殺生、強盜、婬逸、兩舌、嗜酒、惡口、妄言綺

6　（後漢）安世高譯，《犍陀國王經》，收入唐釋道宣譯，《開元錄》卷 1，《大正》卷 55，頁 480 中。

7　有關轉輪王的定義，見下詳述。

8　（後漢）安世高譯，《犍陀國王經》，《大正》卷 14，頁 774。

語，不嫉妒、嗔恚罵詈，不疑」。[9]《犍陀國王經》所載的「般若波羅蜜」行法，指經中所載的六種大乘行者（Mahāyāna Buddhist practitioner）或菩薩（Boshisattva）修習成佛之道或方法。大乘佛教所制定的六種大乘修行者或菩薩修習成佛的方法或內容乃指：「布施、持律、忍辱、精進、一心、智慧者」此六種行法。《犍陀國王經》所載的此六種大乘行法，與《道行般若經》所載的「六般若波羅蜜」行法內容完全相同，只是文字的表達方式有些不同。[10]

犍陀羅王用大乘佛教信仰統治犍陀羅國的事，也見記於東漢月支三藏支婁迦讖（Lokaksema）翻譯的另一部初期大乘經典《伅真陀羅經》。[11]《伅真陀羅經》說：「伅真陀羅王」（Chandradhāra king），帶領「伅真陀羅人」及「犍陀羅人」去聽佛說法。「伅真陀羅王」帶領其人民去聽佛說法，自然就有說明此王用佛教信仰建國的意思，否則其王不會帶領「伅真陀羅人」及「犍陀羅人」去聽佛說法。《伅真陀羅經》如此記載「伅真陀羅王」帶領其人民去聽佛說法的經文：

> 有王名曰伅真陀羅，從名香山，與諸伅真陀羅無央數千，犍陀羅無央數千，與諸天無央數千，而俱來說是瑞應。言適未竟，便見伅真陀羅與八萬四千伎人俱來……頭面著地為佛作禮。[12]

這段經文說，「伅真陀羅王從名香山」。雖然「犍陀羅」此詞沒有「香山」的意思，只有「香地」的意思，然我們知道，此「香山王」指的是「犍陀羅王」。《道行般若經》如此解釋「犍陀羅」此名的意思：

> 香風四散，分布四出，無不聞者。譬如，天香，用是故，名為犍陀越國。[13]

吳代（統治，222-280）貴霜譯經僧支謙翻譯的《道行般若經》第二本中譯本《大

---

9 （後漢）月支國三藏支婁迦讖譯，《道行般若經》卷6，頁454中-下。

10 見後詳述。

11 （唐）釋道宣撰，《開元錄》卷1，《大正》卷55，頁478中。

12 （後漢）月支國三藏支婁迦讖譯，《佛說伅真陀羅所問如來三昧經》（此後，《伅真陀羅經》）卷上，《大正》卷15，頁351下。

13 （後漢）月支國三藏支婁迦讖譯，《道行般若經》卷9，頁472上。

明度經》，也將「犍陀羅」此名翻譯成「香淨」或「香地」。[14]《伅真陀羅經》說「伅真陀羅王」也稱「香山王」，此「香山王」必指「犍陀羅王」，理由除了可能與「犍陀羅」此名有關外，與下面要陳述的理由可能更有關聯：(1)《伅真陀羅經》所載的佛教信仰也是初期大乘所提倡的「般若波羅蜜」的信仰及行法。《伅真陀羅經》的中譯本共有三卷的經文，卷中所闡述的大乘行法，即是《道行般若經》所載的「般若波羅蜜」六種行法。[15] 我們因此推測，《伅真陀羅經》所言的「香山王」即指「犍陀羅王」，否則此經不會說：「伅真陀羅王」帶領「犍陀羅人」及「伅真陀羅人」去聽佛法。(2)「犍陀羅人」既是真實的歷史人物，「伅真陀羅人」和「伅真陀羅王」應也是真實的歷史人物；「伅真陀羅王」甚至是統治犍陀羅的國王。

　　「伅真陀羅」此名是梵語「Chandradhāra」此詞的音譯詞。「伅真」此梵字亦可讀作「純真」（chandra），意指「月亮」，而「陀羅」（dhāra）此梵字則有「支持」的意思。中文「月亮支持」的簡稱，則有指中國歷史上所言的「月支」或「月氏」民族。由此，「伅真陀羅王」很明顯的是指當時統治「犍陀羅國」或「大月氏國」的「月氏王」或「貴霜王」。直至今日，許多學者尚將「月支」讀成「肉支」。[16] 這都因為這些學者沒有注意到，「月氏」或「月支」民族有尊崇或崇拜月亮的習俗。月氏民族尊崇月亮的習俗，除了反映於《伅真陀羅經》所載的「伅真陀羅王」的各種與月亮崇拜有關的名字外，也反映在《伅真陀羅經》所載的「伅真陀羅王」死後被授記的菩薩名字及佛名。譬如，《伅真陀羅經》稱「伅真陀羅王」被授記的菩薩名字為「月光菩薩」，佛名為「大月光」。[17] 中國早期的史料也用間接的方式告訴我們，月氏有崇拜月亮的習俗。譬如，《前漢書·大月氏國》載：

　　大月氏本行國也，隨畜移徙，與匈奴同俗。控弦十餘萬故彊，輕匈奴。[18]

14　（吳代）支謙譯，《大明度經》卷6，《大正》卷8，頁504中。

15　（後漢）月支國三藏支婁迦讖譯，《伅真陀羅經》卷中，頁356上358上。

16　劉學銚，《從古籍看中亞與中國關係史》（台北：雲龍出版公司，2009），頁60。

17　見下詳述。

18　（漢）蘭台令史班固撰，《前漢書·西域傳》卷96上，上海書店編，《二十五史》第一冊（上海：

月氏既與匈奴同俗，月氏自然有匈奴崇拜日或太陽及崇拜月或月亮的習俗。《史記・匈奴傳》說：「單于朝出營拜日之始生，夕拜月……舉事而候星月，月盛壯則攻戰，月虧則退兵」。[19]「月氏」之名，因此與月氏民族「崇拜太陽」及「崇拜月亮」的習俗必有密切的關聯；否則目前保存的貴霜王迦尼色迦第一（Kanishka I, 127-140）及其子胡為色迦王（Huvishka, 160-190）所鑄造的錢幣，不會常在錢幣的反面造有日神（Sun God）及月神（Moon God）的造像，[20]而丘就卻的菩薩名字及佛名也不會都與月亮崇拜有關。《伅真陀羅經》所載的「伅真陀羅王」及「伅真陀羅人」，因此有指「月支／月氏王」及「月支／月氏人」的意思。

　　《伅真陀羅經》說，「伅真陀羅王」的前生是大夏王「尼彌陀羅」或「彌蘭王」（King Menander or Milinda of Bactra or Bactria）。[21] 我們從目前保存的丘就卻錢幣及丘就卻的政治生涯都可以看出，丘就卻受大夏王「尼彌陀羅」的影響很大。古代的大夏王「尼彌陀羅」既然是真實的歷史人物，[22]《伅真陀羅經》所載的「伅真陀羅王」應也是一位真實的歷史人物，他應該就是貴霜王朝的建國者丘就卻。因為丘就卻不僅和大夏王「尼彌陀羅」一樣，在大夏地崛起建國，並與大夏王「尼彌陀羅」一樣，在建國之後帶領貴霜軍隊從大夏地越過高山到「犍陀羅」定都、建國。除此，照大乘經典《伅真陀羅經》的說法，丘就卻與「尼彌陀羅」王一樣，都用「摩訶衍」（the Mahāyāna）或大乘佛教信仰建國。[23]《伅真陀羅經》所載的「伅真陀羅王」或丘就卻，因此也就是《道行般若經》及《犍陀國王經》所載的「犍陀羅王」。特別是，丘就卻所鑄造的錢幣也鑄寫有說明自己是用佛教信仰建國的「法王」（Dharmarājika）或「轉輪

　　上海古籍出版公司，1986），頁 361a。

19　（漢）太史令司馬遷撰，〈唐諸王侍讀率府長史張守節正義〉，《史記・匈奴傳》卷 11，頁 319d。

20　見本書第三章，〈貴霜佛教建國信仰的發展者迦尼色迦第一及胡為色迦王〉所談論的迦尼色迦第一及胡為色迦王的錢幣反面的神祇造像。

21　見下詳述。

22　見下詳述。

23　見下詳述。

王」。丘就卻在其鑄造的錢幣上使用「法王」號的做法，很顯然的也受大夏王「尼彌陀羅」所造錢幣已造有「法王」號的影響。[24]《仳真陀羅經》所載的「香山王」，因此有指「犍陀羅王」或貴霜王朝的建國者丘就卻的意思。[25]

貴霜王丘就卻既在「犍陀羅」定都，並在「犍陀羅」發展大乘佛教，這就是初期大乘經典《道行般若經》為何會說貴霜王或犍陀羅王在其都城「犍陀羅」發展初期大乘佛教的原因，這也是《仳真陀羅經》為何會說「仳真陀羅王」或「月支王」帶領「仳真陀羅人」或「月支人」及「犍陀羅人」去聽佛說法的原因。初期大乘經典《道行般若經》及《仳真陀羅經》顯然都不是普通的初期大乘佛教經典，而是記載貴霜王朝的建國者丘就卻在「犍陀羅」發展大乘佛教及「佛教建國信仰」的佛教記史文獻。

過去我們因都不重視大乘經典有記載貴霜發展大乘佛教活動的特性，因此在研究貴霜的歷史及文化之際，常因忽略大乘佛經對我們研究貴霜歷史及文化的重要性，從而無法解開許多出土貴霜銘文及實物之謎。《道行般若經》事實上是我們研究丘就卻發展「佛教建國信仰」的最重要佛教資料，因為此經載有丘就卻當日在犍陀羅發展「佛教建國信仰」的內容及方法。筆者因此要在此章用這些保存的中譯初期大乘經典，特別是《道行般若經》，重新探討丘就卻如何在犍陀羅發展大乘佛教及「佛教建國信仰」的情形。

筆者在 1993 年出版的《貴霜佛教政治傳統與大乘佛教》（此後，《貴霜佛教政治傳統》），[26] 是筆者第一部研究貴霜「佛教建國信仰」的著作。筆者在撰寫此書之際，主要是用中文佛教文獻，包括早期的中譯大乘經典，去談論早期貴霜帝王用宗教信仰建國的情形。筆者當時雖然注意到，貴霜帝王所鑄造的錢幣及銘文，也是我們了解這些早期貴霜帝王發展「佛教建國信仰」的重要資料，然由於當時的網絡發展情形與今日非常不同，筆者在無法較全面檢視早期貴霜帝王所鑄造的錢幣及銘文的情形下，並因當時學界對早期貴霜諸王

---

24 見下詳述。

25 見下詳述。

26 見古正美，《貴霜佛教政治傳統與大乘佛教》（此後，《貴霜佛教政治傳統》）（台北：允晨出版公司，1993）。

的統治順序及時間也沒有定論，因此在使用中文佛教文獻推論貴霜諸王的宗教及政治活動之下，犯下許多推論上的嚴重錯誤。譬如，筆者在該書中便將中文佛教文獻《舍利弗問經》及《阿育王傳》所載的貴霜毀佛邪見王「弗舍蜜哆」，貿然指認其為今日學者所言的迦尼色迦第一的兒子胡為色迦王就是一個例子。[27] 筆者在出版《貴霜佛教政治傳統》之後，從網絡登錄的胡為色迦王時代所鑄造的錢幣注意到，胡為色迦不但具有沿襲丘就卻及迦尼色迦第一發展貴霜奠立的「佛教建國信仰」統治貴霜的情形，而且其時代也有明顯的提倡大乘佛教信仰的現象；甚至有大量製作佛教轉輪王造像的活動。[28] 從胡為色迦鑄造的錢幣及其時代所造的銘文，我們認為，胡為色迦甚至是歷史上奠立依據大乘佛經大量製作佛教轉輪王造像的第一位貴霜王。筆者之前對胡為色迦王如此大反差的認識及了解，自然令筆者心中感到非常不安，因此筆者一直想用胡為色迦鑄造的錢幣、出土的銘文和造像，及其時代撰造的大乘經典，再重新談論胡為色迦王發展「佛教建國信仰」的情形。筆者雖然在《貴霜佛教政治傳統》中也用大乘經典談到迦尼色迦第一有發展「大乘彌勒教」的信仰及撰造《彌勒下生經》的活動，然筆者在談論迦尼色迦第一這些彌勒信仰活動之際，不但沒有注意到迦尼色迦第一當時也有鑄造、並流通「彌勒佛」錢幣的活動情形，而且也沒有解釋其提倡彌勒佛下生信仰的原因。迦尼色迦第一提倡「大乘彌勒教」信仰的原因，與其流通「彌勒佛」錢幣及撰造《彌勒下生經》的活動，事實上皆息息相關，都與其要步丘就卻的後塵，用大乘佛教信仰統治貴霜的活動，有密切的關聯。故筆者在本書的第三章，便要重新檢查迦尼色迦第一及胡為色迦王所鑄造的錢幣及造像，也要談論此二貴霜王在犍陀羅發展「佛教建國信仰」及造像的情況。[29] 筆者之所以要如此作，乃因在丘就卻之後，貴霜發展「佛教建國信仰」的貴霜王，乃以迦尼色迦第一及胡為色迦為最重要的代表人物。此二貴霜王不僅有明顯承傳丘就卻所奠

---

27 見古正美，《貴霜佛教政治傳統》第六章，〈後貴霜的崛起與亡滅〉，頁 380-387。

28 見本書第三章，〈貴霜佛教建國信仰的發展者迦尼色迦第一及胡為色迦王〉。

29 見本書第三章，〈貴霜佛教建國信仰的發展者迦尼色迦第一及胡為色迦王〉。

立的佛教建國事業，甚至進一步開拓用造經及造像的方法表達「佛教建國信仰」的內容及轉輪王造像。特別是胡為色迦王，其更是在歷史上奠立用大量製作佛教轉輪王造像的方法，表達其「佛教建國信仰」的內容及佛教轉輪王造像的最重要人物。

筆者在《貴霜佛教政治傳統》中談論丘就卻與「尼彌陀羅」的關係之際，因沒有詳細談論東西方學者對「尼彌陀羅」的一些研究情形，也沒有談論「尼彌陀羅」鑄造的錢幣對丘就卻用佛教信仰建國的影響，[30] 故筆者在本章，也要再談論東西方學者研究「尼彌陀羅」及「尼彌陀羅」鑄造錢幣的情形。筆者要再談論東、西方學者研究「尼彌陀羅」的情形，乃因東、西方研究「尼彌陀羅」的學者，至今尚不知道中譯大乘佛經《伅真陀羅經》有談到「尼彌陀羅」是「伅真陀羅王」或丘就卻「前生」的故事；也不知道《伅真陀羅經》也載有丘就卻所發展的「佛教建國信仰」乃受大夏王「尼彌陀羅」影響的事。由於東、西方學者在研究「尼彌陀羅王」之際，都不知道有《伅真陀羅經》此大乘經典的存在，因此在談論「尼彌陀羅王」是否是佛教徒的問題上，至今尚爭論不休。

筆者在《貴霜佛教政治傳統》中雖然也談到丘就卻第一類及第二類錢幣上所鑄記的王號意思，然由於筆者當時並沒有注意到，丘就卻的此王號也出現於多部後來大乘撰造的大乘經典，故筆者將此丘就卻的王號翻譯成「護法者」。[31] 筆者的翻譯雖然不是非常正確，但也有說明此王號是丘就卻的佛教王號。[32] 筆者在此章因此要依據貴霜之後中譯大乘佛經再度談論丘就卻錢幣上的此王號。此王號非常重要，丘就卻在統治貴霜之際因用錢幣一再流通此王號的緣故，在今日巴基斯坦達夏西拉（Taxila, Pakistan）的丘就卻葬塔，才會用「法王塔」（Dharmarājika stūpa）之名埋葬丘就卻的舍利。[33] 西方學者一直都有研究「法王塔」的傳統，但其等基本上都認為，「法王塔」是阿育王為佛陀所建

30　見古正美，《貴霜佛教政治傳統》第二章，〈佛教政治的創始者——丘就卻〉，頁 64。

31　見古正美，《貴霜佛教政治傳統》第三章，〈丘就卻的葬塔——法王塔〉，頁 107。

32　見古正美，《貴霜佛教政治傳統》第三章，〈丘就卻的葬塔——法王塔〉，頁 107。

33　見下詳述。

造的「佛塔」。基於此因,筆者要在此章再談論丘就卻錢幣上的「法王」號及此號與丘就卻葬塔「法王塔」的關聯性。由於丘就卻的錢幣已經出現丘就卻使用佛教「法王」的王號,這說明《佹真陀羅經》所載的丘就卻為「佛教轉輪王」的史實,確實是丘就卻在歷史上的真實寫照。

　　筆者在《貴霜佛教政治傳統》所犯的錯誤及沒有交代清楚的事不止於此,筆者因此一直想再重新撰寫早期貴霜王發展「佛教建國信仰」的情形;特別是,在筆者出版該書之後,許多重要的貴霜銘文相繼出土,這不僅對貴霜的研究非常重要,這也因此將西方的貴霜研究帶到一個比較多面或多元研究的嶄新境界。在這些新近出土的貴霜銘文中,以 1993 年於古代大夏地發現的「拉巴塔克銘文」(Rabatak inscriptions)最為重要。因為該銘文不但記載有早期貴霜幾位帝王的確實統治順序或繼承關係,也記載有一些我們過去不太確定的事,譬如,迦尼色迦第一統治的確實疆域。[34]「拉巴塔克銘文」出土之後,哈利.佛克(Harry Falk)將迦尼色迦第一開始統治貴霜的時間確定在西元 127之後,[35] 學者因都認為其對迦尼色迦第一的定年相當合理,因此都開始沿用哈利.佛克對迦尼色迦第一的定年,並推算早期貴霜其他統治者統治貴霜的時間。[36] 筆者在此書中也沿用哈利.佛克所推定的貴霜王統治年表,作為我們在本書中談論早期貴霜王統治貴霜的時間。研究貴霜的歷史及文化,除了中文佛教文獻、史料,及中譯大乘佛教經典的記載對我們的研究非常重要外,出土的錢幣、銘文及造像,也是我們研究貴霜歷史、文化的重要資料。1993 年出土的「拉巴塔克銘文」即是一個例子。

34　https://en.wikipedia.org/wiki/Kushan_Empire/2/1/2019.

35　Harry Falk, "The yuga of Sphujiddhvaja and the Era of the Kuṣāṇas," Silk Road Art and Archaeology Vol. 7. Kamakura: The Institute of Silk Road Studies, 2001, pp. 121-36; see also, www.Iranicaonline.org/articles/Kushan-03_chronology.2/2/2019.

36　Elizabeth Errington, "Numismatic Evidence for Dating the Kanishka' Reliquary," *Silk Road Art and Archaeology,* Vol. 8. Kamakura: The Institute of Silk Road Studies, 2002, pp. 101-120;see also, Nicholas Sims-Williams and Joe Crib, "A New Bactrian Inscription of Kanishka the Great," *Silk Road Art and Archaeology.* Kamakura: The Institute of Silk Road Studies, 1996, p. 106.

第二節 中文史料、中譯大乘佛教經典及丘就卻鑄造錢幣所載的丘就卻建國及奠立佛教建國信仰的信息及證據

一 中國史書所載的丘就卻建立貴霜王朝的情形

中國早期的史料，都稱呼貴霜王朝的建國者為「丘就卻」，但在今日阿富汗及巴基斯坦出土的丘就卻時代所鑄造的錢幣，常稱其為「庫就拉·卡德費些斯」（Kujūla Kadphises）。中國史料常說，丘就卻原是中國西北游牧民族月氏／月支民族的後裔。西元前兩百年左右，大月支因被匈奴所滅，其餘部即隨之開始向西遷徙，最後到達古代印度西北的阿姆河或媯水流域（the Oxus or the Amu Darya），即今日阿富汗北部鄰近蘇俄南部的中亞地區，並從此與該地的「印度—希臘人」（Indo-Greek）共同居住在中國史書所言的「大夏地」。大月氏在大夏地定居百多年之後，丘就卻即在該地崛起而統一月氏五部或「五翕侯」，並建立「貴霜王朝」。《史記》及《後漢書》都記載有月氏自中國西北遷徙至大夏地，並在大夏地的「藍氏城」（Balkh, Bactra or Bactria）建立「大月氏國」或「貴霜王朝」的歷史。《後漢書·西域傳》載：

> 大月氏國居藍氏城，西接安息，四十九日行。東去長史所居六千五百三十七里，去洛陽萬六千三百七十里，戶十萬，口四十萬，勝兵十餘萬人。初月氏為匈奴所滅，遂遷於大夏，分其國修密、雙靡、貴霜、肸頓、都密，凡五翕侯。後百餘歲，貴霜翕侯丘就卻攻滅四翕侯自立為王，國號貴霜。侵安息，取高附地，又滅濮達、罽賓，悉有其國。丘就卻八十餘死。子閻膏珍代為王，復滅天竺，置將一人監領之，月氏自此之後，最為富盛，諸國稱之皆曰貴霜王。漢本其故，言大月氏云。[37]

37（宋）宣城太守范曄撰，唐章懷太子賢注，《後漢書·西域傳》卷 118，上海書店編，《二十五史》第二冊，頁 297c-d。

按照《後漢書・西域傳》的說法，丘就卻建立貴霜王朝之後，即攻打安息（Parthia），[38] 占領高附（Kabul，今日阿富汗喀布爾），又克服濮達（Pushkalavati）及罽賓。濮達既指古代的犍陀羅，罽賓必在犍陀羅的附近。[39] 這說明，月氏在建國之後，不但占領古代希臘及安息人居住的地方，也占領了今日阿富汗東北及巴基斯坦北部大片的土地。丘就卻所統治的古代印度西北地區，可以媲美其前在大夏地建國的「印度—希臘王」（Indo-Greek King）「尼彌陀羅」，[40] 或其他佛教經典，如《那先比丘經》（*Questions of King Milinda*）所載的「彌蘭王」。[41]《後漢書・西域傳》說，「丘就卻八十餘死」。我們因此推測，丘就卻去世的時間是在西元 1 世紀 78-80 年之間，[42] 而其出生的時間可能是在西元前 5 年左右。丘就卻在「藍氏城」建立貴霜王朝的時間，目前以西元 30 年左右的說法居多。[43] 無論如何，照《後漢書・西域傳》的說法，丘就卻死後，其子「閻膏珍」繼承其位。《後漢書・西域傳》說：「月氏自此之後，最為富盛，諸國稱之皆曰貴霜王」。

由於 1993 年出土的「拉巴塔克銘文」載有早期貴霜諸王的統治順序，我們從而知道，丘就卻的繼承者是微馬・塔克圖（Vima Taktu, 80-95），微馬・塔克圖的繼承者是微馬・卡德費些斯（Vima Kadphises, 95-127），微馬・卡德費些斯的繼承者是迦尼色迦第一（Kanishka I, c. 127-140），迦尼色迦第一的繼承者是瓦希色迦（Vasishka, c.140-160），瓦希色迦的繼承者是胡為色迦（Huvishka, c. 160-

---

38　可能在印度—庫什（Hindu-Kush）的印度—安息（Indo-Parthians）地南方。

39　美國學者羅申費爾德說，罽賓的位置非常不確定，有指犍陀羅，也有指下烏萇河谷（the lower Swāt Valley）。見 John M. Rosenfield, *The Dynastic Arts of the Kushāns.* Berkeley: University of California Press, 1967, p. 11。因為 puskalavati /puskarāvatī 此梵字有指「犍陀羅」的意思。見荻原雲來博士編，《梵和大辭典》下冊，頁 799 上。又，犍陀羅在發展大乘佛教期間，罽賓曾是犍陀羅發展大乘佛教的策劃及造經中心，故筆者認為罽賓就在迦尼色迦第一建造的「西域第一大塔」址的地方。見本書第三章詳述。

40　見下詳述。

41　T. W. Rhys Davids, "The Introduction to the *Questions of King Milinda*," in Max Müller, ed., *Sacred Books of the East*, Vol. XXXV. Delhi: Motilal Banarsidass, 1975, pp. xi-xlix.

42　見後詳述。

43　https://en.wikipedia.org/wiki/Kushan_Empire/2/1/2019.

190），而胡為色迦的繼承者是「早期貴霜」（the Early Kushān）的最後一位統治者瓦素德瓦（Vasudeva I, 190-230）。[44] 在此了解下，中文文獻所言丘就卻的繼承者「閻膏珍」，應指微馬・塔克圖。「拉巴塔克」銘文也告訴我們，丘就卻有兩個兒子，一位是微馬・塔克圖，一位是薩達斯卡納（Sadaskana）或「薩達色迦諾」。後者即是微馬・卡德費些斯的父親，[45] 也是我們在下面要談論的，在古代「烏萇」主政並安置「佛舍利」的「烏萇王」。[46]

按照馬歇爾爵士（Sir John Marshall, 1876-1958）的說法，安息是在西元 25 年進入達夏西拉（在犍陀羅東南方）及犍陀羅。丘就卻進入犍陀羅的時間，因此是在西元 50 年之後，因為馬歇爾爵士說，西元 44 年安息人尚統治達夏西拉。[47] 但照柯諾（Sten Konow, 1867-1948）的說法，希爾卡普（達夏西拉）是在西元 65 年被丘就卻占領。[48] 現代學者尼克拉斯・沈氏・威廉斯（Nicholas Sims-Williams）及周・克利浦（Joe Crib）用銘文推算丘就卻進入達夏西拉及犍陀羅的時間，是在西元 65 年到 79 年之間。[49] 換言之，丘就卻進入犍陀羅並發展「佛教建國信仰」的時間，最早都要到西元 60 年代的中期左右，這比筆者之前依據馬歇爾爵士所說，並推算出來的西元 50 左右丘就卻進入達夏西拉及犍陀羅的時間要晚得多。[50]

我們之所以要知道丘就卻何時越過高山帶兵自今日的阿富汗（Afghanistan）進入今日巴基斯坦（Pakistan）的達夏西拉及犍陀羅，乃因丘就卻是在帶兵進入犍陀羅之後，其才定都犍陀羅，並在犍陀羅發展大乘佛教或「佛教建國信仰」，故我們需要知道其於何時進入達夏西拉及犍陀羅。由於學者對於丘就卻帶兵進入達夏西拉及犍陀羅的時間看法不一，而尼克拉斯・沈氏・威廉斯及

44　https://www.iranicaonline.org/articles/kadphises-kujula-the first kushan-king, page 2 of 4, 9/3/2013.

45　https://en.wikipedia.org/wiki/Kushan_Empire.2/1/2019.

46　見下詳述。

47　Sir John Marshall, *Buddhist Art of Gandhāra*. Cambridge: Cambridge University Press, 1960, p. 6.

48　Johanna Engelberta Van Lohuizen-De Leeuw, The *"Scythian" Period*. New Delhi: Munshiram Manoharlal Publishers Pvt. Ltd., 1995, p. 374.

49　Nicholas Sims-Williams and Joe Crib, "A New Bactrian Inscription of Kanishka the Great", p. 104.

50　見古正美，《貴霜佛教政治傳統》第二章，〈佛教政治的創始人——丘就卻〉，頁 31。

周‧克利浦所推斷的西元 79 年又太晚，因為丘就卻去世的時間一般都還認為是在西元 78 年到西元 80 年之間，我們因此在此將採取比較折中的說法，並用柯諾的說法，將丘就卻進入達夏西拉及犍陀羅的時間推定於西元 60 年至西元 65 年之間，而丘就卻在犍陀羅發展大乘佛教及「佛教建國信仰」的時間，則定在西元 65 年左右。

二 丘就卻與大夏王尼彌陀羅的關係及尼彌陀羅的政治活動

丘就卻在大夏地居住的時間，受到「印度—希臘人」的文化影響很大；特別是受大夏王「尼彌陀羅」用佛教信仰建國的影響最大。初期大乘經典《伅真陀羅經》不僅載有「伅真陀羅王」或月氏王用大乘佛教信仰統治犍陀羅的活動，同時也載有「印度—希臘王」或大夏王「尼彌陀羅」是「伅真陀羅王」或月支王「前生」的說法。《伅真陀羅經》如此記載此事：

> 爾時有佛，號字羅陀那吱頭（漢言寶英），其剎土名曰首呵（首呵者漢言曰為淨貌）……其土皆悉摩訶衍。爾時之世，有遮迦越羅，名曰尼彌陀羅，而主四方。是遮迦越羅，供養佛六十億菩薩至千億萬歲，所作功德而無央數，及夫人八萬四千，及子千人，及官屬八萬四千人，與俱發阿耨多羅三藐三菩提心，發心復供事佛至億萬歲。卻後以太子名曰和陀波利林代而立為王，棄國行作沙門。其太子立為王者，亦供養佛如前數已，復立其子而為王，便棄國行作沙門。如是輾轉相傳如前法，乃至盡于佛壽。其佛泥洹已，最後末王而制持法。
> 佛語提無離薩：汝乃知時遮迦越羅尼彌陀羅不？今現伅真陀羅是。[51]

從上面此段經文的記載，我們可以歸納此段經文載有下面三條內容：（1）「尼彌陀羅」因發展「摩訶衍」或大乘佛教，故其被稱為「遮迦越羅」或「轉輪王」。（2）「尼彌陀羅」因供養佛及菩薩，故以「供養」行法為其發展「摩訶衍」或「轉輪王建國信仰」的主要方法。（3）「伅真陀羅王」或丘就卻因沿襲「尼彌陀羅」用「轉輪王建國信仰」統治大夏地的方法，因此「尼彌陀羅」

51　（後漢）月支國三藏支婁迦讖譯，《伅真陀羅經》卷下，頁 363 中。

不僅被視為「伅真陀羅王」的前生，同時也被視為「遮迦越羅」。

我們在上面說過，「遮迦越羅」即是「轉輪王」此詞的早期中譯名稱。轉輪王因是用宗教信仰建國的帝王，因此用佛教信仰建國的帝王，也被稱為「佛教轉輪王」或簡稱「轉輪王」。大乘佛教經典所言的「佛教轉輪王」，也常被視為「統四邊畔」的「世界大王」（Universal monarch）。[52] 譬如，元魏時代（統治，386-534）菩提留支（Bodhiruci）翻譯說明轉輪王治世法的大乘經典《大薩遮尼乾子所說經‧王論品》，即如此定義「轉輪王」此概念：

> 大王當知，王有四種：一者轉輪王、二者少分王、三者次少分王、四者邊地王。轉輪王者，有一種轉輪王，謂灌頂剎利，統四邊畔，獨尊、最勝，護法法王。彼轉輪王七寶具足，何等七寶？一者夫人寶、二者摩尼寶、三者輪寶、四者象寶、五者馬寶、六者大臣寶、七者主藏寶。彼轉輪王，如是七寶，具足成就，遍行大地，無有敵對，無有怨刺，無諸刀杖，依於正法，平等無偏，安慰降伏。王言：大師，云何名為轉輪聖王統四邊畔？答言：大王，以王四天下得自在故。王言：大師，云何名為獨尊、最勝？答言：大王，所出教令，無違逆故。王言：大師，云何護法？答言：大王，修十善法，不令邪法殺生等壞，名為護法。王言：大師，云何法王？王言：大王，轉輪聖王以十善道化四天下，悉令受持，離十惡業。行十善道，具足成就，名為法王。[53]

《大薩遮尼乾子所說經》雖是一部後來撰造的定義「轉輪王」此概念及說明轉輪王如何用佛教信仰治國的經典，然此經說得非常清楚，「轉輪王」是「王四天下」或「統四邊畔」的「世界大王」或「王中之王」（King of kings）。佛教轉輪王因用佛教信仰建國，即《大薩遮尼乾子所說經》所說的，「轉輪聖王以十善道化四天下」，因此轉輪王也有「護法法王」或「法王」（dharmarājika or dharmarāja）之稱。佛教的轉輪王因此不是一般的帝王，他除了具有使用佛教信仰統治國家的特性外，他也是「世界大王」或「王中之王」。

---

52 見下詳述。

53 （元魏）天竺三藏菩提留支譯，《大薩遮尼乾子所說經‧王論品第五之一》，《大正》卷9，頁330上-中。

《伅真陀羅經》說，大夏王「尼彌陀羅」因「其土皆悉摩訶衍」。我們因此推測，「尼彌陀羅」因用「摩訶衍」或大乘佛教建國，特別是用「供養」的行法建國，因此有「遮迦越羅」或轉輪王的稱號。「尼彌陀羅」因被《伅真陀羅經》視為「伅真陀羅王」或月氏王的前生（a previous life）：「汝乃知時遮迦越羅尼彌陀羅不？今現伅真陀羅是」，《伅真陀羅經》因此認為，「伅真陀羅王」或月氏王用「佛教信仰」建國，甚至用「般若波羅蜜」行法建國此事，乃深受大夏王「尼彌陀羅」的影響。

《伅真陀羅經》在此沒有告訴我們，經中所言的「伅真陀羅王」是哪位貴霜王，但由丘就卻所鑄造的錢幣及丘就卻有步「尼彌陀羅王」的後塵，用大乘佛教信仰統治貴霜王朝的情形，[54] 我們因此知道，在貴霜王中，只有貴霜王丘就卻是《伅真陀羅經》所載的「伅真陀羅王」。[55] 丘就卻不僅在大夏地出世、成長，同時也在大夏地崛起建立貴霜王朝。丘就卻長期受大夏文化影響的結果，其步大夏王「尼彌陀羅」用大乘佛教信仰建國，是可以明白的事。

過去東、西方學者都有長期研究「印度─希臘」文化或大夏文化的歷史。在這些學者中，以印度學者那拉因（A. K. Narain, 1925-2013）的研究成果最受矚目之一。東西方學者在談論大夏王「尼彌陀羅」的活動時，基本上都不知道，中譯大乘佛經《伅真陀羅經》載有月氏王或「伅真陀羅王」發展「佛教轉輪王信仰」的活動，而「伅真陀羅王」或月支王丘就卻所施行及發展的「佛教轉輪王信仰」，乃受「印度─希臘王」或大夏王「尼彌陀羅」的影響。因此東西方學者對「尼彌陀羅王」或彌蘭王的研究，不但都沒有提及《伅真陀羅經》此經，也沒有將大夏王「尼彌陀羅王」所發展的「轉輪王建國信仰」作進一步的說明。即使這些東西方的學者在談論出土的「尼彌陀羅王」錢幣造有「法王」號及「法輪」的造像之際，他們也都沒有談論丘就卻在其錢幣上所造的「法王」號，與「尼彌陀羅王」在錢幣所造的「法王」號，有密切的關聯。[56]

---

54 見後詳述。

55 見後詳述。

56 見後詳述。

由此，我們知道，今日我們所了解的「尼彌陀羅王」或「大夏文化」，還有一些可以補充及說明的地方。

就《㤉真陀羅經》所記載的「尼彌陀羅王」而言，他也是一位用「摩訶衍」或「大乘佛教信仰」建國的佛教轉輪王。因為《㤉真陀羅經》說：尼彌陀羅統治的國度，「其土皆悉摩訶衍」。《㤉真陀羅經》此句話的意思，與《道行般若經》說，犍陀羅王統治的犍陀羅城「無有異人，皆是菩薩」的說法如出一轍，都有說明「尼彌陀羅」所統治的國家是，「摩訶衍」的信仰者或大乘行者居住的國家。由於《㤉真陀羅經》也說：「（尼彌陀羅）供養佛六十億菩薩至千億萬歲，所作功德而無央數，及夫人八萬四千，及子千人，及官屬八萬四千人，與俱發阿耨多羅三藐三菩提心，發心復供事佛至億萬歲」，我們因此推論「尼彌陀羅」是用「供養佛及菩薩」的方法，作為其用「摩訶衍」或大乘信仰建國的方法。換言之，「尼彌陀羅」是用全國上下都「供養佛及菩薩」的方法將其統治的「大夏國」變成一個佛教國家。「尼彌陀羅」所用的「供養」建國方法，事實上就是丘就卻後來所使用的大乘佛教建國方法；[57] 只是《㤉真陀羅經》沒有對「尼彌陀羅」「供養佛及菩薩」的行法與「摩訶衍」的關聯性作更多的論述，而丘就卻時代所造的《道行般若經》，則對丘就卻所施行的「供養」行法有非常詳細的論述及說明。就這點而言，我們應該視大夏王「尼彌陀羅王」為一位開拓及始用「佛教建國信仰」的啟蒙者，而貴霜的建國者丘就卻，才是歷史上將「轉輪王建國信仰」發揚光大，並將之系統化或理論化的帝王。[58]

我們雖有《㤉真陀羅經》及《那先比丘經》等經可以推測「尼彌陀羅王」的生平事蹟及活動，然此二佛教經典所記載的「尼彌陀羅王」的事蹟及活動都非常有限。故我們除了能從《㤉真陀羅經》的極少記載推知「尼彌陀羅王」曾以「轉輪王」的姿態發展佛教「摩訶衍」或大乘佛法外，從同經的記載我們也知道，「尼彌陀羅王」是用大乘佛教的「供養行法」，將全國人民結合起

57　見後詳述。

58　見下詳述。

來成為一個佛教國家的古代中亞帝王。

　　我們今日對「尼彌陀羅」政治生涯及政治活動的了解，事實上非常有限。目前筆者所知的有關「尼彌陀羅王」的知識，基本上都從《佃真陀羅經》的有限記載推論出來的知識。西方學者對其的了解，則依賴不斷出土的「尼彌陀羅王」所鑄造的錢幣及銘文，去了解此位古代在「大夏地」建國的「印度—希臘王」的政治及軍事活動。

　　《佃真陀羅經》所載的「首呵」，應指巴利文（Pāli）《彌蘭王所問經》或《那先比丘經》（the Milindapanha）所載的「彌蘭王」所統治的都城名字「沙噶拉」（Sagāla）。[59] 從此《彌蘭王所問經》的巴利文經典，我們知道《佃真陀羅經》所言的「尼彌陀羅王」，即指巴利文《彌蘭王所問經》或中譯《那先比丘經》所載的「彌蘭王」。《彌蘭王所問經》的巴利文經名叫做the Milinda pañho。巴利文學者芮士‧戴維斯（T. W. Rhys Davids, 1843-1922）將此巴利文經名英譯成：The Questions of King Milinda，意為《彌蘭王所問經》。芮士‧戴維斯翻譯的英譯版《彌蘭王所問經》，基本上依據巴利文此經翻譯的經本。[60] 芮士‧戴維斯認為，巴利文版的《彌蘭王所問經》與中文版的《那先比丘經》的經文內容不全相同，而中文版的《那先比丘經》有兩個版本，包括高麗藏版的經文。但中文版《那先比丘經》的兩個版本內容也不盡相同。[61] 我們完全不知道此經的作者及譯者是何人。收錄於《大正大藏經》中的《那先比丘經》有二卷及三卷兩種版本，並都被收入《東晉錄》。日本學者南條文雄（Nanjio Bunyiu, 1849-1927）因此認為，此經是東晉時期（統治，317-420）製作的經典。[62] 此經被收錄於《東晉錄》，只能說此經被翻譯的年代或收錄於《經錄》的年代是在東晉時期，至於此經的撰作時間及翻譯時間，自然要早過南條文雄所言的東晉時代。

59　T. W. Rhys Davids, "trans., The Introduction to the Questions of King Milinda," in Max Müller, ed., Sacred Books of the East, Vol. XXXVI, p. 373.

60　T. W. Rhys Davids, "The Introduction to the Questions of King Milinda," pp. 1-375.

61　T. W. Rhys Davids, "The Introduction to the Questions of King Milinda," pp. xi-xii.

62　T. W. Rhys Davids, "The Introduction to the Questions of King Milinda," p. xii.

《伅真陀羅經》只告訴我們,「尼彌陀羅王」是位用「摩訶衍」信仰建國的「遮迦越羅」或轉輪王。雖然《伅真陀羅》也提到「尼彌陀羅王」是位佛教徒,並用「供養佛及菩薩」的行法建立佛國,然此經並沒有進一步闡述「尼彌陀羅王」用佛教信仰建國的細節或內容。《那先比丘經》目前雖有巴利文版、中文版及英文版三種不同語言的經本,但《那先比丘經》與《伅真陀羅經》一樣,也沒有告訴我們更多有關彌蘭王或「尼彌陀羅」的事蹟。雖然中譯的《那先比丘經》提到彌蘭王用「正法治化」,或用佛教信仰建國,[63] 然此經並沒有進一步說明「尼彌陀羅王」用佛教信仰建國的方法或細節。

　　依據初期大乘經典《伅真陀羅經》的說法,「尼彌陀羅」是影響貴霜王丘就卻發展「佛教建國信仰」的最重要古代中亞帝王,我們在下面便要引用印度學者那拉因所著的《印度─希臘人》(the Indo-Greeks)作為我們了解更多有關「尼彌陀羅王」的政治及軍事活動。那拉因寫作其書的方法,除了藉助希臘史料的記載外,也用許多出土的「尼彌陀羅王」錢幣(coins),作為其研究及了解「尼彌陀羅王」統治古代印度或古代「印度─希臘人」的情形。那拉因的研究因此可以填補我們從中文佛教文獻無法得知的「尼彌陀羅王」資訊。

　　那拉因說,印度文學通稱「印度─希臘人」(Indo-Greeks)為「雅瓦那」(Yavana)。[64] 許多學者都認為,希臘王或馬其頓(Macedonian)大王「亞歷山大帝」(Alexander the Great)及其繼承者塞洛西德斯(Seleucids),是造成「印度─希臘人」居住在印度西北部的原因。但那拉因說,這種看法不僅是對「印度─希臘人」此詞的窄義了解,同時也與事實不合。[65] 按照那拉因的說法,「印度─希臘人」是古代的希臘人,基於不同的原因,從希臘移居伊朗(Iran)的早期希臘移民。這些早期的希臘移民,先是受到伊朗阿卡梅尼德王國(the Achaemenid empire)的威脅及迫害,從而不斷向東遷移,最後定居在伊朗的東部及今日的阿富汗。大量的所謂「印度─希臘人」後來都定居在阿富汗的「藍

63　《東晉錄》,《那先比丘經》卷上,《大正》卷32,頁694下。

64　A. K. Narain, *The Indo-Greeks*. Oxford: The Clarendon Press; 1957, p. 1.

65　A. K. Narain, *The Indo-Greeks*. p. 1.

氏城」一帶，即後來大月支丘就卻建立貴霜王朝的地方。大流士第三（Darius III）死後，亞歷山大帝即開始東征，這些定居在伊朗東部及阿富汗的早期希臘人，在亞歷山大帝進入伊朗東部及阿富汗之前，在政治上及經濟上已形成自己的自主團體。那拉因認為，這些早期的希臘移民，並不能被視為真正的希臘人（Hellenistic），因為他們更像伊朗人，他們與伊朗人通婚、同居，並共同抵禦從北方下來的游牧民族及邊地的權利結構。亞歷山大帝活著的時候，這些早期的希臘移民因畏懼他，而與他合作，但當亞歷山大帝去世之後，他們和合伊朗人一樣，便儘速地擺脫與亞歷山大帝的關係。他們在亞歷山大帝死後，甚至控制亞歷山大帝的繼承者無法控制的，從媯水（即藍氏城北邊的地區）到印度河（the Indus River）的一大片地域達兩代人以上的時間。[66]

這些所謂的「印度—希臘人」，因此是早期的希臘移民，他們在生活上雖然有伊朗化的現象，然他們還保留有自己的傳統（tradition），他們在亞歷山大帝去世之後，在藍氏城甚至至少建立有五個自己的王朝。[67] 迪歐多陀斯第一（Diodotus1）即是藍氏城王朝（the Bactrian kingdom）的奠基者。[68] 在這些「印度—希臘」大王中，最有名的大王即是彌蘭王或「尼彌陀羅王」。阿婆羅多魯斯（Apollodorus）說，「尼彌陀羅王」及德美處額斯（Demetrius）是藍氏城最有名的兩位「印度—希臘」統治者，[69] 而「尼彌陀羅王」是德美處額斯第一的繼承者。[70] 普魯塔奇（Plutarch）也認為，「尼彌陀羅王」是希臘藍氏城的統治者（Ruler of Bactria），而斯特拉波（Strabo）則說，「尼彌陀羅王」是統治藍氏城中的一位「大夏希臘王」（King of Bactrian Greeks）。[71]

那拉因說，「尼彌陀羅王」是希臘王中最卓越的藍氏城王，其統治印度領

66　A. K. Narain, *The Indo-Greeks*, pp. 1-6.

67　A. K. Narain, *The Indo-Greeks*, p 7.

68　A. K. Narain, *The Indo-Greeks*, p 16.

69　A. K. Narain, *The Indo-Greeks*, p. 27.

70　A. K. Narain, *The Indo-Greeks*, p. 33.

71　A. K. Narain, *The Indo-Greeks*, p 16.

土比亞歷山大帝征服過的印度地方還要遼闊。[72] 有人認為，「尼彌陀羅王」與德美處額斯第二（Demetrius II）及其家族有關連。從發現越來越多德美處額斯第二的錢幣，我們確定，具有希臘神「法拉斯」（Fallas）像的錢幣，就是德美處額斯第二鑄造的錢幣，而「尼彌陀羅王」所鑄造的錢幣，也造有這類型的錢幣。這些錢幣可以作為我們確定「尼彌陀羅王」是在優客拉提德斯（Eucratides）死後崛起的證據。[73] 塔恩（W. W. Tarn, 1869-1957）認為，「尼彌陀羅王」是德美處額斯的將軍，並在德美處額斯去世之後，受命繼承其位。[74] 那拉因說，「尼彌陀羅王」在優客拉提德斯死後立即繼承其王位，優客拉提德斯第一於西元前 155 年去世，因此「尼彌陀羅王」就是在此年登上王位。[75]「尼彌陀羅王」的錢幣在今日阿富汗的喀布爾（Kabul）地區發現相當多，因此學者都認為，其也統治過喀布爾。[76] 在犍陀羅，我們也發現有許多其鑄造的錢幣，特別是在濮達（Puskalāvati）及達夏西拉此二地區都發現很多；甚至在查沙達（Charsadda）也發現有其錢幣。[77] 由此可見，「尼彌陀羅王」也像後來的丘就卻一樣，將其王朝擴張到犍陀羅地區，並到達犍陀羅西北的斯瓦特流域（the Swat valley）或古代的烏萇。[78]

「尼彌陀羅王」統治其王朝的時代，是「印度—希臘」政權達到巔鋒狀態的時期。他統治的疆域，從西邊的喀布爾河谷（the Kabul valley）到東邊的拉維河（the Ravi），從北邊的斯瓦特河谷到達南邊的阿拉秋西亞（Arachosia）的北邊。[79]「尼彌陀羅王」鑄造的多種錢幣除了可以證實其統治的疆域非常遼闊外，也能證實其時代有繁榮的商業活動。[80] 那拉因因此認為，「尼彌陀羅王」

---

72 A. K. Narain, *The Indo-Greeks*, p. 36.

72 A. K. Narain, *The Indo-Greeks*, p. 36.

73 A. K. Narain, *The Indo-Greeks*, p. 75.

74 A. K. Narain, *The Indo-Greeks*, p. 75.

75 A. K. Narain, *The Indo-Greeks*, p. 77.

76 A. K. Narain, *The Indo-Greeks*, p. 78.

77 A. K. Narain, *The Indo-Greeks*, p. 79.

78 A. K. Narain, *The Indo-Greeks*, p. 79.

79 A. K. Narain, *The Indo-Greeks*, p. 97.

80 A. K. Narain, *The Indo-Greeks*, p. 99.

約死於西元前 130 年，但那拉因並沒有告訴我們其死於何處。[81]印度學者阿喜兒（D.C. Ahir）也說，「尼彌陀羅王」在西元前 160 年便開始統治印度的五河流域或旁遮普（Punjab），至其在西元前 145 年或西元前 130 年去世為止。[82]阿喜兒也沒有告訴我們「尼彌陀羅王」去世的地點。

許多學者從出土的「尼彌陀羅王」鑄造的錢幣認為，「尼彌陀羅王」是位「佛教徒」（Buddhist），或發展佛教信仰的轉輪王。但有些學者和塔恩一樣認為，我們既然從《那先比丘經》看不出「尼彌陀羅王」是位佛教徒，其非常可能不是一位佛教徒；特別是，「尼彌陀羅王」錢幣上造有希臘神「雅典娜」（Athena）的造像（圖 1），[83]這說明其並沒有「東方」（the oriental）的信仰。塔恩可能沒有注意到，《那先比丘經》載有彌蘭王或「尼彌陀羅」用「正法治化」的經文。此處所載的「正法治化」，有指「尼彌陀羅」有用大乘佛教信仰建國的意思。那拉因並沒有提到《那先比丘經》載有彌蘭王或「尼彌陀羅」用「正法治化」的經文，但他認為，塔恩這種說法並不能說服我們，就像貴霜的迦尼色迦王一樣，雖然其是位佛教徒，然其在錢幣上造有各種非佛教的神像（non-Buddhist deities），而其鑄造的錢幣，造有佛像者也非常少。那拉因又說，在「尼彌陀羅王」的時代，還沒有造佛像的活動，其錢幣上所造的「（法）輪」（wheel）造像（圖 2），[84]便非常可能是與佛教有關的造像。但塔恩不認為如此，因為塔恩推論「尼彌陀羅王」錢幣上的「（法）輪」造

圖 1　尼彌陀羅與雅典娜的錢幣

圖 2　尼彌陀羅具（法）輪造像的錢幣

81　A. K. Narain, *The Indo-Greeks*, p. 100.

82　D .C. Ahir, *Buddhism in North India*. Delhi: Classics India Publications, 1989, p. 16.

83　有關尼彌陀羅的錢幣，見 https://en.wikipedia.org/wiki/Menander_I/14/3/2022。

84　有關尼彌陀羅錢幣上的法輪造像，見 https://en.wikipedia.org/wiki/Menander_I/14/3/2022。

像，可能與其自稱「轉輪王」之事有關。[85]

從上面那拉因所記述的「尼彌陀羅王」的活動及事蹟，我們注意到，「尼彌陀羅王」與貴霜王丘就卻的政治活動有兩個重疊的活動：（1）兩人都在古大夏地的藍氏城崛起成為中亞歷史上的二大帝王。（2）兩人都離開其等建立政權的大夏地或藍氏城，並都帶兵越過高山到犍陀羅等古代印度西北及北部地區建立新國家。「尼彌陀羅王」與丘就卻在大夏地及犍陀羅建國及發展的時間，雖相距有一百多年之久，然從兩人出土的文物，如錢幣，[86] 我們可以看出，丘就卻是「尼彌陀羅王」的仰慕者及追隨者，並因受「尼彌陀羅王」的政治文化及軍事活動的影響，遂也成為亞洲歷史上有名的大帝王。《仳真陀羅經》的作者也深以為如此，因此他不但說，丘就卻步「尼彌陀羅王」的後塵發展「佛教建國信仰」，而且也說，「尼彌陀羅王」即是丘就卻的「前生」。

那拉因如果只因為「尼彌陀羅王」鑄造的錢幣造有「（法）輪」圖像而認為，「尼彌陀羅王」是位佛教徒或發展佛教信仰建國的「轉輪王」，其論證的證據的確有些薄弱。特別是，那拉因提到，「尼彌陀羅」的時代沒有造佛像的活動。那拉因的這個說法，事實上也有問題。因為《道行般若經》便載有佛陀涅槃後，因人們思念佛陀而造有佛陀形象，並禮拜和供養佛陀的事。[87] 很可惜那拉因沒有見到《道行般若經》此說，也不知有《仳真陀羅經》記載有「尼彌陀羅王」發展佛教「轉輪王信仰」的說法；否則其論證的證據會更充足；特別是，《仳真陀羅經》白紙黑字的說，「尼彌陀羅王」因發展「摩訶衍」，並用「供養佛及菩薩」的行法建國的緣故，而成為佛教的「遮迦越羅」或佛教的轉輪王。

三 丘就卻在錢幣上所表達的佛教轉輪王及法王形象

丘就卻在發展大乘「般若波羅蜜」行法作為其用佛教信仰建國的方法之

85　A. K. Narain, *The Indo-Greeks*, p. 98.

86　見後詳述

87　見後詳述

際，很顯然的也使用「尼彌陀羅王」在錢幣上鑄造的「法王」號，作為其轉輪王的王號。許多學者都認為，貴霜開始鑄造錢幣的活動，始自丘就卻的父親。目前保存的一枚造有赫萊歐斯（Heraios，統治，1-30）像的銀幣，便鑄記有「貴霜」（Kussano）的名字（圖3）。此枚銀幣常被學者視為是丘就卻父親鑄造的錢幣。[88] 但就中國史料的記載，丘就卻在統一月支五部之後，在歷史上才出現有「貴霜王朝」此名來判斷，此枚錢幣很可能也是丘就卻鑄造的一枚錢幣。

　　大英博物館（the British Museum）也收藏有一枚丘就卻鑄造的早期銅幣。此銅幣上的造像為羅馬皇帝奧古斯特斯式（the style of Roman emperor Augustus）的造像，希臘文字鑄寫的王號意為：「丘就卻是貴霜王朝的統治者」：Kozola Kadaphes Koshanan Zaoou（Kujūla, the ruler of the Kushāns）（圖4）。[89]

圖3　最早具有貴霜名字的銀幣　　圖4　大英博物館藏丘就卻造羅馬皇帝奧古斯特斯錢幣

　　丘就卻在統治貴霜王朝期間，事實上鑄造有許多類錢幣。出土的錢幣中，以其銅幣的數量最多。美國學者羅申費爾德（John M. Rosenfield, 1924-2013）所整理的丘就卻錢幣共有六大類，[90] 其中第一類及第二類的錢幣，都銘記有丘就卻的一種佛教帝王的稱號。第一類錢幣稱丘就卻的佛教王號為：dhramathidasa（圖5），[91] 而第二類錢幣則稱其為：sacadhramathitasa（圖6）。[92]

88　有關此錢幣，見 https://en.wikipedia.org/wiki/Kushan_coinage, 9/5/2013。

89　有關此錢幣，見 https://en.wikipedia.org/wiki/Kushan_coinage/9/15/2013。

90　John M.Rosenfield, *The Dynastic Arts of the Kushāns*, pp. 12-16.

91　John M. Rosenfield, *The Dynastic Arts of the Kushāns*, p. 12.

92　John M. Rosenfield, *The Dynastic Arts of the Kushāns*, p. 13.

羅申費爾德將第一類錢幣上的稱號英譯為：Steadfast in the Law，[93] 意為「行法」或「行法者」；將第二類錢幣上的稱號譯為：Steadfast in the True Law，[94] 意為「行真法」或「行真法者」。中國學者黃振華將 saca 此詞譯成「清淨」，並將 dhramathitasa 此詞譯成「住法」；[95] 而林梅村則將同一詞譯成「公正執法者」。[96]

圖 5　丘就卻第一類錢幣正反面造像　　　　圖 6　丘就卻第二類錢幣正反面造像

　　丘就卻此二類錢幣上的王號意思基本上相同，只是第二類錢幣上的王號前面多加一個 saca（真正）此詞。從羅申費爾德翻譯丘就卻此二類錢幣上的王號意思，即「行法者」及「行真法者」，我們很難看出此二王號的真正意思，而羅申費爾德也沒有進一步的說明此二王號的意思為何。黃振華引柯諾（S. Konow）的說法說：

　　丘就卻的這些錢幣既不稱「大王」或「王」，又用赫爾美斯（Hermaios）頭像，表明他們是在高附（Kabul）結盟進行聯合統治；而赫爾美斯的錢幣正面，則用希臘文鑄寫Basilenus（王），sotor（救世者）或 Basileus（王）、sotoros（救世主）、su（君長），反面用同希臘鑄文鑄寫maharajasa（大王）、mahatasa（大覺）、Hermayasa（赫爾美斯）或 maharajasa（大王）、rajarajasa（王中王）、mahatasa（大覺）及 Hermayasa（赫爾美斯）。此赫爾美斯稱「王」、「大王」或「王中王」，

93　John M. Rosenfield, *The Dynastic Art of the Kushāns*, p. 12.

94　John M. Rosenfield, *The Dynastic Art of the Kushāns*, p. 13.

95　黃振華，〈佉盧文貴霜王號研究〉，馬大正、楊鑛等編，《西域考察與研究》（烏魯木齊：新疆人民出版公司，1994），頁197。

96　林梅村，《漢唐西域與中國文明》（北京：文物出版公司，1998），頁118。

而丘就卻無此稱號，顯見其時丘就卻的政治力量還不足稱「王」。[97]

羅申費爾德將此二類錢幣上的「法」及「正法」（dhrama and sacadhrama），各別翻譯成法律上或自然規律的「法」（law）及「真法」（true law），即是非常錯誤的翻譯法。因為此二類錢幣上的「法」（dhrama / dharma）及「正法」（sacadhrama / sacadharma），並不是指法律或自然規律所言的「法」及「真法」，而是指佛教的「佛法」（dharma）或「正法」（right dharma）。佛教的「佛法」，指佛教的教義（Buddhist doctrine），因此大乘佛經常將「正法」指謂大乘佛法。[98]

柯諾及黃振華因將此二丘就卻錢幣上的王號，即 dhramathidasa，都翻譯成「住法」。從他們的翻譯，我們完全無法看出此「住法」是什麼意思。林梅村雖然認為，丘就卻是貴霜王朝第一位發展佛教的帝王，而他也將此二錢幣上的「法」視為「佛法」，然就他將 sacadhramathitasa 此王號翻譯成「公正執法者」，[99] 我們也無法從其翻譯此詞的意思看出此王號與丘就卻發展的佛教有何關聯。

我們注意到，丘就卻此二錢幣上的此二王號，後來也常出現在中譯的大乘佛經。中譯大乘佛經常將丘就卻錢幣上的此二相似的王號漢譯成「行法行王」或「法行王」等詞。譬如，元魏菩提留支翻譯的《大薩遮尼乾子所說經‧王論品》，在談到轉輪王應如何治世的場合時，即將此二王號譯成「行法行王」。[100]《大薩遮尼乾子所說經》說：

> 王言：大師，行法行王有慈悲心，云何而能治彼惡行諸眾生等？答言：大王，彼行法行王若欲治彼惡行眾生，先起慈心，智慧觀察，思惟其五法，然後當治。何等為五？一者依實非不實……[101]

---

97 黃振華，《佉盧文貴霜王號研究》，頁 197-198。

98 （宋）中印度三藏求那跋陀羅譯，《勝鬘師子吼一乘搭方便方廣經》，《大正》卷 12，頁 218 上。

99 林梅村，《漢唐西域與中國文明》，頁 118。

100 （元魏）天竺三藏菩提留支譯，《大薩遮尼乾子所說經》卷 4、5，〈王論品〉第五之二、三，《大正》卷 9，頁 331 下-342 上。

101 （元魏）天竺三藏菩提留支譯，《大薩遮尼乾子所說經》卷 9，〈王論品〉第五之二、三，頁 333 中。

此處所言的「行法行王」，有指用「佛法」治國的帝王。唐代不空（Amoghavajra, 705-774）翻譯的《仁王般若念誦法》，也提到「法行王」，[102] 或「行法行王」此二相似的王號。[103] 從此二相似的王號出現在丘就卻錢幣銘記其王號的地方，此二相似的王號應該就是丘就卻當時使用的佛教王號。《大薩遮尼乾子所說經》及《仁王般若念誦法》除了將此二相似的王號各別譯為「行法行王」及「法行王」等相似的中文詞語外，《大薩遮尼乾子所說經》甚至對此二王號的意思也作有清楚的解釋。該經說：「當作轉輪聖王王四天下，當行法行而為法王」。[104] 此句話的前半句話的意思是，當作「統四邊畔」或統治四天下的轉輪王，而後半句話的意思是，當作用佛教信仰或佛法統治天下（當行法行）的「法王」。大乘佛經所言的「行法行王」或「法行王」，因此有指用佛教信仰建國的「法王」（dharmarājika or dharmarāja）。所謂「法王」，就是指用佛教信仰或佛法統治／教化天下的「轉輪王」。我們知道此事，乃因《大薩遮尼乾子所說經》說：「轉輪聖王以十善道化四天下，悉令受持，離十惡業。行十善道，具足成就，名為法王」。[105] 這句話的意思是，轉輪王因用佛法或「十善道／法」統治天下，故其也可以被稱為「法王」。事實上，在元魏菩提留支翻譯《大薩遮尼乾子所說經》之前，西晉時代（統治，265-316）的安息（Parthian）譯經僧安法欽，在翻譯《阿育王傳》的下面此段經文之際，已經將丘就卻第二類錢幣上的王號 sacadhramathitasa 翻譯成「正法王」。《阿育王傳》載：

> 造塔已竟，一切人民號為正法阿恕伽王，廣能安隱饒益世間，遍於國界而起塔廟（寺），善得滋長，惡名消滅，天下皆稱為正法王。[106]

此處所言的「正法王」，就是「法王」或「轉輪王」的意思。《大薩遮尼乾子所說經》雖是一部後來編撰的定義「轉輪王」此詞及說明轉輪王如何治世的

---

102 （唐）大興善寺三藏沙門不空奉詔譯，《仁王般若念誦法》，《大正》卷 19，頁 520 上。

103 （唐）大興善寺三藏沙門不空奉詔譯，《仁王般若念誦法》，頁 520 中。

104 （元魏）天竺三藏菩提留支譯，《大薩遮尼乾子所說經》卷 6，頁 342 中。

105 （元魏）天竺三藏菩提留支譯，《大薩遮尼乾子所說經・王論品》第五之一，頁 330 上-中。

106 （西晉）安息三藏安法欽譯，《阿育王傳》卷 1，《大正》卷 50，頁 101 下。

經典，然此經說得非常清楚，轉輪王是「王四天下」或「統四邊畔」的世界大王。由於轉輪王用佛教信仰建國（轉輪聖王以十善道或十戒化四天下），因此轉輪王也有「護法法王」或「法王」之稱。因此，丘就卻錢幣上的「行法行王」或「法行王」的王號，指丘就卻是一位用佛教信仰建國的佛教「法王」。丘就卻第一類及第二類錢幣上所載的「法王」及「正法王」號，因此也有說明丘就卻是位用佛教信仰建國的轉輪王。筆者在上面提到的第二類丘就卻鑄造的銅幣（見圖6），其銅幣上用佉盧文字（Kharoṣṭhī）鑄寫的丘就卻完整的王號，羅申費爾德將其翻譯如下：Kujula Kasasa Kushana Yavugasa Dharmathidasa（貴霜統治者丘就卻，法王，Kujūla Kadphises ruler of the Kushāns, Steadfast in the Law / dharmarājika）。

　　丘就卻的此二類銅幣上既銘記有丘就卻的佛教「法王」號，我們因此非常確定，我們在上面用丘就卻有沿襲「尼彌陀羅王」發展轉輪王建國信仰的情形所推測的「犍陀羅王」或「月支王」，即是丘就卻的說法，則完全無誤。丘就卻的錢幣既如此明確的告訴我們，丘就卻是貴霜王朝第一位用佛教信仰建國的帝王，丘就卻自然是初期大乘經典所載的發展大乘「般若波羅蜜」行法建國的「犍陀羅王」或「月支王」。

　　丘就卻在其第一類及第二類錢幣上所鑄寫的「法王」號，很明顯的也鑄記於「尼彌陀羅王」的錢幣上。那拉因及塔恩等早期研究「印度─希臘人」的學者都認為，其等所見「尼彌陀羅」的錢幣，都屬於同一位「尼彌陀羅」的錢幣，只因「尼彌陀羅」統治的時間太長，因此其錢幣上的造像有其年青及年長不同相貌的造像。但現代學者，如柏披拉齊齊（Bopearachchi）及西尼爾（Senior）則認為，目前存世的「尼彌陀羅」的錢幣，乃屬於兩位「尼彌陀羅」的錢幣，而第二位「尼彌陀羅」可能是第一位的後裔或繼承者。第一位「尼彌陀羅」鑄造有非常稀有的具有象徵轉輪王的「（法）輪」造像。第二位「尼彌陀羅」所鑄造的錢幣，則有使用「行法者」或「法王」的王號作為其轉輪王的王號。[107] 我們在「尼彌陀羅」的錢幣上所見的 Dikaios 此詞，被譯成佉盧

---

107 有關尼彌陀羅的法王號錢幣，見 https://en.wikipedia.org/wiki/Menander_1, page 7 of 14, 9/2/2013。

文字也有「行法者」或「法王」（dhramikasa or the follower of the Dharma）的意思。[108] 丘就卻在其第一類及第二類錢幣上鑄造的「行法者」或「行法行者」的「法王」號，因此明顯的也受到「尼彌陀羅」在錢幣上使用「法王」號說明其以轉輪王的身分統治天下的影響。由此，丘就卻在其第一類及第二類錢幣上使用的「行法行王」的「法王」號，並不是丘就卻創造的「法王」號，而是丘就卻沿襲「尼彌陀羅王」用「法王」號說明其為佛教轉輪王身分的做法。丘就卻在第二類錢幣上坐在椅子上一手伸出的造像，因此非常可能是丘就卻的佛教轉輪王像或其「正法王」的造像。從丘就卻此二錢幣的造像，我們可以看出，丘就卻的佛教轉輪王形象，和普通帝王的造像沒有什麼不同。但因丘就卻在其時代有流通其轉輪王像及轉輪王號的情形，我們現在便能明白，為何步丘就卻後塵發展「佛教建國信仰」的貴霜王，在後來也都用鑄造錢幣的方法流通其等的佛教轉輪王像及佛教信仰內容。譬如，迦尼色迦第一除了在自己鑄造的錢幣上鑄造自己的佛教轉輪王像外，也在錢幣上用鑄造佛陀的造像及彌勒佛像的方法，說明自己的佛教信仰傳統及信仰內容。[109]

「尼彌陀羅」錢幣上所造的「法輪」造像，非常可能即影響了丘就卻時代的「法輪」造像及「法輪」信仰。因為丘就卻時代已有非常深刻的「法輪」信仰及「法輪」造像。《道行般若經》卷 2 提到「當淨潔身體」時說：「所止處常安穩，未嘗有惡夢……但見佛，但見塔，但聞般若波羅蜜……但見佛坐，但見自然法輪」。[110] 從此段話，我們可以看出，丘就卻時代已經有非常完整的「法輪」信仰及「法輪」概念，否則《道行般若經》不會說：「但見自然法輪」。

網絡上的「印度錢幣藝廊——丘就卻」（Indian Coin Galleries-Kujula Kadphises）認為，丘就卻第一類及第二類錢幣發行的時間，都在西元 1 世紀前半葉（the first half of the 1st century），而發行的地點則在喀布爾河谷及犍陀羅。[111] 黃振華甚

108　A. K. Narain, *The Indo-Greeks*, p. 100.

109　見本書第三章，〈貴霜佛教建國信仰的發展者迦尼色迦第一及胡為色迦王〉。

110　（後漢）月支國三藏支婁迦讖譯，《道行般若經》卷 2，頁 435 中。

111　見丘就卻錢幣網站（Kujula Kadphises coins）。

至將此二錢幣流通的時代上溯至丘就卻在大夏地統一五翕侯的時間。[112] 但就筆者所推算的丘就卻在西元 1 世紀 60 年代才進入犍陀羅，並在西元 65 年左右才發展初期大乘及「佛教建國信仰」統治貴霜的情形來判斷，丘就卻此二種用「法王」之名號流通其用「佛教建國信仰」的王號錢幣，都不可能是在上面學者所言的，在西元 1 世紀前半葉於喀布爾河谷，或在大夏地建國的時期所鑄造的錢幣。因為在那時期或在那些地方，丘就卻都還沒有發展「佛教建國信仰」統治貴霜，也還沒有使用「法王」的稱號統治貴霜。此二類具有丘就卻「法王」名稱的錢幣，很明顯的都是在丘就卻於犍陀羅發展「佛教建國信仰」，以佛教轉輪王的姿態統治貴霜之後才鑄造的錢幣。

　　丘就卻的錢幣除了鑄寫有其「法王」的稱號外，也鑄寫有其表達其為「王中之王」的轉輪王號。羅申菲爾德所言的丘就卻第四類錢幣，不但記有丘就卻的名字，也記有其轉輪王號。丘就卻第四類錢幣的正面鑄有一隻牛，反面鑄有一隻雙峰駱駝，並用佉盧文字鑄寫丘就卻的大王稱號或大王形象如下：大王、王中之王、卡亞拉（丘就卻）、卡拉、卡帕撒（mahārājasa rājadirājasa Kayala Kara Kapasa）。羅申菲爾德說，此類錢幣是丘就卻明顯鑄寫有其名字及其王號的錢幣。[113] 丘就卻在此類錢幣上所鑄寫的王號，是用三種亞洲大王的王號表達其為「王中之王」或轉輪王的「大王」稱號及形象。此三種亞洲大王的稱號是：印度「大王」（mahārājasa）、波斯「王中之王」（rājadirājasa），及其貴霜王的王號及名稱（Kayala Kara Kapasa）。

　　羅申菲爾德所列的丘就卻鑄造的第六類錢幣，是一種在達夏西拉（呾叉始羅）出土的錢幣。此類丘就卻的錢幣只有丘就卻的大王稱號，但沒有丘就卻的名字。此類錢幣只記「……大王、王中之王、貴霜王（Kushānasa）及 yavugasa（翕侯）」。這類錢幣也用三國大王的稱號說明鑄幣者是位「王中之王」或轉輪王。為何此類錢幣沒有鑄寫丘就卻的名字？這可能與丘就卻在統治達夏西拉之際，其已失去貴霜王位或政權有關。[114] 因此此類丘就卻在達夏西拉鑄造的

---

112 黃振華，《佉盧文貴霜王號研究》，頁 197。

113 John M. Rosenfield, *The Dynastic Arts of the Kushans*, p. 15.

114 見後詳述。

錢幣沒有鑄寫丘就卻的名字。[115]

羅申費爾德所整理的六類丘就卻的錢幣，有四類錢幣鑄寫有丘就卻的「法王」號或轉輪王號。這些錢幣上的王號都可以證明，丘就卻以佛教轉輪王或「法王」的姿態統治貴霜的史實，也可以證明丘就卻如初期大乘經典所載，其有在犍陀羅發展「佛教建國信仰」的活動。丘就卻用大乘佛教信仰建國的活動，因此不是我們或大乘經典虛構或撰造的歷史史實。

四 中譯大乘經典所載的丘就卻轉輪王形象及大菩薩形象

初期大乘經典，如《道行般若經》及《犍陀國王經》，在經中基本上都沒有直接告訴我們，「犍陀羅王」是一位佛教轉輪王。這些經典只在經中或提到「轉輪王」的定義，或提到轉輪王用「十善法」或「般若波羅蜜」統治天下的活動。譬如，《道行般若經》卷四便如此說明轉輪王與一般帝王不同之處：

> 若男子欲見遮迦越羅者，未見遮迦越羅，反見小王，想其形容被服諦熟觀之，便呼言是為遮迦越羅。於須菩提意云何，是男子為黠不？[116]

《道行般若經》這段經文所言的「遮迦越羅」，即指「轉輪王」此詞。此段經文說，轉輪王是世間大王，而此類世間大王的形象，並不能用帝王的外貌及服飾作為判斷及了解此類「大王」或轉輪王的標準。《道行般若經》沒有進一步的告訴我們，經中所言的轉輪王形象（the image of cakravartin），就是此經第九章及第十章所言的「犍陀羅王」在犍陀羅發展初期大乘「般若波羅蜜」行法的轉輪王形象。在今日保存的初期大乘經典中，只有《伅真陀羅經》明顯的告訴我們，「伅真陀羅王」或「月支王」是一位用大乘佛教信仰建國的轉輪王。

《伅真陀羅經》的撰造，筆者認為，其非常可能是在丘就卻死後，即西元80年之後，[117] 才在犍陀羅撰造的一部初期大乘經典。我們知道此事，乃因此

---

115 見後詳述。

116 （後漢）月支國三藏支婁迦讖譯，《道行般若經》卷4，頁447中。

117 見後詳述。

經不但載有丘就卻死後其被「授記」為菩薩的名稱及其被「授記」為佛的名稱；而且此經所載的丘就卻為「大菩薩」的形象，也是丘就卻的葬塔「法王塔」在其〈造塔記〉所記載的丘就卻形象。[118] 故筆者推測，《伅真陀羅經》的出經或撰造時間是在丘就卻死後。翻譯《伅真陀羅經》的貴霜譯經僧，也是翻譯《道行般若經》的月支譯經僧支婁迦讖（Lokaksema）。筆者因此推測，《伅真陀羅經》的出經時間非常可能是在西元 2 世紀中期之前。因為按照唐代製作的《開元釋教目錄》（或簡稱《開元錄》）的說法，支婁迦讖在洛陽翻譯《道行般若經》的時間是在西元 179 年，[119] 支婁迦讖來華的時間因此應在西元 2 世紀中期左右或 2 世紀後半葉的初期。《伅真陀羅經》所記載的一些有關丘就卻的事蹟，是我們在《道行般若經》及其他初期大乘經典都不曾見過的丘就卻事蹟。譬如，《伅真陀羅經》載有丘就卻是「月支王」或「伅真陀羅王」的事及丘就卻發展「佛教建國信仰」的活動是受大夏王「尼彌陀羅王」的影響等。《伅真陀羅經》所載的這些事，也不見記於其他的大乘經典。《伅真陀羅經》的作者很明顯的想在丘就卻死後，將丘就卻發展「佛教建國信仰」的背景及其月支出生的背景記載於《伅真陀羅經》中流傳。這就是為何從《伅真陀羅經》我們知道，丘就卻是一位用大乘「佛教建國信仰」統治貴霜的佛教轉輪王或貴霜王的原因。《伅真陀羅經》也告訴我們，在當時人的心目中，「伅真陀羅王」或丘就卻，甚至是一位大乘佛教的「大菩薩」或「摩訶薩」（mahāsattva）。這就是為何《伅真陀羅經》的作者在經中用非常冗長的文字說明「伅真陀羅王」是一位行「漚惒拘舍羅」的大菩薩的原因。《伅真陀羅經》如此載「伅真陀羅王」（丘就卻）的大菩薩形象：

> 佛言：菩薩（伅真陀羅王）已入深慧，曉了漚惒拘舍羅，其道地如是，無所不作。伅真陀羅所持琴而鼓之，其音莫不而聞，故七十億（伅）真陀羅、三十億犍陀羅……悉發阿耨多羅三藐三菩提心。菩薩以是慧漚惒拘舍羅便致名及美人

---

118 見後詳述。

119 唐代釋道宣撰的《開元錄》認為，支婁迦讖譯出《道行般若經》的時間是在光和二年（179）七月八日。見（唐）釋道宣，《開元錄》卷 1，《大正》卷 55，頁 478 中。

而在尊位……。[120]

此處所言的「漚惒拘舍羅」，即是後來大乘經典所言的「善權方便」或「順權方便」（upāyakauśalya, skill in means）此詞的梵文音譯詞。「善權方便」或「順權方便」此詞，是由兩個梵文名詞，即「善權」（kauśalya）及「方便」（upāya）組合而成的一個梵文複合名詞（a compound noun）。「善權」，指大菩薩的修行成就或救世能力。由於大菩薩具有「善權」成就，如「辯才無礙」、「逮不退地」及「神通變化」，故其能隨心所欲地用各種方法（方便）救度眾生。《道行般若經》卷四如此說明「善權方便」的性質：

> 何等漚惒拘舍羅？從般若波羅蜜中出漚惒拘舍羅。持漚惒拘舍羅，滅神入禪不隨禪法，菩薩學如是，為得淨力，為得無所畏力，為得佛法淨力。[121]

上面這段經文說，大乘菩薩在修行「般若波羅蜜」時，即能成就「漚惒拘舍羅」或「善權方便」的法門。大乘菩薩因有此成就，故此類菩薩也被稱為「大菩薩」或「摩訶薩」。大菩薩成就「漚惒拘舍羅」之後，他便有「無畏力」及「淨力」，並能隨眾生的需要或執著救度眾生。「方便」此詞，在此因此有指大菩薩救度或教化眾生的各種方法。大菩薩為了救度眾生，常用眾生的各種「執著」（attachment）或慾望作為其救度眾生或教化眾生的方法或「方便」。這就是大菩薩能行「漚惒拘舍羅」或「善權方便」救度眾生的原因。大乘經典《順權方便經》如此說明大菩薩行「善權方便」的情形：

> 或有眾生先以一切欲樂之樂而娛樂之，然後乃勸化以大道。若以眾生因其愛欲而受律者，輒授愛欲悅樂之事，從事已去，現其離別，善權方便，隨時而化。[122]

《順權方便經》所言的「善權方便」，因此是一種大菩薩救度或教化眾生的方法。此方法可以說是一種「以毒攻毒」法。大菩薩為了救度眾生，他要先讓眾生滿足自己的慾望，眾生在體驗慾樂也是短暫、無常之後，他從而教化眾生以「大道」或「佛道」。《伅真陀羅經》如此說明「伅真陀羅王」以大

---

120 （後漢）月支國三藏支婁迦讖譯，《伅真陀羅經》卷上，頁 354 下。
121 （後漢）月支國三藏支婁迦讖譯，《道行般若經》卷 8，頁 465 上。
122 （西晉）竺法護譯，《順權方便經》卷下，《大正》卷 14，頁 926 中。

菩薩的姿態用「善權方便」的行法教化當時的犍陀羅人及月支人：

> 提無離問佛：㐌真陀羅何以故能持伎樂音而令人發阿耨多羅三藐三菩提心？佛
> 言：㐌真陀羅、犍陀羅者，悉樂於伎樂，便以伎樂而樂之，各得歡喜，知得歡
> 喜，使聞佛音、聞法音、聞僧音。[123]

《㐌真陀羅經》說，由於㐌真陀羅人及犍陀羅人都非常喜歡伎樂音，㐌真
陀羅王因此用其等愛好的「伎樂音」作為「方便」教化眾生。這就是為何經
中的㐌真陀羅王用鼓琴的方法教化眾生的原因。

《㐌真陀羅經》所載的「㐌真陀羅王」因具有「大菩薩」或「摩訶薩」的
形象，此經因此在談論「㐌真陀羅王」死後授記（vyākarana，預言）的菩薩名
字及佛名時，稱「㐌真陀羅王」死後授記的菩薩名字為「月光菩薩」，死後授
記的佛名為「大月光」。[124] 這些名字與「月支」民族崇拜月亮的習俗都有密切
的關聯。我們因此推測，後來大乘所撰的《月光菩薩經》所載的大國王死亡
的故事，即是記載「㐌真陀羅王」或丘就卻在達夏西拉死亡的故事。[125]

《㐌真陀羅經》所載的「㐌真陀羅王」或「月支王」既有轉輪王的形象，
也有「大菩薩」的形象，我們從而知道，丘就卻在施行佛教轉輪王信仰統治
犍陀羅國或貴霜之際，其為王的形象非常多種，有用佛教信仰建國的「法王」
形象、有「王中之王」的「轉輪王」形象，[126] 也有行菩薩道的「大菩薩」形
象。由《㐌真陀羅經》的這些記載，我們可以看出，此經的作者一定是一位
丘就卻的仰慕者，否則其不會花費如此多的筆墨記述丘就卻發展「佛教建國
信仰」的背景及其用佛教信仰建國的情形。

《㐌真陀羅經》雖然在經中將丘就卻視為「大菩薩」，但丘就卻時代的造
像者，包括鑄造其錢幣的造像者，並沒有將丘就卻的轉輪王形象或法王形
象，如丘就卻的後人胡為色迦王一樣，用造像的方法將其轉輪王的形象塑造

---

123 （後漢）月支國三藏支婁迦讖譯，《㐌真陀羅經》卷上，頁 354 下。
124 見後詳述。
125 見後詳述。
126 見下詳述。

成嚴肅的大乘修行者形象。[127] 丘就卻的轉輪王或法王形象，在造像上，依然和一般帝王的形象一樣，都以其本人的帝王面貌呈現在造像上。

《佈真陀羅經》的作者將丘就卻的形象塑造成「大菩薩」的形象，不是沒有原因。丘就卻的葬塔「法王塔」，便將丘就卻的「舍利」收葬在「菩薩殿」中。

第三節　丘就卻的葬塔──「法王塔」

一　「法王塔」出土銀卷片上〈造塔記〉所書寫的銘文

1910 年代初期，英國考古學家約翰・馬歇爾爵士在今日巴基斯坦的達夏西拉（Taxila）或中文文獻所言的「竺剎尸羅」或「呾叉始羅」（Takshāsilā or Taksila, Pakistan）的「法王塔」（Dahrmarājika stūpa）遺址（圖7），挖掘出一件滑石製作的舍利容器。此舍利容器中放置一個銀盒，銀盒內更放置有一個金製舍利小盒，及一片用佉盧文字書寫的銀卷片（the silver scroll）。金製舍利小盒內裝有一些小舍利骨片。舍利容器及銀卷片，是在「法王塔」的 G5 室（Chapel G5）中被發現。由銀卷片上的文字記載內容來判斷，此銀卷片應是當時造「法王塔」的〈造塔記〉。此〈造塔記〉書寫的佉盧文字被馬歇爾爵士翻譯成英文，筆者再將其英文翻譯成中文如下：

> 阿姐士一三六年（136）年，阿夏達（Āshā-dha）月之第十五日，住在娜阿恰鎮（Noacha）的巴爾克人（Balkh, 藍氏城人）羅他佛利亞（Lotaphria）之子烏拉沙克斯（Urasakes），將聖者（Bhagavato）舍利安置在達夏西拉（Takshaśilā）坦努瓦（Tanuva）地區的法王塔（Dharmarājika stūpa）之菩薩殿（Bodhisatvagahami）中。為大王（Mahārājasa）、王中之王（Rājatirājasa）、天子（Devaputra）、神聖貴霜王（Kushānasa）祈求康健。為諸佛、眾佛、阿羅漢、眾生、父母、朋友、導師、族人、親人及自己祈求健康。願此舉因此能證涅槃。[128]

---

127 見本書第三章，〈貴霜佛教建國信仰的發展者迦尼色迦第一及胡為色迦王〉。

128 有關「法王塔」的詳細說明，也見古正美，《貴霜佛教政治傳統》第三章，頁 96-158；並見 Sir

馬歇爾爵士認為,「法王」(dharmarājikā)此詞的意思雖尚有爭議,然佛塔
(stūpa)乃是收藏佛舍利(the body relic of the Buddha)的葬塔。又,佛陀也有「法
王」之稱,收藏佛舍利的佛塔既都是歷史上阿育王(King Aśoka)所立的佛塔,
「法王塔」此詞便具有兩個含意:(1)此塔即是收藏佛舍利的佛塔,(2)此塔
是阿育王所立之佛塔。[129] 馬歇爾爵士之所以會認為「法王塔」是阿育王所造
的具有收藏佛舍利的佛塔,乃因我們雖然還沒有具體的證據可以說明此塔名
的意思,然我們還是可以推測,此塔的最初建造者是阿育王。因為此塔不僅
是達夏西拉最大的佛教葬塔,同時也是達夏西拉最古老的葬塔。[130] 達夏西拉
的「法王塔」是否即如馬歇爾爵士所言,是阿育王為佛陀所立的「佛舍利
塔」?我們非常懷疑。

圖 7　達夏西拉法王塔外貌

首先,我們便不同意馬歇爾說:「法王塔」是阿育王所建的佛塔。馬歇爾
顯然不知道,佛教轉輪王也有「法王」的稱號,因此他將銀卷片上所載的「聖
者舍利」(Bhagavato dhatu〔o〕)之「聖者」(Bhagavato)翻譯成 the Holy One 或「佛

John Marshall, *A Guide to Taxila*, pp. 113-114; see also, Sir John Marshall, "Excavations at Taxila,"
Annual Report, 1912-13, Archaeological Survey of India. Calcutta: 1916, p. 19.

129 Sir John Marshall, *A Guide to Taxila*, p. 102.

130 Sir John Marshall, *A Guide to Taxila*, p. 102.

陀」（the Buddha）。[131] 佛經中所言的「聖者」可以指「佛」，也能指「大菩薩」，或具有修行成就的人。梵文版佛經《入法界品》（the Gaṇḍavyūha）即稱經中的「善知識」「婆須蜜多」（Vasumitrā）為「女聖者」（Bhagavatī）。[132] 再者，銀卷片上的銘文既說，「聖者舍利」安置於「菩薩殿」（Bodhisatvagahami）中，此「聖者舍利」便不會是馬歇爾爵士所言的「佛舍利」，而應是一位「大菩薩」的「舍利」；否則，其舍利不會被安置於「菩薩殿中」。

▇二 「法王塔」──丘就卻的葬塔

　　根據羅申費爾德的說法，丘就卻統治貴霜的最後一年，即是阿姐士 136 年，或為西元 78 年或西元 80 年。[133] 由此，我們推測，達夏西拉「法王塔」的建造與丘就卻在此年去世有關。因為當時貴霜王朝具有「大菩薩」及「法王」稱號的貴霜王，只有丘就卻；何況阿姐士 136 年就是丘就卻統治貴霜的最後一年。我們在上面提到，丘就卻在其第一類及第二類錢幣所流通的轉輪王號，即是「法王號」。丘就卻死後撰造的《佝真陀羅經》也說，丘就卻以佛教轉輪王及「大菩薩」或「聖者」的姿態統治「犍陀羅國」。「法王塔」出土的銀卷片銘文既說，「聖者舍利」收藏於「菩薩殿中」，而造塔的人「羅他佛利亞」（Lotaphria）之子「烏拉沙克斯」（Urasakes），又是丘就卻出生地大夏地藍氏城人（巴爾克人），此「法王塔」所埋葬的人物自然是當時具有「法王」及「大菩薩」稱號的丘就卻。種種證據都說明，阿姐士 136 年在達夏西拉建造的「法王塔」，是丘就卻的葬塔。

131　Sir John Marshall, *A Guide to Taxila*, pp. 113-114.

132　譬如，在《入法界品》中，善財童子參訪的各種「善知識」，包括觀音菩薩、普賢菩薩及文殊師利菩薩等，此經都以「大聖」或「聖者」之名稱呼之。見（東晉）天竺三藏佛馱跋陀羅譯，《大方廣佛華嚴經‧入法界品》，《大正》卷 9；並見古正美，《貴霜佛教政治傳統》第三章，〈丘就卻的葬塔──法王塔〉，頁 97-98；並見 Diana Paul and Francis Wilson, *Women in Buddhism*. Asian Humanities Press, 1979, p. 156，「Bhagavatī Vasumitrā」。

133　John M. Rosenfield, *The Dynastic Arts of the Kushāns*, p. 40: "…assuming that Kujūla's rule had lasted as late as A.D.78 and that Vima's rule was not exceptionally long."

三 丘就卻為何會死於達夏西拉？

初期大乘佛經告訴我們，丘就卻在犍陀羅定都，並統治貴霜。為何丘就卻會死在其屬地達夏西拉，而沒有死在其都城犍陀羅？佛教文獻及中國史料載有我們想要知道的答案。《北史·西域傳》載有一段說明「小月氏王」與「大月支王」「寄多羅」的關係史料如下：

> 小月氏國，都富樓沙城，其王本大月氏王寄多羅子也。寄多羅為匈奴所逐，西徙，後令其子守此城，因號小月氏焉。在波路西南，去代……現居西平，張掖之間，被服頗與羌同，其俗以金銀錢為貨……城東十里有佛塔……所謂百丈佛圖也。[134]

《北史·西域傳》所記載的是「小月氏王」與「大月氏王」「寄多羅」的關係。從此史料提到「小月氏王」因造有「百丈佛圖」，我們因此知道此「小月氏王」指的是迦尼色迦第一。[135] 此條文獻因也提到「小月氏王」都「富樓沙」（Purusapura，意「丈夫城」），有指犍陀羅，[136] 我們因此更確定，此「小月氏王」是指在犍陀羅建都的迦尼色迦第一。中國佛教學者呂澂大概依據《北史·西域傳》的記載及小月氏是出於中亞于闐的小月氏之說，因此說：迦膩色迦王（迦尼色迦第一）與貴霜前二代王，即丘就卻與其繼承者，不屬於同一月氏系統的人物。呂澂說：

> 貴霜朝的第三代是迦膩色迦王（漢譯王名前有「真檀」二字，真檀即是真陀，是于闐的別名）。原來月氏族的大部分所謂「大月氏」遷走了，有小部分所謂「小月氏」仍留居于闐。迦膩色迦即屬於留下的小月氏，與貴霜前二代不是一個系

---

134 （唐）李延壽撰，《北史·西域傳》卷 97，上海書店編，《二十五史》第四冊，頁 345b，「小月支國」。

135 見本書第三章，〈貴霜佛教建國信仰的發展者迦尼色迦第一及胡為色迦王〉所談論的迦尼色迦第一所造的西域第一大塔。

136 我們知道「富樓沙」（Purusapura）有指「犍陀羅」的原因是，許多佛教文獻都用「富樓沙」此名稱呼「犍陀羅」。譬如，《婆藪槃豆法師傳》便如此提到此地名與大乘有名的僧人無著或世親（Vasubandhu 或婆藪槃豆）的關係：「婆藪槃豆法師者，北天竺富婁沙富婁人也。富婁沙譯為丈夫，富羅譯為土」。見（陳）天竺三藏真諦譯，《婆藪槃豆法師傳》，《大正》卷 49，頁 188 上。

統。其人雄才大略，效法阿育王，利用佛教以實現他侵略的野心（他曾侵入摩揭陀。現在中、東印度都發現了他的貨幣）。[137]

《北史・西域傳》事實上說得很清楚：「其王（小月氏王）本大月氏王寄多羅子也」。意思是，迦尼色迦第一是大月氏王「寄多羅」的後人。《北史・西域傳》會認為迦尼色迦第一是「小月氏王」的原因是，中國的史料稱定居下來，不再遷徙的月支或月氏為「小月支」，而稱會移動或遷徙的月氏為「大月氏」。譬如，《北史・西域傳》在「大月氏國條」便如此稱會移動或遷徙的月氏為「大月氏」：

大月氏國（貴霜），都勝監氏城，在弗敵沙西，去代一萬四千五百里，北與蠕蠕接，數為所侵，遂西徙多薄羅城（藍氏城），去弗敵沙二千一百里。其王寄多羅勇武，遂興師越大山，南侵北天竺，自乾陀羅國以北，盡役屬之。[138]

上面此史料所言的「薄羅城」（Balkh），即指丘就卻最初崛起及建立貴霜王朝的「藍氏城」（Bactra or Bactria）。在歷史上，曾經統治過「薄羅城」，並有「興師越大山」及「南侵北天竺」等地的月氏王，只有貴霜的建國者丘就卻有此經驗。《北史・西域傳》所言的「寄多羅」，因此明顯的指「丘就卻」。我們從 1993 年出土的「拉巴塔克銘文」知道，迦尼色迦第一是丘就卻的曾孫，也是丘就卻孫子微馬・卡德費些斯的兒子，因此他和丘就卻都屬於同一系統的月氏民族，而不是如呂澂所言，屬於「不同系統」的人物，也不是如呂澂所言，其是出自于闐的小月支。

《北史・西域傳》在上面說：「寄多羅為匈奴所逐，西徙，後令其子守此城，因號小月氏焉」。此處所言的「寄多羅為匈奴所逐，西徙」的事，並不是指《史記・大宛傳》所載的月支在西元前 2 世紀為匈奴所逐而西遷去大夏地的事。因為《史記・大宛傳》所載的月氏為匈奴所逐而西遷的事，乃發生在丘就卻出生之前的事。《北史・西域傳》所載的「寄多羅為匈奴所逐、西徙」

---

137 呂澂，《印度佛學源流略論》（上海：上海世紀出版集團，2005 年），頁 55。

138 （唐）李延壽撰，《北史・西域傳》卷 97，「大月氏國」；並見古正美，《貴霜佛教政治傳統》第三章第三節，「有關法王塔的文獻及史料」，頁 133-135。

的事，則發生在丘就卻「興師越大山，南侵北天竺，自乾陀羅國以北，盡役屬之」，並定都犍陀羅（都富樓沙城）之後的事。從此記載，我們知道，丘就卻在定都犍陀羅之後，還有「寄多羅為匈奴所逐」之事。「寄多羅」為了逃避匈奴，照《北史・西域傳》的說法，他便「西徙」，並「後令其子守此城，因號小月氏焉」。這段文字說，「寄多羅」在「西徙」之後，令其子留守犍陀羅，因此留守犍陀羅的「寄多羅」之子此月氏系統便被稱為「小月氏」。這就是迦尼色迦第一迦會被稱為「小月氏王」的原因。

許多研究貴霜歷史及佛教藝術史的學者似乎都不知道，中國史料所言的「寄多羅」，乃指貴霜建國者「丘就卻」。這些學者因此常將「寄多羅」視為西元 3、4 世紀的人物。譬如，馬歇爾爵士便將「寄多羅貴霜」（Kidāra Kushān）視為西元 4 世紀的貴霜王。[139] 今日的網絡學者也認為，「寄多羅」是西元 360 年「一支名為寄多羅的寄多羅匈奴」（A Kidarite Hun named Kidara）。[140]

四 月光菩薩的故事

從《北史・西域傳》的記載，我們知道「寄多羅」或丘就卻因這次被匈奴所逐，從而「西徙」。到底丘就卻「西徙」到那裡去？中國史料並沒有追記丘就卻西徙的地點。但中譯佛經卻告訴我們，丘就卻西徙的地點是在犍陀羅東南邊的「達夏西拉」。中國的史料及佛教文獻，常有將古代印度的地理位置記成相反方向的情形。譬如，5 世紀翻譯的《阿育王息壞目因緣經》，也如《北史・西域傳》一樣，將「達夏西拉」或經中所言的「石室城」，記在犍陀羅的「西方」：

> 法益聖王／氣力康強／恆以正法／恤化西方／石室城中／如天地宮／王於中治／猶天王釋／犍陀越國／土豐民盛／所行真實／無有虛偽。[141]

《阿育王息壞目因緣經》這段經文，是一段記述阿育王的兒子「法益」

139 Sir John Marshall, *The Buddhist Art of Gandhara*, Chapter 1, "Introduction", p. 1.

140 https://en.wikipedia.org/wiki/Kushan_Empire/1/29/2019.

141 （苻秦）天竺三藏曇摩難提譯，《阿育王息壞目因緣經》，《大正》卷 50，頁 174 下-175 上。

（Kunāla）自犍陀羅被阿育王派去「石室城」主持政務而被其母毀掉雙眼的部分故事。此段經文說，「石室城」或達夏西拉是在犍陀越（羅）的「西方」。事實上，中譯大乘佛經《月光菩薩經》也告訴我們，丘就卻的確去了達夏西拉或「石室城」。按照此《月光菩薩經》的說法，丘就卻去了「石室城」之後，在佛教文獻上即以「月光菩薩」（Bodhisattva Moon-light）之名死在達夏西拉。記載丘就卻佛教活動的《伅真陀羅經》，也載有丘就卻在死後有「月光菩薩」之名，並說此「月光菩薩」之名，是「伅真陀羅王」死後（卻後）被授記的菩薩名字。《伅真陀羅經》說：

> 伅真陀羅王卻後七萬四千八百劫，當為佛號字群那羅耶波披沙（漢言「德王明」）。其剎土名旃陀惟摩羅（漢言「日月明」）⋯⋯是佛欲般泥洹時，先當授菩薩決，其菩薩名曰漚多惟授，後當作佛號摩訶惟授（漢言「大嚴」）。[142]

《伅真陀羅經》所載的丘就卻死後的第一個佛名為「群那羅耶波披沙」（Kinnarayaprabhāsa），前人將之譯為「德王明」。此名有「光明」及「光照」的意思。丘就卻所授記的佛土名字為「旃陀惟摩羅」（Chandravimala），前人將之譯為「日月明」。此名有「月淨」或「月照大地」的意思。丘就卻被授記的菩薩名字為「漚多惟授」（Uttaravaiśakha），有「殊勝滿月之光」或「月光」的意思。其另外一個被授記的佛名為「摩訶惟授」（Mahāuttaravaiśakha），前人將之譯為「大嚴」或「大月光」的意思。[143] 此處所言的「前人」，即指上面這段經文所附屬的註語所指的無名字的人物。

從這些丘就卻死後被授記的名字，我們可以看出，月氏民族確實有崇拜月亮或月光的習俗及文化，因此丘就卻被授記的名字，無論是其菩薩名字或佛名，甚至佛土的名字，都與月光或月亮崇拜有關。《伅真陀羅經》如此記載月氏民族有崇拜月亮的習俗或文化，不是沒有依據，我們在前面已經解釋過月氏民族有崇拜月亮此事。丘就卻死後因有以「月光菩薩」之名流傳，我們

---

142 （後漢）月支國三藏支婁迦讖譯，《伅真陀羅經》，頁 362 中。

143 筆者在《貴霜佛教政治傳統》第三章〈法王塔〉第三節，「有關法王塔的文獻與史料」處，對丘就卻的「月光菩薩」及「大月光佛」的名字已經作有詳細的說明，故今不再贅述。見古正美，《貴霜佛教政治傳統》第三章，〈法王塔〉，第三節，「有關法王塔之文獻及史料」，頁 136-139。

因此知道，《佛說月光菩薩經》所記載的「月光菩薩」的故事，即是記述丘就卻在達夏西拉死亡的故事。我們之所以如此確定《佛說月光菩薩經》是一部記載丘就卻死亡的故事，除了此經的經文內容告訴我們此經所記載的主要人物是一位與犍陀羅有關的大王外，大乘佛經自丘就卻之後，便有在大乘經中記載丘就卻發展大乘佛教或「佛教建國信仰」的活動做法。

中譯《佛說月光菩薩經》是一部記載北印度「賢石城」發生的一則「月光菩薩」，因被奪冠而被賜死的故事。「賢石城」，就是今日巴基斯坦「達夏西拉」的古代名字。在中文文獻裡，達夏西拉常被稱為「竺剎尸羅」（Takshasīra），意為「斷頭」的意思。譬如，《高僧法顯傳》即如此記載「竺剎尸羅」有「截頭」的意思：「竺剎尸羅，漢言截頭也。佛為菩薩時，於此處以頭施人，故因以為名」。[144] 但馬歇爾爵士在翻譯「法王塔」的〈造塔記〉時，卻引西藏文獻的記載，將「達夏西拉」此名翻譯成「斷石」或「賢石」（Takshasīla）的意思。[145]巴基斯坦考古學家阿瑪・哈山・達尼（Ahmad Hasan Dani, 1920-2009）雖提到達夏西拉的人還用具有「斷頭」之意的「希爾卡普」（Sirkap，意為「斷頭」）之名稱呼「達夏西拉」，然他卻認為，「達夏西拉」有「斷頭」之意或之名，與佛教文獻所載無關；相對的，他認為，「達夏西拉」之名，與印度大史詩《摩訶巴拉塔》（*Mahābhārata*）所記的蛇王「達夏」佔領山城（西拉，Śila or hill）的故事有關。[146] 學者對「達夏西拉」之名的爭論，事實上乃是多餘，因為許多中文文獻都說，「達夏西拉」之所以有「斷頭」之名，乃因有「菩薩」在此「斷頭」。譬如，《月光菩薩經》即告訴我們，「達夏西拉」原有「石室」、「斷石」或「賢石」的名稱，後來因為「月光菩薩」在此「截頭」，因此此城有「斷頭城」之稱。《月光菩薩經》如此記載「月光菩薩」在「賢石城」斷頭的故事：

> 於過去世，北印度內有一大城，名為賢石，長十二由旬，廣闊亦爾。彼有國王

---

144 （劉宋）釋法顯，《高僧法顯傳》，《大正》卷 51，頁 538 中。

145 Ahmad Hasan Dani, *The Historic City of Taxila*. Paris: UNESCO, 1986, p. 1.

146 Ahmad Hasan Dani, *The Historic City of Taxila*, pp. 1-3.

名為月光……月光天子，以種種財物普施一切，隨意有須求者相給……爾時南贍部洲一切眾生皆至王城求其所施，無不豐足……有二輔相，一名大月，二名持地，容貌端正……恆以十善化諸眾生。是時大月，於夜睡眠而作一夢：王戴天冠，變黑煙色，復有鬼來，就王頭上奪冠而去。作是夢已，憂惶驚懼，恐有不詳而自思惟……時持地輔相亦作一夢，見月光身四體分散；即召婆羅門，占夢凶吉。婆羅門曰：此夢甚惡，必有遠人來乞王頭……爾時香醉山中，有婆羅門名曰惡眼，聰明多智，善解技術……下香醉山……乞王頭。……輔相二人不忍見王捨棄身命，即於自盡其壽……復有百千億人，奔詣王宮，啼泣下淚，傷愛別離。王即說法，安慰令發道心。婆羅門言：若捨頭，宜於淨處。王即告言：我有一苑，名摩尼寶藏，花果茂盛，流泉浴池，種種莊嚴，最為第一，於斯捨頭，汝意云何？婆羅門言：宜速往彼。王即攜劍，往彼苑中，立瞻葡樹下，告婆羅門言：我今捨頭，汝來截之。婆羅門曰：王不自斷，令我持刀，非布施行。時護苑天人，見是事已，悲泣涕淚告婆羅門曰：汝大惡人，月光天子，慈愍一切，普利群生，何以此處，害天子命？王告天人：莫作是言，障礙勝事。我於過去無量生中，為大國王，於此苑內千度捨頭。復告天龍八部一切賢聖：我今捨頭，不求輪王、不求生天、不求魔王、不求帝釋、不求梵王，為求無上正等正覺……作是語時，王以首髮繫無憂樹枝，即執劍自斷其頭……焚燒遺體，收其舍利，於摩尼苑及四衢路各起一塔……爾時佛告諸苾芻，往昔月光天子者，今我身是，大月、持地二輔相者，今舍利弗、大目乾連是……。[147]

上面這段用佛教「本生故事」（Jātaka story）造經法製作的《佛說月光菩薩經》，是一則記述「月光菩薩」或「月光天子」在「賢石城」斷頭的故事。這則「月光菩薩」斷頭的故事，看似一則用文學創作的方法編寫的故事。但如果我們仔細讀此故事，我們會注意到，來取王頭的婆羅門，乃來自「怛真陀羅王」建都的所在地「香醉山」或「香山」，而故事中的「月光菩薩」是位大國王或「天子」。「月光菩薩」在捨頭之前，其大月輔臣所作的夢是：「王戴

147 （宋）西天譯經三藏朝散大夫試鴻臚少卿明教大師臣法賢奉詔譯，《佛說月光菩薩經》，《大正》卷 13，頁 406 下-408 上。

天冠，變黑煙色，復有鬼來，就王頭上奪冠而去」的噩夢；而持地輔相所作的夢是：「見月光身四體分散……必有遠人來乞王頭」的噩夢。由此，我們推測，此故事與丘就卻西徙及丘就卻在達夏西拉斷頭的歷史有密切的關聯。如果達夏西拉在歷史上沒有發生過佛教「法王」或丘就卻在此悲慘斷頭，今日達夏西拉不會還有「斷頭城」（希爾卡普）之稱，而大乘佛教也不會造有「月光菩薩」死於達夏西拉的經典；更不會說此故事是「香山王」或「犍陀羅王」來「達夏西拉」奪冠或取王頭的故事。種種跡象都說明，丘就卻「西徙」到了達夏西拉之後，為其留守犍陀羅城的兒子，不但沒有再讓他還回犍陀羅（香山），後者甚至在「香山」自立為王。我們因此推測，當時的貴霜在一國不容兩王的情況下，丘就卻的兒子微馬・塔克圖，也可能是丘就卻的孫子微馬・卡德費些斯，即派遣婆羅門自「香醉山」或「香山」來達夏西拉取丘就卻的頭。這就是為何丘就卻的二輔臣所作的夢，不是與「奪冠」有關，便與「取王頭」有關的原因。這也是為何「月光菩薩」的故事記載取王頭的婆羅門來自「香醉山」或犍陀羅的原因。

五 「法王塔」銀卷片記載的被祝福的貴霜王

中文佛教文獻及中國史料都告訴我們，丘就卻死在達夏西拉，並被葬於「法王塔」。「法王塔」因此是丘就卻的葬塔，而不是馬歇爾爵士所言的是一座收藏佛舍利的佛塔或阿育王所建造的佛塔。「法王塔」既是一座丘就卻的葬塔，此塔出土的〈造塔記〉所載的被祝福的無名字貴霜王的王號，便不會是如梵樓胡依臣（J. E. Van Lohuizen De Leeuw, 1919-1983）引柯諾的話所說的：銀卷片上所載的貴霜「大王、王中之王、天子，及貴霜王」的王號，很可能指丘就卻的王號。[148] 事實上除了柯諾認為，阿姐士 136 年達夏西拉「法王塔」出土的銘文所載的無名字的貴霜王號是丘就卻的王號外，今日網絡學者在談論阿姐士 136 年所造的此無名字的貴霜王號時，也認為此王號是丘就卻的王

---

148 J. E. Van Lohuizen De Leeuw, *The "Scythian" Period.* Leiden: E J Brill, 1949, pp. 13-14.

號。[149] 達夏西拉「法王塔」的〈造塔記〉最後說：「為大王、王中之王、天子、神聖貴霜王，祈求健康、為諸佛、眾佛、眾生、父母、朋友、導師、族人、親人及自己祈求身體健康。願此舉⋯⋯」。從中國佛教「造像記」或「造塔記」所書寫的最後被祝福的皇帝及親友的文字行文格式及內容來判斷，「法王塔」出土的〈造塔記〉銘文所載的被祝福的無名字的貴霜王號，絕對不會是學者所言的，是丘就卻的王號。因為此「法王塔」是為丘就卻所建造的葬塔。被祝福的無名字的貴霜王，因此應該指當今的貴霜王，即丘就卻的兒子微馬・塔克圖，或丘就卻的孫子微馬・卡德費些斯。達夏西拉「法王塔」出土的〈造塔記〉，因此可能是今日存世最早的佛教〈造塔記〉。「法王塔」此〈造塔記〉的行文格式及書寫內容，很明顯的影響了中國後來製作的造像記及造塔記的行文格式及內容。

六 希爾卡普城的毀滅

「月光菩薩」在達夏西拉被「截頭」的故事，事實上還沒有完結。從丘就卻越過高山佔領達夏西拉及犍陀羅之後，丘就卻一直就佔領並統管達夏西拉城及犍陀羅城。因此當丘就卻「西徙」之際，他自然會考慮逃到在犍陀羅東南方的達夏西拉城作為避難之地。馬歇爾爵士說，在希爾卡普發現的貴霜錢幣，從丘就卻到其孫子微馬・卡德費些斯所鑄造的錢幣都有，但沒有後來的貴霜王，如索特・美伽師（Soter Megas）、迦尼色迦第一及胡為色迦所鑄造的錢幣。[150] 這說明，希爾卡普一直被貴霜王朝統治到微馬・卡德費些斯統治貴霜的時間為止，才告一段落。由此我們推測，希爾卡普城被毀滅的時間，應該就在微馬・卡德費些斯統治貴霜的時代。梵樓胡依臣說，毀滅希爾卡普的貴霜王很可能是丘就卻的兒子微馬・卡德費些斯。[151] 梵樓胡依臣此說，乃依據舊說，以為微馬・卡德費些斯是丘就卻的兒子或繼承者。但依據 1993 出土的

---

149 www.Iranicaonline.org/articles/Kushan-03-chronology/2/1/2019.

150 J. E. Van Lohuizen De Leeuw, *The "Scythian" Period*, p. 374.

151 J. E. Van Lohuizen De Leeuw, *The "Scythian" Period*, p. 374.

「拉巴塔克銘文」的說法，微馬・塔克圖才是丘就卻的兒子，而微馬・卡德費些斯則是丘就卻的孫子。

依據梵樓胡依臣的說法，希爾卡普的毀滅，可能因為微馬・卡德費些斯在擴張領土之際將希爾卡普城毀滅，也可能因為希爾卡普城是其父親（丘就卻）的前領地而被微馬・卡德費些斯所毀滅。[152] 梵樓胡依臣雖如此解釋希爾卡普被毀滅的原因，然其並沒有進一步解釋為何微馬・卡德費些斯要毀滅希爾卡普城。我們都知道，達夏西拉在丘就卻的時代，已經是丘就卻或貴霜的領地，微馬・卡德費些斯無論如何都沒有理由因要擴張領土而毀滅希爾卡普城；除非微馬・卡德費些斯與丘就卻有權利鬥爭或不共戴天的問題。如果我們在上面所談論的丘就卻「西徙」及死亡的事件都屬實，丘就卻在逃到達夏西拉之後，明顯的在經濟上及政治上都有獨立自主的活動。這從丘就卻在達夏西拉鑄造並流通的許多無名字的錢幣，即可看出其在達夏西拉已經有相當程度的商業行為及商業活動。許多學者都認為，達夏西拉這些錢幣是微馬・卡德費些斯鑄造的錢幣。但柯諾認為，這些錢幣應屬於丘就卻的錢幣。因為這些錢幣的大王號（Maharajasa Rajatirajasa Khusanasa Yavugasa）具有丘就卻貴霜翕侯（Yavugasa）的稱號。[153] 從丘就卻在達夏西拉鑄造有大量錢幣及流通這些錢幣的情形來判斷，丘就卻在帶兵「西徙」到達夏西拉之後，不僅已經形成一個獨立的經濟體，同時在政治上也具有其自己的獨立運作體系。這就是《月光菩薩經》載有「月光天子」具有二輔臣的原因。丘就卻到底在達夏西拉待多久，其北方的犍陀羅王庭才來取他的頭？我們不清楚。但丘就卻在達夏西拉居住的時間可能不是很短，其在達夏西拉的商業及政治活動，顯示其已對犍陀羅王庭造成威脅，才會發生《月光菩薩經》所載的「取頭」事件。如果希爾卡普的毀滅是在丘就卻的孫子微馬・卡德費些斯的手中，這說明，丘就卻在達夏西拉居留的時間，已經從他的兒子微馬・塔可圖統治的時代到了其孫子微馬・卡德費些斯主政犍陀羅王庭的時間。但就梵樓胡依臣的說法，希

---

152 J. E. Van Lohuizen De Leeuw, *The "Scythian" Period*, p. 375.

153 J. E. Van Lohuizen De Leeuw, *The "Scythian" Period*, p. 375.

爾卡普城的毀滅是丘就卻孫子微馬・卡德費些斯造成的結果此事來判斷，微馬・卡德費些斯很顯然的已經不能容忍貴霜有二帝王存在，或有丘就卻政權及勢力存在的事實。這才會令其毀滅希爾卡普，特別是，在丘就卻離開犍陀羅之後，丘就卻的兒子微馬・塔可圖及孫子微馬・卡德費些斯，特別是後者，已明顯的改信印度教，不再支持佛教。這很可能便是造成微馬・卡德費些斯決定毀滅希爾卡普城的原因。微馬・卡德費些斯帶兵屠城，並將希爾卡普城完全摧毀，丘就卻在達夏西拉被「斷頭」的故事才真正的落幕。

丘就卻這樣一位在佛教歷史上功績彪炳的人物，特別是其對大乘佛教及佛教政治的貢獻，在其統治達夏西拉的晚年遭遇如此悲慘的「斷頭」命運，不但是佛教徒不能忍受的事，也是達夏西拉人不能忘懷的事，這就是我們在佛教文獻還一再讀到有如《月光菩薩經》所載的月光菩薩斷頭的故事；這也是達夏西拉人一直無法忘卻此城有大王「斷頭」的悲傷故事，故今日的達夏西拉還有「斷頭城」或「希爾卡普」之稱。

《月光菩薩經》及「法王塔」的故事，對今日的佛教徒而言，好像是非常遙遠的故事，但就丘就卻在歷史上曾是奠立大乘佛教及大乘佛教政治文化的貴霜王此事實而言，任誰也不能忘記他在歷史上存在的事實。因為其所奠立的大乘佛教「般若波羅蜜」的行法，不僅還是今日有些亞洲國家和許多佛教徒所信仰，甚至實踐的大乘行法；同時其所奠立的「佛教建國信仰」，一直還是亞洲許多國家所施行的佛教建國方法。

丘就卻所創立的「佛教建國信仰」的施行方法及內容，因都記載於其時代撰造的一些大乘經典，其中以《道行般若經》最為重要，我們在本章的最後，因此要談論丘就卻如何用《道行般若經》流通、教化其人民。丘就卻為何要將其奠立的「佛教建國信仰」的內容及方法都記載於《道行般若經》？原因不外是，丘就卻要讓每位國民都擁有一部《道行般若經》，並了解其用大乘行法建國的方法及內容。這就是《道行般若經》的行文方式非常口語化，行文內容非常易懂的原因。這樣的行文內容及行文方法，無非是要普及《道行般若經》所載的用「佛教建國信仰」的內容及方法。這就是他不但囑令其人民要自己讀誦此經、抄寫此經、供養此經，甚至也要叫他人讀誦、抄寫及

流通此經的原因。

　　丘就卻在《道行般若經》中所要傳達的其用大乘佛教信仰建國的方法，
除了有大乘佛教的「菩薩道行法」（Bodhisattva-caryā），即「般若波羅蜜」
（prajñāpāramitā）行法外，也有人們在日常生活要遵行的「十善道」，也稱「十
善法」、「十戒」或「十菩薩戒」（Ten Bodhisattva pratimoksas）的行法。丘就卻為
了要令其人民都能踐行大乘佛教所制定的這些大乘行法，他甚至用「般若波
羅蜜」行法的最基本行法，即「供養」行法（dāna, or making offerings），將全國
上下的人民結合在一起，並在「犍陀羅國」建立其佛教國家。丘就卻如此強
調「供養」行法的原因，乃因其受大夏王「尼彌陀羅」用「供養」的行法施
行「佛教轉輪王建國」行法的影響。丘就卻用「供養」行法建立其「佛教建
國信仰」的方法，也深刻的影響了後來龍樹（Nāgārjuna）在南印度案達羅地方
（Āndhra）奠立的「支提信仰」（Caitya worship），或也稱「供養支提」的佛教建
國方法。[154] 由此可見，「供養」的行法，確實是歷史上亞洲帝王施行「佛教建
國信仰」的最基本及最重要行法。

第四節　《道行般若經》所載的
　　　　　「佛教建國信仰」的內容及方法

一 大乘佛教的「般若波羅蜜」行法

　　我們推測，丘就卻是在西元 60 年代之後帶兵進入犍陀羅，並在西元 65
年左右開始在犍陀羅使用初期大乘佛教信仰「般若波羅蜜」行法統治貴霜。
我們知道此事，乃因丘就卻時代所撰造的一些初期大乘經典，如《道行般若
經》等，都在經中不但強調行「般若波羅蜜」行法的重要性，而且也在這些
經中告訴我們，「犍陀羅國王」因用「般若波羅蜜」行法在犍陀羅建國，故其
能以佛教轉輪王的姿態統治貴霜。丘就卻用大乘行法「般若波羅蜜」行法統

---

154 見本書第四章，〈佛教支提信仰的奠立者——龍樹菩薩〉

治貴霜的方法，不見記於「尼彌陀羅」的文獻或出土銘文。雖然《仳真陀羅經》提到，尼彌陀羅王用「供養佛及菩薩」的大乘行法建國，然沒有文獻及出土銘文提到，「尼彌陀羅」因其提倡「供養佛及菩薩」的行法而發展出一套如《道行般若經》所載的「菩薩道行法」或「般若波羅蜜」行法。這就是筆者認為「尼彌陀羅」是「佛教建國信仰」的啟蒙者，而丘就卻則是歷史上系統性奠立「佛教建國信仰」的始祖的原因。

《道行般若經》是一部用散文體或長行（sūtra）書寫方式撰作的初期大乘經典，因此經中常用散文體，甚至口語性的行文方式傳播「般若波羅蜜」的重要性及方法。《道行般若經》在西元 2 世紀後半葉由貴霜譯經僧支婁迦讖在洛陽翻譯成中文之後，中國歷史上便多次翻譯此經。譬如，三國時期來華的貴霜譯經僧支謙，在後漢支婁迦讖翻譯《道行般若經》之後不久，即又翻譯一次此經，並稱其翻譯的此經經名為《大明度經》。[155] 西元 5 世紀初期來到長安的龜茲僧人鳩摩羅什（Kumārajīva, 350-409），在中國也譯出一部此經，並稱此經為《（小品）摩訶般若波羅蜜經》。[156] 從中國在 5 世紀初期之前三次翻譯《道行般若經》的情形來判斷，《道行般若經》的確是一部說明初期大乘佛教信仰或「般若波羅蜜」行法的最重要大乘佛經。《道行般若經》第一章一開始便說：

> 菩薩以在般若波羅蜜中住，欲學菩薩者，當聞般若波羅蜜、當學、當持、當守。[157]

上面這段經文的意思是，菩薩因是修行「般若波羅蜜」行法的大乘修行者，故被稱為「菩薩」（Bodhisattva）；而「般若波羅蜜」行法，因此也被稱為「菩薩道修行法」。此「菩薩道修行法」的主要內容共有六種修行項目或行法，此六種即是：（1）「檀波羅蜜」（dāna），也被稱為「供養」或「施捨」行法；（2）「尸波羅蜜」（śila），也被稱為「守戒」行法；（3）「羼提波羅蜜」（ksanti），

---

155 （梁）僧祐撰，《高僧傳・康僧會傳・支謙傳》卷 1，《大正》卷 1，頁 325 上。

156 （梁）僧祐撰，《高僧傳・鳩摩羅什傳》卷 2，《大正》卷 51，頁 332 上。

157 （後漢）月支國三藏支婁迦讖譯，《道行般若經》卷 1，《大正》卷 8，頁 426 上。

也被稱為「忍辱」行法；（4）「惟逮波羅密」（vīrya），也被稱為「精進」行法；
（5）「禪定波羅密」（dhyāna），也被稱為「禪定」行法；（6）「般若波羅密」
（prajñā），也被稱為「智慧」行法。[158]

此六種菩薩修行法因是六種大乘行者要鍛鍊自己的「心」成為「心無所
著，心無所出，心無所入」的行法，故《道行般若經》卷一說：

> 佛心如是，心無所著，心無所出，心無所入，說佛心無所出，無所入，為無所
> 著心，爾故復為摩訶薩正上，無有與等者。舍利弗問須菩提：為何菩薩心無所
> 著？須菩提曰：心無所生，爾故無所著。[159]

由此，我們知道，菩薩修行「般若波羅蜜」行法的目的，就是要使我們的
「心」成為「大自由的心」，或「佛心」。這就是《道行般若經》常說的，修
行「般若波羅蜜」行法能使我們的「心」達到「心無掛礙」或「心無所住」
的「佛心」境界的原因。《道行般若經》所載的內容，因此是要說明、解釋大
乘修行者應如何修行或鍛鍊其心的方法。這就是為何《道行般若經》一開始
便說，「當聞般若波羅蜜、當學、當持、當守」的原因。

《道行般若經》說，修行「般若波羅蜜」行法的人不僅可以成就「大菩薩」
或「摩訶薩」（mahāsattva）的修成成就，同時也能因此成就成佛的心。[160]「般
若波羅蜜」因此也被視為大乘修行者的「成佛之道」，這也是為何《道行般若
經》說：「過去時菩薩行佛道者，皆於般若波羅蜜中學成，我時亦在其中
學」。[161]

《道行般若經》因此是丘就卻官方撰造的一部用「般若波羅蜜」行法建國
的建國手冊。《道行般若經》除了用此經傳播貴霜或丘就卻用大乘佛教信仰建
國的方法外，也用此經傳播「般若波羅蜜」行法是人人皆能成佛（attainment of
Buddhahood）的修行方法。《道行般若經》卷二說：

> 善男子、善女人，學般若波羅蜜者，持經者、誦經者，當為作禮承事恭敬。何

---

158 （後漢）月支國三藏支婁迦讖譯，《道行般若經》卷2，頁434中。
159 （後漢）月支國三藏支婁迦讖譯，《道行般若經》卷1，頁427中。
160 見後說明。
161 （後漢）月支國三藏支婁迦讖譯，《道行般若經》卷2，頁432上。

以故？用曉般若波羅蜜中事故少有。過去時怛薩阿竭、阿羅呵、三耶三佛，過去時菩薩行佛道者，皆於般若波羅蜜中學成，我時亦共在其中學。[162]

丘就卻用大乘佛教信仰建國的原因，因此有兩個明顯的目的：（1）丘就卻希望在犍陀羅建立一個和平、安定的佛教國家，（2）丘就卻也希望他的人民能因其所建立的佛教國家而能修行成佛。這對當時統治犍陀羅的丘就卻而言，無論如何就是一局雙贏的政策。

丘就卻因此希望其人民能日夜都努力地修行此「般若波羅蜜」。他兩次在《道行般若經》提到菩薩有日夜修行此法的情形。《道行般若經》卷六說：「有菩薩晝日有益於般若波羅蜜，夜夢中亦復有益」。[163] 他也在《道行般若經》卷二提到「菩薩摩訶薩晝夜行般若波羅蜜」的事如下：

> 復如十方無央數佛國今現在佛，亦從般若波羅蜜中出，為人中之將，自致成作佛。釋提桓因白佛言：摩訶波羅蜜，天中天，一切人民、蜎飛、蠕動之類心所念，（左豎心右旦）薩阿竭阿羅呵三耶三佛，從般若波羅蜜悉了知。佛言：用是故，菩薩摩訶薩晝夜行般若波羅蜜。[164]

丘就卻還用雙管齊下的方法達到其用「般若波羅蜜」行法建國的目的。他一方面用流通《道行般若經》的方法要其人民日夜修習「般若波羅蜜」行法，一方面他也用為其主持傳播「般若波羅蜜」行法的法師「曇無竭菩薩」（Bodhisattva Dharmodgata），在其都城為其傳播「般若波羅蜜」行法。我們在《道行般若經》卷九之處，便見此經載有一段冗長記述「曇無竭菩薩」在犍陀羅傳播「般若波羅蜜」行法的情形。「曇無竭菩薩」不但在犍陀羅城設立「高座」時時向犍陀羅人民傳布「般若波羅蜜」行法，使犍陀羅充滿各種修行大乘法的菩薩，[165] 而且他也親自在宮中向王公、貴族傳布佛法，令王公、貴族視「師在深宮，尊貴教敬當如敬佛無有異」。[166] 當時丘就卻在「犍陀羅國」傳布「般

---

162 （後漢）月支國三藏支婁迦讖譯，《道行般若經》卷2，頁432中。

163 （後漢）月支國三藏支婁迦讖譯，《道行般若經》卷6，頁457中。

164 （後漢）月支國三藏支婁迦讖譯，《道行般若經》卷2，頁436中。

165 見下詳述。

166 （後漢）月支國三藏支婁迦讖譯，《道行般若經》卷9，頁471下。

若波羅蜜」行法的情形因此是，上自王公、貴族，下至一般百姓，都在法師不斷傳播「般若波羅蜜」行法下學習及修行「般若波羅蜜」行法。丘就卻在其都城犍陀羅如此推動修行大乘「般若波羅蜜」行法的情形，自然很快的便使「犍陀羅國」或貴霜成為當時亞洲發展大乘佛教信仰的中心及用佛教信仰建國的國家。

《道行般若經》在經中談論「般若波羅蜜」行法時，也教其人民如何用漸進的方式修行「般若波羅蜜」行法。《道行般若經》載：

> 阿難白佛言：無有說檀波羅蜜（施捨），亦不說尸波羅蜜（持戒），亦不說羼提波羅蜜（忍辱），亦不說惟逮波羅蜜（精進），亦不說禪波羅蜜（禪定），亦無有說是名者。但共說般若波羅蜜者，何以故？天中天，佛語阿難：般若波羅蜜與五度波羅蜜中最尊。云何？阿難，不作布施，當何緣為檀波羅蜜薩芸若，不作戒，當何緣為尸波羅蜜，不作忍辱，當何緣為羼提波羅蜜，不作精進，當何緣為惟逮波羅蜜，不作一心，當何緣為禪波羅蜜，不作智慧，當何緣為般若波羅蜜薩芸若。如是天中天，不行布施，不為檀波羅蜜薩芸若……。[167]

丘就卻在鼓勵其人民努力修行「般若波羅蜜」行法之際，很顯然的也在《道行般若經》教導其人民如何逐步修行「般若波羅蜜」行法，才能達到其修行的目的。

丘就卻決定用「般若波羅蜜」行法建國之後，他事實上也注意到，不是所有的人民都能像佛教徒一樣熱心修行「般若波羅蜜」的行法。因為對大部分的市井小民而言，這種系統性的大乘「菩薩道」修行法，不是那麼容易踐行。特別是，有些行法，如「禪定波羅蜜」及「般若波羅蜜」此二種具技術性的修行方法，除非具有特別的宗教熱忱或堅強的毅力，一般民眾似乎都無法如法修行。在此情況下，丘就卻並沒有放棄用大乘「般若波羅蜜」行法作為其建國的方法，他還是堅持一般的人民都要以踐行「般若波羅蜜」的第一行法「供養」行法（dāna pāramita）及第二行法「守戒」（śila pāramita）行法，作為其用大乘佛教信仰建國的主要方法。丘就卻認為，「供養」行法及「守戒」

---

167 （後漢）月支國三藏支婁迦讖譯，《道行般若經》卷2，頁434中。

行法都是人人可以踐行的行法，也是其在犍陀羅建立佛教國家的必要行法。

二 「檀波羅蜜」行法或二施並作的建國方法

中文佛經將「檀波羅蜜」翻譯成「供養」或「施捨」的行法。[168] 此行法是修行「般若波羅蜜」行法最根本，也最重要的行法。丘就卻因此將「檀波羅蜜」或「供養行法」再度發展成兩種不同形式的行法：（1）法師（dharma master）說法或作「法施」（dharma-dāna）的行法，及（2）帝王及人民所作的財物供養或「財施」（rūpa-dāna）的行法。「法施」行法，指法師說法、傳播佛法的活動；而「財施」行法，則指帝王及一般人民施捨各種物資或財物，如，飲食、衣服、臥具、醫藥等給傳播佛法的法師的行法。佛教負責說法或傳播佛法工作的法師或僧人，一般都是佛教僧團中的僧人，由於佛教僧人都不從事生產，因此法師在接受帝王及民眾的「財施」後，都會報以傳播佛法或說法的活動。為了使帝王及其人民能聽聞佛法，法師便要對帝王及其人民說法、作「法施」，而帝王及人民則要供養法師各種財物或作「財施」，以獲得聽聞佛法的機會。丘就卻知道，「法施」及「財施」是相輔相成的行法，只要將此二施的行法，即「法施」及「財施」的行法，結合起來運作，他便能使其人民聽聞佛法，修行佛法，並將僧團（the Sangha）及國家（the state / kingdom）結合起來在犍陀羅建立佛國。這就是丘就卻要堅持使用「般若波羅蜜」的「檀波羅蜜」或「供養行法」建立佛國的原因。我們從《仳真陀羅經》此部大乘佛教經典，完全看不出尼彌陀羅「供養佛及菩薩」的行法出自丘就卻所言的「二施並作」的行法。但因《道行般若經》對此「二施並作」的行法作有非常詳細的說明，我們因此知道，丘就卻是用「二施並作」的行法在犍陀羅建立其佛教國家。

《道行般若經》在經中許多處都談到「法施」及「財施」的概念及行法。《道行般若經》在一處即如此說明「法師」說法的情形：「法師所至到處輒說

---

168 （後漢）月支國三藏支婁迦讖譯，《道行般若經》卷 2，頁 434 中：無有說檀波羅蜜……；並見下面引文。

經法」。[169] 在另一處又如此說，菩薩摩訶薩（法師）傳布經法的布施（法施）行法是「極大施」的行法：

> 若有菩薩摩訶薩持般若波羅蜜者，所作施為過其本所布施上，已無能過勸助所施上百倍、千倍、萬倍、億倍、巨億萬倍。爾時四天王天上二萬人悉以頭面著佛足，皆白佛言：極大施，天中天。[170]

上面此二段經文已經說明了法師作「法施」的重要性，因此《道行般若經》認為，法師傳布「般若波羅蜜」行法的活動為更重要的「供養行法」，並稱「法施」為「極大施」。在另一方面，《道行般若經》也如此提到一般人民用「財施」或財物供養法師的重要性：

> 復次，須菩提，三千大千國土人悉作阿耨多羅三耶三菩提（心），便如恒邊沙佛剎人，皆供養是菩薩震（檀）越衣服、飲食、床臥具、病瘦醫藥，如恒邊沙劫供養，隨其喜樂作是布施。[171]

《道行般若經》並不是唯一談論「法施」及「財施」概念及行法的初期大乘佛教經典。我們在同時代撰造的《伅真陀羅經》，也見此經如此強調此「二施」的行法及重要性：

> 菩薩以經中四事為人說解中義，是故為法施。眾施中之尊，於是為極上之恩。法施者，是為極上之護，何以故？其法施者，聞聽心垢則除，便得解脫。其所有物而施與，但長養生死，其欲度於生死者，當以法而施與，是為隨佛教法施者，一切人因是中而得德。[172]

《伅真陀羅經》認為「法施」為「眾施中之尊」或「極大施」的看法，與《道行般若經》對「法施」的看法完全相同；兩者都認為，「法施」因能讓人「得德」或成佛，因此非常重要，也是建立佛國的基礎。初期大乘的作品雖然常談論「法施」及「財施」的信仰及行法，然這些初期大乘經典都沒有直接或明顯的告訴我們，結合「法施」及「財施」行法的方法，即是貴霜建立佛

---

169 （後漢）月支國三藏支婁迦讖譯，《道行般若經》卷 2，頁 436 下。
170 （後漢）月支國三藏支婁迦讖譯，《道行般若經》卷 2，頁 439 中。
171 （後漢）月支國三藏支婁迦讖譯，《道行般若經》卷 2，頁 439 中。
172 （後漢）月支國三藏支婁迦讖譯，《伅真陀羅經》卷下，頁 366 中。

國的最基本方法。我們是在後來丘就卻的「佛教建國信仰」的繼承者迦尼色迦王第一時代撰造的《大般涅槃經》，[173] 見到此經明顯的將「法施」及「財施」行法結合在一起說明此「二施」的方法是「護法」的方法。《大般涅槃經》稱結合「法施」及「財施」行法的方法為「護法」（dharmaraksa）信仰或「護法」行法。所謂「護法」，即有「護持佛法」及「傳播佛法」的意思。用結合「法施」及「財施」運作的方法建國，即能護持佛法，也能傳播佛法，因此此「二施並作」的方法是建立佛國的基本方法。《大般涅槃經》如此載「護法」此概念的定義：

> 護法者，所謂愛樂正法，常樂演說、讀誦、書寫、思惟其義，廣宣敷揚、令其流布。若見有人書寫、解說、讀誦、讚嘆、思惟其義者，為求資生而供養之；所謂衣服、飲食、臥具、醫藥。為護法故，不惜身命，是名護法。[174]

《大般涅槃經》所說的「法施」行法，即指法師用各種傳播佛法的方式或護持佛教的方法，如此經所言的，「愛樂正法、常樂演說、讀誦、書寫、思惟其義，廣宣敷揚，令其流布」的方法。「財施」的行法，即用此經所言的，「所謂衣服、飲食、臥具、醫藥」等財物供養法師的方法。《大般涅槃經》認為結合此二種「施捨」或「供養」的行法，都可以被稱為「護法」行法，都能因此護持佛法及傳播佛法。由此，用結合「二施並作」行法建國的國家，必定是用大乘信仰或行法建國的國家，也是用護持佛教及傳播佛教的方法建國的國家。我們因此認為，丘就卻一定就是用「二施並作」的行法在犍陀羅建立其佛國；否則丘就卻時代撰造的《道行般若經》及《伅真陀羅經》，不會一直在其等的經中談論「二施並作」的「供養」行法。《大般涅槃經》非常嚴肅的看待「護法」的行法。因為此經說：「為護法故，不惜身命」。由此句子，我們知道，用護法方法建立的佛國，是要不惜代價行此二「供養」行法或「二施並作」的行法才能達到目的。

　　丘就卻為了要說明「二施並作」的方法是其用大乘佛教建國的方法或模

---

173 見本書第三章，〈貴霜佛教建國信仰的發展者迦尼色迦第一及胡為色迦王〉。

174 （北涼）中印度三藏曇無讖譯，《大般涅槃經》卷 14，《大正》卷 12，頁 549 中。

式，其在《道行般若經》卷九所載的《薩陀波倫品》，甚至用一段非常故事性或具文學性的表達方式說明「二施並作」的方法，即是其理想中的用大乘佛教信仰建國的模式。《薩陀波倫品》如此載此段故事：薩陀波倫菩薩為了去犍陀羅聽聞曇無竭法師說「般若波羅蜜法」，其歷經千辛萬苦，並在途中為了要供養曇無竭菩薩，甚至賣身割肉供養法師。《薩陀波倫品》說，因為薩陀波倫菩薩沒有錢可以買禮物供養曇無竭菩薩，他因此「自賣身，欲供養曇無竭菩薩，持用索佛」。[175] 這段薩陀波倫菩薩去犍陀越國求法、賣身的故事，就是薩陀波倫菩薩用「資生」或自己的身體供養法師或作「財施」，甚至「身施」的故事。《薩陀波倫品》所載的薩陀波倫菩薩所扮演的角色，即是一般民眾作「財施」的行法，而曇無竭菩薩在同經中則扮演在犍陀羅傳播佛法的「法師」說法、作「法施」的角色。當薩陀波倫菩薩到達犍陀羅的時候，他所見到的曇無讖在犍陀羅說法的景象是：

> 曇無竭菩薩常於高座上為菩薩說般若波羅蜜。中有聽者，中有書者，中有學者，中有諷者，中有守者。汝從是去，到犍陀越國曇無竭菩薩所，自當為汝說般若波羅蜜，當為汝作師教汝。[176]

《道行般若經》卷九所載的《薩陀波倫品》，事實上也是《道行般若經》的作者或丘就卻展示其如何用結合「法施」及「財施」的方法建立佛國的方法。從上面這段經文，我們可以看出，曇無竭菩薩當時所扮演的角色是在「犍陀越國」作「法施」的大法師，並傳布初期大乘「般若波羅蜜」行法；而薩陀波倫菩薩則扮演一位行「財施」，並希望到犍陀羅聽曇無竭菩薩說「般若波羅蜜」法的大乘行者。

初期大乘經中所載的「法師」，除了有指佛教高僧或有修行成就的「菩薩」外，也常用「與佛無異」的「大菩薩」，甚至「佛」，作為「法師」作「法施」的代表人物。而求法、聽法的人物或作「財施」的人物，除了指普通的民眾或修行大乘佛教的一般菩薩外，也常用帝王或轉輪王作為行「財施」或作「財

---

175 （後漢）月支國三藏支婁迦讖譯，《道行般若經》卷9，頁472中。
176 （後漢）月支國三藏支婁迦讖譯，《道行般若經》卷9，頁472上。

物供養」的代表人物。因為帝王所作的「財施」或「資生供養」，常是一般人民無法做到的供養行法。因此，我們在《佖真陀羅經》便見此經用「佛」作為「法師」作「法施」的代表人物，而用「佖真陀羅王」（月氏王）作為「財施」的代表人物。由《佖真陀羅經》我們可以看出，「法師」可以由「佛」作代表，而作「財施」的人物可以由帝王或轉輪王作代表。《佖真陀羅經》因此用結合「一佛」及「一轉輪王」作「供養」的方法或模式，表達「法施」及「財施」此「二施並作」的供養行法。雖然《佖真陀羅經》這種表達「供養信仰」或「護法信仰」的人物與《薩陀波倫品》用「大菩薩」或「大法師」及普通菩薩共同運作「護法」信仰或行法的情形不同，然這說明，自丘就卻開始使用「二施並作」的「護法」信仰及行法說明其用佛教信仰建國的方法，他並沒有將作「法施」及「財施」的人物固定下來；換言之，作「法施」及「財施」的人物可以是大菩薩及普通菩薩的組合，也可以是佛及帝王的組合。無論如何，自丘就卻開始使用「護法」信仰及行法作為其表達用佛教信仰建國的模式或方法之後，此「護法」信仰不但成為貴霜的造經模式，而且也成為貴霜的佛教造像模式。

丘就卻去世之後，丘就卻的曾孫迦尼色迦第一也用「護法」信仰說明其用大乘佛教信仰建國的方法。迦尼色迦第一時代為了要提倡彌勒佛下生說法的「法師」說法的形象，是其時代所推崇的法師說法的形象，迦尼色迦第一時代撰造的《佛說彌勒下生經》（此後，《彌勒下生經》），也用「一佛、一轉輪王」的「護法」信仰作為其造經模式，並如此製作此經：彌勒佛下生在轉輪王的國度向轉輪王及其人民說法（法施）；而轉輪王及其人民為了聽聞彌勒佛說法而作各種「財施」。[177] 迦尼色迦第一不僅用「一佛、一轉輪王」的「護法信仰」模式作為其時代的造經模式，同時其也用「一佛、一轉輪王」的「護法信仰」作為其時代的造像模式。[178] 迦尼色迦第一時代因撰造有說明「護法」定義的《大般涅槃經》，也造有用「一佛、一轉輪王」的造經模式撰造《彌勒下生

---

177 見（西晉）竺法護譯，《佛說彌勒下生經》，《大正》卷 14。

178 見本書第三章，〈貴霜佛教建國信仰的發展者迦尼色迦第一及胡為色迦王〉。

經》；甚至有用「一佛、一轉輪王」的造像模式製作其時代的佛教造像，如其時代所造的送給「故伽藍」的「香盒」上的造像，[179] 我們因此可以說，迦尼色迦第一是歷史上將貴霜的「護法信仰」發展到極致的第一位貴霜王。迦尼色迦第一的兒子胡為色迦王在統治貴霜的時代，即西元 2 世紀的後半葉，也沿襲此「護法信仰」作為其製作佛教造像的主要造像模式。[180] 從此之後，「護法信仰」不僅成為貴霜的重要造經及造像模式，也成為後來亞洲各地用此「一佛、一轉輪王」的模式，作為表達及說明貴霜「佛教建國信仰」或「護法信仰」的重要造像模式。我們在中國敦煌及雲崗石窟的佛教造像，也見有中國北涼（統治，401-439／460）及北魏（統治，386-534）的帝王，用「一佛、一轉輪王」的「護法模式」，表達其等使用貴霜「佛教建國信仰」建國的造像。[181]

三 丘就卻由「二施行法」發展出來的各種供養行法

由於丘就卻強調用「二施並作」的行法建立佛國的緣故，大乘佛教的第一「供養行法」或「檀波羅蜜」，因此成為丘就卻在犍陀羅發展「佛教建國信仰」期間所提倡的最普遍大乘行法。丘就卻時代所提倡的「供養行法」普及到各種與佛教「供養行法」有關的行法層面上，如「供養七寶塔」、「供養經卷」、及「供養佛像」等的行法。雖然《道行般若經》在經中常說，「供養七寶塔」及「供養佛像」等供養行法，都不是我們修行成佛的方法，只是「得福」的方法，[182]然而我們注意到，《道行般若經》在經中各處都在談論各種供養行法。從這些經文，我們也能看出，丘就卻在提倡用大乘佛教信仰建國之際，也提倡上面我們提到的各種供養行法。由於《道行般若經》如此提倡各種供養行法，我們可以想像，丘就卻所施行的「佛教建國信仰」很快便見成效。我們在上面已經談論過了丘就卻所施行的「法施」行法及「財施」行法，

---

179 見本書第三章，〈貴霜佛教建國信仰的發展者迦尼色迦第一及胡為色迦王〉。
180 見本書第三章，〈貴霜佛教建國信仰的發展者迦尼色迦第一及胡為色迦王〉。
181 見本書第十章，〈中國北涼發展支提信仰的證據──涼州瑞像與敦煌的白衣佛像〉。
182 見下詳述。

我們在下面便要談論丘就卻所提倡的其他「供養行法」。

（1）供養般若波羅蜜經卷的行法

在《道行般若經》所載的供養行法中，以「供養經卷」的行法被談論得最多。所謂「供養經卷」，指的是供養「般若波羅蜜經卷」的行法。《道行般若經》常說，我們不僅要「書寫般若波羅蜜」，也要供養「般若波羅蜜」此經卷。《道行般若經》在卷二甚至認為，「供養經卷」比「供養七寶塔」更重要，並得福多。《道行般若經》載：

> 佛言：書般若波羅蜜，持經卷自歸作禮承事供養——名華、搗香……若般泥洹者，持佛舍利起塔，自歸作禮，承事供養，得福多？……不如是。善男子、善女人，書般若波羅蜜，持經卷自歸作禮，承事供養，得福多。[183]

此處所言的「般若波羅蜜經卷」，指的就是我們在此所言的《道行般若經》。我們在前面已經說過，《道行般若經》載有人人都要讀誦《般若波羅蜜經》及供養此經卷的活動。《道行般若經》也載有法師供養經卷的行法。《道行般若經》是在卷九的《薩陀波倫品》如此記載曇無竭菩薩供養《般若波羅蜜經》的活動：

> 是中有菩薩名曇無竭，諸人中最高尊，無不供養作禮者。是菩薩用般若波羅蜜故作是臺，其中有七寶之函，以紫磨黃金為素，書般若波羅蜜在其中，匣中有若干百種雜名香。曇無竭菩薩日日供養，持雜花名香，然燈懸幢幡，華蓋雜寶，若干百種音樂，持用供養般若波羅蜜。餘菩薩供養般若波羅蜜，亦復如是。[184]

此處所言的「書般若波羅蜜在其中」的《般若波羅蜜經》，即指我們在此所談論的《道行般若經》。曇無竭菩薩為何要如此恭敬書寫、並供養《般若波羅蜜經》或《道行般若經》？這除了與《道行般若經》載有人人都能依據「般若波羅蜜」行法修行成佛的信仰有密切的關聯外，也與此經載有轉輪王能依據「般若波羅蜜」行法建立佛國的信仰有密切的關聯。《道行般若經》如此說

---

183 （後漢）月支國三藏支婁迦讖譯，《道行般若經》卷 2，頁 432 上-下。
184 （後漢）月支國三藏支婁迦讖譯，《道行般若經》卷 9，頁 473 上。

「般若波羅蜜」是我們依據以成佛經典：從般若波羅蜜出怛薩阿竭」。[185] 此處所謂的「怛薩阿竭」（tathāgata），即指梵語「如來」此詞的音譯詞。此話的意思是，修行「般若波羅蜜」行法的人能成佛。對於要成佛及建立佛國的犍陀羅人民及丘就卻而言，《道行般若經》因此是其等依據以成佛或建立佛教國家的佛教修行手冊，非常神聖、非常重要，故人人要書寫此經卷並供養此經卷。這就是《道行般若經》卷二不斷勸請犍陀羅人要書寫《般若波羅蜜經》及供養《般若波羅蜜經》的原因。這也是曇無竭菩薩及菩薩要供養「般若波羅蜜經卷」的原因。

《道行般若經》卷九載：「曇無竭菩薩日日供養，持雜花名香，然燈懸幢幡，華蓋雜寶，若干百種音樂，持用供養般若波羅蜜。餘菩薩供養般若波羅蜜，亦復如是曇無竭菩薩」。這段經文很顯然的是一段記述當時曇無竭大菩薩及菩薩如何「供養經卷」的方法。從這段文字的記載，我們可以看出當時犍陀羅如何重視「供養經卷」的行法。雖然曇無讖以「大法師」的姿態在犍陀羅傳布「般若波羅蜜」行法，然因其尚未成佛，因此他也要與一般的犍陀羅人一樣，日日要讀誦《般若波羅蜜經》，並日日要供養《般若波羅蜜經》。

（2）供養七寶塔的行法

《道行般若經》雖然提到「供養七寶塔」的行法沒有「供養經卷」或供養「般若波羅蜜」的行法重要，然《道行般若經》還是常提到「供養七寶塔」行法。為何我們要「供養七寶塔」？《道行般若經》說，「若（佛）般泥洹後，持佛舍利起塔，自歸作禮，承事供養」。這話的意思是，因「七寶塔」收藏的舍利是「佛舍利」的緣故，故我們供養「七寶塔」便是供養「佛舍利」。特別是，《道行般若經》說，我們必須為佛在其死後起塔作供養：「怛薩阿竭般泥恆後，取舍利起七寶塔供養，盡形壽自歸作禮承事供養」。[186] 但我們要供養舍利或「七寶塔」的最重要原因是，「般若波羅蜜」是成佛的依據，我們供養舍利便是供養佛，也是供養「般若波羅蜜」。《道行般若經》載：

---

185 （後漢）月支國三藏支婁迦讖譯，《道行般若經》卷 9，頁 453 中。
186 （後漢）月支國三藏支婁迦讖譯，《道行般若經》卷 2，頁 432 中。

寧取般若波羅蜜，何以故，我不敢不敬舍利，天中天，從中出舍利供養，般若波羅蜜中出舍利，從中得供養。天中天，從般若波羅蜜中出舍利，從中出供養。[187]

上面這段話的意思是，供養舍利即是供養佛，也是供養「般若波羅蜜」。既是如此，我們在供養「佛舍利塔」或「七寶塔」時，便如見佛面貌，我們因此要建造並供養「七寶塔」或「佛舍利塔」。所謂「七寶塔」，後來撰造的《大般涅槃經後分》卷上對此詞作有下面的說明：

佛般涅槃，荼毘既訖，一切四眾收取舍利置七寶瓶，當於拘尸那伽城內四衢道中起七寶塔——高十三層，上有相輪，一切妙寶間雜莊嚴，一切世間眾妙花幡而嚴飾之，四邊欄楯七寶合成，一切莊挍靡不周遍，其塔四面面開一門，層層間次窗牖相當——安置寶瓶如來舍利，天人四眾瞻仰供養。阿難，其辟支佛塔應十一層，亦以眾寶而嚴飾之。阿難，其阿羅漢塔成以四層，亦以眾寶而嚴飾之。阿難，其轉輪王塔，亦七寶成，無復層級。[188]

《大般涅槃經後分》在此段經文所言的「七寶塔」，指四種人的葬塔，即佛塔、辟支佛塔、阿羅漢塔及轉輪王塔。此四種人的葬塔因其「相輪」的「層級」不同而有佛塔、辟支佛塔、阿羅漢塔及轉輪王塔之別。此四種塔所收藏的舍利因與「眾寶」或「七寶」一起收藏於塔中的緣故，這四種塔因此都被稱為「七寶塔」。《道行般若經》所言的「七寶塔」，因指「佛舍利塔」，故《道行般若經》所言的「供養七寶塔」，指供養「佛舍利塔」或供養「佛塔」的意思。丘就卻在犍陀羅發展佛教建國信仰之際，事實上也非常重視其人民建造及供養「七寶塔」的活動，《道行般若經》因此常談到建造及供養「七寶塔」的活動。《道行般若經》載：

佛言：置四天下塔。拘翼，譬如一天下，復次一天下，如是千天下四面皆滿其中七寶塔。若有善男子、善女人，盡形壽自歸作禮，承事供養天華、天搗香、天澤香、天雜香、天繒、天蓋、天幡云何？拘翼，其福多不？釋提桓因言：甚

---

187 （後漢）月支國三藏支婁迦讖譯，《道行般若經》卷2，頁435下。

188 （大唐）南海波陵國沙門若那跋陀羅譯，《大般涅槃經後分》，《大正》卷12，頁903上。

多，甚多。[189]

　　丘就卻雖然認為「供養七寶塔」的活動不能成佛，只能得福，然其還是鼓勵其人民要在天下立「七寶塔」，並鼓勵他們供養「七寶塔」。因為《道行般若經》說，「七寶塔」中所收藏的舍利，有指修行「般若波羅蜜」成佛人物的舍利。從此角度來看，供養「七寶塔」與修行「般若波羅蜜」有密切的關聯，因為修行「般若波羅蜜」行法的人，在供養「七寶塔」之際，便會提醒自己，修行「般若波羅蜜」的行法最終即能成佛。

　　林梅村在其《漢唐西域與中國文明》提到，1980 年在犍陀羅「烏萇」（Odi）某佛塔故址出土有古代「烏萇王」「薩達色迦諾」（Sodaskano）於其紀元 14 年製作的「金卷片銘文」（Inscriptions of the gold scroll）。此「金卷片銘文」的第 8-9 行文字，載有「烏萇王」（King Odi）「薩達色迦諾」是丘就卻的兒子之事，並載有其安置「佛舍利」的銘文。[190] 根據美國學者理查‧所羅門（Richard Solomon）對此「薩達色迦諾銘文」（Inscriptions of Senavarma）的研究及了解，他認為在此用佉盧文字鑄寫銘文的人物是「烏萇王」或「烏場王」（King Uḍḍiyāna，Swat in Pakistan）「薩達色迦諾」，或「眾神、大王、王中之王丘就卻的兒子」（the son of Gods, son of Great King, King of kings, Kuyula Kataphsa），在一座叫做「一個樓閣的塔」（Ekakūta stūpa, or One –chambered stūpa），因安置「佛舍利」（deposit the relics of the Buddha）所鑄寫的「金卷片銘文」。[191] 所羅門如此翻譯此「金卷片銘文」第 2b 到 5c 行的文字說：

> 此「一個樓閣的塔」（Ekakūta stūpa）先前因被雷擊，因此此塔完全被燒毀，塔內的「舍利」因此不見。從「伊斯馬和」（Ismaho）來的烏萇王「吳塔薩色那」（Utasasena）之子「瓦素色那」（Vasusena）再造此塔，我則安置佛舍利（I establish

---

189　（後漢）月支國三藏支婁迦讖譯，《道行般若經》卷 2，頁 432 中。

190　林梅村，〈古代大夏所出丘就卻時代犍陀羅語三藏寫卷及其相關問題〉，收入林梅村，《漢唐西域與中國文明》，頁 118-119。

191　Richard Solomon, "The Inscriptions of Senavarma King of Odi," *Indo-Iranian Journal*, Vol. 29, No. 4（Oct, 1986），p. 261.

these relics）。[192]

　　從所羅門所翻譯的上面此段銘文，我們知道此「金卷片銘文」，不會是如林梅村所言的，「金卷（片）內容是犍陀羅地區的烏萇國王為修建一座舍利塔下達的敕諭」。[193] 因為很明顯的，此「金卷片銘文」是一件記載丘就卻的兒子「薩達色迦諾」在新建的「一個樓閣的塔」內安置「佛舍利」所造的〈安置佛舍利記〉。「薩達色迦諾」在新建的塔內安置舍利的行法，與當時丘就卻提倡「供養七寶塔」的政策有密切的關聯。

　　所羅門在談論及翻譯此「金卷片銘文」之前，在其文〈烏萇王色那跋摩的銘文〉（The Inscriptions of Senavarma King of Odi）中也提到，裝置此「金卷片銘文」的「舍利盒」（the reliquary box），在 1985 年曾在美國博物館與早期貴霜佛教的造像一起展出。此「舍利盒」內裝有與此「金卷片」一起出土的一些東西，其中有與「佛舍利」一起安葬的琉璃（crystal）、金（gold）和其他珠寶（other jewelries）、小金屬片（small plaque）、造像（figures）及大量用極薄金片製造的金華。當時的展覽並沒有展出「金卷片銘文」，我們因此不知道此「金卷片銘文」目前流落何處。[194] 從所羅門在上面對出土「舍利盒」內收藏物品的描述，我們知道當時新建的「一個樓閣的塔」，即「烏萇王」「薩達色迦諾」安置「佛舍利」的塔，也是一座《大般涅槃經後分》所載的「七寶塔」或「佛舍利塔」。因為此「佛舍利塔」所收藏的「舍利盒」內裝有與「佛舍利」同時被安置的金、琉璃等「七寶」。「烏萇王」「薩達色迦諾」對當時重建此「七寶塔」及安置「佛舍利」於此塔內之事非常重視。因為除了這是其父親，即當時的貴霜王丘就卻，在施行「佛教建國信仰」所提倡的政策外，他也相信，自己及其身邊的一些與他有關的貴霜大王及貴族們，因立此「七寶塔」及安置「佛

---

192 Richard Solomon, "The Inscriptions of Senavarma King of Odi," *Indo-Iranian Journal*, Vol. 29, No. 4（Oct, 1986）, pp. 269-270.

193 林梅村，〈古代大夏所出丘就卻時代犍陀羅語三藏寫卷及其相關問題〉，收入林梅村，《漢唐西域與中國文明》，頁 118-119。

194 Richard Solomon, "The Inscriptions of Senavarma King of Odi," *Indo-Iranian Journal*, Vol. 29, No. 4（Oct, 1986）, p. 262.

舍利」的活動，而都能「供養七寶塔」，並因此受到「祝福」（are honored）。[195]
這段說明「烏萇王」「薩達色迦諾」及與他有關的貴霜大王及貴霜貴族等因供養「佛舍利」而受「祝福」的文字，因此並不是如林梅村所翻譯的：「偉大的國王、眾王之王，丘就卻之子薩達色迦諾天子、皇族保護人蘇訶索摩、丘氏（Gusula）貴族以及具有權威和軍隊的斯氏貴族均受供養」的意思。[196]

　　林梅村說，倫敦大學華瓦爾教授在其《劍橋伊朗史》認為，此「金卷片銘文」是西元 1 世紀初葉的作品。[197] 所羅門也認為，此「金卷片銘文」是西元第一世紀前期的作品。[198] 此「金卷片銘文」的出土，顯然是我們了解丘就卻發展「佛教建國信仰」活動或「供養七寶塔」活動的重要資料。因為此「金卷片銘文」乃是丘就卻的兒子「薩達色迦諾」安置「佛舍利」及供養「七寶塔」所保留下來的文字。我們在上面說過，丘就卻是在西元 60 年代進入犍陀羅之後才開始使用大乘佛教「般若波羅蜜」行法建國，並發展各種佛教「供養行法」，包括「供養七寶塔」的行法。因此丘就卻時代建造及供養「七寶塔」的活動，都應落在西元 1 世紀 60 年代，或西元 65 年左右之後。因為丘就卻在西元 65 年左右在犍陀羅施行「佛教建國信仰」政策統治貴霜之後，丘就卻才會有建造及供養「七寶塔」的政策及活動。丘就卻的兒子「薩達色迦諾」在七寶塔中安置「佛舍利」的活動，顯然是一種當時響應其父丘就卻發展「佛教建國信仰」政策或「供養七寶塔」政策的一個活動。這就是為何「薩達色迦諾」要在〈安置佛舍利記〉的銘文中用冗長的文字歌頌佛陀克服生、老、病、死的痛苦而解脫、成道的偉大功績。「烏萇王」「薩達色迦諾」製作金卷片、安置「佛舍利」的活動，因此無論如何都不會發生在今日西方學者所言

---

195 Richard Solomon, "The Inscriptions of Senavarma King of Odi," *Indo-Iranian Journal*, Vol. 29, No. 4（Oct, 1986）, p. 271.

196 林梅村，〈古代大夏所出丘就卻時代犍陀羅語三藏寫卷及其相關問題〉，收入林梅村，《漢唐西域與中國文明》，頁 118-119。

197 林梅村，〈古代大夏所出丘就卻時代犍陀羅語三藏寫卷及其相關問題〉，頁 118-119。

198 Richard Solomon, "The Inscriptions of Senavarma King of Odi," *Indo-Iranian Journal*, Vol. 29, No. 4（Oct, 1986）, p. 271.

的西元 1 世紀前期，而應發生在丘就卻統治犍陀羅或貴霜王朝的西元 60 年代之後，其用大乘「佛教建國信仰」統治犍陀羅或貴霜的時間。

（3）供養佛像的行法

《道行般若經》在卷十之處也提到，丘就卻時代有造佛形象及供養佛像的活動。《道行般若經》說：

> 譬如，佛般泥洹後，有人作佛形像。人見佛形像，無不跪拜、供養者。其像端正姝好，如佛無有異。人見莫不稱嘆，莫不持華香、繒綵供養者。賢者呼佛，神在像中耶？薩陀波倫報言：不在中。所以做佛像者，但欲使人得其福耳。不用一事成佛像，亦不用二事成，有金有點人，若有見佛。時人佛般泥洹後，念佛故作佛像。欲使世間人供養得其福。薩陀波倫菩薩報師言：用佛般泥洹後故作像耳。曇無竭菩薩報言：如賢者所言，成佛身亦如是，不用一事，亦不用二事，用數千萬事。有菩薩之行，人本索佛。時人若有常見佛作功德，用是故成佛身……賢者，欲知成佛身，本無所從來，去亦無所至，無有作者，亦無有持來者，本無有形，亦無所著……佛所以現身者，欲度脫世間人故。[199]

《道行般若經》雖然在此提到，在西元 1 世紀 60 年代的後半葉之後，即丘就卻於犍陀羅發展「佛教建國信仰」的時間，犍陀羅人已有製作佛像及供養佛像的活動，然《道行般若經》在此所說的話與《道行般若經》在其卷二所說的話一樣，都認為造佛形象及供養佛像，和「供養七寶塔」一樣，只能得福，不能成佛。但從「烏萇王」「薩達色迦諾」在「烏萇」安置「佛舍利」的事件，我們可以看出，丘就卻在犍陀羅發展大乘佛教信仰的時代，有鼓勵其人民「供養經卷」、「供養七寶塔」及「供養佛像」的活動。因為這些供養行法還是有其一定的功用，就如《道行般若經》在上面說的，「佛所以現身者，欲度脫世間人故」。

我們從《道行般若經》也知道，丘就卻時代並不是歷史上最早製作佛像的時代，因為《道行般若經》也說，在佛涅槃後，便有信眾因「念佛故作佛像」。丘就卻時代雖然造有佛形象及供養佛像的活，但從目前犍陀羅保存的佛

---

199 （後漢）月支國三藏支婁迦讖譯，《道行般若經》卷 9，頁 476 中。

教造像，我們都不見有丘就卻時代製作的佛像。即使「法王塔」上還保留有一些早期貴霜製作的造像，然「法王塔」上的這些造像，很可能都是後來修復「法王塔」時所重塑的佛教造像。我們因此無法談論丘就卻時代製作的佛像。無論如何，從《道行般若經》的記載，我們非常確定，丘就卻在犍陀羅發展大乘佛教的時代，犍陀羅人有製作佛像及崇拜佛像的活動。

四 《道行般若經》所載的十戒行法及其發展

《道行般若經》所提出的「十善道」或「十戒」行法，乃指我們在日常生活中所遵行的十種道德規範，如：「不殺生、強盜、婬逸、兩舌、嗜酒、惡口、妄言綺語，不嫉妒、嗔恚罵詈，不疑」的行法。[200] 此「十戒」行法也被稱為「十種菩薩戒」行法的原因是，遵行此「十戒」行法，也被認為是一種修持「般若波羅蜜」第二行法，即「守戒」的行法。這就是丘就卻認為，在日常生活中我們也要守持或遵行「十戒」行法或「般若波羅蜜」第二「菩薩道」行法的原因。

丘就卻認為，守持「十戒」行法並不困難，但此行法非常重要。因為一個社會或國家的和平及安定，就是要靠全民遵守「十戒」行法達到其目的。由於一個社會及國家的安定需要人人恪守「十戒」行法來維持，這就是為何大乘佛經常說，佛教轉輪王因用「十戒」行法建國，故佛教轉輪王也被稱為「法王」的原因。譬如，《大薩遮尼乾子所說經》說：「轉輪聖王以十善道化四天下，悉令受持，離十惡業。行十善道，具足成就，名為法王」。「十戒」行法既是如此重要，在犍陀羅建立佛教國家的丘就卻及後來撰造的大乘佛經，如《大薩遮尼乾子所說經》，便用「十戒」或「十善道」行法定義轉輪王此詞，[201] 意思是說，轉輪王用「十戒」行法建國。

丘就卻在其時代撰造的《道行般若經》因此常談論恪守「十戒」行法的重要性。《道行般若經》也兩次提到其國民要日夜守持「十戒」行法，甚至在

---

200 見下詳述。
201 《大薩遮尼乾子所說經》稱「十戒」為「十善法」；並見下說明。

夢中也要守持「十戒」行法。《道行般若經》卷六說：

> 當持十戒，不殺生、強盜、婬逸、兩舌、嗜酒、惡口、妄言綺語，不嫉妬、嗔
> 恚罵詈，不疑。亦不教他人為。身自持十戒不疑，復教他人受十戒。於夢中自
> 護十戒，亦復於夢中面目見十戒。[202]

丘就卻要求其國民守持「十戒」行法的情形，就像其要求其國民履行「般
若波羅蜜」行法一樣，要時時守持「十戒」，「復要教他人受十戒」。丘就卻
顯然的認為，建立佛國不能只靠宗教行法及宗教力量建國，日常生活上的道
德行法及道德力量也非常重要。事實上丘就卻去世之後，後來亞洲使用「佛
教建國信仰」建國的帝王基本上也都非常重視用「十戒」行法建國的活動。
4、5 世紀之後亞洲歷史上出現的轉輪王使用行「受菩薩戒儀式」（Ritual of
Bodhisattva pratimoksa）登上其轉輪王位或佛王為的活動，就是歷史上出現的強
調轉輪王用「十戒」行法建國的一個例子。[203] 所謂「受菩薩戒儀式」的意思，
就是「受十戒儀式」的意思。佛教轉輪王用「十戒」行法建國的方法自丘就
卻施行之後，歷史上的亞洲轉輪王便一直沿用此「十戒」行法建國。由此可
見，「十戒」行法在歷史上已然成為佛教轉輪王建國的特徵及記號。姚秦時代
（統治，384-417）來華的龜茲國三藏鳩摩羅什翻譯的《梵網經盧舍那佛說菩薩
心地戒品第十卷》下（此後，《梵網經》）甚至明顯的說：帝王及其臣民如果沒
有行「受菩薩戒儀式」，帝王及其百官都不能用佛教信仰建國。《梵網經》說：

> 佛言：若佛子，欲受國王位時，受轉輪王位時，百官受位時，應先受菩薩戒。
> 一切鬼神救護王身、百官之身，諸佛歡喜。[204]

這就是為何後來亞洲的帝王都要用行「受菩薩戒儀式」的方法登上其轉輪王
位，或說明其是用佛教信仰建國的轉輪王的原因。中國的梁武帝蕭衍（統治，
502-549）在用「佛教建國信仰」統治大梁（統治，502-557）之際，便兩次帶領
其官員及百姓行「受菩薩戒儀式」，說明其以佛教轉輪王的姿態用佛教「十戒」

---

202 （後漢）月支國三藏支婁迦讖譯，《道行般若經》卷 6，頁 454 中-下。

203 見本書本書第十章，〈中國北涼發展支提信仰的證據──涼州瑞像與敦煌的白衣佛像〉。

204 （後秦）龜茲國三藏鳩摩羅什譯，《梵網經盧舍那佛說菩薩心地戒品第十卷》下，《大正》卷 24
，頁 1005 上。

建國。[205]

第五節　結論

　　無論是丘就卻時代所撰造的初期大乘經典，如《道行般若經》和《伅真陀羅經》，還是丘就卻時代所鑄造的錢幣，甚至後來撰造的丘就卻發展大乘信仰的經文，都載有貴霜王朝的建國者丘就卻使用大乘佛教「般若波羅蜜」行法及「十戒」行法建國的事。丘就卻在這些經文及實物，或以「法王」的姿態，或以佛教「轉輪王」的姿態，統治貴霜王朝。這說明，丘就卻在其統治犍陀羅的時代，不僅有奠立及發展大乘佛教信仰的活動，同時也有用大乘的「般若波羅蜜」信仰及行法統治貴霜的活動。丘就卻用大乘佛教信仰建國的史實或發展「佛教建國信仰」的史實，因此都有文獻、史料及出土銘文可以佐證的事實。

　　丘就卻用佛教轉輪王信仰統治貴霜的方法，就《伅真陀羅經》的記載，並不是丘就卻創造或研發出來的佛教轉輪王建國方法；換言之，其用「摩訶衍」建國的方法或用「供養行法」作為其用大乘行法建國的方法，乃受大夏王「尼彌陀羅王」或彌蘭王影響的結果。這就是為何《伅真陀羅經》說，「尼彌陀羅王」是丘就卻「前生」的原因。歷史上肇始使用「遮迦越羅」或「轉輪王」建國方法的人物，就筆者知道的，乃是大夏王「尼彌陀羅王」。這從「尼彌陀羅王」鑄造的錢幣能證明此說外，目前保存的中譯《伅真陀羅經》也能證實此說。從載有「尼彌陀羅王」名字的佛教經典及「尼彌陀羅王」鑄造的錢幣，我們都無法進一步證明「尼彌陀羅王」曾有系統性的發展大乘佛教或「般若波羅蜜」行法的證據。我們所知道的，「尼彌陀羅王」用「摩訶衍」

---

205 Kathy Ku Cheng Mei, "The Buddharaja Image of Emperor Wu of the Liang," in Alan K. L. Chan and Yuet-keung Lo, eds., *Philosophy and Religion in Early Medieval China*. pp. 265-290；並見古正美，《梁武帝的彌勒佛王形象》，頁 28-47；並見本書第十章，〈中國北涼發展支提信仰的證據──涼州瑞像與敦煌的白衣佛像〉。

建國的方法及其用「供養佛及菩薩」的行法建國的活動，都來自《伅真陀羅經》。但《伅真陀羅經》除了記載「尼彌陀羅王」這些有限的資料外，沒有再作更多有關「尼彌陀羅王」佛教活動的記載。由此，筆者認為，我們無法視「尼彌陀羅王」為歷史上系統性或具理論性說明「佛教建國信仰」的創始者。相對的，受大夏王「尼彌陀羅王」影響的貴霜王丘就卻，就其用發展大乘佛教信仰建國之際在犍陀羅流通的《道行般若經》的內容來看，貴霜王丘就卻才是歷史上真正奠立用大乘佛教信仰建國的創始者或「佛教建國信仰」的奠基者。因為丘就卻用「供養行法」將其僧團及國家結合起來建國的方法，及用「十戒」行法統治貴霜的方法，在在都說明了丘就卻是歷史上真正奠立用大乘佛教信仰建國的人物；否則其所奠立的「二施並作」的行法或「護法信仰」不會影響後來亞洲各地所施行的「佛教建國信仰」內容及造像。

　　許多西方學者都認為，印度馬突拉（Mathurā）的馬特（Māt）遺址很能說明貴霜王朝有「朝代信仰」（the dynastic cult）之事。法國學者蒙訥芮特・底・維拉德（Monneret de Villard）認為，所謂「朝代信仰」，就是指貴霜王朝所使用的一種王朝的根本信仰（a cult paid to a dynasty），而不是指貴霜某一君王的特殊信仰。到底什麼是「王朝的根本信仰」？底・維拉德有進一步的說明。他說，印度馬突拉的馬特遺址之所以被視為貴霜王朝的「朝代信仰」遺址，是因為馬特遺址的〈修神廟（devakula）記〉及〈造像記〉[206] 除了載有貴霜王引用印度「大王」、伊朗「王中之王」、中國「天子」（devaputra）及「貴霜子」（Kusānaputra）此四大國大王稱號稱呼自己為「世界大王」的情形外，馬特遺址此印度教「神廟」也造有多位貴霜王的造像。馬特遺址的貴霜王會用「四國大王」稱號稱呼自己，與貴霜王朝的「朝代信仰」有關；而貴霜王朝的「朝代信仰」，就是貴霜的「國家觀」或「宇宙觀」（conception of the state or cosmology）。貴霜王朝的「國家觀」或「宇宙觀」，乃受到佛教的「宇宙觀」及安息的「國家觀」的影響。佛教認為，宇宙可以分為四大國，而此四大國位於宇宙的四個角落，由四力士（lokapalas）各別護持。安息的「國家觀」亦

---

206 見本書第一章〈緒論〉。

是如此，統治國家的帝王因此是「宇宙之主」。貴霜王因此認為自己是統治四天下的「宇宙之主」（Sarvaloga），因此用此四國的大王稱號稱呼自己，甚至神化（deification）自己。這就是為何貴霜王的造像會出現在印度文獻所言的「神廟」（devakula），即馬特遺址的原因。[207]

意大利學者吉歐瓦尼·維拉底（Giovanni Verardi）基本上同意底·維拉德所作的「朝代信仰」的定義。但他認為，貴霜王為「宇宙之主」的說法，既不是源自佛教的宇宙觀，也不是源自安息的國家觀，而是源自印度教或印度政治傳統中的轉輪王信仰。他引歐波亞（Auboyer）的說法認為，在印度傳統中，只有「大王」（Mahārāja）或轉輪王可以坐「獅子座」（Simhāsana），不是轉輪王不能坐「獅子座」。因為「獅子座」置於宇宙中心，與宇宙之柱（cosmic pillar）相通，也與太陽相通。在馬特遺址中，微馬·卡德費些斯的造像，因以帝王的「倚坐」（pralambapadāsana）坐姿坐在「獅子座」上（見圖8），[208] 故維拉底認為，坐在「獅子座」上的微馬·卡德費些斯是「宇宙之主」或轉輪王。

維拉底除了用「獅子座」證明馬特遺址的貴霜王造像是轉輪王像外，也用迦尼色迦第一在馬特遺址手握一把劍的造像（圖9），來證明此迦尼色迦第一的造像是一尊受印度教影響的轉輪王造像。[209]

維拉底顯然不知道，丘就卻所奠立及使用的「佛教建國信仰」早過微馬·卡德費些斯所使用的「印度教轉輪王建國信仰」；也不知道丘就卻使用的「王中之王」或「大王」的稱號，與丘就卻發展的「佛教轉輪王建國信仰」也有密切的關聯；更不知道丘就卻的「轉輪王建國信仰」是受大夏王「尼

圖8　馬特遺址的微馬·卡德費些斯的轉輪王造像

207　Giovanni Verardi, "The Kusana Emperors as Cakravartins," *East and West*, 1987, pp. 234-235.

208　Giovanni Verardi, "The Kusana Emperors as Cakravartins," p. 257；並見 Nicholas Sims-Williams and Joe Cribb, "A New Bactrian Inscriptions of Kanishka the Great," p. 100。後者認為，以帝王之坐姿坐在獅子座上的貴霜應是微馬·塔克圖。

209　見本書第三章，〈貴霜佛教建國信仰的發展者迦尼色迦第一及胡為色迦王〉。

彌陀羅王」的影響。我們既不知道「尼彌陀羅王」所奠立的「轉輪王建國信仰」源自何處，我們如何能一口咬定「轉輪王建國信仰」出自印度教的政治思想或信仰：何況從目前印度教所保存的「印度教建國信仰」的文獻來看，我們都不見其有記載如大乘佛教經典《道行般若經》這種記載「佛教建國信仰」內容及方法的印度教文獻及資料。目前維拉底所能列舉的最早發展「印度教轉輪王建國信仰」的例子，既是丘就卻孫子微馬‧卡德費些斯及曾孫迦尼色迦第一的例子，這是否說，貴霜王發展的「印度教轉輪王建國信仰」的活動是受貴霜奠立及發展的「佛教轉輪王建國信仰」的影響而產生的印度教

圖 9　馬特遺址迦尼色迦王造像

政治信仰？這是否也說，丘就卻所奠立的「佛教建國信仰」，是丘就卻依據其在犍陀羅所奠立的大乘佛教信仰所創立的一種具有古代中亞文化特色的佛教政治傳統，而此佛教政治傳統，與上面這些學者，甚至戈岱司所言的「印度帝王建國信仰」，無直接的關聯？

　　「獅子座」及「劍」也見記於大乘經典。譬如，唐代義淨翻譯的《佛為勝光天子說王法經》，在談論「灌頂大王」（轉輪王）有「五大寶物」之際即說：「五大寶物」指「如意髻珠」、「白蓋」、「白拂」、「寶履」、及「寶劍」。[210]「獅子座」也常見於佛教經典的記載。[211] 我們在沒有確實的文獻可以指認「寶劍」及「獅子座」是印度教創造的轉輪王信仰物或象徵物之前，用此二物證明其等源自印度教政治信仰的言說或論證，都太薄弱。

　　中國學者林梅村一直非常關心東、西方學者對貴霜文化的研究情形。當他知道 1996 年在古代大夏寺（今日阿富汗）出土有 13 捆丘就卻時代用佉盧文字書寫的樺樹皮佛經之後，即非常興奮的引《紐約時報》的報導說，邵瑞棋

210　（唐）沙門釋義淨奉詔譯，《佛為淨光天子說王法經》，《大正》卷 15，頁 125 中。
211　見本書第九章，〈《入法界品》的支提信仰性質及造像〉。

教授（Richard Solomon，即筆者所言的「理查‧所羅門」）鑑定後認為，這些寫經都是 1-2 世紀之間的抄經。這些寫經，可以說是目前存世最早且數量最多的佛教寫經。這些寫經目前為大英圖書館（the British Library）所收藏。[212] 林梅村因此認為，此 13 捆大夏寺寫經的出土，對我們了解丘就卻發展佛教的情形非常重要，因為這些寫經能具體的說明丘就卻發展佛教的情形。

　　如果丘就卻時代的寫經如此重要，林梅村在說上面這些話時，他似乎完全忘記，中國自西元 2 世紀中期之後的東漢末年開始，許多貴霜譯經僧，包括安世高及支婁迦讖等，在中國洛陽已經譯出許多初期大乘經典。這些早期中國的譯經有多部是筆者在本文談論丘就卻時代佛教活動的主要大乘經典，如《道行般若經》、《佹真陀羅經》及《犍陀國王經》。從上面談論《道行般若經》及《佹真陀羅經》的內容，我們便能看出丘就卻時代發展「佛教建國信仰」的一般情形。我們不知道，1996 年在古代大夏寺出土的 13 捆丘就卻時代用佉盧文字書寫的樺樹皮佛經是否載有更重要的研究丘就卻佛教政治活動的資料？如果東、西方學者都認為，丘就卻時代撰造的大乘經典對丘就卻的研究如此重要，為何這些學者不就中國東漢末年翻譯的中譯大乘佛經先了解丘就卻在犍陀羅發展大乘佛教的情況，而要捨近求遠的等待剛出土的樺樹皮經典被翻譯出來？這是筆者非常不明白的事。從林梅村對大夏寺寫經的報導，我們可以看出，東、西方學者在研究貴霜文物之際，從未考慮過中譯早期大乘佛經有記載丘就卻在犍陀羅發展佛教活動的資料。從今日東、西方學者的研究方法，我們也可以看出，東、西方學者對中國早期的佛教譯經具有很深的偏見。在此研究氛圍下，貴霜的研究因只依賴出土的有限錢幣、銘文、殘卷或文書，其進展不但緩慢，而且還常錯誤百出。這就是筆者常說，我們必須結合佛教文獻、史料、中譯佛教經典、錢幣及銘文等資料，才能研究丘就卻或貴霜歷史及文物的原因。

---

212 林梅村，〈古代大夏所出丘就卻時代犍陀羅語三藏寫卷及其相關問題〉，收入林梅村，《漢唐西域與中國文明》，頁 115-117。

第三章

貴霜佛教建國信仰的發展者
迦尼色迦第一及胡為色迦王

第一節　迦尼色迦第一發展佛教轉輪王建國信仰的情況

一 迦尼色迦第一鑄造的佛教轉輪王像錢幣

貴霜王朝[1]在其建國者丘就卻及其孫子微馬・卡德費些斯（Vima Kadphises, 95-127）使用錢幣及造像法製作其等的轉輪王像之後，貴霜後來的帝王在發展「佛教建國信仰」或用宗教信仰建國之際，都有為自己造轉輪王像的活動。丘就卻及微馬・卡德費些斯之後，貴霜製作轉輪王像的活動便成為貴霜一代用造像的方法記載及表達其發展「轉輪王建國信仰」的一種重要方法。在早期的貴霜王中，以微馬・卡德費些斯的兒子迦尼色迦第一（King Kanishka, 127-140）及其孫子胡為色迦王（Huvishka, 160-190）製作的佛教轉輪王像最為有名，並數量最多。迦尼色迦第一在中文佛教文獻常以不同的名字被稱呼，或稱其為「迦尼色迦」，或稱其為「罽尼吒王」，或稱其為「迦膩色迦」等名。[2]筆者在此文要用「迦尼色迦第一」或「迦尼色迦」稱呼他。

目前保存的迦尼色迦第一的轉輪王像，主要以其在錢幣上的造像保存最多，且狀況最為良好。我們之所以知道迦尼色迦第一在其錢幣上製作的人物造像是其轉輪王像，乃因今日大英博物館（the British Museum）收藏一枚銘記有迦尼色迦第一的造像、佛像和佛號的金幣。此金幣正面銘記有「王中之王」（Shah of Shahs）的轉輪王稱號、「迦尼色迦」（Kanishka / Kaniska）的名字，及迦尼色迦的造像；金幣反面則用希臘文（Greek）銘記有「佛陀」（Boddo）的「佛號」和「佛陀」的造像（圖1）。[3]此枚迦尼色迦第一的金幣，在迦尼色迦第一

1　此章所用的貴霜統治年表，取自 https://en.wikipeida.org/wiki/Kushan_Empire/2/1/2019。

2　見下詳述。

3　這枚迦尼色迦第一時代鑄造的金幣，是在今日阿富汗的賈拉拉巴德（Jalālābad, Afghanistan）附近的「阿新珀斯塔」（Stūpa of Ahīn-Posh）出土。見 J. C. Harle, *The Art and Architecture of the Indian Subcontinent.* New Haven: Yale University Press, 1994, p. 83, Plate 63. 此枚金幣今為倫敦大

造像的右側造有一個像叉子的符號。漢斯‧羅葉斯納（Hans Loeschner）稱此符號為 tamgha 的符號（monogram）。[4] 此符號很可能是迦尼色迦第一用以象徵其王權的符號，因為貴霜其他帝王的錢幣也造有類似的符號。

　　迦尼色迦第一在此枚金幣上所造的轉輪王像及象徵其王權的符號，也見造於其所鑄的其他錢幣。迦尼色迦第一在此枚金幣上所造的造像，被學者視為是其面向左邊祭壇作祭祀（Sacrificing at altar to left）的造像。[5] 這是否說，迦尼色迦第一用此祭祀儀式登上其轉輪王位？因為此類轉輪王錢幣反面所造的造像，造有貴霜王登位儀式都會見到的授位女神（Goddess of investiture）娜娜（Nana）的造像。[6] 迦尼色迦第一在其錢幣上的造像被造成：身穿緊身連衣褲裙、肩披斗篷、腰間佩劍、側面、滿臉胡鬚、戴冠，左手上舉握住其身側長矛的上部。其雙腳穿一雙唐代義淨（636-713）翻譯的《佛為淨光天子說王法經》所載的具有象徵轉輪王身分的大皮靴或「寶履」；[7] 並以外八字的立姿站在錢幣上。此類迦尼色迦第一在錢幣上的相貌，看起來像一位中亞民族壯碩中老年人的的相貌：大眼、大嘴、高隆的大鼻子，及滿臉鬍鬚的相貌。迦尼色迦第一這樣的相貌說明，其用佛教信仰統治貴霜的時間，可能已經是在其統治

英博物館（British Museum, London）收藏；並見，A. Foucher（佛謝爾）, *The Beginnings of Buddhist Art.* New Delhi: Asian Educational Services, 1994（reprint）, p. 128。佛謝爾將迦尼色迦第一定為第一世紀的人物，此定年與現在學者對迦尼色迦第一的定年不同。但其對迦尼色迦第一金幣的描述，乃值得我們參考："I must confess, in the first century of our era, the type of Buddha at last makes its appearance on the reverse of the coins. And certainly his name is still written there in Greek characters 'Buddo'. But on the obverse, instead of an elegant Greek, we perceive the figure of another invader, of a bearded Scythian, grotesquely accoutered in his high boots and the rigid basques of his tunic. His name is given in the inscription: he is the 'Shah of Shahs', Kanishka."

4　Hans Loeschner, "Kanishka in Context with the Historical Buddha and Kushan Chronology," in Vidula Javasval, ed., *Glory of the Kushans- Recent Discoveries and Interpretations.* New Delhi: Aryan Books International, 2012, p. 34.

5　Hans Loeschner, "Kanishka in Context with the Historical Buddha and Kushan Chronology," p. 34.

6　見後詳述。

7　見（唐）沙門釋義淨奉詔譯，《佛為淨光天子說王法經》，《大正》卷 15，頁 125 中載：灌頂大王（轉輪王）有「五大寶物」，此「五大寶物」，即指「如意髻珠」、「白蓋」、「白拂」、「寶履」、及「寶劍」。

貴霜王朝的晚期。

由於上面提到的這枚迦尼色迦第一的金幣造有立佛像，而此立佛像邊又鑄寫有「佛陀」（Buodo）此名號，[8] 這說明，此類錢幣上的迦尼色迦第一在彼時已有提倡佛教信仰或施行「佛教建國信仰」統治貴霜的活動。這也

圖 1　大英博物館藏迦尼色迦第一鑄造的具有佛像及轉輪王像的金幣

是我們認為，此類具有迦尼色迦第一造像的錢幣，是其鑄造的具有其佛教轉輪王造像的錢幣的原因。我們認為此枚金幣的迦尼色迦第一的造像是其轉輪王造像的原因是，此枚金幣上鑄有迦尼色迦第一的「王中之王」或轉輪王的「大王」號。[9]這說明錢幣上的迦尼色迦第一是位轉輪王的造像。現存迦尼色迦第一鑄造的具有佛像的金幣，數量非常少。網上資料顯示，目前只存有六枚迦尼色迦第一鑄造的具有佛像的金幣。[10]

迦尼色迦第一在統治貴霜的期間，其所鑄造的錢幣有金幣、銀幣及銅幣三種。《北史·西域傳》也說，迦尼色迦王「以金、銀錢為貨」。[11] 迦尼色迦第一用金幣鑄造佛像的原因，除了有說明其國勢富強外，也與其要用金幣宣告天下，其以佛教轉輪王的姿態統治貴霜。迦尼色迦第一也用鑄造銅幣的方法流通其轉輪王像及佛像。迦尼色迦第一用銅幣流通「佛像」及「佛號」的錢幣共有兩類：（1）一類銅幣所造的「佛像」及「佛號」，完全與其在上面流通的金幣上所鑄造的「佛像」及「佛號」相同（圖 2）；（2）另一類銅幣所造的「佛像」及「佛號」，則與上面金幣上所造的「佛像」及「佛號」不同（圖 3）。

8　Joseph Cribb, "Kaniska's Buddha Coins—The Official Iconography of Śākyamuni and Maitreya," *JIABS*, Vol. 3, 1980（Nov. 2），p. 80.

9　「王中之王」是轉輪王號的說明，見本書第二章，〈大乘佛教建國信仰的奠立者——貴霜王丘就卻〉。

10　http://en.wikipedia.org/wiki/Kanishka, page 6 of 13, 9/2/2013.

11　（唐）李延壽撰，《北史·西域傳·小月氏國》，《二十五史》第 4 冊（上海：上海古籍出版公司，1986）。

第二類銅幣所造的「佛像」，其左手的造法與上面金幣上「佛像」左手的造法不同。第二類銅幣的「佛號」也被鑄記為「釋迦佛」（Sakamano Buodo）的佛號。[12]

圖2　迦尼色迦第一鑄造的第一類具轉輪王像及佛像的銅幣

圖3　迦尼色迦第一鑄造的第二類具轉輪王像及釋迦佛像的銅幣

第二類具有「釋迦佛號」的迦尼色迦第一的佛像銅幣，其佛像的右手和金幣「佛像」的右手一樣，都在胸前作「無畏印」（abhaya mudrā）。[13] 但第二類銅幣佛像的左手，則與上面金幣佛像的左手手勢不同，第二類銅幣佛像的左手在腰間彎起，讓垂掛在左手腕的佛衣衣尾自然下垂。上面提到的金幣佛像左手，則彎起在腰間握住其佛衣的衣尾。

迦尼色迦第一所鑄造的存世佛像錢幣，也見造有「彌勒佛像」及「彌勒佛號」（Metrauo Buodo）的銅幣（圖4）。[14] 此類造有「彌勒佛像」的錢幣，其錢幣上的造像及文字目前保存的情況都很不好，造像及文字

圖4　迦尼色迦第一鑄造的具轉輪王像及彌勒佛像的銅幣

看起來都非常模糊。這類錢幣在迦尼色迦第一的佛像錢幣中出現，看起來似乎有些突兀。事實上這類錢幣出現於迦尼色迦第一用佛教信仰統治的貴霜時代，並不是沒有原因。此類錢幣上的「彌勒佛像」，因其頭梳高髻的緣故，因此常被學者視為「彌勒菩薩像」（Bodhisattva figure）。[15] 此類錢幣出現在迦尼色

12　Joseph Cribb, "Kaniska's Buddha Coins—The Official Iconography of Śakyamuni and Maitreya," p. 81.

13　Joseph Cribb, "Kaniska's Buddha Coins—The Official Iconography of Śakyamuni and Maitreya," p. 80.

14　Joseph Cribb, "Kaniska's Buddha Coins—The Official Iconography of Śakyamuni and Maitreya," p. 81.

15　http://en.wikipedia.org/wike/kanishka, page 7 of 13, 9/2/2013；see also, Joseph Cribb, "Kaniska's

迦第一的時代，說明迦尼色迦第一在使用佛教信仰統治貴霜的時期，其也有提倡「彌勒信仰」的活動。中文佛教文獻也記載有迦尼色迦第一提倡「彌勒信仰」的活動。[16] 因此迦尼色迦第一提倡「彌勒信仰」的活動，應該是其時代的重要佛教信仰活動。

「彌勒菩薩」（Bodhisattva Maitreya）的名字已出現於丘就卻於 1 世紀 60 年代後半葉提倡大乘「佛教建國信仰」的時代。[17] 譬如，丘就卻時代在犍陀羅撰造並流通天下的《道行般若經》卷四說：「彌勒菩薩摩訶薩阿耨多羅三耶三菩阿惟三佛時（成佛的狀態）說般若波羅蜜」。[18] 這說明，貴霜早在西元 1 世紀 60 年代後半葉已有推崇「彌勒信仰」或「彌勒說法信仰」的活動。丘就卻的兒子「烏葜王薩達色迦諾」（Sodaskano），於丘就卻發展「佛教建國信仰」期間，於烏葜製作的「金卷片銘文」（Inscriptions of the gold scroll），也載有「彌勒」的名字。[19] 由此可見，「彌勒信仰」在西元 1 世紀 60 年代後半葉丘就卻在統治犍陀羅並提倡「佛教建國信仰」的時代，已經是一個重要的貴霜大乘佛教信仰。

陳朝（統治，557-589）印度僧人真諦（Paramārtha）翻譯的《婆藪槃豆法師傳》，也載有迦尼色迦第一發展「彌勒信仰」的活動。《婆藪槃豆法師傳》說：為迦尼色迦第一發展大乘佛教信仰的重要僧人「世親」（婆藪槃豆，Vasubandhu）或「無著」（Asanga），「數上兜率多天（Tusita heaven）諮問彌勒菩薩大乘經義。彌勒廣為解說，隨有所得，還閻浮提，以己所聞為餘人說」。除此，彌勒甚至還下閻浮提的「說法堂」為眾人說法。「因此眾人聞信大乘彌勒教」。[20]「世親」（無著）在迦尼色迦第一的時代，不僅有積極參與迦尼色迦第一時代的佛教發

Buddha Coins—The Official Iconography of Śakyamuni and Maitreya," p. 81.

16　見下詳述。

17　見本書第二章，〈大乘佛教建國信仰的奠立者──貴霜王丘就卻〉。

18　（後漢）月支國三藏支婁迦讖譯，《道行般若經》卷 4，《大正》卷 8，頁 443 中。

19　見本書第二章，〈大乘佛教建國信仰的奠立者──貴霜王丘就卻〉。

20　（陳）天竺三藏法師真諦譯，《婆藪槃豆法師傳》，《大正》卷 50，頁 188 下。

展活動，[21] 同時其也是為迦尼色迦第一發展大乘佛教信仰的最重要僧人之一。世親在犍陀羅提倡「大乘彌勒教」信仰的活動，因此應該是當時迦尼色迦第一策劃發展的大乘佛教信仰；否則迦尼色迦第一所召開的十二年「大乘經典結集大會」或簡稱「結集」（Buddhist council），[22] 不會造有與「大乘彌勒教」信仰有關的《彌勒下生經》及《彌勒上生經》，[23] 而迦尼色迦第一也不會鑄造並流通具有彌勒佛像的錢幣。

　　迦尼色迦第一當時為何要在犍陀羅發展「大乘彌勒教」的信仰？如果我們就《彌勒下生經》所載的信仰內容來了解，我們推測，迦尼色迦第一當時要發展「大乘彌勒教」的原因，與迦尼色迦第一在犍陀羅要用貴霜所奠立的「佛教建國信仰」統治貴霜的活動有密切的關聯。《彌勒下生經》所載的信仰內容，就是迦尼色迦第一在犍陀羅發展其貴霜的「佛教建國信仰」之際所提倡的其解釋貴霜奠立的「護法信仰」，或「一佛、一轉輪王」合作的信仰模式或信仰內容，也是《彌勒下生經》所載的：彌勒佛以法師的姿態自兜率天（Tusita heaven）下生於轉輪王的國度為轉輪王及其人民說法（法施），而轉輪王及其人民則用各種財物供養彌勒佛（財施）的行法。[24] 貴霜的建國者丘就卻在提倡及施行「佛教建國信仰」之際，沒有特別提到在貴霜扮演法師角色的人物是自兜率天下生的彌勒佛。但到了迦尼色迦第一統治貴霜的時代，迦尼色迦第一便非常清楚的說，在貴霜或犍陀羅扮演法師說法或傳播大乘信仰的人物，乃是自兜率天下生的彌勒佛，或《彌勒下生經》所載的彌勒佛。這就是為何迦尼色迦第一在犍陀羅提倡及施行其「佛教建國信仰」之際，他不但要在犍陀羅提倡彌勒佛下生說法的信仰，而且也要在犍陀羅造許多具有彌勒佛造像的錢幣的原因。迦尼色迦第一因此是亞洲歷史上最早奠立「彌勒佛下生

21　見下詳述。

22　見後詳述。

23　有關此二經所載的彌勒信仰內容，見（宋）居士沮渠京聲譯，《佛說觀彌勒菩薩上生兜率天經》，《大正》卷 14，頁 418 中-420 下，及（西晉）月氏三藏竺法護譯，《佛說彌勒下生經》，《大正》卷 14，頁 421 上-422。

24　（西晉）月氏三藏竺法護譯，《佛說彌勒下生經》，《大正》卷 14，頁 421 上-422。

說法信仰」的貴霜王。很顯然的，迦尼色迦第一在發展其「佛教建國信仰」統治貴霜或犍陀羅之際，也奠立了「彌勒佛下生說法」的信仰。

迦尼色迦第一所提倡的「彌勒佛下生說法」的信仰，因與其施行的「佛教建國信仰」有密切的關聯，迦尼色迦第一所提倡的「彌勒佛下生信仰」，因此具有濃厚的政治意含。迦尼色迦第一在犍陀羅所提倡的「彌勒佛下生信仰」，不但因此影響了犍陀羅人對此信仰的看法，而且也影響了南印度的龍樹／龍猛菩薩（Nāgārjuna）在 2 世紀中期左右於南印度的案達羅（Āndhra）創立的另一種版本的「彌勒佛下生信仰」或「支提信仰」（Caitya worship）。[25] 迦尼色迦所奠立的彌勒佛下生形象，是一位從兜率天下生向轉輪王及其人民說法的「法師」形象，而龍樹所奠立的彌勒佛下生形象，卻是一位具有轉輪王身體的「彌勒佛王」（Buddharāja Maitreya）的形象。兩者的信仰內容雖不同，但兩者的信仰都是其時代的「佛教建國信仰」。由此可見，自迦尼色迦第一在 2 世紀初葉於犍陀羅奠立「彌勒佛下生信仰」之後，「彌勒佛下生信仰」便成為亞洲發展「佛教建國信仰」的一個重要信仰課題。[26]

研究貴霜文化的學者約瑟夫・克利普（Joseph Cribb）在談論迦尼色迦第一於其錢幣反面製作的「佛像」及希臘、波斯和貴霜的神像造像時，他引羅申費爾德（John Rosenfield, 1924-2013）的說法認為，迦尼色迦第一在錢幣反面造諸神祇的造像，與貴霜王的宗教信仰有密切的關聯。因為這些神祇都被視為貴霜王的「神性伴侶，也是王國的護持者」（divine companions and supports of the monarchy）。[27] 約瑟夫・克利普因持有此看法，他因此認為，迦尼色迦第一在其錢幣反面造諸神造像的做法，「具有宣傳的作用」外，應也有護持的作用。[28]

迦尼色迦第一之所以會在其錢幣上也鑄造希臘、波斯及貴霜諸神的造像，自然與貴霜的建國者是游牧民族或「月氏民族」，並在古代遷徙到古印度西北的「大夏地」的活動有極密切的關聯。月氏民族在建立貴霜王朝之前，

---

25 見本書第四章，〈佛教支提信仰的奠立者——龍樹菩薩〉。

26 見後詳述。

27 Joseph Cribb, "Kaniska's Buddha Coins—The Official Iconography of Śakyamuni and Maitreya," p. 79.

28 Joseph Cribb, "Kaniska's Buddha Coins—The Official Iconography of Śakyamuni and Maitreya," p. 79.

於西元前 2 世紀因殺了匈奴王，從而被匈奴人從中國西北部追逐至古代中亞的「大夏地」，即今日阿富汗（Afghanistan）北部靠近俄羅斯南部的阿姆河流域（the Oxus），並在那裡與希臘人和波斯人生活、居住達百年之久。[29]「大夏地」原本是古代希臘人從希臘移居到古代波斯東北部的一個希臘人居住地區。月氏民族在與希臘及波斯人同處百年之久後，才在「大夏地」崛起，並建立歷史上有名的「貴霜王朝」。[30] 貴霜因深受希臘及波斯文化長期熏陶及影響的結果，其文化因此有被希臘化及波斯化的現象。這就是為何直到迦尼色迦第一統治的時代，除了在其鑄造的錢幣反面造有貴霜自己信仰的神祇外，也造有希臘及波斯神祇造像的原因。這也是我們在迦尼色迦第一的錢幣反面常見造有月神、日神、火神、水神、富饒女神等諸神祇造像的原因。迦尼色迦第一在其錢幣上造各種民族神祇的造像，就羅申費爾德所言，除了有用這些神祇護持自己及國家的作用外，其流通這些錢幣的原因，也可以說明其統治的人民有希臘人、波斯人及月氏民族。無論如何，迦尼色迦第一在錢幣上鑄造這些民族神祇像的作用，應與其提倡佛教為其建國信仰的活動或造「佛像」的活動沒有衝突。自丘就卻及其孫子微馬·卡德費些斯統治貴霜之後，貴霜用宗教信仰建國的情形，基本上只使用兩種宗教信仰建國：一種是佛教，一種是印度教。[31] 這就是為何迦尼色迦第一在發展佛教信仰為其「建國信仰」之際，其要用「佛像」象徵其佛教信仰的原因。迦尼色迦第一在其金幣及銅幣上造「佛像」的原因，因此除了用「佛像」護持自己及國家外，其也用「佛像」象徵或宣傳其用「佛教信仰」建國或統治貴霜的史實。總言之，迦尼色迦第一在其錢幣上造各種民族神祇造像的作用，應該沒有表達其建國信仰的作用，只是說明其也有這些民族的神祇信仰而已。迦尼色迦第一的繼承者胡為色迦王，在沿襲其父迦尼色迦第一使用的「佛教建國信仰」之際，也沿襲了其父在錢幣上造各種民族神祇的造像，並也造有印度教濕婆（Śiva）神的造

29　見本書第二章，〈大乘佛教建國信仰的奠立者——貴霜王丘就卻〉。

30　見本書第二章，〈大乘佛教建國信仰的奠立者——貴霜王丘就卻〉。

31　見本書第二章，〈大乘佛教建國信仰的奠立者——貴霜王丘就卻〉。

像。因此有學者認為，胡為色迦有崇拜濕婆神或印度教的現象。[32] 胡為色迦王之所以會在其錢幣上造印度教神祇，與其在統治貴霜時期已經控管今日印度北部的馬突拉（Mathurā），應有密切的關聯，[33] 換言之，其除了用在錢幣上造濕婆像的方法宣傳其統治印度的史實外，應也有受濕婆神護持的意思。

迦尼色迦第一在發展「佛教建國信仰」之際，除了在其鑄造的錢幣上造有其轉輪王像外，也造有「佛陀像」、「彌勒像」，及其統治的各民族的神祇像（deities）。但其子胡為色迦所鑄造的錢幣，除了造有自己的轉輪王像及自己的造像外，其在錢幣的反面並沒有造「佛陀像」或「彌勒佛」的造像，只造各民族信仰的神祇造像。因此，我們從胡為色迦所鑄造的錢幣很難看出其有特別推崇哪位佛教神祇的活動。但我們不能單用錢幣上的「佛像」及「佛號」去判斷一位貴霜王是否有使用「佛教建國信仰」建國的活動。事實上，胡為色迦所造的一些錢幣已經明顯的也造有其佛教轉輪王的造像。[34]

圖 5　印度馬特遺址的迦尼色迦第一的造像

迦尼色迦第一因為其父微馬・卡德費些斯有信奉印度教的現象，因此很可能在登位的早期也有隨其父信奉印度教的情形。因為一來是迦尼色迦第一所鑄造的錢幣造有印度神濕婆像，二來是迦尼色迦第一的造像因也出現於為其父親微馬・卡德費些斯在馬突拉建造的印度教馬特（Māt）遺址的「神廟」（devakula）中，[35] 因此，學者也常依迦尼色迦第一在馬特遺址的造像（圖 5），

32　https://en.wikipedia.org/wiki/Huvishka/1/10/2019.

33　見下詳述。

34　見下詳述。

35　Giovanni Verardi, "The Kushan Emperors as Cakravartins," *East and West,* 1987, pp. 226-228；並見古正美，《貴霜佛教政治傳統與大乘佛教》（此後，《貴霜佛教政治傳統》）第三章，〈丘就卻的葬塔——法王塔〉，第二節，「馬突拉的馬特遺址」（台北：允晨出版公司，1993），頁 119-121。

認為其乃是一位印度教支持者或印度教信徒。[36]

　　但就迦尼色迦第一花費十二年的時間召開大乘「佛教結集大會」（Buddhist council）並撰造許多有名的大乘經典此事來判斷，迦尼色迦第一事實上只在其統治貴霜的第一年有可能用印度教統治貴霜。因為其統治貴霜的時間，只有十三年，因此其基本上都用佛教信仰統治貴霜。根據佛教文獻的說法，迦尼色迦第一死得非常邊然，並且是在其發展佛教的期間去世。

　　迦尼色加第一雖然在其統治貴霜的期間基本上都提倡佛教信仰，然因其野心太大，並想征服世界，因此其一直忙於四處征戰，以致其身邊的大臣都無法忍受其長年征戰帶給貴霜人民的痛苦。因此在其生病之際，用被子將其悶死。中文佛教文獻《付法藏因緣傳》載有迦尼色迦第一被其大臣用被子悶死的故事如下：

> 爾時大臣廣集勇將，嚴四種兵，所向皆伏，如電摧草。三海人民咸來臣屬。罽尼吒王（迦尼色迦第一）所乘之馬，於路遊行，足自摧曲，王語之言：我證三海悉已歸化，唯有北海未來降伏，若得之者，不復相乘。吾事未辦，如何使爾？爾時辟臣聞王此語，咸共議曰：罽尼吒王貪虐無道，數出征伐，勞役人民，不知厭足，欲王四海，戒備邊遠，親戚分離，若斯之苦，何時寧息？宜可同心，共擯除之，然後我等乃當快樂。因王病癗，以被鎮之，人坐其上，須臾氣絕。[37]

　　迦尼色迦第一死後，學者認為，直接繼承迦尼色迦第一事業的貴霜王，並不是其子胡為色迦王，而是瓦希色迦（Vāsishka, c. 140-160）。瓦希色迦以攝政王的身分統治貴霜二十年之後，才將政權交回給迦尼色迦第一的兒子胡為色迦王。胡為色迦王的繼承者是貴霜王瓦素德瓦第一（Vasudeva I, c. 190-230）。[38]

　　迦尼色迦第一統治貴霜的時代，以其不斷征伐的情形來看，貴霜的國勢顯然達到貴霜建國以來的高峰狀態，而其統治的土地，也是貴霜建國以來最

36　有關迦尼色迦第一在馬突拉的馬特遺址的造像，見古正美，《貴霜佛教政治傳統與大乘佛教》第三章，〈丘就卻的葬塔──法王塔〉，第二節，「馬突拉的馬特遺址」，頁121。

37　（元魏）吉迦夜共曇曜譯，《付法藏因緣傳》卷5，《大正》卷50，頁316-317。

38　https://en/wikipedia.org/wiki/Huvishka/10/1/2019.

為遼闊的土地。按照「拉巴塔克銘文」的記載，迦尼色迦第一統治的領土，已經包括沙克塔（Saketa）、高叁比（Kausambi）、帕他利普拉（Patalipura），及恒河——亞姆拉河谷的師利——占婆（Sri-Campa in the Ganges-Yamura Valley）。迦尼色迦第一統治貴霜的疆域，由於其領土太遼闊的緣故，便用南北兩個都城（capitals）統治其疆域。此二都城，即是北方的富樓沙（Purushapura）或犍陀羅，及南方的馬突拉（Mathurā）。[39]

《大唐西域記》也載有迦尼色迦王亡後，貴霜有破佛、毀寺及亡國的情形。[40]《大唐西域記》所載的貴霜亡國情形，非常不可能指迦尼色迦第一死後所發生的事。因為有學者指出，迦尼色迦第一的繼承者胡為色迦統治貴霜的時代，甚至是貴霜統治的黃金時期（the golden age of the Kushān rule）。[41]《大唐西域記》所載之事，因此非常不可能是指迦尼色迦第一死後發生的事。因為學者常認為，貴霜史上共有三位名字相同的「迦尼色迦王」。《大唐西域記》所載的迦尼色迦事，因此非常可能指第三位「迦尼色迦王」時代的事。[42]

二 中文佛教文獻及出土銘文所載的迦尼色迦第一發展佛教建國信仰的情形

（1）迦尼色迦第一的佛教結集活動

迦尼色迦第一為了用大乘佛教信仰建國，他沿襲丘就卻的做法，將其時代新發展的大乘佛教信仰寫入其時代製作的大乘經典，作為其發展「佛教建國信仰」的依據。迦尼色迦第一前後共花費了十二年的時間召開佛教經典的「結集大會」，並在結集製作許多大乘經典。佛教史稱迦尼色迦第一召開大乘經典結集的活動為「迦尼色迦佛教結集」（Buddhist Saṃghīti or Council of

---

39　https://en/wikipedia.org/wiki/Kushan_Empire/2/2/2019.

40　（唐）三藏法師玄奘譯，大總持寺沙門辯機撰，《大唐西域記》卷3，《大正》卷51，頁887上。

41　https://en.wikipedia.org/wiki/Huvishka, page 1 of 3, 10/1/2013.

42　A. K. Narain, "The Date of Kaniska," in A. L. Basham ed. *Papers on the Date of Kaniska.* Leiden: E.J. Brill, 1966, p. 223.

Kaniska）。許多中文佛教文獻都載有迦尼色迦第一在罽賓召開佛教經典結集的事。譬如，《大唐西域記》載：「迦尼色迦於如來涅槃之後第四百年召開佛教結集」。[43] 陳朝真諦法師翻譯的《婆藪槃豆法師傳》，更有詳細記載其召開佛教結集及製作大乘經、論的情形如下：

佛滅度後五百年中有阿羅漢，名迦旃延子，母姓迦旃延，從母為名。先於薩婆多部出家，本是天竺人，後往罽賓國。罽賓在天竺之西北，與五百阿羅漢及五百菩薩，共撰集薩婆多部阿毘達磨。製為八伽蘭他，即此間云八乾度。伽蘭他譯為結，亦曰節，謂義類各相結屬故云結，又攝義令不散故云結，義類各有分限故云節。亦稱此文為發慧論以神通力及願力……迦旃延子共諸阿羅漢及諸菩薩簡擇其義，若與修多羅（經）毘那耶（律）不相違背，即便撰銘，若相違背，即便棄捨。是所取文句隨義類相關，若明慧義則安置慧結，若明定義則安置定結中，餘類悉爾。八結合有五萬偈。……馬鳴菩薩是舍衛國婆枳多士人，通八分毘伽羅論及四皮陀六論，解十八部，三藏文宗學府允儀所歸。迦旃延子遣人往舍衛國，請馬鳴為表文句。馬鳴既至罽賓，迦旃延子次第解釋八結，諸阿羅漢及諸菩薩即共研辯義意，若定，馬鳴隨即著文，經十二年造毘婆沙（Vibhāsā，論）方竟。[44]

依照上面《婆藪槃豆法師傳》的說法，迦尼色迦第一所召開的集結，是由「薩婆多部」或「一切有部」（the Sarvāstivāda）僧人迦旃延子（Kātyāyanīputra）在罽賓負責召開及主持的大會。今日學者因此常稱此結集為「一切有部結集」、「罽賓結集」，或「佛教第四結集」。[45]《大唐西域記》也載有迦尼色迦第一在罽賓召開結集的事。但《大唐西域記》所載的結集負責人，與《婆藪槃豆法師傳》所載的人物名稱不同。《大唐西域記》說，當時負責召開罽賓結

43　（唐）三藏法師玄奘譯，大總持寺沙門辯機撰，《大唐西域記》卷3，「犍馱邏國」，頁886中-下。

44　（陳）天竺三藏法師真諦譯，《婆藪槃豆法師傳》，頁189上。

45　呂澂，《印度佛學源流略論》（台北：大千出版公司，2008），頁90-91；並見平川彰著，莊崑木譯，《印度佛教史》（台北：商周出版公司，2002），頁132-133。

集的僧人是脇尊者（Pārsva），而主持此次結集的是世友（Vasumitra）。[46] 無論如何，迦尼色迦此次召開的結集雖有文獻稱其為「一切有部結集」，然從此次所製作的經、論都不是一切有部的經、論，而都是大乘佛教經、論的情形來判斷，此次的結集還是一次大乘佛教經典的結集大會。由此，我們非常懷疑，今日學者常言「一切有部」為「小乘部派」的說法。因為佛教文獻也有稱「一切有部」為「大乘部派」的說法。為何「一切有部」會有「小乘部派」及「大乘部派」的稱呼？主持迦尼色迦第一佛教結集大會的世友，撰有玄奘翻譯的《異部宗輪論》，我們因此知道，大乘佛教到了 2 世紀初葉迦尼色迦王結集的時代，已經發展有二十個大乘部派。這些大乘部派，都是自阿育王時代的「根本二部」，即「大眾部派」（the Mahāsanghikas）及「上座部派」（the Stavira），衍生、分裂出來的大乘「十八部派」。有關大乘從「根本二部」分裂成「十八部派」的說法，也記載於陳朝（557-589）真諦翻譯的《十八部論》附經《文殊師利問經》及真諦翻譯的《部執異論》。《異部宗輪論》在談論阿育王時代分裂的「根本二部」時，沒有告訴我們此「根本二部」都是大乘部派。但《十八部論》的附經《文殊師利問經》卻很清楚的說：「根本二部從大乘出，從般若波羅蜜出，聲聞、緣覺、諸佛悉從般若波羅蜜出」。[47] 由此我們知道，《十八部論》、《異部宗輪論》及《部執異論》所言的「根本二部」及十八部派都是由大乘分裂、衍生出來的「大乘部派佛教」（the sectarian Buddhism）。「大眾部派」及「上座部派」既都是早期的大乘部派，由大乘「上座部派」衍生出來的「說一切有部」、「法藏部」及「化地部」等派，[48] 在理論上應也是大乘部派，否則這些「一切有部」的僧人不會如此了解初期大乘的信仰，並在迦尼色迦第一的時代負責創作大乘新經，並造大乘經論。為何《十八部論》等也稱呼「一切有部」或「薩婆多部」等部為「小乘部派」？原因是，「薩婆多部」等「小乘部派」並不是大乘的主流學派。此次結集之所以會被稱為「一切有部集

46　見（唐）三藏法師玄奘譯，大總持寺沙門辯機撰，《大唐西域記》卷 3，頁 886 下；並見古正美，
　　《貴霜佛教政治傳統》第六章（台北：允晨出版公司，1993），頁 430-433；並見下說明。

47　（陳）天竺三藏法師真諦譯，《十八部論》，《大正》卷 49，頁 17 中。

48　世友菩薩造，（唐）三藏法師玄奘譯，《異部宗輪論》，《大正》卷 49，頁 15 上。

結」，乃因主持此次結集的主要僧人脇尊者及參與造論的「無著」或「世親」兄弟都是從「一切有部」出家的僧人。[49]《婆藪槃豆法師傳》也如此記載無著有在兜率多天聽聞大乘經義的事：

> 佛昔所說華嚴等諸大乘經悉解義。彌勒於兜率多天，悉為無著法師解說諸大乘經義，法師並悉通達皆能憶持，後於閻浮提造大乘經優波提舍，解釋佛所說一切大教。[50]

從上面這段話說彌勒在「兜率多天」傳大乘新經法給無著的事，我們懷疑無著便是迦尼色迦第一時代製作大乘新經的主要人物。向來大乘對其在歷史上製作經、論的事都保持非常低調，甚至常用如《婆藪槃豆法師傳》所載，說無著是在彌勒（Maitreya）的兜率天上聽聞彌勒為其說《華嚴經》等大乘經義，才有大乘新經出現於世。由於此時代有新經出現於世，無著兄弟才會為新出的大乘經典製作大乘經「論」或「優波提舍」：「後於閻浮提造大乘經優波提舍（論），解釋佛所說一切大教」。從上面這段記載無著在兜率天聽彌勒菩薩為其說大乘經法，及其下閻浮提（地上）造「優波提舍」（論）的事，我們非常確定，迦尼色迦第一時代所召開的結集，除了有製作大乘新經的活動外，也造有許多解釋這些新經的「論」或「優波提舍」的活動。為何迦尼色迦第一要在結集時，製作說明及解釋大乘新經的「論」或「優波提舍」？其原因不外乎要令這些在結集所造的大乘新經快速被流通及被了解。由於迦尼色迦第一非常重視造「論」或「優波提舍」的工作，因此此次的結集，除了對新造的經典造有「論」或「優波提舍」外，對三藏的「律部經典」及「論部經典」也都造有如「優波提舍」的「毘婆沙」（vibhāsā）活動。[51] 在當時造「論」的僧人中，以無著兄弟所造的「論」最為有名。《婆藪槃豆法師傳》如此記載無著為其時新出的大乘經典造「論」的情形：

> 天親（世親或無著）方造大乘論，解釋諸大乘經：華嚴、涅槃、法華、般若

49　見下詳述。

50　（陳）天竺三藏法師真諦譯，《婆藪槃豆法師傳》，頁 188 上。

51　見下詳述。

（大）、維摩、勝鬘等，諸大乘經論悉是法師所造。又造唯識論（及）釋攝大乘三寶性甘露門等諸大乘論，凡是法師所造。[52]

《婆藪槃豆法師傳》所載的大乘經典有《華嚴經》、《涅槃經》、《法華經》、《般若經》、《維摩經》及《勝鬘經》等經。這些大乘經典都不是丘就卻時代或初期大乘製作的大乘佛經，而都是迦尼色迦第一用十二年的時間在罽賓結集時所出的大乘新經。目前的佛教文獻雖然沒有明顯說明迦尼色迦第一召開佛教結集的原因，然從丘就卻時代在發展佛教建國信仰之際都用其製作的大乘經典流通其「佛教建國信仰」的內容及方法，[53] 我們因此知道，迦尼色迦第一花費十二年時間製作大乘新經、論的原因，就是要沿襲丘就卻用依據大乘經典或「依經」所記，建立佛教國家及流通這些經典作為建國之用。迦尼色迦第一在結集時，因為有為每一部新經造「論」或「優波提舍」的活動，因此此時代才會有《華嚴經優波提舍》、《涅槃經優波提舍》及《法華經優波提舍》等「論」出現於世。

此處所言的「優波提舍」，中文將之翻譯成「論」或「經論」。但「優波提舍」此詞是在迦尼色迦第一時代才出現的一種解釋大乘經典的輔助讀物。這就是為何迦尼色迦第一結集所造的《大般涅槃經》，不但稱「優波提舍」為「十二部經」的造經法之一，或大乘十二種造經方法的一種，而且更在經中如此解釋「優波提舍」此造經法：「何等名為優波提舍經？如佛世尊所說諸經，若作議論分別廣說，辯其相貌，是名優波提舍」。[54] 迦尼色迦第一如此重視造「優波提舍」的活動，說明《婆藪槃豆法師傳》所載的大乘新經，必是迦尼色迦集結時代才撰造的新經；否則《婆藪槃豆法師傳》不會在同文獻也提到無著兄弟有為這些新經造「論」的活動。迦尼色迦第一製作「論」或「優波提舍」的活動，因此是其時代結集大乘經典的一個重要特色。

我們如此確定《婆藪槃豆法師傳》所提到的大乘經，都不是初期大乘經典的原因是，這些經典都是在西元 3 世紀初期之後，才出現於中國的譯經史

52　（陳）天竺三藏法師真諦譯，《婆藪槃豆法師傳》，頁 191 上。

53　見本書第二章，〈大乘佛教建國信仰的奠立者——貴霜王丘就卻〉。

54　（北涼）中印度三藏曇無讖譯，《大般涅槃經》卷 15，《大正》卷 12，頁 451 中。

上。中國開始翻譯初期大乘經典的時間，基本上都在東漢（統治，25-220）的末期，或 2 世紀中期之後。中國在這段翻譯初期大乘經典的時間，並沒有翻譯迦尼色迦第一集結時所製作的大乘經典。迦尼色迦第一結集時所製作的新經，因此是大乘僧人在歷史上製作的第二期大乘經典。此期的大乘新經，都在西元 3 世紀至 5 世紀之間傳入中國，並被翻譯成中文。中國翻譯這些經典數量最多且最用力的翻譯者，前期有西、東晉（統治，265-420）之交的敦煌菩薩竺法護（Dharmaraksa, 233-316），[55] 後期有北涼時代（統治，401-439/460）的印度僧人曇無讖（Dharmaksema, 384-433）。[56]《祐錄・竺法護傳》如此記載竺法護取到這些經典及翻譯這些經典的情形：

> 竺法護，其先月支人，世居敦煌郡，年八歲出家，事外國沙門高座為師……是時晉武之世，寺廟圖像雖崇京邑，而方等深經蘊在西域，護乃慨然發憤，志弘大道。遂隨師至西域，遊歷諸國，遂大齎胡本，還歸中夏。自敦煌至長安，沿途譯寫以晉文，所譯大小乘經，賢劫、大哀、法華、普曜一百四十九部。孜孜所務，唯以弘通為業，終身譯寫，勞不告倦，經法所以廣流中華者，護之力也。[57]

《開元錄》說：「沙門竺曇摩羅察，晉言法護，其先月氏國人，本姓支氏，世居燉煌郡。年八歲出家，事外國沙門竺高座為師，遂稱竺姓（秦晉之前沙門多隨師稱姓，後因彌天道安遂總稱釋氏）。誦經日萬言，過目則能」。[58] 竺法護因此是位世居敦煌的「小月支」。其在晉武帝的時代（統治，265-289）知道西域出現有許多大乘經（方等深經），因此與其上座法師前去西域尋經。西域在此時出現如此多大乘新經的原因，顯然與「前期貴霜」（Early Kushān, c. 30-230）的最後一位貴霜王瓦素德瓦（Vasudeva, 190-230），即中文文獻所載的貴霜王「波調」，[59] 在其結束統治貴霜之際，因薩珊人（Sasanians）自古代的波斯入侵古印

55　見古正美，《貴霜佛教政治傳統》，頁 447。

56　見本書第十章，〈中國北涼發展支提信仰的證據──涼州瑞像與敦煌的白衣佛像〉。

57　（梁）僧祐撰，《出三藏記集》卷 12，《大正》卷 55，頁 97-98。

58　（唐）釋智昇撰，《開元釋教目錄》（此後，《開元錄》）卷 2，《大正》卷 55，頁 496 下。

59　https://en.wikipedia.org/wiki/Kushan-Empire.1/12/2019.

度的西北建立「印度—薩珊王朝（Indo-Sasanians or Kushanshahs），並自西元 240 年開始統治今日的阿富汗、巴基斯坦（Pakistan）和印度西北的事有密切的關聯。[60]

換言之，迦尼色迦第一結集所造的大乘經、論，因薩珊人的入侵，故在此時流出犍陀羅以外的西域各國。竺法護在西域取得的「方等深經」，因此是指迦尼色迦第一時代結集所造的大乘經典。其中可能也有迦尼色迦第一之後，胡為色迦在犍陀羅製作的大乘經典。《開元釋教目錄》如此記載竺法護翻譯「方等深經」的情形：

> 自燉煌至長安，後到洛陽及往江左，沿路傳譯寫為晉文。起武帝太始二年景戌至憨帝建興元年癸酉，出光讚般若（大般若經）等經一百七十五部，清信士聶承遠及子道真竺法首，陳士倫孫伯虎虞世雅等，皆共承護旨執筆詳校，而護孜孜所務唯以弘通為業，終身寫譯勞不告倦，經法所以廣流東夏者，護之力也。[61]

依據《開元釋教目錄》的說法，竺法護在中國翻譯經典的時間，「起自（晉）武帝太始二年景戌，晚至憨帝建興元年癸酉」，即西元 265-274 年至西元 313-317 年之間。此段時間，即是筆者在上面所言的「西、東晉之交」的時間。竺法護之所以如此努力翻譯其自西域取來的經典，與其是小月支出生的背景有極大的關聯。竺法護和迦尼色迦第一樣，都是小月支人。作為此時代的小月支僧人，竺法護當然非常希望將迦尼色迦第一製作的大乘佛教經典傳來中國，並保存於中國。這就是為何其在西域各國如此努力搜尋「方等深經」，並用一生的精力孜孜不倦地翻譯「方等深經」的原因。此處所言的「方等深經」，因此不是指貴霜早期製作的初期大乘經典，而是指迦尼色迦第一在罽賓召開結集時代製作的貴霜第二期製作的大乘新經。竺法護翻譯的經典，有《開元釋教目錄・竺法護傳》所載的「竺法護譯經」數目，[62] 也有《婆藪槃

60　https://en.wikipedia.org/wiki/kushan-Empire/1/12/2019.

61　（唐）釋智昇撰，《開元錄》卷 2，頁 496 下。

62　（唐）釋智昇撰，《開元錄》卷 3，頁 493 中-494 中。

豆法師傳》所載的迦尼色迦第一製作的大乘經典，如「維摩、法華、涅槃及大般若經」等經。

迦尼色迦第一大概認為，其在結集時所造的新經，需要被註解、說明後才能流通天下，因此在其召開大乘集結之際，其除了撰造有許多解釋「經」（Sūtra）的「優波提舍」外，也造有解釋新造「律典」（Vinaya）和「論典」（Abhidharma，阿毘達摩）的「毘婆沙」（vibhāsā）。由於記載迦尼色迦第一結集的佛教文獻都談到迦尼色迦第一在結集時有造「論」的事，因此許多中國後來製作的佛教文獻，在談論迦尼色迦第一的結集經典時，便常認為迦尼色迦第一結集的經典，只有造三藏的「論部」著作。譬如，唐代沙門釋慧立（615-？）及釋彥悰（627-649）所造的《大唐大慈恩寺三藏法師傳》，在記載迦尼色迦第一集結製作佛教經典的情形時說，迦尼色迦第一結集所造的經典都是「論部」的經典：

> 其後迦膩色迦王，如來滅後第四百年，因脇尊者請諸聖眾，內窮三藏，外帶五明者，得四百九十九人，及尊者世友，合五百賢聖，於此結集三藏。先造十萬頌鄔波第鑠論（舊曰：優波提舍，訛也），釋素呾纜藏（舊曰修多羅，訛也）；次造十萬頌毘奈耶毘婆沙，釋毘奈耶藏（舊曰毘耶，訛也）；次造十萬頌阿毘達摩毘婆沙論，釋阿毘達摩藏（或曰阿毘曇，訛也），凡三十萬頌，九十六萬言。王以赤銅為鍱，鏤寫論文，石函封之，建立大窣堵波而儲其中。[63]

釋慧立及釋彥悰所載的這段話，明顯的受到《大唐西域記》或玄奘所載的迦尼色迦結集經典的內容影響。因為玄奘（602-664）在其《大唐西域記》中也記載有迦尼色迦結集造「論」的事。[64] 玄奘及慧立等都沒有進一步談到，迦尼色迦所召開的結集，也有製作大乘經典的活動。我們知道迦尼色迦第一有造新經的活動，乃因《婆藪槃豆法師傳》提到這些大乘第二期製作的經典名字，並說，無著兄弟為這些新經造「優波提舍」。很顯然的，敦煌菩薩竺法護在 3 世紀中期之後，因知貴霜遭遇薩珊入侵，因此決定與其師前往西域各國

---

63 （唐）沙門釋慧立並釋彥悰箋，《大唐大慈恩寺三藏法師傳》卷 2，《大正》卷 50，頁 231。
64 （唐）三藏法師玄奘譯，大總持寺沙門辯機撰，《大唐西域記》卷 3，頁 886。

尋找迦尼色迦第一時代製作的新「經」、「論」。

玄奘所編撰的《大唐西域記》如此說明迦尼色迦第一要召開大乘結集大會的原因：

> 健馱邏國迦膩色迦王，以如來涅槃之後第四百年，應期撫運，王風遠被，殊俗內附。機務餘暇，每習佛經，日請一僧入宮說法，而諸異議部執不同，王用深疑，無以去惑。時脇尊者曰：如來去世，歲月逾邈，弟子部執，師資異論，各據聞見，共為矛楯。時王聞已，甚用感傷，悲歎良久，謂尊者曰：猥以餘福，叨遵前緒，去聖雖遠，猶為有幸，敢忘庸鄙，紹隆法教，隨其部執，具釋三藏。脇尊者曰：大王宿殖善本，多資福祐，留情佛法，是所願也。王乃宣令遠近，召集聖哲，於是四方輻湊，萬里星馳，英賢畢萃，叡聖咸集。[65]

上面這段話說，迦尼色迦第一召開結集的原因是，要統一佛教信仰。脇尊者既是當時勸請迦尼色迦第一召開結集的人物，其必也是為迦尼色迦第一策劃發展「佛教建國信仰」的主要人物。但我們知道，迦尼色迦第一召開大乘結集的主要原因，並不是如《大唐西域記》所言，「要統一佛教信仰」而已，而是要撰造為其發展「佛教建國信仰」所用的新經。為何迦尼色迦第一不用其先祖丘就卻所造的大乘經典發展其「佛教建國信仰」？我們注意到，從迦尼色迦第一開始，亞洲歷史上發展「佛教建國信仰」的帝王，便常有用自己撰造的新經，或用自己翻譯的經典發展佛教信仰的情形。換言之，亞洲帝王在發展佛教建國信仰之際，都不傾向使用前朝使用過的經典作為其發展「佛教建國信仰」的經典依據。迦尼色迦第一召開「大乘經典結集大會」的原因，因此就是迦尼色迦第一要用自己撰造的新經發展「佛教建國信仰」。

迦尼色迦第一結集的新經，已提出我們在初期大乘經典不見的新「摩訶衍」或「大乘」的信仰。譬如，新出的《涅槃經》（《大般涅槃經》）、《法華經》及《勝鬘經》所談到的，「人人皆有佛性」，或「如來藏」的信仰，在當時便是一個新的信仰。由於這些經都提出「人人皆有佛性」的信仰，我們因此知道，當時流行的主流信仰即是這些大乘新經所提倡的「人人皆有佛性」或「人

65　（唐）三藏法師玄奘譯，大總持寺沙門辯機撰，《大唐西域記》卷3，頁886中。

人都能成佛」的信仰。這樣的新信仰，對要施行「佛教建國信仰」的帝王或轉輪王而言，非常重要。因為如果每個國民都知道自己有成佛的可能性，其等便會努力修行，並與其他國民共同建立佛國。印度僧人曇無讖在為北涼涼王沮渠蒙遜（367-433）於河西發展「佛教建國信仰」之際（421-433），便譯有迦尼色迦第一時代製作的提倡大乘佛性信仰的經典，如《大般涅槃經》、《勝鬘經》及《楞伽經》等經，作為北涼人民自勵或修行佛法的經典依據。[66] 由此，迦尼色迦第一召開結集的真正原因，因此不是如《大唐西域記》所言，「為了統一佛教信仰」如此簡單，而是為了要用新的大乘佛教信仰建國。

迦尼色迦第一時代製作的一些經典，如《阿育王傳》及《彌勒下生經》等，都是迦尼色迦第一用大乘佛教信仰建國的重要經典依據。迦尼色迦第一建立佛國的方法，基本上沿襲貴霜奠基者丘就卻所使用的「二施並作」的方法，作為其用大乘佛教信仰建國的方法。此「二施並作」的方法，便是迦尼色迦第一時代所撰造的《大般涅槃經》所載的「護法」或「護法信仰」（dharmaraksa）此概念。丘就卻時代所造的《般若波羅蜜經》或《道行般若經》，並沒有提到「護法信仰」此概念，而只用「二施並作」的行法說明同樣的信仰。[67] 迦尼色迦第一不但將「二施並作」此概念在《大般涅槃經》中改為「護法信仰」此概念，並用此概念製作其撰造的多部大乘佛教經典。[68] 迦尼色迦第一在其時代撰造的《大般涅槃經》如此重新定義「護法信仰」或「二施並作」此概念：

> 護法者，所謂愛樂正法，常樂演說、讀誦、書寫、思惟其義，廣宣敷揚、令其流布。若見有人書寫、解說、讀誦、讚嘆、思惟其義者，為求資生而供養之；所謂衣服、飲食、臥具、醫藥。為護法故，不惜身命，是名護法。[69]

由於「護法信仰」是迦尼色迦第一發展其「佛教建國信仰」的最重要方法及內容，因此在上面這段定義「護法信仰」此概念的文字裡，他說：「為護

---

66 見本書第十章，〈中國北涼發展支提信仰的證據——涼州瑞像與敦煌的白衣佛像〉。
67 見本書第二章，〈大乘佛教建國信仰的奠立者——貴霜王丘就卻〉。
68 見本書第二章，〈大乘佛教建國信仰的奠立者——貴霜王丘就卻〉。
69 （北涼）中印度三藏曇無讖譯，《大般涅槃經》卷14，頁549中。

法故，不惜身命，是名護法」。迦尼色迦第一也如其先祖丘就卻一樣，將「護法信仰」作為其造經模式，甚至造像模式。[70] 這就是為何其時代所造的《彌勒下生經》，乃是用「護法信仰」的造經模式製作此經的原因。

迦尼色迦第一為了使其製作的大乘經典能廣泛的流通，他甚至延攬了當時思想界的泰斗無著（世親）兄弟為其造經、作論。無著在佛教史上不僅有創立「大乘彌勒教」的歷史，他甚至是歷史上大乘佛教知識論及佛教心理學（唯識論或瑜伽行派）的奠立者。他的弟弟世親（Vasubandhu）也是位造「論」專家。目前中文佛教文獻談論唯識及佛性論的早期作品，大多出自此二兄弟之手。我們因此懷疑，迦尼色迦第一結集所造的大乘經典，有許多也出自此二兄弟之手。馬鳴菩薩（Aśvaghoṣa）原是中印度具有「辯才第一」及「文采第一」的印度教僧人。迦尼色迦第一為了要製作高品質，並能長久流通的大乘經典，他不但派兵攻打中印度的舍衛國，取來此國的二寶：「馬鳴菩薩」及「佛缽」，而且也要求取來的馬鳴菩薩為其結集的「經、論表文句」。[71] 所謂「表文句」，就是為結集的「經」、「論」修飾文詞的意思。迦尼色迦第一雖然喜歡征戰，並好大喜功，然其對大乘佛教的貢獻，就其時代所造的大乘經論品質來判斷，其有在貴霜歷史上再度創造大乘佛教文化發展高峰的現象。因為其時代製作的一些大乘經典，無論在思想上或文學創作上，都出現前所未見的優良品質。這就是其時代製作的許多新經能快速普遍，甚至長久流通於世的原因。

（2）迦尼色迦第一建造的西域第一大塔及大伽藍

迦尼色迦第一為了建立佛教國家，他不僅召開佛教結集，並製作各種大乘經、論，同時在其都城外也建造了一座歷史上有名的「西域第一大塔」。迦尼色迦第一所建的「西域第一大塔」，具有實質性及象徵性的說明其在貴霜發展佛教或「佛教建國信仰」的功績。從其「西域第一大塔」側所建造的「故伽藍」或「大寺」出土的銘文，我們推測，此「故伽藍」或「大寺」，曾被迦

70　見後詳述。

71　（姚秦）三藏鳩摩羅什譯，《馬鳴菩薩傳》，《大正》卷50，頁183上；並見上面引述的《大唐西域記》。

尼色迦第一當作其發展「佛教建國信仰」的策劃中心。因為出土的銘文及佛教文獻都提到，當時重要的大乘僧人，如脇尊者及世親等，都住在此「故伽藍」。

依據《大唐西域記》的記載，迦尼色迦第一所建造的「西域第一大塔」（此後，也稱大塔），乃坐落在古代迦尼色迦第一的都城「犍陀羅城」或「布路沙布邏」（Purusapura，富樓沙）東南城外約八、九里處。[72] 自 1871 年英國考古學家亞歷山大·庫寧罕（Alexander Cunningham, 1814-1893）指認白夏瓦拉后門（the Lahore gate of Peshawar）的「沙日記德里塚」（mounds called Shāh-jī-kī-Dherī）為迦尼色迦第一當日建造「西域第一大塔」的遺址後，[73] 我們便視此遺址為迦尼色迦第一建造「西域第一大塔」的塔址。許多中文文獻都載有迦尼色迦第一建造此大塔的記錄。譬如，北魏（統治，386-534）楊衒之撰寫的《洛陽伽藍記》卷 5 便載有「西域第一大塔」的建造情形如下：

我入涅槃後三百年，有國王名迦尼色迦，此處起浮圖。佛入涅槃後二百年來果有國王，字迦尼色迦，出游城東，見四童子累牛糞為塔，可高三尺。俄然即失……道榮傳云：（此塔）高三丈，悉用文木為陛階砌，櫨拱上構眾木，凡十三級。上有鐵柱，高三尺，金槃十三重合，去地七百尺……糞塔如初在……雀離浮圖自作以來，三經天火所燒，國王修之，還復如故。父老云：此浮圖天火所燒，佛法當滅。道榮傳云：王修浮圖，木工既訖，猶有鐵柱，無有能上者，王於四角起大高樓，多置金銀及諸寶物……胡人皆云：四天王助之，若其不爾，實非人力所能舉。塔內物事，悉是金玉，千變萬化，難得而稱。旭日始開，則金盤晃朗，微風漸發，則寶鐸和鳴，西域浮圖最為第一。[74]

按照上面《洛陽伽藍記》的說法，迦尼色迦第一所建的「西域浮屠（塔）最為第一」的「西域第一大塔」的建築結構，基本上是一座木架構的塔形建築物，高十三級。「上有鐵柱，高三尺，金槃十三重合，去地七百尺」。「塔

---

72 （唐）三藏法師玄奘譯，大總持寺沙門辯機撰，《大唐西域記》卷 3，頁 880。

73 Hans Loeschner, "Kanishka in Context with the Historical Buddha and Kushan Chronology," in Vidula Javasval, ed., *Glory of the Kushans- Recent Discoveries and Interpretations.* p. 32.

74 （魏）撫軍府司馬楊衒之撰，《洛陽伽藍記》，《大正》卷 51，頁 1021。

內物事，悉是金玉，千變萬化，難得而稱」。由此可見，此大塔的建築，無論是高度或建築的宏偉及莊嚴情形，都堪稱當時西域第一壯麗的大塔。《洛陽伽藍記》在記載此大塔的建築情形時說，「（此塔）三經天火所燒，國王修之，還復如故」。換言之，北魏僧人宋雲及惠生，在神龜元年（518）十月冬奉北魏靈太后之命，到犍陀羅考察佛教遺跡時，[75] 兩人所見到的大塔，即《洛陽伽藍記》所載的大塔建造情形：已經經歷三次被大火燒毀，並又被歷代國王重新修復的情形。北魏僧人宋雲及惠生當日在犍陀羅所見的大塔建築樣貌，因此不是大塔原來的建築樣貌。宋雲也稱此大塔為「雀梨浮屠」。

「雀梨浮屠」之名是龍樹在西元 2 世紀後半葉奠立其「支提信仰」之際用來指謂「支提」（caitya）的名稱。[76]「支提」與「塔」雖有相同的建築形制，然「支提」與「塔」的功用不同。「支提」內造有佛像及供養物，而「塔」只收藏死者的「舍利」（relics）。[77] 既是如此，我們知道此大塔有「雀梨浮屠」或「支提」之名，是在迦尼色迦第一統治貴霜之後所使用的大塔名稱。因為迦尼色迦第一時代還沒有支提信仰。[78] 我們因此不能用「雀梨浮屠」或「支提」此名來了解大塔的建造性質及作用。《大唐西域記》說，大塔側的「故迦藍」或「大寺」，位於「大窣堵波」的西面。《大唐西域記》如此記載迦尼色迦第一時代高僧居住於「故迦藍」或「大寺」的情形：

> 大窣堵波西有故伽藍，迦膩色迦王之所建也。重閣累榭，層臺洞戶，旌召高僧，式昭景福，雖則圮毀，尚曰奇工……自建伽藍，異人間出。諸作論師及證聖果，清風尚扇，至德無泯。第三重閣有波栗濕縛（唐言脇）尊者室，久已傾

75　《洛陽伽藍記》說，北魏靈太后於熙平元年（516）建造永寧寺。兩年之後，即神龜元年（518）十月冬，靈太后即「遣崇立寺比丘惠生（及宋雲）西向前去乾陀羅（犍陀羅）取經，凡得一百七十部，皆大乘妙典」。見北魏楊衒之撰，《洛陽伽藍記》卷 5，《大正》卷 51，頁 1018 中。

76　見本書第四章，〈佛教支提信仰的奠立者——龍樹菩薩〉。

77　見唐代釋道世（卒於 683）在其《法苑珠林》引《摩訶僧祇律》所載的「支提」與「塔」的區別：佛言：亦得作支提，有舍利者名塔，無舍利者名支提……此諸支提得安佛、華蓋、供養物。見（唐）釋道世撰：《法苑珠林》，《大正》卷 53，頁 580 中；並見本書第四章，〈佛教支提信仰的奠立者——龍樹菩薩〉。

78　見本書第四章，〈佛教支提信仰的奠立者——龍樹菩薩〉。

頓，尚立旌表……脇尊者室東有故房，世親菩薩於此製《阿毘達磨俱舍論》，人而敬之，封以記焉。[79]

《大唐西域記》所載的「大窣堵波」（大塔）及「故伽藍」（大寺）遺址的建造情形，就是唐代的玄奘於 7 世紀初期來到古代犍陀羅巡禮佛跡時，所見的「西域第一大塔」經過七次火燒再建的面貌。雖是如此，玄奘對「故伽藍」的描述，顯然也根據他所聽到，或讀到的原初建築及使用情形所記下來的有關「大寺」的建造情形及使用歷史：（故伽藍是）「重閣累榭，層臺洞戶，旌召高僧，式昭景福」的建築物，「雖則圮毀，尚曰奇工」。由此可見，當日迦尼色迦第一是如何用心建造此「故伽藍」。

《大唐西域記》載「故伽藍」住有「波栗濕縛尊者」（Pārsva）或「脇尊者」及世親，並說世親在此「故伽藍」造《阿毘達摩俱舍論》（the Abhidharmakosa）。由此可見，迦尼色迦第一建造「故伽藍」的目的，是為了「旌召高僧，式昭景福」。所謂「旌召高僧」，就是召集高僧，而「式昭景福」，即指發展「佛教建國信仰」。就中文佛教文獻的記載，脇尊者不僅是住在「故伽藍」的人物，其也是勸請迦尼色迦第一召開結集大會的主要人物，甚至是負責召開罽賓結集的僧人。而「世親」，則指為迦尼色迦第一奠立「大乘彌勒教」及為當時迦尼色迦第一結集造經、「論」的主要人物「無著」或無著兄弟。無論如何，我們的印象是，當時為迦尼色迦第一發展「佛教建國信仰」的主要僧人都曾住在此「故伽藍」。這說明，「故伽藍」曾是一處迦尼色迦第一發展「佛教建國信仰」的重要中心。由「故伽藍」的重要性，我們因此可以明白，為何迦尼色迦第一會在「故伽藍」側建造具有象徵其發展「佛教建國信仰」的「西域第一大塔」；也可以推測，迦尼色迦第一建造的「故伽藍」及「西域第一大塔」址，便是中文佛教文獻所言的「罽賓結集」故地，或迦尼色迦第一的佛教策劃、發展中心。

從出土的迦尼色迦第一時代製作的銅造「香盒」（the perfume box），我們也可以看出，迦尼色迦第一當時非常重視迎接高僧入住「故伽藍」的活動。二

---

[79] （唐）三藏法師玄奘譯，大總持寺沙門辯機撰，《大唐西域記》卷 2，頁 879 下-880 下。

十世紀初期，西方考古學家在大塔的遺址從事考古挖掘的工作之際，發現了銘記有「迦尼色迦第一」名字及其迎接「一切有部」高僧入住「故伽藍」之際所造的一個銅製「香盒」。此「香盒」在過去都被學者稱為「迦尼色迦舍利盒」（Kanishka casket）（圖6）。[80] 有關「香盒」的故事，始於1908年，美國考古學家史普納（D. B. Spooner, 1879-1925）在挖掘今日巴基斯坦白夏瓦的「沙日記德里塚」的大塔遺址時，發現的一個八吋高的銅製容器。[81] 史普納在此銅製容器上發現有用佉盧文字（Kharoṣṭhī）點寫的「迦尼色迦」的名字。但銅製容器上的銘文，花了將近一個世紀的時間，才被德國的印度學專家哈利‧佛克（Harry Falk）在2002年，根據今日收藏於巴基斯坦白夏瓦博物館（the Peshawar Museum）的「香盒」銘文翻譯出較為完整的文字如下：

> 在此迦尼色迦地（Kanishkapura）的城市，這個「香盒」（the perfume box）是火房（the fire hall）的建築師，如大王迦尼色迦造寺院（the monastery founded by the Mahārāja Kanishka）的大軍（Mahāsena）和僧護（Samgharakshita），的虔誠供養物。願眾生幸福及快樂。迎接「一切有部」（the Sarvāstivāda）教師（teachers）。[82]

圖6　犍陀羅西域第一大塔發現的香盒

由上面此段銘文，我們不但可以證明迦尼色迦第一是建造「西域第一大塔」的貴霜王，而且也可以證明，迦尼色迦第一所發展的佛教事業，是由「一切有部」的「教師」或「法師」為其主

80　See John M. Rosenfield, *The Dynastic Arts of the Kushans*. Berkeley: University of California Press, 1967, pp. 34-37, and 259-262, Figure 60-60A.

81　D. B. Spooner, "Excavations at Shah-ji-ki-Dheri," *ASIAR*（1908-1909），pp. 49-53.

82　Hans Loeschner, "Kanishka in Context with the Historical Buddha and Kushan Chronology," Vidula Jayasval, edi., *Glory of the Kushans-Recent Discoveries and Interpretations,* p. 1 and p. 33; see also, Harry Falk, "The Inscription on the so-called Kanishka Casket," Appendix pp. 111-113, in Elizabeth Errington, "Numismatic Evidence for Dating the 'Kanishka' Reliquary," *Silk Road Art and Archaeology,* Vol.8. Kamakura: Institute of Silk Road Studies, 2002, pp. 101-120.

持的佛教發展事業。出土的「香盒」銘文更說明了，迎接「一切有部」的「教師」或「法師」入住「迦尼色迦大寺」的活動，是迦尼色迦第一時代非常重要的一個活動，因此才會有「大寺」的「火房建築師等」供養此「香盒」的事。

　　雖然我們對迦尼色迦第一是「西域第一大塔」的建造者此事已無懷疑，然學者對於銅製「香盒」上所造的迦尼色迦第一的造像，卻有質疑。因為「香盒」盒身所造的迦尼色迦第一的造像，除了造有其沒有滿臉鬍鬚的造像外，學者對其兩側的造像人物是日神「密勒」（Sun God Miiro or Mithra）及月神「毛沃」（Moon God Mao）的造像，也有質疑。「香盒」造像上的日神及月神造像，都手拿著授位的花環（wreaths of investiture），日神密勒已經在迦尼色迦第一的頭上加了第二個花環，月神毛沃手上還拿著第三個花環。[83] 我們在上面談到的迦尼色迦第一的錢幣，迦尼色迦第一的造像都以滿臉鬍鬚行祭祀的造像出現，而其錢幣反面所造的貴霜神性授位女神的造像，都是娜娜的造像。除此，迦尼色迦第一後來鑄造的錢幣，都用大夏語言（Bactrian language）或希臘文字（Greek letters）書寫其錢幣上的文字，而「香盒」上的銘文卻是用佉盧文字書寫的文字。[84] 但漢斯・羅葉斯納注意到，迦尼色迦第一也造有一種類似銅製「香盒」上的迦尼色迦第一的早期造像的錢幣。此類錢幣也是用大夏—希臘（Graeco-Bactrian）文字書寫錢幣上的名字。此錢幣上的迦尼色迦第一，看來相對的年輕，臉上沒有鬍鬚，且髮型猶如我們在「香盒」上所見的迦尼色迦第一的髮型。迦尼色迦第一在此錢幣上的造像，也是面向左方行祭祀的造像。此錢幣反面的造像，也是娜娜女神的造像。[85]漢斯・羅葉斯納因此推測，在迦尼色迦第一的繼承者胡為色迦王統治貴霜或犍陀羅的時代，此「香盒」可能已被胡為色迦王重新安置過多次。因為在此「香盒」內也發現有一枚胡為色迦王所造的騎象錢幣。[86]

83　Hans Loeschner, "Kanishka in Context with the Historical Buddha and Kushan Chronology," p. 33.

84　Hans Loeschner, "Kanishka in Context with the Historical Buddha and Kushan Chronology," p. 33.

85　Hans Loeschner, "Kanishka in Context with the Historical Buddha and Kushan Chronology," p. 5.

86　Hans Loeschner, "Kanishka in Context with the Historical Buddha and Kushan Chronology," p. 35.

「香盒」上的另一組造像，也是學者常談論的造像。此組造像即是「香盒」蓋上學者常言的「釋迦一組三尊」的造像，即「釋迦佛像」造在中間，兩側各造有二侍者的造像。學者常將其等所謂的「釋迦佛」坐像兩側的二侍者各別視為「因陀羅」（Indra）及「婆羅門」（Brahma）的造像。[87]「釋迦佛」兩側的二侍者造像，都被造成立像，右側的侍者像，面上長滿鬍鬚，年紀較大，面向佛陀，雙手合十；左側的侍者像，年紀較小，同時也面向佛陀站立，雙手合十。

　　犍陀羅製作的「彌勒一組三尊」的造像，因其出現的時間較晚，而且此組造像出現的時間，是在支提信仰傳入貴霜故地犍陀羅的時間，即 4 世紀末及 5 世紀初期之間，[88] 因此筆者稱犍陀羅此「彌勒一組三尊像」為「支提信仰化」的「彌勒一組三尊像」。我們在犍陀羅所見的「支提信仰化」的「彌勒一組三尊像」，因常見其造有支提信仰的彌勒佛造像元素（element），如彌勒佛頭部上方所造的「菩提樹葉」或「菩提樹」（Bodhi tree）的造像，[89] 故筆者依據龍樹所奠立的支提信仰稱呼此「彌勒一組三尊像」的主尊造像為「彌勒佛像」，而「彌勒佛像」兩側的二菩薩像，各為支提信仰的最重要菩薩像，即「觀音菩薩像」（右）及「普賢菩薩像」（左）（見圖8）。[90] 但目前學界的學者基本上都稱筆者所言的「彌勒一組三尊像」為「梵天勸請」。[91]

　　西元 4 世紀末或 5 世紀初期之後，在犍陀羅出現的「支提信仰化」的「彌勒一組三尊像」，明顯的是依據貴霜王迦尼色迦第一時代在犍陀羅的「香盒」蓋上所造的「一組三尊像」製作此「彌勒一組三尊像」；特別是「香盒」蓋上坐佛兩側的二侍者的造像，完全被用來製作後來犍陀羅所造的「觀音菩薩」

87　John M. Rosenfield, *The Dynastic Arts of the Kushans*, p. 261；see also, Benjamin Rowland, *The Art and Architecture of India.* New York: Penguin Book, 1977, p. 135.

88　見本書第七章，〈犍陀羅的支提信仰性質及造像〉。

89　有關彌勒佛頭部上方造有菩提樹葉或菩提樹象徵彌勒佛像的造像法，見本書第五章，〈龍樹與阿瑪拉瓦底大支提的建築及造像〉及本書第七章，〈犍陀羅的支提信仰性質及造像〉。

90　有關「彌勒一組三尊像」的說明，見本書第七章，〈犍陀羅的支提信仰性質及造像〉。

91　見本書第七章，〈犍陀羅的支提信仰性質及造像〉。

及「普賢菩薩」的造像。[92]

迦尼色迦第一時代所造的「香盒」上的整體造像設計法，也是用迦尼色迦第一提倡的貴霜「護法信仰」造像模式製作此「香盒」上的造像：「香盒」蓋上的「一組三尊像」或坐佛像表達「護法信仰」的「法施」概念，而「香盒」盒身所造的迦尼色迦第一的立像，則表達「護法信仰」的「財施」概念。由於迦尼色迦第一在用「佛教建國信仰」統治貴霜的時代，有特別將「彌勒佛」塑造成其「護法信仰」的「法師」形象，筆者因此推測，「香盒」蓋上的坐佛像，並不是學者向來所言的「釋迦佛像」，而是「彌勒佛像」；否則後來犍陀羅所造的「支提信仰化」的「彌勒一組三尊像」，也不會仿造「香盒」蓋上的「一組三尊像」製作其「彌勒一組三尊像」。如果筆者的這個推測無誤，那麼「香盒」蓋上立在「彌勒佛」坐像兩側的二侍者像，又會是什麼人物的造像？我們可能就要在迦尼色迦第一時代所造的《彌勒下生經》中去找答案，或當時「一切有部」的僧人中去找答案。

迦尼色迦第一時代製作的銅製「香盒」出現在迎接「一切有部僧人」的場合，因此也有用此「香盒」的造像表達迦尼色迦第一的建國信仰是其提倡的「護法信仰」。而迦尼色迦第一用以策劃、發展其「佛教建國信仰」的僧人，明顯的就是當時被迎入「故伽藍」的「一切有部」的僧人；否則中國的佛教文獻不會記載如此多有關此時代的「一切有部」僧人，如脇尊者及世親等為迦尼色迦第一發展佛教的故事，也不會提到「一切有部」的僧人住在「故伽藍」的事。從此「香盒」蓋上所造的彌勒佛像及此「香盒」的銘文說此「香盒」乃為迎接法師入住「大寺」而造的事，筆者認為，此「香盒」的造像非常貼切。因為「香盒」上的「彌勒佛像」，當時就有被視為表達作「護法信仰」的「法施」概念或作「法施」的「法師」。迦尼色迦第一時代用「護法信仰」的造像模式在「香盒」上製作「彌勒一組三尊像」及轉輪王迦尼色迦第一的造像，非常可能即是現存世上最早製作的一鋪表達貴霜「佛教建國信仰」或「護法信仰」的造像。同樣的，「香盒」蓋上所造的「彌勒一組三尊像」，也

---

92 見本書第七章，〈犍陀羅的支提信仰性質及造像〉。

非常可能是現存世上最早製作的此類造像。

　　大英博物館收藏的「毗摩蘭舍利盒」（Bimaran casket）（圖7）上的造像，也常被學者視為，與迦尼色迦第一時代製作的「香盒」蓋上的造像有關的造像，而「毗摩蘭舍利盒」甚至因此被認為是迦尼色迦第一時代製作的「舍利盒」或「金盒」。譬如，約瑟夫・克利普便這樣說：

圖7　大英博物館收藏的毗摩蘭金盒

毗摩蘭舍利盒上的造像，長期以來被視為作無畏印的釋迦摩尼（Śākyamuni）、因陀羅（Indra）及婆羅門（Brahma）的造像。但我認為，此造像上的佛像應被視為彌勒佛像（Maitreya Buddha）。因為此造像與迦尼色迦時代的彌勒錢幣及造像都非常相像。因此毗摩蘭舍利盒應是迦尼色迦時代所造之物。[93]

　　約瑟夫・克利普對「毗摩蘭舍利盒」上佛像的解釋，雖與筆者相同，都認為此佛像是「彌勒佛像」，但他論證「毗摩蘭舍利盒」上佛像為「彌勒佛像」的方法，卻與筆者不同。[94] 筆者也不同意其將此「舍利盒」製作的年代，視為迦尼色迦第一的時代。筆者更不認同中國學者林梅村視此「舍利盒」為丘就卻時代製作的看法。[95] 林梅村認為，「毗摩蘭舍利盒」是丘就卻時代製作的「舍利盒」（the reliquary casket），而此「舍利盒」的外壁因造有佛像的緣故，林梅村因此認為，用此「舍利盒」的造像便能證明丘就卻時代已造有佛像。

　　林梅村說：

毗摩蘭舍利盒是 19 世紀中葉英國考古學家馬松（Charles Masson）在大夏毗摩蘭

93　Joseph Cribb, "Kaniska's Buddha Coins-The Official Iconography of Śakyamuni and Maitreya," *JIABS*, Vol. 3, 1980（Nov. 2），pp. 83-84.

94　見下詳述。

95　見下詳述。

（Bīmarān，今日阿富汗東境賈拉拉巴德附近村莊 2 號佛塔圓頂內）發現的金造舍利盒。毗摩蘭舍利盒被發現時，放置於一口銘記有二條佉盧文字的帶蓋陶甕。陶甕內藏有焚燒過的珍珠、藍寶石串珠及水晶等寶物。陶甕中央即安置此純金製作的毗摩蘭舍利盒。此毗摩蘭舍利盒被發現時沒有盒蓋，但此金盒的外壁，淺雕有八龕人物的浮雕造像。此八龕浮雕人物造像的上下部位都鑲嵌有紅寶石。金盒內發現有四枚塞王阿澤斯（Azes）的錢幣，而此錢幣的銘文載有下面的文字：maharajasarajatirajasadhramikasaayasa，意為：偉大的國王、眾王之王、奉法者阿澤斯（ayasa）之（錢幣）。[96]

根據林梅村的說法，以前研究此「毗摩蘭舍利盒」的學者，都用此「舍利盒」談論中亞塞族（Saka）與佛教的關係。但近年的研究者多認為，此「舍利盒」是丘就卻時代的文物，所以林梅村同意目前學界大多數學者意見認為這個金盒或「舍利盒」大概製作於西元 60 年以前，也就是丘就卻統治貴霜的時代。學界對此「金盒」外壁所造的八尊龕像有不同的解釋。其中一種解釋認為：八尊龕像的中心人物是「兩尊釋迦牟尼」立像，而每尊佛陀立像的右側是「梵天」（Brahmā）立像，左側則為「因陀羅」（Indra）立像。相同的另一件「金盒」流入美國，現為紐約大都會藝術博物館所收藏。[97] 林梅村所談論的此件「金盒」或「舍利盒」是大英博物館收藏的藏品（見圖 7）。[98]

筆者對大夏毗摩蘭出土的「金盒」被學者斷定為迦尼色迦第一時代或丘就卻時代的文物說法，也存有疑問，而其中最大的疑問，即是「金盒」的製作年代及其製作背景。學者在談論此「金盒」之際，基本上都沒有進一步談論此「金盒」的製作背景及原因。這大概是學者向來都認為此「金盒」是一

96　林梅村，〈古代大夏所出丘就卻時代犍陀羅語三藏寫卷及其相關問題〉，收入林梅村，《漢唐西域與中國文明》（北京：文物出版公司，1998），頁 122。

97　林梅村，〈古代大夏所出丘就卻時代犍陀羅語三藏寫卷及其相關問題〉，頁 122。

98　See Dietrich Seckel, *The Art of Buddhism*, translated by Ann E. Keep. Germany: Holle Verlag G.. M. B. H., Baden-Haden, 1964 （1ˢᵗ Printing），p. 33, Plate 1. 有關有關此摩蘭金盒子的報告，也見 Benjamin Rowland, *The Art and Architecture of India—Buddhist, Hindu, Jain. Pelican History of Art.* New York: Penguin Books, 1977 （reprinted），pp. 135-136.

具「舍利盒」的緣故。「金盒」外壁上所雕造的八尊龕像，的確如學者所言，以兩尊穿通肩佛衣的立佛像為中心所組成的兩組「一組三尊像」的造像。在此二組「一組三尊像」的兩端連接處，都各造有一位具有同樣造像風格並合掌的供養人立像，將兩組「一組三尊像」的造像隔開。兩尊立佛像的左側，都造有一位手提水瓶、面蓄鬍鬚，並面向佛陀作禮拜狀的人物立像；立佛右側則造一位雙手合十，低頭恭敬禮拜佛陀的包頭人物立像。這種以立佛像為中心的「一組三尊像」的造像法或造像結構，也常見於筆者在上面提到的，4世紀末或5世紀初期之後，犍陀羅所造的「支提信仰化」的「彌勒一組三尊像」，或學者所稱的「梵天勸請」；只是後來犍陀羅所造的，或筆者所謂的「彌勒一組三尊像」的主尊造像，常被造成坐佛像（圖8）。[99]

筆者也不認為後來犍陀羅所造的「支提信仰化」的此類「彌勒一組三尊像」，是栗田功所言的「梵天勸請」的造像。筆者認為，後來犍陀羅製作的「彌勒一組三尊像」，是要表達龍樹奠立的「支提信仰」的「彌勒一組三尊像」。這就是筆者視此類「彌勒一組三尊像」為犍陀羅製作的「支提信仰化」的「彌勒一組三尊像」的原因。特別是，此類犍陀羅製作的「彌勒一組三尊像」的造像，

圖8　犍陀羅的支提信仰彌勒一組三尊像

還依據支提信仰經典《普賢菩薩說證明經》（或《證明經》）製作有此類造像的「擴大版」造像。《證明經》在一處說：

> 爾時觀世音菩薩託身凡夫，爾時普賢菩薩優婆塞身，是此二菩薩分身百億，難解難了，亦不可思議。[100]

99　見栗田功，《ガンダーラ美術》第一冊，《佛傳》（東京：二玄社，1988），頁131，「梵天勸請」。
100　《普賢菩薩說證明經》（此後，《證明經》），《大正》卷85，頁1356上：見本書第七章，〈犍陀

《證明經》此段經文說，護持彌勒佛或支提信仰的「觀音菩薩」及「普賢菩薩」因能「分身百億」，故犍陀羅製作的「彌勒一組三尊像」的「擴大版」造像便常見造有多身「觀音菩薩像」及「普賢菩薩像」的造像情形（圖9）。

犍陀羅製作的「彌勒一組三尊像」的彌勒佛像（見圖8），也如「金盒」上的一立佛像一樣，穿通肩佛衣，右手作「無畏印」，左手握著衣端。「金盒」上的另一立佛像，其右手亦作「無畏印」，左手則持一缽。彌勒佛手持「佛缽」的經文也見載於《證明經》。《證明經》說：

> 世尊（彌勒）出世時，四天來奉缽。東方提頭賴吒天王獻佛白石缽，受成萬斛；北方毘沙門天王獻佛琉璃缽，受成萬斛；南方婆樓勒叉天王獻佛白銀缽，受成萬斛；西方鞞樓博叉天王獻佛紫金缽，受成萬斛。佛言：汝等鬼神王，我征一人下，汝等鬼神王，獻我四種缽。爾時世尊捉缽拍四合成一。[101]

圖 9　犍陀羅彌勒一組三尊擴大版造像[102]　　圖 10　拉后博物館藏犍陀羅四天王奉缽像

由於此處所言的「世尊」指「彌勒佛」，因此我們在犍陀羅便見有四天王奉缽給彌勒佛的造像。譬如，栗田功收錄的拉后博物館收藏的犍陀羅「四天王奉缽」（圖10）便是一個例子。[103]

羅的支提信仰內容與造像〉。

101　《證明經》，頁 1367 上。

102　見栗田功，《ガンダーラ美術》第一冊，《佛傳》，頁 127，圖 248「梵天勸請」。

103　栗田功，《ガンダーラ美術》第一冊，《佛傳》，頁 122，圖 237。此像為拉后博物館藏，「四天王奉缽」；並見本書第七章，〈犍陀羅的支提信仰性質及造像〉談論彌勒佛持缽像。

支提信仰因有四天王奉缽給彌勒佛的信仰，因此古代中亞的克孜爾石窟123窟所造的彌勒佛立像，便依據《證明經》所載，將此四天王所奉的「四缽拍成一缽」，而將此「四缽」造成彌勒佛手上所持的一缽造像（圖11）。這就是為何「毗摩蘭金盒」上的另一尊彌勒佛立像會被造成手持一缽的原因。

犍陀羅所造的「支提信仰化」的「彌勒一組三尊像」，在彌勒佛像兩側造「觀音菩薩」像及「普賢菩薩」像的原因是，此二菩薩是《證明經》所載的護持支提信仰及彌勒佛最重要的兩位菩薩。[104] 後來犍陀羅製作的「彌勒一組三尊像」的「觀音菩薩像」及「普賢菩薩像」的造像，就如「金盒」上彌勒佛立像兩側的人物造像一

圖11　克孜爾石窟123窟彌勒佛手持佛缽像

樣，將兩位菩薩的造像，個別造成具有蓄留鬍鬚及頭部包頭的造像特徵。除此，後來犍陀羅製作的彌勒佛坐像頭部的上方，也都造有象徵彌勒佛的菩提樹或菩提樹葉，作為說明造像中的人物是彌勒佛（見圖8、圖9及圖10）。[105] 支提信仰的彌勒佛像，除了常用菩提樹或菩提樹葉說明彌勒佛的造像及身分外，也常用《證明經》所載的，與彌勒佛一起上、下兜率天的金翅鳥（garuda）造像，說明支提信仰或彌勒佛的身分。[106] 學者在談論此「金盒」的造像之際，鮮少提及此「金盒」的八個舟形造像龕連接處上方呈V字形的每一個空間，都用淺雕的造像法造一隻金翅鳥的造像。這些金翅鳥的造像，事實上也是我

---

104 見本書第五章〈龍樹與阿瑪拉瓦底大支提的建築及造像〉談論此二菩薩的文字。

105 支提信仰從一開始便有用菩提樹或菩提樹葉象徵或說明彌勒佛的身分。見本書第五章〈龍樹與阿瑪拉瓦底大支提的建築及造像〉。

106 有關金翅鳥與彌勒佛一起上下兜率天的經文，見《證明經》載：「我爾時天上遣金翅鳥下召取有緣。此鳥身長二十里，縱廣三十里，口銜七千人，背負八萬人，得上兜率天，彌勒俱時下」，《大正》卷85，頁1366下。支提信仰的造像也常造金翅鳥的造像，見本書第六章，〈山崎大塔的支提信仰造像〉及本書第八章，〈新疆克孜爾石窟的支提信仰造像特色及其影響〉。

們證明此「金盒」的立佛像是支提信仰的「彌勒佛像」的最重要造像證據。因為《證明經》說，金翅鳥與彌勒佛一起下生（與彌勒俱下）。[107]「毗摩蘭金盒」面上的二尊立佛像因此不會是學者所言的「兩尊釋迦牟尼立像」，而是「兩尊彌勒佛立像」；而每尊立佛像兩側的人物造像，也不會如學者所言，是「梵天」及「因陀羅」」的立像。

「毗摩蘭金盒」面上的二組「彌勒一組三尊像」，既都要表達支提信仰的「彌勒一組三尊像」，此「毗摩蘭金盒」便不會是一個如許多學者所言的「舍利盒」，也不會如學者所言的，是迦尼色迦第一時代，甚至丘就卻時代所造之物。但最後我們還是要問，為何此「金盒」是在「塔」中發現的？龍樹在其撰作的《寶行王正論》裡常說要「建造支提」及「供養支提」的行法。[108] 龍樹在其所撰的《寶行王正論》談到「供養支提」的行法時，也提到要用珍貴的珠寶供養支提的行法。龍樹在其《寶行王正論》一處說：

> 正法及聖眾／以命色事護／金寶網傘蓋／奉獻覆支提／金銀眾寶花／珊瑚琉璃珠／帝釋青大青／金剛供養支提。[109]

從這段龍樹說明要用各種寶物供養支提的話，我們推測，「毗摩蘭金盒」應是當時用來裝置珠寶供養支提的「珠寶盒」。如果筆者的推測無誤，「毗摩蘭金盒」不僅不會是一具「舍利盒」，其可能還是一具原本就沒有盒蓋供養「支提」的「珠寶盒」。這就是為何此「金盒」被放置在「支提」或塔形建築物內的原因，這也是此「金盒」被製作得如此精美、華麗的原因。

班傑明‧羅蘭（Benjamin Rowland, 1904-1972）也談論過此「金盒」，並說，「金盒」外壁此類「一組三尊」的造像法，不可能早過西元 2 世紀末期或 3 世紀初期，因為「金盒」外壁「一組三尊像」的設計方法，是晚期古典時代（Late Classical）的裝飾設計法。此類造像的設計法，在古代印度及阿富汗西北建造

---

107 見本書第五章，〈龍樹與阿瑪拉瓦底大支提的建築及造像〉及第八章，〈新疆克孜爾石窟的支提信仰特色及其影響〉；並見，《普賢菩薩說證明經》，頁 1366 下。

108 有關龍樹談論及建造支提和供養支提的行法，見本書第四章，〈佛教支提信仰的奠立者——龍樹菩薩〉。

109 見本書第四章，〈佛教支提信仰的奠立者——龍樹菩薩〉。

的塔（stūpas）的鼓形（drum）建築部位及塔基（base）部位見得很多。[110] 班傑明‧羅蘭所言的「一組三尊」的設計法，即是筆者所言的「彌勒一組三尊」的造像設計法。班傑明‧羅蘭雖然不知道此「一組三尊像」的設計背景，但他認為：「金盒」「一組三尊」的造像設計法，也見於早期基督教外棺雕像的設計法，即將基督（Christ）、聖彼得（Peter）及聖保羅（Paul）「一組三尊」造在一起的設計法，而此「金盒」「一組三尊」的雕像設計法，依據他的看法，乃受羅馬（Roman）造像藝術的影響。[111]

我們不知道此類「金盒」上的「彌勒一組三尊」的設計法是否有受羅馬造像藝術的影響，但我們知道，此類「彌勒一組三尊像」的造像法，早見於 2 世紀前半葉迦尼色迦第一時代贈送給「迦尼色迦寺」（Kanishka vihara），或《大唐西域記》所載的「故伽藍」僧人的「香盒」（gaṃdha karaṃḍe）蓋上的造像。

此「金盒」上的種種造像因此都說明，「毗摩蘭金盒」在古代的犍陀羅地區出現，乃是 4 世紀末或 5 世紀初期之後，貴霜衰敗或亡國（375）之後，支提信仰被傳入犍陀羅之後，才出現的供養支提的「金盒」。[112] 此「金盒」的造像，雖與迦尼色迦第一時代製作的「香盒」蓋上「一組三尊」的造像相似，但此盒絕對不是學者所言的迦尼色迦第一時代，甚至是丘就卻時代製作的「舍利盒」。因為此「金盒」上的造像已明顯的顯示，此「金盒」上所造的佛像是支提信仰的彌勒佛像。

我們今日所見的迦尼色迦第一製作的佛像，基本上是其在錢幣上所造的佛像。就目前其製作的轉輪王像的數量而言，便要比其製作的「佛陀造像」及「彌勒佛像」數量多。這說明，貴霜自丘就卻開始，統治貴霜的帝王便非常重視製作自己的轉輪王像。由於迦尼色迦第一明顯的在其錢幣上流通佛陀的造像，因此許多學者常認為，歷史上製作佛陀造像的活動始於迦尼色迦第一統治貴霜的時代。英國學者哈樂（J.C Harle, 1920-2004）在其書《印度次大陸

110　Benjamin Rowland, *The Art and Architecture of India—Buddhist, Hindu, Jain*, p. 136.

111　Benjamin Rowland, *The Art and Architecture of India—Buddhist, Hindu, Jain*, p. 136.

112　筆者認為支提信仰傳入犍陀羅的時間是在貴霜亡滅之後。見本書第七章，〈犍陀羅的支提信仰性質及造像〉的解釋。

的藝術及建築》也注意到，迦尼色迦第一有大量製作佛陀造像的活動。他說：

> 在此時期的早期，有相當數目的雕像，主要是佛陀的造像（Buddha images），被確實定為迦尼色迦第一時代的造像。這些造像開始製作於某第三年，並延續近百年之久。[113]

哈樂說此話的意思是，迦尼色迦第一製許多佛陀的造像之後，歷史上製作佛陀造像的活動便延續近百年之久。我們在本書的第二章談到丘就卻時代提倡的「供養佛像」行法時，便已經說過，《道行般若經》卷十載有佛陀在西元前去世之後，人們因思念佛陀而有「作佛形像」的活動。丘就卻統治犍陀羅的時代，即西元 1 世紀的後半葉，因丘就卻在犍陀羅用「佛教建國信仰」統治貴霜的緣故，[114] 貴霜人民顯然也有製造佛像並供養佛像的活動。《道行般若經》說：

> 譬如，佛般泥洹後，有人作佛形像。人見佛形像，無不跪拜、供養者。其像端正姝好，如佛無有異。人見莫不稱嘆，莫不持華香、繒綵供養者。賢者呼佛，神在像中耶？薩陀波倫報言：不在中。所以做佛像者，但欲使人得其福耳。不用一事成佛像，亦不用二事成，有金有點人，若有見佛。時人佛般泥洹後，念佛故作佛像。欲使世間人供養得其福。薩陀波倫菩薩報師言：用佛般泥洹後故作像耳。曇無竭菩薩報言：如賢者所言，成佛身亦如是，不用一事，亦不用二事，用數千萬事。有菩薩之行，人本索佛。時人若有常見佛作功德，用是故成佛身……賢者，欲知成佛身，本無所從來，去亦無所至，無有作者，亦無有持來者，本無有形，亦無所著……佛所以現身者，欲度脫世間人故。[115]

《道行般若經》雖然在此談論造佛像及供養佛像的意義，然《道行般若經》基本上認為，造佛像或供養佛像只能「得福」，而不是成佛的方法。換言

---

113 J. C. Harle, *The Art and Architecture of the Indian Subcontinent*, p. 65: "In the early part of the period, a considerable number of statues, predominantly Buddha images, are firmly dated in the era of Kanishka, beginning with one of the year 3, and extending over nearly a hundred years."

114 見本書第二章，〈大乘佛教建國信仰的奠立者——貴霜王丘就卻〉。

115 （後漢）月支國三藏支婁迦讖譯，《道行般若經》卷 9，《大正》卷 8，頁 476 中。

之，丘就卻時代並沒有特別鼓勵製作佛像或供養佛像的行法。但到了迦尼色迦第一統治貴霜的時代，即西元 2 世紀中期之前，即使迦尼色迦第一認為製作佛像及供養佛像是一種「得福」的活動，然迦尼色迦第一卻有積極提倡製作佛像及供養佛像的活動。他的理由是，「（佛的）法身長存，是以深心供養，其福正等」。迦尼色迦第一將其推廣製作佛像及供養佛像的方法如此記載於其時代製作的《大般涅槃經・後分》：

> 佛告阿難，（其滅度後），一切信心所施佛物，應用造佛形象及造佛衣、寶幡蓋、置諸香油、寶花以供養……如是二人，皆以深心供養，所集福德其福無異。何以故？佛滅後，法身長存，是以深心供養，其福正等。[116]

　　大概由於迦尼色迦第一有積極鼓勵製作佛像及供養佛像的活動，其在鑄造的錢幣上不但造有「佛陀」的造像，也造有「彌勒佛」像。這大概也是許多學者都認為，佛像的製作起源於迦尼色迦第一的原因。這應該也是哈樂認為，在迦尼色迦第一大量製作佛像之後，佛像的製作「延續近百年之久」。哈樂此說不是沒有問題。首先，歷史上製作佛陀造像的年代在佛陀去世之後便已經開始，丘就卻在西元 1 世紀 60 年代後半葉發展大乘佛教信仰的時代，也有製作佛像及供養佛像的活動。[117] 迦尼色迦第一在錢幣上鑄造佛陀造像的活動，只是目前看來較顯著的製作佛陀造像的活動。在迦尼色迦第一製作佛陀造像之後，其繼承者胡為色迦王所造的佛教造像，基本上都不是佛陀的造像，而是佛教轉輪王的造像及與佛教轉輪王信仰相關的佛像。胡為色迦王之後，犍陀羅百年間製作最多的佛教造像，因此並不是哈樂所言的「佛陀造像」，而是轉輪王像及與佛教轉輪王信仰相關的造像。[118]

116　（大唐）南海波陵國沙門若那跋陀羅譯，《大般涅槃經・後分》，《大正》卷 12，頁 901 下。

117　見本書第二章，〈大乘佛教建國信仰的奠立者──貴霜王丘就卻〉。

118　見後章詳述。

第二節　胡為色迦王發展佛教建國信仰
　　　的情形

一　胡為色迦王用錢幣流通的佛教轉輪王像

　　胡為色迦王統治貴霜的時代，其有鑄造及流通多種金幣（圖 12）及銅幣的情形。其中其有用鑄造三種銅幣的方法，流通、說明其以佛教轉輪王的形象或姿態統治貴霜的事實。此三種轉輪王造像銅幣為：（1）騎象的轉輪王造像銅幣、（2）呈「垂一坐相」的轉輪王造像銅幣，及（3）呈「交腳坐相」的轉輪王造像銅幣。

　　胡為色迦在其父親迦尼色迦第一的影響下，雖然鑄造了多種轉輪王造像的錢幣，然其並沒有沿襲其父迦尼色迦第一在錢幣上造佛陀像或彌勒佛像，只鑄造其轉輪王的造像。胡為色迦王明顯的用了至少三種不同的轉輪王形象或造像，在錢幣上表達其以佛教轉輪王的形象統治貴霜。我們知道這些胡為色迦在銅幣上所鑄造的轉輪王像，都是其佛教轉輪王造像的原因是，此三種銅幣上的轉輪王造像，都依據佛教經典所載的轉輪王造像法製作的其轉輪王像。[119] 胡為色迦王在錢幣上所造的轉輪王像，主要以不同的「坐姿」表達其不同的轉輪王形象。胡為色迦王之所以會用不同的「坐姿」說明其轉輪王的形象，自然與其前的貴霜王常以不同的坐姿說明其等的轉輪王形象的傳統有密切的關聯。譬如，胡為色迦的祖父貴霜王微馬・卡德費些斯（Vima Kadphisese, 95-127）所造的金幣，便見其用呈「交腳坐相」的轉輪王「坐姿」，[120] 製作其為印度教濕婆教的轉輪王造像。微馬・卡德費些斯此類轉輪王像的錢幣，正面造有其呈「交腳坐相」的轉輪王像，反面則造有其崇奉的印度教濕婆神（Śiva）的造像（圖 13）。[121]

---

119 見下詳述。

120 有關轉輪王呈「交腳坐相」的坐姿，見下詳述。

121 John M. Rosenfield, *The Dynastic Arts of the Kushans*, pp. 23-24, see Vima's Type IV coin, "King

圖 12　胡為色迦王（正面）與日神密勒　　　圖 13　微馬·卡德費些斯（正面）與濕婆神
　　　（反面）的金幣造像[122]　　　　　　　　　　（反面）的金幣造像[123]

　　此枚微馬·卡德費些斯鑄造的，呈「交腳坐相」的轉輪王造像金幣，是微馬·卡德費些斯用金幣流通其印度教轉輪王形象的重要錢幣。從此錢幣上呈「交腳坐相」的坐姿或坐相，我們即知道，佛教造像史上用呈「交腳坐相」的坐姿表達轉輪王坐相的造像傳統，可以上溯至微馬·卡德費些斯統治貴霜的時代。由於貴霜在歷史上，帝王有用呈「交腳坐相」的坐姿說明其為轉輪王的傳統，故唐代不空金剛（Amoghavajra, 705-774）翻譯的《金剛頂一字頂輪王瑜伽一切時處念誦成佛儀軌》（此後，《金剛頂經》）便提到，「交腳坐相」是亞洲歷史上製作三種轉輪王坐相中的一種。不空翻譯的《金剛頂經》如此記載轉輪王的三種坐相：

　　　坐如前全跏／或作輪王坐／交腳或垂一／乃至獨膝豎／輪王三種坐。[124]

　　《金剛頂經》此處所載的「輪王」，即指「轉輪王」，並說轉輪王有下面此三種坐相：（1）「交腳坐相」、（2）「垂一坐相」，及（3）「獨膝豎相」。《金剛頂經》所載的此三種轉輪王「坐相」，在胡為色迦之後，便成為亞洲帝王製作其轉輪王像的標準「坐相」。《金剛頂經》所載的第一種轉輪王呈「交腳坐相」的坐相，常被學者視為「彌勒菩薩」（Bodhisattva Maitreya）的坐相或坐姿（圖14）。[125] 第二種轉輪王的「垂一坐相」，在造像上常用不同的坐姿作為表達轉

---

　　　seated cross-legged. Coin 20."

122 此枚胡為色迦王的金幣是網路上「印度錢幣」（http://coinindia.com/galleries-kushan.html）提供。

123 此枚微馬·卡德費些斯的金幣是由https://commons.wikimedia.org/wiki/File:Four_sets_of_Gold_Coins_of_Vima_Kadphises.jpg/3110/2021 公布的四種微馬·卡德費些斯的金幣之一種。

124 （唐）不空金剛譯，《金剛頂一字頂輪王瑜伽一切時處念誦成佛儀軌》（此後，《金剛頂經》），《大正》卷 19，頁 326。

125 見後詳述。

圖 14　犍陀羅呈交腳坐相的
　　　轉輪王像[126]

圖 15　東京松岡美術館藏犍
　　　陀羅呈垂一坐相的轉
　　　輪王像[128]

圖 16　婆羅浮屠呈獨膝豎相的彌勒
　　　菩薩佛王像[127]

輪王的此類坐相。犍陀羅所造的佛教轉輪王呈「垂一坐相」的坐姿，常被造成一腳下垂踩地或踩在腳墊上，另一腳或提起靠在下垂的腳邊，或架在「垂一」的腳上。胡為色迦在其錢幣上所造的「垂一坐相」，被造成呈「一腳下垂」，而另一腳踩在椅座上的坐姿。由於此類犍陀羅製作的「垂一坐相」的人物造像，常用一手支腮作思惟狀，故學者常稱此類呈「垂一坐相」的人物造像，為「太子思惟像」、「菩薩思惟像」，或「半跏思惟像」（圖 15）。日本學者水野清一（Seiichi Mizuno）用中國佛教造像及銘文作為依據認為，此類呈「垂一坐相」的人物造像應被視為「太子思惟像」，[129] 但高田修則認為，此類造像為「菩薩思惟像」。[130] 由此可見，學者對此類「垂一坐相」的造像名稱一直沒

126 此像為日本私人收藏，栗田功稱此像為「兜率天の彌勒菩薩」，見栗田功編著，《ガンダーラ美術》第二冊，《佛陀の世界》，頁 10，圖 9。

127 筆者在印尼中爪哇（Central Java）婆羅浮屠遺址（Candi Borobudur）攝影的呈「獨膝豎相」的「彌勒菩薩佛王」造像。

128 此像為東京松岡美術館（Matsuoka Museum of Art）收藏，栗田功稱此像為「菩薩半跏像」。見栗田功編著，《ガンダーラ美術》第二冊，《佛陀の世界》，頁 61，圖 151。

129 水野清一，〈半跏思惟像について〉，水野清一，《中國の佛教美術》（東京：平凡社，1978），頁 243-250。

130 高田修，《佛像の起源》（東京：岩波書店，1994），第六刷，圖版頁 35，圖版 43。高田修在此所舉的例子是，日本松岡美術館收藏的一座三世紀造「菩薩思惟像」。此像也是筆者在此文中所

有共識。學者對此類呈「垂一坐相」的人物造像一直沒有共識的原因是，這些學者都沒有注意到大乘經典，如不空翻譯的《金剛頂經》，便載有說明呈「垂一坐相」的人物造像，為轉輪王造像的經文，因此都用推測造像榜題，甚至銘文的方法，說明此類坐相的人物名稱及造像性質。[131]

不空翻譯的《金剛頂經》所載的第三類轉輪王的「獨膝豎相」，明顯的不是一種坐相，而是一種一腳站立的造像。筆者只在印尼中爪哇（Central Java）婆羅浮屠遺址（Candi Borobudur）見到此類轉輪王呈「獨膝豎相」的造像（圖16）。[132] 婆羅浮屠的研究者約翰‧密西（John Miksic）認為，婆羅浮屠遺址此類呈「獨膝豎相」的立像，是彌勒在其前生修行一種「未來菩薩的艱難身體瑜伽行」（The difficult physical yoga of a future Bodhisattva）的立姿。[133] 約翰‧密西對此呈「獨膝豎相」造像的解釋，顯然出自其對婆羅浮屠遺址內面第 3 層造像廊道主牆（the main wall of the 3rd gallery）上所見的，整牆「彌勒菩薩佛王像」（Buddharāja image of Bodhisattva Maitreya）推測而來的說法。

不空翻譯的《金剛頂經》提到轉輪王有三種不同的坐相，但此經對此三種轉輪王坐相都沒有作進一步的解釋。不空翻譯《金剛頂經》的時間雖然是在中國的唐代，然此經所載的此三種轉輪王坐相，應該都是古代亞洲帝王在歷史上製作的其等轉輪王坐相；否則《金剛頂經》不會載有此三種坐相為佛教轉輪王坐相的說法。特別是，在貴霜王胡為色迦王於 2 世紀後半葉之後，系統性或制度化使用此三種坐相中的兩種（即「交腳坐相」與「垂一坐相」）製作佛教轉輪王的坐相之後，[134] 此三種轉輪王坐相，便成為亞洲歷史上帝王製作其等佛教轉輪王坐像的標準坐相。

胡為色迦很明顯的沿襲其祖父微馬‧卡德費些斯用呈「交腳坐相」的造

舉的圖 12 的轉輪王呈「垂一坐像」的例子。

131 見下詳述。

132 見本書第九章，〈〈入法界品〉的支提信仰性質及造像〉。

133 John Miksic, *Borobudur, Golden Tales of the Buddhas*. Singapore: Bamboo Publishing Ltd. 1990, relief 136, panel 111-47.

134 見後詳述。

像法製作其錢幣上的轉輪王坐像。目前保存的胡為色迦此類呈「交腳坐相」的轉輪王像錢幣，就網絡上「印度錢幣」（Coinindia）所提供的有關此類錢幣的保留數目，共有七枚。[135] 在此類胡為色迦的轉輪王錢幣，正面都造有胡為色迦呈「交腳坐相」的轉輪王造像，在錢幣的反面，他則沿襲其父迦尼色迦第一的做法，鑄造各種貴霜信仰的波斯、希臘，甚至月支所崇拜的神祇造像。[136] 下面所舉的此類胡為色迦錢幣的例子，即是胡為色迦王造其呈「交腳坐相」的轉輪王造像錢幣。在此錢幣的反面，其造有富饒女神的立像（圖17）。

圖17　胡為色迦呈交腳坐相的轉輪王造像銅幣

圖18　胡為色迦呈垂一坐相的轉輪王造像銅幣

　　胡為色迦也用不空翻譯的《金剛頂經》所載的轉輪王呈「垂一坐相」的坐姿製作其錢幣上的轉輪王造像。胡為色迦所造的此類轉輪王呈「垂一坐相」的錢幣造像，與胡為色迦使用石雕造像方法所造的呈「垂一坐相」的轉輪王坐相或坐姿，有一些不同。[137] 但與龍樹在南印度的案達羅（Āndhra），於西元2世紀中、後期所造的轉輪王呈「垂一坐相」的坐姿，則較相似。[138] 所謂「相似」，乃指兩者的坐姿都造有一腳下垂踩地，或踩在腳墊上，而另一腳則都安置在椅座上的坐姿。早期案達羅製作的轉輪王呈「垂一坐相」的坐相，常將其另一隻腳安放在椅座上，[139] 但胡為色迦錢幣上的「垂一坐相」的造法，則將其另一隻腳曲起，並踩在椅座上。由於胡為色迦在其錢幣上所造的「垂一坐相」，也是一種佛教的轉輪王坐相，因此此類胡為色迦王錢幣上呈「垂一坐相」的造像，也被筆者視為其佛教的轉輪王造像。網絡上「印度錢幣」所提

---

135 http://coinindia.com/galleries-huvishka.html, page 3 of 3, 10/1/2013.

136 http://coinindia.com/galleries-huvishka.html, page 3 of 3, 10/1/2013.

137 見後詳述。

138 見本書第五章，〈龍樹與阿馬拉瓦底大支提的建築及造像〉。

139 見本書第五章，〈龍樹與阿瑪拉瓦底大支提的建築與造像〉。

供的此類胡為色迦呈「垂一坐相」的轉輪王像錢幣，目前共存有 7 枚。[140] 筆者在下面所舉的此類錢幣的例子，正面造有胡為色迦呈「垂一坐相」的轉輪王造像，反面則造有日神密勒的造像。（圖 18）。

胡為色迦在其錢幣上用不同的轉輪王坐相表達其轉輪王像的方法，無非是要說明，其以佛教轉輪王或「王中之王」的姿態統治貴霜王朝的史實。胡為色迦除了在其鑄造的錢幣，用呈「交腳坐相」及「垂一坐相」的坐姿製作其佛教的轉輪王造像外，我們也見其時代有用石雕造像的方法製作其呈「垂一坐相」及呈「交腳坐相」的轉輪王造像。[141]

胡為色迦王在其錢幣上所鑄造的轉輪王像，還有一種。這類錢幣上的轉輪王像，是其依據大乘佛經所載的轉輪王具有「隨身七寶」的信仰所製作的轉輪王騎在其「象寶」上的造像。元魏時代菩提留支翻譯的說明轉輪王定義及轉輪王治世法的《大薩遮尼乾子所說經》，如此定義佛教轉輪王此詞及說明轉輪王具有「隨身七寶」的經文：

> 大王當知，王有四種：一者轉輪王、二者少分王、三者次少分王、四者邊地王。轉輪王者，有一種轉輪王，謂灌頂剎利，統四邊畔，獨尊、最勝，護法法王。彼轉輪王七寶具足，何等七寶？一者夫人寶、二者摩尼寶、三者輪寶、四者象寶、五者馬寶、六者大臣寶、七者主藏寶。彼轉輪王，如是七寶，具成就，遍行大地，無有敵對，無有怨刺，無諸刀杖，依於正法，平等無偏，安慰降伏。[142]

「白象寶」或「象寶」，既是佛教轉輪王的隨身七寶之一，胡為色迦王在其錢幣上鑄造其騎在「象寶」上的造像，便有說明此類錢幣的造像，也是其轉輪王的造像。網絡上「印度錢幣」所提供的此類胡為色迦騎象的銅幣轉輪王

圖 19　胡為色迦騎象寶的轉輪王造像銅幣

140　http://coinindia.com/galleries-huvishka.html, page 3 of 3, 10/1/2013.

141　見下詳述。

142　（元魏）天竺三藏菩提留支譯，《大薩遮尼乾子所說經・王論品第五之一》，《大正》卷 9，頁 330 上-中。

造像錢幣，目前共存八枚。[143] 筆者在下面所舉的此類胡為色迦騎象寶的轉輪王銅幣，在錢幣的正面，造有胡為色迦騎象的轉輪王像，在錢幣的反面，則造有富饒女神（Plenty）的造像（圖 19）。

　　胡為色迦用錢幣流通其轉輪王像的方法，明顯的受其貴霜先祖用流通錢幣的方法流通其等的「佛教建國信仰」內容及轉輪王造像的做法的影響。[144] 貴霜自丘就卻開始，無論是信奉佛教或印度教的帝王，都有用鑄造錢幣的方法流通其等的「佛教建國信仰」內容及轉輪王形象的活動；只是到了胡為色迦王統治貴霜的時代，即 2 世紀中期之後，胡為色迦所造的其佛教轉輪王像的錢幣，便開始出現用多種不同的轉輪王「坐相」或形象製作其轉輪王的造像。胡為色迦因此可以說是貴霜建國史上開始制度化、系統化，甚至量化轉輪王造像的第一位貴霜帝王。

　　胡為色迦事實上不僅用錢幣流通其不同形象的轉輪王造像，其同時也用石雕造像的方法流通其不同形象的轉輪王造像。我們從其時代所造的轉輪王像來看，他事實上不但奠立了使用固定的坐相或坐姿製作轉輪王像的方法，而且也依據特定的佛教經典製作各種佛教轉輪王的造像或形象。[145] 胡為色迦因此可以說是貴霜史上，奠立使用依經造像的方法，表達「佛教建國信仰」內容及佛教轉輪王形象的貴霜王。胡為色迦所奠立的佛教造像傳統，不僅影響後來亞洲帝王在施行「佛教建國信仰」建國之際，都有製作佛教轉輪王像的傳統，也影響後來亞洲帝王在用佛教信仰建國之際，用其所奠立的「依經造像法」，製作自己的轉輪王像的傳統。胡為色迦王因此可以說是亞洲歷史上真正奠立依經或系統性製作佛教轉輪王像的鼻祖。

▋三 胡為色迦時代犍陀羅依據《悲華經・大施品》製作的佛教轉輪王像

---

143 http://coinindia.com/galleries-huvishka.html, page 3 of 3, 10/2/2013.
144 見本書第二章，〈大乘佛教建國信仰的奠立者——貴霜王丘就卻〉。印度錢幣提供
145 見後詳述。

胡為色迦王所奠立的依經製作佛教轉輪王像的造像傳統既是如此重要，我們在下面便要談論胡為色迦王在犍陀羅所撰造的佛教轉輪王造像經典《悲華經》，及其如何依據《悲華經》的經文製作犍陀羅或貴霜的各種佛教轉輪王造像。我們從目前保留的中文佛教文獻及出土的胡為色迦造像銘文，基本上看不出胡為色迦王有用石雕造像方法製作各種佛教轉輪王像的情形，也看不出胡為色迦有撰造佛教轉輪王像的造像經典《悲華經》的事。但自從 1977 年考古學家在印度馬突拉西郊的格文豆·那噶爾（Govindo Nagar）遺址發現一尊「多頭人形龍王」（Human-formed–nāga king with multi-heads）的大石雕立像及其底部的碑文（圖 20）後，我們便知道胡為色迦時代有提倡大乘「阿彌陀佛」（Buddha Amitabha）的信仰活動。[146] 因為格文豆·那噶爾此「多頭人形龍王」造像底部的碑文記載有下面這些文字：

圖 20　在馬突拉的格文豆·那噶爾發現的多頭人形龍王石雕立像

　　一個商人世家（by a family of merchants）（將此龍王石雕造像）奉獻給阿彌陀佛（dedicated to Amitabha Buddha）」。[147]

　　此座「多頭人形龍王」石雕造像，被學者判定為胡為色迦統治第二十八年（the 28th year of the reign of Huvishka）所造的一座龍王石雕造像。此像目前被收藏於今日印度馬突拉博物館（Mathura Museum, India）。[148]

　　我們一定覺得非常奇怪，為何造此「多頭人形龍王像」的造像者，即碑文中所記的「商人世家」，要將此「多頭人形龍王像」奉獻給「阿彌陀佛」？因為在大乘佛教信仰裡，我們從來就沒有聽說「多頭人形龍王」有護持「阿

146 See Robert Bracey, "The Date of Kanishka since 1960," *Indian Historical Review*, 44（1）, p. 36.

147 See Robert Bracey, "The Date of Kanishka since 1960," *Indian Historical Review*, 44（1）, p. 36；並見http://Wikipedia.org/wiki/Huvishka, page1 of 3, 10/1/2013.

148 See Robert Bracey, "The Date of Kanishka since 1960," *Indian Historical Review*, 44（1）, p. 36；並見http://Wikipedia.org/wiki/Huvishka, page1 of 3, 10/1/2013.

彌陀佛像」的作用。因為如果依據 5 世紀初期龜茲三藏鳩摩羅什（Kumārajīva, 350-409）翻譯的《佛說阿彌陀佛經》的說法，「阿彌陀佛像」的造法，都會在「阿彌陀佛像」兩側造觀世音菩薩像及大勢至菩薩像。[149] 但我們不要忘記，當胡為色迦王沿襲其父迦尼色迦第一在犍陀羅及馬突拉定都，[150] 並統治貴霜王朝時，印度南部也有大乘僧人龍樹菩薩在西元 2 世紀中期左右之後，於古代的「案達羅國」（Āndhra），為其時的「娑多婆訶王朝」（the Sātavāhana, ruling, c.?_225）的帝王發展「支提信仰」為後者的「佛教建國信仰」。[151] 龍樹在為南印度國王娑多婆訶王發展及施行「支提信仰」為後者的「佛教建國信仰」之際，龍樹在娑多婆訶王朝的都城，即玄奘所言的「案達羅國」（Āndhra），也建造有歷史上有名的支提信仰造像址「阿瑪拉瓦底大支提」（Mahācaitya at Amarāvatī）及其造像。[152] 龍樹在其策劃及建造的「阿瑪拉瓦底大支提」造像，便造有許多「多頭人形龍王」及「多頭龍王」（Nāga king with multi-heads）護持彌勒佛自兜率天（Tusita heaven）坐支提（caitya）下生為轉輪王的造像。[153] 在當時的南印度既已有「多頭人形龍王」或「多頭龍王」護持彌勒佛坐支提下生為轉輪王的信仰及造像，我們推測，當時在馬突拉的格文豆‧那噶爾的商人世家，一定知道龍王有護持「阿彌陀佛像」或「轉輪王成佛像」的作用。馬突拉當時既是胡為色迦王繼迦尼色加第一統治貴霜王朝的南方都城，胡為色迦王在犍陀羅依據《悲華經》經文所造的佛教轉輪王造像，有一類便是「轉輪王成佛像」。此類「轉輪王成佛像」在胡為色迦統治貴霜的時代既然有被視為「阿彌陀佛像」或「無量壽佛」／「無量光佛像」，當時的貴霜王朝便會認為「阿彌陀佛像」是「轉輪王成佛像」。[154] 馬突拉的格文豆‧那噶爾所造的「阿彌陀佛像」因此非常可能是一尊依據《悲華經》經文製作的「轉輪王成佛

---

149 姚秦龜茲三藏鳩摩羅什譯，《佛說阿彌陀佛經》，《大正》卷 12。

150 胡為色迦王的父親迦尼色迦第一在統治貴霜時，便有在犍陀羅及印度馬突拉定都的情形。見本書第二章談論的「拉巴塔克銘文」（Rabatak inscriptions）。

151 見本書第四章，〈佛教支提信仰的奠立者——龍樹菩薩〉。

152 見本書第五章，〈龍樹與阿瑪拉瓦底大支提的建築及造像〉。

153 見本書第五章，〈龍樹與阿瑪拉瓦底大支提的建築及造像〉。

154 見下詳述。

像」，而不是一尊普通的「阿彌陀佛像」。[155] 馬突拉這尊「多頭人形龍王」的造像，因此說明了，胡為色迦時代，馬突拉的格文豆‧那噶爾不僅已經傳入南印度龍樹所奠立的支提信仰，或龍樹所提倡的多頭龍王護持彌勒佛像或轉輪王像的信仰，同時也傳入了犍陀羅用《悲華經》經文製作佛教轉輪王像或「轉輪王成佛像」的造像法。因為馬突拉的格文豆‧那噶爾的商人世家建造此鋪「多頭人形龍王」造像的時間，已經是胡為色迦王統治貴霜王朝的第二十八年，或其統治貴霜的晚期。這應該就是馬突拉的格文豆‧那噶爾的商人世家造有此鋪「多頭人形龍王像」奉獻給「阿彌陀佛」，作為後者的護持者的情形。特別是，這種所謂的「商人世家」便是在印度南、北遊走做生意的家族。馬突拉的格文豆‧那噶爾所造的此鋪「多頭人形龍王像」的造像，因此可以說是一鋪結合當時印度南、北發展的「佛教建國信仰」及造像於一爐的造像。馬突拉格文豆‧那噶爾之所以會造這樣一鋪造像，大概與「格文豆‧那噶爾」之名有「龍、蛇」（Nāgar，那噶爾）崇拜之意有關聯。這鋪馬突拉的格文豆‧那噶爾的商人世家所造的「多頭人形龍王像」，因此有說明或象徵馬突拉的格文豆‧那噶爾的商人世家支持貴霜王朝發展的「佛教建國信仰」的政策的意思。

今日巴基斯坦拉后博物館（Lahore Museum, Pakistan）收藏的早期編號 572 號及 1135 號的石雕造像，即是拉后博物館收藏的兩座依據《悲華經‧大施品》製作的「悲華經經雕造像」（見圖 21 及圖 22）。此二「悲華經經雕造像」所載的造像內容，除了要表達貴霜的「佛教建國信仰」的內容「護法信仰」外，[156] 也依據《悲華經‧大施品》所載的轉輪王無諍念王（Cakravartin Aranemin）修行、成佛的故事或經文，製作此二石雕上的各種佛教轉輪王無諍念的修行、成佛的造像。其中包括「轉輪王的成佛像」，即「阿彌陀佛像」。由於《悲華經‧大施品》說，轉輪王無諍念王在修行、成佛的過程中，要經歷轉輪王供養佛的過程、轉輪王聽佛說法的過程、轉輪王端坐思惟成佛的過程、轉輪王

---

155 見本書第五章，〈龍樹與阿瑪拉瓦底大支提的建築與造像〉。
156 見後詳述。

專心修行七年的過程，及轉輪王被經中「寶藏佛」（Buddha Ratnagarbha）授記於將來會成為「阿彌陀佛」或「無量壽佛」的過程，故胡為色迦時代依據《悲華經・大施品》製作的佛教轉輪王造像，便造有下面這些轉輪王修行、成佛的造像：轉輪王供養佛像、轉輪王靜坐思惟像、轉輪王專心修行像，及轉輪王成佛像或「無量壽佛像」（阿彌陀佛像）。[157] 這些轉輪王的修行、成佛的故事或造像，常都被造在筆者所言的「悲華經經雕造像」上，如今日巴基斯坦拉后博物館收藏的石雕造像編號 1135 號及 572 號的造像。故我們在此類「悲華經經雕造像」上，都會見到上面筆者所言的各種轉輪王無諍念王的修行、成佛的造像，也會看到此二石雕造像依據《悲華經・大施品》經文製作的此二雕像的主佛寶藏佛坐在石雕造像中央的「蓮花座」上，雙手結「說法印」（dharma-cakra-mudrā）的造像等像。由於拉后博物館收藏的 1135 號及 572 號的「悲華經經雕造像」所呈現的轉輪王修行、成佛的造像，都用對稱法（symmetrical）的造像方法，被造在主尊寶藏佛說法像的兩側，故拉后石雕上所造的各類轉輪王修行、成佛的造像，都會以同一式樣的造像形式或造像內容被造在主尊坐佛像的兩側。但拉后博物館藏的石雕 572 號，在造「轉輪王成佛像」的地方，並沒有用「對稱法」造主尊造像兩側的「轉輪王成佛像」；而是用「變化」或「轉化」造像的方法，在主尊坐佛的兩側各造一鋪「無量壽佛像」及一鋪「二佛並坐像」。[158] 拉后博物館石雕 572 號此鋪「轉輪王成佛像」，是我們在亞洲歷史上最早見到的一鋪用「轉化」造像的方法製作的佛教「轉輪王成佛像」。因為依據《悲華經・大施品》的造像方法，在主尊坐佛像的兩側都應造有一尊相同的轉輪王修行、成佛的造像。但此鋪造像在造「轉輪王成佛像」之際，在主尊坐佛像的一側，只依據經文造一尊「轉輪王成佛像」，即全身發光的「阿彌陀佛像」；另外一側的「轉輪王成佛像」則被造成「二佛並坐像」。「二佛並坐像」的造像經典依據，應是《法華經》所載的，每個人都能成佛，並能與佛「並坐」，說明「人人皆有佛性」及「人人皆能成

---

157 見後詳述。
158 見後詳述。

佛」的大乘佛性信仰。由於「二佛並坐像」的造像原意沒有表達「轉輪王成佛像」的意思。我們因此認為拉后博物館收藏的此鋪說明轉輪王像的「二佛並坐像」的造像經意已經被「轉化」過，並成為具有表達「轉輪王成佛像」含義的「二佛並坐像」。

拉后博物館收藏的此二石雕上的各種轉輪王修行、成佛的造像，包括「轉輪王成佛像」或「阿彌陀佛像」，在犍陀羅也見有此時代用大型、單尊的造像方法流通這些轉輪王修行、成佛的造像情形。這就是為何在胡為色迦登位的第二十八年，在馬突拉的格文豆·那噶爾會出現有商人造「多頭人形龍王像」奉獻給「阿彌陀佛像」的原因。我們因此推測，胡為色迦在統治貴霜的第二十八年之前，胡為色迦已經造有其製作各種轉輪王像的造像經典《悲華經》，也造有上面筆者提到的，兩座拉后博物館收藏的「悲華經經雕造像」的活動，甚至有依據「悲華經經雕造像」的各種轉輪王像，製作各種大型、單尊的轉輪王修行、成佛的造像。如果當時胡為色迦王發展佛教造像的情形不是如此，我們不會在馬突拉的格文豆·那噶爾見到其地方的商人造有「多頭人形龍王像」奉獻給「阿彌陀佛」的造像活動。因為此造像中的「阿彌陀佛」的信仰，已經具有胡為色迦王在犍陀羅發展《悲華經》，甚至「悲華經經雕造像」的造像含義。

胡為色迦王在統治貴霜或犍陀羅期間，很顯然的其不僅有用錢幣流通其佛教轉輪王造像的活動，其也有用石雕造像的方法流通其所造的各種佛教轉輪王造像的活動。胡為色迦王明顯的沿襲了其父迦尼色迦第一用大乘佛教信仰統治貴霜的方法，並明顯的創造了貴霜用錢幣及石雕造像的方法流通各種佛教轉輪王造像的方法。事實上，「斯科遠收藏」（Schøyen Collection）的梵文文書殘片也提到，胡為色迦是一位大乘信徒。[159]

(1) 中國翻譯《悲華經》的歷史及《悲華經·大施品》的經文保存情形

《悲華經》（the *Karunapuṇḍarika*）既是胡為色迦王在用佛教信仰建國之際所撰造的最重要轉輪王造像經典，我們自然要知道此經在中國被翻譯的情形。

---

159 http://Wikipedia.org/wiki/Huvishka, page1 of 3, 10/1/2013.

中國翻譯此經的原因與胡為色迦撰造此經的理由一樣，也是要用此經在中國製作「貴霜式」或「犍陀羅式」（the Kushān or the Gandharan style）的佛教轉輪王造像。根據唐代（統治，618-907）撰造的《開元釋教目錄》的說法，《悲華經》在中國前後一共被翻譯了四次。《開元釋教目錄‧釋道龔譯經》載：「《悲華經》十卷，第三出（譯），與法護《閑居經》、《大悲分陀利經》及曇無讖《悲華經》等同本」。[160]《開元釋教目錄》記載中國翻譯《悲華經》的情形因此是：第一譯本為西晉時代（統治，265-316）竺法護翻譯的《閑居經》；第二譯本被稱為《大悲分陀利經》；第三譯本為北涼時代（統治，401-439/460）釋道龔翻譯的經本；第四譯本是北涼時代曇無讖翻譯的《悲華經》。中國歷代佛教文獻對《悲華經》此四譯本的翻譯情形，特別是對第三譯本及第四譯本的譯者，持有不同的看法。譬如，梁代（統治，502-557）僧祐（445-518）撰造的《祐錄》認為，曇無讖的譯本可能不是如許多文獻所言，乃依據同時代釋道龔翻譯的第三譯本翻譯的經本。[161] 因為竺道祖的《河西錄》及僧祐的《祐錄》都說：「別錄或云龔上出，今疑道龔與讖同是一經二處並載，恐未然也」。[162] 但隋代（統治，581-618）費長房所撰的《房錄》卻說：「見古錄似是先譯，龔更刪改，今疑即無讖出者是」。[163] 唐代釋智昇所造的《開元釋教目錄》也認為，北涼釋道龔所譯的本子，即是後來曇無讖翻譯的《悲華經》。[164]《開元釋教目錄‧曇無讖譯經錄》說：「《悲華經》十卷，第四出，與《大悲分陀利經》等同本」。

　　從上面中文佛教文獻談論《悲華經》翻譯的情形，中國梁代、隋代及唐代的佛教目錄，基本上對中國北涼時期曇無讖翻譯的《悲華經》談論最多。這就是為何今日的學者在研究《悲華經》之際，也都以北涼曇無讖翻譯的《悲華經》譯本作為研究此經的範本的原因。

160　（唐）釋智昇，《開元錄》卷 4，頁 519 中-下：《沙門釋道龔譯經錄》載，釋道龔譯悲華經十卷；《沙門曇無讖譯經錄》載，曇無讖譯悲華經十卷。

161　（梁）僧祐，《出三藏記集》（《祐錄》）卷 2，《大正》卷 55，頁 11 中。

162　（唐）釋智昇，《開元錄‧釋道龔譯經錄》卷 4，頁 519 下。

163　（唐）釋智昇，《開元錄‧釋道龔譯經錄》卷 4，頁 519 中。

164　（唐）釋智昇，《開元錄‧釋道龔譯經錄》卷 4，頁 519 中。

日本學者山田石（Yamada Isshi）在研究及翻譯《悲華經》成英文之後認為：竺法護的第一譯本《閑居經》，完全與《悲華經》無關，即非《悲華經》的經本。目前西藏及梵文的本子是《悲華經》後來製作的擴大本。[165] 山田石雖認為《閑居經》與《悲華經》無關，但唐代釋智昇在《開元釋教目錄》談到竺法護已遺失的《閑居經》時說：「（此經）與《悲華經》同本異譯，初見《僧祐錄》」。[166]《閑居經》在唐代雖已不復存在，但還有記錄，山田石又如何會知道西晉竺法護所譯的《閑居經》與《悲華經》無關？山田石對此並沒有作進一步的解釋。由於中國佛教文獻載有西晉竺法護翻譯有《閑居經》的記錄，唐代的釋智昇才會認為，《閑居經》與《悲華經》同本異譯。山田石在其論文中雖然將《悲華經》翻譯成英文，然他的英譯內容並沒有包括我們在此文下面要談論的《悲華經・大施品》，也沒有在論文中談論《悲華經・大施品》的重要性。由此可見，山田石在研究《悲華經》之際並沒有重視中文文獻的記載，不知道中國一再翻譯《悲華經・大施品》的原因，就是要用《悲華經・大施品》了解貴霜造佛教轉輪王像的方法，也不知道中國要依據《悲華經・大施品》製作貴霜佛教轉輪王像的原因。[167] 無論如何，此四種中譯本中最有名的譯本，即是中印度僧人曇無讖為北涼涼王沮渠蒙遜（367-433）在河西或涼州（今甘肅武威）翻譯的《悲華經》經本。目前收入《大正藏》的《悲華經》譯本，共有兩種：收入《秦錄》的《大悲分陀利經》及北涼曇無讖翻譯的《悲華經》。[168]

　　中國除了翻譯上面筆者所談論的四次《悲華經》經本外，也曾翻譯過《悲華經》中所記載的簡短經文多次。依據隋代法經編撰的《眾經目錄》的說法，其時代所收錄的《悲華經》，共有「十九經」或十九種不同的譯文，而此「十

165　Yamada Isshi, *The Karunapundarika-The White Lotus of Compassion*, Vol. 1. Delhi: Heritage publishers 1989, pp. 15-32.

166　（唐）釋智昇，《開元錄》卷 2，頁 495 中。

167　有關中國使用《悲華經・大施品》造像的情形，見本書第十章，〈中國北涼發展支提信仰的證據——涼州瑞像與敦煌的白衣佛像〉。

168　此二部《悲華經》的譯本都收錄在《大正》卷 3，頁 167-290。

九經」都只有一卷長的譯文，不是完整的《悲華經》譯本。[169] 此「十九經」因此非常可能就是中國翻譯用以造犍陀羅或貴霜佛教轉輪王造像的《悲華經‧大施品》的經文。「十九經」的經文，到底是否都是同時代翻譯的《悲華經‧大施品》經文？《眾經目錄》並沒有作進一步的說明，只說：「右十九經出《悲華經》」。[170] 在中國歷史上，我們沒有見過有任何一部佛經的單品經文被翻譯過如此多次的情形。中國翻譯《悲華經‧大施品》如此多次的原因，自然與中國在歷史上要依據《悲華經‧大施品》製作佛教轉輪王像有密切的關聯。由此可見，《悲華經‧大施品》在中國佛教造像史上的重要性。《悲華經‧大施品》到底何時開始被中國的造像者用來製作中國的佛教轉輪王像？對此，我們不很清楚。但自 5 世紀中葉左右，《悲華經》在被北涼的曇無讖在河西譯出之後，曇無讖顯然便有使用此經在敦煌莫 275 窟、莫 254 窟及莫 259 窟製作貴霜式或犍陀羅式的轉輪王造像的活動。[171] 北涼的曇無讖在敦煌依據《悲華經‧大施品》造敦煌石窟的造像之後，《悲華經‧大施品》顯然成為中國製作貴霜式或犍陀羅式的轉輪王像的最重要經典依據。這就是為何隋代的佛教目錄會載有此經被翻譯「十九經」或十九次的情形。

曇無讖翻譯的《悲華經》卷三〈大施品〉及卷四〈諸菩薩本授記品〉的經文，基本上就是犍陀羅或貴霜製作其各類佛教轉輪王像的主要經文依據。目前保存的曇無讖《悲華經》卷三及卷四的經文，不僅有同樣經文重覆出現的現象，同時經中所載的轉輪王無諍念王被授記成佛的名字「無量壽」的譯名，也有被譯成「無量淨」的情形。[172] 曇無讖翻譯的《悲華經》卷三及卷四的經文，出現這種經文重覆及經中轉輪王成佛名稱有不同譯名的情形，都說明了今日保留的《悲華經》此經的部分經文，可能是由不同的譯本抄錄而成的經文。雖是如此，曇無讖翻譯的〈大施品〉及〈諸菩薩本授記品〉的經文，還是筆者在此章要談論的主要經文內容。為了談論上的方便，筆者在下面便

---

169 （隋）沙門法經等，《眾經目錄》卷 2，《大正》卷 55，頁 124 上、中。

170 （隋）沙門法經等，《眾經目錄》卷 2，頁 124 中。

171 見本書第十章，〈中國北涼發展支提信仰的證據——涼州瑞像與敦煌的白衣佛像〉。

172 （北涼）中印度三藏僧人曇無讖譯，《悲華經》，《大正》卷 3，頁 185 中。

要將曇無讖翻譯此二品的經文，通用《悲華經‧大施品》之名稱呼之。筆者要如此做的原因是，此二品所載的轉輪王無諍念修行、成佛的故事，基本上都載於此經的《悲華經‧大施品》。

（2）《悲華經‧大施品》製作的時間、犍陀羅造轉輪王像的相應經文及犍陀羅製作的轉輪王像

我們從中國最早翻譯《悲華經》的時間是在西晉時代大概可以推算出，《悲華經》在犍陀羅出經或撰造的時間，不是在迦尼色迦第一提倡佛教信仰的時代，便是在迦尼色迦第一之子胡為色迦王統治貴霜、並在犍陀羅發展「佛教建國信仰」的時代。從目前我們所了解的迦尼色迦第一製作佛教轉輪王像的情形來判斷，我們認為，《悲華經》出經或撰造的時代，非常不可能是在迦尼色迦第一發展「佛教建國信仰」的時代。因為我們從目前保留的迦尼色迦第一所造的佛教造像，完全看不出其有依據《悲華經》經文製作其佛教轉輪王像的情形。

如果迦尼色迦第一沒有用《悲華經》製作其佛教轉輪王像，在迦尼色迦第一之後的貴霜王中，迦尼色迦第一的繼承者胡為色迦王最有可能撰造及使用《悲華經》製作其佛教轉輪王的造像。因為胡為色迦在繼承迦尼色迦第一的王位之後，其不但有明顯發展大乘「佛教建國信仰」的現象，而且其也有依據佛教經典《悲華經》製作佛教轉輪王像的現象。[173] 從目前學者所定的胡為色迦統治貴霜的時間（160-190）來計算，我們知道其統治貴霜的時間有三十年之久。在此漫長的時間中，胡為色迦不僅可以從容的撰造其佛教轉輪王造像經典《悲華經》，同時其也可以從容的依據《悲華經》製作其各種石雕佛教轉輪王造像。我們如此推測胡為色迦是撰造《悲華經》，並用《悲華經‧大施品》製作其各種佛教轉輪王像的貴霜王，不是沒有原因。下面此三原因是我們認為《悲華經》，甚至「悲華經經雕造像」，是胡為色迦時代撰造及製作的佛教造像經典及佛教造像：（1）胡為色迦在其錢幣上所鑄造的兩種佛教轉輪王坐相，即「垂一坐相」及「交腳坐相」，也都出現在其依據《悲華經》製作的

---

173 見下詳述。

石雕「悲華經經雕造像」。這說明胡為色迦王有用同樣的轉輪王造像法製作其錢幣及石雕佛教轉輪王造像的情形。（2）由於「悲華經經雕造像」是胡為色迦王統治犍陀羅時代依據《悲華經》經文製作的說明轉輪王修行、成佛的各種佛教轉輪王造像的石雕造像，我們因此推測，《悲華經》是胡為色迦王時代撰造的一部佛教轉輪王造像經典。原因是，在胡為色迦王統治貴霜的第二十八年，馬突拉的格文豆・那噶爾的商人世家已經造有「多頭人形龍王像」奉獻給「阿彌陀佛像」的活動。馬突拉的格文豆・那噶爾的商人世家所提到的「阿彌陀佛像」，就是《悲華經》及「悲華經經雕造像」所言或所造的，「阿彌陀佛像」或「轉輪王成佛像」。我們因此可以說，胡為色迦王時代已經造有《悲華經》及「悲華經經雕造像」。（3）拉后博物館藏的 572 號「悲華經經雕造像」，所造的轉輪王成佛像，很顯然的依據迦尼色迦第一時代撰造的《無量壽經》及《法華經》製作此「悲華經經雕造像」的造像，這也說明，胡為色迦王時代已經造有《悲華經》及「悲華經經雕造像」。

胡為色迦既是最有可能撰造《悲華經》及製作「悲華經經雕造像」的貴霜王，我們因此可以說，迦尼色迦第一之後，貴霜製作佛陀造像的活動，並不是如哈樂所言，在迦尼色迦第一製作佛陀造像之後的一百年間還持續不斷有造佛陀造像的情形。胡為色迦統治貴霜之後，貴霜或犍陀羅的佛教造像活動，顯見的因胡為色迦王依據《悲華經》的經文製作各種佛教轉輪王的造像，因此在迦尼色迦第一之後，貴霜或犍陀羅便沒有如哈樂所言的，有製作佛陀造像或提倡佛陀信仰的現象。

我們在上面提到的依據《悲華經》製作的「悲華經經雕造像」，事實上是依據《悲華經・大施品》製作的「悲華經經雕造像」。《悲華經・大施品》既是胡為色迦王時代撰造作為製作各種佛教轉輪像的主要造像經文，我們在下面便要談論《悲華經・大施品》所載的，犍陀羅依據以製作的其各種佛教轉輪王造像及其相應的造像經文；也要談論各種犍陀羅製作的「悲華經經雕造像」及其造像經文。

今日巴基斯坦博物館保存的「悲華經經雕造像」，以拉后博物館及白夏瓦博物館所保存的「悲華經經雕造像」數量最多。其中以拉后博物館所保存的

兩座「悲華經經雕造像」最為完整、有名。此二座拉后博物館保存的「悲華經經雕造像」，即是上面筆者談到的該博物館收藏的編號 572 號及 1135 號的「悲華經經雕造像」。我們在下面因此要談論此二「悲華經經雕造像」的造像經典及造像內容。

《悲華經·大施品》所載的轉輪王無諍念的故事，主要是記述無諍念轉輪王修行、成佛的故事。由於中譯《悲華經·大施品》的經文有不斷重覆同樣經文的問題及翻譯轉輪王成佛的名字不一致的問題，筆者為了討論上的方便，在下面筆者便要依據「悲華經經雕造像」的各式轉輪王造像及其相應的《悲華經·大施品》的經文摘錄此經的內容成為六段或六條簡短的經文如下：

A. 轉輪王無諍念聞寶藏佛及其弟子遊行至閻浮林，轉輪王無諍念便用各種物質供養佛及其大眾（財施），而寶藏佛則為轉輪王說法（法施）。無諍念轉輪王供養佛（財施）三個月後，更將自己的各種轉輪王寶物及佩戴的飾物，如「閻浮檀金作龍頭瓔」（此後，簡稱龍頭瓔）、「閻浮金鎖寶」、「真珠貫」等，作為其作「大施」供養佛的方法。[174]

B. 轉輪王無諍念因布施故，聽寶藏佛說法。但轉輪王此時並沒有因此想修行成佛；相對的，他還希望未來世能繼續出生求得轉輪王位，做轉輪王。[175]

C. 爾時轉輪王的大臣寶海梵志（Brahmin Ratnasamudra）作了一個夢，在夢中寶海梵志看到二種景象：一種是見到自己全身發光並見大日輪的成佛景象，另一種是見到轉輪王「血污其身」吃各種蟲及被各種動物咬殺的輪迴痛苦景象。寶海梵志於是各取一朵蓮花送給轉輪王及其千子，作為寶海梵志勸請轉輪王及其千子修行成佛的信物。[176]

D. 寶海梵志夢醒之後，便去見轉輪王，並告知其夢中所見景象。轉輪王聽了之後，便去見寶藏佛，並問寶藏佛如何修行成佛。寶藏佛因此對轉輪王說明修行成佛的方法。之後轉輪王即對佛說：我今還城於閑靜處專心思惟，當作誓願，

---

174 （北涼）中印度三藏僧人曇無讖譯，《悲華經》卷 3，頁 175 上-下。
175 （北涼）中印度三藏僧人曇無讖譯，《悲華經》卷 3，頁 176 下。
176 （北涼）中印度三藏僧人曇無讖譯，《悲華經》卷 3，頁 176 下-177 上。

如我所見佛土相貌，離五濁惡，願求清淨莊嚴世界（成佛）。轉輪王即還入城，到所住處，自宮殿中一屏處，一心端坐思惟。轉輪王因此在一靜處，一心端坐思惟修集種種莊嚴已（成）佛世界。如是一心寂靜，於七歲中，各於己本所住處，一心端坐思惟。[177]

E. 轉輪王於七歲中，心無欲欲，無嗔恚欲，無愚癡欲，無憍慢欲、無國土欲、無兒息欲、無玉女欲、無飲食欲、無衣服欲……「如是七歲乃無有一欲之心，常坐不臥」。[178]

F. 寶藏佛見轉輪王如此修行，即向轉輪王授記（vyākarana，預言）說：「是時世界轉名安樂，汝於是時當得作佛，號無量壽如來、應供、正遍知」。[179]

　　從上面此六條或六段《悲華經・大施品》的經文內容來看，我們可以看出，《悲華經・大施品》也是用貴霜「一佛、一轉輪王」的「護法信仰」模式製作此轉輪王的修行、成佛造像經文。上面此六條《悲華經・大施品》的經文，除了第 C 條寶海梵志做夢的經節外，就是胡為色迦時代在犍陀羅製作「悲華經經雕造像」及其他轉輪王像的主要造像經文依據。犍陀羅所造的「悲華經經雕造像」，有完全依據上面五條經文製作的完整版「悲華經經雕造像」，也有用簡略造像方法製作的簡化版「悲華經經雕造像」。「悲華經經雕造像」在依據《悲華經・大施品》經文製作其像之際，事實上只依據上面記述的五段或五條《悲華經・大施品》的經文製作其經雕造像或各式轉輪王造像；換言之，「悲華經經雕造像」基本上沒有依據第 C 條經文造寶海梵志做夢的造像。筆者在上面摘錄第 C 條經文的原因是，寶海梵志所作的夢，是令轉輪王無諍念決心修行成佛的動力。但「悲華經經雕造像」要表達的是，轉輪王無諍念修行、成佛的故事，而不是寶海梵志做夢的故事，因此此經雕造像者沒有用第 C 條經文造寶海梵志做夢的造像。

　　依據上面此五條經文製作的五種轉輪王修行、成佛的造像，即是我們在早期犍陀羅看到的五種轉輪王的造像：a、轉輪王手持珍珠貫供養佛的造像；

---

177 （北涼）中印度三藏僧人曇無讖譯，《悲華經》卷 3，頁 179 上-179 中。

178 （北涼）中印度三藏僧人曇無讖譯，《悲華經》卷 3，頁 182 下。

179 （北涼）中印度三藏僧人曇無讖譯，《悲華經》卷 3，頁 184 下-185 中。

b、轉輪王聽佛說法像，但還不願修行、成佛；c、轉輪王一心端坐或靜坐思惟欲成佛的造像；d、轉輪王靜坐七年無有一欲的修行造像，及 e、轉輪王授記成佛的造像或轉輪王成佛的造像，即「阿彌陀佛像」。犍陀羅製作此五種轉輪王修行、成佛的造像，除了第 a 種轉輪王手持珍珠貫供養佛的造像被造在主佛寶藏佛坐像兩側中央的位置外，其他的轉輪王造像都依據《悲華經・大施品》的經文順序，自下往上被造在主佛寶藏佛坐像的兩側，形成二排直立並對稱的轉輪王修行、成佛造像。

　　「悲華經經雕造像」中央部位的造像，也依據《悲華經・大施品》的經文造主尊寶藏佛坐在「寶蓮花座」上作「轉法輪印」或說法的造像。寶藏佛頭部上方的造像，也依據《悲華經・大施品》的經文造四天子及五天子自天上雨下九朵大蓮花及天花的造像。譬如，《悲華經・大施品》如此描述「蓮花尊佛」寶藏佛坐在「寶蓮花座」上的經文：

> 下有蓮花，琉璃為莖，高五由旬，瑪瑙為藕，七寶為鬚，高十由旬，縱廣正等滿七由旬。爾時蓮花尊佛坐此花上。[180]

這就是我們在「悲華經經雕造像」上見到寶藏佛坐在「琉璃為莖」的「寶蓮花座」上說法的造像的原因。「悲華經經雕造像」的造像者，也將寶藏佛的雙手，依據《悲華經・大施品》的經文造成表達說法或作「法施」的「轉法輪印」（dharma-cakra mudrā）。[181] 除此，「悲華經經雕造像」的造像者在寶藏佛的頭部上方，也依據《悲華經・大施品》的經文造四天子及五天子在聽完「寶藏佛」說法之後，飛到空中向寶藏佛撒下天花及九朵大如車輪的大蓮花的造像。[182]由於「悲華經經雕造像」上的寶藏佛坐高莖「寶蓮花座」的造像、諸天子自空中撒下天花及九朵大蓮花的造像，及轉輪王修行、成佛的造像，都依據《悲華經・大施品》的經文製作，筆者因此稱此類依據《悲華經・大施品》經文製作的經雕造像為「悲華經經雕造像」。

180　（北涼）中印度三藏僧人曇無讖譯，《悲華經》卷 1，頁 168 上。

181　（北涼）中印度三藏僧人曇無讖譯，《悲華經》卷 1，頁 168 中。

182　（北涼）中印度三藏僧人曇無讖譯，《悲華經》卷 2，頁 181 上。

從「悲華經經雕造像」的造像安排方式或設計法，我們可以看出，以坐佛寶藏佛為中心，寶藏佛與其左右兩排的轉輪王修行、成佛像，都各別形成一個表達「一佛、一轉輪王」的「護法信仰」的造像模式。除此，寶藏佛與寶藏佛上方的諸天子雨下天花供養佛的造像，也形成一個表達「護法信仰」的造像模式。

貴霜王朝自其建國者丘就卻使用「二施並作」作為貴霜表達其「佛教建國信仰」或「護法信仰」的造經模式及造像模式之後，[183] 我們在迦尼色迦第一時代，便見其用此模式造經及製作其時代「香盒」的造像。胡為色迦王很顯著的步其先祖的後塵，用「護法信仰」製作《悲華經・大施品》的經文，並用《悲華經・大施品》的經文製作其時代創造的「悲華經經雕造像」。胡為色迦王製作《悲華經・大施品》及「悲華經經雕造像」的原因因此是，他除了要用《悲華經》流通其「佛教建國信仰」的內容及轉輪王形象外，他也要依據用《悲華經・大施品》製作的「悲華經經雕造像」流通及表達其提倡的貴霜「佛教建國信仰」及轉輪王造像。

在胡為色迦王之前，我們沒有見過任何一位貴霜王，甚至亞洲帝王，有如胡為色迦王一樣，如此有組織及有系統的用佛教造像的方法表達其「佛教建國信仰」及造轉輪王像者。很顯然的，胡為色迦王是貴霜歷史上，甚至亞洲歷史上，創造使用造像的方法系統性地表達「佛教建國信仰」及造佛教轉輪王像者。這就是為何在胡為色迦王之後，亞洲帝王都步胡為色迦王之後塵，在發展「佛教建國信仰」統治天下時，都用造像的方法表達其「佛教建國信仰」及造其轉輪王像的原因。這也是為何亞洲各地的帝王在發展其「佛教建國信仰」之際，都有建造如阿瑪拉瓦底大支提、山崎大塔（Great Stūpa of Sāñci）及印尼中爪哇婆羅浮屠這類大型佛教造像址及開鑿如阿旃陀石窟（Ajantā caves）、克孜爾石窟（Kizil caves）及敦煌石窟這類型的佛教石窟及造像的原因。

從丘就卻及迦尼色迦第一所造的佛教轉輪王像，我們基本上只看出此二位貴霜帝王有用佛教信仰建國的情形，但看不出此兩人的轉輪王形象是佛教

---

183 見本書第二章，〈大乘佛教建國信仰的奠立者——貴霜王丘就卻〉。

修行者的形象。但自胡為色迦王依據《悲華經・大施品》製作「悲華經經雕
造像」所呈現的佛教轉輪王造像或形象之後，我們可以看出，胡為色迦王所
呈現的佛教轉輪王造像或形象，都以佛教修行者的形象，甚至成佛者的形
象，呈現於造像上。我們因此知道，胡為色迦也是貴霜史上用佛教造像的方
法奠立貴霜佛教轉輪王形象為佛教修行者形象的貴霜王。胡為色迦在造像上
如此表達貴霜的佛教轉輪王修行形象，不是沒有原因。因為丘就卻時代或之
後撰造的《㤊真陀羅所問如來三昧經》在談論丘就卻的轉輪王形象時，便說
丘就卻是位修行「菩薩道」的大菩薩。[184] 貴霜在歷史上所奠立的佛教轉輪王
形象因此與龍樹於 2 世紀左右在案達羅所呈現的佛教轉輪王形象完全不同。
前者的轉輪王造像總是被造成面貌嚴肅，以佛教修行者的面貌出現在造像
上，而龍樹所造的佛教轉輪王造像，則與普通世俗的帝王形象或造像無異：
轉輪王常與女眷悠閒的在宮中一起享受各種娛樂；其可以領軍打仗，也可以
在宮中與其大臣商議國事。[185]

（3）拉后博物館藏 572 號及 1135 號石雕「悲華經經雕造像」及此二石雕造像上的五種轉輪王像和其他相關的轉輪王造像

　　法國學者佛謝爾（A Foucher, 1865-1952）將拉后博物館收藏編號 572 號（圖
21）及編號 1135 號（圖 22）的石雕「悲華經經雕造像」及類似的造像，都稱
為「舍衛城大神變」（Mahāprātihārya or Great Miracle of Śrāvastī）。[186] 許多學者因受
佛謝爾的影響，因此都還稱此二石雕造像為「舍衛城大神變」或「雙神變」。
譬如，羅跋・費雪（Robert E. Fisher）便將拉后博物館石雕 1135 號的「悲華經
經雕造像」上的「轉輪王成佛像」或「無量壽佛像」，視為「舍衛城神變」
（Miracle of Śrāvastī）。[187]

　　「悲華經經雕造像」在犍陀羅出現時，我們注意到，犍陀羅也出現有依據

---

184 見本書第二章，〈大乘佛教建國信仰的奠立者──貴霜王丘就卻〉。

185 見本書第五章，〈龍樹與阿瑪拉瓦底大支提的建築及造像〉。

186 A. Foucher, *The Beginning of Buddhist Art*, translated by L. A. Thomas and F. W. Thomas. London: Humphrey Milford, 1914, Plate XXVII and Plate XXVIII；並見下文詳述。

187 Robert E. Fisher, *Buddhist Art and Architecture*. London: Thames and Hudson, 1993. p. 19.

「悲華經經雕造像」上的各類型轉輪王造像製作的大型、單尊轉輪王造像。我們知道這些大型、單尊的犍陀羅轉輪王造像是依據「悲華經經雕造像」上的轉輪王造像製作的原因是，這些大型、單尊的犍陀羅轉輪王像的造像法，完全與「悲華經經雕造像」上的各式轉輪王造像的造像法一致。

圖 21　拉后博物館藏 572 號悲華經經雕造像

拉后博物館所藏的 572 號及 1135 號石雕「悲華經經雕造像」，因在石雕的中央主佛兩側，各造有一排轉輪王無諍念從供養佛、作修行及成佛的各式轉輪王造像，並在主佛的上方也造有《悲華經·大施品》所載的四天子及五天子從空中撒下天花及九朵蓮花供養佛的造像，我們因此稱此類完全依據《悲華經·大施品》經文製作的石雕造像為完整版的「悲華經經雕造像」。犍陀羅也見造有依據《悲華經·大施品》經文製作的簡化版「悲華經經雕造像」。這些簡化版的「悲華經經雕造像」，常見其用「一組三尊像」的造像法表達此類造像的「護法信仰」造像內容。換言之，在此類「一組三尊」的造像中央造主佛寶藏佛的坐像，在寶藏佛坐像兩側，則用左右對稱的造像法各造一尊轉輪王立像或坐像。簡化版的「悲華經經雕造像」，也常見在主佛坐像兩側的後方，造有二身或二身以上小型的轉輪王造像。犍陀羅製作的「悲華經經雕造像」，無論是完整版，或簡化版的造像，都有其自己的造像設計方式或造像安排方式，因此犍陀羅製作的每座「悲華經經雕造像」都不太一樣，但都能辨認其等為「悲華經經雕造像」。犍陀羅製作「悲華經經雕造像」的時間，很可能就在《悲華經》於犍陀羅出經之後，而其在貴霜時代製作的時間，則延續到胡為色迦王統治貴霜之後。由於其在貴霜製作的時間延續很久，因此目前保存的此類造像所呈現的造像風格及造像內容，因製作的時間不同而有些

差異。

拉后博物館收藏的編號 572 號石雕造像（見圖 21），[188] 及編號 1135 號的石雕造像（見圖 22），[189] 事實上是目前保存情況較為良好的完整版「悲華經經雕造像」。拉后 1135 號的石雕，是在今日巴基斯坦莫哈默德‧納里（Mohammed Nari）出土的一座石雕造像。日本學者高田修將之定為西元 3 世紀的作品，並稱此像為「佛說法像」，或「舍衛城神變」。[190] 高田修所定的此座石雕造像的製作時間，比我們所定的胡為色迦統治貴霜的時代晚，而其稱此像為「舍衛城神變」的原因，乃因受法國學者佛謝爾用此名稱稱呼此像的影響。

圖 22　拉后博物館藏 1135 號悲華經
　　　　經雕造像

拉后博物館收藏的編號 572 號石雕造像，共造有三段的造像內容：（1）此石雕造像上段的主要造像，是一尊頭梳高髻、一手提水瓶、瓔珞莊嚴，雙腳呈「交腳坐相」（cross-legged）的轉輪王坐像。（2）石雕中段的造像內容，乃依據《悲華經‧大施品》的經文製作的「悲華經經雕造像」。在此石雕中段的中央，造作「轉法輪印」（dharma-cakra-mudrā），並坐在高莖「寶蓮花座」上的主尊寶藏佛的坐像。寶藏佛坐像兩側，則用對稱法製作兩排直立並呈對稱的各式轉輪王造像。寶藏佛的頭頂上方，造有四天子和五天子像及其等供養的花環及三大朵蓮花的造像。（3）石雕下段的造像，主要造佛缽供養像。佛缽安置在此石雕造像下段的中央，佛缽兩側各造有幾身禮拜、供養佛缽的人物造像。

拉后 572 號石雕中段的轉輪王造像安排方式，與石雕 1135 號的轉輪王造像安排方式，雖有些不同，然二石雕上的轉輪王像的造像內容基本上一致，

188　見栗田功編著，《ガンダーラ美術》第一冊，《佛傳》，頁 198，圖 399，拉后博物館收藏。
189　見栗田功編著，《ガンダーラ美術》第一冊，《佛傳》，頁 196，圖 395，拉后博物館收藏。
190　高田修，《佛像の起源》，圖版 31 及圖版 39，佛說法（舍衛城神變）。

完全依據《悲華經・大施品》經文製作各種轉輪王修行、成佛像。石雕1135號的石雕造像，完全沒有石雕572號上段及下段的造像內容。換言之，石雕1135號的造像是一座完全依據《悲華經・大施品》經文製作的「悲華經經雕造像」。但石雕1135號的石雕造像內容比石雕572號的造像內容更接近《悲華經・大施品》所載的經意。因為石雕572號的造像有變化造像的內容。譬如，《悲華經・大施品》所載的四天子及五天子自空中雨下的大蓮花數目原本共有九朵，但石雕572號的造像只造三朵。為了讓讀者對此二石雕造像上所造的轉輪王像有比較深刻的認識及了解，我們在下面便要談論此二石雕如何依據相應的《悲華經・大施品》經文製作此二石雕上的轉輪王造像及其他與轉輪王造像有關的造像：

A. 轉輪王手持珍珠貫供養像

拉后此二「悲華經經雕造像」都在其等造寶藏佛坐像的兩側中央，用對稱法各造有一身雙手捧持轉輪王胸前佩戴的飾物「珍珠貫」，作為其等作供養佛的「財施」造像。拉后此二石雕讓轉輪王手持「珍珠貫」的原因是，《悲華經・大施品》說：轉輪王為了聽聞佛法，其除了用澡水、食物等物質供養佛外，並也將自己的各種寶物，包括身上佩戴的三種轉輪王飾物，拿來供養佛。此二石雕造像上轉輪王手持「珍珠貫」供養佛的造像，因此是依據筆者在上面第（2）節摘述的第A段《悲華經・大施品》經文製作的造像。《悲華經・大施品》所載的轉輪王身上佩戴的飾物共有三種：(1)「閻浮檀金作龍頭瓔」。此飾物是轉輪王胸前佩戴的具有兩隻龍頭設計的胸鏈、(2)「閻浮金鎖寶」。此飾物是轉輪王佩戴在其頸項上的項圈，及(3)「真珠貫」。此飾物是轉輪王斜背在胸前的長形真珠鍊（圖23）。[191] 在此拉后博物館此二石雕上所造的轉輪王雙手捧持「真珠貫」的造像，因此有說明轉輪王以「真珠貫」供養寶藏佛，或向寶藏佛作「財施」或「大施」的意思。筆者因此也稱此類轉輪王造像為「轉輪王供養像」。犍陀羅所造的轉輪王像，除了常用轉輪王的坐相或坐姿說明、表達轉輪王的身分外，也常用《悲華經・大施品》所載的三種

191　（北涼）中印度三藏僧人曇無讖譯，《悲華經》卷2，頁175下。

轉輪王飾物說明、表達轉輪王的身分。由於犍陀羅或
貴霜自胡為色迦王開始，即有用轉輪王的三種飾物標
示轉輪王的身分或造像，中國敦煌石窟及雲崗等石窟
在此造像法的影響下，也常沿襲犍陀羅製作其轉輪王
的造像法，讓轉輪王身上佩戴有《悲華經・大施品》
所載的三種轉輪王飾物，作為我們辨認轉輪王造像的
方法。[192]

圖 23　犍陀羅造佩戴三種轉輪
王飾物的轉輪王像[193]

B. 轉輪王聽佛說法像

　　筆者在上面第（2）節所摘述的《悲華經・大施品》B 段經文說：「轉輪王
無諍念因布施故，聽佛說法，但還復希望來生求得轉輪王位」。拉后二石雕也
用對稱法將「轉輪王聽佛說法像」造在主尊寶藏佛的「蓮花寶座」下方的兩
側。二石雕的造像者都一致的將轉輪王作修行、成佛的各類造像，用對稱法
造在主尊寶藏佛坐像的兩側，並由下往上造，使寶藏佛兩側的轉輪王修行、
成佛造像形成兩排表達轉輪王修行、成佛的故事內容。依據《悲華經・大施
品》經文所造的「轉輪王聽佛說法像」，基本上都被造在轉輪王修行、成佛像
的底部第 1 層及第 2 層的造像位置。在此二層的造像裡，轉輪王或以聽佛說
法的姿態面向佛，或以不專心聽佛說法的姿態背向佛。這兩層的造像說明，
轉輪王即使在聽佛說法的狀態，其並沒有真心想要修行成佛，因為他「還欲
求轉輪王位」。

C. 轉輪王端坐思惟像

　　上面第（2）節 D 段經文所摘述的《悲華經・大施品》的經文，是記述寶
海梵志在夢醒之後，去告訴轉輪王有關其在夢中所見的轉輪王在輪迴中受苦
的景象。轉輪王因不欲在輪迴中受苦，於是前去見寶藏佛，並問寶藏佛如何
修行成佛。寶藏佛告訴轉輪王修行成佛的方法後，轉輪王即對佛說：「我今還

---

192 見本書第十章，〈中國北涼發展支提信仰的證據——涼州瑞像與敦煌的白衣佛像〉。

193 見栗田功編著，《ガンダーラ美術》第二冊，《佛陀的世界》，頁 19，圖 32。

城於閑靜處專心思惟，當作誓願，如我所見佛土相貌，離五濁惡，願求清淨莊嚴世界（成佛）……（於是其）便還入城，到所住處，自宮殿中一屏處，一心端坐思惟」。

拉后石雕 1135 號的「轉輪王端坐思惟像」，常被造在石雕上部靠近諸天子雨下九朵大蓮花的兩側如宮室的建築物內。犍陀羅製作的「轉輪王端坐思惟像」也有不造在宮室內的情形。此二石雕的「轉輪王端坐思惟像」，基本上都用轉輪王的「垂一坐相」，即一腳下垂，另一腳或提起緊靠在下垂的腳邊，或架在下垂的腳上，製作此類轉輪王端坐思惟造像的坐姿。除此，二石雕的「轉輪王端坐思惟像」，因常被造成右手支腮，說明轉輪王作「思惟」成佛的狀態。故此類造像常被學者視為「太子思惟像」、「菩薩思惟像」，或「半跏思惟像」。[194] 犍陀羅製作的大型、單尊轉輪王造像，也常見造此類「轉輪王端坐思惟像」（見圖 16）。由於拉后此二石雕上的「轉輪王端坐思惟像」，完全依據筆者在上面第（2）節 D 段經文所摘述的《悲華經・大施品》經文製作，我們因此非常確定，此類「轉輪王端坐思惟像」，並不是學者常言的「太子思惟像」、「菩薩思惟像」，或「半跏思惟像」。拉后此二石雕的「轉輪王端坐思惟像」所造的「垂一坐相」，與胡為色迦在其錢幣上所流通的轉輪王呈「垂一坐相」的坐姿不太相同。事實上，亞洲歷史上所造的轉輪王呈「垂一坐相」的坐姿有各種姿勢。這就是我們所言的轉輪王「垂一坐相」在佛教造像上有各種不同坐姿的原因。

日本學者栗田功稱犍陀羅的「轉輪王端坐思惟像」為「菩薩坐像觀音系」的造像。[195] 美國學者蘇珊・杭庭頓（Susan L. Huntington）則視此類造像為「觀音菩薩像」（Bodhisattva Avalokiteśvara）。[196] 栗田功及蘇珊・杭庭頓會視此類造像

194 見下詳述。

195 見栗田功編著，《ガンダーラ美術》第二冊，《佛陀的世界》，頁 10，圖 8。

196 Susan L. Huntington, *The Art of Ancient India—Buddhist, Hindu, Jain*, with contributions by John C. Huntington. New York: Weatherhill, 1985, p. 139, Fig. 8.16. 蘇珊・杭庭頓在此談論的造像，是一尊在巴基斯坦羅麗妍・堂該（Loriyan Tangai）出土，加爾各答印度博物館（Calcutta Museum, India）收藏的此類轉輪王思惟像。

為「觀音像」的原因是，此類呈「垂一坐相」的「轉輪王端坐思惟像」與呈「交腳坐相」的轉輪王造像一樣，常在其等的轉輪王像頭冠上造有如《觀無量壽經》所載的觀音菩薩寶冠上的「化佛像」，[197] 因此此二學者便認為此類造像是「觀音菩薩像」。轉輪王造像頭上的頭冠，也常見造有「化佛像」。譬如，敦煌莫 275 窟西壁呈「交腳坐相」的轉輪王造像，其頭冠上便見造有一尊「化佛像」。[198] 犍陀羅的轉輪王立像，也常見在其冠上造有「化佛像」者。譬如，筆者在下面要談論的一鋪犍陀羅造的「悲華經經雕造像」的簡化版造像，其主佛右側的轉輪王立像，便見其冠上造有一尊「化佛像」。轉輪王冠上造有「化佛像」的原因，自然與《悲華經・大施品》所言的，轉輪王「當作誓願，如我所見佛土相貌，離五濁惡，願求清淨莊嚴世界（成佛）」的願行有關。敦煌莫 275 窟的主尊造像及犍陀羅的轉輪王造像，除了其所戴的冠及其所著的瓔珞能證明這些造像為轉輪王造像外，其等呈「交腳坐相」及「垂一坐相」的坐姿，及其等胸前所佩戴的三種轉輪王飾物，也是我們證明其等為轉輪王造像的證據。[199]

犍陀羅所造的呈「交腳坐相」（見圖 14）及「垂一坐相」（見圖 15）的大型單尊轉輪王造像，常見其左手也握有一朵蓮花。轉輪王一手握有蓮花的造像，乃依據筆者在上面第（2）節 C 段經文摘述的《悲華經・大施品》經文製作的造像。該《悲華經・大施品》經文說：

> 復見四天大王、釋提桓因、大梵天王來至其所，告梵志言：汝今四邊所有蓮花，應先取一華與轉輪王，一一王子各與以華，其餘諸華與小王，次與汝子並及餘人。[200]

由於寶海梵志有送蓮花給轉輪王及其千子的經文記載，因此犍陀羅的造像者便常讓轉輪王的造像，特別是呈「交腳坐相」及呈「垂一坐相」的轉輪王像，一手握持一朵蓮花。栗田功稱呈「交腳坐相」、手持蓮花的造像，各為「兜率

---

197 （劉宋）時代（420-479）畺良耶舍翻譯的《觀無量壽佛經》，《大正》卷 12，頁 343 上。
198 見本書第十章，〈中國北涼發展支提信仰的證據——涼州瑞像與敦煌的白衣佛像〉，圖版 10。
199 見本書第十章，〈中國北涼發展支提信仰的證據——涼州瑞像與敦煌的白衣佛像〉。
200 （北涼）中印度三藏僧人曇無讖譯，《悲華經・大施品》卷 2，頁 177 上。

天の彌勒菩薩」[201] 或「蓮花手菩薩交腳像」，[202] 並稱呈「垂一坐相」、手持蓮花的造像，各為「菩薩半跏像」[203] 或「蓮花手半跏像」。[204] 栗田功的這些說法，都有商榷的餘地。因為無論是從這兩種轉輪王造像的坐姿或其身上所佩戴的飾物，我們都能依據《悲華經‧大施品》（依經）證明其等為佛教轉輪王的造像；特別是，《悲華經‧大施品》也載有轉輪王為何會有手持蓮花的經文。由此，我們在判定佛教造像之際，不能不依據經典所載來判定造像，否則就會出現學者各說各話的定像情形。犍陀羅自胡為色迦開始用依經造像的方法製作佛教轉輪王造像之後，此依經造像的方法便一直是歷史上製作佛教造像的最基本原則。

D. 轉輪王修行像

依據筆者在上面第（2）節 E 段經文摘述的《悲華經‧大施品》說：轉輪王「如是一心寂靜，於七歲中，各於己本所住處，一心端坐思惟」，並說：轉輪王在七年（歲）修行的當中，已經沒有任何人間的欲求：

> 爾時轉輪聖王，於七歲中，心無欲欲，無嗔恚欲，無愚癡欲，無憍慢欲，無國土欲，無兒息欲，無王女欲，無飲食欲，無衣服欲，無華香欲，無車乘欲，無睡眠欲，無想樂欲，無有他欲。如是七歲乃無有一欲之心，常坐不臥。[205]

轉輪王七年修行的情形是，「七歲乃無有一欲之心，常坐不臥」。由此，我們便能明白，為何拉后二石雕的造像者會讓修行七年的轉輪王像穿上修行服。拉后 1135 號石雕上的「轉輪王修行像」，造在石雕中部轉輪王呈「交腳坐相」坐在宮內的造像上方（右邊的造像比較清楚）。拉后 572 號石雕上的轉輪王修行像，都造在宮室內。原因是，《悲華經‧大施品》說：「於七歲中，各於己本

---

201 見栗田功編著，《ガンダーラ美術》第二冊，《佛陀の世界》，頁 10，「菩薩交腳像」，圖 9，日本私人收藏。

202 見栗田功編著，《ガンダーラ美術》第二冊，《佛陀の世界》，頁 56，圖 138。

203 見栗田功編著，《ガンダーラ美術》第二冊，《佛陀の世界》，頁 61，圖 151，日本松岡美術館藏。

204 見栗田功編著，《ガンダーラ美術》第二冊，《佛陀の世界》，頁 62，圖 153。

205 （北涼）中印度三藏僧人曇無讖譯，《悲華經‧大施品》卷 3，頁 182 下。

所住處，一心端坐思惟」。這就是為何拉后 572 號的石雕造像者，將轉輪王的修行像都造在宮室內的原因。

　　栗田功收錄有多身穿修行服的犍陀羅人物造像。這些造像，有立像，也有坐像。栗田功及蘇珊‧杭庭頓都稱此類穿修行服的人物造像為「佛陀立像」，[206] 或「佛陀坐像」（圖 24）。[207] 胡為色迦時代所造的大型、單尊轉輪王像，既造有呈「交腳坐像」的轉輪王像、呈「垂一坐相」的轉輪王「端坐思惟像」及「轉輪王成佛像」或「無量壽佛像」，我們因此推測，犍陀羅的造像者在依據《悲華經‧大施品》或「悲華經經雕造像」製作大型、單尊的轉輪王作七年修行的造像之際，也會造「轉輪王修行像」或著修行裝的「轉輪王端坐七年像」。這應該就是犍陀羅造有如此多大型、大尊穿「修行服」的「轉輪王修行七年像」的原因。特別是在此時期的犍陀羅完全沒見有製作佛陀造像的活動，只有依據《悲華經‧大施品》製作各種轉輪王造像的活動。這時期犍陀羅所造的著修行服的造像，便應該都是「轉輪王修行七年像」。這就是我們認為，栗田功及蘇珊‧杭庭頓所言的「佛陀坐像」及「佛陀立像」，應該都是轉輪王作七年修行的「轉輪王修行像」的原因。

圖 24　犍陀羅造大型單尊轉輪王修行像[208]

E. 轉輪王成佛像

　　拉后 1135 號石雕上部所造的「轉輪王成佛像」或「無量壽佛像」，乃造在「轉輪王端坐思惟像」的外側。拉后 1135 號石雕上的兩尊「轉輪王成佛像」，其造像法非常一致：在造像中央造一坐佛像，坐佛像的兩側，各造有一排小型斜立的佛像。但拉后 572 號石雕，在同一位置所造的「轉輪王成佛

---

206 栗田功編著，《ガンダーラ美術》第二冊，《佛陀の世界》，頁 78-89。

207 栗田功編著，《ガンダーラ美術》第二冊，《佛陀の世界》，頁 89-90 等處，圖 223、224、225 及 226 等；並見 Susan L. Huntington, *The Art of Ancient India—Buddhist, Hindu, Jain*, with contributions by John C. Huntington, pp. 136-137, Fig. 8. 12-14.

208 日本私人收藏。

像」，左側明顯的依據《悲華經‧大施品》的經文造「無量壽如來像」或「無量光佛像」的緣故，我們知道此尊造像是尊「轉輪王成佛像」。上面第（2）節F段摘錄的《悲華經‧大施品》經文說，轉輪王修行七年之後，佛對轉輪王作了下面的授記（預言）：「是時世界轉名安樂，汝於是時當得作佛，號無量壽如來、應供、正遍知」。「無量壽如來」（Amitāyus），也被稱為「無量光如來」（Amitābha）或「阿彌陀佛」。[209]「無量壽如來」也被稱為「無量光佛」的經文，首見於曹魏時代（統治，220-265）康僧鎧翻譯的《佛說無量壽經》。《佛說無量壽經》如此解釋「無量壽佛」的名字：

> 是故無量壽佛號無量光佛、無邊光佛、無礙光佛、無對光佛、炎王光佛、清淨光佛、歡喜光佛、智慧光佛、不斷光佛、難思光佛、無稱光佛、超日月光佛。[210]

由於轉輪王無諍念被佛授記於未來將成佛，並名為「無量壽佛」，因此拉后572號石雕上的「轉輪王成佛像」便被造成全身發出光紋的「無量光佛像」或「無量壽佛像」。曹魏康僧鎧翻譯的《佛說無量壽經》，是中國翻譯《阿彌陀經》的第二譯本。中國最早翻譯的《阿彌陀經》，是後漢支婁迦讖翻譯的《無量清淨平等覺經》。[211]《無量清淨平等覺經》應該是初期大乘製作的《阿彌陀經》。因為翻譯此經的月支譯經僧支婁迦讖在中國翻譯的經典，如《道行般若經》及《伅真陀羅所問如來三昧經》，都是初期大乘製作的經典。[212]《開元釋教目錄‧竺法護譯經錄》因載有竺法護翻譯《無量壽經》二卷之事，[213]《無量壽經》因此是迦尼色迦第一在集結時期製作的新《阿彌陀經》。拉后石雕572號的造像者，很顯然的用其時代製作的《阿彌陀經》所載的「無量壽佛」或「無量光佛」全身發光的形象製作「轉輪王成佛像」。既是如此，拉后572號石雕應該也是胡為色迦時代製作的「悲華經經雕造像」。因為拉后572

---

209 （姚秦）龜茲三藏鳩摩羅什譯，《佛說阿彌陀經》，《大正》卷12，頁347上。

210 （曹魏）康僧鎧譯，《佛說無量壽經》卷上，《大正》卷12，頁270上。

211 見《佛說大阿彌陀經序》，《大正》卷12，頁326上。

212 見本書第二章，〈大乘佛教建國信仰的奠立者──貴霜王丘就卻〉。

213 見《開元錄‧竺法護譯經錄》卷2，《大正》卷55，頁495中。

號石雕上的「轉輪王成佛像」，不僅用迦尼色迦第一時代製作的《無量壽經》製作其「轉輪王成佛像」，胡為色迦在登位第二十八年在格文豆・那噶爾所造的「阿彌陀佛像」，應該也是一尊依據《無量壽經》製作的「無量壽佛像」或「阿彌陀佛像」。這說明，胡為色迦在沿襲其父迦尼色迦第一發展「佛教建國信仰」之際，基本上都使用其父召開結集製作的大乘經典作為其提倡大乘「佛教建國信仰」及造像的依據。

與拉后 572 號石雕上「無量壽佛像」呈對稱造像的另一尊「轉輪王成佛像」，並沒有被造成全身放光的「無量光佛像」或「阿彌陀佛像」，而被造成「二佛並坐像」。「二佛並坐像」的造像是依據《法華經・見寶塔品》經文製作的造像。《法華經・見寶塔品》的主角，是經中所載的多寶佛（Buddha Prabhūtaratna）。由於此段記述「二佛並坐」的《法華經・見寶塔品》經文太長，筆者將之簡述於下：

> 多寶佛在行菩薩道時曾作大誓願言：若我成佛，滅度之後，於十方國土有說《法華經》處，我的塔廟，為聽是經故，踊現其前為作證明。多寶佛去世後，釋迦牟尼佛演說是《法華經》，多寶佛塔於是踊現空中。為了示現弟子多寶佛死後全身不散，如入禪定（法身不滅），釋迦佛因此開啟多寶塔門，進入塔中，與多寶佛分座而坐。爾時多寶佛於寶塔中分半座與釋迦牟尼佛，並作是言：釋迦牟尼佛，可就此座。釋迦牟尼佛即入其塔中，分其半座，結加（跏）趺坐。爾時大眾見二如來在七寶塔中師子座上結跏趺坐。[214]

《法華經》的作者之所以要用「二佛並坐」的經文造像，不僅是要用此經文說明人人都有佛性，人人都能成佛，成佛的人物都有不滅的「法身」，同時也要說明，成佛人物的「佛性」或成佛的狀態，都與佛相等或相同，故成佛者都能與釋迦佛「並座而坐」。拉后石雕 572 號出現「二佛並坐像」，除了要說明轉輪王成佛的狀態與釋迦佛一樣外，也用「二佛並坐像」表達「轉輪王成佛像」。由於《法華經・見寶塔品》的經文有要表達人人皆有佛性及人人皆

---

214 （姚秦）龜茲國三藏法師鳩摩羅什奉詔譯，《妙法蓮花經・見寶塔品》第十一，《大正》卷 9，頁 32 中-33 下。

能成佛，並與佛並坐，拉后 572 號的造像者因此用「二佛並坐像」說明轉輪王的成佛像也能與佛並坐。這種轉變造像，但不轉變造像經意的造像法，筆者稱其為「轉化」的造像法。拉后 572 號石雕使用「二佛並坐像」說明「轉輪王成佛像」之後，西元 5 世紀前半葉的印度僧人曇無讖，在敦煌為北涼涼王沮渠蒙遜造轉輪王像之際，也見其在敦煌莫 259 窟西壁又將「二佛並坐像」再度「轉化」成為蒙遜的「彌勒佛王像」。[215] 佛教藝術史開始使用「轉化」造像法製作佛教轉輪像的時間，因此是在犍陀羅製作「悲華經經雕造像」的時間，或胡為色迦王統治貴霜的時代。

我們在上面談論迦尼色迦第一結集製作的大乘經典時，已經提到《法華經》是迦尼色迦第一時代結集的一部大乘經典。此經也是由西晉時代的敦煌菩薩竺法護翻譯成中文。「二佛並坐像」的經文既出自迦尼色迦第一時代撰造的《法華經》，胡為色迦在製造拉后 572 號的「悲華經經雕造像」之際，不僅有用迦尼色迦第一時代撰造的《無量壽經》製作其「悲華經經雕造像」，同時也用迦尼色迦第一時代撰造的《法華經》製作其「悲華經經雕造像」上的「轉輪王成佛像」。如果胡為色迦王沒有沿襲其父迦尼色迦第一發展貴霜奠立的「佛教建國信仰」，其所造的「悲華經經雕造像」便不可能使用這些迦尼色迦第一時代撰造的新大乘經典製作其轉輪王造像。由於迦尼色迦第一時代鑄造的錢幣及造像都沒有依據《悲華經》及其時代撰造的大乘經典製作轉輪王像的現象，這就是筆者認為，胡為色迦是《悲華經》及「悲華經經雕造像」的製作者的原因。

拉后 572 號石雕造像既已出現造像變化的現象，如製作兩種不同形式的「轉輪王成佛像」及簡化九朵大蓮花成三朵的情形，我們因此推測，拉后 572 號石雕造像的製作時間，可能要比拉后 1135 號石雕造像的製作時間稍晚。拉后 1135 號的石雕造像，乃是一座非常完整的依據《悲華經・大施品》的經文製作的「悲華經經雕造像」。我們因此認為，胡為色迦在製作「悲華經經雕造像」之際，其非常可能先造完全依據《悲華經・大施品》經文製作的「悲華

---

215 見本書第十章，〈中國北涼發展支提信仰的證據——涼州瑞像與敦煌的白衣佛像〉。

經經雕造像」，如拉后 1135 號的石雕造像，再造具有變化造像內容的 572 號石雕造像。無論如何，各種跡象都說明，拉后博物館藏的 572 號石雕及 1135 號石雕，都非常可能是胡為色迦王在發展「佛教建國信仰」之際依據《悲華經・大施品》經文製作的「悲華經經雕造像」。

在 1135 號石雕所見的「轉輪王成佛像」的造像法，與同博物館收藏的 572 號石雕的「轉輪王成佛像」的造像法非常不同。但前者此「轉輪王成佛像」在犍陀羅也見有大型、單尊的造像。栗田功通稱此類大型、單尊的「轉輪王成佛像」為「千佛化現像」（圖 25）。[216] 羅拔・費雪則稱此類坐佛像兩側造有小型立佛像的造像，即「轉輪王成佛像」，為「舍衛城神變」。[217] 如果胡為色迦時代在造同一造像之際有用變化造像的方法製作同一類型的造像情形，我們便能明白，為何胡為色迦在其錢幣所造的轉輪王「垂一坐相」，與其石雕造像所造的轉輪王「垂一坐相」，會有不同的造像設計現象。但栗田功及羅拔・費雪都還明顯的從佛傳故事或佛陀偉大事蹟的角度去推測拉后 1135 號石雕造像上的「轉輪王成佛像」的造像性質及造像內容。

拉后石雕 572 號的造像者，明顯的用自己的釋像法去造「悲華經經雕造像」。此經雕造像的造像者，除了用迦尼色迦第一時代新造的《無量壽經》及《法華經》製作石雕上的「轉輪王成佛像」，即「無量光佛像」及「二佛並坐像」外，也將「寶藏佛」頭部上方的九朵蓮花簡化成三朵。「悲華經經雕造像」的造像者雖都依據《悲華經・大施品》的經文製作其經雕造像，然此時代的造像者顯然可以用自己的創造力、想像力，甚至釋像法，製作具有自己造像風格的「悲華經經雕造像」。這確實是胡為色迦時代能成為貴霜創造佛教造像的黃金時代的一大

圖 25　犍陀羅造大型單尊轉輪王成佛像

---

216 栗田功，《ガンダーラ美術》第一冊，《佛傳》，頁 195，圖 393。此像為卡拉奇博物館收藏。

217 Robert E. Fisher, *Buddhist Art and Architecture*, p. 19, Fig. 8.

原因。這也是現存的「悲華經經雕造像」，無論是完整版或簡化版的造像，都沒有完全相同或重複造像設計或內容的原因。

F. 其他相關的轉輪王造像

（a）交腳坐轉輪王像、轉輪王手作「轉法輪印」，及轉輪王手提水瓶像

在拉后 1135 號石雕造像上，「寶藏佛」兩側所造的同一式樣，呈「交腳坐相」、王裝、戴冠，並瓔珞莊嚴的兩尊轉輪王造像，以對稱的形式被造在相同的宮室內。此二尊呈「交腳坐相」的轉輪王造像，都沒有《悲華經・大施品》的經文作為其等造像的依據。換言之，此類呈「交腳坐相」的轉輪王像，乃依據傳統或微馬・卡德費些斯時代製作的，呈「交腳坐相」的轉輪王坐相造像法，製作的二尊轉輪王坐在宮殿內的造像。大概由於此類呈「交腳坐相」的轉輪王像是最具傳統並最易辨認的轉輪王造像，因此胡為色迦不但在錢幣上流通此類的轉輪王造像，而且也用石雕造像的方法流通此類的轉輪王造像。

此二尊呈「交腳坐相」的轉輪王雙手所作的手印，和「悲華經經雕造像」上主尊「寶藏佛」雙手所作的手印，完全一樣，都結「轉法輪印」（dharma-cakra mudrā）。為何轉輪王像的雙手也能結佛所結的「轉法輪印」？迦尼色迦第一時代所造的《阿毘曇毘婆沙論》，[218] 在下面給了我們這樣的解釋：

> 佛在波羅奈國初轉法輪。問曰：菩提樹下已轉法輪，何以言婆羅奈國初轉法輪？答曰：轉法輪有二種：一在自身，二在他身。在菩提樹下是自身轉法輪，婆羅奈國是他身轉法輪，以在婆羅奈國他身中初轉法輪，名初轉法輪。[219]

《阿毘曇毘婆沙論》在此提到二種佛陀所轉的法輪：一是佛陀的「自身轉法輪」，另一種是佛陀的「他身轉法輪」。所謂「自身轉法輪」，即指佛陀在成道之前，坐在菩提樹下自行修行的意思。所謂「他身轉法輪」，則指佛陀成道後，向他人說法的意思。這就是《阿毘曇毘婆沙論》所言的，「（佛陀）在婆羅奈國他身中初轉法輪，名初轉法輪」的意思。轉輪王因還在修行的狀

---

218 迦旃延子造，五百羅漢譯的《阿毘曇毘婆沙論》，是迦尼色迦第一時代在罽賓召開的大乘經論結集所造的解釋《阿毘曇》（abhidharma）的《毘婆沙》（論）。見古正美，《貴霜佛教政治傳統》，頁 496-500。

219 迦旃延子造，五百羅漢譯，《阿毘曇毘婆沙論》卷 21，《大正》卷 28，頁 158 中-下。

態，因此轉輪王所作的「轉法輪印」可以說是「自身轉法輪」。在造像上，由於轉輪王的雙手所作或所結的「自身轉法輪印」，與佛陀所結的「他身轉法輪印」的造像法完全一樣的緣故，轉輪王所結的「自身轉法輪印」，因此與佛陀所結的「他身轉法輪印」沒有區別。這就是為何在造像上，轉輪王所結的「轉法輪印」，與石雕造像上「寶藏佛」所結的「轉法輪印」，完全相同的原因。但轉輪王所結的「轉法輪印」是「自身轉法輪印」，而同石雕造像上「寶藏佛」所結的「轉法輪印」是「他身轉法輪印」。由此，我們可以說，拉后 1135 號石雕造像也明顯的反映了迦尼色迦第一時代對「轉法輪印」所作的區別。由於拉后 1135 號石雕造像上所造的轉輪王像有雙手結「轉法輪印」的情形，犍陀羅製作的大型、單尊，呈「交腳坐相」的轉輪王像，也常見此類造像的雙手結「轉法輪印相」的情形。譬如，下面圖 26 的犍陀羅轉輪王造像，便是一尊犍陀羅製作的大型、單尊轉輪王結「轉法輪印」的造像。這樣的轉輪王造像因此有說明此轉輪王在修行的狀態。

　　拉后石雕 572 號的造像者，並沒有用轉輪王結「轉法輪印」的造像法表達轉輪王以修行者的面貌面世。拉后 572 號石雕的造像者，用轉輪王手提水瓶的方法表達轉輪王修行的樣貌。拉后 572 號石雕的造像者，在此石雕上段造了一尊呈「交腳坐相」、梳髻，左手提瓶的轉輪王修行像。《悲華經‧大施品》雖然沒有直接說明轉輪王無諍念有提水瓶供養佛的形象，但由於此經兩次提到轉輪王「自行澡水」供養佛，我們因此知道，提水瓶的轉輪王像是轉輪王作「財施」供養佛的修行形象。《悲華經‧大施品》在一處說：「轉輪王清旦出城向於佛所……至佛所已，頭面禮足，右繞三匝，自行澡水，手自斟酌尚妙餚饌與佛及大眾」。

圖 26　犍陀羅造雙手結轉法輪印的轉輪王像[220]

---

220 見栗田功，《ガンダーラ美術》第二冊，《佛陀世界》，頁 57，圖 141「菩薩交腳像」。

轉輪王既「自行澡水」供養佛，其必手提水瓶，才能倒水給佛洗手。從拉后 572 號石雕上的轉輪王造像以梳髻，沒有戴冠，也沒有坐在宮室內的情形來判斷，此類梳髻、並提水瓶的轉輪王像，一定就如《悲華經》經文所說，轉輪王「清旦出城向於佛所」供養佛的造像形象。我們之所以知道此像是一尊轉輪王像，乃因此像不但佩戴有轉輪王的三種飾物，而且其坐相也呈轉輪王的「交腳坐相」。由此，我們可以看出，胡為色迦在製作轉輪王像之際，非常重視用轉輪王坐相及轉輪王飾物等的造像元素讓我們辨識轉輪王的造像。這就是筆者認為，胡為色迦在歷史上奠立了系統性製作轉輪王像的方法的原因。這類呈「交腳坐相」、梳髻、一手提水瓶的轉輪王造像，因此是胡為色迦創造的另一種「轉輪王供養像」或「轉輪王修行像」。

拉后 572 號的造像者所造的此類一手提水瓶及梳髻的「轉輪王修行像」，與拉后 1135 號石雕造像上戴冠、瓔珞莊嚴、呈「交腳坐相」的轉輪王像最大的區別是，前者是處宮室外的轉輪王像，而後者是坐在宮室內的轉輪王造像。後者此類轉輪王坐宮室內的造像，可以說是胡為色迦製作的較正式，或官方說明及表達的轉輪王形象或造像。無論如何，胡為色迦製作的兩種呈「交腳坐相」的轉輪王像，對後來的犍陀羅，甚至亞洲其他地區所造的轉輪王像，都具有重大的影響。我們在後來犍陀羅所造的支提信仰造像，便見有造轉輪王手持水瓶的造像，說明、表達轉輪王修行像的情形。[221] 中國的敦煌石窟及雲崗石窟，基本上則用戴冠、瓔珞莊嚴及呈「交腳坐相」坐在宮室內的轉輪王造像，表達、說明其等的轉輪王形象或造像。

胡為色迦時代製作的轉輪王像，除了造有上面提到的兩種在宮室內及宮室外的轉輪王造像外，其依據《悲華經・大施品》製作的轉輪王造像，至少還有五類。這說明，胡為色迦時代製作的佛教轉輪王像，便有許多種類。這些佛教轉輪王造像，基本上都被呈現於拉后 572 號及 1135 號此二石雕造像上。由於這些轉輪王造像都佩戴有《悲華經・大施品》所載的轉輪王三種飾物，即「閻浮檀金作龍頭瓔」、「閻浮金鎖寶」及「真珠貫」，我們因此除了

---

221 本書的第七章，〈犍陀羅的支提信仰性質及造像〉。

用《悲華經》的經文及傳統造像法辨認這些轉輪王造像外，我們也能用《悲華經》所載的，轉輪王佩戴的三種轉輪王飾物辨認轉輪王的造像。胡為色迦時代製作的這些轉輪王造像，無論是轉輪王的修行像或轉輪王坐在宮室內的造像，都要表達貴霜王朝自丘就卻以來最關心的佛教轉輪王形象是，轉輪王的修行、成佛的形象。這就是為何《悲華經・大施品》所撰造的轉輪王形象，都是轉輪王修行、成佛的形象，或嚴肅的修行者形象的原因。

胡為色迦所造的呈「交腳坐相」的轉輪王造像，因有戴冠及梳髻和提水瓶兩種不同類型的造像，因此今日的學者，為了分辨此二類不同造型的呈「交腳坐相」的人物造像，常依據《彌勒上生經》的經文，視前者此類戴冠、瓔珞莊嚴及呈「交腳坐相」的人物造像，為「彌勒菩薩」（Bodhisattva Maitreya）坐在兜率天宮（Tusita heaven）說法的造像；而用《彌勒下生經》的經文，視後者此類沒有戴冠，但梳髻及手提水瓶，並呈「交腳坐相」的人物造像，為《彌勒下生經》所載的，彌勒佛下生的婆羅門苦行者的造像。[222] 我們無論是從唐代不空翻譯的《金剛頂經》所載的轉輪王坐相經文，或從《悲華經・大施品》所載的轉輪王佩戴的三種飾物的經文，來檢視此二類呈「交腳坐相」的人物造像，我們都不可能將此二類呈「交腳坐相」的人物造像視為「彌勒菩薩」在天宮說法的造像，或彌勒佛自兜率天下生的「婆羅門苦行者」的造像。由於目前還有許多東、西方研究佛教藝術史的學者尚持上面的這些說法說明此二類呈「交腳坐相」的人物造像，故筆者在此文的最後便要談論這些學者對此二類轉輪王像的看法。

（b）拉后 572 號石雕下段的佛缽供養像

我們在談論拉后博物館收藏的編號 572 號及編號 1135 號的石雕「悲華經經雕造像」的造像內容之際，自然也要談論拉后 572 號石雕下段的「佛缽供養像」。「供養佛缽」的行法，並不是《悲華經》所載的佛教信仰內容。「佛缽供養像」出現在「悲華經經雕造像」的原因，與其時代有「供養佛缽」的行法或活動有密切的關聯。貴霜發展「佛教建國信仰」的政策，也反映於其

---

222 見後詳述。

時代的「供養佛缽」行法。中文佛教文獻及佛經常談到「供養佛缽」的活動。譬如，《馬鳴菩薩傳》便載有迦尼色迦第一時代有「供養佛缽」的活動。從《馬鳴菩薩傳》的記載，我們即能明白「供養佛缽」的意義或「供養佛缽」的重要性。《馬鳴菩薩傳》載（簡述）：

> 北天竺小月氏國王伐於中國（中天竺），國守經時，中天竺王遣信問言：若有所求，當相給與。小月支王便要求此國中之二大寶，即一佛缽，二辯才比丘或馬鳴菩薩。中天竺本不願意給予此二大寶，並說：此二寶者其甚重，不能捨。於是馬鳴對中天竺王說：「王化一國而已，今弘宣佛道，自可為四海法王。比丘度人義不容異，功德在心，里無遠近，宜存遠大，何必目前而已」。中天竺王因此將其二大寶送給小月支王。[223]

《馬鳴菩薩傳》上面此段文字，是一段說明「小月支王」迦尼色迦第一當日如何得到佛缽及馬鳴菩薩的故事。馬鳴菩薩後來不僅成為迦尼色迦第一的好友，[224] 甚至因為其是當時文采第一的僧人，因此也為迦尼色迦第一在其結集時所撰造的經典「表文句」。迦尼色迦第一在中天竺取得佛缽之後，便將佛缽安置於王城（犍陀羅）東北的一座寶臺上，以供貴霜人民供養。玄奘在其《大唐西域記》對貴霜供養佛缽的情形作有下面的記載：

> 王城內東北，有一故基，昔佛缽之寶臺也。如來涅槃之後，缽流此國，經數百年式尊供養，流轉諸國，在波剌斯。[225]

從上面的記載，我們看不出「供養佛缽」的重要性。事實上，對一個發展「佛教建國信仰」的國家而言，「供養佛缽」具有象徵或說明其國是一處發展佛教信仰的國家涵義。「佛缽」因是佛陀每日手持以分衛或乞食之具，因此「佛缽」具有象徵佛陀的精神面貌。亞洲的帝王在發展「佛教建國信仰」之際，都要「供養佛缽」，象徵其等崇奉佛陀的精神面貌。歷史上許多國家在發展「佛教建國信仰」之際都有「供養佛缽」的活動。隋代那連提耶舍

---

223 （姚秦）三藏鳩摩羅什譯，《馬鳴菩薩傳》，頁 183-184。

224 （元魏）吉迦夜共曇曜譯，《雜寶藏經》，《大正》卷 4，頁 484 中；並見平川彰著，莊崑木譯，《印度佛教史》，頁 200-201。

225 （唐）三藏法師玄奘譯，大總持寺沙門辯機撰，《大唐西域記》卷 2，頁 879 下。

（Narendrayasasa, 490-589），於開皇三年（583）為隋文帝（統治，581-604）發展「佛教建國信仰」，及翻譯《佛說德護長者經》之際說，[226] 隋文帝在以「月光童子」之名下生為大隋國的轉輪王時，即有「供養佛缽」的活動：

> 時大行王（古案：隋文帝）以大信心，大威力供養我缽，於爾數年，我缽當至沙勒國。從爾次第至大隋國。其大行王於佛缽所大設供養，復能受持一切佛法。[227]

《德護長者經》在此說得非常清楚，帝王在用佛教信仰建國時，其要「供養佛缽」才能以佛教轉輪王的姿態統治天下（其大行王於佛缽所大設供養，復能受持一切佛法）。隋文帝「供養佛缽」的活動，因此與其以轉輪王的姿態統治大隋國的活動息息相關。這就是為何拉后 572 號石雕在表達其「佛教建國信仰」的內容及轉輪王形象之際，在其石雕的下段，也用「佛缽供養」的圖像說明，胡為色迦王在製作此石雕造像之際，不僅有發展「佛教建國信仰」的活動，也有供養佛缽的活動。犍陀羅在製作此座拉后 572 號石雕造像的時代，既有「供養佛缽」的活動，這說明胡為色迦王在沿襲迦尼色迦第一發展「佛教建國信仰」之際，也有沿襲後者發展「供養佛缽」的行法。既是如此，拉后 572 號石雕造像不但是一座我們了解胡為色迦王發展「佛教建國信仰」的內容、方法及轉輪王形象的石雕造像，而且此石雕造像也是一座說明胡為色迦發展「佛教建國信仰」的重要歷史證據。

犍陀羅目前保留的完整版「悲華經經雕造像」數量不多，上面我們談論的拉后博物館藏 572 號及 1135 號石雕造像，是目前世上保存較為完整的兩座此類石雕造像，也是目前世上保存最早的兩座此類完整版的「悲華經經雕造像」。栗田功在其書《ガンダーラ美術》第一冊編號 396 號、397 號、400 號、401 號及 402 號的石雕造像，都屬此類完整版的「悲華經經雕造像」。但栗田功都從「佛陀偉大事蹟」（Great events of the Buddha）的角度通稱這類造像為

226　（唐）沙門釋智昇撰，《開元錄・那連提耶舍》卷 7，《大正》卷 55，頁 849 中-下。

227　（隋）天竺三藏那連提耶舍譯，《佛說德護長者經》卷下，《大正》卷 14，849 中-下；並見本書第九章，〈《入法界品》的支提信仰性質及造像〉

「佛說法圖」。[228]

（4）簡化版的「悲華經經雕造像」

　　犍陀羅在依據《悲華經・大施品》製作石雕「悲華經經雕造像」之際，我們注意到，犍陀羅也造有簡化版的石雕「悲華經經雕造像」。栗田功在其書《ガンダーラ美術》第一冊收錄的一鋪加爾各答博物館（Calcutta Museum, India）收藏的造像，即屬於此類簡化版的「悲華經經雕造像」（圖 27）。[229] 加爾各答博物館收藏的此座簡化版的「悲華經經雕造像」造像，是一座主要用「一佛、二轉輪王像」的「一組三尊」的造像法製作的造像。此像的中央造《悲華經・大施品》所載的作「轉法輪印」的主尊寶藏佛的坐像，寶藏佛坐像的頭部上方，造有《悲華經・大施品》所載的，諸天雨下的九朵大如車輪的蓮花造像，寶藏佛的兩側，則各造一尊轉輪王的立像。我們無論從此像的左側或右側的轉輪王立像與主尊寶藏佛的坐像一起看，都形成一個「護法信仰」的造像模

式。由此簡化版的「悲華經經雕造像」造像，我們也可以看出，用「一組三尊像」製作的簡化版「悲華經經雕造像」，也能表達貴霜的「佛教建國信仰」或「護法信仰」。

　　犍陀羅造有許多此類用「一組三尊像」的造像法製作的簡化版「悲華經經雕造像」。學者對此類造像，因不知此類造像也依據《悲華經・大施品》或「悲華經經雕造像」製作的緣故，因此都給予不同的名稱。譬如，瑪麗蓮・馬丁・列（Marylin

圖 27　犍陀羅造簡化版悲華經經雕造像

---

228 栗田功編著，《ガンダーラ美術》第一冊，《佛傳》，頁 197，圖 396 為白夏瓦博物館收藏；頁 197，圖 397 為拉后博物館收藏；頁 199，圖 400，為日本松岡美術館收藏；頁 199，圖 401 為卡拉奇（Karachi）博物館收藏；頁 199，圖 402 為白夏瓦博物館收藏。

229 栗田功編著，《ガンダーラ美術》第一冊，《佛傳》，頁 198，圖 398，加爾各答博物館收藏。

Martin Rhie）稱此類「一組三尊」製作的造像為「釋迦（Buddha）、梵天（Brahmā）
及帝釋（Śakra / Indra）像」。[230] 高田修稱此類造像為「佛三尊」，[231] 栗田功也稱
此類造像為「佛三尊像」（圖 27）。[232] 羅拔‧費雪則稱此類造像為「佛坐蓮花
座上說法像」（Preaching Buddha on the lotus throne）。[233] 斯坦尼斯羅‧粗麻（Stanislaw
J. Czuma）在談到本文圖版 27 此座加爾各答博物館收藏的簡化版「悲華經經雕
造像」時說：

> 此鋪佛教一組三尊像（Buddhist Trinity），是貴霜時代的造像。可能出土於沙里
> 拔羅（Sahri-Bahlol）地區，是一座迦尼色迦第二（Kanishka II）於統治第五年（182）
> 製作的雕像。此佛教三尊像中的佛陀造像，坐在蓮花座上，在一花樹下作轉法
> 輪印。佛陀坐像的右側是彌勒菩薩（Bodhisattva Maitreya）的立像，佛陀左側因
> 此像頭冠上戴有一小佛像，因此是尊觀世音（Avalokitesvara）菩薩的立像。此三
> 尊像的後面，造梵天及帝釋像。[234]

斯坦尼斯‧粗麻所言的此座「一組三尊像」，因有銘文記載其是「迦尼色
加第二於統治貴霜第五年製作的造像」，斯坦尼斯‧粗麻因此換算此尊造像製
作的時間為「西元 182 年」。斯坦尼斯‧粗麻換算的迦尼色迦第二的統治時
間，已經不再為學者所接受。因為自 1993 年在古代大夏地出土「拉巴塔克」
（Rabatak）銘文後，西方學者便將迦尼色迦第二統治貴霜的時間定為西元 3 世
紀初葉的中、後期（Kanishka II, 230-240）。迦尼色迦第二結束其統治貴霜的時
間，已經非常接近瓦素德瓦結束其統治「前期貴霜」的西元 243 年。[235] 斯坦

---

230 See Marylin Martin Rhie, *Early Buddhist Art of China and Central Asia*. Brill, 2002, Vol. 3, Fig. 6.18,
 and Vol. 2, Fig. 1.33.

231 見高田修，《佛像の起源》，圖版頁 29，圖版 37。

232 栗田功編著，《ガンダーラ美術》第一冊，《佛傳》，頁 143，圖 P3-VIII，此像為布魯塞爾
 （Brussels）克勞迪‧馬爾爹（Claude de Marteau）收藏。

233 Robert E. Fisher, *Buddhist Art and Architecture*, p. 48, Fig. 35.

234 Stanislaw J. Czuma, *Kushan Sculpture: Images from Early India*, with the assistance of Rekha Morris.
 Cleveland: The Cleveland Museum of Art in cooperation with Indiana University Press, p. 198,
 Illustration 109, "Buddhist Trinity".

235 https://en.wikipedia.org/wiki/Kushan_Empire/1/25/2019.

尼斯‧粗麻所言的此座「一組三尊像」的製作時間，因此不但不會落在斯坦尼斯‧粗麻所言的西元 182 年，而且此「一組三尊像」的造像內容，也不會如其所言的，是「釋迦、彌勒及觀音」的造像內容。此「一組三尊像」事實上是一座簡化版的「悲華經經雕造像」。因為此「一組三尊像」中央的主尊坐佛，是依據《悲華經‧大施品》所載的，坐在「寶蓮花座」上的主尊寶藏佛所造的像。寶藏佛頭部上方所造的大蓮花造像，也是依據《悲華經‧大施品》所造的諸天雨下九朵大蓮花的造像，不是斯坦尼斯‧粗麻所言的「花樹」造像。此座造像主尊寶藏佛坐像兩側所造的兩尊轉輪王立像，也明顯的依據《悲華經‧大施品》用對稱法製作的兩尊轉輪王立像。因為此二尊轉輪王立像，也佩戴有《悲華經‧大施品》所載的轉輪王三種飾物，即「龍頭瓔」、「閻浮提金鎖」及「珍珠貫」。由此，我們不同意斯坦尼斯‧粗麻將此座造像的「一組三尊像」視為「釋迦、彌勒及觀音」的造像；更不同意其稱此鋪「一組三尊像」後方的小像為「梵天及帝釋」的造像。因為此「一組三尊像」坐佛兩側後方的小像，也是轉輪王的小造像。

　　加爾各答博物館收藏的此座簡化版的「悲華經經雕造像」，是目前世上保存最良好，且造像最精美的一座此類造像。[236] 栗田功收錄有多座此類簡化版的「悲華經經雕造像」。其在《ガンダーラ美術》（《犍陀羅美術》）第一冊所收錄的編號 403 號、404 號、405 號、406 號、407 號、408 號、410 號、411 號，及 413 號等的所謂「佛三尊像」，[237] 都屬此類簡化版的「悲華經經雕造像」。目前大多數此類簡化版的「悲華經經雕造像」，都為巴基斯坦白夏瓦博物館所收藏。

　　從胡為色迦王在犍陀羅依據《悲華經‧大施品》製作各式佛教轉輪王像的情形來判斷，胡為色迦時代可以說是犍陀羅早期發展佛教造像的全盛時期。犍陀羅此時代所發展及製作的佛教造像，因都依據《悲華經‧大施品》

---

236 此像是由灰岩（Gray schist）製成，高 62 公分，寬度 60 公分，保存的狀態非常完美。栗田功稱此像為「佛三尊像」。

237 栗田功編著，《ガンダーラ美術》第一冊，《佛傳》，頁 200-203。

製作的「悲華經經雕造像」及其相關的造像，犍陀羅此時期所製作的造像，因此都不是提倡佛陀信仰及製作佛陀的造像。故我們不能稱呼此時代犍陀羅製作的佛教造像為佛陀信仰或佛陀的造像。但目前許多學者在談論犍陀羅此時代的佛教造像時，仍然從佛陀信仰及佛陀造像的觀點，談論犍陀羅此時期製作的造像。這些學者談論貴霜及犍陀羅此時期製作的佛佛教造像的性質及內容，因此都不符合貴霜王朝或犍陀羅在此時期發展佛教造像的真實面貌。

胡為色迦王在犍陀羅所製作的貴霜佛教轉輪王造像，因是貴霜王朝在犍陀羅依據《悲華經》大量製作的佛教造像，故此類犍陀羅的佛教造像，與後來犍陀羅受龍樹奠立的「支提信仰」影響所造的支提信仰造像，不但造像內容不同，而且造像形式也非常不同。故筆者稱早期貴霜或胡為色迦時代所製作的犍陀羅佛教造像為「早期犍陀羅的佛教造像」，而稱後來支提信仰影響下犍陀羅製作的佛教造像為「晚期犍陀羅佛教造像」。[238]

三 學者研究拉后 572 號及 1135 號石雕造像及呈交腳坐相的人物造像情形

許多研究佛教藝術或佛教藝術史的學者都談論過拉后 572 號及 1135 號的「悲華經經雕造像」。譬如，法國學者佛謝爾即認為此二石雕造像都是說明「舍衛城大神變」的造像。[239] 所謂「舍衛城大神變」，即指佛陀降伏外道六師（Six heretic masters）的故事。[240] 但蘇珊・杭庭頓認為，此類造像是表達「無量光佛（Amitābha）或無量壽佛（Amitāyuh）的說法像」。[241] 蘇珊・杭庭頓會如此定此像名的原因是，乃因與她長期一起研究佛教佛教藝術史的伴侶約翰・杭庭頓（John C. Huntington），因見拉后石雕 572 號中段上部造有坐佛身體發出光

---

238 本書第七章，〈犍陀羅的支提信仰性質及造像〉。

239 A. Foucher, *The Beginning of Buddhist Art*, Plate XXVII and Plate XXVIII.

240 A. Foucher, *The Beginning of Buddhist Art*, p. 151.

241 Susan L. Huntington, *The Art of Ancient India—Buddhist, Hindu, Jain*, with contributions by John C. Huntington, p. 145, Fig. 8.24.

紋的「無量壽佛像」，並在拉后石雕 1135 號相應的位置見有「西方淨土變」的造像，故約翰‧杭庭頓在其八十年代提出的論文裡，說明此二石雕乃要表達「無量壽極樂世界」（Amitāyus, Sukhāvatī）的信仰。[242] 高田修在另一方面顯然受到佛謝爾稱此二石雕造像為「舍衛城大神變」的影響，也稱此二石雕為「舍衛城神變」。[243] 但栗田功則稱此二石雕為「佛說法圖」。[244]

佛謝爾及蘇珊‧杭庭頓對此二石雕所作的定像理論不是沒有問題。因為此二石雕上都造有呈「交腳坐相」的人物造像，而這些呈「交腳坐相」的人物造像，常因有銘文及造像記指認其等為「彌勒像」的緣故，[245] 因此學者常視此類呈「交腳坐相」的人物造像為「彌勒像」或「彌勒菩薩像」。但唐代不空翻譯的《金剛頂經》，因稱呈「交腳坐相」的人物造像為「轉輪王坐像」，故不空對此呈「交腳坐相」的人物造像有其自己的看法。如果依據不空的說法，轉輪王像出現在此二石雕造像上，自然要顯示此二石雕造像與佛謝爾所言的「舍衛城大神變」無關，也與約翰‧杭庭頓所言的「無量壽極樂世界」的信仰無關。特別是，我們在文前已經提到，拉后此二石雕造像是依據《悲華經‧大施品》經文所造的二座石雕「悲華經經雕造像」。拉后石雕 572 號上所造的身體發出光紋的「無量壽佛像」雖是一鋪「阿彌陀佛像」，然此鋪「無量壽佛像」卻是一鋪依據《悲華經‧大施品》所造的「轉輪王成佛像」。同樣的，拉后石雕 1135 號所造的二鋪所謂「西方淨土變」，也是依據《悲華經‧大施品》所造的二鋪「無量壽佛像」或「轉輪王成佛像」，故從《悲華經‧大施品》的經文來了解此二石雕造像，我們還是認為他們是「轉輪王成佛像」或《悲華經‧大施品》所言的「無量壽佛像」。

佛謝爾視拉后此二石雕為「舍衛城大神變」的看法，至今尚影響許多學

---

242 John C. Hungtington, "A Gandhāra Image of Amitāyus' Sukhāvatī," *Annali dell' Istituto Orentale di Napoli* 40, n. s. 30（1980）: 651-672.

243 高田修在其《佛像の起源》視拉后石雕 1135 號為「舍衛城神變」。高田修，《佛像の起源》，圖版頁 31，圖版 39，「佛說法（舍衛城神變）」。

244 栗田功編著，《ガンダーラ美術》第一冊，《佛傳》，頁 196-198，「佛說法圖」。

245 見後詳述。

者對此二石雕造像的看法。但這並不表示此中沒有反對的聲音。美國學者羅申費爾德不但不同意佛謝爾對此類造像的看法，他甚至對此二石雕上呈「交腳坐像」的人物造像有其自己的看法。羅申費爾德認為，此二石雕上的造像不僅與「舍衛城大神變」的內容無關，同時也具有新的或變化（variation）造像的內容。[246]

羅申費爾德所言的「新的或變化造像的內容」，即指在此二石雕上所見的呈「交腳坐相」的人物造像。這類呈「交腳坐相」的人物造像，東、西方學者很早即視其為「彌勒像」。譬如，亞歷山大・宿泊（Alexander C. Soper, 1904-1993）在 20 世紀 50 年代即認為，中國製作的呈「交腳坐相」（Scissors pose of the legs）的人物造像，就是晚期犍陀羅石雕（the sculpture of the late Gandharan style）上的「彌勒像」。[247] 德國學者馬克思・華格納（Max Wagner），也在 20 世紀的 20 年代晚期，甚至將呈「交腳坐相」的人物造像視為「彌勒菩薩像」。[248]

羅申費爾德為了將拉后 572 號石雕上段梳髻、提水瓶，瓔珞莊嚴，及呈「交腳坐相」的人物造像，與拉后石雕 1135 號上戴冠、瓔珞莊嚴、結「轉法輪印」，並呈「交腳坐相」的人物造像作區別，他用《彌勒下生經》所載的，出生於婆羅門家庭，並具有婆羅門父母的少年彌勒說明，[249] 拉后石雕 572 號上段此鋪梳髻、提水瓶（kamandalu），並呈「交腳坐相」的人物造像，是具有婆羅門造像特徵（Brahmanic element fundamental to his nature）的「彌勒下生像」。[250] 在另一方面，羅申費爾德則用《彌勒上生經》所載的「彌勒菩薩」坐在「兜率天」上說法的相貌，說明拉后石雕 1135 號上戴冠、瓔珞莊嚴、結轉法輪

---

246 John M. Rosenfield, *The Dynastic Arts of the Kushans*, p. 237.

247 Alexander C. Soper,"Northern Liang and Northern Wei in Kansu,"in *Artibus Asiae*, Vol. 21（1958）, p. 147.

248 Max Wagner, "Ikonographie de chinesischen Maitreya," *Ostasiatische Zeischriff*, Vol. 15（1929）, pp. 156-178, 216-229, and 252-270; see also Yu-min Lee, *The Maitreya Cult and Its Art in Early China*, The Ohio State University PhD Dissertation, 1983, pp. 2-3.

249 （西晉）竺法護譯，《佛說彌勒下生經》，頁 421。

250 John M. Rosenfield, *The Dynastic Arts of the Kushans*, p. 232.

印，並呈「交腳坐相」的人物造像為「彌勒菩薩像」。[251]

羅申費爾德雖將呈「交腳坐相」的彌勒像分為兩類，即「彌勒下生像」及「彌勒菩薩像」，然他還是視此二類造像都為「彌勒像」。許多學者在羅申費爾德的影響下，也都將此二類呈「交腳坐相」的人物造像視為「彌勒像」。許多學者之所以將此二類呈「交腳坐相」的人物造像視為「彌勒像」的另一原因是，這類呈「交腳坐相」的人物造像常有銘文或造像記指認此類像為「彌勒像」。譬如，北魏太和十三年（489）在雲崗第 17 窟明窗東側所造的一鋪呈「交腳坐相」、瓔珞莊嚴及戴冠的人物造像，便因此像下方的〈惠定尼造像記〉指認此像為「彌勒像」（圖 28）的緣故，[252] 因此學界的學者都認為，此類呈「交腳坐相」的人物造像是「彌勒像」，甚至是《彌勒上生經》所載的「彌勒菩薩像」。

李玉珉在其博士論文《彌勒信仰及其在中國早期的造像》（the *Maitreya Cult and Its Art in Early China*）也說，此類坐相的造像，常具有銘文能證明其為「彌勒像」。她說：

> 我一共收集有 390-600 年間製作的 211 個與彌勒有關的銘文。其中 156 個銘文是銘記在彌勒造像上，7 個是記在佛碑、佛龕或塔上，說明此像是彌勒；56 個是記在佛像上，2 個是記在道教造像上。[253]

圖 28　雲崗第 17 窟〈惠定尼造像記〉及造像

呈「交腳坐相」的人物造像，不僅見於犍陀羅的早期佛教造像，也見於

---

251 John M. Rosenfield, *The Dynastic Arts of the Kushans*, p. 234; 並見（宋）沮渠京聲譯，《彌勒上生經》，《大正》卷 14，頁 418-420。

252 水野清一及長廣敏雄，《雲岡石窟》，（京都：京都大學人文科學研究所，1953），卷 XII，頁 46，〈惠定尼造像記〉載：「大代太和十三年，歲在己巳九月壬寅朔十九日庚申。比丘尼惠定自遇重病，發願造釋迦、多寶、彌勒像三區，願患消除，願現世安穩，戒行猛利，道心日增，誓不退轉。以此造像功德，逮及七世父母，累劫諸師，無邊眾生，咸同斯慶」。

253 Yu-min Lee（李玉珉）, *The Maitreya Cult and Its Art in Early China,* The Ohio State University Ph.D Dissertation, 1983, p. 113.

中亞龜茲（Kizil, Central Asia）、于闐（Khotan），及中國早期敦煌和雲崗等石窟所造的佛教造像。研究這些地區呈「交腳坐相」人物造像的學者，[254] 基本上都像羅申費爾德一樣，用《彌勒上生經》說明戴冠、瓔珞莊嚴，並稱「交腳坐相」的人物造像為「彌勒菩薩像」，而用《彌勒下生經》說明，沒有戴冠或穿佛衣，並呈「交腳坐相」的人物造像為「彌勒佛像」。

羅申費爾德對「彌勒像」所作的定像理論不是沒有問題。因為中唐時代唐代宗（統治，762-779）開鑿的敦煌莫 148 窟南壁上方中央所繪的呈「倚坐相」（pralambapādasana）的佛裝彌勒造像，即被其下方的榜題視為坐在「兜率陀天宮」的「彌勒佛像」（圖 29）。從此像出現於敦煌，我們因此知道，在敦煌石窟的造像，彌勒像也有以佛裝、倚坐的姿態坐在「兜率天宮」的情形。

羅申費爾德並沒有談論穿佛裝、呈「倚坐相」的彌勒佛像，也沒有解釋為何呈「倚坐相」、佛裝的彌勒佛像也能出現在「兜率天宮」此事。為解決這個造像上的問題，李玉珉說：初唐之後，佛裝、倚坐的彌勒像，便普遍的出現在造彌勒菩薩的造像位置。敦煌莫 329 窟北壁及同石窟的莫 331 窟南壁也見有同樣的造像。李玉珉因此認為，初唐之後，彌勒菩薩及彌勒佛，在信仰上及造像上，沒有甚麼區別。[255]

圖 29　敦煌中唐莫 148 窟兜率天宮彌勒佛像

254 見王惠民，《彌勒佛與藥師佛》（上海：華東師範大學出版公司，2010），頁 17-31。

255 李玉珉，〈敦煌初唐的彌勒經變〉，收入敦煌研究院編，《2000年敦煌學國際學術討論會文集》（蘭州，甘肅民族出版公司，2003），頁 71。

羅申費爾德對彌勒像所作的解釋，基本上依據《彌勒上生經》及《彌勒下生經》的經文所作的定像理論。李玉珉對佛裝、倚坐的彌勒佛像會出現在兜率天上的解釋，除了用初唐之後敦煌石窟常見的出現在「兜率天宮」的彌勒佛像說明此類造像的現象外，她也用《彌勒上生經》及《彌勒下生經》解釋彌勒佛及彌勒菩薩兩者的角色及身分在信仰上及造像上能互換的原理，說明為何初唐之後會有佛裝彌勒佛像出現在兜率天宮的原因。

但《彌勒上生經》及《彌勒下生經》都沒有說，彌勒在兜率天上是呈「交腳坐相」、戴冠、瓔珞莊嚴，或以穿「菩薩裝」的姿態出現或說法；也沒有說，彌勒下生之後，其在地上以呈「交腳坐相」、梳髻，及手持水瓶的苦行者姿態出現或說法。「交腳坐相」為何會是《彌勒上生經》所載的「彌勒菩薩」坐相？過去研究彌勒信仰及彌勒造像的學者，都沒有能清楚的說明這個問題。這些學者除了使用銘文推論呈「交腳坐相」的人物造像為「彌勒菩薩像」外，常用的就是《彌勒上生經》及《彌勒下生經》的經文解釋不同形式的彌勒造像。

過去研究彌勒信仰及彌勒造像的學者明顯的都沒有注意到，彌勒佛下生信仰在佛教史上便有兩種不同的信仰發展系統：（1）早期貴霜王迦尼色迦第一所提倡的彌勒佛自兜率天下生為「法師」說法的系統，及（2）龍樹所奠立的「支提信仰」或也稱為「彌勒佛自兜率天坐支提下生為轉輪王的信仰」系統；[256] 也沒有注意到，大乘經典載有說明呈「交腳坐相」的坐姿為轉輪王的坐姿或坐相的經文。因此都從《彌勒上生經》及《彌勒下生經》的經文及信仰去推測、說明這些彌勒像的造像性質。

目前我們在犍陀羅、中亞及中國的早期石窟，如敦煌、雲崗及龍門石窟等，所見的彌勒造像，基本上都是依據龍樹在南印度所奠立的「支提信仰」製作的轉輪王像及彌勒佛像。[257] 上面我們提到的敦煌中唐造莫 148 窟南壁上方出現的，呈「倚坐相」及佛裝的彌勒佛像（見圖 29），也是依據龍樹所撰《證

---

256 見本書第四章，〈佛教支提信仰的奠立者——龍樹菩薩〉。
257 見本書第五章，〈龍樹與阿瑪拉瓦底大支提的建築及造像〉。

明經》所載的,「彌勒佛自兜率天坐支提下生」的支提信仰所造的彌勒佛坐在兜率天宮的造像。支提信仰的經典《證明經》,因載有「彌勒佛自兜率天坐支提下生為轉輪王」的信仰,[258] 支提信仰的彌勒佛便能以佛裝、倚坐的姿態坐在兜率天上,也能坐支提(caitya)自兜率天下生地上為佛教的轉輪王。由於中國自南北朝時期便從古代的龜茲傳入支提信仰或也稱「天王信仰」,[259] 而龍樹所奠立的支提信仰認為,用「支提信仰」統治天下的轉輪王,因是彌勒佛的「法身」(dharmakāya)下生的轉輪王身,因此龍樹在其《寶行王正論》說「大王佛法身」:「諸佛有色身/皆從福行起/大王佛法身/由智慧行成」。[260] 從龍樹所說的:「大王佛法身/由智慧行成」,我們便知道,龍樹所言的「大王身」或「轉輪王身」,不是普通的帝王身體,而是具有修行成就或「智慧行成」的身體。龍樹所了解的轉輪王身,既是彌勒佛的「法身」下生的身體(化身),龍樹所定義的「轉輪王身」,便與貴霜所了解的「轉輪王身」不同。貴霜所了解的轉輪王身,是普通的帝王身或修行人的身體。但龍樹所言的轉輪王身,則是彌勒佛身(法身)下生的身體。龍樹的「轉輪王身」因此也能被視為「彌勒佛王身」(Buddharāja, he who is Buddha is rāja),甚至「彌勒佛身」。這就是北魏雲崗第十七窟的〈惠定尼造像記〉用「彌勒」此概念說明造像上呈「交腳坐相」的佛教轉輪王造像的原因(圖29)。北魏雲崗在其第十七窟的造像,很顯然的也如克孜爾石窟及北涼石塔一樣,也用貴霜的轉輪王造像,即呈「交腳坐相」或呈「垂一坐相」的轉輪王像,作為彌勒佛下生的轉輪王像。這就是第十七窟的〈惠定尼造像記〉稱其上方呈「交腳坐相」的轉輪王坐像為「彌勒像」的原因。雲崗第十七窟的〈惠定尼造像記〉,並不是我們僅見的此類貴

---

258 見敦煌文書《證明經》,《大正》卷 85,頁 1367 中:「爾時彌勒告普賢菩薩言:吾下之時,或兜率天上雀梨浮圖,或從空而下,或閻浮履地從地踊出,或北方來,或東方來,或南方來,或西方四維上下。不可思議十方恒河沙菩薩六趣眾生,無能測佛智。佛言:惟有普賢菩薩乃能測佛智。爾時雀梨浮圖(支提)從空而下,安置閻浮履地。有關「雀梨浮屠」為「支提」的事,見本書第四章,〈佛教支提信仰的奠立者——龍樹菩薩〉。

259 見《從天王傳統到佛王傳統》第二章,〈東南亞的天王傳統到後趙石虎時代的天王傳統〉(台北:商周出版公司,2003),頁 77-98。

260 (陳)真諦譯,《寶行王正論》,《大正》卷 32,頁 498上。

霜的轉輪王造像被視為「彌勒像」者。北涼石塔上的造像榜題，也將呈「交腳坐相」及呈「垂一坐相」的「轉輪王像」，視為「彌勒佛像」。[261] 克孜爾石窟「中心柱窟」前室券頂「天相圖」上飛行下生的彌勒佛身，在前室門上方半圓形牆面下生為轉輪王的造像，也常被造成貴霜式，或呈「交腳坐相」的轉輪王像。由此，我們非常確定，雲崗石窟也如克孜爾石窟及北涼石塔一樣，用貴霜的轉輪王造像表達其支提信仰的轉輪王造像。既是如此，雲崗〈惠定尼造像記〉上所載的「彌勒像」，乃有指其是一尊支提信仰的彌勒佛下生的「轉輪王像」。由此，我們便不能如今日的學者一樣，視雲崗第十七窟的轉輪王像為《彌勒上生經》所載的坐在兜率天的「彌勒菩薩」造像。

貴霜歷史上最早使用呈「交腳坐相」製作轉輪王像的貴霜帝王，即是筆者在上面提到的丘就卻的孫子微馬・卡德費些斯。微馬在其鑄造的第五類錢幣上，即用此呈「交腳坐相」的坐姿造其印度教的轉輪王坐像。[262] 微馬之後，迦尼色迦第一的兒子胡為色迦王，也在其鑄造的錢幣及石雕造像引用呈「交腳坐相」的坐姿製作其轉輪王造像。胡為色迦這種做法，乃因早期的貴霜王已有視呈「交腳坐相」的坐相為轉輪王的「坐相」的情形。亞歷山大・宿泊事實上也注意到，早期貴霜王或薩珊王用呈「交腳坐相」的坐姿造其王像的活動，因此他說，薩珊王朝的帝王造像（Sassanian royal iconography），也有用呈「交腳坐相」的坐姿作為其帝王的坐相。[263] 這應該就是唐代不空翻譯的《金剛頂經》將呈「交腳坐相」的坐姿視為一種佛教轉輪王坐相的原因。

---

261 有關雲崗第十七窟此交腳坐轉輪王像被稱為彌勒像的說法，也見本書第七章，〈犍陀羅的支提信仰性質及造像〉；並見本書第十章，〈中國北涼發展支提信仰的證據──涼州瑞像與敦煌的白衣佛像〉。

262 John M Rosenfield, *The Dynastic Art of the Kushans*, p. 23. According to Rosenfield, on the obverse side of this type of coins, "King seated cross-legged on rocky prominence or cloud. Head in profile to right wearing tall helmet with crest ornament with fillets fluttering behind the head."

263 Alexander C. Soper, "Northern Liang and Northern Wei in Kansu," in *Artibus Asiae*, Vol. 21（1958）, p. 147.

第三節 結論

我們的確在迦尼色迦第一鑄造的錢幣看到迦尼色迦第一鑄造有佛陀造像的活動。但歷史上製作佛陀造像的活動，並不是如許多學者所言，始於迦尼色迦第一統治貴霜的時代。因為《道行般若經》卷十在談論歷史上製作佛陀造像及供養、禮拜佛陀造像之處便說，佛陀去世後，人們因思念佛陀，便有「作佛形象」及供養、禮拜佛像的活動。貴霜王丘就卻在西元 1 世紀後半葉於犍陀羅發展「佛教建國信仰」之際，犍陀羅應該也有「作佛形象」及供養佛像的活動。因為丘就卻在發展大乘佛教信仰期間，為了要強調「供養行法」，而允許有「供養佛像」及造佛像的行法。但歷史上顯見的製作佛陀造像的活動，乃見於貴霜王迦尼色迦第一於 2 世紀前半葉統治貴霜的時代。因為他有積極提倡製作佛像及供養佛像的活動外，我們也見其有用鑄造錢幣的方法流通佛像。我們甚至在其時代製作的「香盒」及其時代鑄造的錢幣，見其時代有製作彌勒佛像的活動。但歷史上製作的佛陀造像，與貴霜王胡為色迦在西元 2 世紀後半葉於犍陀羅大肆製作佛教轉輪王的造像性質及造像功用非常不同。胡為色迦王大量製作佛教轉輪王像的原因，與其先祖丘就卻及其父迦尼色迦第一製作佛教轉輪王像的作用一樣，除了要流通及表達其用「佛教信仰建國」的信息外，也要說明其等是當時的「王中之王」或佛教的「法王」。貴霜的建國者丘就卻及迦尼色迦第一製作佛教轉輪王像的活動，都沒有像胡為色迦王如此系統性及具計劃性，用依經造像的方法，先製作造轉輪王像的造像經典，再依據轉輪王造像經典系統性的大量製作各種佛教轉輪王像。我們因此可以說，胡為色迦是歷史上奠立依經製作佛教轉輪王像的第一位貴霜王。由於胡為色迦王在歷史上奠立依經製作佛教轉輪王像的造像傳統，後來亞洲各地的帝王在發展「佛教建國信仰」之際，也都見其等沿襲胡為色迦製作佛教轉輪王像的方法製作其等的轉輪王像，或用造像的方法表達其等的「佛教建國信仰」內容。

由此，我們知道，許多亞洲佛教造像址及佛教石窟的開鑿及造像，都與

亞洲帝王在歷史上所施行的「佛教建國信仰」有密切的關聯。既是如此，我們在研究亞洲佛教造像址的造像或佛教石窟的造像之際，都不能像今日許多學者一樣，還從佛陀信仰或佛陀生平事蹟的角度去研究這些造像。

貴霜從一開始便有用文字或大乘經典流通其「佛教建國信仰」的內容及建國的方法。胡為色迦在奠立用依經造像的方法流通其佛教信仰內容及轉輪王形象之後，我們便見貴霜有同時使用文字或經典，及造像的方法，流通其「佛教建國信仰」的內容及表達其轉輪王形象的現象。由於貴霜有同時使用文字及造像的方法發展其「佛教建國信仰」的活動，貴霜所奠立的佛教政治文化的發展，從此顯得多元化，並內容豐富。這自然與胡為色迦在統治貴霜之後，其發展「佛教建國信仰」的方法，特別是製作轉輪王像的方法，與其前人不同有極大的關聯。這也是筆者認為，「佛教建國信仰」在歷史上的發展，在胡為色迦王之後，便與佛教造像的發展息息相關的原因。

丘就卻之後，「佛教建國信仰」的發展，如果沒有經過迦尼色迦第一及胡為色迦王的繼續發展，丘就卻所奠立的「貴霜佛教建國信仰」不可能壯大成為亞洲歷史上最重要的佛教政治傳統。這就是筆者認為迦尼色迦第一及胡為色迦王不僅是丘就卻奠立的「貴霜佛教建國信仰」的繼承者，同時此二位貴霜王也是將丘就卻奠立的「貴霜佛教建國信仰」用不同的方法發揚光大的貴霜王。

我們在上面雖然提到迦尼色迦第一及胡為色迦王是丘就卻之後發展「貴霜佛教建國信仰」的最重要帝王，然而我們可能還是感覺不出此二貴霜王真正影響犍陀羅佛教造像及後來亞洲各地製作「佛教建國信仰」造像的情形。迦尼色迦第一時代所提倡的彌勒下生信仰及所撰造的《彌勒下生經》，在歷史上也深刻地影響亞洲各地的佛教造像。譬如，貴霜亡滅之後，傳入犍陀羅的支提信仰便沒有依據龍樹所撰的《證明經》製作犍陀羅的支提信仰造像；相反地，犍陀羅卻使用《彌勒下生經》及依據《彌勒下生經》撰造的《彌勒大成佛經》製作犍陀羅的支提信仰造像。犍陀羅這種發展支提信仰的造像現

象，完全不見於亞洲其他地區所發展的支提信仰造像活動。[264] 由此可見，迦尼色迦第一所提倡的彌勒下生信仰是如何在貴霜亡滅之後還深根蒂固的影響犍陀羅人的信仰及佛教造像的方法。除此，我們在迦尼色迦第一所造的「大寺」「香盒」上所見的「一佛、一轉輪王」的「護法信仰」造像法，可以說是我們在歷史上見到的，最早用「一佛、一轉輪王」的造像法表達貴霜「護法信仰」或「貴霜佛教建國信仰」的造像法。此「一佛、一轉輪王」的「護法信仰」造像法，很顯然的不但影響了迦尼色迦第一的兒子胡為色迦王在犍陀羅製作的佛教轉輪王像的造像法，而且也深遠的影響了後來亞洲各地表達其「佛教建國信仰」的方法。譬如，中國在 5 世紀中期之後，北涼及北魏（統治，386-543）於敦煌及雲崗開鑿的佛教石窟，便常見此二時代造貴霜的「一佛、一轉輪王」的「護法信仰」造像表達其等的「佛教建國信仰」。[265] 直到 12 世紀雲南大理國王段智興（統治，1173-1200）製作〈張勝溫梵畫卷〉（此後，〈梵畫卷〉）的時代，我們還見〈梵畫卷〉用「一佛、一轉輪王」的「護法信仰」表達段智興的「佛教建國信仰」。[266] 由此可見，迦尼色迦第一所發展的佛教信仰及造像活動，對亞洲佛教信仰及造像的影響有多深遠。

　　胡為色迦王在犍陀羅所奠立的依經製作的佛教轉輪王造像法，更是普遍、深遠的影響亞洲各地的帝王製作其等的佛教轉輪王像的活動。無論我們是在中亞的克孜爾石窟，于闐的佛教遺址，或在中國的敦煌石窟，或在雲崗石窟，我們都可以看到這些亞洲地區所開鑿的佛教石窟或佛教遺址造有呈「交腳坐相」的轉輪王像，或呈「垂一坐相」的「思惟轉輪王像」。這些亞洲佛教石窟及造像址的造像方法及造像內容，都可以溯源至胡為色迦王在犍陀羅發展佛教轉輪王造像的時代。由此可見，此二位貴霜王都不是普通的貴霜王，他們都是對亞洲的佛教信仰及造像活動具有深度影響力的歷史人物。這就是

---

264 見本書第七章，〈犍陀羅的支提信仰性質與造像〉談論此問題。

265 見本書第十章，〈中國北涼發展支提信仰的證據——涼州瑞像與敦煌的白衣佛像〉談論北涼在敦煌石窟的造像。

266 見古正美，《〈張勝溫梵畫卷〉研究：雲南後理國段智興時代的佛教畫像》（北京：民族出版公司，2018），頁 100-103。

筆者要在此章談論他們兩人的佛教信仰及活動的原因。

自丘就卻開始統治貴霜的時代，他便像希臘人一樣，非常重視用造像的方法表達其自己的政治及宗教信仰內容。丘就卻的繼承者迦尼色迦第一及胡為色迦王也與其一樣，不僅在其等鑄造的錢幣造自己的轉輪王像，也用其等鑄造的錢幣表達其等的政治及宗教信仰內容。特別是胡為色迦王，他不但撰造歷史上第一部佛教轉輪王造像經典《悲華經》，而且也前所未見的在犍陀羅大肆依據《悲華經》製作各種不同的佛教轉輪王造像，並用這些佛教轉輪王造像表達其政治及宗教信仰內容。早期貴霜王用造像方法表達其政治及宗教信仰內容的傳統，可以說是貴霜王的一種「希臘化」現象。建立貴霜王朝的月支人在大夏地與希臘人共處百年之後，很顯然的被徹底希臘化，他們像希臘人一樣愛造像，更像希臘人一樣，愛用造像的方法表達其政治及宗教的信仰內容。這就是為何早期的貴霜王在統治犍陀羅之際，製作如此多佛教造像的原因。早期的貴霜王在犍陀羅從事其等的佛教造像活動時，一定用了許多來自大夏地及其附近的希臘移民及工匠為其等造像，這就是為何早期的貴霜王在犍陀羅製作的佛教造像，都明顯的具有希臘造像風格的原因。

奠立大乘佛教建國信仰的丘就卻，因其生長及最初統治的地方是在印度——希臘人居住的古代大夏地或大夏王國，因此其奠立的大乘佛教文化，都顯見的深受早期大夏希臘移民文化的影響。這就是一直到其曾孫迦尼色迦第一在犍陀羅統治貴霜的時代，其還用大夏地的希臘語鑄造其流通的錢幣；迦尼色迦第一的兒子胡為色迦王，甚至用依經造像的方法奠立大乘佛教的造像法。大乘佛教所創立的佛教建國信仰及其造像法，很顯然的都不見於早期創立的印度佛教。由於佛教建國信仰及其造像法是大乘佛教成立及流行的主要原因，筆者因此認為，貴霜所奠立的大乘佛教，與印度創立的早期佛教並沒有特別的關聯。因為大乘佛教是在受早期中亞的大夏希臘文化影響下出現的，具有政治性質的中亞佛教文化。

第四章

佛教支提信仰的奠立者
——龍樹菩薩

第一節　前言

　　筆者在 2003 年出版《從天王傳統到佛王傳統——中國中世佛教治國意識形態研究》（此後，《從天王傳統到佛王傳統》）之前，[1] 完全不知道筆者在此書中談論的十六國時代的帝王，如後趙（統治，319-350）的石虎（統治，335-349）及前秦（統治，351-394）的苻堅（統治，357-384），所使用的「天王」王號，即是龍樹／龍猛菩薩（Nāgārjuna）於 2 世紀中期左右之後在南印度（South India）所奠立的「支提信仰」（Caitya worship）的王號；[2] 也不知道，初唐武則天（624-705）在統治大周時期（統治，690-705）所使用的「彌勒下生為女轉輪王」的信仰，即是龍樹所奠立的「支提信仰」。故筆者在該書中一直使用「《華嚴經》佛王傳統與佛王形象」說明武氏所施行的「佛教建國信仰」的性質及內容。[3]《華嚴經·入法界品》載有多種「菩薩」和「佛」下生為轉輪王的「佛王信仰」，但《華嚴經·入法界品》所載的「佛王信仰」，都是龍樹在發展支提信仰之後才出現的信仰，[4] 因此筆者用「《華嚴經》佛王傳統與佛王形象」說明武則天的「佛教建國信仰」，並不恰當。筆者在出版《從天王傳統到佛王傳統》之後，在撰寫《梁武帝的彌勒佛王形象》之際，[5] 也沒有看出梁武帝（統治，502-

---

1　見古正美，《從天王傳統到佛王傳統：中國中世佛教治國意識形態研究》（此後，《從天王傳統到佛王傳統》）（台北：商周出版公司，2003）。

2　見古正美，《從天王傳統到佛王傳統》第二章，〈東南亞的天王傳統與後趙石虎時代的天王傳統〉，頁 66-70。

3　見古正美，《從天王傳統到佛王傳統》第五章，〈武則天的《華嚴經》佛王傳統與佛王形象〉，頁 227-231。

4　有關《華嚴經·入法界品》的佛王信仰，見本書第九章，〈《入法界品》的支提信仰性質及造像〉。

5　古正美，〈梁武帝的彌勒佛王形象〉，上海社會科學院編輯委員會編，《傳統中國研究集刊》，第二輯（2006，10 月）（上海：上海人民出版公司，2006），頁 28-47；並見 Kathy Ku Cheng Mei（古正美），"The Buddharaja Image of Emperor Wu of the Liang," in Alan K. L. Chan and Yuet-keung Lo, eds., *Philosophy and Religion in Early Medieval China*. New York: State University of New York Press, 2010, pp. 265-290.

549）因使用支提信仰而有「彌勒佛」、「慈氏」及「轉輪王」的王號。直到2010年左右，筆者在研究印度案達羅（Āndhra）地方建造的「阿瑪拉瓦底大支提」（Mahācaitya at Amarāvatī）的造像時，由於印度學者、西藏佛教文獻及中國佛教文獻都提到，龍樹有建造阿瑪拉瓦底大支提圍欄的事、龍樹與龍樹山（Nāgārjunakoṇḍa）造像的關係，及龍樹與娑多婆訶王朝（the Sātavāhana, c.?-225）帝王的關聯性，筆者這才恍然大悟，並開始確定，龍樹即是歷史上在南印度奠立「支提信仰」及其造像的關鍵人物。果不其然，筆者在龍樹撰造的《寶行王正論》（the *Ratnāvalī*），讀到龍樹提倡「建造支提」及「供養支提」的文字。[6] 筆者在開始研究龍樹的「支提信仰」文獻時，因聯想到筆者在研究武則天的佛教信仰之際常翻閱的《普賢菩薩說證明經》（此後，《證明經》），載有「彌勒佛坐支提下生」的信仰，故筆者也開始研究《寶行王正論》及《證明經》的關聯性，並從此開始了筆者漫長研究龍樹奠立及發展的「支提信仰」及其造像之路。

筆者在撰寫上面提到的這些論文時，已經注意到「彌勒佛下生為轉輪王」的信仰，是一種不同於貴霜王朝在歷史上所奠立及施行的「佛教建國信仰」。但筆者一直不知道，是何人在歷史上奠立及施行「支提信仰」為其「佛教建國信仰」。筆者雖能從龍樹所撰造的《寶行王正論》及《證明經》了解支提信仰的性質及內容，但如果沒有玄奘（602-664）在其《大唐西域記》卷10記載了許多有關龍樹與當時南印度國王喬達彌子‧禪陀迦（Gautamīputra Sātakarṇi），或玄奘所言的「引正王」在娑多婆訶王朝發展「待至慈氏」的信仰為其「國教信仰」之事，筆者不但不可能知道，龍樹及南印度國王喬達彌子‧禪陀迦是歷史上共同奠立及施行支提信仰為娑多婆訶王朝的國教信仰的人物；甚至也不知道，龍樹也是佛教藝術史上所言的「案達羅佛教藝術」（Āndhra Buddhist art）或「阿瑪拉瓦底大支提造像」的奠立者或創始者。筆者認為，娑多婆訶王朝的帝王喬達彌子‧禪陀迦是在歷史上與龍樹一起奠立及發展支提信仰的奠立者，乃因如果當時沒有喬達彌子‧禪陀迦在國家政策上及財務上的支持，

6　見下詳述。

「支提信仰」是不可能出現於亞洲歷史上，並成為娑多婆訶王朝的國教信仰。但就當時動手策劃及實際從事發展「支提信仰」活動的人物而言，基本上還是依賴當時印度「大乘大眾部」（the Mahāsamghikās of the Mahāyāna）的僧人領袖龍樹及其僧人集團才能在歷史上奠立及施行「支提信仰」為南印度娑多婆訶王朝的國教信仰。

自歐西學者及印度的考古學家在西元 19 世紀初期之後不斷的在印度南部各地從事考古挖掘龍樹及娑多婆訶王朝時代的遺址之後，從出土的許多銘文，我們從而知道龍樹及娑多婆訶王發展支提信仰的許多活動情形。筆者在此章，因此要用這些出土的銘文、中文佛教文獻，及佛教經典，談論龍樹及娑多婆訶王發展支提信仰的情形。

由於龍樹不僅是當時南印度大乘佛教界的大思想家，同時也是當時印度大乘大眾部派的僧人領袖，因此龍樹在為娑多婆訶王朝發展「佛教建國信仰」為國教信仰之際，他便能動員大乘大眾部的僧人，甚至其他佛教部派的佛教僧人，為其施行及發展「支提信仰」為其國教信仰。我們過去對佛教僧人參與政治活動的情形知道得甚少。這就是筆者在此章也要談論，龍樹如何用其大眾部僧人領袖的身分招募僧人，並成立大眾部「支提派」或「支提山派」（the Chaitika / Chaitikīyas of the Mahāsamghikas），作為其發展「支提信仰」的主要僧人集團或主力軍的原因。龍樹當時顯然也以娑多婆訶王朝佛教發展「軍師」或「國師」的身分，負責主持娑多婆訶王朝的各種發展支提信仰的活動，包括在全國建造支提，並在都城建造阿瑪拉瓦底大支提及其造像的活動。龍樹的這些佛教政治活動，在過去因從未被學者談論過，筆者在此章因此也要逐一的談論，龍樹在歷史上奠立及實施「支提信仰」的實際情形。過去我們都只側重於研究龍樹奠立的大乘哲學思想，並認為龍樹只是大乘中觀思想（the Mādhyamika）的奠立者。事實上，龍樹不僅是歷史上少見的偉大佛教思想家、政治思想家及政治思想實踐者，同時其也是「案達羅佛教藝術」的奠立者。龍樹在政治史上奠立的最有名的政治思想或信仰，就是其在歷史上所奠立的「支提信仰」，而其在歷史上建造的最有名建築物，就是其在娑多婆訶王朝都城建造的「阿瑪拉瓦底大支提」（此後，也稱大支提）及其造像。筆者在本章因

此也要談論，龍樹在歷史上奠立的「支提信仰」性質和信仰內容。至於龍樹所建造「阿瑪拉瓦底大支提」及其造像，筆者則要留到下章，即本書的第五章，才作深入的分析及解說。

龍樹奠立的支提信仰內容，基本上都被記載於龍樹撰造的《寶行王正論》及龍樹撰造的另一部記載支提信仰及其造像法的經典《普賢菩薩說證明經》或簡稱《證明經》。筆者在本章，因此也要談論龍樹撰造的《寶行王正論》及《證明經》所載的經文內容，作為我們了解龍樹發展支提信仰的理論基礎及信仰內容。除此，筆者在此章也要談論佛教文獻及出土銘文記載的有關龍樹及娑多婆訶王喬達彌子・禪陀迦的一些活動及事蹟，這樣我們對龍樹發展支提信仰的歷史背景便會有一些認識。筆者在此章也要談論佛教文獻上所記載的當時大乘大眾部活動的情形，我們從這些記載不僅能了解龍樹在發展支提信仰之際如何組織大乘大眾部的僧人發展支提信仰，同時也能了解為何龍樹在發展支提信仰之際也遭遇有「僧諍」事件的原因。筆者在談論大乘大眾部的文獻之際，也要談論中國南方（南朝）在 5 世紀初期傳入支提信仰及其造像的情形。當然，筆者在此文中，也要用考古報告談論娑多婆訶王朝及其都城的地理位置，這樣我們對龍樹在歷史上於南印度發展支提信仰的確實地理位置也會有一些了解。

筆者之所以要花費一章的行文說明阿瑪拉瓦底大支提的建築及造像的原因，一來是，阿瑪拉瓦底大支提的建築及造像是「案達羅佛教藝術」的始源地，也是「案達羅佛教藝術」的最重要代表作；後來歷史上發展的支提信仰的建築及造像，基本上都依據此大支提的建築及造像發展其建築及造像；二來是，過去研究佛教藝術史的學者，常將阿瑪拉瓦底大支提的造像，視為「佛塔崇拜」的造像或表達佛陀信仰的造像。後者這種看法，乃有商榷的餘地。因為阿瑪拉瓦底大支提的造像基本上依據龍樹撰造的支提信仰經典《證明經》製作的造像，故此大支提的造像不會如學者所言，要表達佛陀信仰或「佛塔崇拜」的造像。這就是我們在下章要再檢查及談論阿瑪拉瓦底大支提的建築及造像的原因。

貴霜王朝的建國者丘就卻在西元 1 世紀 60 年代後半葉於歷史上奠立「佛

教建國信仰」的佛教政治傳統之後，[7] 後來亞洲歷史上出現的「佛教建國信仰」，乃以龍樹在西元 2 世紀中期左右之後於南印度所奠立及發展的「支提信仰」，為亞洲帝王最為青睞的「佛教建國信仰」。因此支提信仰不但在亞洲歷史上發展最久，而且也廣為亞洲帝王使用以建國。支提信仰在亞洲的發展，遍及亞洲各地，除了古代印度外，西藏、尼泊爾、東南亞各國、中亞的龜茲（Kizil）及于闐（Khotan），及東亞的中國、韓國及日本等地，都見這些國家有發展此信仰的歷史及活動。

　　龍樹所奠立及發展的支提信仰，基本上以貴霜所奠立的「佛教建國信仰」作為其發展此信仰的基礎。因此龍樹除了沿襲丘就卻的做法，將其支提信仰的內容都登錄於其時代所撰造的大乘經典外，他也用貴霜用「依經」發展支提信仰及其造像的方法，發展其支提信仰。龍樹所奠立的支提信仰與貴霜所奠立的「佛教建國信仰」，最大的區別在於，龍樹所奠立的轉輪王信仰及轉輪王形象，與貴霜所奠立的轉輪王信仰及轉輪王形象非常不同。貴霜所奠立的轉輪王形象，基本上是普通帝王的形象，或佛教修行者的形象。但龍樹所奠立的轉輪王形象，已經有將轉輪王的形象「神化」的現象。換言之，龍樹因用「佛有三身」（trikāyas）的信仰奠立其支提信仰的理論或信仰基礎，因此他認為，佛教的轉輪王（cakravartin），是彌勒佛的「法身」（dharmakāya）下生的轉輪王身體，或為彌勒佛的「化身」（nirmānakāya）。在此信仰下，龍樹的轉輪王身，也可以被稱為「彌勒佛王身」（Buddharāja Maitreya）或「彌勒佛身」。在造像上，龍樹的轉輪王造像便因此常被造成「彌勒佛像」。就這點而言，龍樹所奠立的轉輪王信仰便與貴霜所奠立的轉輪王信仰非常不同。

　　龍樹因將其發展轉輪王信仰或支提信仰的方法及內容，都登錄於其所撰造的《寶行王正論》和《證明經》，我們因此要用此二經典了解龍樹奠立的支提信仰內容及造像法。但由於此二經典的中譯本都沒有具名「龍樹菩薩造」，我們因此要依據西藏高僧宗喀巴（Tsong-kha-pa, 1357-1419）在 14、15 世紀之間

7　見本書第二章，〈大乘佛教建國信仰的奠立者──貴霜王丘就卻〉。

對《寶行王正論》考證的結果，視此經典為龍樹的作品。[8] 筆者認為，《證明經》也是龍樹撰造的一部支提信仰經典。理由是，《證明經》的經文內容不僅載有補充、說明《寶行王正論》記載支提信仰不足之處，同時龍樹在發展支提信仰之際，基本上也用《證明經》製作其建造的阿瑪拉瓦底大支提的造像。[9] 目前具名龍樹著作的作品，只有龍樹撰造的《密友書》(the *Suhrlleka*)。由於《密友書》的撰造性質有如書信一般，只載記龍樹勸請娑多婆訶王用佛教信仰建國（正法治化）的內容，但沒有記載支提信仰的內容，我們因此不用《密友書》談論龍樹的支提信仰內容。在我們談論龍樹的支提信仰之前，我們要對龍樹及與龍樹共同發展支提信仰的娑多婆訶王有一些了解，故筆者在下面便要談論龍樹及娑多婆訶王在歷史上出現的時間及兩人的真正身分。

第二節　龍樹與娑多婆訶王

一 龍樹的政治理想

中文佛教文獻常提到龍樹／龍猛的名字及生平事蹟。其中以姚秦時代（統治，384-417）龜茲僧人鳩摩羅什（Kumārajīva, c. 350-409）翻譯的《龍樹菩薩傳》、唐代玄奘編撰的《大唐西域記》卷 10、唐代義淨（636-713）翻譯的龍樹作品《密友書》及陳代（統治，557-589）真諦翻譯的《寶行王正論》等，記載龍樹的生平事蹟、其佛教政治活動，及其政治信仰的情形最為詳盡，故從這些佛教文獻的記載，我們知道，龍樹是南印度人，並與當時的南印度國王有密切的關係，甚至有勸請南印度國王發展佛教，並用佛教信仰建國的活動。

過去許多學者常將龍樹與龍猛視為兩個不同的人物，譬如，這些學者常因中國翻譯龍樹的梵文名字 Nāgārjuna 有「龍樹」及「龍猛」兩種譯法，因此視「龍樹」與「龍猛」為兩個不同的人物。但中文佛教文獻很明顯的顯示，

8　呂澂，《印度佛學源流略講》（上海：上海人民出版公司，2005 年版），頁 93。

9　見本書第五章，〈龍樹與阿瑪拉瓦底大支提的建築及造像〉。

「龍樹」與「龍猛」實則指同一人。唐代義淨對龍樹的名字,便前後有「龍樹」及「龍猛」此兩種譯法。義淨在翻譯《龍樹菩薩勸誡王頌》(《密友書》)的〈跋〉中,即如此翻譯龍樹／龍猛的名字及《密友書》此書的書名意思:

> 阿離野是聖,那伽是龍是象,曷樹那義翻為猛,菩提薩埵謂是覺情,蘇頡里即是親密,離佉者書也。先云龍樹者,訛也。[10]

義淨在翻譯此〈跋〉時,其先將龍樹的名字「那伽曷樹那」(Nāgārjuna)翻譯成「龍樹」,後來他認為,其之前的翻譯不正確,因此又將龍樹的名字翻譯成「龍猛」。玄奘在義淨之前,即將龍樹的名字譯為「龍猛」。[11] 但中國許多早期的佛教文獻都將龍樹的名字譯成「龍樹」。譬如,西元 5 世紀初期龜茲僧人鳩摩羅什翻譯的《龍樹菩薩傳》,即是一個例子。[12] 筆者在此文中,除了要依據文獻的記載將龍樹的名字稱為「龍樹」或「龍猛」外,筆者也要依據中國早期的習慣稱「龍樹」為龍樹。

我們過去只知道,龍樹是位大乘佛教史上的大思想家或大乘佛教空宗學派或中觀學派的創始人,而不知道龍樹也是一位偉大的佛教政治思想家及施行「佛教建國信仰」的專家。我們在下面便要用中文文獻、佛教經典及出土的銘文等,作為我們了解龍樹在南印度發展「佛教建國信仰」或支提信仰的情形。鳩摩羅什翻譯的《龍樹菩薩傳》,記載有龍樹的生平事蹟及龍樹積極勸請南印度帝王用佛教信仰建國的事。《龍樹菩薩傳》載:

> 龍樹菩薩者,出南天梵志種也。天聰奇悟,事不再告⋯⋯弱冠馳名,獨步諸國。天文地理圖緯秘讖及諸道術無不悉綜⋯⋯入雪山山中有塔,塔中有一老比丘以摩訶衍經典與之,誦受愛樂雖知實義,未得通利。周遊諸國更求餘經⋯⋯大龍菩薩見其如是惜而愍之,即接之入海,於宮殿中開七寶藏,發七寶華涵,以諸方等深奧經典無量妙法授之⋯⋯龍樹既得諸經,一相深入無生二忍具足。龍還送出於南天竺,大弘佛法,摧伏外道,廣明摩訶衍,作優波提舍十萬偈,

---

10　(唐)三藏法師義淨譯,《龍樹菩薩勸誡王頌》,《大正》卷 32,頁 754 中。

11　見後詳述。

12　見後詳述。

又作莊嚴佛道論五千偈、大慈方便論五千偈、中論五百偈，令摩訶衍教大行於天竺。又造無畏論十萬偈，中論出其中……龍樹念曰：樹不伐本則條枝不傾，人主不化則道不行……王乃稽首伏其法化……南天竺諸國為其立廟敬奉如佛……其母樹下生之，因字阿周陀那。阿周陀那樹名也。以龍成其道，故以龍配字，號曰龍樹也。[13]

《龍樹菩薩傳》說，龍樹是南印度婆羅門種，並是一位學通天文、地理及各種道術的人物。龍樹後來專攻大乘（摩訶衍），並到處求法。龍樹為了求法，曾到過北印度的「雪山」遊學，並入「龍宮」求取大乘經典。龍樹入龍宮求取大乘經典的事，自然是一則神話。但此神話常被後人視為龍樹求取大乘經典的來源。龍樹遊歷的「雪山」既在北印度，我們因此推測，在龍樹遊學各國之際，其曾到過在當時娑多婆訶王朝北方建國的貴霜王朝。我們之所以會如此認為，乃因龍樹所奠立的支提信仰，有明顯受到貴霜王朝所奠立的「佛教建國信仰」影響的痕跡。譬如，龍樹用「依據經典」或「依經」發展「佛教建國信仰」及造像的方法，即是例子；還有，龍樹所奠立的支提信仰也被稱為「彌勒佛下生為轉輪王」的信仰，由於「彌勒佛下生信仰」也是貴霜王朝所發展的「佛教建國信仰」，很顯然的，龍樹所奠立的「彌勒佛下生信仰」也是受貴霜王朝影響的信仰。[14] 特別是，在龍樹於南印度發展支提信仰之際，在其北方建國的貴霜王胡為色迦王（Huvishika, 160-190），也在使用丘就卻所奠立的「佛教建國信仰」統治貴霜或犍陀羅。[15]

依據《龍樹菩薩傳》的說法，龍樹在回到南印度之後，其便在南印度弘揚「摩訶衍」（the Mahāyāna）或「大乘佛教」的信仰。龍樹在南印度發展大乘佛教信仰期間，其撰造了許多重要的大乘論作，如「《優波提舍十萬偈》、《莊嚴佛道論五千偈》、《大慈方便論五千偈》、《中論五百偈》等」。龍樹明顯的是在南印度奠立其為「大乘（摩訶衍）論師」的地位。龍樹所專研及發展的大

13　（姚秦）三藏鳩摩羅什譯，《龍樹菩薩傳》，《大正》卷 50，頁 184 上-185 中。

14　見後詳述。

15　見本書第三章，〈貴霜佛教建國信仰的發展者迦尼色迦第一及胡為色迦王〉。

乘學派，即是早期大乘佛教的「大眾部派」。這就是為何我們說他在南印度發展佛教時，其已經是大乘大眾部的僧人領袖的原因。[16]

龍樹回到南印度弘揚大乘佛教之後，從他寫給當時南印度國王的《密友書》，我們可以看出，龍樹與南印度的國王有密切的交往，否則《龍樹菩薩傳》不會記載下面這段龍樹勸請南印度國王發展佛教建國信仰的話；而他寫給南印度國王的書信，也不會被稱為《密友書》，意為「寫給親密朋友的一封信」。《龍樹菩薩傳》說：龍樹對當時的南印度國王說：「人主不化則道不行……王乃稽首伏其法化」。龍樹說此話的意思是，龍樹勸請南印度國王使用佛教信仰建國，否則「人主不化則道不行」。此處所言的「不化」，就是指「不用佛教信仰教化天下」或建國的意思。龍樹顯然說服了南印度國王用佛教信仰建國的策略。因為同《龍樹菩薩傳》也說：「王乃稽首伏其法化」（王因此聽其言並用佛教信仰建國）。

龍樹勸請南印度國王用佛教信仰建國的事，也見載於龍樹撰作的《密友書》。唐代義淨翻譯的《密友書》書題被譯為《龍樹菩薩勸誡王頌》。義淨此譯本，是中國翻譯龍樹《密友書》的第三中譯本。前兩譯本都被譯於宋文帝（統治，424-453）統治劉宋王朝（統治，420-479）的時期。劉宋時代翻譯的《密友書》二中譯本，分別為印度僧人求那跋摩（Gunavarman, 394-468）翻譯的《龍樹菩薩為禪陀迦王說法要偈》，[17] 及印度僧人僧伽跋摩（Sanghavarman）翻譯的《勸發諸王要偈》。[18] 義淨在其翻譯的《龍樹菩薩勸誡王頌・序》說：

> 此頌是龍樹菩薩以詩代書寄與南印度親友乘土（士）國王一首。此書已先譯，神州處藏，人多不見，遂令妙語不得詳知。為此更定本文，冀使流通罔滯。沙門義淨創制東印度耽摩立底國譯。[19]

義淨是在東印度的「耽摩立底國」（Tāmaliptī）翻譯龍樹《密友書》的第三

16　見後詳述。

17　龍樹菩薩造，（宋）求那跋摩譯，《龍樹菩薩為禪陀迦王說法要偈》，《大正》卷 32，頁 745 中-748 上。

18　龍樹菩薩造，（宋）天竺沙門僧伽跋摩譯，《勸發諸王要偈》，《大正》卷 32，頁 748 上-751 上。

19　（大唐）三藏法師義淨譯，《龍樹菩薩勸誡王頌》，《大正》卷 32，頁 751 上，〈序〉。

譯本。[20] 義淨在此譯本的〈序〉說，《密友書》是龍樹「以詩代書寄與南印度親友乘土（士）國王的一封信（一首）」。此處所言的「南印度親友乘士國王」，應指求那跋摩翻譯同《密友書》經題「龍樹菩薩為禪陀迦王說法要偈」所載的「禪陀迦王」（King Sātakarṇi）。由於有此「禪陀迦王」的名字，學者便認為，我們能在其時代的娑多婆訶王中找到此王的真實身分。[21]

中國三次翻譯的《密友書》，都是用「偈頌體」（gāthā）或詩歌體製作此《書》的書信。此三部中譯《密友書》的內容雖不盡相同，但主要的內容卻相近，都是龍樹勸請「南印度親友乘士國王」或「禪陀迦王」，修行佛教「十善淨三業」，「然後以此教化人民」的活動。[22] 此處所言的「十善」（Ten prātimokṣas），即指轉輪王用佛教信仰建國的「十善道／法」或「十戒」行法。龍樹說：「大王若修上諸善／則美名稱廣流布／然後以此教化人／普令一切成正覺」。[23] 這話的意思是，如果「大王」用佛教「十善道」修身，便能得美名，大王如果用「十善道」教化天下，即能令天下人成佛。佛教轉輪王用「十善道」或「十戒」建國，並能使天下人成佛的說法，早見載於貴霜王朝用大乘佛教信仰建國的貴霜王丘就卻時代所撰作的《道行般若經》，並為丘就卻使用作為「佛教建國信仰」的基本方法。[24] 後來製作的大乘佛教經典，也常提到轉輪王用「十善道（法）」建國的事。譬如，北魏（統治，384-534）菩提留支（Bodhiruci）翻譯的《大薩遮尼乾子所說經・王論品》即說：

大王，修十善法，不令邪法殺生等壞，名為護法。王言；大師，云何法王？答言；大王，轉輪王聖王以十善道化四天下，悉令受持，離十惡業，行十善道，具足成就，名為法王。[25]

筆者在本書第二章說過，「十善道」或「十戒」在貴霜王丘就卻奠立作為

---

20 見後詳述。

21 見下詳述。

22 龍樹菩薩造，（宋）求那跋摩譯，《龍樹菩薩為禪陀迦王說法要偈》，頁 745 中。

23 龍樹菩薩造，（宋）求那跋摩譯，《龍樹菩薩為禪陀迦王說法要偈》，頁 747 下。

24 見本書第二章，〈大乘佛教建國信仰的奠立者——貴霜王丘就卻〉。

25 （元魏）天竺三藏菩提留支譯，《大薩遮尼乾子所說經》卷 3，《大正》卷 9，頁 330 上、中。

其用佛教信仰建國的基本方法之後，「十善法」或「十戒」便成為佛教轉輪王的代名詞，甚至成為「佛教建國信仰」的代名詞。[26] 梁武帝在用佛教信仰統治天下之際，其便兩次用與其臣民共同行「受菩薩戒儀式」的方法乞請「十善法」或「十戒」，並用全國上下都遵行、守持「十戒」的方法統治梁朝。[27] 龍樹用「十善道」或「十戒」作為其勸請南印度國王使用佛教信仰建國的方法，因此不是沒有其歷史淵源或根據。《密友書》說，龍樹勸請南印度國王行「十善淨三業」。此處所言的「十善淨三業」，指修行佛教所言的「十戒」行法。此「十戒」行法指：不殺生、強盜、婬逸、兩舌、嗜酒、惡口、妄言綺語，不嫉妒、嗔恚罵詈，不疑。[28] 如果一個人修行此「十戒」行法，其必能「淨身、口、意三業」。這就是為何龍樹說：「十善淨三業」的原因。從龍樹勸請南印度王行「十善淨三業」的話，我們可以看出，龍樹在南印度發展支提信仰的活動，不是沒有其發展的歷史背景，也不是無跡可尋。很顯然的，龍樹勸請南印度王行「十善淨三業」建國的方法，也是受貴霜王朝所奠立的「佛教建國信仰」的方法的影響。

　　玄奘在其《大唐西域記》卷 10 所載的「憍薩羅國」（Kosala）的「龍猛與提婆」條也提到，與龍樹有親密關係的南印度國王，叫做「娑多婆訶王」或「引正王」。《大唐西域記》載：「後龍猛菩薩止此伽藍。時此國王號娑多婆訶（唐言引正），珍敬龍猛，周衛門廬」。[29] 從《大唐西域記》的記載，我們可以看出，南印度國王「娑多婆訶王」（King Sātavāha / Sātavāhana）非常「珍敬龍猛」。

26　見本書第二章，〈大乘佛教建國信仰的奠立者——貴霜王丘就卻〉。

27　見古正美，〈梁武帝的彌勒佛王形象〉，上海社會科學院編輯委員會編，《傳統中國研究季刊》第二輯（2006，10月），頁 28-47；並見 Kathy Ku Cheng Mei（古正美），"The Buddharaja Image of Emperor Wu of the Liang," in Alan K. L. Chan and Yuet-keung Lo, eds., *Philosophy and Religion in Early Medieval China.* pp. 265-290.

28　（後漢）支婁迦讖譯，《道行般若經》卷 6《大正》卷 8，頁 454 中-下，載有此經所言的「十善道」或「十戒」行法。

29　（唐）玄奘、辯機原著，季羨林校注，《大唐西域記校注》卷 10（北京：中華書局，1985），頁 824，「龍猛與提婆」。

二 佛教文獻及銘文所載的喬達彌子‧禪陀迦

印度學者阿喜爾（D.C. Ahir）對娑多婆訶王朝統治南印度及德干高原（Deccan Plateau）的情形作有下面的說明：

> 孔雀王朝（the Mauryan Empire）分崩之後，娑多婆訶王朝佔領德干高原。娑多婆訶王朝是由西姆卡王（King Simukha）奠立的王朝。他於西元前230至212年之間統治娑多婆訶……娑多婆訶的領土，包括案達羅（Andhra，南印度）、摩訶拉斯特拉（Maharashtra，西德干高原），甚至部分的卡納塔卡（Karnataka，南印度）。其中除了有一小段時間被塞族王那哈潘那（Saka Satrap, Nahapana）統治外，娑多婆訶統治東西德干高原及南印度的時間約450年。當他們被塞族王從摩訶拉斯特拉的納西克及卡里（Nasik and Karli）驅逐出去後，第二十三位王喬達彌子‧禪陀迦於西元106年到130年間統治娑多婆訶，是娑多婆訶最偉大的帝王。在喬達彌子‧禪陀迦（Gautamīputra Sātakarṇi）統治期間，他重新收復納西克及卡里地區。喬達彌子‧禪陀迦由他的兒子瓦西絲蒂子‧普魯馬偉（Vasisthiputra Pulumavi）繼承其王位，後者於西元130至150年之間統治娑多婆訶。最後一位偉大的娑多婆訶王，是楊集那‧禪陀迦（Yajñā Yajñā Sātakarṇi），其統治的時間是166至196年。[30]

事實上，我們至今都不知道娑多婆訶王朝在歷史上崛起的確實時間。阿喜爾在這段話對娑多婆訶王朝諸王所作的統治時間或定年，也有待商榷。因為其所判定的喬達彌子‧禪陀迦統治娑多婆訶王朝的時間，比我們所推算的其統治的2世紀中期左右或稍後便要早得多。[31] 無論如何，阿喜爾在上面的記述說明，娑多婆訶王朝原先佔有印度德干高原西部的納西克及卡里，後來此二地因被塞族王佔領，娑多婆訶王因此被驅趕出故地。直到第二十三位娑多婆訶王喬達彌子‧禪陀迦統治娑多婆訶王朝的時間，他才又收復納西克及卡里的故土。

金大連‧滿谷文（Gindallian Mangvungh）依據〈納西克銘文〉（Nāsik Inscription

30　D. C. Ahir, *Buddhism in South India*. Delhi: Indian Books Centre, 1992, p. 36.

31　見後詳述。

3：4），如此說明喬達彌子・禪陀迦在收復納西克及卡里失土之後，其有施僧或推崇佛教的活動：

> 娑多婆訶王喬達彌子・禪陀迦在其登位的第十八年，即西元 124 年，在納西克（Nāsik，今日孟買附近）將那哈潘那（Nahapana）打敗之後，便在納西克佛教石窟供養僧人，並捐贈一塊地給佛教團體（Buddhist community）。納西克之役兩星期後，喬達彌子・禪陀迦又在臨近的卡里（Kārlī / Karle / Karla）將那哈潘那逼退到馬瓦（Maval）山區。喬達彌子・禪陀迦在卡里戰役之後，即去拜訪卡里佛教僧團（Buddhist Sangha at Karle），並將卡拉家卡（Karajaka）村莊捐贈給該僧團。娑多婆訶王喬達彌子・禪陀迦在此二戰役之後，因收復失土，故在納西克鑄造了13,250 枚的錢幣。[32]

金大連・滿谷文在上面這段話中提到，喬達彌子・禪陀迦在收復納西克及卡里失土之後，其有施僧或供養僧人的活動，但他沒有告訴我們，喬達彌子・禪陀迦王在收復納西克及卡里失土之後，也有在此二地開鑿石窟及建造支提的活動。另一位印度考古學家集登扎・達士（D. Jithendra Das）在其《案達羅的佛教建築》中則提到，喬達彌子・禪陀迦王在收復納西克及卡里失土後，有在二地開鑿石窟及建造支提的活動。集登扎・達士說，喬達彌子・禪陀迦的母親巴拉斯利（Balaśrī），在西部德干高原的納西克（Nāsik, Mahārāstra）開鑿石窟，並用其子喬達彌子・禪陀迦的名字命名此石窟，甚至將此石窟贈送給納西克地區的賢冑部（the Bhadavaniya）僧人。[33]「賢冑部」屬於佛教一切有部（the Sarvāstivāda）犢子部支派。[34] 由此，我們知道，喬達彌子・禪陀迦在其登位第十八年收復納西克失土後，其便有在納西克開鑿石窟及建造支提的

---

32 Gindallian Mangvungh, *Buddhism in Western India*. Meerut: Kusumanjali Prakashan Press, 1990, p. 43.

33 D. Jithendra Das, *The Buddhist Architecture in Āndhra*. New Delhi: Book and Books, 1993, p. 17; see also, D. C. Ahir, *Buddhism in South India*, p. 37；並見平川彰，《印度佛教史》（台北：商周出版公司，2002），頁 203 載：在（納西克）第三窟有二種記載瞿曇彌子王捐獻窟院與土地給納私迦（納西克）的碑文，還有同為娑多婆訶王族的普盧摩夷王（Sri Pulumāyi；古案：普魯馬偉）布施窟院的碑文，及前述瞿曇彌子王的母親布施窟院給賢冑部（the Bhadavaniya）比丘僧伽的碑文。

34 （唐）玄奘譯，《異部宗輪論》，《大正》卷 49，頁 15 上。

活動。由此，我們也知道，當時為娑多婆訶王朝發展佛教信仰的部派，除了有龍樹的大眾部外，也有其他的佛教部派，如一切有部。

圖 1　納西克第 3 窟關閉式支提　　　　圖 2　卡里石窟關閉式支提

　　喬達彌子‧禪陀迦的母親巴拉斯利在納西克所建造的「喬達彌子‧禪陀迦窟」，即是今日納西克石窟編號第 3 窟的窟名。此窟在窟內主牆所保留的造像，是一座「關閉式支提」的造像（圖1）。[35] 從喬達彌子‧禪陀迦母親在納西克石窟為其子開鑿石窟及建造支提的活動，我們非常確定，喬達彌子‧禪陀迦在登位的第十八年已經有提倡支提信仰的活動。因為喬達彌子‧禪陀迦的母親巴拉斯利將其在納西克開鑿的石窟，以其子的名字命名為「喬達彌子‧禪陀迦窟」的原因，一來有說明，此石窟的開鑿，乃要紀念其子喬達彌子‧禪陀迦在其登位的第十八年收復克納西克失土；二來也有說明，喬達彌子‧禪陀迦在收復失土納西克之際，其已有發展支提信仰為其國家信仰的活動。這就是其在收復納西克失土之際，其也要在納西克建造支提及傳播支提信仰的原因。納西克銘文因此是我們見到娑多婆訶王有提倡支提信仰活動的最早

35　有關阿瑪拉瓦底大支提的建築及造像，見本書第五章，〈龍樹與阿瑪拉瓦底大支提的建築及造像〉。有關納西克此石窟的編號及造像，請見 Susan L. Huntington, *The Art of Ancient India*, with contributions by John C. Huntington. New York: Weather Hill, 1985, pp. 166-170.

記載及證據。

　　喬達彌子・禪陀迦在收復卡里失土之後，也在卡里從事開窟及建造支提的活動。美國學者蘇珊・杭庭頓（Susan L. Huntington）認為，卡里石窟所造的支提（圖2）要比納西克的早，甚至是西元前建造的支提。[36] 蘇珊・杭庭頓此話自然有商榷的餘地。因為喬達彌子・禪陀迦在卡里所造的支提，是喬達彌子・禪陀迦在登位第十八年打敗塞族王那哈潘那後在卡里建造的支提。阿喜爾在其書中也如此提到喬達彌子・禪陀迦在卡里建造支提的事：

　　　依據卡里銘文（Kali inscriptions）的說法，為了支持大眾部（the Mahāsaṃghikas），
　　　喬達彌子・禪陀迦去訪問大眾部僧團。為了在卡里開鑿石窟及建造支提，他將
　　　卡拉家卡（Karajaka）村莊送給瓦盧拉卡（Valuraka）石窟的僧人。[37]

　　喬達彌子・禪陀迦將卡拉家卡村莊送給瓦盧拉卡石窟僧人的原因，自然是要將此村莊作為這些僧人在此開鑿石窟、建造支提，及發展支提信仰之用。綜合印度學者金大連・滿谷文、阿喜爾及集登扎・達士的說法，我們對喬達彌子・禪陀迦登位第十八年所從事的支提信仰活動有下面的了解：喬達彌子・禪陀迦在其登位第十八年打退塞族王那哈潘那並收復失土納西克及卡里之後，其母親巴拉斯利即為其在納西克開鑿石窟並建造支提，而喬達彌子・禪陀迦在卡里也有開鑿石窟並建造支提的活動。如果喬達彌子・禪陀迦的母親在納西克開鑿石窟的時間，是喬達彌子・禪陀迦在納西克打敗那哈潘那之後不久的時間，喬達彌子・禪陀迦在卡里開鑿石窟及建造支提的時間，便會與其母親巴拉斯利在納西克開窟及建造支提的時間差不多同時。因為在納西克戰役兩個禮拜後，喬達彌子・禪陀迦也收復卡里失土。卡里石窟的支提建造時間，因此不會如蘇珊・杭庭頓所言的，比納西克第 3 窟開鑿的時間早，甚至是造於西元前。特別是，喬達彌子・禪陀迦在卡里建造的小支提，也是一座建築形制如納西克小支提的「關閉式支提」。

　　喬達彌子・禪陀迦在納西克及卡里所建造的「關閉式小支提」，都造有同

36　Susan L. Huntington, *The Art of Ancient India*, with contributions by John C. Huntington, pp.166-170.
37　D.C. Ahir, *Buddhism in South India*, p. 38.

樣的建築形制：圓桶形的塔基。塔身的腰間，都造有一圈用浮雕方式製作的，呈小格設計的帶狀裝飾性飾紋。圓桶形塔身的上方，造有一如塔頂的方台建築結構；而此方台的建築結構的上方，造有一具七層倒立梯狀的建築結構。在此倒立梯狀建築結構的上方，都立有一如大蘑菇狀的塔頂飾物。在納西克及卡里所見的「關閉式小支提」，因在其塔表或塔內都不見造有佛像，整座塔或支提呈封閉式的建築式樣，故筆者稱其為「關閉式小支提」。

由喬達彌子‧禪陀迦在納西克及卡里開鑿石窟及建造支提的活動，我們知道，喬達彌子‧禪陀迦至少在其登位的第十八年已經有在娑多婆訶王朝發展支提信仰為其「佛教建國信仰」的活動。納西克銘文所載的喬達彌子‧禪陀迦登位第十八年的時間，是否就如金大連‧滿谷文所定的西元 124 年？這也是一個值得商討的問題。因為金大連‧滿谷文所定的西元 124 年，比我們所推算的喬達彌子‧禪陀迦統治娑多婆訶王朝的時間要早得多。[38] 由於文獻闕如，我們很難推算出喬達彌子‧禪陀迦登位第十八年的確實時間。

過去許多學者都曾試圖用推算的方法，算出中文文獻所載的「禪陀迦王」，或與龍樹有關的娑多婆訶王統治的時間。由於這些學者都沒有注意到，在納西克及卡里開窟、建造支提的喬達彌子‧禪陀迦王，即是中文文獻所載的「禪陀迦王」，因此常將此「禪陀迦王」視為娑多婆訶王朝最後一位偉大的帝王「楊集那‧禪陀迦」。譬如，中國學者季羨林（1911-2009）便說，在龍樹山及阿瑪拉瓦底（Amarāvatī）出土的帝王名字中，與龍樹有關的禪陀迦王，不是喬達彌子‧禪陀迦（Gautamīputra Sātakarṇi），便是楊集那‧禪陀迦（Yajñā Sātakarṇi）。[39] 季羨林事實上並沒有告訴我們，哪一位禪陀迦是與龍樹一起發展佛教信仰的娑多婆訶王。

三 龍樹發展支提信仰的時間

直至今日，我們不但對喬達彌子‧禪陀迦統治娑多婆訶王朝的確實時間

38　見後詳述。

39　（唐）玄奘與辯機著，季羨林校注，《大唐西域記校注》卷 10，頁 824。

不清楚，而且對龍樹的定年也有各種說法。譬如，許多學者至今都認為，龍樹是甘蔗王朝（the Ikṣuvāku / Ikshvaku，統治，c. 225-315/325）時代的人物。[40] 中國學者呂澂（1896-1989）便如此認為。[41] 呂澂所言的「甘蔗王朝」，乃是繼娑多婆訶王朝統治古代案達羅地方的王朝。[42] 呂澂之所以會認為龍樹不是玄奘所言的「引正王」或「娑羅婆漢那王」（娑多婆訶王）時代的人物，可能是因為呂澂沒有見到《大唐西域記》的記載，因此他說：「因過去人們的歷史知識不足，此時已改朝換代成立甘蔗族，還錯誤地把前一代的族姓沿用下來」。[43] 我們不知道呂澂是基於甚麼原因，如此確定龍樹的佛教活動是在甘蔗王朝統治南印度的時代。我們注意到，不僅佛教文獻，如玄奘的《大唐西域記》及龍樹自己的著作《密友書》，及上面提到的〈納西克銘文〉及〈卡里銘文〉，都稱龍樹時代的王名為娑多婆訶王朝的王名。佛教經典，如《大方等無想經》（《大雲經》）也說：在南印度克里希那河（the Krisna）發展佛教的王朝是娑多婆訶王朝。[44] 雖然甘蔗王朝繼承娑多婆訶王朝使用同樣的支提信仰為其建國信仰，並留下許多造像及銘文；[45] 然目前保留的佛教文獻及銘文都說，龍樹發展支提信仰的時間，是在娑多婆訶王朝統治南印度的時間。[46] 我們因此還是認為龍樹是娑多婆訶王朝時代的佛教僧人。

研究龍樹山佛教藝術的學者伊麗莎白・羅森・史通（Elizabeth Rosen Stone）認為，目前許多學者都同意，娑多婆訶王朝最後一位帝王普羅馬王（King Puloma）去世的時間是在西元 223 年到 231 年之間，在娑多婆訶王朝諸王的統治年表被學者確定之前，伊麗莎白・羅森・史通取西元 225 年作為娑多婆訶

40　Elizabeth Rosen Stone, *The Buddhist Art of Nagarjunakonda.* Delhi: Motilal Banarsidass Publishers, 1994, p. 7, see the chronology suggested by the author.

41　呂澂，《印度佛學源流略論》（台北：大千出版公司，2008），頁 157。

42　D.C. Ahir, *Buddhism in South India*, p. 39.

43　呂澂，《印度佛學源流略論》，頁 165。

44　上面提到的佛教文獻及經典，見後詳述。

45　D.C. Ahir, *Buddhism in South India*, pp. 30-53 and pp. 62-64; see also, Elizabeth Rosen Stone, *The Buddhist Art of Nagarjunakonda*, p. 6.

46　見後詳述。

王朝亡滅的時間。[47] 伊麗莎白・羅森・史通也說，繼娑多婆訶王朝在龍樹山定都的王朝，是西元 4 世紀初期亡滅的甘蔗王朝。[48] 學者因此常認為，甘蔗王朝的亡滅，也是龍樹山停止佛教發展的時間。[49]

日本學者平川彰（1915-2002）依據日本學者宇井伯壽（1882-1963）所提出的龍樹定年為西元 150-250 之間的說法，進而認為龍樹是西元 300 年以前去世的人物。[50] 法國學者拉莫特（Étienne. Lamotte, 1903-1983）也認為，龍樹是西元 243-300 時段的人物。[51] 上面這些學者對龍樹的定年，與中國學者呂澂一樣，基本上都將龍樹視為甘蔗王朝時代的人物。

印度學者對龍樹的定年，與中國、日本及西方學者的定年顯然不同，前者傾向將龍樹定為西元 2 世紀後半葉的人物。印度學者常認為，龍樹與晚期統治娑多婆訶王朝最偉大的統治者楊集那・禪陀迦（King Yajnasri Satakarni），是同時代的人物，並將其等的定年定為 2 世紀後半葉。譬如，阿喜爾便認為，龍樹與楊集那・禪陀迦是同時代的人物，楊集那・禪陀迦統治娑多婆訶王朝的時間被印度學者定在西元 166 至 196 年之間。[52] 集登扎・達士也認為，楊集那・禪陀迦是支持龍樹發展佛教的檀越（patron），但他對楊集那・禪陀迦的定年也定在西元 152-181 之間。[53] 蘇柏拉曼尼安（K. S. Subramanian）則認為，龍樹與西元 3 世紀初期左右統治貴霜的迦尼色迦第一（Kanishka 1）是同時代的人物。[54] 但自 1993 年〈拉巴塔克銘文〉（Rabatak Inscription）出土之後，今日的學

47　Elizabeth Rosen Stone, *The Buddhist Art of Nagarjunakonda*, p. 5.

48　See Elizabeth Rosen Stone, *The Buddhist Art of Nagarjunakonda*, pp. 5-7.

49　D.C. Ahir, *Buddhism in South India*, p. 65: With the downfall of the Ikshvakus in the early years of AD fouth century, Nagarjunakonda relapsed into darkness, its shrines, its artistic tradition, and its contacts with the Buddhist world- all vanished.

50　平川彰著，莊崑木譯，《印度佛教史》，頁 277-279；並見宇井伯壽，《三論解題》，《國譯大藏經》，論部第五冊，1922。

51　Étienne Lamotte, *L'Enseignement de Vimalakirti*, "Introduction". Louvain, 1962. pp. 70-77.

52　D.C. Ahir, *Buddhism in South India*, p. 36.

53　D. Jithendra Das, *The Buddhist Architecture in Andhra*, p. 61.

54　K. S. Subramanian, *Buddhist Remains in South India and Early Andhra History, 225 to 610 A.D.* New Delhi: Cosmo Publications, 1981, p. 59: Various arguments may be put forward to fix the age of

者基本上都將迦尼色迦第一統治貴霜的時間定在西元 127 到 140 之間，或西元 2 世紀的前半葉。[55]

　　東、西方學者對龍樹的定年之所以會產生如此不同的看法，主要的原因是，學者都沒有注意到，龍樹與娑多婆訶王朝的關係乃建立於該王朝發展的「佛教建國信仰」是龍樹奠立的支提信仰。因此我們如果從娑多婆訶王朝發展支提信仰的角度去推算龍樹的定年，我們或會取得較一致的看法。筆者因此要用龍樹提倡的彌勒佛下生信仰作為我們推算龍樹與喬達彌子・禪陀迦提倡支提信仰的時間。龍樹在娑多婆訶王朝提倡的支提信仰或「彌勒佛下生為轉輪王信仰」的時間，應該是在貴霜王迦尼色迦第一統治貴霜王朝的晚期或之後，即 2 世紀中期左右，或 2 世紀後半葉初始的時間。理由是，龍樹所奠立的支提信仰，也被稱為「彌勒佛坐支提下生為轉輪王」的信仰。[56]貴霜王朝的迦尼色迦第一在西元 2 世紀前半葉於犍陀羅除了有結集大乘佛教經典的活動外，[57] 其也有發展「大乘彌勒教」的信仰活動。迦尼色迦第一在犍陀羅提倡「大乘彌勒教」的信仰之際，也撰造有《彌勒下生經》，並鑄造及流通有彌勒佛造像的錢幣。[58]迦尼色迦第一顯然是亞洲歷史上第一位提倡大乘彌勒佛下生信仰或「大乘彌勒教」信仰的貴霜王。龍樹所提倡的彌勒佛下生信仰，明顯

Nāgārjuna in the second century A.D. Perhaps he lived on for a decade or two in the third century also. Chinese and Tibetan Sources differ as to the date of Nāgārjuna, but there seems to be a general agreement as to his contemporaneity with Kanishka.

55　見本書第二章，〈大乘佛教建國信仰的奠立者──貴霜王丘就卻〉；並見本書第三章，〈貴霜佛教建國信仰的發展者迦尼色迦第一及胡為色迦第一〉談論貴霜帝王統治年表。

56　見後詳述。

57　見本書第三章，〈貴霜佛教建國信仰的發展者迦尼色迦第一及胡為色迦王〉。

58　（陳）天竺三藏法師真諦譯，《婆藪槃豆法師傳》，《大正》卷 50，頁 188 下，載：為迦尼色迦第一發展大乘佛教的僧人世親（婆藪槃豆，Vasubandhu）或無著（Asanga），「數上兜率多天（Tusita heaven）諮問彌勒菩薩大乘經義，彌勒廣為解說，隨有所得，還閻浮提，以己所聞為餘人說」，「因此眾人聞信大乘彌勒菩薩教」。迦尼色迦第一是在其召開的佛教結集撰造《彌勒下生經》。見本書第三章，〈貴霜佛教建國信仰的發展者迦尼色迦第一及胡為色迦王〉。有關迦尼色迦第一所造的彌勒佛像錢幣，見本書第三章，〈貴霜佛教建國信仰的發展者迦尼色迦第一及胡為色迦王〉。

的受到迦尼色迦第一所提倡的彌勒佛下生信仰的影響。故他才會在南印度奠立及發展其支提信仰的「彌勒佛下生為轉輪王」的信仰。

迦尼色迦第一在犍陀羅發展「佛教建國信仰」的時間，就我們的了解，是在其登位（127）之後不久，其使用佛教信仰統治貴霜的時間。迦尼色迦第一結束其統治貴霜的時間，是在西元 140 年。[59] 龍樹奠立其支提信仰的時間，因此最早也要等到其自北印度遊學回來之後，並在南印度奠立其為大乘佛教論師的地位之後，即筆者估計的，西元 2 世紀中期左右之後，或 2 世紀後半葉初始的時間。因為在喬達彌子・禪陀迦統治娑多婆訶王朝之後，其王朝至少還有四位娑多婆訶王朝的繼承者統治其王朝。筆者所推算的龍樹在娑多婆訶王朝發展支提信仰的時間，因此與印度學者推斷的龍樹生卒年代相近。但此時間並不是印度學者所推算的，娑多婆訶王楊集那・禪陀迦統治其王朝的時間。因為與龍樹在娑多婆訶王朝一起發展支提信仰的娑多婆訶王，是喬達彌子・禪陀迦，不是楊集那・禪陀迦。

阿瑪拉瓦底大支提出土的銘文提到，在楊集那・禪陀迦統治娑多婆訶王朝之前，瓦西絲蒂子・普魯馬偉王（King Vasisthiputra Pulumavi）統治娑多婆訶王朝的時代，其人民在大支提有增建「法輪」（dharma-cakra）的活動。[60] 這說明，阿瑪拉瓦底大支提在瓦西絲蒂子・普魯馬偉王統治娑多婆訶王朝的時代已經存在。這也說明，阿瑪拉瓦底大支提的建造時間，或在瓦西絲蒂子・普魯馬偉王統治娑多婆訶王朝的時代，或在瓦西絲蒂子・普魯馬偉的父親喬達彌子・禪陀迦統治娑多婆訶王朝的時代。就喬達彌子・禪陀迦的兒子瓦西絲蒂子・普魯馬偉王統治的時代，其在大支提還有補造「法輪」此事來看，阿瑪拉瓦底大支提的建造，似乎在喬達彌子・禪陀迦時代已經開始，但到了瓦西絲蒂子・普魯馬偉的時代，大支提因尚未完全建成，因此才有瓦西絲蒂子・普魯馬偉王的時代還有增造「法輪」的活動。由於當時增造的「法輪」是送給建造大支提及管理大支提的「支提派」僧人，我們因此推測，大支提

59　見本書第三章，〈貴霜佛教建國信仰的發展者迦尼色迦第一及胡為色迦王〉。

60　見後詳述。

除了由大眾部「支提派」的僧人負責建造外，其管理及維修的工作也由「支提派」的僧人負責。

瓦西絲蒂子‧普魯馬偉王的名字並沒有「禪陀迦」此名。但〈納西克銘文〉及〈卡里銘文〉都說，瓦西絲蒂子‧普魯馬偉王的父親喬達彌子‧禪陀迦才是與龍樹有直接關聯的「禪陀迦王」。因為喬達彌子‧禪陀迦在其登位第十八年已有發展支提信仰及建造支提的活動。由此，中文佛教文獻所載的「禪陀迦王」，應指喬達彌子‧禪陀迦。

發展支提信仰的喬達彌子‧禪陀迦，顯然不是一位普通的印度帝王。因為金大連‧滿谷文引西元 149 年喬達彌子‧禪陀迦的兒子瓦西絲蒂子‧普魯馬偉在納西克製作的〈納西克銘文〉（the Nāsik inscription）說：

> 喬達彌子‧禪陀迦是恢復娑多婆訶家族聲譽（the restorer of the glory of Satavahana family）的偉大帝王。他是瓦西絲蒂子‧普魯馬偉王之前統治娑多婆訶王朝最偉大的軍事家，打敗許多敵人，並將其疆域從北邊的馬瓦（Malwa）等地擴張到南邊的克里希那河（the Krishna），從西邊的阿拉伯海（the Arabian sea）擴張到東邊的孟加拉灣（the Bay of Bengal）。此銘文因此稱其為「王中之王」（the king of kings）。喬達彌子‧禪陀迦也是一位非常偉大的社會改革家（A great social reformer）。他不但破除階級制度（the contamination of the four varnas），[61] 及消除剎帝利（kshatriyas，武士階級）的傲慢，而且也公平統一稅制。[62]

〈納西克銘文〉及〈卡里銘文〉都說，喬達彌子‧禪陀迦是位雄才大略的政治家及軍事家。〈納西克銘文〉也稱喬達彌子‧禪陀迦為「王中之王」。此說即有指喬達彌子‧禪陀迦以佛教轉輪王的姿態統治天下的意思。因為轉輪王也有「王中之王」的稱號。這與我們所了解的喬達彌子‧禪陀迦，在收復納西克及卡里的失土之際，已有使用支提信仰建國，並以佛教轉輪王的姿態統治娑多婆訶王朝的活動情形相當吻合。這就是為何他在收復納西克及卡里

61　所謂「種姓制度」（the four varnas）即指印度教的「階級制度」（the caste system）。

62　Gindallian Mangvungh, *Budddhism in Western India*, Meerut: Kusumanjali Prakashan Press, 1990, p. 44.

失土之後，便立即在此二地建造支提，並提倡支提信仰活動的原因。

四 喬達彌子‧禪陀迦不是印度教徒

喬達彌子‧禪陀迦的兒子瓦西絲蒂子‧普魯馬偉在納西克製作的〈納西克銘文〉說，喬達彌子‧禪陀迦有破除「種姓制度」、消除「剎帝利」[63] 的傲慢的行為，及「統一稅制」的活動。在古代的南印度，印度教信仰（Hinduism），一直是印度社會的主流信仰。喬達彌子‧禪陀迦在當時破除與印度教有關的「種姓制度」的行為已經說明，其已使用龍樹奠立的支提信仰建國，否則他不會有破除印度教「種姓制度」及消除「剎帝利」這種傲慢行為的活動。印度教的「種姓制度」，是印度教的社會及文化制度。破除「種姓制度」因此除了有破除印度教信仰的意思外，也有改革當時娑多婆訶王朝的社會及文化制度的意思。喬達彌子‧禪陀迦破除「種姓制度」的做法，因此也說明，其絕對不會是一位印度教徒或使用印度教信仰建國的帝王。因為用印度教信仰建國的帝王，絕對不會有破除與印度教信仰有密切關聯的「種姓制度」的行為。

〈納西克銘文〉及〈卡里銘文〉雖然載有喬達彌子‧禪陀迦於其登位第十八年在收復納西克及卡里失土之後，有供養僧人、開鑿石窟及建造支提的活動，然今日研究喬達彌子‧禪陀迦王的印度史學家及考古學家都還是認為，喬達彌子‧禪陀迦是一位婆羅門教徒（Brahmana）或印度教徒。[64] 譬如，集登扎‧達士為了證明喬達彌子‧禪陀迦是一位婆羅門教徒或印度教徒，他用喬達彌子‧禪陀迦王號中的最後一個王號證明其是一位印度教徒。喬達彌子‧禪陀迦所使用的王號非常長，並有下面這些王號：Agamanamnilaya Dvijavara Kutumba Vivardhana Vinivartita caturvarnasankara and Ekabrahmana。[65] 這些王

---

63 印度階級制度中的第二階級即是「剎帝利」階級。「剎帝利」階級，乃指武士或帝王階級。

64 Gindallian Mangvungh, *Budddhism in Western India,* Meerut: Kusumanjali Prakashan Press, 1990, p. 45.

65 D. Jithendra Das, *The Buddhist Architecture in Andhra*, p. 17.

號的最後一個王號叫做：「Ekabrahmana」。此梵文王號「Ekabrahmana」的中文意思是，「一個婆羅門」的意思。

在佛教經典中，「婆羅門」（Brāhmana or Brahmin）也常扮演非常重要的佛教徒角色。譬如，與支提信仰有關的《彌勒下生經》所載的彌勒（Maitreya），即從兜率天（Tusita heaven）下生（出生）於一個婆羅門的家庭。彌勒的父親叫「修梵摩」（Subrāhmana），意為「好婆羅門」，母親叫「梵摩越」（Brahmāvatī），意為「婆羅門地方的女人」。[66]《彌勒下生經》所載的彌勒在世間出生的種姓，即是婆羅門種姓（Brahmin）或印度教「種姓制度」中的僧侶階級的種姓。

喬達彌子・禪陀迦既用支提信仰建國，而支提信仰又被稱為「彌勒佛下生為轉輪王」的信仰，龍樹奠立的支提信仰或「彌勒佛下生為轉輪王的信仰」，因奠立於《彌勒下生經》所載的彌勒佛下生信仰，喬達彌子・禪陀迦便能稱自己為《彌勒下生經》所載的那「一個婆羅門」或「彌勒」。喬達彌子・禪陀迦事實上有兩個理由可以用「一個婆羅門」的王號：（1）他原本就屬於四種姓中的「婆羅門」階級，及（2）他認為，自己即是《彌勒下生經》所載的，「彌勒佛」下生的那「一個婆羅門」。因為喬達彌子・禪陀迦王所實施的支提信仰，便有視喬達彌子・禪陀迦王為「彌勒佛下生的轉輪王」。喬達彌子・禪陀迦王既對印度教的「種姓制度」作有諸多的批評，我們因此推測，其用「一個婆羅門」的王號，並不是因為他要說明其是屬於印度教「種姓制度」的婆羅門階級的人物；而是要說明，其是《彌勒下生經》所載的「彌勒佛下生的轉輪王」，因此其視自己為《彌勒下生經》所載的彌勒佛下生的那「一個婆羅門」。

龍樹奠立的支提信仰性質，與貴霜或犍陀羅奠立的《彌勒下生經》所載的彌勒佛下生信仰的性質，並不完全相同。但我們可以看出，龍樹的支提信仰不但與《彌勒下生經》所載的「彌勒佛下生信仰」有密切的關聯，而且龍樹還明顯的將其支提信仰的「彌勒佛下生為轉輪王」的信仰奠立於《彌勒下生經》所載的「彌勒佛下生信仰」上。如果其真實的情形不是如此，喬達彌

66　（西晉）竺法護譯，《佛說彌勒下生經》，《大正》卷 14，頁 421-422。

子‧禪陀迦王不會用《彌勒下生經》所載的那「一個婆羅門」的王號作為其王號，而後來說明、表達自己是「彌勒佛下生為轉輪王」的亞洲帝王，也不會常用《彌勒下生經》所載的「彌勒佛下生三次說法」的信仰，說明及表達其等是「彌勒佛下生的轉輪王」。譬如，武則天在建立大周王朝（統治，690-705）、並發展支提信仰之際，其在龍門「摩崖三佛龕」所造的「一組三尊彌勒佛」並列的造像，即是其時代用《彌勒下生經》所載的「彌勒下生三次說法」的信仰，說明武氏是「彌勒佛下生的轉輪王」。[67]

從喬達彌子‧禪陀迦收復納西克及卡里失土之後，其即積極的在納西克及卡里開鑿佛教石窟及建造支提的活動也能證明，喬達彌子‧禪陀迦在收復失土之後，其已經信奉佛教，並用支提信仰或「彌勒佛下生為轉輪王」的信仰統治娑多婆訶王朝。既是如此，喬達彌子‧禪陀迦無論如何都不會是一位印度學者所言的，印度教徒或一位支持印度教「種姓制度」的帝王。

喬達彌子‧禪陀迦會發展佛教支提信仰的原因，與其母親為佛教徒的身分，應也有密切的關聯。喬達彌子‧禪陀迦之名，之所以會被稱為「喬達彌子」（Gautamīputra or son of Gautamī），乃因其母是位「女佛教徒」或「喬達彌」（Gautamī），故其便被稱為「喬達彌子」或「女佛教徒之子」。我們從喬達彌子‧禪陀迦的母親積極地為喬達彌子‧禪陀迦在納西克開鑿石窟、建造支提，並將其開鑿的納西克石窟第 3 窟的名字，命名為「喬達彌子‧禪陀迦窟」的情形也能看出，其母親有熱衷參與喬達彌子‧禪陀迦發展支提信仰為後者的國教信仰的活動。喬達彌子‧禪陀迦的母親因此非常可能是其在娑多婆訶王朝發展「佛教建國信仰」或支提信仰的重要推手；否則其母親不會在其克服納西克之後，立即便為喬達彌子‧禪陀迦在納西克開鑿石窟並建造支提。

---

67 有關「彌勒佛王」的概念，見後詳述。

第三節　龍樹於「憍薩羅國」發展支提信仰的情形

　　記載龍樹及娑多婆訶王在南印度發展支提信仰活動較具體的佛教文獻，即是玄奘所編撰的《大唐西域記》卷 10。玄奘在其《大唐西域記》卷 10 提到，龍樹及娑多婆訶王的佛教發展活動，都被記載於《大唐西域記》卷 10 所載的「憍薩羅國」及「案達羅國」二國。玄奘用「憍薩羅國」及「案達羅國」兩國談論龍樹的佛教活動不是沒有原因。「憍薩羅國」是龍樹及娑多婆訶王奠立其佛教發展中心或佛教發展總部的地方，而「案達羅國」則是娑多婆訶王朝都城的所在地，也是龍樹建造阿瑪拉瓦底大支提的地方。總的來說，《大唐西域記》卷 10 所載的此二國，即是龍樹與娑多婆訶王發展支提信仰的兩個最重要的地方。我們在下面，因此要根據玄奘的記載，去了解龍樹及娑多婆訶王在南印度此二國發展「佛教建國信仰」的情形。

　　玄奘在《大唐西域記》卷 10 所載的「憍薩羅國」及「案達羅國」，位於今日案達羅省（Āndhra Pradesh）克里希那（the Krishna）河岸的兩處佛教遺址。19 世紀末期之後，西方考古學家便開始在此二處從事考古及挖掘工作，並研究此二國的歷史、文化活動。此二國因是古代娑多婆訶王朝發展其「佛教建國信仰」的重要故地，我們在本章便要談論龍樹於此二國發展支提信仰的情形。龍樹雖然在「憍薩羅國」的「黑蜂山」待過一段時間，但因「黑蜂山」後來發生僧人的「僧諍」事件，「黑蜂山」因此遭遇被娑多婆訶王關閉的命運。[68] 我們推測，龍樹及其弟子在「黑蜂山」被關閉之後，有一部分僧人非常可能即遷移到西藏文獻所言的「龍樹山寺院遺址」（Nāgārjunakoṇḍa）或「吉祥山」（此後，龍樹山）；否則「龍樹山寺院遺址」不會用龍樹之名命名此地；特別是，此地也出土有娑多婆訶王朝的各種遺物。[69] 由於《大唐西域記》及其他

68　（唐）玄奘、辯機原著，季羨林等校注，《大唐西域記校注》卷 10，頁 830。
69　後詳述。

的中國佛教文獻，都沒有提及龍樹和其弟子們在「黑蜂山」被關閉之後遷往何處，我們因此對龍樹在龍樹山寺院遺址或龍樹山發展佛教的情況，基本上並不清楚。龍樹山出土的銘文告訴我們，龍樹山有娑多婆訶王在此流通錢幣的情形，[70] 而龍樹山後來也成為甘蔗王朝發展其支提信仰的主要場地。因此今日的學者都認為，目前在龍樹山保存的支提信仰遺址及造像，基本上都是甘蔗王朝在統治龍樹山的百年中，因發展支提信仰所建造的支提及造像。[71] 我們在下面要談論的「憍薩羅國」的佛教活動情形，即是《大唐西域記》卷 10 所載的，龍樹及娑多婆訶王在「黑蜂山」發展支提信仰的活動情形。

《大唐西域記》卷 10 在「案達羅國」條所談論的佛教活動，主要是談論「案達羅國」的「國大都城」，或也稱「馱那羯磔迦國」（Dhānyakaṭaka）的佛教活動情形。「案達羅國」的國大都城「馱那羯磔迦國」，即是當日娑多婆訶王朝建都的所在地。龍樹在娑多婆訶王朝發展支提信仰之際，因在此都城建有娑多婆訶王朝規模最大的阿瑪拉瓦底大支提，我們在本章因此也要談論娑多婆訶王朝都城的地理位置及有關此城的考古報告。

一 龍樹與娑多婆訶王在黑蜂山發展支提信仰的情形

《大唐西域記》卷 10 雖然在「憍薩羅國」提到龍樹曾居住在「城南的（故）伽藍」，[72] 然龍樹發展支提信仰的中心或基地並不是在此「城南的（故）伽藍」，而是在「憍薩羅國」的「國西南的黑蜂山」。《大唐西域記》如此記載龍樹與娑多婆訶王在「黑蜂山」發展佛教活動的情形：

> 國西南三百餘里至跋邏末羅耆釐山（唐言黑蜂）。崟然特起，峯巖峭險，既無崖谷，宛如全石。引正王為龍猛菩薩鑿此山中，建立伽藍。去山十數里，鑿開孔道，當其山下，仰鑿疏石。其中則長廊步簷，崇臺重閣，閣有五層，層有四

---

70 見後詳述。

71 見本書第五章，〈龍樹與阿瑪拉瓦底大支提的建築及造像〉。

72 （唐）三藏法師玄奘奉詔譯、大總持寺沙門辯機，《大唐西域記》卷 10，《大正》卷 51，頁 824，「憍薩羅國」：「龍猛與提婆」。

院，竝建精舍，各鑄金像，量等佛身，妙窮工思，自餘莊嚴，唯飾金寶。從山高峯臨注飛泉，周流重閣，交帶廊廡。疎寮外穴，明燭中宇。初，引正王建此伽藍也，人力疲竭，府庫空虛，功猶未半，心甚憂感。龍猛謂曰：大王何故若有憂負？王曰：輒運大心，敢樹勝福，期之永固，待至慈氏。功績未成，財用已竭，每懷此恨，坐而待旦。龍猛曰：勿憂。崇福勝善，其利不窮，有興弘願，無憂不濟。今日還宮，當極歡樂，後晨出遊，歷覽山野，已而至此，平議營建。王既受誨，奉以周旋。龍猛菩薩以神妙藥，滴諸大石，竝變為金。王遊見金，心口相賀，迴駕至龍猛所曰：今日畋遊，神鬼所惑，山林之中，時見金聚。龍猛曰：非鬼惑也，至誠所感，故有此金，宜時取用，濟成勝業。遂以營建，功畢有餘。於是五層之中，各鑄四大金像，餘尚盈積，充諸帑藏。招集千僧，居中禮誦。龍猛菩薩以釋迦佛所宣教法，及諸菩薩所演述論，鳩集部別，藏在其中。故上第一層唯置佛像及諸經論，下第五層居止淨人、資產、什物，中間三層僧徒所舍。聞諸先志曰：引正王營建已畢，計工人所食鹽價，用九拘胝（拘胝者，唐言億）金錢。[73]

《大唐西域記》卷 10 在談論「黑蜂山」的佛教發展情形時提到三件事：(1) 引正王為龍樹在「跋邏末羅耆釐山」(Mt. Bhrāmara-giri) 或「黑蜂山」建造伽藍並造五重閣。每層並造有寺院及精舍，而精舍內更造有「量等佛身」的金佛像，(2) 龍樹與引正王在「黑蜂山」所發展的「待至慈氏」的信仰，「功績未成，財用已竭」，及 (3) 龍樹在「黑蜂山」「招集千僧，居中禮誦」。「龍猛菩薩以釋迦佛所宣教法，及諸菩薩所演述論，鳩集部別，藏在其中。故上第一層唯置佛像及諸經論，下第五層居止淨人、資產、什物，中間三層僧徒所舍」。

《大唐西域記》卷 10 記載的龍樹於「黑蜂山」發展佛教的三件事，事實上是玄奘記載龍樹及娑多婆訶王在「黑蜂山」發展支提信仰為娑多婆訶王朝的國教信仰的主要活動內容。《大唐西域記》卷 10 在此處所言的「引正王」，

---

73 （唐）三藏法師玄奘奉詔譯、大總持寺沙門辯機，《大唐西域記》卷 10，頁 930 上，「憍薩羅國」。

乃指娑多婆訶王「喬達彌子‧禪陀迦」。[74]《大唐西域記》卷 10 說,引正王為龍樹在「黑蜂山」起「伽藍」,並造「量等佛身的金像」,或簡稱「等身金佛像」。此處所言的「等身金佛像」,應該不是如玄奘所言的,引正王為龍樹製作的金佛像,而應是龍樹為引正王鑄造的「等身金佛像」。因為中國歷史上許多帝王在發展支提信仰之際,都有為自己造「等身金佛像」或「阿育王像」的情形。譬如,6 世紀統治中國南朝的梁武帝,在以「彌勒佛王」的面貌統治大梁之際,其便有為自己造「等身金佛像」或「阿育王像」的情形。[75]龍樹在阿瑪拉瓦底大支提所造的造像,也造有許多娑多婆訶王以「彌勒佛坐支提下生」的造像及轉輪王像的造像。[76]引正王在「黑蜂山」所造的「等身金佛像」,因此應指龍樹在「黑蜂山」為引正王所造的「彌勒佛下生像」或「轉輪王像」。因為龍樹為娑多婆訶王發展的支提信仰,是一種帝王崇拜的信仰,龍樹所奠立的支提信仰既有視引正王為「彌勒佛下生的轉輪王」,[77]這就是為何龍樹在其發展「佛教建國信仰」的總部或中心「黑蜂山」,要為引正王造其「等身金佛像」的原因。

龍樹不僅在「黑蜂山」有造像的活動,其在「黑蜂山」也有「招集千僧」的活動。龍樹「招集千僧」的原因,自然不是如《大唐西域記》所言,為要「居中禮誦」而已。龍樹在黑蜂山「招集千僧」的原因,自然與龍樹要在娑多婆訶王朝發展支提信仰為其國教信仰的活動有密切的關聯。龍樹在娑多婆訶王朝推動支提信仰的方法,是用在全國各地廣造支提(caitya)的方法,讓娑多婆訶王朝的全民都用「供養支提」的方法,推動娑多婆訶王朝的支提信仰為國教信仰。這就是為何龍樹在其《寶行王正論》要用六句偈語,或八次提到,要「建造支提」及「供養支提」的原因。[78]這也是喬達彌子‧禪陀迦於登位第

74　見下詳述。

75　見本書第七章,〈犍陀羅的支提信仰性質及造像〉;並見王劍華與雷玉華,〈阿育王像的初步考
　　察〉,《西南民族大學學報》,總第 193 期(2007),頁 66。

76　見本書第五章,〈龍樹與阿瑪拉瓦底大支提的建築及造像〉。

77　見後詳述。

78　見下詳述。

十八年，在收復納西克及卡里失土之後，在此二地要立即開鑿石窟及建造支提的原因。

　　龍樹在全國廣造的支提，基本上都用其設計的，具有相同建築形制或建築結構的「關閉式支提」（the closed-up style of caitya）作為其支提的建造模式。我們知道此事的原因是，喬達彌子‧禪陀迦於登位第十八年，在收復納西克及卡里失地之後，其在此二地所建造的小支提，都屬於此類具有統一建築設計的「關閉式支提」。由於文獻闕如，我們不知道龍樹於娑多婆訶王朝發展支提信仰之際，其是否在全國各地也造有「開放式支提」？龍樹在「黑蜂山」召集千僧的目的，除了要用「千僧」成立大眾部「支提派」或「支提山派」外，其也要訓練這些「支提派」的僧人為其在全國各地建造支提、管理支提及提倡支提信仰的活動。我們知道此事，乃因喬達彌子‧禪陀迦的兒子瓦西絲蒂子‧普魯馬偉時代製作的〈大支提銘文〉說，阿瑪拉瓦底大支提是由「支提派」的僧人建造及管理。[79]由此可見，龍樹在成立「支提派」之後，其便依賴「支提派」的僧人為其在娑多婆訶王朝發展支提信仰的各種活動，包括建造支提及造像的活動。

　　龍樹在「黑蜂山」招募千僧之後，他非常重視其「支提派」僧人的訓練及教育工作。《大唐西域記》卷 10 載：「龍猛菩薩以釋迦佛所宣教法，及諸菩薩所演述論，鳩集部別，藏在其中」。此話的意思是，龍樹為了訓練及教育其「支提派」的僧人，其不僅遍搜印度各地的佛教著作，同時在「黑蜂山」成立了一個「佛教圖書館」，作為教育其僧人之用。由此可見，「黑蜂山」當時不但是龍樹為娑多婆訶王朝發展支提信仰的策劃中心或發展總部，「黑蜂山」也是龍樹教養其「支提派」僧人的重要基地。由於「支提派」也被稱為「支提山派」，[80]我們因此知道，「黑蜂山」在龍樹時代，因龍樹在「黑蜂山」發展支提信仰，「黑蜂山」因此有「支提山」之稱。[81]

79　見後詳述。

80　見後詳述。

81　見後詳述。

龍樹既在「黑蜂山」訓練其成立的「支提派」僧人建造支提，甚至造像的方法，龍樹在「黑蜂山」自然也會與這些「支提派」的僧人一起策劃、設計他要在全國各地建造的各式支提，包括阿瑪拉瓦底大支提的建築及造像。這就是為何筆者說，龍樹在發展支提信仰之際，他與他的「僧人集團」一起策劃、發展支提信仰的各種活動的原因。筆者所言的「僧人集團」，主要指龍樹所成立的「支提派」僧人。娑多婆訶王朝在發展支提信仰期間既要花費如此多的財力及物力，養育如此多的僧人，並在全國各地建造不同的支提及造像，我們便能明白，為何《大唐西域記》所載的引正王會說：「功績未成，財用已竭」的原因。

龍樹及其發展支提信仰的僧人集團，在設計「關閉式支提」的建築法之際，其等應也有設計「開放式支提」（the open style of caitya）及「大支提」（mahācaitya）的建造法。因為我們在龍樹於都城建造的阿瑪拉瓦底大支提的建築及造像，便見有龍樹所設計的三種大、小支提的建築結構。所謂「關閉式支提」，乃指此類支提的建築法，從其外部完全看不出此類支提的內部造有佛像；而「開放式支提」的意思是，我們從此類支提的外部，便能見到此類支提的內部造有一佛像的支提建造結構。「開放式支提」與「關閉式支提」的建築形制，基本上相同，都是體積較小，設計較簡單的支提建造形制。龍樹奠立的「關閉式支提」、「開放式支提」及「大支提」此三種支提的建造法或建築形制，後來便成為亞洲各地在發展支提信仰之際，所模仿或沿襲的支提建造法或建造模式。譬如，西元 9 世紀初葉於中爪哇建成的婆羅浮屠遺址（Candi Borobudur, Central Java）的主體建築，便見造有龍樹所設計的三種支提的建築結構。[82]

西藏學者多羅那他（Tāranātha）在其《印度佛教史》中說：「龍樹在丹尼亞卡塔卡（Śrī Dhānyakataka）的支提建造「圍欄」（the boundary wall or railing）。[83] 此

82　見本書第九章，〈《入法界品》的支提信仰性質及造像〉。

83　Tārannātha, *History of Buddhism in India*, edited by Debiprasad Chattopadhyaya and translated by Lama Chimpa and Alaka Chattopadhyaya. Delhi: Motilal Banarsidass, 1990, reprinted, p. 107.

處所言的「丹尼亞卡塔卡」，即指娑多婆訶王朝都城的名字。因此，「丹尼亞卡塔卡的支提」指今日學者通稱的「阿瑪拉瓦底大支提」。[84] 西藏文獻雖然說，龍樹只建造此大支提的「圍欄」，然從各種佛教文獻的記載，我們非常確定，龍樹不僅參與策劃、設計大支提的建築及造像，同時他也參與大支提的建造工作；龍樹甚至是實際上負責策劃及建造大支提建築及造像的主要人物。因為龍樹當時即是主持或負責發展娑多婆訶王朝的支提信仰為其國教信仰的主要人物。龍樹因此不會如多羅那他所言的「龍樹只建造大支提的圍欄」而已。龍樹及其僧人集團，因此是歷史上建造阿瑪拉瓦底大支提的主要人物或建造集團，也是建造阿瑪拉瓦底大支提造像的主要人物或造像集團。由此我們可以說，龍樹及其僧人集團是「案達羅佛教藝術」的創始者或奠基者。

龍樹所撰造的《寶行王正論》及《證明經》，都沒有提到玄奘在《大唐西域記》卷 10 所載的「待至慈氏」此名。[85] 但阿瑪拉瓦底大支提所造的造像卻含有許多「待至慈氏」的造像。就阿瑪拉瓦底大支提所造的「待至慈氏」的造像內容來判斷，「待至慈氏」此詞應有指：「民眾等待彌勒佛下生為轉輪王」的意思。[86]「待至慈氏」此詞因此也有指「支提信仰」的意思。[87] 很顯然的，玄奘所知道的支提信仰，即是他所言的「待至慈氏」的信仰。因此他在《大唐西域記》便使用「待至慈氏」此詞說明娑多婆訶王與龍樹共同發展的「佛教建國信仰」活動。

■二 大眾部支提派或制多山派的成立及活動情形

（1）佛教銘文及文獻所談論的制多山派

我們之所以知道龍樹在「黑蜂山」所成立的大眾部派是「支提派」的原因是，「支提派」的名字不僅出現在龍樹策劃、建造的「阿瑪拉瓦底大支提」

84　見後詳述。

85　見下詳述。

86　見本書第五章，〈龍樹與阿瑪拉瓦底大支提的建築及造像〉。

87　見本書第五章，〈龍樹與阿瑪拉瓦底大支提的建築及造像〉。

出土的銘文，也見載於中文佛教歷史文獻《大唐西域記》。雖然玄奘沒有在《大唐西域記》提到「支提派」產生的背景，然由於此部派的出現與龍樹發展的支提信仰活動有密切的關聯，我們在下面也要花費一些篇幅談論「支提派」在歷史上的活動情形。大支提出土的瓦西絲蒂子‧普魯馬偉時代的〈大支提銘文〉(Inscriptions of Mahācaitya) 說：

> 在瓦西絲塔 (Vasishtha) 王后的兒子瓦西絲蒂子‧普魯馬偉大王（統治）的這一年，兩位頻達素他利亞 (Pimdasutariyas) 家長、庫呼塔拉 (Kahūtara) 家長，及普利 (Puri) 家長的兒子以斯拉 (Isila) 和他的兄弟、母親、姐妹及妻子⋯⋯等在西門立一法輪 (Dharmacakra)，作為奉獻給制底派 (the Chaitikīyas，支提派) 所擁有的至上者 (the Exalted one) 的大支提 (the Great Chaitya, or Mahāchetiye) 的禮物。[88]

上面這段銘文說，在喬達彌子‧禪陀迦的兒子瓦西絲蒂子‧普魯馬偉統治娑多婆訶王朝的時代，其人民有在大支提增設「法輪」的活動。當時在大支提增設的「法輪」，是「作為奉獻給制底派 (the Chaitikīyas，支提派) 所擁有的至上者的大支提的禮物」。此處所言的「制底派所擁有的至上者的大支提」，有「大支提是制底派建造及管理」的意思。「制底派」或「支提派」既是龍樹於「黑蜂山」成立的大眾部派，我們從此銘文便能證實筆者所言的，龍樹在「黑蜂山」成立「支提派」的目的，與龍樹要在全國建造大、小支提的活動有密切的關聯。日本學者平川彰在其書《印度佛教史》提到，大支提至少有四種以上出土的銘文提到「制多山派」（支提山派）的名字，並如此解釋「制多山部」的活動性質：

> 南印度的阿摩羅伐提 (Amaravati，諸神住處) 也發現有四種以上制多山部 (Caitika) 的碑文，不能說與西元三至四世紀興盛過的阿摩羅伐提大塔 (mahācetiya) 沒關係，但制多山部說供養佛塔果報不多。」[89]

從上面此段平川彰所說的話，我們可以看出，平川彰將「阿摩羅伐提大塔」（阿

---

88 Jas Burgess, The Buddhist Stupas of Amaravati and Jaggayyapeta in the Krishna District, Madra Presidency, Surveyed in 1882, in *Archaeological Survey of Southern Indian*, Vol. 1. Varnasi: Indological Book House, 1970, p. 100.

89 平川彰著，莊崑木譯，《印度佛教史》，頁 231。

瑪拉瓦底大支提）的建造時間定在 3-4 世紀之間的說法，與筆者在上面所定的，
龍樹發展支提信仰及建造大支提的時間是在 2 世紀中期左右或 2 世紀後半葉
初期的說法，有相當的出入。由於此大支提出土的銘文不斷提到「制多山派」
的名字，我們因此知道，「制多山派」或「支提派」是一個與大支提的建造及
發展有密切關聯的大乘佛教部派。

　　平川彰在此所言的「佛塔」，有同時指「舍利塔」或「佛塔」及「支提」
的意思。因為其有將「阿瑪拉瓦底大支提」視為「佛塔崇拜」（Stūpa worship）
所造的「大塔」（Great Stūpa）。由於平川彰將「佛塔崇拜」視為大乘佛教崛起
的重要因素，因此他在談論「佛塔崇拜」之際，便將阿瑪拉瓦底大支提視為
「佛塔崇拜」的重要例子。[90] 平川彰在上面所說的話，並沒從支提信仰或「制
多山部」成立的背景說明，為何「制多山部」會說：「供養佛塔果報不多」。
平川彰認為：「在部派佛教裡雖然也進行供養佛塔，但由於僧團與佛塔（信仰）
並未融合，可以看到不歡迎信眾供養佛塔的言論」。[91] 平川彰也說，僧團不希
望「佛塔崇拜」變得太興盛的原因是，「佛塔崇拜」成為信眾的信仰後，便成
為大乘興起的一個原因。[92] 平川彰認為，大乘側重的在家眾信仰，（因）與「佛
塔崇拜」的活動有密切的關聯，因此他從「佛塔崇拜」與在家眾的關係說明
大乘興起的原因。我們從平川彰的解釋可以看出，平川彰和大部分的學者一
樣，不僅不清楚「支提」（caitya）與「塔」（stūpa）的區別，[93] 同時也不知道，「供
養支提」與「佛塔崇拜」是兩種性質不同的供養活動，因此其便將「供養支
提」與「佛塔崇拜」混為一談。「制多山派」會說：「供養佛塔（支提）果報不
多」的原因，乃因「制多山派」完全知道，龍樹所提倡的支提信仰或「供養
支提」的信仰及行法，是一種提倡「佛教建國信仰」的信仰及行法，與佛教
修行沒有太大的關聯，因此「制多山派」才會說：「供養佛塔（支提）果報不
多」。

90　平川彰著，莊崑木譯，《印度佛教史》，頁 205-205 及頁 230。

91　平川彰著，莊崑木譯，《印度佛教史》，頁 231。

92　平川彰著，莊崑木譯，《印度佛教史》，頁 230-233。

93　見下面說明支提與塔的區別。

事實上不只日本學者平川彰不清楚「制多山派」在歷史上出現的背景及作用，中國學者呂澂對「支提派」或「制多山派」的發展情形也不甚清楚。因為呂澂說，大眾部「制多派」（支提派）的發展中心是在娑多婆訶王城「馱那羯礫迦國」：

> 南方大眾各派，都是崇拜制多（支提）作為學說重點。從文獻記載，制多部原名「說制多」（the Caityavāda），其名既有以制多為其主要主張之意。分裂原因，則由於五事爭論。從考古資料看，他們崇拜制多，在遺物上亦斑斑可考。說制多的中心地點是在馱那羯礫迦國（Dhanakataka），位於印度的東南部（比阿育王用殘酷手段征服的羯陵迦還南一些），玄奘曾到過那裡。此處有大塔，通稱阿摩羅縛提塔（阿瑪拉瓦底大支提）。塔身刻有「大制多」，即屬東山、西山等派的。[94]

呂澂所言的「說制多」或「制多派」，即指當時龍樹在「黑蜂山」所成立的「支提派」或平川彰所言的「制多山派」。我們不知道，「崇拜制多」或「供養支提」的行法，是否可以如呂澂所言，「作為學說重點」來看待。因為龍樹的「支提信仰」或「供養支提」的行法，就《寶行王正論》所言，是一種娑多婆訶王朝為要建立佛國所提倡的大乘「佛教建國信仰」的方法或行法。因此「崇拜制多」是否可以被稱為「學說重點」，就有商討的餘地。

呂澂似乎也不知道，「制多派」（支提派）是龍樹為了要在娑多婆訶王朝提倡及發展支提信仰，而在「黑蜂山」或「制多山」所成立的一個大眾部支派；因此他說，「制多派」的中心，是玄奘去過的娑多婆訶王朝的都城「馱那羯礫迦國」，便有問題。呂澂似乎也沒有注意到，阿瑪拉瓦底大支提出土的銘文載有此大支提屬於「支提派」所有（建造及管理），因此他說，此大支提「屬東山、西山等派」的話，自然也有商榷的餘地。

（2）支提與塔的定義

學者對「支提派」或「制多派」的了解，與學者一直以來對「支提」及「塔」的定義及了解不甚清楚有極大的關聯。「支提」（caitya）此詞，在「支提信仰」中因是一個重要的關鍵詞（key word），我們因此對此詞的定義要弄清

94　呂澂，《印度佛學源流略論》，頁 119-120。

楚，才能了解龍樹奠立「支提信仰」的性質及意義。龍樹除了在其撰造的《寶行王正論》不斷的提到要「建造支提」及「供養支提」的行法外，[95] 龍樹在其撰造的《證明經》[96] 也提到：彌勒佛是由兜率天坐「支提」（雀梨浮屠）下生的信仰。《證明經》載：

> 爾時彌勒告普賢菩薩言：吾下之時，或多率天上雀梨浮圖，或從空而下，或閻浮履地從地踊出，或北方來，或東方來，或南方來，或西方四維上下，不可思議。十方恆河沙菩薩、六趣眾生，無能測佛智。佛言：唯有普賢菩薩乃能測佛智。爾時雀梨浮圖從空而下。[97]

唐代義淨在其《大唐西域求法高僧傳》卷二記載那爛陀（Nālandā）佛教遺跡時說，「雀梨浮圖」即指「制底」或「支提」。《大唐西域求法高僧傳》卷二載：

> 次此西南有小制底，高一丈，是婆羅門執雀請問處。唐云雀梨浮圖，此即是也。[98]

由義淨此說，我們知道，《證明經》所載的彌勒佛由兜率天坐「支提」下生的信仰，即是我們所說的支提信仰。「支提」與「浮圖」或「塔」（stūpa）雖有相同的建築結構或建築形制，然「支提」與「塔」的功用卻不同。因為龍樹在其《寶行王正論》說，「支提」內造有「聖尊人」或「佛像」：「支提聖尊人／供養恆親侍」。[99] 同《寶行王正論》也說：「佛像及支提／殿堂及寺廟／最勝多供具／汝應敬成立」。[100] 由此，「支提」與「塔」的不同處是，「支提」內部造有佛像。法顯（337-422）及佛陀跋陀羅（Buddhabhadra, 359-429 C.E.）在 5 世紀初期在中國南朝共同翻譯的大眾部律法《摩訶僧祇律》，也記載有相同的

95　見下詳述。

96　有關龍樹撰造《證明經》此事，見本書第五章，〈龍樹與阿瑪拉瓦底大支提的建築及造像〉。

97　《普賢菩薩說證明經》，《大正》卷 85，頁 1367 中。

98　（唐）三藏法師義淨撰，《大唐西域求法高僧傳》卷 2，《大正》卷 51，頁 6 中。

99　見下詳述。

100　見下詳述。

支提定義。[101] 唐代（618-709）釋道世（卒於 683）在其《法苑珠林》引《摩訶僧祇律》所載的「支提」與「塔」的區別，也如此說明「支提」與「塔」的功用不同：

佛言：亦得作支提，有舍利者名塔，無舍利者名支提……此諸支提得安佛、華蓋、供養物。[102]

由釋道世對「支提」及「塔」所作的定義：「有舍利者名塔，無舍利者名支提……此諸支提得安佛、華蓋、供養物」，我們知道，「支提」與「塔」的功用非常不同，「塔」是作為收藏舍利之用，而「支提」內部則造有佛像、華蓋（白蓋）及供養物。由於「支提」是支提信仰的最重要象徵物（symbolism），龍樹在其《寶行王正論》中因此用六句偈語、八處提到要「建造支提」及「供養支提」的行法。[103] 龍樹所言的「供養支提」的方法，因此不是供養佛塔或崇拜佛塔的方法，而是「供養支提」及其佛像的方法。我們知道「支提」內造有佛像的原因是，因為《證明經》說，彌勒佛坐「支提」下生為轉輪王，因此「供養支提」的行法，事實上是供養彌勒佛坐「支提」下生的行法。[104] 這種「供養支提」的行法，因此與供養佛舍利塔或「供養七寶塔」的行法 [105] 及性質完全不同。龍樹如此強調「供養支提」行法的原因是，龍樹因要用此「供養支提」的行法將支提信仰變成娑多婆訶王朝的國教信仰。龍樹如此強調「供養支提」的行法，顯然深受貴霜用「供養行法」作為其用「佛教建國信仰」的基本方法的影響。[106] 這就是龍樹要在全國建造大、小支提供其國人行「供養支提」行法的原因。

過去的學者對於「塔」和「支提」的性質及功用，基本上都沒有作甚麼區別的緣故，中國許多譯經僧在翻譯佛經之際，除了常將「支提」一詞翻譯

---

101 見下詳述。

102 （唐）釋道世撰，《法苑珠林》，《大正》卷 53，頁 580 中。

103 見下詳述。

104 見後詳述。

105 有關「供養七寶塔」的行法，見本書第二章〈大乘佛教建國信仰的奠立者——貴霜王丘就卻〉。

106 見本書第二章，〈大乘佛教建國信仰的奠立者——貴霜王丘就卻〉。

成「塔」或「塔廟」外，[107] 唐代有名的譯經僧義淨，在 7 世紀後半葉到印度去巡禮佛跡時，縱然見到當時的印度尚有「供養支提」的活動，但義淨在其《南海寄歸內法傳》中談論「禮敬支提」（caityavandana）的場合，還是沒有將「塔」和「支提」的區別說明清楚。義淨說：

> 大師世尊既涅槃後，人天並集以火焚之，眾聚香材遂成大積，即名此處以為質底（支提），是積聚義。據從生理，遂有制底之名。又釋，一想世尊眾德俱聚於此，二乃積甎土而成之，詳傳字義如是，或名窣覩波（塔），義亦同此。舊總云塔，別道支提，斯皆訛矣，或可俱是。[108]

由於義淨沒有將「塔」和「支提」的區別說明清楚，現代的學者在義淨的影響下，不但將阿瑪拉瓦底大支提視為「大塔」，而且在定義「塔」和「支提」此二詞之際，也都沒有將「塔」和「支提」的區別說明清楚。譬如，參與考古挖掘大支提工作的英國考古學家傑士・布吉斯（Jas Burgess, 1832-1916）便將「支提」視為「塔」：

> 在銘文裡，此建築物（古案：指阿瑪拉瓦底大支提）叫做「大支提」（Mahācaitya），或屬於「支提派」（the Chaitika School）所擁有的「聖者」（the Holy One, Buddha）的「大支提」（Great Caitya）。支提基本上被視為「埋葬堆」（the funeral pile）、「堆」、「紀念性建築物」，甚至「祭祀臺」……「窣覩波」（stūpa，塔），與支提差不多同義，只是指較大的支提或無頂者。如果此兩者被視為崇拜對象的話，它們都應該收藏有佛的舍利或本派大師的舍利。[109]

由於傑士・布吉斯將「塔」和「支提」都視為收藏「舍利」的建築物，因此他認為，阿瑪拉瓦底大支提，或屬於「支提派聖者的大支提」，與收藏舍利的「窣覩波」或「塔」，「差不多同義」。傑士・布吉斯此話的意思是：阿瑪拉瓦底大支提的建造性質與「塔」差不多，因此大支提可能是收藏「支提派」的「聖者舍利」的建築物。這就是傑士・布吉斯在翻譯銘文所言的大支提的

---

107 見本書第九章，〈《入法界品》的支提信仰性質及造像〉，也見下詳述。

108 （唐）三藏法師義淨，《南海寄歸內法傳》卷 3，《大正》卷 54，頁 222 中。

109 Jas Burgess, "The Buddhist Stupas of Amaravati and Jaggayyapeta in the Krishna District, Madra Presidency, Surveyed in 1882," in *Archaeological Survey of Southern Indian*, Vol. 1, pp. 23-24.

地方，將此大支提視為「聖者或佛陀的大塔」的原因。顯然的，傑士・布吉斯也不清楚「支提」與「塔」的區別，及「支提」沒有收藏舍利的特性。東、西方學者因對「塔」和「支提」的性質及功用都沒有作清楚的劃分及釐清，因此他們似乎都不知道，龍樹在歷史上有奠立支提信仰之事或提倡「供養支提」的活動。這就是為何羅拔・諾斯（Robert Knox）在談論阿瑪拉瓦底大支提的建造性質時，因只知歷史上有「佛塔崇拜」的活動，便將阿瑪拉瓦底大支提的建造原因視為「佛塔崇拜」所致，並稱阿瑪拉瓦底大支提為「大塔」（Mahāstūpa, or Great stūpa）。[110] 學界這種研究「塔」和「支提」的混亂情形，也出現在印度。譬如，參與阿瑪拉瓦底大支提考古挖掘工作的印度考古藝術史學家蘇柏拉曼尼安（K. S. Subramanian）也認為，「塔」和「支提」的原義相同，都被視為「埋葬堆」，但後來「支提」被視為有塔形建築結構的寺院。[111] 在學界如此研究「塔」和「支提」的歷史背景下，我們自然無法分辨「塔」和「支提」的性質。這對我們研究支提信仰的活動造成極大的困擾。因此如果我們不將「塔」和「支提」的功用及性質作清楚的區分，我們就無法了解龍樹所奠立的支提信仰性質及作用。

　　中文佛教文獻《異部宗輪論》不僅載有「支提派」的名稱，同時也稱「支提派」為「制多山派」或「支提山部」（the Caityagirivāda）。世友菩薩造，玄奘翻譯的《異部宗輪論》稱「支提派」為「制多山派」的原因，自然與「支提派」成立於「黑蜂山」有密切的關聯。換言之，因為「支提派」成立於「黑蜂山」，而因「黑蜂山」是龍樹策劃、發展支提信仰的中心或基地，「黑蜂山」在當時顯然也有「制多山」或「支提山」之稱。這就是龍樹在「黑蜂山」或「制多山」成立的「制多派」，也有「制多山派」稱號的原因。《異部宗輪論》在談論「制多山派」時，也提到「大天居制多山」（the Caityagiri），並於「制多山」肇始大眾部分裂的事。這段有關大天在「制多山」肇始的「僧諍」事件

110　Robert Knox, *Amaravati: Buddhist Sculpture from the Great Stupa*, London: British museum Press, 1992, p. 9.

111　K. S. Subramanian, *Buddhist Remains in South India and Early Andhra History, 225 to 610 A.D.* New Delhi: Cosmo Publications, 1981, p. 13.

或大眾部派分裂事件，也是我們了解龍樹與其弟子大天的關係，及龍樹在「黑蜂山」發展支提信仰的一些情況。《異部輪論》如此記載大天肇始的「僧諍」事件：

> 第二百年滿時，有一出家外道，捨邪歸正，亦名大天。大眾部中出家受具，多聞精進，居制多山。與彼部僧重詳五事，因茲乖諍，分為三部：一制多山部、二西山住部、三北山住部，如是大眾四破或五破。[112]

《異部宗輪論》說，大天（Mahādeva）在大眾部出家，並居「制多山」。大天之所以會在大眾部出家，並「居制多山」的原因是，大天乃是龍樹的入室弟子或傳法弟子，龍樹既以大眾部領袖的姿態在「黑蜂山」或「制多山」發展支提信仰，大天在當時自然以龍樹繼承人的身分追隨龍樹，並居住在「黑蜂山」。[113] 龍樹因是當時大眾部僧人的領袖，因此大天自然也隨龍樹在大眾部出家。《異部宗輪論》說，大天是在制多山，「與彼部僧重詳五事，因茲乖諍，分為三部」。《異部宗輪論》此說的意思是，大天在「制多山」或「黑蜂山」因對「五事」的看法與其他僧眾不同，「因茲乖諍」，並造成大眾部在「制多山」分裂成三部。這就是《異部宗輪論》說：「四破或五破」的意思。玄奘在《大唐西域記》的「黑蜂山」條也提到，「黑蜂山」因有「僧徒忿諍」，因此「黑蜂山」遭遇被關閉的命運。玄奘雖然提到此事，但他並沒有告訴我們，是何人及何因造成「僧徒忿諍」事件的發生，[114] 更沒有說，因「僧徒忿諍」而造成大眾部的分裂。

雖是如此，我們推測，《大唐西域記》所載的「僧徒諍起，言議相乖」的事件，乃指《異部宗輪論》所載的，大天「與彼部僧重詳五事，因茲乖諍」的事件。我們如此推測的原因是，《異部宗輪論》所言的「大天」，就是指《大唐西域記》提到的，自執師子國（Śrī Lanka）來向龍樹「論議」，並因之而成為龍樹弟子的「提婆菩薩」（Bodhisattva Deva）。提婆在向龍樹「論議」或挑戰之

---

112 世友菩薩造，（唐）三藏法師玄奘譯，《異部宗輪論》，《大正》卷49，頁15中。

113 見下詳述。

114 見（唐）玄奘、辯機原著，季羨林等校注，《大唐西域記校注》卷10，頁830。

後，龍樹對提婆的學問及辯才印象深刻，並說：

後學冠世，妙辯光前，我為衰耄，遇斯俊彥，誠乃寫瓶有寄，傳燈不絕，法教弘揚，伊人是來，幸能前席，雅談玄奧。[115]

龍樹此話的意思是，龍樹因提婆的學問及辯才而收了提婆作為其入室弟子或繼承人。提婆自此之後必與龍樹同居住於龍樹發展支提信仰的「黑蜂山」或「制多山」。

《提婆菩薩傳》如此載「提婆菩薩」：「提婆菩薩者，南天竺人，龍樹菩薩弟子，婆羅門種也。博識淵攬，才辯絕倫，擅名天竺，為諸國所推。」[116] 提婆在當時顯然已是一位「博識淵攬，才辯絕倫」，名聞南印度的僧人。《提婆菩薩傳》說，提婆原本是信奉其國的「大天神」，後隨龍樹出家，成為信奉佛教的龍樹弟子。[117]《提婆菩薩傳》所載的提婆早期信仰的情形，與《異部宗輪論》所載的大天早期信仰的情形完全吻合，都如此說他：「有一出家外道，捨邪歸正」。

《提婆菩薩傳》也說，提婆非常好辯，其以挑戰者的姿態「自執師子國來求（龍樹）論議」，而成為龍樹的弟子。提婆也因其好辯的個性，而被與其辯論失敗的婆羅門弟子以刀破腹而死。[118] 由此我們推測，提婆因其好辯的個性而造成《大唐西域記》所載的，「僧徒諍起，言議相乖」的局面，或《異部宗輪論》所載的，大天因其「與彼部僧重詳五事，因茲乖諍」的事件。《異部宗輪論》及《大唐西域記》二佛教文獻所載的僧諍事件，都因為爭論佛教教義或「五事」而起，而此事件因都發生在當時龍樹發展支提信仰的「制多山」或「黑蜂山」，此二佛教文獻所談論的事件，自然都指龍樹弟子大天或提婆所造成的「僧諍」事件或大眾部分裂的事件。

筆者認為，佛教文獻所言的「提婆」或「大天」，都指同一人物的原因有

---

115 見（唐）玄奘、辯機原作，季羨林等校注，《大唐西域記校注》卷 10，「憍薩羅國」，「龍猛與提婆」，頁 825。

116 （姚秦）三藏法師鳩摩羅什譯，《提婆菩薩傳》，《大正》卷 50，頁 186 下。

117 （姚秦）三藏法師鳩摩羅什譯，《提婆菩薩傳》，《大正》卷 50，頁 186 下-187 上。

118 （姚秦）三藏法師鳩摩羅什譯，《提婆菩薩傳》，《大正》卷 50，頁 187 下。

三：（1）兩人都住在「制多山」或「黑蜂山」，並都是大眾部僧人。（2）《異部宗輪論》所言的「大天」（Mahādeva）好辯的個性及學佛的經歷，與《提婆菩薩傳》所載的「提婆」或「聖天」（Āryadeva）好辯的個性及學佛經歷完全一致，都由學習異教轉成佛教。[119]（3）兩人的名字都叫做「大天」或「提婆」（Deva，意為「天」）。故此二佛教文獻所言的大眾部分裂事件或「僧諍」事件，都指龍樹弟子大天或提婆因好爭議而在「黑蜂山」造成的「僧諍」或大眾部分裂事件。

大天進住「制多山」或「黑蜂山」造成大眾部分裂的事件說明，當日的「制多山」確實曾是佛教大眾部在歷史上的一個非常重要活動中心，否則大眾部的分裂事件不會發生在「制多山」或「黑蜂山」。《大唐西域記》在上面提到的「僧諍」事件，被記載於龍樹在「黑蜂山」「招集千僧」的活動之後。《大唐西域記》載：

> 僧徒諍起，言議相乖，兇人伺隙，毀壞伽藍。於是重關反拒，以擯僧徒。自爾以來，無復僧徒。[120]

很顯然的，自「僧諍」事件發生之後，「黑蜂山」因有「毀壞伽藍」及僧人被擯的事件接連發生，「黑蜂山」最後終於遭遇到被關閉的命運，並成為「無復僧眾」的地方。

《異部宗輪論》說，大天「與彼部僧重詳五事，因茲乖諍」之後，大眾部分裂成三部：「一制多山部、二西山住部、三北山住部」。由此，我們非常確定，「支提派」或「制多山派」，必是在「黑蜂山」成立的新大眾部派。就當時龍樹以大眾部僧人領袖的身分「招集千僧」成立「支提派」的情形來判斷，當時住在「黑蜂山」的僧人，除了少數的僧人是龍樹早期的弟子外，黑蜂山大部分的大眾部僧人，應都屬於龍樹新成立的「制多山部」或「支提派」的僧人。由此，我們推測，黑蜂山在「僧諍」之前，大眾部在「黑蜂山」的僧人數目應該不少，至少有千人以上。

119　（姚秦）三藏法師鳩摩羅什譯，《提婆菩薩傳》，《大正》卷 50，頁 186。

120　（唐）玄奘及辯機原著，季羨林等校注，《大唐西域記校注》卷 10，頁 830。

玄奘及其他的佛教文獻基本上都沒有告訴我們,「黑蜂山」的僧人何時被擯、提婆或大天是否在僧人被擯之前即被殺害,及娑多婆訶王在僧人被擯之後是否還繼續發展支提信仰的活動?從這些佛教文獻的記載,有一件事我們非常確定,那就是,「黑蜂山」作為龍樹發展支提信仰的基地,在僧人被擯之後,即停止運作。我們因此推測,「黑蜂山」的大眾部餘僧,在「僧諍」之後,有一小部分的僧人可能去了「龍樹山寺院遺址」,或簡稱「龍樹山」,而大部分的僧人,包括龍樹,則可能去了娑多婆訶王朝都城的「大眾部大伽藍」。因為 19 世紀之後在「龍樹山寺院遺址」(龍樹山)的考古挖掘報告告訴我們,在「龍樹山寺院遺址」,除了發現有喬達彌子‧禪陀迦時代鑄造的錢幣及其造幣的模子(coin-moulds)外,也發現有統治娑多婆訶王朝末期最有名的帝王楊集那‧禪陀迦在其統治的第六年製作的一件不完整的銘文。[121] 這些出土的錢幣及銘文都說明,娑多婆訶王朝從喬達彌子‧禪陀迦到楊集那‧禪陀迦時代,此王朝在龍樹山一直有佛教活動的情形。這就是我們推測,在「僧諍」之後,龍樹的一部分弟子可能移居龍樹山的原因。

　　我們如此判斷「僧諍」之後,有一部分的「黑蜂山」大眾部僧人去了龍樹山的原因是,我們在龍樹山發現有大眾部派僧人建造的支提及居住的痕跡。印度考古學家集登扎‧達士如此報告龍樹山建築「塔」或「支提」的情形:

> 龍樹山河谷(Nāgārjunakonda Valley)共出土 32 座塔。這些塔可分為兩類:1、圓桶形底部(wheel-based)的塔;2、石子碎磚建造的塔。這些塔屬於三個比較重要的佛教學派:(1)小乘上座部(Theravāda);(2)大眾部西山住部;(3)多聞部。[122]

　　上面集登扎‧達士對「龍樹山河谷」出土的 32 座「塔」的報告顯示,許多不同大眾部派的僧人,曾居住在「龍樹山河谷」,並在此建造支提。因為所謂「圓桶形底部的塔」,乃指龍樹所設計的支提底部的建築形制。這種圓筒形

121　D. Jithendra Das, *The Buddhist Architecture in Āndhra*, p. 61.

122　D. Jithendra Das, *The Buddhist Architecture in Āndhra*, p.62.

支提底部的建造法，與我們在納西克及卡里所見的支提底部的建造法，完全相同。這些龍樹設計的支提在「龍樹山河谷」出現，說明龍樹時代，甚至之後，曾有不少的大眾部僧人在此居住並建造支提。除此之外，大眾部「西山住部」（the Aparaśaila）及「多聞部」（the Bahaśrutīya）的僧人，[123] 也有在「龍樹山河谷」居住及建造支提的情形。因為集登扎·達士也提到，大眾部「西山住部」及「多聞部」所造的「塔基」，也是圓桶形的塔基。這說明，在「龍樹山河谷」居住的大眾部僧人，除了有大眾部「西山住部」及「多聞部」外，還有其他的大眾部僧人，而這些無名的大眾部僧人，非常可能就是移自「黑蜂山」的大眾部「支提派」僧人。這些大眾部僧人都明顯的沿襲龍樹奠立的支提建造法，建造他們的支提。[124] 我們雖然無法證明，在「黑蜂山」關閉之後，有大眾部的僧人遷往龍樹山，然從娑多婆訶王朝亡滅之後，「西山住部」成為甘蔗王朝發展支提信仰的主要部派此事來看，我們推測，龍樹山的發展，可能在龍樹的時代已經開始，到了甘蔗王朝的時代，此部派便明顯的取代了「支提派」在龍樹山主持發展支提信仰的地位。這就是甘蔗王朝所發展的支提信仰內容及造像法，與龍樹時代所發展的支提信仰內容及造像法，如此相像並一致的原因。[125]我們從龍樹山出土有喬達彌子·禪陀迦到楊集那·禪陀迦時代鑄造的錢幣及銘文也能推測，龍樹山在娑多婆訶王朝統治的時代，一直也是許多大眾部僧人居住的地方，特別是在「僧諍」事件發生之後，「黑蜂山」的大眾部僧人，可能便有一部分移居去了龍樹山，這應該就是「龍樹山河谷」造有如此多「支提」的原因。

集登扎·達士引西藏文獻《布頓佛教史》（Bu-ston's Buddhist History）[126] 說：龍樹很可能只在「黑蜂山」居住一段非常短的時間，因為在該地沒有發現有

---

123 多聞部是在黑蜂山僧諍之前已經存在的一支大眾部派，見世友菩薩造，（唐）三藏法師玄奘譯，《異部宗輪輪》，頁 15 上。

124 D. Jithendra Das, *The Buddhist Architecture in Āndhra*, p. 62.

125 見本書第五章，〈龍樹與阿瑪拉瓦底大支提的建築及造像〉。

126 西藏布頓著，浦文成譯，《布頓佛教史》（*Bu-ston's Buddhist History*），（台北：大千出版公司，2006），頁 153。

舊寺院遺址。「黑蜂山」的關閉，事實上也說明，「黑蜂山」在關閉之後，因僧人的撤離，而沒有遺留任何佛教活動的痕跡。至於龍樹有沒有去過龍樹山居住？我們非常懷疑。照理說，龍樹的主要支提信仰建造活動，都在娑多婆訶王朝的都城。因為龍樹為娑多婆訶王朝建造的阿瑪拉瓦底大支提及其造像，即在都城；而此大支提的建造活動，即是龍樹在娑多婆訶王朝發展支提信仰活動之際，其最關心的最重要建築及造像活動。我們因此推測，龍樹在「僧諍」之後，其很可能就離開「黑蜂山」，並直接去了都城的「大眾部大伽藍」，即「案達羅國」的大眾部發展基地。

「龍樹山寺院遺址」，應指甘蔗王朝在龍樹山定都的「勝利之城」（Vijayapurī, the city of victory）東北面一個叫做「吉祥山」（Śrī Parvata / Śrīparvata）的高地遺址。此處非常可能就是甘蔗王朝在娑多婆訶王朝亡滅後，甘蔗王朝發展支提信仰的最重要基地或中心。今日的「龍樹山寺院遺址」，完全被淹沒於龍樹壩子的河水（Nāgarjunasāgar reservoir）之中。[127]「龍樹山寺院遺址」或龍樹山之所以會用龍樹的名字稱呼此山及遺址，應與甘蔗王朝在龍樹山沿襲龍樹發展支提信仰的方法，發展其「佛教建國信仰」的活動也有密切的關聯。龍樹山在娑多婆訶王朝之後，有可能也被稱為「吉祥山」，故也被稱為「吉祥山」。

從目前的史料及文獻來看，大眾部僧人可以說是龍樹與娑多婆訶王發展支提信仰的最重要擁護者及施行者。這就是為何喬達彌子・禪陀迦在卡里戰役之後，特別去拜訪卡里的大眾部僧團的原因，這也是喬達彌子・禪陀迦在卡里開鑿的石窟規模比其母親巴拉斯利在納西克開鑿的石窟規模較為宏偉並更為精緻的原因。

從娑多婆訶王朝亡滅之後，大眾部「西山住部」常以主持支提建造工作及發展支提信仰的主流大乘學派來看，甘蔗王朝時代的大眾部「西山住部」在娑多婆訶王朝亡滅之後，明顯的取代了之前的大眾部「支提派」發展支提信仰的地位。出土的〈龍樹山大支提銘文〉（Inscriptions of the Mahācetiya at

---

127 D. Jithendra Das, *The Buddhist Architecture in Āndhra*, p. 60.

Nāgārjunakonda）說：「此大支提隸屬大眾部西山住部（the Aparamahāvinaseliya sect of the Mahāsāmghikas）所擁有」。[128] 此話的意思是，此「龍樹山大支提」是由大眾部「西山住部」建造及管理的「大支提」。一個時代建造的「大支提」，不但有作為其時代發展支提信仰的象徵物，而且也有說明，其是該時代規模最大的支提建築物。故主持策劃及建造此「龍樹山大支提」的「西山住部」，必是此時代最重要的佛教部派。這就是為何阿瑪拉瓦底大支提是由大眾部「支提派」負責建造及管理的原因，這也是「龍樹山大支提」之所以由當時負責主持甘蔗王朝發展支提信仰的大眾部「西山住部」建造及管理的原因。

「黑蜂山」的「僧諍」事件發生之後，大部分參與發展及建造大支提的僧人，包括龍樹，很可能都直接遷往玄奘在「案達羅國」所載的「國大都城」，即「馱那羯磔迦國（Dhanakataka）的「大眾部大伽藍」。玄奘所言的「馱那羯磔迦國」，即指娑多婆訶王朝都城的名字。[129] 我們如此推測「黑蜂山」在「僧諍」之後，龍樹及其支提信仰的發展集團的僧人遷移至娑多婆訶王朝都城「大眾部大伽藍」的原因是，娑多婆訶王朝並沒有因為「僧諍」的事件而停止其發展「佛教建國信仰」或支提信仰的活動。玄奘在古代「馱那羯磔迦國」所見的「大眾部大伽藍」（the Mahāsanghārāma of the Mahāsānghikās）或大眾部大寺院，應該就是龍樹在娑多婆訶王朝發展支提信仰之際，建造的全國規模最大的大眾部「大伽藍」；否則此「大眾部大伽藍」（此後，大伽藍）的建築不會造在娑多婆訶王朝的都城，而此「大伽藍」的建造規模也不會如此龐大。事實上，此「大伽藍」很可能就是當時娑多婆訶王朝，甚至南印度，大眾部建造的最大規模的「大眾部大伽藍」。玄奘在 7 世紀初葉來到「馱那羯磔迦國」考察佛跡時說，他在「馱那羯磔迦國」所看到的衰敗「大眾部大伽藍」，仍具相當的規模，並還有「僧徒千人」居住其間。由此，我們可以想像，當日龍樹在此國發展支提信仰的盛況。玄奘說：

---

128 Elizabeth Rosen Stone, *The Buddhist Art of Nagarjunakonda*, p. 14.
129 見後詳述。

伽藍鱗次，荒蕪已甚，存者二十餘所，僧徒千人，並多習學大眾部法。[130]

　　龍樹在「黑蜂山」所設立的支提信仰發展中心，主要作為龍樹策劃、發展支提信仰及訓練僧人建造支提及造像之用。龍樹當日會在「駄那羯礫迦國」建造如此大規模的「大眾部大伽藍」，自然與龍樹帶領其大眾部的弟子或僧人，為當時的娑多婆訶王朝主持其國教信仰的活動有極大的關係；也與龍樹及其弟子在都城建造當日全國規模最大的阿瑪拉瓦底大支提的活動有密切的關聯。我們在中國的佛教文獻也常讀到，帝王在發展「佛教建國信仰」之際，主持佛教發展的僧人，常也需要進宮報告其等發展佛教信仰的情形，甚至要為帝王主持各種佛教活動及儀式。譬如，為帝王登基灌頂，並將帝王推上其轉輪王位的活動，及訓練僧人到全國各地去傳教等工作。[131] 娑多婆訶王在都城為龍樹及其弟子建造「大眾部大伽藍」，因此不是沒有原因；特別是，龍樹及其發展支提信仰的僧人，在「黑蜂山」關閉之後，日夜還需要為發展支提信仰操勞，更要為繼續建造阿瑪拉瓦底大支提的建築及造像工作及操心，他們因此都需要一座工作及休息的大伽藍。

　　從出土的阿瑪拉瓦底大支提的石雕造像，我們便能想像，「大支提」的建築及造像活動，需要許多僧人及工匠日以繼夜的工作。在沒有機器操作的時代，每一塊石板，從石塊用人工切割到磨平的石板，便需要一段時間。如果石板需要雕刻支提信仰的造像，那又是另一段長時間的雕刻及造像工作。我們完全沒有阿瑪拉瓦底大支提建築及造像活動的記錄及文獻，因此只能靠我們的想像力去推測此大支提的建築及造像情況。

　　龍樹及其僧人集團，大概在「黑蜂山」時，大體已將阿瑪拉瓦底大支提的建築及造像的平面圖及造像圖案都已設計完善，因此實際的建築及造像工作，基本上都要在都城的「大眾部僧伽藍」及大支提的建築場地進行、完成。「黑蜂山」的「僧諍」事件發生之後，被撤離的「黑蜂山」僧人及工作，非常

130　（唐）三藏法師玄奘奉詔譯、大總持寺沙門辯機，《大唐西域記》卷 10，「案達羅國」，「駄那羯礫迦國」，頁 839。

131　見古正美，《從天王傳統到佛王傳統》第二章，〈東南亞的天王傳統與後趙石虎時代的天王傳統〉，頁 80-81。

可能都被轉送到都城的「大眾部僧伽藍」及大支提的建築場地。這就是筆者推測,「大眾部僧伽藍」從此取代了「黑蜂山」的功用及地位的原因。

阿瑪拉瓦底大支提出土的,瓦西絲蒂子・普魯馬偉製作的〈大支提銘文〉告訴我們,喬達彌子・禪陀迦的兒子瓦西絲蒂子・普魯馬偉在統治娑多婆訶王朝的時代,阿瑪拉瓦底大支提基本上已經建造完成,只有一些瑣碎的工作,如增建「法輪」的工作等,尚需補造。從此出土的〈大支提銘文〉,我們知道,龍樹所奠立的支提信仰,並沒有因為「黑蜂山」的「僧諍」事件娑多婆訶王朝便完全停止其提倡支提信仰的發展工作;相對的,龍樹所奠立的支提信仰,直至喬達彌子・禪陀迦之子瓦西絲蒂子・普魯馬偉統治的時代,甚至之後,因還被視為娑多婆訶王朝的國教信仰,因此「大眾部僧伽藍」便成為南印度最重要的大眾部活動中心。這就是一直到 7 世紀初葉玄奘見到的「大眾部僧伽藍」,還是一座具有相當規模的「大眾部僧伽藍」的原因。

（3）龍樹與大乘大眾部的關係

雖然佛教文獻,如《寶行王正論》及《龍樹菩薩傳》等都說,龍樹是位大乘佛教提倡者:「諸菩薩修道／佛說於大乘」,[132] 然龍樹與大眾部及大乘的關係,是許多學者常感到困惑的事。呂澂為了解決龍樹的部派隸屬問題說:「從龍樹組織學說的經過看,他的大乘思想原是東南印度大眾部系發展出來的那一部分」。[133] 呂澂的這種說法,很顯然的把大眾部與大乘學派分成兩個不同的部派或系統,並認為此二部派有前後承傳及發展的關係。事實上,早期的大眾部已經是大乘的一個部派。附於《十八部論》之前的《文殊師利問經》卷下的《分別派品》第十五說:「根本二部從大乘出」。[134] 所謂「根本二部」,指的是:(1) 摩訶僧祇部（the Mahāsānghikās）,及 (2)「體毗履部」(the Sthāvira)。[135] 所謂「摩訶僧祇」,即指「大乘大眾部」;而「體毗履」,則指「大

132　（陳）天竺三藏真諦譯,《寶行王正論》,《大正》卷 32,頁 501 下。

133　呂澂,《印度佛學源流略講》,頁 90。

134　（陳）真諦譯,《十八部論》,《大正》卷 49,頁 17 中。

135　（陳）真諦譯,《十八部論》,《大正》卷 49,頁 17 中。

乘上座部」。《文殊師利問經》既說大眾部也是「從大乘出」，大眾部自然是大乘佛教最早的一個部派。龍樹時代的大眾部因此是一個大乘部派。這就是龍樹雖被稱為「大眾部僧人」，而其提倡的信仰，還是被認為是大乘佛教的信仰。

龍樹當時以大乘大眾部僧人領袖的姿態帶領大眾部僧人在娑多婆訶王朝發展支提信仰的活動，是我們有目共睹的史實。大概由於龍樹在娑多婆訶王朝發展支提信仰的活動，也是大乘大眾部在歷史上明顯參與「佛教建國信仰」的活動，因此龍樹奠立的支提信仰活動與大眾部派在當時的活動，完全被畫上等號。龍樹發展的支提信仰既與大眾部有如此緊密的關聯性，這就是 5 世紀初葉於中國南方被翻譯的大眾部律典《摩訶僧祇律》，也載有「支提」的定義及支提信仰的造像法的原因。《摩訶僧祇律》載：

> 塔枝提者，佛住舍衛城，乃至佛語大王：得作枝提（支提）。過去迦葉佛般泥洹後，吉利王為迦葉（立）佛塔。西面起寶枝提，雕文刻鏤種種彩畫。今王亦得作枝提。有舍利者名塔，無舍利者名枝提。如佛生處、得道處、轉法輪處、般泥洹處、菩薩像、辟支佛窟、佛腳跡，此諸枝提得安佛、華蓋、供養具。[136]

《摩訶僧祇律》這段談論「支提」定義及支提信仰造像法或造像內容的文字並不長，但其所載述支提信仰的造像法，已載有 5 世紀初期之前支提信仰造像法的基本造像內容。上面的文字很明顯的說明，支提信仰乃是一種帝王建國信仰（今王亦得作枝提）。「支提」雖與「塔」的建築型式相同，然「有舍利者名塔，無舍利者名枝提（支提）」，而且「此諸枝提得安佛、華蓋、供養具」。換言之，「塔」為收藏舍利的建築物，而「支提」內部則安置有佛像、華蓋，及供養具的定義，在此也說明得很清楚。我們在文前提到的唐代釋道世在《法苑珠林》所引的「支提」與「塔」的定義，很明顯的引自《摩訶僧祇律》所載的這段文字。除「辟支佛窟」此名字外，《摩訶僧祇律》所言的：「佛生處、得道處、轉法輪處、般泥洹處、菩薩像」，及「佛腳跡」，都指支提信仰的造像內容。這些支提信仰的造像內容，不但見於龍樹時代建造的阿

---

136 （東晉）佛陀跋駄羅共釋法顯譯，《摩訶僧祇律》卷 33，《大正》卷 22，頁 498 中。

瑪拉瓦底大支提的造像及出土的「龍樹山寺院遺址」的造像，而且也見於 5
世紀初期之前古代中亞克孜爾石窟（Kizil caves）的早期造像，[137] 甚至印度德干
高原 5 世紀後半葉開鑿的阿旃陀石窟（Ajantā caves）的造像。[138] 這些早期製作
的支提信仰造像，都造有《摩訶僧祇律》所載的：「佛生處」（佛誕圖）、「得
道處」（彌勒坐菩提樹下像）、「轉法輪處」（彌勒說法像）、「般泥洹處」（佛涅槃像）、
「菩薩像」（普賢菩薩及觀音菩薩的造像），及「佛腳跡」（具「寶相輪」的佛足印）。[139]
此段文字所載的「辟支佛窟」，非常可能指所有開鑿的支提信仰造像窟的名
稱。

　　《摩訶僧祇律》是法顯在中天竺的「摩訶衍僧伽藍」，即「大乘寺」，取
得的大眾部律本。[140] 從此「大乘寺」使用大眾部律法的情形來看，大乘與大
眾部在早期的發展中，確實屬於同一部派。法顯在 5 世紀初期回到中國後，
他即與印度僧人佛陀跋馱羅（Buddhabhadra，覺賢）在中國南方的劉宋王朝（統
治，420-479）共同譯出此律本。《高僧傳・佛陀跋馱羅傳》載：「又沙門法顯於
西域所得僧祇律梵本，伏請賢譯為晉文」。[141] 我們不知道，此律本在印度撰造
的確實時間，然從此律本在 5 世紀初期於中國南朝翻譯的時間，我們大致可
以推測，此律本在印度撰造的時間大概在 5 世紀初期之前。大眾部的僧人大
概感於大眾部僧人領袖龍樹在歷史上所奠立的支提信仰，不但成為娑多婆訶
王朝的國家信仰，而且也成為甘蔗王朝的國家信仰，因此他們認為，龍樹與
大眾部僧人所發展的支提信仰，是大乘大眾部在歷史上所創造的光輝歷史，
因此將龍樹發展的支提信仰性質、支提的定義，及支提信仰的造像法，都收
錄於大乘大眾部編撰的律法《摩訶僧祇律》。大眾部僧人的這種做法，並不是
佛教僧人正規製作其部派律法的方法。法顯在印度尋找各家律本之際一定知

---

137 見本書第八章，〈新疆克孜爾石窟的支提信仰造像特色及其影響〉。

138 見本書第八章，〈新疆克孜爾石窟的支提信仰造像特色及其影響〉。

139 有關此處所言的支提信仰造像內容，見本書第七章，〈犍陀羅的支提信仰性質與造像〉，及第八
　　章，〈新疆克孜爾石窟的支提信仰造像特色及其影響〉。

140 （宋）法顯撰，《高僧法顯傳》，《大正》卷 51，頁 864。

141 （梁）釋慧皎撰，《高僧法顯傳》，《大正》卷 50，頁 72-73。

道，《摩訶僧祇律》載有龍樹奠立的支提信仰發展方法，因此在其將《摩訶僧祇律》帶回中國南方後，便與佛陀跋陀羅在中國南方共同譯出此部大乘大眾部的律法。法顯翻譯此部大乘大眾部律本的原因，自然與其想在中國南朝提倡支提信仰的意圖及活動有密切的關聯；否則他不會自印度也帶回「此制的經本及龍華圖」。《水經注‧泗水》載：

> 泗水西有龍華寺，是沙門釋法顯遠出西域，浮海東還，持龍華圖，首創此制。
> 法流中夏，自法顯始也。[142]

按照《水經注‧泗水》的說法，法顯泛海持回的「龍華圖」，即是泗水西「龍華寺」所造的造像。由於法顯被《水經注》的作者視為自西域或印度傳入此「龍華圖」及「此制」的第一人，因此《水經注‧泗水》載：「法流中夏，自法顯始也」。此處所言的「此制」，應指支提信仰，而「中夏」，則指中國的南朝或南方。因為在法顯之前，4世紀初葉的龜茲僧人佛圖澄，已將支提信仰或「天王信仰」及其造像法，自中亞的龜茲傳入中國北方。[143]《高僧法顯傳》載，法顯於弘始二年（400，一說399）與慧景、道整等人發跡長安至天竺尋求戒律，義熙十二年（415）回到中國。[144] 法顯因此是在5世紀初葉（415年）將「龍華圖」及「此制」傳入中國南方的第一人。

所謂「龍華圖」，據宿白的說法，「即繪彌勒於龍華園華林樹下成道之像」。[145] 宿白所言的「龍華園華林樹下」，實指《彌勒下生經》所載的，彌勒佛坐於「龍華樹」或「菩提樹」下的造像。宿白因此將「龍華圖」解釋為「彌勒佛坐在龍華樹下成道的造像」。《水經注》只提到法顯傳入中國南方「龍華圖」及「此制」，至於法顯傳入甚麼「制」？《水經注》沒有做任何任何說明。

---

142 王國維校，袁英光、劉寅生整理標點，《水經注‧泗水》卷25（上海：上海人民出版公司，1984），頁820-821。

143 見古正美，《從天王傳統到佛王傳統》第二章，〈東南亞的天王傳統與後趙石虎時代的天王傳統〉，頁78-83。

144 （東晉）沙門釋法顯自記遊天竺事，《高僧法顯傳》一卷，《大正》卷51，頁857上，頁866中。

145 宿白，《南朝龕像遺跡初探》，收入宿白，《中國石窟寺研究》（北京：文物出版公司，1996），頁187。

宿白雖對「龍華圖」作了一些解釋，然對法顯傳入甚麼「制」，也沒有作進一步的說明。法顯傳入的「龍華圖」，對當時的南朝佛教造像而言，顯然是一種新的佛教信仰及造像；否則《水經注》不會說：「法流中夏，自法顯始也」。宿白在談論南朝的佛教造像之際，如此提到南朝劉宋時代立有「龍華寺」及造有「倚坐彌勒像」的情形：

> 《名僧傳》記宋龍華寺道矯於元嘉十六年（439），「磬率衣資，開誘聞業，與建康民朱舛孫共起佛殿三間，並諸花幡，造夾苧彌勒佛倚像一軀，高一丈六尺，神儀端嚴，開發信悟」的事。[146]

由《名僧傳》及《水經注·泗水》的記載，我們推測，當日法顯傳來的「龍華圖」，即是《名僧傳》所載的「龍華寺」所造的「彌勒佛倚像」，或我們今日所言的呈「倚坐相」的「彌勒佛像」，或簡稱「倚坐彌勒佛像」。

中國北方在 4 世紀初葉之後，便見造有「彌勒佛倚像」或「倚坐彌勒佛像」的活動。《高僧傳·釋道安傳》在記載前秦苻堅（統治，357-385）送給道安（312-385）的佛像時，即如此記載苻堅所送的佛像名稱：「苻堅遣使送外國金箔倚像高七尺」。[147] 苻堅是在道安滯留襄陽時期（365-379），遣使送一尊外國「倚像」給道安。[148] 此處所言的「倚像」，應指中國文獻及後來學者所言的呈「倚坐相」（pralambapādasana）的「彌勒佛像」或「倚坐彌勒佛像」。這種「倚坐彌勒佛像」，在西元 3 至 4 世紀之間出現於龍樹山的支提信仰遺址之後，[149] 即成為後來亞洲帝王常製作的「彌勒佛像」或「彌勒佛王像」的造像模式。武則天在其登位的初期（690），在其發展支提信仰之際，[150] 於今日龍門東山擂鼓台中洞正壁所造的其「彌勒佛王像」，即是一尊「倚坐彌勒佛像」或呈「倚

---

146 宿白，《南朝龕像遺跡初探》，收入宿白，《中國石窟寺研究》，頁 184。

147 （梁）釋慧皎撰，《高僧傳·釋道安傳》，《大正》卷 50，頁 352 中。

148 見古正美，《從天王傳統到佛王傳統》第二章，〈東南亞的天王傳統與後趙石虎時代的天王傳統〉，頁 94；並見《高僧傳·釋道安傳》，《大正》卷 50，頁 352 中。

149 見本書第七章，〈犍陀羅的支提信仰性質與造像〉，圖像 19，及第八章，〈新疆克孜爾石窟的支提信仰造像特色及其影響〉。

150 見古正美，《從天王傳統到佛王傳統》第五章，〈武則天的《華嚴經》佛王傳統及佛王形象〉，頁 236-249。

坐相」的「彌勒佛王像」。[151] 中國北方傳入支提信仰及其造像的時間，因此比
法顯傳入此信仰及其造像的時間早。但法顯在傳入支提信仰時，不僅自印度
直接將支提信仰及其造像經海運傳入中國南方，同時也積極的翻譯及傳播各
種與支提信仰有關的經典，如《摩訶僧祇律》。

佛陀跋駄羅會與法顯共同翻譯《摩訶僧祇律》，不是沒有原因。佛陀跋駄
羅是在西元 418-420 之間於中國南方主持翻譯六十卷《華嚴經》的印度僧人。
《高僧傳·佛陀跋駄羅傳》載：

> 先是沙門支法領於于闐得《華嚴》前分三萬六千偈，未有宣譯。至義熙十四年
> （418），吳郡內史孟顗、右衛將軍褚叔度，即請賢（古案：覺賢）為譯匠。乃手
> 執梵文，共沙門法業、慧嚴等百餘人，於道場寺譯出……古道場寺猶有華嚴堂
> 焉。又沙門法顯於西域所得僧祇律梵本，復請賢譯為晉文。[152]

上面這段經文所言的「賢」，即指「覺賢」或佛陀跋陀羅。六十卷《華嚴
經》所收錄的《入法界品》（the *Gandhavyuha*），不僅是中國最早翻譯的一部完
整版的《入法界品》經本，同時也是支提信仰在發展中所撰造的一部最重要
的密教化或擴大版的經本。[153] 法顯及佛陀跋駄羅在南朝翻譯《摩訶僧祇律》
的活動，因此與兩人此時在中國南方提倡、發展支提信仰的活動有一定的關
聯。

從《摩訶僧祇律》記載的支提信仰內容及造像法，我們可以看出，大眾
部僧人在龍樹於娑多婆訶王朝提倡支提信仰之後，便有在歷史上扮演發展支
提信仰的最重要僧人角色。譬如，在龍樹之後，為甘蔗王朝發展支提信仰的
最重要部派僧人，即是大眾部「西山住部」的僧人。大乘大眾部派僧人與歷
史上發展支提信仰的活動因為一直有密切的關聯，這應該也是《摩訶僧祇律》
會收錄支提信仰的定義及造像法的原因。

---

151 見本書第七章，〈犍陀羅的支提信仰性質與造像〉，圖像 21。
152 見（梁）釋慧皎，《高僧傳·佛駄跋陀羅傳》，頁 72-73。
153 見本書第九章，〈《入法界品》的支提信仰性質及造像〉。

第四節　案達羅國：馱那羯磔迦國及阿瑪拉瓦底大支提

一　娑多婆訶王朝都城馱那羯磔迦國的地理位置

西藏文獻提到，龍樹為「丹尼亞卡塔卡」（Śrī Dhānyakataka）的支提建造圍欄。西藏文獻所言的「丹尼亞卡塔卡」到底在哪裡？季羨林說：此字的梵文名讀為「丹尼亞卡塔喀」（Dhānyakaṭaka），阿瑪拉瓦底（Amarāvatī）出土的巴利文碑銘作「丹那卡塔卡」（Dhamñkataka），納西克出土的俗語碑銘作「丹那卡塔卡」（Dhanakataka），而西藏多羅那他撰的《印度佛教史》作 Bras-spuns（積穀），即梵文「丹尼亞卡塔卡」（Dhānyakaṭaka）。其城在克里希那河（the Kṛishṇā）河口兩岸地區。[154]

季羨林認為，玄奘提到的「馱那羯磔迦國」或「國大都城」，[155] 有比定「阿瑪拉瓦底城」（Amarāvatī）及「柏茲瓦達」（Bezwada）兩種說法。康寧哈姆（A. Cunningham, 1814-1893）先比定為克里希那河（the Krsna）南岸的「阿瑪拉瓦底大塔」以西一英里處的「馱羅尼廓吒」（Dharanikotta）附近。但費格遜（J. Fergusson）不同意此看法，他比定克里希那河北岸的「柏茲瓦達」（Bezwada）。但傑士・布吉斯則認為，「大案達羅」（Mahā-Āndhra）的都城「馱那羯磔迦國」，在玄奘的時代指「柏茲瓦達」，但在此之前，則指其以西約十八里克里希那河南岸的「丹然尼可塔」（Dhāraṇikoṭṭa）。瓦特斯（T. Watters）贊同費氏的意見，英國的史密斯（Smith V. A.）、日本崛謙德也都同意此說法。[156]

如果是這樣，玄奘所言的「馱那羯磔迦國」，在唐代之前，即指學者所言的「丹然尼可塔」（Dhāraṇikoṭṭa），或西藏文獻所言的「丹尼亞卡塔卡」（Dhānyakaṭaka）。根據傑士・布吉斯的說法，唐代的「馱那羯磔迦國」位於克

154 （唐）玄奘、辯機原著，季羨林校注，《大唐西域記校注》卷 10，「馱那羯磔迦國」，頁 840。

155 （唐）玄奘、辯機原著，季羨林校注，《大唐西域記校注》卷 10，「馱那羯磔迦國」，頁 839。

156 （唐）玄奘、辯機原著，季羨林校注，《大唐西域記校注》卷 10，頁 840，註釋（二）。

里希那河北岸的「柏茲瓦達」，但唐代之前則指娑多婆訶王朝的都城或克里希那河南岸的「丹尼亞卡塔卡」。由此，我們知道，「阿瑪拉瓦底城」（Amarāvatī）並不是娑多婆訶王朝的都城「丹然尼克塔」，而是指大塔或大支提東邊的一個城市。羅拔·諾斯對此作有比較清楚的說明。羅拔·諾斯說：娑多婆訶王朝的都城位於今日案達羅省克里希那河南岸的「阿瑪拉瓦底城」以西約一英里的「丹尼亞卡塔卡」（Dhānyakaṭaka / Dharaṇīkoṭa）。[157] 由於娑多婆訶王朝的都城「丹尼亞卡塔卡」或玄奘所言的「案達羅的國大都城馱那羯礫迦」，與「阿瑪拉瓦底城」非常鄰近，而大支提則建在此二城市的中間，因此許多學者都將建在娑多婆訶王朝都城「丹尼亞卡塔卡」城外的大支提稱為「阿瑪拉瓦底大支提」。

二 娑多婆訶王國及阿瑪拉瓦底大支提出現在佛經的意義

季羨林在談論阿瑪拉瓦底的地理位置時，注意到北涼時代（統治，401-439/460）印度僧人曇無讖（Dharmaksema, 384-433）翻譯的《大方等無想經》（《大雲經》），也提到娑多婆訶王朝建國的地點及此國發展佛教的情形。季羨林甚至將《大方等無想經》這段有關娑多婆訶王朝建國的地點、都城的名字、河流的名稱及帝王的名字，都還原成今日我們熟悉的名字。在季羨林翻譯此段有關娑多婆訶王朝建國地點的文字之際，季羨林也說，娑多婆訶王朝的都城「丹尼亞卡塔卡」位於克里希那河的南岸。但季羨林並沒有告訴我們，此部經典載有娑多婆訶王朝發展佛教的原因，及娑多婆訶王朝發展佛教的性質及內容。季羨林說：

> 漢譯佛典也可證明此城在河南岸，如北涼曇無讖譯的《大方等無想經》第六（載）：「以方便故，我涅槃已，七百年後是南天竺有一小國，名曰無明，彼國有河，名曰黑闇，南岸有城，名曰熟穀，其城有王，名曰等乘」。上引文中的「無明」（Andhya）似是案達羅（Āndhra）的誤譯；「黑闇」即是克里希那河名的意譯；「熟穀」即指馱那羯礫迦國都城（Dhānyakaṭaka）的名字；「等乘」則指統

157 See Robert Knox, *Amaravati—Buddhist Sculpture from the Great Stupa*, p. 9a.

治案達羅國達五世紀之久的娑多婆訶或娑多婆漢那（Sātavāhan，古案：王名或王朝名）。據此，該城必在克里希那河的南岸，而不可能是北岸的柏茲瓦達。[158]

中譯《大方等無想經》將娑多婆訶王名譯為「等乘」。此譯名與義淨在《密友書》翻譯的娑多婆訶王名為「親友等士」的意思非常接近，都指娑多婆訶王的名字。同經將娑多婆訶王城的名字譯為「熟穀」，中文也稱娑多婆訶王朝的都城為「熟穀」。據季羨林的說法，「熟穀」即是「駄那羯礫迦國」（Dhānyakaṭaka）或娑多婆訶王朝的「國大都城」的中文譯名。季羨林之所以會如此了解及翻譯這段經文並不是沒有原因。因為《大方等無想經》卷五即載有：「南天竺有大國王名娑多婆呵那」的經文。《大方等無想經》載：

> 我涅槃後千二百年，南天竺地有大國王名娑多婆呵那。法垂欲滅餘四十年，是人爾時當於中出講宣大乘方等經典，拯救興起垂滅之法，廣令是經流布於世，教人具足執持、讀誦、書寫、解說、聽受其義。[159]

此處所言的「娑多婆呵那」，即是我們在本章所說的「娑多婆訶」王朝的名字，也是其王朝帝王的稱號。《大方等無想經》卷五雖提到「南天竺地有大國王娑多婆呵那」，也提到娑多婆訶王發展大乘佛教，然此經並沒有告訴我們，「娑多婆呵那」發展的佛教信仰性質及內容。但由於此經在卷六經尾之處，提到季羨林在上面所翻譯的這段有關娑多婆訶王名、都城的名字及地理位置的經文，我們因此非常確定，此經所言的「娑多婆呵那」，即是龍樹奠立及發展支提信仰的王朝或帝王的名稱。

阿瑪拉瓦底大支提出土的銘文載有三位娑多婆訶王朝帝王的名字，而此三位帝王的名字是：「瓦西絲蒂子・普魯馬偉」（Vāsisthīputra Pulumāvi）、「濕婆馬卡・薩達」或「濕婆斯坎達・禪陀迦」（Śivamaka Sāda or Śivaskanda Sātakarni）

---

158 （唐）玄奘、辯機原著，季羨林校注，《大唐西域記校注》卷 10，頁 841-842。季羨林此段有關娑多婆訶王朝地點、都城、河流、及國名的翻譯，首見於 1936 年法國學者烈維（Sylvain Levi）在比較中文及西藏文本下對這些名字所作的翻譯。See, S. Levi, "Kaniska et Satavahana, deux figures symboliques de I'Inde au ler siècle," 1936, pp. 116-118; see also, Antonino Forte, *Political Propaganda and Ideology in China at the End of the Seventh Century.* Kyoto: Scuola Italiana di Studi sull' Asia Orientale, 2005（second edition）, pp. 31-32.

159 （北涼）天竺三藏曇無讖於姑臧譯，《大方等無想經》卷 5，《大正》卷 12，頁 1099 下。

及「喬達彌子‧楊集那‧禪陀迦」（Gautamīputra Yajñā Sātakarni）。[160] 這三位娑多婆訶帝王，都是娑多婆訶王朝晚期的統治者。這三位娑多婆訶王的名字出現在大支提上，即有說明，在喬達彌子‧禪陀迦與龍樹發展支提信仰之後，娑多婆訶王朝可能還有三位帝王繼續發展支提信仰為王朝的國教信仰。因為此三位娑多婆訶王朝的帝王都有增建或修繕大支提的活動。由此，我們認為，喬達彌子‧禪陀迦在建造大支提之後，阿瑪拉瓦底大支提非常可能也被視為娑多婆訶王朝發展支提信仰的地標或象徵物；否則此三位娑多婆訶王朝的帝王不會有增建或修繕此大支提的活動，而他們的名字也不會被記載於出土的〈大支提銘文〉。

《大方等無想經》在此經的卷六並沒有告訴我們，此位「娑多婆訶那王」是哪位帝王，只說此王傳位給其女「增長」，而「增長」則以女轉輪王的姿態統治娑多婆訶王朝。《大方等無想經》卷六經文的發展，乃延續同經卷四「淨光天女」被授記為轉輪王的故事。「淨光天女」所授的記說：「以女身當王國土，得轉輪王所統領四分之一，得大自在，受持五戒做優婆夷，教化所屬城邑聚落」。[161]《大方等無想經》卷六的經文繼此「淨光天女授記」的故事說，娑多婆訶王因生女「名增長，其形端嚴，人所愛敬，護持禁戒，精進不倦」。娑多婆訶王死後，便由其女「增長」繼承其位，並以女轉輪王的姿態統治娑多婆訶王朝。[162]

由於《大方等無想經》載有「增長」女轉輪王的故事，武則天（624-705）在建立大周王朝之際，便用此經所載的「增長」女轉輪王的故事作為自己的前生故事。[163] 我們在本書第二章談論丘就卻的前生為「印度─希臘王」（Indo-Greek king）「尼彌陀羅」（King Milinda）的故事時已經知道，在佛教轉輪王的信仰裡，轉輪王因可以不斷的下生，因此後來的轉輪王常用前生的故事說明自

---

160 Robert Knox, *Amarāvatī, The Buddhist Sculppture from the Great Stūpa*, p. 13a.

161 （北涼）天竺三藏曇無讖於姑臧譯，《大方等無想經》，卷 4，頁 1097 下-1098 上。

162 （北涼）天竺三藏曇無讖於姑臧譯，《大方等無想經》，卷 6，頁 1107 上。

163 見古正美，《從天王傳統到佛王傳統》第五章，〈武則天的《華嚴經》佛王傳統與佛王形象〉，頁 244-246。

己的轉輪王身分。[164] 這就是武則天用《大方等無想經》或《大雲經》所載的
「增長」女轉輪王的故事，說明自己的前生即是「增長」女轉輪王身的原因。

　　武氏之所以會選用《大方等無想經》的「增長」女轉輪王故事說明自己
的女轉輪王身分，不是沒有原因。武則天在建立大周帝國之際，顯然已經知
道，《大方等無想經》是一部記述娑多婆訶王朝發展佛教支提信仰的經典，武
則天在統治大周王朝（690）之後，因用支提信仰建國，因此她便視自己為《大
方等無想經》中所載的「增長」女轉輪王出世的女轉輪王。武則天以支提信
仰或「彌勒佛下生為女轉輪王」的姿態統治大周的事，如此見載於《資治通
鑑》：「東魏國寺僧法明等撰《大雲經》四卷標上之，言太后乃彌勒佛下生，
當代唐為閻浮提主（古案：轉輪王），制頒天下」。[165]

　　武則天在準備以支提信仰統治大周之際，其必已經知道支提信仰源自娑
多婆訶王朝，也知道娑多婆訶王朝有女轉輪王發展佛教信仰之事，因此她將
《大方等無想經》（《大雲經》）所載的「增長」女轉輪王的故事，引入其建國
初期編撰，並流通天下的《大雲經疏》。《大雲經疏》如此記載武則天與其前
生「增長」女轉輪王的關係：

　　佛即先讚淨光（天女）慚愧之美，次彰天女的授記之徵，即以女身當王國土
　　者，所謂聖母神皇是也。[166]

此處所言的「淨光」，即指《大方等無想經》所載的「增長」女轉輪王的前生
「淨光天女」。「淨光天女」在經中因被佛授記（vyākarana or prediction），從而知
道自己將來會成為一位女轉輪王，因此《大雲經疏》說：「次彰天女授記之
徵，即以女身當王國土者」。這句話的意思是，「增長」女轉輪王的前身是「淨
光天女」，今以女轉輪王身統治天下。「聖母神皇」，即是當時武則天統治大

164　見本書第二章，〈大乘佛教建國信仰的奠立者——貴霜王丘就卻〉。

165　（宋）司馬光著、（元）胡三省音注，《資治通鑑》下冊，《唐紀》20（上海：上海古籍出版公司，
　　　1986），頁 1377 中。

166　見 Antonino Forte, *Political Propaganda and Ideology in China at the End of the Seven Century*.
　　　Napoli: Intituto Universitario Orientale, 1976, Plate II and Plate III；並見古正美，《從天王傳統到佛
　　　王傳統》第五章，〈武則天的《華嚴經》佛王傳統與佛王形象〉，頁 244-245。

周的王號。因為《資治通鑑》說，武則天在登位的二年前，即垂拱四年（688），「加尊號為聖母神皇」。[167] 上面這段話的意思因此是，武則天是「增長」女轉輪王出世，為統治大周的「聖母神皇」。武則天用《大方等無想經》所載的增長女轉輪王統治南天竺國的故事作為自己的前生故事（the previous life），或作為其女轉輪王的經典依據，確實合乎轉輪王能不斷下生的信仰。

《大方等無想經》的出經，顯然與娑多婆訶王朝或龍樹在南印度發展支提信仰的活動有密切的關連。如果龍樹或娑多婆訶王朝所發展的支提信仰不是歷史上的一件大事或重要事件，此經絕對不會出現於歷史上。《大方等無想經》的出經，因此是支提信仰在歷史上出現及發展的一個重要證據。

除了娑多婆訶王朝的名字因龍樹發展支提信仰的緣故常被提到外，娑多婆訶王朝都城的名字「丹尼亞卡塔卡」，甚至「阿瑪拉瓦底」或阿瑪拉瓦底大支提的名字，也因龍樹在歷史上發展支提信仰的活動而成為大乘經典記載支提信仰的重要坐標或記號。西元 5 世紀初期或劉宋初期，佛馱跋陀羅在中國南方翻譯的六十卷《華嚴經・入法界品》，便載有「阿瑪拉瓦底大支提」的名字及其地理位置。《入法界品》是一部說明善財童子（Sudhana）到各地去參師、學習佛法的故事。六十卷《華嚴經・入法界品》在談到善財童子見到文殊師利菩薩之後，便將善財童子參師的出發點記在「覺城東」的「大塔廟」處。《入法界品》載：

> 爾時文殊師利菩薩建立彼諸比丘菩提心已，與其眷屬漸游南方至覺城東，住莊嚴幢娑羅林中大塔廟處，過去諸佛所游止處。[168]

有學者注意到，此「覺城東」的「大塔廟」處，即指「阿瑪拉瓦底大支提」的所在地。譬如，荷蘭籍美國學者真・方登（Jan Fontein，1927-2017）依據現存的梵文譯本，將六十卷《華嚴經・入法界品》所載的「覺城東」的「莊嚴幢娑羅林中大塔廟處」，指向古代「丹尼亞卡拉」（Dhanyākara or Dhānyakaṭaka）

---

167 見古正美，《從天王傳統到佛王傳統》第五章，〈武則天的《華嚴經》佛王傳統與佛王形象〉，頁237；並見（宋）司馬光編著，（元）胡三省音注，《資治通鑑・唐紀》20，頁 1373 下。

168 （東晉）天竺三藏佛馱跋陀羅譯，《大方廣佛華嚴經・入法界品》卷 45，《大正》卷 9，頁 687 下。

東邊的「莊嚴幢娑羅林」（Vicitraśāladhvaja）的大支提。真·方登如此英譯這段經文："The caitya of Vicitraśāladhvaja near Dhanyākara"。[169] 由於法國學者拉莫特認為，「丹尼亞卡拉」（Dhanyākara）是古代娑多婆訶王朝都城的名字，而此名也被稱為「丹然尼可塔」或藏文獻所言的「丹尼亞卡塔卡」，[170] 因此真·方登認為，六十卷《華嚴經·入法界品》所載的「莊嚴幢娑羅林中大塔廟處」，即指今日我們所言的「阿瑪拉瓦底大支提」，而「覺城」，則指娑多婆訶王朝的都城「丹尼亞卡塔卡」。平川彰也談到「覺城」，並也認為此處所言的「覺城」（Dhānyakara）也許是指古代的「馱那羯磧迦」。[171] 平川彰的推測是對的。因為此「覺城」的確是指娑多婆訶王朝都城的名字。

中譯佛經因常將「大支提」此詞翻譯成「大塔廟」或「大塔」的緣故，我們從中譯佛經的譯文，因此完全看不出譯文要說明的是「阿瑪拉瓦底大支提」。我們除了在《入法界品》看到「大支提」此詞語被譯成「大塔」或「大塔廟」外，在曇無讖翻譯的《大方等大集經》也見到「支提」此詞被譯成「大塔」。[172] 所幸這些譯經在經中記述支提信仰之處，也會使用「支提」此詞的梵文音譯，如「制底」，我們因此能確定這些佛經為支提信仰的作品。

六十卷《入法界品》提到娑多婆訶王朝都城的名字及「阿瑪拉瓦底大支提」的名稱，說明六十卷《華嚴經·入法界品》是一部說明支提信仰的作品。從此六十卷《入法界品》的出經，我們可以看出，娑多婆訶王城的名稱及「阿瑪拉瓦底大支提」的名稱，在歷史上已具有特殊的含義，或成為支提信仰的代名詞，或成為支提信仰的地標。

傑士·布吉斯說，大支提並不是造在娑多婆訶王都城內或「丹尼亞卡拉」城內。傑士·布吉斯此說，與《入法界品》所載的大支提位於「覺城東」的

---

169 Jan Fontein, *The Pilgrimage of Sudhana: A Study of Gaṇḍavyūha Illustrations in China, Japan and Java.* Leiden: Mouton co. and others, 1966, Chapter 1, p. 6.

170 Étienne Lamotte,"Mañjuśī", *T'oung Pao*, Vol. 48, Nos. 1-3, 1960, p. 46. Lamotte identifies"Dhanyākara" with "Dhānyakaṭaka" translated by Tibetan source.

171 平川彰著，莊崑木譯，《印度佛教史》，頁 215：

172 （北涼）天竺三藏曇無讖於姑臧譯，《大方等大集經》卷 1，《大正》卷 13，頁 1 上：如是我聞，一時佛在王舍城耆闍崛山中往古諸佛本所住處大塔之中。諸大菩薩之所讚嘆……

「莊嚴幢娑羅林中」的說法完全契合。由於大支提也鄰近「阿瑪拉瓦底城」，故今日學者都稱此娑多婆訶王朝建造的大支提為「阿瑪拉瓦底大支提」。

龍樹當時為娑多婆訶王提倡的支提信仰，及建造阿瑪拉瓦底大支提的活動，一定是亞洲佛教歷史上的一件大事，否則娑多婆訶王朝不會用此大支提象徵、說明娑多婆訶王朝的國家信仰。「阿瑪拉瓦底大支提」，因此是一座說明娑多婆訶王朝發展支提信仰的最重要建築物。大乘佛教經典《入法界品》用「阿瑪拉瓦底大支提」作為善財童子參師的出發點，即有說明《入法界品》是一部支提信仰的經典，或由龍樹的支提信仰衍生、發展出來的支提信仰的經典。

第五節　龍樹的支提信仰著作

一　龍樹的《寶行王正論》

我們在上面談論了許多有關龍樹在娑多婆訶王朝發展支提信仰的情形，我們在下面便要談論龍樹如何在其著作說明其政治思想或其奠立的支提信仰內容。龍樹的《密友書》及《寶行王正論》最能說明其政治思想，特別是其《寶行王正論》。目前保存的《寶行王正論》，事實上是一部龍樹談論支提信仰最重要的作品之一。1934 年，《寶行王正論》的梵文本在尼泊爾被發現之後，《寶行王正論》的梵文本從此也被流通。[173] 龍樹在其《寶行王正論》中認為，最理想的治國方法，就是用「正法治化」（dharma rule）的方法治國。所謂「正法治化」，即是用佛教信仰或大乘佛教信仰建國的意思。龍樹在其《寶行王正論》如此提到「正法治化」的建國信仰：

> 唯法是正法／因法天下愛／若主感民愛／現來不被誑／若非法治化／主遭臣厭惡／由世間厭惡／現來不歡喜。[174]

---

173 呂澂，《印度佛學源流略論》，頁 165。
174 （陳）代天竺三藏真諦譯，《寶行王正論》，《大正》卷 32，頁 496 上-中。

龍樹所言的「正法治化」，的確是指用大乘佛教信仰建國的意思。龍樹提倡用大乘佛教信仰建國的想法，顯見的受貴霜所奠立的「佛教建國信仰」的影響。[175] 龍樹在其《密友書》及《寶行王正論》都提到，用大乘佛教信仰建國的方法，是用「十善法」建國的方法。用「十善法」建國的概念，是貴霜所奠立的大乘佛教建國方法。[176] 龍樹因受貴霜所奠立的「佛教建國信仰」的影響，因此他極力的推薦當時的娑多婆訶王用「正法治化」的方法建國。龍樹的政治思想因此可以說，與貴霜在犍陀羅發展的佛教建國信仰或大乘佛教的信仰，是屬於同一佛教信仰系統的信仰。龍樹在南印度所奠立的支提信仰，雖然受貴霜王朝所奠立的「大乘佛教建國信仰」的影響，然龍樹並沒有完全接受貴霜所創立的「佛教建國信仰」的內容。我們從《寶行王正論》所載的支提信仰內容便能看出此事。龍樹所奠立的支提信仰，明顯的奠立於龍樹所提倡的「佛有三身」（trikāyas）的信仰上。「佛有三身」的信仰，並不見於貴霜時代撰造的經典，「佛有三身」的信仰，因此非常可能是龍樹在南印度奠立其支提信仰之際所提出的一種新大乘政治信仰內容。龍樹用「佛有三身」的信仰建構了一個前所未見的新「佛教建國信仰」體系，或新佛教政治思想體系。龍樹在其《寶行王正論》中，除了談論其支提信仰的實施方法，如「供養支提」的方法外，也談論其最關心的支提信仰課題，即轉輪王的信仰及轉輪王的形象。龍樹認為，佛教的轉輪王（Buddhist cakravartin），即是彌勒佛（Buddha Maitreya）的「法身」（dharma-kāya）下生的，用佛教信仰建國的帝王。因此佛教的轉輪王便是彌勒佛下生的「化身」（nirmānakaya）。在此信仰下，佛教的轉輪王便是具有「彌勒佛身」的帝王。這就是龍樹在其《寶行王正論》所言的「大王佛法身」的意思。[177] 龍樹的支提信仰事實上只是其政治思想的一部分。龍樹的佛教政治思想，基本上都記載於其撰造的《寶行王正論》。龍樹在其《寶行王正論》中，除了談論支提信仰或其佛教轉輪王信仰及轉輪王

---

175 見本書第二章，〈大乘佛教建國信仰的奠立者──貴霜王丘就卻〉及第三章，〈貴霜佛教建國信仰的發展者迦尼色迦第一及胡為色迦王〉。

176 見本書第二章，〈大乘佛教建國信仰的奠立者──貴霜王丘就卻〉。

177 見下・詳述。

形象外，也談論其他的治國方案，譬如，龍樹理想的社會政策及教育政策。龍樹在《寶行王正論》中如此談論其教育政策的內容：

> 於國起學堂／雇師供學士／興建永基業／汝行為長慧／解醫巧曆數／皆為立田疇。[178]

龍樹非常重視教育其國民的工作。龍樹不但認為，教育是建國的「基業」或基礎，而且也認為，教育應以「醫學及曆數」的教育最為重要。因為此二教育課題與人民的生活最有關聯。龍樹和佛經上所載的阿育王（King Asoka, 268BC-232BC）一樣，[179] 非常關心人民的社會福祉；特別是對「老、小、病、苦」類的弱勢族群的社會福祉，龍樹特別關心。龍樹的社會政策因此可以說是為救濟社會弱勢族群所設立的社會救濟政策。龍樹如此說明其社會救濟政策的內容：

> 潤老小病苦／於國有救濟／起諸道伽藍／園搪湖亭屋／於中給生具／草蓐飲食薪／於小大國土／應起寺亭館／遠路乏水漿／造井池施飲／病苦無依貧／……勸心安立彼，隨時新飲食。[180]

龍樹認為，救濟社會上弱勢族群的方法，除了要用建造伽藍、屋舍供「老、小、病、苦」居住外，也要用隨時供給飲食的方法照顧其等的生活。龍樹的社會救濟政策，明顯的受阿育王社會政策的影響。阿育王在用佛教信仰建國之際所立的石敕（stone edicts），即載有其要在公路上種榕樹（banyan tree），每隔一段距離要種芒果、挖井、並設立休息站，供行人及動物乘涼、休息及飲水的政策。[181]

龍樹在其《寶行王正論》中談論最多的，就是其宗教政策，而其宗教政策，事實上即是其對轉輪王信仰的一種新解釋，也是其談論支提信仰的主要

---

178 （陳）代天竺三藏真諦譯，《寶行王正論》，《大正》卷 32，頁 498 下。

179 有關阿育王為佛教轉輪王的身分，見筆者所撰的《貴霜佛教政治傳統與大乘佛教》第四章，〈阿育王〉（台北：允晨出版公司，1993），頁 159-242。

180 （陳）代天竺三藏真諦譯，《寶行王正論》，《大正》卷 32，頁 498 下。

181 B. G. Gokhale, *Asoka Maurya*. New York: Twayne Publishers, Inc., 1966, Appendix: Pillar Edict Seven, p. 169.

內容。龍樹用「佛有三身」的信仰說明佛身與轉輪王身的關係。龍樹認為，（彌勒）佛能用其「法身」下生為世間的轉輪王身。龍樹此說，便有將轉輪王身視為（彌勒）佛身下生的身體。在此了解下，其轉輪王身便不是普通的帝王身，而是（彌勒）佛的「法身」或「佛身」（dharma-kāya）下生或出世的身體。這就是龍樹在其《寶行王正論》說：「大王佛法身」的意思。所謂「大王佛法身」，即指「大王」或轉輪王的身體是由（彌勒）佛的「法身」下生的身體。龍樹在《寶行王正論》如此闡述「大王佛法身」的概念：「諸佛有色身／皆從福行起／大王佛法身／由智慧行成」。[182] 從龍樹所說的：「大王佛法身／由智慧行成」，我們便知道，龍樹所言的「大王」或轉輪王身，不是普通人的身體，而是具有修行成就或「智慧行成」的身體。龍樹所了解的轉輪王身，既是（彌勒）佛用其「法身」下生的身體，龍樹的「轉輪王身」的定義，便與貴霜對「轉輪王身」的了解及定義不同。因為貴霜所了解的「轉輪王身」，是普通的帝王身體或修行人的身體，[183] 而龍樹所定義的「轉輪王身」，則是（彌勒）佛身下生的身體。在此情況下，龍樹的轉輪王身也能被視為（彌勒）佛身或「（彌勒）佛王身」（Buddharāja, he who is Buddha is rāja），而龍樹的轉輪王造像，因此也能被造成（彌勒）佛像。

龍樹明顯的用「佛有三身」的信仰說明（彌勒）佛身與轉輪王身的關係，或佛的「法身」及佛的「色身」或「化身」的關係。龍樹在其《寶行王正論》除了解釋（彌勒）佛身（法身）及轉輪王身（化身）的關係外，其在《寶行王正論》也提到「報身」的概念。龍樹在《寶行王正論》中，用大王或轉輪王能用佛的「三十二相」及「八十種好」「莊嚴自己」的情形說明佛的「報身」（samboga-kāya）概念。《寶行王正論》在一處說：「大王汝諦聽／此因我今說／感三十二相／能莊嚴汝身／支提聖尊人／供養恆親侍／手足寶相輪／當成轉輪王」。[184] 此處所言的「莊嚴汝身」，即有說明轉輪王能現佛的「報身相」或

---

182 （陳）代天竺三藏真諦譯，《寶行王正論》，《大正》卷 32，頁 498 上。
183 見本書第二章，〈大乘佛教建國信仰的奠立者——貴霜王丘就卻〉。
184 （陳）代天竺三藏真諦譯，《寶行王正論》，《大正》卷 32，頁 497 中。

佛的「三十二相」。《寶行王正論》在另一處也說,轉輪王可以用佛的「八十種(相/好)」莊嚴自己:「轉輪王菩薩/美飾汝應知/隨相有八十/從慈悲流生/大王我不說/為避多文辭/雖諸轉輪王/同有此相好」。[185] 大乘佛經常說,「三十二相」及「八十種好」即是佛的「報身」。譬如,北涼時代曇無讖翻譯的《優婆塞戒經》卷三即說:「如來身為三十二相、八十種好之所嚴飾」。[186] 龍樹在《寶行王正論》為了強調其信仰的大王身或轉輪王身不是普通的帝王身,而是具有佛身的轉輪王身,他因此在上面說,轉輪王能現佛的「三十二相」及「八十種好」。轉輪王的身體因此可以說,與佛身無異。這就是支提信仰的轉輪王像也能被造成佛像的原因。

龍樹在其撰造的《讚法界頌》也提到「佛有三身」的信仰。龍樹在其《讚法界頌》說:「歸命十方佛/法身及報化」。[187] 由於龍樹在當時有提倡「佛有三身」的信仰,我們因此推測,龍樹不僅用「佛有三身」的信仰說明其支提信仰的佛身與轉輪王身的關係,其甚至非常可能也是佛教史上奠立「佛有三身」信仰的哲學家或大乘佛教高僧。

龍樹在其《寶行王正論》提到「大王佛法身」的概念,但他並沒有直接告訴我們,其所言的轉輪王身是彌勒佛的「法身」下生或出世的身體。雖然《寶行王正論》在一處提到,彌勒佛能上下兜率天的信仰:「兜率陀天主(古案:彌勒)/除外道見戒/由得生自在/於十方佛土/往還無障礙」,[188] 然這段經文並沒有直接或清楚的告訴我們,其轉輪王身即是彌勒佛身下生的轉輪王身。

我們是在龍樹撰作的《證明經》讀到「彌勒佛自兜率天上坐支提下生」為轉輪王的信仰。《證明經》說,彌勒佛自兜率天(Tusita heaven)坐「雀梨浮屠」或「支提」下生。《證明經》在此處也沒有直接告訴我們,彌勒佛坐「支提」下生之後,其將在世間出世為世間大王或轉輪王。我們是從《證明經》

---

185 (陳)代天竺三藏真諦譯,《寶行王正論》,《大正》卷 32,頁 497 下。
186 (北涼)中印度三藏曇無讖譯,《優婆塞戒經》卷 3,《大正》卷 24,頁 1051 上。
187 龍樹菩薩造,(宋)施護譯,《讚法界頌》,《大正》卷 32,頁 754 中。
188 (陳)代天竺三藏真諦譯,《寶行王正論》,《大正》卷 32,頁 503 下-504 上。

的其他經文及龍樹依據《證明經》建造的「阿瑪拉瓦底大支提」的造像知道，彌勒佛坐「支提」下生之後，其將成為地上的轉輪王。從阿瑪拉瓦底大支提的造像，我們也知道，世間的轉輪王，是用「釋迦佛誕」方式出世的世間大王。[189] 世間的轉輪王如果不是彌勒佛的「法身」下生的身體，龍樹不會在其《寶行王正論》用「佛有三身」的信仰說明佛身及轉輪王身的關係，而《證明經》也不會提到許多有關轉輪王信仰的內容。[190] 這就是筆者認為，龍樹也撰造有《證明經》作為其補充說明《寶行王正論》所載的支提信仰內容的原因。

我們除了能在龍樹的《寶行王正論》讀到龍樹如何定義其轉輪王信仰的內容外，我們從其《寶行王正論》的經文也知道，龍樹如何施行其支提信仰為娑多婆訶王朝的國教信仰。筆者在上面說過，龍樹因受貴霜用「供養行法」作為其施行「佛教建國信仰」的方法之影響，因此其也用「供養支提」的行法，作為其施行「佛教建國信仰」的方法。龍樹因在全國廣造支提，使支提信仰因此成為娑多婆訶王朝的國教信仰。龍樹在其《寶行王正論》不但一再的呼籲要「建造支提」及「供養支提」，而且也說明如何施行「供養支提」的方法。龍樹在其《寶行王正論》共用六句偈語（gāthā），或用八段經文談論「建造支提」及「供養支提」的行法如下：

1. 大王汝諦聽／此因我今說／感三十二相／能莊嚴汝身／支提聖尊人／供養恆親侍／手足寶相輪／當成轉輪王。[191]

2. 佛像及支提／殿堂及寺廟／最勝多供具／汝應敬成立／坐寶蓮花上／好色微妙盡／一切金寶種／汝應造佛像。[192]

3. 正法及聖眾／以命色事護／金寶網傘蓋／奉獻覆支提／金銀眾寶花／珊瑚琉璃珠／帝釋青大青／金剛供支提。[193]

4. 支提列燈行／幽闇秉火燭／布施續明燈／故得淨天眼／供養支提時／

---

189 見本書第五章，〈龍樹與阿瑪拉瓦底大支提的建築及造像〉。

190 見下詳述。

191 （陳）代天竺三藏真諦譯，《寶行王正論》，《大正》卷 32，頁 497 中。

192 （陳）代天竺三藏真諦譯，《寶行王正論》，《大正》卷 32，頁 498 中。

193 （陳）代天竺三藏真諦譯，《寶行王正論》，《大正》卷 32，頁 498 下。

即設鼓聲樂……。[194]

5. 眾寶獻支提／故放無邊光／如此業及果／已知義相應……。[195]

6. 為此因及果／現前佛支提／日夜各三遍／願頌二十偈／諸佛法及僧／一切諸菩薩／我頂禮歸依／餘可尊亦敬／我離一切惡／攝持一切善。[196]

　　從《寶行王正論》不斷的提到「建造支提」及「供養支提」的行法來判斷，龍樹應該就是歷史上奠立支提信仰的人物；否則他不會在其《寶行王正論》中一再強調、說明「建造支提」及「供養支提」的重要性及方法。龍樹除了其「彌勒下生為轉輪王信仰」的「彌勒下生信仰」受貴霜在犍陀羅發展的《彌勒下生經》所載的「彌勒下生信仰」的影響外，其「供養支提」及用佛教經典作為其發展支提信仰及造像的依據，也深受貴霜發展「佛教建國信仰」的方法及內容的影響。由此我們可以說，龍樹是在貴霜發展的「佛教建國信仰」的影響下創造「支提信仰」或新的大乘「佛教建國信仰」。雖然龍樹所創造及發展的「佛教建國信仰」側重於轉輪王信仰及轉輪王崇拜，龍樹的支提信仰也可以說是貴霜之後，大乘佛教奠立的最重要「佛教建國信仰」之一。龍樹發展的支提信仰因此也可以說是貴霜奠立及發展的「佛教建國信仰」的延伸或發展。龍樹為了要讓娑多婆訶王朝的人民都能行「供養支提」的行法，他因此在全國各地建造大、小支提，並用全國人民都「供養支提」的方法奠立「支提信仰」為「國教信仰」或「佛教建國信仰」。這就是當日娑多婆訶王朝統治的德干高原兩側，我們今日還見有許多當日娑多婆訶王朝為發展支提信仰所建造的支提及造像的原因。

　　龍樹在其《寶行王正論》事實上並沒有提到，也沒有解釋，為何我們要「建造支提」及「供養支提」的真正原因。但從《證明經》載，彌勒佛自兜率天坐「支提」下生（為世間轉輪王）的經文，[197] 我們便知道，龍樹要求民眾「建

---

194 （陳）代天竺三藏真諦譯，《寶行王正論》，《大正》卷32，頁500上。
195 （陳）代天竺三藏真諦譯，《寶行王正論》，《大正》卷32，頁500上。
196 （陳）代天竺三藏真諦譯，《寶行王正論》，《大正》卷32，頁504中。
197 見下詳述。

造支提」及「供養支提」的真正原因是，他要娑多婆訶王朝的人民供養坐在「支提」內下生的彌勒佛。這就是《寶行王正論》說：「佛像及支提／殿堂及寺廟／最勝多供具」的原因，這也是《寶行王正論》說：「支提聖尊人／供養恆親侍」的原因。「供養支提」此行法，嚴格的說，是供養坐在「支提」內下生的彌勒佛或轉輪王。龍樹在《寶行王正論》所載的支提信仰內容，因此是其對轉輪王信仰及轉輪王形象所作的定義，及如何施行支提信仰的方法。由龍樹定義的轉輪王信仰內容及轉輪王形象，我們可以看出，龍樹的轉輪王信仰，事實上是一種「帝王崇拜」的信仰。龍樹在娑多婆訶王朝施行支提信仰的原因，因此是要將當時的娑多婆訶王喬達彌子‧禪陀迦視為當今彌勒佛下生的轉輪王。

接著我們要問，為何彌勒佛自兜率天下生的時候，彌勒佛要坐在「支提」內下生？就龍樹說，彌勒佛自兜率天下生是用其「法身」下生的情形來判斷及推測，彌勒佛的「法身」需要經過一個「轉化身體的過程」（the process of transforming one's body from dharma-kāya to nirmāna-kāya），才能將其「法身」或「佛身」轉化成「化身」的轉輪王身。我們都知道，佛教的「塔」因是收藏舍利的建築物，因此「塔」具有象徵死亡的意思。這就是法國學者佛謝爾（A. Foucher, 1865-1952）將「佛塔」視為象徵佛陀死亡的象徵物的原因。[198] 龍樹雖稱彌勒佛坐以下生的塔形建築物為「支提」，事實上，彌勒佛就是坐在佛塔內下生。龍樹將彌勒佛安置在塔內下生，因此便有說明，彌勒佛的「法身」在其坐的「塔」（支提）內，已經經過一個身體死亡及再出生的身體轉化過程，才出生為地上或人間的轉輪王。在此過程，彌勒佛便能將其「法身」轉變成為其「化身」或轉輪王的身體。龍樹如此解釋彌勒佛坐「支提」下生的信仰，自然是因為龍樹用「佛有三身」的信仰說明，彌勒佛的「法身」能下生或轉變成為彌勒佛的「化身」或轉輪王身為前提。這應該就是龍樹認為彌勒佛必須坐「支提」下生的原因。

---

198 見本書第六章，〈山崎大塔的支提信仰造像〉。

二 《普賢菩薩說證明經》的信仰性質及內容

(1) 許理合所了解的《證明經》信仰內容

　　龍樹的支提信仰內容，除了被記載於其撰作的《寶行王正論》外，也非常詳細的被記載於龍樹撰造的《證明經》。《證明經》是由兩部敦煌遺經組成的一部經典。此二部敦煌遺經即是：(1)《普賢菩薩說證明經》；(2)《佛說證香火本因經》。[199] 龍樹奠立的支提信仰或「彌勒佛下生為轉輪王」的信仰，基本上被記載於《佛說證香火本因經》。目前收入《大正藏・敦煌遺書》的《證明經》，因為沒有具作者及譯者的名字，因此我們不知道此作品的作者名稱、確實撰造年代，及被翻譯成中文的時間。過去談論《證明經》的學者並不多，其中以日本及西方學者比較注意此經。日本學者及西方學者注意此經的原因，與此經曾被武則天在登位初期用來說明其以「彌勒佛下生為女轉輪王」的姿態統治大周帝國的信仰有密切的關聯。武則天在其登位的初期，曾令當時洛都僧人依據《證明經》及《大雲經》的內容製作其時其流通天下的《大雲經疏》。《大雲經疏》因此是武則天用以說明其以「彌勒佛下生為女轉輪王」的面貌統治大周的最重要政治宣傳品。武氏流通《大雲經疏》的原因，乃要昭告天下，其用佛教信仰建國，並以彌勒佛下生為女轉輪王的姿態統治大周。《舊唐書》提到此事說，《大雲經》(《大雲經疏》)為薛懷義及法明等造，「陳符命言武則天是彌勒佛下生作閻浮提主，唐氏合微，故則天革命稱周」。[200]《資治通鑑》也載有流通《大雲經疏》之事：「冬十月（690），敕令兩京諸州各置大雲寺一區，藏《大雲經（疏）》，使僧升高座講解」。[201]《舊唐書》及《資治通鑑》在此所言的《大雲經》，即指武氏登位初期所撰的《大雲經疏》。[202]

---

199 見《普賢菩薩說證明經》，《大正》卷 85，頁 1362 下-1368 中。

200 （後晉）劉昫撰，《舊唐書・薛懷義傳》，《二十五史》冊 5（上海：上海古籍出版公司，1990），頁 572 上。

201 （宋）司馬光編著，元胡三省音注，《資治通鑑》下冊，《唐紀》20（上海：上海古籍出版公司，1986），頁 1378 上。

202 見古正美，《從天王傳統到佛王傳統》第五章，〈武則天的〈華嚴經〉佛王傳統與佛王像像〉，頁 240-250。

從武則天用《證明經》的經文說明其是彌勒佛下生的女轉輪王此事來判斷，《證明經》最重要的經意即是，彌勒佛自兜率天下生為轉輪王的信仰。

過去許多學者都談論過《大雲經疏》及《大雲經》的關係。意大利學者福安敦（Antonino Forte, 1940-2006）在談論《大雲經疏》之際說：「此《疏》的敦煌殘卷（Dunhuang document），很可能是指 690 年 8 月呈上給武則天，或在這幾天之後武氏詔敕流通天下寺院的《大雲經神皇義疏》」。[203] 1916 年，日本學者矢吹慶輝（1879-1936）事實上已注意到，英國考古學家斯坦因（A. Stein, 1862-1943）搜集的 S2658 號敦煌殘卷，即是依據北涼曇無讖翻譯的《大雲經》（《大方等無想經》）及《證明經》製作的《武氏登極讖疏》。[204] 學者所言的《大雲經神皇義疏》及《武氏登極讖疏》，事實上都指武氏時代所撰的《大雲經疏》。西方學者談論《證明經》較有名的學者，有荷蘭學者許理合（E. Zürcher, 1928-2008）及意大利學者福安敦等人；特別是許理合。許理合不但對《證明經》的經文性質及內容作有詳細的說明，而且對此《證明經》出現的背景也作有自己的解釋。許理合甚至翻譯《證明經》的部分經文成英文。許理合對《證明經》的解釋，在學界造成相當大的影響，特別是其對《證明經》所載的彌勒佛下生信仰的看法。

由於過去學者談論《證明經》的方法，都只單純的從「偽經」的角度去了解、說明《證明經》的性質及內容，而似乎都不知道，《證明經》在歷史上出現的原因與中國發展支提信仰的活動有直接及密切的關聯。筆者在下面便要談論《證明經》所載的支提信仰內容及許理合等學者對《證明經》的看法。

《證明經》是一部在隋代（統治，581-618）才入藏的經典。隋代製作的佛教目錄《眾經目錄》提到《證明經》，並認為《證明經》是一部「五分疑偽」經典。[205]《眾經目錄》之所以會認為《證明經》是一部「五分疑偽」經典，

---

203 Antonino Forte, *Political Propaganda and Ideology in China at the End of the Seventh Century*. Napoli: Instituto Universitario Orientale Seminario di Studi Asiatici, 1976, p. 3-53.

204 矢吹慶輝，《三階教之研究》（東京：岩波書店，1927），頁 685-694；並見古正美，《從天王傳統到佛王傳統》第五章，〈武則天的《華嚴經》佛王傳統與佛王形象〉，頁 240-249。

205 （隋）翻經沙門及學士等，《眾經目錄》卷 4，《大正》卷 55，頁 173 中，「五分疑偽」。

或一半可疑的偽造經典，乃因《證明經》載有許多與中國有關的名字，譬如老子、神州及明堂等名字。[206] 由於隋代佛教目錄認為《證明經》是部「五分疑偽」經典，許多學者因此認為《證明經》是一部中國製作的偽經。

許理合是在其長文〈月光童子〉（Prince Moonlight）中談到《證明經》及其經意，並說，《證明經》是一部受到中國道教及佛教「末世論」（eschatology）思想影響的作品。他說：「道教給予（此經）基本的末世論形式架構，使無關聯的佛教題材從而形成一個完整的（佛教末世論）體系」。[207] 由於許理合對《證明經》持有此看法，他因此認為，《證明經》所載的彌勒佛下生信仰，與基督教（Christianity）的末世論信仰（the millenarian belief）非常類似。他甚至認為，彌勒佛因此可以被視為「一個佛教的彌賽亞」（a Buddhist Messiah）或「救世主」。[208] 為了說明彌勒佛在《證明經》中扮演的角色與基督教救世主的角色相似，許理合在其長文中特別強調《證明經》所載的彌勒佛，在下生時也有與群魔交戰（the apocalyptic battle）、[209] 人們被審判（judgement），[210] 及創造一個理想世界（the creation of an ideal world）等的經文內容。[211] 許理合要強調《證明經》的這些內容，主要的原因是，他認為，《證明經》與「基督教末世論」信仰有極相似之處，從這些內容就可以看出此經是一部「基督教末世論」信仰的經典。許理合所了解的「基督教末世論」信仰是這樣一種信仰：「我們現在談論的是一種非正統性（unorthodox），且具有造反意識（potentially subversive）的「基督教末世論」信仰。這種信仰可能只局限於一小撮用節食、懺悔及祈禱的方

---

206 《普賢菩薩說證明經》，《大正》卷 85，頁 1368 上。

207 Zürcher thus explains the meaning of "Buddhist-Taoist eschatology": "…Taoism provided the model for the structure as a whole. It was the Taoist vision that provided a coherent complex of eschatological expectations into which all these disconnected Buddhist themes became incorporated and welded into an integrated whole,…" 見 E. Zürcher, "Prince Moonlight," *T'oung Pao*, LXVIII, 1-3 （1982）, p. 10.

208 E. Zürcher, "Prince Moonlight", *T'oung Pao*, LXVIII, 1-3 （1982）, p. 10.

209 有關《證明經》載彌勒與各種天魔共爭的經文，見《普賢菩薩說證明經》，《大正》卷 85，頁 1367 中。

210 《證明經》將人分為五類，見《普賢菩薩說證明經》，《大正》卷 85，頁 1364 下。

211 E. Zürcher, "Prince Moonlight," *T'oung Pao*, LXVIII, 1-3 （1982）, p. 10.

式等待救世主來臨的狂熱末世論教徒（fanatic adventists）」。[212]

　　《證明經》所載的彌勒佛下生信仰，與「基督教末世論」所言的救世主下降濟世的信仰，事實上是不同的信仰。因為《證明經》雖然談到彌勒佛下生之際有與各種「天魔交戰」的情形及不是每一個人都能見到彌勒佛下生的情形，然《證明經》所載的彌勒佛下生信仰，並不是要說明彌勒佛下生救濟眾生的信仰而已。因為《證明經》所載的「彌勒佛下生信仰」，是要說明當今的轉輪王是彌勒佛下生的世間帝王的信仰。就這點而言，《證明經》所載的彌勒佛下生信仰具有鮮明的「帝王崇拜」的信仰及政治色彩，而這些「帝王崇拜」及政治色彩，都不見於「基督教末世論」的信仰。很顯然的，許理合似乎並沒有讀懂《證明經》的經意。因為許理合以為，《證明經》所載的彌勒佛下生信仰即是《證明經》所要陳述的全部信仰內容。許理合似乎沒有注意到，《證明經》除了載有彌勒佛下生信仰的內容外，也載有轉輪王用「釋迦佛誕」方式出生世間的信仰及如何造「轉輪王座」的經文；[213] 甚至載有「彌勒佛王」的信仰內容或概念，如「天出明王（彌勒），地出聖主（轉輪聖王），二聖並治，並在神州」的信仰內容。[214] 由這些《證明經》記述佛教轉輪王信仰的經文內容，我們可以看出，《證明經》乃是一部說明「彌勒佛下生為轉輪王」的信仰經典。由於許理合沒有注意到，《證明經》還有記載佛教轉輪王的信仰，因此他只就「彌勒佛下生信仰」這部分的經文拿來與基督教的「救世主」來臨的信仰作比較，並認為《證明經》是一部中國製作的「基督教末世論」信仰的作品。

　　《證明經》雖造有許多在中國補入的「偽經」內容，然《證明經》並不是一部中國製作的「末世論」偽經。我們知道此事，乃因龍樹早在西元 2 世紀中期左右或之後，即依據《證明經》的經文內容製作「阿瑪拉瓦底大支提」的造像。[215] 從龍樹時代使用《證明經》製作「阿瑪拉瓦底大支提」的造像，

---

212 E. Zürcher, "Prince Moonlight," *T'oung Pao*, LXVIII, 1-3（1982）, p. 44.

213 《普賢菩薩說證明經》，《大正》卷 85，頁 1367 上。

214 《普賢菩薩說證明經》，《大正》卷 85，頁 1366 上。

215 見本書第五章，〈龍樹與阿瑪拉瓦底大支提的建築及造像〉。

及《證明經》的內容有補充《寶行王正論》的支提信仰內容的作用此二事實來判斷，我們非常確定，龍樹時代便已經造有《證明經》。《證明經》因此也是我們了解龍樹發展支提信仰內容及其造像的最重要經典。我們因此認為，龍樹為了發展支提信仰，也撰造有《證明經》。在此了解下，我們自然不能同意許理合說，《證明經》是一部中國製作的「具有道教及佛教信仰的末世論」經典。

（2）《證明經》所載的轉輪王座

《證明經》所記載的支提信仰內容，事實上是龍樹依據以造「阿瑪拉瓦底大支提」造像的重要經文依據。譬如，《證明經》談論如何造「轉輪王座」的經文，即是龍樹時代製作阿瑪拉瓦底大支提「轉輪王座」的經文依據。《證明經》所載的造「轉輪王座」的經文，不僅是龍樹製作「轉輪王座」的經文依據，同時也是後世佛教造像者製作「轉輪王座」的主要經文依據。《證明經》如此記載製作「轉輪王座」的經文：

> 轉輪王座上有諸天伎樂長鳴呼吹，簫笛、箜篌、琵琶、鐃、銅鉢。師子及白象，鳳凰與麒麟……。216

《證明經》這段記載製作「轉輪王座」（the cakravartin seat）的經文說：「諸天伎樂長鳴呼吹」，故「支提信仰」的「轉輪王座」的造像，常見此類座上方造有各種飛天手持不同樂器吹奏的造像。此處經文所言的「師子」及「白象」，乃指「轉輪王座」兩側扶手下方所造的象徵轉輪王身分或王權的「獅子」及「白象」的造像。「獅子」及「白象」因是轉輪王的寶物及象徵物，故「轉輪王座」兩側及下方，常用此二動物的造像說明此座是「轉輪王座」。《證明經》此處所言的「鳳凰與麒麟」，實指「摩羯魚」（makara）的造像。由於「摩羯魚」具有如「鳳凰」的喙及「麒麟」的身體，故《證明經》所說的「鳳凰與麒麟」，實指「摩羯魚」的造像。「摩羯魚」可能也是一種象徵轉輪王信仰或轉論王身分的動物，因此「摩羯魚頭」常見被造在「轉輪王座」背靠上方的兩端。我們不知道為何「摩羯魚」具有象徵轉輪王信仰的作用，但因「阿

---

216 見《普賢菩薩說證明經》，《大正》卷 85，頁 1367 上。

瑪拉瓦底大支提」的造像造有許多「摩羯魚」的造像，[217] 我們因此知道，此「摩羯魚」具有象徵轉輪王信仰的作用，或與轉輪王信仰有關的動物。《證明經》所載的具有「伎樂飛天」、「獅子及白象」，和「鳳凰及麒麟」的「轉輪王座」，學者過去常稱此類椅座為「摩羯魚座」（the makara seat）或「魚象座」。[218]

「轉輪王座」因是轉輪王所坐的王座，在支提信仰的造像裡，因造有「轉輪王座」的緣故，我們便知道，彌勒佛下生之後，即要取「轉輪王座」，做轉輪王。「轉輪王座」的經文出現在《證明經》，因此有說明，彌勒佛坐支提下生之後要取「轉輪王座」，做轉輪王的意思。我們在西印度的阿旃陀石窟（Ajantā caves），及附近的葉羅拉石窟（Ellora caves），常見彌勒佛像被造成呈「倚坐相」或「禪定坐相」的坐姿，坐在「轉輪王座」上，作為說明該彌勒佛身也具有轉輪王身的意思。在阿瑪拉瓦底大支提及「龍樹山」的造像，我們也常見此類支提信仰的「轉輪王座」被造成無人坐的「空王座」（the empty seat）造像，[219] 作為說明民眾等待彌勒佛下生做轉輪王的意思。因為此類的造像，都要說明彌勒佛下生之後，將取「空王座」，做轉輪王。[220] 支提信仰造像裡的「空王座」，因此也被視為「轉輪王座」的象徵物。[221]

亞洲各地所造的「摩羯魚座」或「轉輪王座」，不盡相同。有些在摩羯魚嘴中造有立師（獅子）像，甚至小孩的造像，有些在「轉輪王座」兩扶手下方沒有造「白象」的造像，而造轉輪王的另一種寶物「立馬」的造像。「師子」一般常被造在「轉輪王座」的座前兩側及中央。「轉輪王座」或「摩羯魚座」的發展，到了西藏製作《造像度量經》的時代，因其載有與轉輪王信仰有關

---

217 見本書第五章，〈龍樹與阿瑪拉瓦底大支提的建築及造像〉。

218 有關學者對「摩羯魚座」的解說，見 John Miksic, *Borobudur- Golden Tales of the Buddhas*. Singapore: Bamboo Publishing Ltd., 1990, p. 56: This mystical beast with an elephant's trunk, parrot's beak and fish's tail appears very often as an artistic motif in both Hindu and Buddhist temples in India and Java。有關轉輪王或彌勒佛王坐在轉輪王座或摩羯魚座的造像，見本書第八章，《新疆克孜爾石窟支提信仰造像的特色及其影響》，圖版 34。

219 見本書第五章，〈龍樹與阿瑪拉瓦底大支提的建築及造像〉。

220 見本書第五章，〈龍樹與阿瑪拉瓦底大支提的建築及造像〉。

221 見本書第五章，〈龍樹與阿瑪拉瓦底大支提的建築及造像〉。

的飾物或動物，如「大鵬（金翅鳥）、鯨魚（摩羯魚）、龍子、童男、獸王（師子）及象王」等，因此這些具有上面六種動物造像的「轉輪王座」便被稱為「六孥具」。[222] 這些「轉輪王座」上的飾物或動物，如，金翅鳥（garuda）、獅子、大象及馬等，基本上都是象徵支提信仰，並與轉輪王信仰有關的生類，這應該就是「摩羯魚座」或「六孥具」被我們視為支提信仰的「轉輪王座」的原因。

（3）《證明經》所載的彌勒佛王概念

《證明經》最能說明彌勒佛下生之後要做轉輪王的經文，即是《證明經》記載「彌勒佛王」信仰的經文。《證明經》如此記載「彌勒佛王」信仰的經文：

> 釋迦涅槃後七百年，天地大震動，天呼地呼，一月三怪苦困百姓。療除穢惡分簡五種，專行疫病平治罪人，有法盡生，無法盡滅。却後九十九年，七百年以過，三千大千世界六種震動，七日日闇。却後數日，天出明王地出聖主，二聖並治并在神州。善哉治化，廣興佛法，慈愍一切，救度眾生，得出火宅，得見大乘。[223]

許理合就是用此段經文的前段文字說明，《證明經》是部如「基督教末世論」的經典。因為《證明經》在說明彌勒佛下生之前世人所遭遇的災難，如「天地大震動」、「一月三怪苦困百姓」、「專行疫病平治罪人」，及「七日日闇」等，就如基督教彌賽亞來臨之前，世人所遭遇的災難情形一樣。《證明經》說，在這些災難之後，彌勒（明王）即下生。

《證明經》所載的「彌勒佛王」下生的概念，表現在下面的經文裡：「天出明王，地出聖主，二聖並治，并在神州」。此段說明「彌勒佛王」信仰及概念的經文，事實上是《證明經》要闡述的中心思想，也是《證明經》說明「彌勒佛王」概念及信仰的最重要文字。這段經文的意思是：「明王」或「彌勒佛」

---

222 見羅世平，〈廣元千佛崖菩提瑞像考〉，國立故宮博物院編輯，《故宮學術季刊》，第九卷，第二期（1991），頁 122。

223 《普賢菩薩說證明經》，《大正》卷 85，頁 1366 上。

從兜率天或天上下生（天出明王），「轉輪聖王」或「轉輪王」在地上出世（地出聖主），「二聖」，即「彌勒佛」和「轉輪王」，同治「神州」或中國（二聖並治并在神州）。這段經文雖然提到「彌勒佛」及「轉輪王」此二不同身體的人物，然此經文並不是要說，「彌勒佛」及「轉輪王」是兩個不相干的人物或身體。《證明經》說：「二聖並治」的意思，即有指，「彌勒佛」用其「法身」下生為「化身」的「轉輪王」治世的意思，或兩者都屬於龍樹所言的「佛有三身」的同一「彌勒佛」的「身體」治世的意思。依據龍樹的說法，彌勒佛下生的轉輪王身，因具有彌勒佛身（法身）及轉輪王身（化身）的緣故，因此彌勒佛下生的轉輪王身，也被視為「彌勒佛王身」。此段經文的意思，與《寶行王正論》所載的，龍樹用「佛有三身」的信仰陳述的「大王佛法身」的意思，完全契合。武則天在登位初期（690）所編撰並流通天下的《大雲經疏》，即用「明王聖主俱在化城」說明武氏以「彌勒佛王」下生的姿態統治大周帝國的文字。[224]

福安敦也用英文翻譯了《證明經》記述「彌勒佛王」的部分經文。福安敦所譯的此段經文，很有問題。福安敦將「明王」及「聖主」分別翻譯成 "the Luminous King"，意為「發光的王」（Ming-wang 明王）及 "the Holy Head"，意為「神聖的主」（Sheng-chu 聖主）。[225] 福安敦的翻譯完全依據此段經文的字面意思翻譯此文。他似乎不知道，此處所言的「明王」指「彌勒佛」，而「聖主」指「轉輪聖王」。由福安敦的英文翻譯，我們因此看不出他有將「明王」及「聖主」的意思翻譯出來。另一方面，許理合並沒有提到，也沒有翻譯此段經文所表達的「彌勒佛王」概念。這似乎與其不知道這段經文的意思及重要性有關。許理合只簡單的翻譯了這段經文的後半段說明彌勒佛下生之後，要用大乘信仰教化天下，並令天下人成佛的文字，即說明「彌勒治化」的經文。他如此翻譯「彌勒治化」這句話的英文為：the transforming rule of

---

224 見古正美，《從天王傳統到佛王傳統》第五章，〈武則天的《華嚴經》佛王傳統與佛王形象〉，頁245（台北：商周出版公司），2002。

225 Antonino Forte, *Political Propaganda and Ideology in China at the End of the Seventh Century*, Appendix B, "Summary of the Cheng-ming ching," pp. 272-279.

Maitreya。[226] 從其用 "transforming rule"（轉化統治）翻譯經文所載的「（彌勒）治化」的經意，我們很難看出，許理合的譯文有「正法治化」或「用佛教信仰教化天下」（Buddhist inculcation）的意思。因為許理合翻譯的「轉化」（transforming），不但沒有表達「治化」或「教化」的意思，也沒有翻譯用佛教信仰教化天下的意思。

《證明經》所載的「彌勒佛王信仰」的這段話，就是龍樹所了解的，彌勒佛下生的轉輪王用大乘佛教信仰建國或教化天下的意思。此段話既是如此重要，我們因此知道，《證明經》所載的彌勒佛坐支提下生的經文，並沒有完全把話說完。因為從《證明經》說明「彌勒佛王」此概念的經文，我們非常確定，彌勒佛下生之後，乃要取「轉輪王座」，作轉輪王，或用彌勒佛的「化身」轉輪王統治天下。這段話既是如此重要，這就是為何武則天要用這段經文說明其是彌勒佛下生的女轉輪王的原因。從武則天使用《證明經》說明其「彌勒佛王」的信仰及形象，我們即知道，《證明經》在中國的流傳，與中國帝王使用《證明經》所載的「彌勒佛王」下生信仰作為其等的「佛教建國信仰」及轉輪王形象，有密切的關聯。《證明經》雖然含有中國撰造的「偽經」成分，然就《證明經》的主要內容，在龍樹時代已經存在此事實來判斷，筆者認為，《證明經》即是龍樹撰造的作品。因為龍樹已經將《證明經》所載的「彌勒佛王」概念，作為其說明支提信仰的主要經句，也將《證明經》所載的許多經文，如彌勒佛坐支提下生的經文及轉輪王用「釋迦佛誕」方式出生的經文等，作為其製作阿瑪拉瓦底大支提造像的主要經文依據。[227]

由於《證明經》所載的「釋迦佛誕」的經文完全沒有直接告訴我們，經中所言的「釋迦佛誕」的經文是指轉輪王用「釋迦佛誕」的方式出生世間的經文，因此我們從《證明經》所載的「釋迦佛誕」的經文，完全看不出此段「釋迦佛誕」的經文也是一段要說明彌勒佛下生之後要出生為轉輪王的經文。這段經文其實也是一段我們可以證明，《證明經》除了載有彌勒佛用坐支提的

---

226 E. Zürcher, "Prince Moonlight," *T'oung Pao*, LXVIII, 1-3（1982），p. 43.
227 見本書第五章，〈龍樹與阿瑪拉瓦底大支提的建築及造像〉。

方式下生的經文外，也載有轉輪王是用「釋迦佛誕」的方式下生世間的經文。由於此段《證明經》所載的「釋迦佛誕」的經文，與阿瑪拉瓦底大支提製作的轉輪王造像有密切的關聯，故筆者將在本書的第五章，談論阿瑪拉瓦底大支提造像的場合，再談論此段經文的真實內容及其相應的造像。

《證明經》所載的經文內容既是龍樹奠立的支提信仰內容，我們便不能斷章取義的將《證明經》所載的彌勒佛下生信仰視為「中國的末世論信仰」。造成許理合對此經的誤解原因，與許理合似乎沒有讀懂《證明經》有很大的關聯。許理合自己在其長文中也說：「由於《證明經》的口語化（oral）及密教個性（esoteric nature），我們只能了解《證明經》的部分經文」。[228]《證明經》之所以難懂，除了與其譯文具有口語化及密教化的色彩有關外，《證明經》的經文行文方式，也不像一般佛經的行文方式一樣，具有連貫性或邏輯性，甚至有直接表達經意的情形。這也是造成我們覺得《證明經》難讀的一個原因。譬如，從《證明經》所陳述的彌勒下生經文，我們完全看不出彌勒下生或出世的目的是要以轉輪王的姿態在世間建立佛國。[229]《證明經》也提到「轉輪王座」，並對「轉輪王座」作有詳細的描述，但《證明經》在描述「轉輪王座」的場合，也沒有告訴我們，經中所載的「轉輪王座」，就是彌勒佛下生之後要取的王座。即使《證明經》經文談到「彌勒佛王」的概念，由於此段說明「彌勒佛王」概念的經文，是如此的艱澀難懂，也沒有直接用「彌勒」及「轉輪王」此二名字說明「明王」及「聖主」的身分及關係，因此許理合不但沒有說明及翻譯「彌勒佛王」此概念的意思，而且也沒有說明及翻譯「彌勒佛王」的「明王」及「聖主」此二概念的關係。許理合似乎完全沒有注意到，《證明經》中所載的「轉輪王座」及「彌勒佛王」信仰與彌勒佛下生信仰的關聯性及重要性。因此他只就彌勒佛下生的信仰說明此經末世論信仰的性質，而完全沒有談論經中所記述的「轉輪王座」及「彌勒佛王」的概念。《證明經》既是這樣一部難讀的經典，許理合從而對《證明經》作了這樣的結論：「我們不

228 E. Zürcher, "Prince Moonlight," *T'oung Pao*, LXVIII, 1-3（1982）, p. 44.
229 見下詳述。

可能像尋找中國佛教學派（schools of Chinese Buddhism）的根源一樣，找到這些信仰的具體歷史根源」。[230]

許理合因為對《證明經》有閱讀及認知上的問題，因此其在翻譯《證明經》之際，犯了不少錯誤。從《證明經》描述彌勒佛自兜率天坐「雀梨浮屠」（支提）下生的經文，我們即知道，彌勒佛是由兜率天上坐「支提」下生。但許理合卻將「雀梨浮圖」翻譯成「莊嚴寺廟」（a splendid shrine）。[231] 唐代的義淨在其《大唐西域求法高僧傳》卷二記載那爛陀佛教遺跡之處已告訴我們，所謂「雀梨浮屠」，即指「支提」（caitya），不是許理合所言的「莊嚴寺廟」。許理合對《證明經》如此曲解，我們自然不能同意許理合認為，《證明經》是一部基督教末世論經典的說法。

《證明經》在提到「彌勒佛王」的概念之後也提到，支提信仰的終極關懷是：轉輪王要在地上教化人民、建立佛國，向人民傳播佛教、使人民都能出離「火宅」，並解脫成道。這種終極關懷，即是龍樹在其《密友書》及《寶行王正論》所要表達的佛教政治思想及政治理想。《證明經》的製作，明顯的也是為了要補充龍樹在《寶行王正論》中記載及陳述不足的支提信仰內容，我們因此認為，《證明經》也是龍樹撰造的一部佛經。如果龍樹不是《證明經》的撰造者，《證明經》一定就是當時大眾部「支提派」僧人，或龍樹的「僧人集團」所撰造的一部說明支提信仰的著作。無論如何，龍樹對支提信仰在歷史上的發展及貢獻，乃有目共睹；否則《證明經》不會無因由的提到龍樹的名字，並說：「我（佛）遣龍樹菩薩平除天地」，意思是，佛派遣龍樹在此世間建立太平盛世。[232] 從龍樹參與策劃、建造的「阿瑪拉瓦底大支提」的建築及造像主要依據《證明經》的經文製作的情形來判斷，我們自然有理由認為，《證明經》的出經也與龍樹主持建造的「阿瑪拉瓦底大支提」的建築及造像有密切的關聯。

---

230 E. Zürcher, "Prince Moonlight," *T'oung Pao*, LXVIII, 1-3（1982），p. 44.

231 E. Zürcher, "Prince Moonlight," *T'oung Pao*, LXVIII, 1-3（1982），p. 38.

232 《普賢菩薩說證明經》，《大正》卷 85，頁 1366 中。

第六節　結論

　　龍樹不僅是 2 世紀中後期大乘大眾部僧人的領袖，同時他也是一位當時具有創造力及執行力的偉大佛教政治思想家及佛教轉輪王建國信仰的執行者。我們在亞洲歷史上很少見到這種學問、知識及實際運作世間事物能力兼備的佛教高僧。這大概就是當時南印度的娑多婆訶王非常「珍敬」龍樹的原因，這也是「南天竺諸國為其（龍樹）立廟敬奉如佛」的原因。龍樹所奠立的支提信仰內容及方法，雖然深受貴霜王朝創始者丘就卻所奠立的「佛教建國信仰」的理論及方法的影響，然龍樹用「佛有三身」的理論奠立的支提信仰體系，卻是我們在歷史上前所未見，並具有完整佛教哲學思想體系的「佛教建國信仰」。龍樹因此可以說是丘就卻在犍陀羅或貴霜奠立及施行「佛教建國信仰」之後，[233] 在佛教歷史上出現的奠立最系統性的「佛教建國信仰」的奠立者。龍樹所奠立的佛教政治思想，雖然具有佛教信仰或宗教信仰的色彩，但我們不要忘記，我們談論的是佛教的政治思想。龍樹在歷史上之所以能如此順利的推動及施行其佛教政治思想及建國理念，除了與其自身具有各種推行「佛教建國信仰」的優越條件，如其本身即是一位博學多聞的大乘高僧外，其也是一位當時備受尊敬的大乘大眾部派的僧人領袖；特別是，其非常幸運的遇到了其生命中最重要的「伯樂」，即娑多婆訶王喬達彌子‧禪陀迦，有密切的關聯。喬達彌子‧禪陀迦在娑多婆訶王朝的歷史上，也是一位少見的偉大印度軍事家及政治家。他不僅收復其國的失土、重建娑多婆訶王朝的威望，同時也大肆改革其國的政治、社會、宗教，及財政制度。這就是為何他能破釜沉舟的在南印度這種以印度教為主流信仰的環境下，使用佛教信仰建國，並大力支持龍樹在其國家發展支提信仰為其國教信仰的原因。龍樹與娑多婆訶王在南印度共同發展的支提信仰，不僅在佛教歷史上擦出大火花，同時也在亞洲歷史上奠立了亞洲帝王最為青睞的佛教政治傳統。龍樹與娑多婆

---

233 見本書第二章，〈大乘佛教建國信仰的奠立者——貴霜王丘就卻〉。

訶王在印度歷史上共同發展支提信仰的結果，就是我們在今日印度德干高原的兩側，都尚見有許多支提信仰遺址及各種支提造像的原因。亞洲歷史上帝王使用支提信仰建國的情形，自西元 2 世紀中期左右之後，便遍及亞洲各地。除了印度各地的帝王常用支提信仰建國外，支提信仰也傳播至古代的中亞各國、東南亞地區，及東亞地區如中國等地。西元 4 世紀中期左右，龜茲僧人佛圖澄，自龜茲傳入中國北方支提信仰之後，支提信仰便成為中國帝王最為青睞的「佛教建國信仰」。這就是中國有名的梁武帝及武則天，都有在中國的歷史上積極的發展支提信仰及其造像的原因。[234] 由於龍樹與娑多婆訶王朝所發展的支提信仰影響亞洲政治文化的發展非常巨大，後來製作的許多大乘佛教經典及歷史文獻，都還常用「娑多婆訶王」、「阿瑪拉瓦底」，甚至「阿瑪拉瓦底大支提」的名字，作為其等表達支提信仰的代名詞或歷史坐標。譬如，我們在本書第六章要談論的，在古代東南亞越南建國的占婆（Champa）王朝，便用「阿瑪拉瓦底」此名稱呼占婆王「因陀羅跋摩第二」（Indravarman II，860-900）用支提信仰建國的都城名稱。[235] 前面我們提到的，由支提信仰發展出來的《入法界品》，也用「阿瑪拉瓦底大支提」的名字說明善財童子參師的出發處，或說明《入法界品》是一部支提信仰發展出來的佛經。[236]

龍樹與娑多婆訶王所奠立的支提信仰，也如貴霜王朝的丘就卻所發展的「佛教建國信仰」一樣，都用「依經」的方法發展其等的支提信仰及造像。這就是龍樹為何要將其支提信仰的內容都登錄於其撰造的《寶行王正論》及《證明經》的原因；這也是我們今日還要依據《寶行王正論》及《證明經》了解歷代亞洲帝王發展的支提信仰，及其造像的原因。《證明經》既是龍樹撰造以說明其支提信仰的重要經典，也是其製作阿瑪拉瓦底大支提造像的依據，我們因此知道，《證明經》並不是一部如許理合所言的，中國製作以闡述「基督

---

234 有關梁武帝的支提信仰造像，見本書第七章，〈犍陀羅的支提信仰性質及造像〉；有關武則天的造像，見古正美，《從天王傳統到佛王傳統》第五章，〈武則天的《華嚴經》佛王傳統與佛王形象〉，2002。

235 有關占婆王發展「支提信仰」建國的活動，見本書第六章，〈山崎大塔的支提信仰造像〉。

236 見本書第九章，〈《入法界品》的支提信仰性質及造像〉。

教末世論」的偽經，而是一部龍樹撰造的，我們了解支提信仰內容及其造像法的最重要佛教政治作品。

龍樹在娑多婆訶王朝發展支提信仰之際，當時的佛教文獻並沒有記載其是歷史上支提信仰的奠立者。但從其在《寶行王正論》不斷地強調要「建造支提」及「供養支提」的行法，及從其在「黑蜂山」以大乘大眾部派僧人領袖的身分成立「支提派」的活動，我們便能推測，龍樹是歷史上奠立支提信仰的關鍵性人物；特別是，在其著作的《密友書》及《寶行王正論》，也都載有其勸請娑多婆訶王用「正法治化」的方法建國的文字。

龍樹不僅撰造有發展支提信仰的大乘經、論，同時他也是策劃、建造當時全國最大規模的「阿瑪拉瓦底大支提」及其造像的主要人物。「阿瑪拉瓦底大支提」因用造像的方法表達龍樹的支提信仰內容，而龍樹創造的支提信仰造像風格及造像內容，與貴霜或犍陀羅製作的佛教造像風格及造像內容又非常不同，故龍樹在歷史上也成就了其成為「案達羅佛教藝術學派」的創始人聲譽。龍樹對發展大乘「佛教建國信仰」的貢獻，因此不止於他在歷史上創立的支提信仰此佛教政治思想而已，其對佛教藝術或佛教藝術史的貢獻，也是有目共睹的事實。這就是他能留名千古的原因。

我們從目前保存的佛教文獻、佛教經典，及出土的銘文，完全看不出龍樹在娑多婆訶王朝施行支提信仰為其國家信仰的確實時間有多長久，但從《大唐西域記》的記載，及目前保存的阿瑪拉瓦底大支提的造像，我們可以看出，龍樹在娑多婆訶王朝發展支提信仰的時間不會太短。因為光就建造阿瑪拉瓦底大支提的建築及造像，龍樹就需要花費相當長久的時間完成此大支提的建造工作。我們因此推測，龍樹非常可能在喬達彌子·禪陀迦統治的時代已經大體完成其建造大支提的基本工作；否則喬達彌子·禪陀迦兒子時代出土的〈大支提銘文〉不會說，該時代只有增造「法輪」的活動，而佛教文獻，如《大唐西域記》卷 10，也不會說龍樹壽命非常長。

《證明經》的經文內容在流傳的過程中，常有被更改及補充說明的現象。這就是武氏時代的「明堂」、「老子」、「神州」等名稱，都出現於今日保存的《證明經》本的原因。在武氏之前，梁武帝統治南梁的時代，也有改竄《證明

經》經文的現象。這就是梁武帝時代所造的支提信仰造像，都有依據其時代所補入的「三賢、四聖」的經文造「三賢、四聖」造像的現象。[237] 由於《證明經》在歷史上常有被更改經文及補入經文的現象，[238] 因此後來依據《證明經》製作的造像，便出現各種變化造像的情形。但無論《證明經》的經文如何變化，我們還是可以依據《證明經》的經文指認支提信仰的造像。因為《證明經》記載其主要造像的經文，一直保留不變。亞洲早期製作的支提信仰造像，基本上都依據《證明經》的經文製作的緣故，我們因此除了可以依據《證明經》所保存的經文指認支提信仰的造像外，亞洲許多地區也保留有許多依據《證明經》製作的造像，可以作為我們瞭解早期支提信仰造像的情形。支提信仰造像開始產生大變化，除了因為犍陀羅於 4 世紀末、5 世紀初，在接受支提信仰的造像之際，出現犍陀羅的造像者不再依據《證明經》製作支提信仰的造像，而依據犍陀羅自製的《彌勒下生經》及《彌勒大成佛經》製作其支提信仰的造像外；[239] 也因為西元 4、5 世紀之間，因《入法界品》及與之相關的支提信仰經典陸續在亞洲歷史上出現的緣故，[240] 支提信仰的造像便出現有各種變化的現象。這就是筆者在本書的第五章要談論龍樹依據《證明經》製作的阿瑪拉瓦底大支提的造像的情形；而在本書的第六章之後，要談論亞洲各地因支提信仰的發展及傳播所出現的各種信仰及造像變化的原因。支提信仰的發展，包括造像的發展，在歷史上因此不是一成不變，這就是筆者要花費如此長的篇幅撰寫本書的原因。

---

237 見本書第七章，〈犍陀羅的支提信仰性質及造像〉。
238 見本書第九章，〈《入法界品》的支提信仰性質及造像〉。
239 見本書第七章，〈犍陀羅的支提信仰性質及造像〉。
240 見本書第九章，〈《入法界品》的支提信仰性質及造像〉。

第五章

龍樹與阿瑪拉瓦底大支提
的建築及造像

第一節　前言

　　筆者在本書第四章說過，龍樹／龍猛菩薩在西元 2 世紀中期左右或稍後，以大乘大眾部僧人領袖的身分，為南印度的娑多婆訶王朝的國王喬達彌子・禪陀迦策劃、發展「支提信仰」為後者的國教信仰。[1] 龍樹為了發展支提信仰為娑多婆訶王朝的國教信仰，他不但將其發展支提信仰的主要信仰內容記載於其撰造的《寶行王正論》，[2] 而且也將其支提信仰的內容記載於其撰造的《普賢菩薩說證明經》（此後，證明經）。[3] 龍樹要將其發展支提信仰的內容記載於其撰造的《寶行王正論》及《證明經》的原因是，龍樹要沿襲早期貴霜王朝用「依經」發展其「佛教建國信仰」的方法，包括造像的方法，奠立其發展支提信仰的內容及方法。[4]《寶行王正論》及《證明經》，因此是我們研究及了解龍樹奠立其支提信仰內容及其造像法的最重要大乘經、論。

　　龍樹提倡支提信仰的方法，因為是用「供養支提」的方法將支提信仰變成娑多婆訶王朝的國教信仰，故龍樹在娑多婆訶王朝發展支提信仰期間，其不僅在玄奘所撰的《大唐西域記》卷 10 所載的「憍薩羅國」的「跋邏末羅耆釐山」或「黑蜂山」，成立大眾部「支提派」或「支提山派」，並在此山訓練這些「支提派」的僧人在全國各地遍造支提、管理支提，及提倡支提信仰。龍樹在令其支提派僧人於全國各地建造支提之際，龍樹也在娑多婆訶王朝的都城「丹尼亞卡塔卡」建造全國規模最大的「阿瑪拉瓦底大支提」（此後也稱，「大支提」），供全國人民行「供養支提」之用。[5] 龍樹所設計的支提建造法，除了設計有「關閉式支提」及「開放式支提」此二種小支提建造法外，他也設計有「大支提」的建造法。龍樹在全國各地建造的支提，基本上只建造體

1　見本書第四章，〈佛教支提信仰的奠立者——龍樹菩薩〉。

2　（陳）代天竺三藏真諦譯，《寶行王正論》，《大正》卷 32。

3　《普賢菩薩說證明經》，《大正》卷 85，「敦煌遺書」。

4　見本書第四章，〈佛教支提信仰的奠立者——龍樹菩薩〉。

5　見本書第四章，〈佛教支提信仰的奠立者——龍樹菩薩〉。

型較小的支提供其國人從事「供養支提」的活動，但其在都城所建造的支提卻是一座規模宏大並具有造像的「大支提」。龍樹所建造的「大支提」，就是歷史上有名的「阿瑪拉瓦底大支提」。[6] 由於龍樹在全國各地都建造有許多支提供其國人做「供養支提」的活動，這就是娑多婆訶王朝在其曾經統治過的德干高原東、西兩側，都遺留有許多其時代建造的支提及造像的原因。龍樹建造的「阿瑪拉瓦底大支提」的建築及造像，因明顯的具有說明龍樹在娑多婆訶王朝發展支提信仰的性質及內容的作用，我們在此章因此要談論「阿瑪拉瓦底大支提」的建築及造像細節。西藏學者多羅那他在其撰寫的《印度佛教史》中提到，龍樹在其都城建造有「阿瑪拉瓦底大支提」的「圍欄」。多羅那他說：

龍樹在丹尼亞卡塔卡（Śrī Dhānyakataka）的支提建造圍欄（the boundary wall）。[7]

西藏文獻所言的「Dhānyakataka」，即是娑多婆訶王朝都城的名字，也是玄奘所言的「大案達羅」（Great Āndhra）的都城「馱那羯磔迦」的名字。[8] 娑多婆訶王朝都城的地理位置，坐落在今日印度案達羅省克里希那河（the Krisna）的南岸。龍樹建造的「阿瑪拉瓦底大支提」，則坐落在娑多婆訶王朝的都城「丹尼亞卡塔卡」的城外。由於此「大支提」的地理位置也非常接近其東邊的「阿瑪拉瓦底城」（Amarāvatī），故今日學者都稱此「大支提」為「阿瑪拉瓦底大支提」。[9]

就龍樹當時負責主持喬達彌子·禪陀迦時代的各種支提信仰的發展活動

---

6 見本書第四章，〈佛教支提信仰的奠立者——龍樹菩薩〉。

7 Tāranātha, *History of Buddhism in India*, edited by Debiprasad Chattopadhyaya and translated by Lama Chimpa and Alaka Chattopadhyaya. Delhi: Motilal Banarsidass, 1990, reprinted, p. 107.

8 見本書第四章，〈佛教支提信仰的奠立者——龍樹菩薩〉。

9 Jas Burgess says: "The town of Dhānyakataka is the ancient Dhanyakaṭaka or Dhānyakaṭaka, the capital of Mahā-Āndhra and lies about eighteen miles in a direct line to the westward from Bejwāḍā on the south or right bank of the Kṛishṇā river, above the bed of which it is well raised." See Jas Burgess, "The Buddhist Stupas of Amaravati and Jaggayyapeta in the Krishna District, Madras Presidency, Surveyed in 1882," in *Archaeological Survey of Southern Indian*, Vol. 1, p. 13；並見本書第四章，〈佛教支提信仰的奠立者——龍樹菩薩〉。

情形來判斷，[10] 筆者認為，龍樹不會只如西藏學者多羅那他所言的，其只有建造「阿瑪拉瓦底大支提」的「圍欄」而已。因為龍樹既是當時負責為娑多婆訶王朝發展支提信仰為其國教信仰的主要人物，也是為娑多婆訶王朝在全國各地策劃、建造各種支提的負責人，[11] 龍樹自然就會是主持策劃及建造整座「阿瑪拉瓦底大支提」的建築及其造像的人物。這就是為何筆者在上章說，我們不同意西藏文獻說，龍樹只是「阿瑪拉瓦底大支提」「圍欄」的建造者而已。玄奘在其《大唐西域記》卷 10，對龍樹與娑多婆訶王朝的「引正王」在「黑蜂山」，招募千僧，發展「待至慈氏」信仰的活動有一些記載，[12] 我們因此認為，龍樹不但是歷史上奠立「支提信仰」的人物，其也是負責策劃及建造當時娑多婆訶王朝所有支提建造活動的靈魂人物。這就是筆者在上章也說，龍樹不僅是策劃、建造「阿瑪拉瓦底大支提」及其造像的負責人，同時其也是「案達羅佛教藝術學派」（School of Āndhra Buddhist art）的創始人。[13] 因為今日學者所言的「案達羅佛教藝術」（Āndhra Buddhist art）的代表作，即指「阿瑪拉瓦底大支提」的建築及造像。

　　過去研究「案達羅佛教藝術」，或研究「阿瑪拉瓦底大支提」的建築及造像的藝術史學家及考古學家，雖然知道龍樹與娑多婆訶王朝的帝王有親密的關係，然而他們似乎都沒有注意到，「阿瑪拉瓦底大支提」是龍樹在娑多婆訶王朝發展支提信仰之際所建造的，作為其人民行「供養支提」行法的最重要建築物或造像址；更沒有注意到，龍樹建造的「阿瑪拉瓦底大支提」的造像，主要依據龍樹撰造的《證明經》所載的支提信仰內容製作的造像。因此過去研究「阿瑪拉瓦底大支提」造像的學者，不是將「大支提」視為「佛塔崇拜」（Stūpa worship）的建築物，就是認為，「大支提」的造像要表達的是「佛陀偉大事蹟」（Great events of the Buddha）的造像。我們因此有必要重新檢查「阿瑪拉瓦底大支提」的建築性質及造像內容。我們在此章要重新檢查及探討「阿瑪

10　見本書第四章，〈佛教支提信仰的奠立者——龍樹菩薩〉。

11　見本書第四章，〈佛教支提信仰的奠立者——龍樹菩薩〉。

12　見本書第四章，〈佛教支提信仰的奠立者——龍樹菩薩〉。

13　見本書第四章，〈佛教支提信仰的奠立者——龍樹菩薩〉。

拉瓦底大支提」的建築及造像,還有下面這兩個理由:(1)龍樹之後,亞洲各地建造的大、小支提的建造方法,基本上都沿襲「阿瑪拉瓦底大支提」的大、小支提的建造法製作其支提。譬如,9 世紀初期完成的中爪哇「婆羅浮屠大支提」(Mahācaitya in Central Java or Candi Borobudur of Central Java)的建造法,就是依據「阿瑪拉瓦底大支提」的建造法,建造其大支提的主體建築。[14](2)由於龍樹主要使用《證明經》的經文製作其「大支提」的造像,「大支提」的造像因此也成為後世亞洲各地沿襲,並製作其等的「支提信仰」造像的主要造像內容及造像模式。由此,如果我們不了解「阿瑪拉瓦底大支提」的建築方法及造像內容,我們便無法了解後來亞洲各地所製作的支提建造性質及造像內容。

　　筆者在本章用以檢查及討論「阿瑪拉瓦底大支提」出土的造像,基本上都是英國軍官克林・麥肯芝(Collin Mackenzie, 1754-1821)在英國殖民印度期間,與歐西及印度考古學家,特別是英國駐印度官員,在不斷考古挖掘及蒐集「大支提」的造像下,所匯集並送到英國的「阿瑪拉瓦底大支提」的造像。這些造像,在送到英國倫敦之後,最後成為今日大英博物館(the British Museum)的重要館藏。筆者在此章所使用的「大支提」圖像,基本上使用英國學者羅拔・諾斯(Robert Knox)撰造的《阿瑪拉瓦底:大塔的佛教雕像》(*Amarāvatī Buddhist Sculpture from the Great Stūpa*),所載錄及編號的「阿瑪拉瓦底大支提」的圖像。[15] 娑多婆訶王朝亡滅之後,於龍樹山(Nāgārjunakoṇḍa)建國的甘蔗王朝(the Ikṣuvāku / Ikshvaku, c. 225-315/325),因沿襲了娑多婆訶王朝使用支提信仰作為其「佛教建國信仰」,因此甘蔗王朝在龍樹山製作的支提信仰造像,與娑多婆訶王朝製作的「阿瑪拉瓦底大支提」的造像非常相像。筆者在此章談論「阿瑪拉瓦底大支提」的造像之際,因此也要談論龍樹山出土的一些甘蔗王朝製作的支提信仰造像,作為我們了解娑多婆訶王朝與甘蔗王朝製作支提信仰造像的情形及關聯性。筆者在此章所談論的龍樹山的造像,基本

14　見本書第九章,〈〈入法界品〉的支提信仰性質及造像〉。

15　Robert Knox, *Amarāvatī: The Buddhist Sculpture from the Great Stūpa*. London: British Museum Press, 1992.

上使用伊麗莎白‧羅森‧史通（Elizabeth Rosen Stone）所撰的，《龍樹山的佛教藝術》（*Buddhist Art of Nāgārjunakoṇḍa*）所載錄及編號的龍樹山出土的支提信仰圖像。[16] 本章之所以能系統性的討論「阿瑪拉瓦底大支提」及龍樹山的支提信仰造像，筆者自然要感謝羅拔‧諾斯、伊麗莎白‧羅森‧史通，及其他參與考古挖掘及研究「阿瑪拉瓦底大支提」造像的先行者及學者。

第二節　阿瑪拉瓦底大支提的建築結構及建築特色

一 阿瑪拉瓦底大支提的建築結構

　　「阿瑪拉瓦底大支提」位於今日印度東南海岸案達羅省（Andhra Pradesh）的滾圖爾縣（Guntur），是一座具有圓桶形或鼓形（drum）塔身的塔形建築物。「大支提」的建築及造像早已經完全坍塌，「大支提」的造像因此被印度各博物館及大英博物館收藏。印度及西方考古學家在歷經長久的清理及挖掘此「大支提」之後，對「大支提」的建築形制雖繪製出不是完全相同的平面圖（the plan of the Great Stūpa），然而這些學者所繪製的「大支提」平面圖基本上都非常相似。[17] 下面即是印度考古學家阿喜爾（D. C. Ahir）對「大支提」的建築形制所作的大致描述：

> 阿瑪拉瓦底塔（Amaravati stūpa）的建築特色，即是在其鼓形建築的四面建造四座突起的阿雅卡柱子的平臺（ayaka platforms）。此四座平臺上各立有五支（並列）阿雅卡柱子（ayaka pillars），象徵佛陀一生的五件大事：出生、出家、成道、初轉法輪（the first sermon）及大般涅槃（mahāparinirvana）。鼓形建築及阿雅卡柱子的面積是 7.20X2.10 米的面積，覆蓋有雕刻的石板（sculptured slabs）。鼓形建築

16　Elizabeth Rosen Stone, *The Buddhhist Art of Nagarjunakonda*. Delhi: Motilal Banarsidass Publishers, 1994.

17　Robert Knox, *Amarāvatī: The Buddhist Sculpture from the Great Stūpa*, p. 24.

的圓頂（dome）直徑約 42 米，罩在鼓形建築的邊上，四周尚餘 7.1 米寬。圓頂的高度約其寬度的一半。高圓頂的石板約 2.32 米，上雕有三寶（tri-ratna）及其他的圖案（purna-kumbha）覆蓋在圓頂的下部。其上可能用灰泥（stucco）造的裝飾物。（主體建築外的）裝飾用的圍欄（the ornamental railing），高約 4 米，寬約直徑 54 米，並在大塔四面開四入口門道或入口處（gateway）。據巴涅特博士（Dr. Barnet）的說法，圍欄包含約 244 米的欄頂橫梁（coping），立在 136 根柱子（pillars）及 348 根橫柱（crossbars）上。塔的鼓形建築及圍欄之間，形成寬約 4 米的繞塔走道。[18]

阿喜爾對「阿瑪拉瓦底大支提」的建築形制所作的描述，與諾斯鼓形石板編號 72 所雕造的「小支提」建築形制（圖 1），[19] 非常相像。原因是，談論及繪製「大支提」平面圖建築及造像的學者，基本上都依據「大支提」桶形建築下部所黏貼的鼓形石板（drum slabs）上所雕造的小支提造像，復原及談論「大支提」的建築與造像情形。大英博物館於 1954 年製作的目錄（the catalogue），也是用「大支提」上的鼓形石板所雕造的小支提建築形制還原其製作的「大支提」平面圖（圖 2）。[20] 大英博物館所還原的「大支提」平面圖，與阿喜爾所描述的「大支提」建築結構有些不同；特別是，在大英博物館還原的平面圖上，我們看不到鼓形建築的圓頂罩在鼓形或圓桶形建築邊上的設計特色。阿喜爾所陳述的「大支提」建築形制，基本上與哈樂（J. C. Harle）

圖 1　諾斯鼓形石板編號 72 號的彌勒佛坐支提下生像

18　D.C. Ahir, *Buddhism in South India*. Delhi: Indian Books Centre, 1992, p. 56.

19　此圖為大英博物館目錄編號 60 鼓形石板反面的小支提造像。見 Robert Knox, *Amarāvatī: The Buddhist Sculpture from the Great Stūpa*, p. 139, Illustration 72, and p. 140, Plate 72.

20　Robert Knox, *Amarāvati: The Buddhist Sculpture from the Great Stūpa*, p. 24, 大支提平面圖。

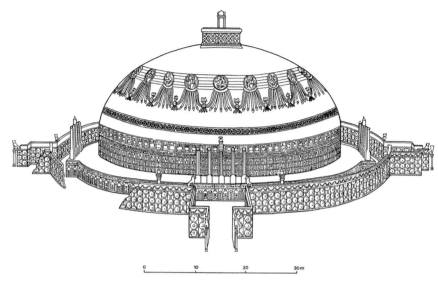

圖2 大英博物館復原的阿瑪拉瓦底大支提平面圖

在其書中提供的還原圖比較相像。[21]

　　阿喜爾認為，「阿瑪拉瓦底大支提」上的五支「阿雅卡柱子」，具有象徵佛陀一生五大重要事跡（5 important events）的造像。阿喜爾此說，自然有商榷的餘地。因為「大支提」出土的銘文很明顯的告訴我們，此座塔形建築物是座「大支提」，或是一座表達支提信仰或「彌勒佛下生為轉輪王信仰」的建築物；[22]而不是阿喜爾所言的，為收藏佛舍利的「佛塔」，或作為「佛塔崇拜」的佛塔。[23]「大支提」上所造的像，包括五支「阿雅卡柱子」上所雕造的造像，因此都不會雕造與佛陀事蹟或與佛陀崇拜有關的造像。我們注意到，中國梁武帝（統治，502-549）在發展支提信仰時期所造的支提造像，在支提的上方也造有五支「阿雅卡柱子」。[24] 但國立故宮博物院收藏的，北魏孝文帝（統治，471-499）太和元年（477）製作的「金銅佛像」，其背面造像上方所造的支

21　見本章圖版2。

22　見本書第四章，〈佛教支提信仰的奠立者——龍樹菩薩〉。

23　見本書第四章，〈佛教支提信仰的奠立者——龍樹菩薩〉。

24　見本書第七章，〈犍陀羅的支提信仰性質及造像〉，圖32，須彌山圖背面支提造像。

提，只見其造有三支「阿雅卡柱子」，及兩枚象徵帝王或皇室的象徵物或皇徽之類的造像。[25] 從中國造「阿雅卡柱子」的情形，我們推測，「阿雅卡柱子」的數目，與此柱子要表達佛陀的「五種重要事蹟」並沒有關聯。由於文獻闕如，我們不知龍樹當初設計五支「阿雅卡柱子」的原因及目的，故筆者無法論斷此五支「阿雅卡柱子」的真實作用。

阿喜爾在談論「大支提」的建築及造像之際提到，「高圓頂的石板約 2.32 米，上雕有三寶（triratna）及其他的圖案（purna kumbha），覆蓋在圓頂的下部」。阿喜爾說此話時並沒有告訴我們，「大支提」的重要造像部位是在哪裡。換言之，他並沒有告訴我們，「大支提」圓桶形建築下部所黏貼及排列的無數鼓形石板的造像，是此「大支提」表達其信仰最重要的造像部位。因為「大支提」圓桶形或鼓形建築下部所黏貼的每一塊鼓形石板的造像，都雕造有一座建築形制如「大支提」的小支提造像（見圖 1），作為鼓形石板的標準造像；而每塊鼓形石板所造的小支提造像內，又造有各種支提信仰的重要造像內容，如彌勒佛像、轉輪王像及「支提信仰」的其他相關造像等。阿喜爾似乎不知道，「大支提」圓桶形建築下部這些鼓形石板的造像，是「大支提」表達其支提信仰的最重要造像部位，因此他完全沒有提到此事。

我們目前所見到的鼓形石板上的小支提造像，其四面也造有四個入口處（the gateway）。由於每個小支提圖像是小支提的平面圖，因此我們只見小支提造有一入口處。在小支提入口處的上方，造有五支「阿雅卡柱子」。小支提的「阿雅卡柱子」下方兩側，固定造有兩對面向不同方向，並有象徵轉輪王權威及身分的坐獅。小支提的「阿雅卡柱子」下方及兩對坐獅的中間，即是小支提的入口處。小支提的入口處，也是每座小支提表達其主題信仰造像的地方。印度考古學及藝術史家蘇柏拉曼尼安（K. S. Subramanian）認為，案達羅支提入口處的造像，無論是從其造像的尺寸或雕像內容來看，都不如山崎大塔

---

25 見本書第十章，〈中國北涼發展支提信仰的證據——涼州瑞像與敦煌的白衣佛像〉，圖 12；並見本章圖 12 台北國立故宮博物院收藏的太和元年造「金銅佛像」背面所造的「二佛並坐像」所坐的「支提」造像。在此「二佛並坐像」所坐的「支提」上方，造有三支「阿雅卡柱子」及二枚象徵皇室的「皇徽」。

（the great stūpa of Sanchi / Sāñci）的造像重要。[26]

　　蘇柏拉曼尼安所言的「山崎大塔的造像」，實指山崎大塔塔門上的造像。從目前用以還原「阿瑪拉瓦底大支提」平面圖的小支提造像來看，我們完全看不出小支提入口處的外側，還造有塔門及塔門上的造像建築結構。我們在上面說過，小支提的入口處，是小支提造其「主題信仰」造像的地方。所謂「主題信仰造像」，即是每個小支提造以表達其「支提信仰」內容的造像。小支提的入口處的造像內容，因與山崎大塔塔門上的造像內容非常不同，因此在小支提入口處，我們常見造有彌勒佛下生立像、彌勒佛下生坐像、轉輪王像，及說明「支提信仰」或「待至慈氏」信仰的造像等像。在山崎大塔的塔門上，我們完全看不到造有彌勒佛下生像的情形。因為山崎大塔塔門上的造像，基本上不造任何佛像。[27] 就這點而言，阿瑪拉瓦底大／小支提入口處的造像，便與山崎大塔塔門上的造像有一定的區別。再者，「阿瑪拉瓦底大支提」的小支提造像入口處兩側，都各造有一大型的造像龕，龕內常見造有一至三身人物組成的造像內容。此二大型造像龕的主要造像人物，就是《證明經》所載的護持支提信仰，或「彌勒佛坐支提下生信仰」的普賢菩薩、觀世音菩薩及佛母的造像。[28] 我們在山崎大塔塔門上的造像，完全不見造有這些小支提入口處兩側大造像龕內所造的人物造像。我們如何能和蘇柏拉曼尼安一樣，比較大、小支提入口處及山崎大塔塔門上的造像，並談論此二處造像的優劣？

■二 阿瑪拉瓦底大支提的建築特色

　　「阿瑪拉瓦底大支提」是一座大支提，而此「大支提」的建築形制，與龍樹所設計的小支提建築形制不盡相同。「大支提」的建築形制，就如上面筆者

26　K. S. Subramanian says, "The gateways of the Āndhra *stūpas* were not important as those of Sānchi, either from their size or from the sculptural standpoint." See K. S. Subramanian, *Buddhist Remains in South India and Early Andhra History- 225 A.D. To 610 A.D.* New Delhi: Cosmo Publications, 1981, p. 18.

27　見本書第六章，〈山崎大塔的支提信仰造像〉。

28　見下詳述。

所言的，主要由其圓頂及鼓形建築，或圓桶形塔身，構成「大支提」的主要建築結構。「大支提」圓桶形塔身的建築下部，因覆蓋或黏貼有無數雕造有小支提造像的「鼓形石板」造像，我們因此可以說，「大支提」的建築特色是，在「大支提」的塔身上造有許多小支提的建築特色。這種在「大支提」上建造許多小支提的建造特色，也見於西元 8、9 世紀之間，中爪哇山帝王朝（the Śailendra, c. 750-860）所建造的「婆羅浮屠遺址」的大支提主體建築。換言之，「婆羅浮屠大支提」的建築結構，也有在其大支提上各別用「建築法」（the constructional method）及「浮雕造像法」（the bas-relief-making method），建造許多小支提的建築結構。[29] 在「婆羅浮屠大支提」主體建築上所建造的小支提，無論是用「建築法」或用「浮雕造像法」製作的小支提，其小支提的建造法，就如我們在「阿瑪拉瓦底大支提」上所見的兩種小支提建造法一樣，造有「關閉式小支提」及「開放式小支提」兩種支提建築結構。[30]

「阿瑪拉瓦底大支提」上的兩種小支提建築，基本上都用浮雕造像的方法被造在「大支提」桶形建築下部所黏貼的「鼓形石板」上，並被造成龍樹設計的「關閉式小支提」及「開放式小支提」兩種小支提的建造形制。「阿瑪拉瓦底大支提」沒有用「婆羅浮屠大支提」使用的「建築法」製作其小支提的建築結構。「阿瑪拉瓦底大支提」的圓桶形塔身，因是此「大支提」的主體建築結構，因此其塔基也呈圓桶形的結構。換言之，「大支提」的塔身就像一個覆缽安置在地上。「阿瑪拉瓦底大支提」圓桶形塔身的上方，造有一方台，台上更造有「相輪」及「塔剎」的建築結構。「阿瑪拉瓦底大支提」所造的小支提，因都造在「大支提」下部圓桶塔身的塔基上，因此此「大支提」的建築結構就有在「大支提」的建築上建造許多小支提的建築特色。中爪哇所建的「婆羅浮屠大支提」的主體建築，在沿襲「阿瑪拉瓦底大支提」的建造方法

---

29 見 Kathy Ku Chengmei（古正美），"A Re-Investigation of the Nature of Candi Borobudur," in Endang Sri Hardiati and others eds., *Uncovering the Meaning of the Hidden Base of Candi Borobudur-International Seminar on Borobudur*. Jakarta: the National Research and Development Centre of Archaeology, 2009, pp. 25-66；並見本書第九章，〈《入法界品》的支提信仰性質及造像〉。

30 見本書第四章，〈佛教支提信仰的奠立者──龍樹菩薩〉。

時，也用在「大支提」上建造其兩種小支提的建造方法建築其大支提。由此，「阿瑪拉瓦底大支提」的建築設計方法，有在「大支提」上建造小支提的建築特色。這種在「大支提」上建造小支提的建築特色，不見於小支提的建造法，也不見於其他的塔形建築物。這種「大支提」的建造法，自然是龍樹及其僧人集團在為娑多婆訶王朝發展支提信仰為後者的國教信仰之際，所設計的「大支提」建造法。[31] 因此，「婆羅浮屠大支提」的建造法說明了此遺址是一處支提信仰的造像址，而其建築形式，則明顯的受到龍樹所設計的「阿瑪拉瓦底大支提」的建築形制的影響。

在「大支提」上建造小支提的建築方法，無非是要表達《證明經》所載的，彌勒佛坐「雀梨浮屠」或「支提」（caitya）下生的信仰。[32] 龍樹在娑多婆訶王朝提倡支提信仰之際，最初大概只在娑多婆訶王朝的國土上建造體形不大的「關閉式小支提」及「開放式小支提」，作為一般人民禮拜及「供養支提」之用。我們會如此說的原因是，與龍樹同時代的娑多婆訶王喬達彌子‧禪陀迦，在其登位的第十八年收復納西克（Nāsik）及卡里（Kārlī / Karle / Karla）二失土之後，在此二地所建造的支提，都屬於此類體型不大的「關閉式小支提」。[33] 納西克及卡里都位於今日印度西岸的孟買（Bombay）附近。龍樹當初在全國各地建造小支提的原因，非常可能是為了要省去在建築上及造像上的麻煩；特別是在造像上的麻煩。這就是龍樹只在當時的都城建造「大支提」，並在「大支提」的建築上建造許多繁複的造像，如彌勒佛下生像、轉輪王像、普賢菩薩及觀音菩薩像，及師子等的造像等。這也就是我們在今日的德干高原兩側，基本上只見「關閉式小支提」及造有一尊佛像在內的「開放式小支提」的建築的原因。

我們不知道龍樹在何時確實完成建造「阿瑪拉瓦底大支提」的建築工作，但從喬達彌子‧禪陀迦的繼承者，也就是他的兒子瓦西絲蒂子‧普魯馬偉王

31　見本書第四章，〈佛教支提信仰的奠立者──龍樹菩薩〉。

32　見本書第九章，〈《入法界品》的支提信仰性質及造像〉。

33　見本書第四章，〈佛教支提信仰的奠立者──龍樹菩薩〉。

（King Vasisthiputra Pulumavi）時代製作的〈大支提銘文〉提到,「阿瑪拉瓦底大支提」在喬達彌子‧禪陀迦統治娑多婆訶王朝的時代,似乎還沒有完全完成「大支提」的建造工作,因此在其子瓦西絲蒂子‧普魯馬偉王統治的時代,還有增建「法輪」的活動。[34] 我們因此推測,「阿瑪拉瓦底大支提」大致建成的時間,可能是在喬達彌子‧禪陀迦統治娑多婆訶王朝的晚期,或喬達彌子‧禪陀迦兒子瓦西絲蒂子‧普魯馬偉王統治其王朝的時代。[35] 由於喬達彌子‧禪陀迦之後,還有幾位娑多婆訶王發展支提信仰為其國教信仰;娑多婆訶王朝亡滅之後,在龍樹山建國的甘蔗王朝（the Ikṣuvāku / Ishvaku,統治,c. 225-315/325）,也用了將近一百年的時間發展支提信仰為其國教信仰的緣故,[36] 這就是今日的德干高原兩側尚遺留下有如此多的支提造像的原因。娑多婆訶王朝及其後的甘蔗王朝,在發展支提信仰為其等的「佛教建國信仰」之際,基本上只在其等的都城建造大支提。這就是為何娑多婆訶王朝只在其都城丹尼亞卡塔卡建造「阿瑪拉瓦底大支提」,而甘蔗王朝也只在其都城龍樹山建造其大支提的原因。[37]

　　「阿瑪拉瓦底大支提」建造完成之後,直到 14 世紀,此「大支提」的保存情形乃相對的良好。這與歷代帝王及僧人對此「大支提」有不斷修繕及重建的活動有極大的關聯。譬如,「阿瑪拉瓦底大支提」在喬達彌子‧禪陀迦時代建成之後,此「大支提」出土的銘文便提到,在娑多婆訶王朝亡滅（225）之前,至少有三位娑多婆訶王朝的帝王曾對此「大支提」作過增建及修繕的工作。[38] 西元 1344 年,錫蘭僧人法護（Dhammakīrtti）來到「大支提」巡禮佛蹟之際,也對「大支提」作過一些修復的工作。[39]「大支提」在 14 世紀之後,似乎便被世人遺忘。直到 1797 年,英國駐印度軍官克林‧麥肯芝來到此「大

34　見本書第四章,〈佛教支提信仰的奠立者——龍樹菩薩〉。
35　見本書第四章,〈佛教支提信仰的奠立者——龍樹菩薩〉。
36　見本書第四章,〈佛教支提信仰的奠立者——龍樹菩薩〉。
37　見本書第四章,〈佛教支提信仰的奠立者——龍樹菩薩〉。
38　見本書第四章,〈佛教支提信仰的奠立者——龍樹菩薩〉。
39　Robert Knox, *Amaravati: Buddhist Sculpture from the Great Stūpa*, p. 16a.

支提」，並發現有人將「大支提」掉落於地面的石板搬運出去做為建築之用時，我們才又有「大支提」的消息。麥肯芝在此次造訪「大支提」的遺址之際，他並沒有注意到，從「大支提」掉落於地面的石板雕造有精美的圖像。麥肯芝是在 1816 年再次造訪「大支提」時，他和他的助手才注意到，「大支提」掉落於地面的石板雕造有精美的圖像。麥肯芝因此才與其助手開始在崩落的「大支提」西面著手進行挖掘、清理及測量的工作，從而肇始了近代學者從事「大支提」的考古挖掘工作及研究工作。[40]

第三節　學者研究阿瑪拉瓦底大支提的問題

一　學者所了解的大支提建造性質

目前學者在研究「阿瑪拉瓦底大支提」的建築及造像之際，都遭遇兩個共同的大問題：(1) 第一個問題是，雖然「阿瑪拉瓦底大支提」出土的銘文非常明顯的稱此「大支提」為「大支提」(the great chaitya or mahāchetiye)，然學者至今尚用「大塔」(the great stūpa) 稱呼此「大支提」，並認為「大支提」的建造與紀念佛陀或崇拜釋迦佛 (Buddha Śākyamuni) 的活動有關。譬如，日本學者平川彰 (1915-2002) 在談論「阿瑪拉瓦底大支提」的建造目的的場合，便稱此「大支提」為「大塔」。[41] 羅拔・諾斯在談論「阿瑪拉瓦底大支提」的建造性質之際，也將「大支提」視為「大塔」，並將「大支提」所造的佛像，通視為佛陀或釋迦的造像。[42]

大英博物館收藏有多鋪造有「彌勒佛坐在支提內下生」的鼓形石板造像。譬如，羅拔・諾斯鼓形石板編號 69 號及編號 72 號 (見圖 1) 的小支提造像都是例子。由於鼓形石板編號 69 號的 (彌勒) 佛像被造在塔 (小支提) 內，並立

40　Robert Knox, *Amaravati: Buddhist Sculpture from the Great Stūpa*, pp. 17-18.

41　見平川彰著，莊昆木譯，《印度佛教史》(台北：商周出版公司，2002)，頁 205-206。

42　Robert Knox, *Amarāvatī: Buddhist Sculpture from the Great Stūpa*, p. 131, Illustration 69; pp. 139-140, Plate 72. 鼓形石板編號 69 號及 72 號的佛像與塔的解釋。

在一塊平板上，因此大英博物館及羅拔‧諾斯都認為，鼓形石板編號 69 號的造像，是一鋪「佛陀立在尼連禪河」（the Nairañjanār river）的造像。[43] 羅拔‧諾斯雖然曾判定鼓形石板編號 72 號的相似立佛像，「好像不是 1954 年《目錄》所載的佛陀立在尼連禪河的造像」，然他還是將此立佛像視為佛陀的造像。[44] 羅拔‧諾斯所談論的此二鋪鼓形石板的造像，都有相似的造像內容如下：鼓形石板的造像背景都造一鋪「開放式的小支提」，在小支提內，立有一位身穿裸露右肩、佛衣長及腳踝的立佛像。立佛像的右手舉起在胸前作「無畏印」（abhaya mudrā），彎起的左手披掛佛衣的另一端，立佛像的兩腳立於一塊平板上，平板的上下方皆造有恭敬禮拜立佛的人物造像。

「佛陀立在尼連禪河」的造像，就「佛傳故事」（Life story of the Buddha）來判斷，有指佛陀準備成道的意思。因為「尼連禪河」是釋迦佛在菩提樹下成道之前去淨身的河流名稱。我們在上面說過，「塔」與「支提」的區別是，「塔」（stūpa）是收藏「舍利」（relics）之用，而「支提」（caitya）是彌勒坐以下生的工具。「塔」因有收藏「舍利」的作用，因此佛教藝術史學者，常將「佛塔」視為具有象徵佛陀死亡的象徵物，或佛陀「般涅槃」（parinirvāna，死亡）的象徵物。譬如，佛謝爾（A. Foucher, 1865-1952）在其有名的《佛教藝術的肇始》便如此定義「塔」的性質。[45] 「佛塔」在佛教既有象徵死亡的含義，「佛塔」內便不可能造有佛像，或說明佛陀活動的造像。因為塔內收藏的「舍利」是法師或佛及菩薩死後留存的遺骨。這就是為何我們認為，「佛塔」內不可製作說明佛陀或釋迦活動的造像的原因；這也是龍樹稱「佛塔」內造有佛像及供養物的建築物為「支提」的原因。佛謝爾對佛教造像的定義，至今尚深深的影響我們對佛教造像的了解。因此，許多學者至今都沒有注意到，「佛塔」

43　Robert Knox, *Amarāvatī: Buddhist Sculpture from the Great Stūpa*, p. 131, Illustration 69; p. 133, Plate 69.

44　Robert Knox, *Amarāvatī: Buddhist Sculpture from the Great Stūpa*, p. 139. Illustration 72; p. 140, Plate 72.

45　A. Foucher, *The Beginning of Buddhist Art and Other Essays in Indian and Central–Asian Archaeology*. New Delhi: Asian Educational Services, 1994, p. 18.

內不能造佛像的原因。大英博物館及羅拔・諾斯（此後，也稱諾斯）一方面將鼓形石板編號 69 號及 72 號的立佛像，視為「佛陀立在尼連禪河」的造像，一面又將大支提或小支提視為「佛塔」，其等的這種說法，自然是有問題，甚至是矛盾的說法。學者對「塔」及「支提」的定義不清楚，與中國自古以來的譯經僧常將「支提」翻譯成「塔」或「塔廟」的做法，也有密切的關聯。[46] 譬如，唐代義淨（636-713）在 7 世紀後半葉到印度去巡禮佛跡時，尚見印度有崇拜支提的活動。義淨在其《南海寄歸內法傳》談論「禮敬支提」（caityavandana）的場合，便如此談論「支提」（制底）與「塔」的定義：

> 大師世尊既涅槃後，人天並集以火焚之，眾聚香材遂成大積，即名此處以為質底（支提），是積聚義。據從生理，遂有制底（支提）之名。又釋，一想世尊眾德俱聚於此，二乃積甎土而成之，詳傳字義如是，或名窣覩波（塔），義亦同此。舊總云塔，別道支提，斯皆訛矣，或可俱是。[47]

由於義淨沒有將「塔」及「支提」的定義作明確的區分，因此後來研究「阿瑪拉瓦底大支提」建築及造像的學者，在義淨的影響下，都將「阿瑪拉瓦底大支提」視為「大塔」。參與考古挖掘「阿瑪拉瓦底大支提」工作的傑士・布吉斯（Jas Burgess, 1832-1916），也將「支提」視為「塔」。印度佛教藝術史家蘇柏拉曼尼安雖然也參與「阿瑪拉瓦底大支提」的考古挖掘工作，然其對「支提」與「塔」的區別也不清楚。他認為，「支提」和「塔」的原義相同，都被視為「埋葬堆」，但後來「支提」被其視為有後塔建築結構的寺院。[48] 東、西方學者對「塔」和「支提」的性質及功用因都不清楚的緣故，故在談論及使用「塔」與「支提」二詞時，便對此二詞的區分一直無法說明清楚。當然，不是沒有文獻注意到「塔」與「支提」的區別者。譬如，大眾部律法《摩訶僧祇律》便對「支提」及「塔」的性質及功用作有清楚的區分。[49]

總而言之，「阿瑪拉瓦底大支提」既是龍樹策劃及建造的「大支提」，我

46　見本書第九章，〈《入法界品》的支提信仰性質及造像〉。
47　（唐）三藏法師義淨，《南海寄歸內法傳》卷 3，《大正》卷 54，頁 222 中。
48　K. S. Subramanian, *Buddhist Remains in South India and Early Andhra History, 225 to 610 A.D.*, p. 13.
49　見本書第四章，〈佛教支提信仰的奠立者──龍樹菩薩〉。

們因此可以說，此「大支提」的造像便不會是表達「釋迦偉大事蹟」（Great events of the Buddha）的造像；相對的，「大支提」所造的造像，都要表龍樹奠立的支提信仰的造像。這就是為何「大支提」製作最多的造像，就是「彌勒佛坐支提下生」的造像及轉輪王用「釋迦佛誕」方式出生世間的造像的原因。

二 學者定年大支提的問題

　　（2）學者研究「阿瑪拉瓦底大支提」的第二個問題是，過去學者對「阿瑪拉瓦底大支提」的定年或建造時間，都定得太早。學者常將此「大支提」的建造時間，定為西元前 3 世紀或印度阿育王（King Aśoka, 268BC-232BC）統治孔雀王王朝（the Mauryan Empire, 322BCE-185BC）的時間。學者會有這樣的看法，不是沒有原因。在古代娑多婆訶王朝的都城「丹尼亞卡塔卡」，因為發現有阿育王石柱（Aśoka stone pillar）及阿育王石敕（Aśoka stone edict）的殘文，因此有些學者便認為，「大支提」的建造時間是在西元前 3 世紀，即阿育王統治印度的時間。譬如，印度學者沙爾卡爾（D. C. Sarkar）便認為，「大支提」很可能即是阿育王建造的大塔。[50] 學者對「大支提」的建造時間因持有此看法，許多學者因此都視「大支提」為阿育王時代的建築物。羅拔・諾斯對此「大支提」的建造時間也持此看法，他說：

> 總而言之，許多學者都認為，「阿瑪拉瓦底大支提」的建造時間，最早可以推溯至西元前 3 世紀阿育王統治孔雀王朝的時代。阿育王或許與此「大支提」的建造無關，但「大支提」的佛教活動在此時代已經開始。「阿瑪拉瓦底大支提」在建造之後，直至西元 3 世紀娑多婆訶王朝統治的晚期，還不斷的有被維修和重建的現象。[51]

蘇柏拉曼尼安也說：

「阿瑪拉瓦底此塔」（mahāchaitya）用孔雀王朝的文字（the Mauryan scripts）書寫的

---

50 D. Jithendra Das, *The Buddhist Architecture in Andhra.* New Delhi: Book and Books, 1993, p. 12.

51 Robert Knox, *Amarāvatī: Buddhist Sculpture from the Great Stūpa*, p. 13a.

銘文及具古拙風格的雕像，都說明此「大支提」是孔雀王朝時代的建築物。[52]

羅拔・諾斯及蘇柏拉曼尼安雖然都沒有像有些印度學者一樣直接說，此「大支提」是阿育王所造，但兩人將「大支提」建造的時間都上溯至阿育王統治印度的時代。他們對「大支提」的定年，都有商榷的餘地。因為如果龍樹是歷史上奠立支提信仰，並是策劃建造「大支提」的人物，在娑多婆訶王朝於 2 世紀中期左右或稍後發展支提信仰為其國教信仰之前，印度歷史上應該沒有支提信仰存在，而「大支提」的造像內容，也不會如此明顯的依據龍樹時代撰造的《證明經》製作其造像。[53]

「大支提」的主要造像內容共有三種：（1）依據《證明經》製作的「彌勒佛坐支提下生」的造像、（2）依據《證明經》製作的，轉輪王用「釋迦佛誕」方式出世世間的造像，及（3）依據玄奘所言的「待至慈氏」信仰所造的象徵物造像。此三種造像內容，都與龍樹所奠立的支提信仰有密切的關聯。[54]

過去研究「阿瑪拉瓦底大支提」造像的學者，常用「大支提」使用孔雀王朝的文字，作為論證「大支提」的建造時間是落在阿育王時代的證據。學者這種論證法不是沒有問題。因為娑多婆訶王朝是繼孔雀王朝之後，在古代印度的德干高原東、西兩側崛起的「大案達羅國」，或建立的新王朝。[55]「大支提」的建造時間既在娑多婆訶王朝統治「大案達羅」的時代，「大支提」使用其前代孔雀王朝的文字書寫「大支提」的銘文，應該是合情合理；特別是，娑多婆訶王朝在發展支提信仰之際，也有如阿育王一樣，使用佛教轉輪王信仰建國。學者用「大支提」上的銘文判定「大支提」的建造時間是在阿育王統治印度的時代，或西元前 3 世紀的做法，因此有商榷的餘地。因為我們除了要考慮，在歷史上發展支提信仰及建造「大支提」的娑多婆訶王及龍樹，

---

52 K. S. Subramanian, *Buddhist Remains in South India and Early Andhra History- 225 A.D. To 610 A.D.*, p. 14.

53 見下詳述。

54 見後詳述。

55 見本書第四章，〈佛教支提信仰的奠立者——龍樹菩薩〉。

都是西元 2 世紀中期左右或稍後的人物外，[56] 我們也要考慮，印度學者對孔雀王朝或阿育王的定年，有可能偏於過早的情形。

　　印度學者對其歷史文物的定年，向來有傾向偏早的定年現象。譬如，蘇柏拉曼尼安用「阿瑪拉瓦底大支提」早期的造像風格（the early style of the image），說明「大支提」的建造時間是在西元前 3 世紀的說法，就是一個偏早，並有問題的定年。蘇柏拉曼尼安將今日保存的「阿瑪拉瓦底大支提」的造像風格分為兩種不同的造像風格：（1）與比爾薩（Bhilsa）及山崎大塔造像相似的古拙（the archaic）造像風格；及（2）與犍陀羅（Gandhāra）的希臘─羅馬（Greco-Roman）式相似的造像風格。[57] 蘇柏拉曼尼安所言的「古拙造像」風格，乃指「大支提」早期的造像風格，而其所言的「犍陀羅的希臘─羅馬式的風格」，則指「大支提」的晚期造像風格，或「大支提」在修繕時期所造的造像風格。

　　蘇柏拉曼尼安和許多學者一樣，都將山崎大塔的造像視為印度最早的佛教造像。[58] 事實上，山崎大塔的造像，有明顯的沿襲「阿瑪拉瓦底大支提」的造像內容及造像方法製作其大塔的造像情形。譬如，山崎大塔常使用「阿瑪拉瓦底大支提」的「待至慈氏」造像法，或用象徵物的造像法表達其支提信仰的造像內容，即是一個例子。[59] 山崎大塔不但常使用「阿瑪拉瓦底大支提」表達「待至慈氏」信仰的象徵物，如「菩提樹」、具「寶相輪的雙足印」、[60]「支提」、「金輪」等造像，而且山崎大塔也如「阿瑪拉瓦底大支提」一樣，為了說明山崎大塔是一處說明轉輪王信仰的支提信仰造像址，在山崎大塔也製作了許多轉輪王的造像。[61] 筆者因此認為，山崎大塔的造像時間，要比「阿

56　見本書第四章，〈佛教支提信仰的奠立者──龍樹菩薩〉。

57　K. S. *Subramanian, Buddhist Remains in South India and Early Andhra History- 225 A.D. To 610 A.D.*, p. 18.

58　見本書第六章，〈山崎大塔的支提信仰造像〉。

59　見本書第六章，〈山崎大塔的支提信仰造像〉。

60　見下詳述。

61　見本書第六章，〈山崎大塔的支提信仰造像〉。

瑪拉瓦底大支提」的造像時間晚；特別是，在山崎大塔出現的「功德天女神／吉祥天女神」（Lakṣmī）的信仰及造像，其出現的時間，可能都要遲到西元5、6世紀之間或之後。因為記載功德天女神信仰的中譯支提信仰經典，如《大方等大集經》等經，[62] 都要遲到西元5、6世紀之間才出經。[63] 我們因此不能用後來建造的山崎大塔的建造時間，作為我們判定「阿瑪拉瓦底大支提」的定年標準。

　　由於過去學者研究「阿瑪拉瓦底大支提」的建築及造像有如此多問題，我們在下面便要談論「阿瑪拉瓦底大支提「的造像內容。

第四節　阿瑪拉瓦底大支提的造像內容

一 依據《證明經》製作的彌勒佛坐支提下生的造像

　　「阿瑪拉瓦底大支提」的造像，基本上依據龍樹所撰造的《證明經》而製作。因此我們在「大支提」的造像，便見有兩大類依據《證明經》製作的支提信仰造像。此二類支提信仰造像是：（1）一類是表達支提信仰的「彌勒佛下生信仰」的「彌勒佛坐／立支提下生」的造像，（2）一類是表達轉輪王用「釋迦佛誕」的方式出世世間的造像。此二類造像內容，不但是龍樹依據《證明經》所載的「彌勒佛下生為轉輪王」的信仰（即支提信仰）的主要內容製作的造像，也是龍樹在其支提信仰造像所要表達的主要造像內容。[64]「大支提」所造的「彌勒佛坐支提下生」的造像，因依據《證明經》所載的「彌勒佛自兜率天坐支提下生」的經文製作此類造像，我們因此在「大支提」常見「大支提」的造像者用兩種方式表達此類「彌勒佛坐支提下生」的造像：（1）彌勒佛或立或坐在支提內下生的造像，及（2）彌勒佛以漂浮在空中的姿態與其支提

62　（高齊）天竺三藏沙門那連提（黎）耶舍譯，《大方等大集經》卷58，《大正》卷13，頁388上；並見本書第六章，〈山崎大塔的支提信仰造像〉。

63　見本書第六章，〈山崎大塔的支提信仰造像〉。

64　見本書第四章，〈佛教支提信仰的奠立者——龍樹菩薩〉。

一起下生的造像。《證明經》如此載記彌勒佛自兜率天（Tusita heaven）坐支提下生的經文：

> 爾時彌勒告普賢菩薩言：吾下之時，或多率天上雀梨浮圖，或從空而下，或閻浮履地從地踊出，或北方來，或東方來，或南方來，或西方四維上下，不可思議。十方恆河沙菩薩、六趣眾生，無能測佛智。佛言：唯有普賢菩薩乃能測佛智。爾時雀梨浮圖（支提）從空而下。[65]

（1）彌勒佛坐支提下生的造像

我們在上面提到的羅拔‧諾斯鼓形石板編號 69 號及 72 號的小支提造像，都是用「彌勒佛立在支提內下生」的造像方式表達「彌勒佛坐支提下生」的造像。諾斯收錄的「彌勒佛坐支提下生」的造像，除了造有「彌勒佛立在支提內下生」的造像外，也造有「彌勒佛坐在支提內下生」的造像。譬如，諾斯鼓形石板編號 70 號及編號 71 號此二小支提的造像，都屬後者此類「彌勒佛坐支提下生」的造像。但諾斯鼓形石板編號 70 號所造的「彌勒佛坐支提下生」的造像（圖3），是一鋪將彌勒佛造坐在「多頭龍王」（Multi-headed- nāga king）曲卷的身上下生的造像。「彌勒佛坐支提下生」的造像，因此有被造成立在支提內、坐在支提內，甚至坐在支提內的「多頭龍王」身上下生的情形。諾斯鼓形石板編號 70 號的「多頭龍王」的多頭，被造在彌勒佛的身後，呈扇狀作護持彌勒佛狀。龍王造像的下方，造有二

圖3 諾斯鼓形石板編號 70 彌勒佛坐支提下生像

人跪在一平板上，向彌勒佛作禮拜狀；另二人則跪在平板的下方禮拜彌勒佛。[66]

---

65 《普賢菩薩說證明經》，《大正》卷85，頁 1367 中。

66 Robert Knox, *Amarāvatī: Buddhist Sculpture from the Great Stūpa*, p. 134, Plate 70.

諾斯鼓形石板編號 71 號的造像，是一鋪沒有造龍王護持彌勒佛坐支提下生的造像。[67] 諾斯鼓形石板編號 70 號及編號 71 號的彌勒佛坐支提下生的造像法，基本上與上面提到的諾斯鼓形石板編號 69 號及編號 72 號所造的彌勒佛立在支提內下生的造像法，非常相似，兩者只有彌勒佛身，或呈坐像或呈立像之別。造像中的彌勒佛，都穿通肩長衣，右手作「無畏印」，左手在胸前舉起掛著佛衣的另一端，或立或坐在「開放式的小支提」內的一塊「平板」上，彌勒佛的兩側及下方都造有幾位恭敬禮拜、迎接彌勒佛下生的人物造像。

大英博物館及諾斯因常將彌勒佛下生所立／坐的「平板」，視為象徵佛陀淨身或沐浴的「尼連禪河」的造像，故稱呼此類佛像為「佛陀立在尼連禪河」的造像。大英博物館及諾斯的說法，都非常有問題。因為佛教造像所造的河流，常見用水紋象徵河流，並用「平板」象徵陸地或地面。譬如，山崎大塔所造的「佛陀歸化迦葉族人」的造像（圖 4），[68] 其河流便用水紋製作，而河流堤岸的陸地，則用一塊「平板」象徵。

圖 4　山崎大塔東塔門佛陀歸化迦葉族人的造像

我們因此認為，「阿瑪拉瓦底大支提」鼓形石板所造的彌勒佛下生所立／坐的「平板」，有象徵地面或陸地的意思。因為《證明經》在談論彌勒佛自兜率天坐支提下生之際說：「時雀梨浮圖（支提）從空而下，安置閻浮履地」。彌勒佛因為要下生世間，才能在世間出世作轉輪王，並用佛教信仰建國。「大支提」的造像者，明顯的用「平板」象徵陸地，說明彌勒佛已經下生閻浮履地。這就是為何造像中的民眾都在「平板」四周（地面）以恭敬的姿態迎接彌勒佛下生的原因。

67　Robert Knox, *Amarāvatī: Buddhist Sculpture from the Great Stūpa,* p. 137, Plate 71.

68　西方學者一般都稱此像為「佛陀歸化迦葉族人」，但林保堯也稱此像為「尼連禪河奇蹟」。見林保堯，《山奇大塔——門道篇》（新竹：覺風佛教藝術文化基金會出版，2009），頁 48。

為何「大支提」要在「彌勒佛坐支提下生」的造像，造有多頭龍王護持彌勒佛下生的造像？筆者認為，這與龍樹時代的人民相信，龍王具有護持支提，甚至「彌勒佛坐支提下生」的信仰有密切的關聯。「阿瑪拉瓦底大支提」所造的「彌勒佛坐支提下生像」，常見「人形龍王」（human-formed-nāga king）或多頭龍王及其侍者立在彌勒佛的後方護持彌勒佛下生。《證明經》及《寶行王正論》都沒有提到龍王及夜叉等有護持支提及「彌勒佛坐支提下生」的信仰。但隋文帝時代（統治，581-604）那連提（黎）耶舍（Narendrayasasa, 490-589）翻譯的支提信仰經典《大方等大集經・日藏分護塔品》，即非常清楚的提到，龍王及夜叉，特別是龍王，有護持支提的作用。由於夜叉也有護持支提的作用，因此山崎大塔造有女夜叉護持山崎大支提的造像。[69]《大方等大集經・日藏分護塔品》是一品記載佛付囑二十個龍王護持閻浮提二十大支提的經文。該經如此記載此事：

> 爾時長老阿若憍陳如白佛言：此日藏修多羅長夜照明，說一切龍惡業果報不可思議，復說菩薩真實行。佛言：如是，如是。憍陳如，此四天下，有大支提聖人住處，若有眾生精勤方便，坐禪正慧，當知此處則為不空。如是福地則為流布日藏法寶。何者名為大支提處？此閻浮提內王舍城中聖人處所大支提者，乃是過去無量如來、無量菩薩、無量緣覺、無量聲聞曾於其中修道滅度，今悉現有當來亦然。過去諸佛菩薩聖人，皆以付授婆婁那龍，令使擁護住持安立。我今亦欲令此處所光明久住，還以付囑婆婁那龍……。爾時婆婁那龍王作如是言：如是，如是，如世尊教……我於爾時供給守護乃至法滅……爾時世尊復以西瞿耶尼須彌山下何羅闍低羅山中聖人住所，名曰雲盡，付寶護龍王。時寶護龍王言：世尊，如是，如是……爾時世尊復以東弗婆提須彌山西青鶖伽那山中支提聖人住處名聖人生，付蘇摩呼嚧叉龍王……復以閻浮提中摩伽陀國毗富羅朋迦牟尼聖人住處，付囑山德龍王守護供養亦復如是；復以閻浮提中摩偷羅國名愛雲炎牟尼聖人住處，付囑閻婆迦質多羅龍王；復以閻浮提中憍薩羅國名闍耶首馱牟尼聖人住處，付囑吃利彌迦龍王……復以閻浮地中乾陀羅國名大利

69　見本書第六章，〈山崎大塔的支提信仰造像〉。

那若摩羅年尼聖人住處，付囑伊羅跋多龍王。復以閻浮提內罽賓國中名宮摩尼佉年尼聖人住處，付囑吁留羅龍王……復以閻浮提中震旦漢國，名那羅耶那弗羅婆娑年尼聖人住處，付囑海德龍王。復以閻浮提內于闐國中水河岸上，牛頭山邊近河岸側，瞿摩婆羅香大聖人支提住處，付囑吃利呵婆達多龍王守護供養。此大支提皆是過去大聖菩薩、大辟支佛、大阿羅漢、得果沙門、五通神仙諸聖住處。是故過去一切諸佛次第付囑，欲令流轉……諸佛菩薩摩訶薩、聲聞、緣覺亦復住此二十大支提，常加守護，令諸世間增福德故，一切眾生惡業盡故……時一切龍受佛付囑二十支提處已，作如是言……。[70]

因為支提信仰有龍王護持支提的信仰，因此上面的經文說，閻浮提所造的「二十大支提」都有不同的龍王護持。這就是為何「大支提」造有龍王護持支提的造像的原因。這也是後來製作的《大方等大集經・日藏分護塔品》載有龍王護持「二十大支提」的經文的原因。羅拔・諾斯收錄的「大支提」的「圍欄柱子」（railing pillars）的造像，便見有一鋪其認為是 1 至 2 世紀製作的，具有龍王護持的所謂「佛塔」的造像。諾斯所謂的「佛塔」，即指諾斯造像編號 74 號的「關閉式小支提」的造像。（圖 5）。[71] 在此「關閉式小支提」的入口處，造有一條曲卷的五頭龍王護持支提的造像。此「關閉式小支提」的造像，自然不會如諾斯所言的，是西元 1 至 2 世紀所造的「佛塔」。因為龍樹奠立支提信仰及設計此類「關閉式小支提」的時間是在西元 2 世紀中期左右之後。[72] 龍樹建造「大支提」的時間，或建造此「關閉式小支提」的時間，因此也應該是在西元 2 世紀中期左右之後的時間，不會是如諾斯所言的，是西元 1 至 2 世紀所造的「佛塔」時間。

70 （隋）天竺三藏那連提（黎）耶舍譯，《大方等大集經・日藏分護塔品第十三》，《大正》卷 13，頁 293 中-294 下。

71 Robert Knox, *Amarāvatī: Buddhist Sculpture from the Great Stūpa*, p.47, fig. 74（reverse of 3）and p. 143, fig. 74.

72 見本章第四章，〈佛教支提信仰的奠立者——龍樹菩薩〉。

圖 5　諾斯鼓形石板編號 74 龍王護持支提像　　圖 6　龍樹山造彌勒佛坐支提下生立像

　　諾斯收錄的鼓形石板編號 70 號的小支提入口處，明顯的造有一條多頭龍王護持「彌勒坐支提下生」的造像（見圖 3）。諾斯不僅認為，此像是「大支提」晚期製作的造像，同時也認為，此像是龍王穆慈林達（Mucilinda）護持佛陀的造像。[73] 此像所造的支提，是一座「開放式小支提」，與上面我們談論的諾斯鼓形石板編號 74 的「關閉式小支提」的造像形式，顯見的不同。前者造有彌勒佛坐在支提內下生的造像，而後者則是一座完全不見彌勒佛像的「關閉式小支提」的造像。但兩者都造有龍王護持支提及龍王護持「彌勒佛坐支提下生」的造像特色。諾斯鼓形石板編號 70 號小支提內所造的造像，自然不會是諾斯所言的「龍王穆慈林達護持佛陀的造像」，因為「佛傳故事」並沒有說，佛陀是坐在支提內下生。依據支提信仰經典所載，諾斯鼓形石板編號 70 號小支提，無論如何都是一座龍王護持「彌勒佛坐支提下生」的造像。特別是，此像的造像內容，與其他表達「彌勒佛坐支提下生」的造像，都有相似的造像內容可以證明此像是一座「彌勒佛坐支提下生」的造像。

　　龍樹山所造的「彌勒佛坐支提下生」的造像，也如「阿瑪拉瓦底大支提」所造的「彌勒佛坐支提下生」的造像一樣，除了造有「彌勒佛或立或坐在支

73　Robert Knox, *Amarāvatī: Buddhist Sculpture from the Great Stūpa*, p.132, fig. 70.

提內下生」的造像外，也造有多頭龍王護持彌勒佛坐支提下生的造像。譬如，伊麗莎白・羅森・史通在其書編號 145 號及 152 號（圖 6）的龍樹山鼓形石板小支提的造像，即是一鋪「彌勒佛立在支提內下生」的造像。[74] 伊麗莎白・羅森・史通編號或圖版 148 號的造像，則是一鋪龍樹山製作的，「多頭龍王護持彌勒佛坐支提下生」的造像（圖 7）。[75]

圖 7　龍樹山造龍王護持彌勒佛坐支　　　圖 8　龍樹山造彌勒佛坐獅子座下生像
　　　　提下生像

　　我們在龍樹山所見的支提信仰造像，也出現我們在「阿瑪拉瓦底大支提」所不曾見到的，彌勒佛坐在支提內的「轉輪王座」或「獅子座」（lion seat）下生的造像。這種彌勒佛坐在「獅子座」上下生的造像，很可能即是甘蔗王朝在龍樹山發展支提信仰之際，製作的一種「彌勒佛坐支提下生」的新造像。此類新造像，也見於伊麗莎白・羅森・史通（此後，史通）編號或圖版 143 號的彌勒佛坐在支提內的「獅子座」下生的造像（圖 8）。[76]

74　Elizabeth Rosen Stone, *The Buddhist Art of Nagarjunakonda*, Alex Wayman, *Buddhist Tradition Series*. Delhi: Motilal Banarsidass Publishers, 1994, Plate 145, Plate 152, and Plate 153 …etc.

75　此像是由龍樹山 3 號遺址出土的鼓形石板造像，印度考古局（Archaeological Survey of India）收藏的造像。見 Elizabeth Rosen Stone, *The Buddhist Art of Nāgārjunakonda*, Plate 148.

76　Elizabeth Rosen Stone, The Buddhist Art of Nāgārjunakonda, Plate 143，此像目前為馬德拉斯政府博

龍樹山所造的「轉輪王座」或「獅子座」，不僅造得比「阿瑪拉瓦底大支提」所造的「轉輪王座」更為精緻，甚至在「轉輪王座」前還造有一對獅子像，說明其為轉輪王的「獅子座」。《證明經》在記載「轉輪王座」的造像法時說：

> 轉輪王座上有諸天伎樂長鳴呼吹，簫笛、笙篌、琵琶、鐃、銅鉢。師子及白象，鳳凰與麒麟……。[77]

上面這段經文明顯的說，「獅子座」被視為「轉輪王座」。後來密教化的支提信仰經典《入法界品》，也載有「獅子座」為「轉輪王座」的經文。《入法界品》說：「爾時善財遙見彼王（轉輪王）處金剛師（獅）子座」。[78]用「獅子座」作為「轉輪王座」的造像傳統，可以上溯至西元 2 世紀初期，貴霜王微馬・卡德費些斯（Vima Kadphises, 95-127）統治貴霜王朝的時間。我們在馬突拉馬特遺址（Māt at Mathurā）所見的微馬・卡德費些斯的造像，不但被此遺址視為最重要的造像，而且也被此遺址視為是一尊坐在「獅子座」上的印度教轉輪王造像。[79]龍樹山將彌勒佛下生像造在「獅子座」上的造像傳統，顯然的受到貴霜王朝將轉輪王像造在「獅子座」上的造像傳統的影響。由龍樹山造有彌勒佛坐在「獅子座」下生的造像，我們因此非常確定，坐支提下生的彌勒佛身，也是一軀轉輪王身。

龍樹山不僅將彌勒佛的下生像造在支提內的轉輪王「獅子座」上，同時也將坐在「獅子座」上的彌勒佛的右手造成作「無畏印」的手印。史通龍樹山編號或圖版 208 號及編號或圖版 203 號的彌勒佛像，都將彌勒佛下生像造坐在支提內的「獅子座」上，右手作「無畏印」的手印。但研究龍樹山佛教造像的史通並沒有認為此類造像是支提信仰的「彌勒佛坐支提下生」的造像，反而視其為：「諸天慶賀佛陀成道像」（Devas Congratulating the Buddha after His

---

物館（Madras Government Museum）收藏。

77　見《普賢菩薩說證明經》，《大正》卷 85，頁 1367 上。

78　（東晉）佛陀跋馱羅譯，《華嚴經・入法界品》卷 34，《大正》卷 9，頁 708 中。

79　見本書第二章，〈大乘佛教建國信仰的奠立者——貴霜王丘就卻〉，圖 8。

Enlightenment）。[80]

　　龍樹山將「彌勒佛下生像」造在「獅子座」上的造像法，事實上影響後來製作的支提信仰造像很大。譬如，哈樂（J. C. Harle）所言的，在卡特拉塚（Katrā mound）出土，今日馬突拉政府博物館（Mathurā Government Museum）收藏的，被學者定為 2 世紀初期製作的馬突拉「坐佛像」（Seated Buddha），即是一鋪受此類造像影響的例子（圖 9）。[81] 哈樂所言的馬突拉「坐佛像」，非常明顯的也依據犍陀羅在 5 世紀初期之後製作的「彌勒一組三尊」的造像法，[82] 製作此鋪「彌勒佛下生」的造像。不過此鋪馬突拉政府博物館收藏的「坐佛像」，被造得特別巨大，彌勒佛的右手也被造成彌勒佛常作的「無畏印」，左手則按在呈趺坐的左腿上。彌勒佛上舉到胸前作「無畏印」的右手掌，隱約還能見到此掌內造有龍樹所言的，「手足寶相輪／當作轉輪王」的「寶相輪」印像。[83] 彌勒佛的雙腿因呈結跏趺坐的坐姿，因此在其雙足底部，也見有淺刻的「寶相輪」印像。龍樹在其《寶行王正論》說：「手足寶相輪／當作轉輪王」的意思，乃要說明在手掌或足底造有「寶相輪」印像的人物「當作轉輪王」。[84] 馬突拉政府博物館收藏的此尊「坐佛像」，因此應是一尊彌勒佛要下生做轉輪王的造像，而不是哈樂所言的「佛陀坐像」。馬突拉此尊彌勒佛坐像後方，立有兩位一手執

圖 9　馬突拉博物館藏彌勒佛王坐獅子座下生像

80　Elizabeth Rosen Stone, *The Buddhist Art of Nāgārjunakonda,* Plate 208.

81　J.C. Harle, *The Art and Architecture of the Indian Subcontinent.* New Haven: Yale University Press, 1994, fig. 43, "Seated Buddha" and Illustration, pp. 62-63.

82　見本書第七章，〈犍陀羅的支提信仰性質與造像〉談論「彌勒一組三尊像」。

83　見本書第四章，〈佛教支提信仰的奠立者——龍樹菩薩〉，或見下註。

84　見本書第四章，〈佛教支提信仰的奠立者——龍樹菩薩〉。

有一支象徵轉輪王寶物的「白拂」造像人物。[85] 從阿旃陀石窟（Ajantā caves）也造有此類「彌勒一組三尊」的造像，我們因此知道，此二位立在「坐佛像」後方的人物造像，即是《證明經》所載的，護持彌勒佛下生的「普賢菩薩」及「觀音菩薩」的造像。[86] 馬突拉政府博物館收藏的此尊「坐佛像」的頭部上方及兩側的造像法，因與阿旃陀石窟的彌勒佛像的造像法一樣，故也造有象徵彌勒佛的菩提樹及彌勒佛頭部上方常見的兩身天像。此二身天像在彌勒佛頭部上方出現的造像法，明顯的也依據《證明經》所載的，「轉輪王座」上方造有伎樂天像呼吹樂器的經文製作的造像。[87] 此尊彌勒佛所坐的「獅子座」下，共造有三隻象徵轉輪王身分或轉輪王形象的獅子像，一隻造在中間，兩隻造在兩側。馬突拉政府博物館收藏的此鋪「彌勒佛坐在轉輪王獅子座下生」的造像法，因此是要說明，「彌勒佛下生為轉輪王的信仰」或支提信仰。由於此鋪「彌勒佛下生像」的兩側都各造有普賢菩薩及觀音菩薩的造像，此鋪造像因此是一鋪用「彌勒一組三尊像」的造像法製作的，表達《證明經》所載的，彌勒佛下生為轉輪王的造像。此鋪造像製作的時間，因此無論如何不會如哈樂所言，「是 2 世紀初期」所造的「坐佛像」。因為此鋪造像不但有受龍樹山在 3、4 世紀之間，造彌勒佛坐「獅子座」下生像的造像法的影響，也有受犍陀羅在 5 世紀初期之後，造「彌勒一組三尊像」的造像法的影響。[88]

圖 10　哈佛大學福格美術館藏十六國時期彌勒佛王坐獅子座下生像

85　見下詳述。

86　見本書第四章，〈佛教支提信仰的奠立者——龍樹菩薩〉。

87　見《普賢菩薩說證明經》，《大正》卷 85，頁 1367 上。

88　見本書第七章，〈犍陀羅的支提信仰造像性質及造像〉；有關此圖形，請見約翰及蘇珊・杭庭頓網上佛教資料庫

中國十六國時期發展的「天王傳統」或支提信仰的造像，也出現造有此類將彌勒佛像造坐在「獅子座」下生的造像。譬如，今日美國哈佛大學福格美術館收藏的一尊中國十六國時期所造的所謂「焰肩佛坐像」，即是一尊彌勒佛坐在「獅子座」下生的「彌勒佛王」造像（圖10）。[89] 西元5世紀初期之後，犍陀羅所造的彌勒佛下生像，因常見將彌勒佛下生像的雙肩及腳下，都造有大量光紋流出的造像特徵，[90] 學者因此除了稱呼此類造像為「釋迦佛像」外，也常稱此類造像為「焰肩佛造像」。[91] 此類所謂的「焰肩佛造像」，事實上就是4、5世紀之後，犍陀羅所造的「具發光體的彌勒佛坐支提下生」的造像。[92]

國立故宮博物館收藏的，北魏孝文帝（統治，471-499）於太和元年（477）製作的「金銅佛像」，[93] 因將此尊「金銅佛像」造成全身發光坐在「獅子座」上的「彌勒佛王」造像，並將此像的右手造成彌勒佛所作的「無畏印」，故我們知道，此尊造像是一尊表達或說明北魏孝文帝以「彌勒佛王」的姿態坐「獅子座」下生的造像（圖11）。因為此尊造像背

圖11　國立故宮博物館藏太和元年製
彌勒佛王坐獅子座下生像

89　見季崇建，《千年佛雕史》（台北：藝術圖書出版公司，1997），圖9，「釋迦牟尼佛鎏金銅佛」，並見黃春和，《漢傳佛像：時代與風格》（北京：文物出版公司，2010），圖21，「焰肩佛坐像」。

90　見本書第七章，〈犍陀羅的支提信仰性質與造像〉。

91　季崇建，《千年佛雕史》（台北：藝術圖書出版公司，1997），圖9，「釋迦牟尼佛鎏金銅佛」，並見黃春和，《漢傳佛像：時代與風格》（北京：文物出版公司，2010），圖21，「焰肩佛坐像」。

92　見本書第七章，〈犍陀羅的支提信仰性質與造像〉。

93　有關北魏孝文帝發展支提信仰，以彌勒佛下生姿態統治北魏的活動及造像，見古正美，〈從《大慈如來告疏》說起──北魏孝文帝的雲岡彌勒佛王造像〉，雲岡石窟研究院編，《2005年雲岡國際學術討論會文集》（北京：文物出版公司，2006），頁7-40。

面的造像，除了造有「彌勒佛王」（二佛並坐像），[94] 坐支提下生的造像，也造有轉輪王用「釋迦佛誕」的方式出世世間的造像。[95] 這些造像內容都說明，北魏孝文帝是「彌勒佛坐獅子座下生的轉輪王」或「彌勒佛王」。比北魏孝文帝稍晚統治中國南方的梁武帝（統治，502-549），其在發展支提信仰期間所製作的「彌勒佛王」像，也常見其將「彌勒佛王」的造像用「彌勒一組三尊」擴大版的造像法，[96] 將梁武帝的「彌勒佛王」下生的造像造坐在「獅子座」上，說明其也是一位「彌勒佛王」或彌勒佛下生的轉輪王。[97]

（2）彌勒佛漂浮下生的造像

「阿瑪拉瓦底大支提」及龍樹山所造的彌勒佛坐支提下生的造像，並沒有將彌勒佛下生像全都造在支提內。我們在「阿瑪拉瓦底大支提」的造像，也見有彌勒佛下生像被造在支提外部漂浮的情形。譬如，諾斯欄頂橫樑（railing coping）編號 36 號內面（the inner face）的彌勒佛坐支提下生像（圖12），就是一鋪將彌勒佛像造在空中漂浮的造像。這鋪造像沒有將彌勒佛像造在支提內，而是將彌勒佛像造在支提外部的空中漂浮。這樣的造像說明，彌勒佛自天上或兜率天下生，還沒有到達地面的意思。在空中漂浮的彌勒佛右手側，因造有一座小支提的緣故，我們因此知道，此像也是一鋪依據《證明經》製作的說明「彌勒佛自空中坐支提下生」的造像。此像除了用支提說明彌勒佛坐支提下生的信仰外，也用彌勒佛左手側的「菩提樹」（Bodhi tree）說明在空中漂浮的彌勒佛身分。[98] 此像因造有許多跑步的民眾及騎馬的騎士向小支提及彌勒佛下生的方向跑去，並也造有許多民眾在彌勒佛的兩側及下方恭敬迎接彌勒佛的下生，我們因此知道，此像確實是一鋪說明彌勒佛坐支提自空中下生的造像。

---

94 有關「二佛並坐像」被視為「彌勒佛王像」的造像法，見本書第十章，〈中國北涼發展支提信仰的證據——涼州瑞像與敦煌的白衣佛像〉。

95 見下詳述。

96 見本書第七章，〈犍陀羅的支提信仰性質與造像〉談論「彌勒一組三尊」的擴大版造像。

97 見本書第七章，〈犍陀羅的支提信仰性質與造像〉，圖28及圖30。

98 有關菩提樹有象徵彌勒佛的作用，見下詳述。

圖 12　諾斯欄頂橫樑編號 36 號內面彌勒佛坐支提下生漂浮像

　　此鋪造像是一鋪呈橫幅的長方形石雕造像，學者用各種名稱稱呼此鋪造像。斯特恩及邊尼斯提（Stern and Benisti, 1961）稱此像為「佛塔崇拜」（Adoration of the stūpa），而諾斯則認為此鋪造像是，「佛陀的父親淨飯王（Suddhodana）從其都城迦毗羅衛城（Kapilavastu）帶隊遊行，並迎接重還佛陀出生地的佛陀造像」。[99] 此像自然不會是一座「佛塔崇拜」的造像，因為此像所造的塔形建築物，是一座娑多婆訶王朝時代建造的支提造像。此像自然也不會是諾斯所言的，「佛陀的父親淨飯王從其都城迦毗羅衛城帶隊遊行，並迎接重還佛陀出生地的佛陀造像」。因為如果此像是淨飯王迎接佛陀重還其出生地的造像，為何此像要造一座娑多婆訶王朝時代的支提造像？「阿瑪拉瓦底大支提」此類彌勒佛在空中漂浮下生的造像，非常可能就是後來亞洲地區製作「彌勒佛下生漂浮像」的最早雛形。此鋪彌勒佛在空中漂浮的造像（圖 12）右手側的小支提，也見造有一條五頭龍王的造像曲卷在小支提的入口處，說明龍王護持彌勒佛坐支提下生的意思。[100] 我們在後來的犍陀羅製作的支提信仰造像，不但見有許多此類彌勒佛漂浮在空中的造像，[101] 而且在克孜爾石窟（Kizil caves）所造的支提信仰造像，也見有此類彌勒佛漂浮在空中，或飛行空中的造像。[102]「阿瑪拉瓦底大支提」此鋪彌勒佛漂浮在空中下生的造像，因此可以說是後來

99　Robert Knox, *Amarāvatī: Buddhist Sculpture from the Great Stūpa*, p. 93, Illustration 36a.

100　Robert Knox, *Amarāvatī: Buddhist Sculpture from the Great Stūpa*, pp. 94-95, fig. 36（inner face）.

101　見本書第七章，〈犍陀羅的支提信仰性質與造像〉，圖 5 及圖 6。

102　見本書第八章，〈新疆克孜爾石窟的支提信仰造像特色及其影響〉。

亞洲地區造「彌勒佛下生漂浮像」的最早造像實例。

龍樹山造彌勒佛自空中漂浮下生的造像法，與「阿瑪拉瓦底大支提」製作彌勒自空中下生的造像法不太相同。在龍樹山出土的彌勒佛漂浮在空中的造像，常見彌勒佛呈飛行的姿態在空中飛行，在彌勒佛的四周，不見造有支提的造像。伊麗莎白·羅森·史通收錄於其書中的這類造像，有兩鋪都呈橫幅的長形造像。一鋪她認為可能是龍樹山 3 號遺址出土的造像（圖 13），一鋪則為紐約大都會博物館收藏的造像。後者此像的造像內容比前者更為複雜。[103]造像中的彌勒佛，或被造成剛下生到地面，或作飛行的姿態。[104]依據伊麗莎白·羅森·史通引沃格（Vogel）的說法，此二鋪造像都是「難陀剃度」（the conversion of Nanda）的造像，[105]並反映馬鳴菩薩（Aśvaghosa）的詩作「孫陀利及難陀」（Sundarānanda）的造像。[106]伊麗莎白·羅森·史通說，「阿瑪拉瓦底大支提」也造有類似的造像，如其編號或圖版 182 號、183 號及 184 號的造像都是例子。[107]

圖 13　龍樹山 3 號遺址出土彌勒佛下生漂浮像（中段）

這些造像，並不是沃格及伊麗莎白·羅森·史通所言的，反映「孫陀利及難陀」的造像，而是「阿瑪拉瓦底大支提」及龍樹山依據《證明經》所載的經文製作以說明彌勒佛自兜率天（空中）坐支提下生，並漂浮在空中的造像；只是這些依據《證明經》製作的彌勒佛下生像，都沒有將彌勒佛造在支

103 Elizabeth Rosen Stone, *The Buddhist Art of Nāgārjunakonda*, Plate 176 為 3 號遺址出土，Plate 185 為大都會博物館收藏。

104 Elizabeth Rosen Stone, *The Buddhist Art of Nāgārjunakonda*, Plate 185 and Plate 176.

105 Elizabeth Rosen Stone, *The Buddhist Art of Nāgārjunakonda*, p. 67, Plate 176 and Plate 185.

106 Elizabeth Rosen Stone, *The Buddhist Art of Nāgārjunakonda*, pp. 67-69.

107 Elizabeth Rosen Stone, *The Buddhist Art of Nāgārjunakonda*, p. 68.

提內或支提外。[108]

　　從上面我們談論的「阿瑪拉瓦底大支提」所造的彌勒佛坐支提下生的造像，無論其造像的形式是將彌勒佛像造於支提內，或造於支提外部，這類「阿瑪拉瓦底大支提」所造的彌勒佛坐支提下生的造像，都完全依據《證明經》所載的彌勒佛坐支提下生的經文製作其像。由此，我們可以說，此類「阿瑪拉瓦底大支提」的造像，與佛陀的信仰完全無關聯，但與《證明經》所載的彌勒佛坐支提下生的經文則有密切的關聯。

二 大支提所造的轉輪王造像

　　「阿瑪拉瓦底大支提」之所以會造如此多的轉輪王像，乃因為支提信仰也被稱為「彌勒佛下生為轉輪王的信仰」，故此「大支提」除了造有許多「彌勒佛坐支提下生」的造像外，也會造有許多轉輪王的造像；特別是轉輪王出生世間的造像。為何要造轉輪王出生世間的造像？因為「大支提」既造有許多說明彌勒佛用坐支提下生的方式下生世間，「大支提」自然也會造許多說明轉輪王如何出生世間的造像。因為此二課題是支提信仰的主要信仰內容。

　　「阿瑪拉瓦底大支提」建造如此多轉輪王像還有一個原因是，支提信仰是一種「帝王崇拜」或「轉輪王崇拜」的信仰，因此「大支提」不但要造許多轉輪王造像，也要造與「帝王崇拜」有關的造像，如「金輪崇拜」的造像等。龍樹所提倡的轉輪王信仰因與其前貴霜王朝所奠立的轉輪王信仰不同，故更要造其轉輪王像。

　　「阿瑪拉瓦底大支提」所造的轉輪王像，除了依據佛經所載的轉輪王故事及轉輪王形象製作其轉輪王像外，也依據當時娑多婆訶王朝的帝王相貌及帝王的作息形象製作其轉輪王的造像。就這點來說，龍樹製作轉輪王像，便與貴霜胡為色迦王將轉輪王形象造成佛教修行者形象的做法非常不同。[109] 因此

---

108 見本書第四章，〈佛教支提信仰的奠立者──龍樹菩薩〉說明《證明經》記載彌勒佛自兜率天下生的經文。

109 見本書第三章，〈貴霜佛教建國信仰的發展者迦尼色迦第一及胡為色迦王〉。

我們在「大支提」的造像所見的轉輪王形象有：帝王在宮中與其大臣議事的形象，帝王在宮中與其女眷或大臣同樂的形象，也有帝王出征的形象等。這些「大支提」所塑造的帝王形象，因此與貴霜所造的轉輪王形象的確非常不同。

譬如，「大支提」的造像者，常用轉輪王的隨身七寶及其他的轉輪王寶物或象徵物，表達轉輪王的身分或形象。我們在「大支提」的造像，因此常見轉輪王與其「隨身七寶」一起出現在造像上的造像，也常見轉輪王的造像造有許多說明其身分的象徵物的造像。北魏時期（統治，386-534）翻譯的《大薩遮尼乾子所說經》如此提到轉輪王「隨身七寶」的經文：

> 彼轉輪王七寶具足，何等七寶？一者夫人寶、二者摩尼寶、三者輪寶、四者象寶、五者馬寶、六者大臣寶、七者主藏寶。彼轉輪王，如是七寶，具足成就，遍行大地，無有敵對，無有怨刺，無諸刀杖，依於正法，平等無偏，安慰降伏。[110]

轉輪王的「隨身七寶」，指的是轉輪王的「夫人寶、摩尼寶、輪寶、象寶、馬寶、大臣寶，及主藏寶」。轉輪王的「隨身七寶」，都是轉輪王建國及治國之具，所以轉輪王的造像者常用轉輪王的隨身七寶說明、表達轉輪王的身分或轉輪王的形象。「大支提」製作的最有名的轉輪王及其「隨身七寶」一起出現的造像，就是諾斯鼓形石板編號 62 號的「轉輪王與其隨身七寶」的造像（圖 14）。[111]

諾斯鼓形石板編號 62 號的轉輪王坐像（下段），明顯依據唐代不空金剛（Amoghavajra, 705-774）翻譯的《金剛頂一字頂輪王瑜伽一切時處念誦成佛儀軌》（此後，金剛頂經），所載的轉輪王有三種坐相中的「垂一坐相」製作此轉輪王像。不空翻譯的《金剛頂經》如此記載轉輪王的三種坐相：

> 坐如前全跏／或作輪王坐／交腳或垂一／乃至獨膝豎／輪王三種坐。[112]

110　（元魏）天竺三藏菩提流支譯，《大薩遮尼乾子所說經·王論品》，《大正》卷 9，頁 330。

111　Robert Knox, *Amarāvatī: Buddhist Sculpture from the Great Stūpa*, p. 122, Plate. 62.

112　（唐）不空金剛譯，《金剛頂一字頂輪王瑜伽一切時處念誦成佛儀軌》，《大正》卷 19，頁 326。

早期案達羅製作的轉輪王造像，常都造成如諾斯鼓形石板編號 62 號下段此呈「垂一坐相」的轉輪王造像，故筆者常稱此類呈「垂一坐相」的案達羅轉輪王造像為具「案達羅風格」（the Āndhra style）的轉輪王造像。諾斯鼓形石板編號 62 此鋪造像中的轉輪王像，其身體幾乎被造成全身裸露的狀態，只有下體被掩遮。轉輪王呈「垂一坐相」的坐姿，被造成一腳下垂地面，一腳安置於椅座上的坐姿，坐在王座上。因造像中的轉輪王，頭戴寶冠、手戴臂釧及手環等飾物，我們因此知道，造像上此尊「瓔珞莊嚴」或呈「垂一坐相」坐姿的人物，確實是位佛教轉輪王的造像；特別是此轉輪王的造像兩側造滿了轉輪王「隨身

圖 14　諾斯鼓形石板編號 62 轉輪王與其隨身七寶的造像

七寶」的造像，我們便更能確認此尊呈「垂一坐相」的人物造像即是轉輪王的造像。「大支提」不僅常用佛教經典所載的轉輪王「隨身七寶」及「垂一坐相」製作佛教轉輪王像，同時也常用義淨翻譯的《佛為勝光天子說王法經》所載的，灌頂大王（古案：轉輪王）有「五大寶物」的「寶物」造轉輪王像。所謂「五大寶物」，即指象徵轉輪王的「如意髻珠」、「白蓋」、「白拂」、「寶履」、及「寶劍」。[113] 譬如，諾斯編號 100 號的轉輪王造像，其身側的女侍者，一人手持「白蓋」，另一人手持「白拂」這些轉輪王的「寶物」，便有說明造像中雙手合掌的立像人物，即是位佛教轉輪王的造像。[114]

「大支提」常造的轉輪王像，因常見造有下面此兩種造像：（1）轉輪王坐在宮室內與大臣及宮女論事或享樂的造像，及（2）轉輪王用「釋迦佛誕」的

---

113 （唐）沙門釋義淨奉詔譯，《佛為淨光天子說王法經》，《大正》卷 15，頁 125 中。

114 Robert Knox, *Amarāvatī: Buddhist Sculpture from the Great Stūpa*, Illustration 100.

方式出世世間的造像，我們在下面便要談論「大支提」上的此二種轉輪王造像。

（1）轉輪王坐宮室內論事或享樂的造像

現存「大支提」所造的轉輪王造像，常見將轉輪王像造坐在宮室內論事或享樂的情形。譬如，諾斯牆頂石雕殘片編號 40 的剩餘兩段造像（圖 15），就是要說明彌勒佛坐支提下生為轉輪王的造像。此鋪造像的左段造像，被諾斯視為「佛塔崇拜」的造像；而右段的造像，則被其視為「難陀剃度」或「歸化難陀及其美麗妻子」（the Conversion of Nanda and his beautiful wife）的造像。[115]此鋪造像的左段造像，明顯的是要說明彌勒佛坐支提下生的造像。因為此段造像的主要造像，是一座受眾人禮拜並自空中下降的支提造像。而右段的造像則要說明，坐支提下生後的彌勒佛，乃以轉輪王的姿態坐在宮中與眾宮女共同享樂。此像左段的造像，因此不是諾斯所言的「佛塔崇拜」的造像，而右段的造像，也不是其所言的，「歸化難陀（Nanda）及其美麗妻子孫陀利（Sundarī）」的造像。因為左段此支提的造像形式，與娑多婆訶王朝製作的「關閉式支提」的造像形式完全相同，故知左段此像要說明的是彌勒佛坐支提下生的造像；而右段造像中所謂的「難陀」造像，因是一位呈轉輪王「垂一坐相」的轉輪王像，故知右段此像是一位佛教轉輪王坐在宮中與其女眷同樂的造像。諾斯牆頂石雕殘片編號 40 此造像因此要說明，彌勒佛坐支提下生之後，即要取轉輪王位，並做轉輪王的意思。我們知道坐在椅座上的男性人物是位轉輪王像的原因是，除了因為此男性人物呈轉輪王的「垂一坐相」坐在倚座上外，轉輪王造像的後方，也因其侍者持有轉輪王寶物「白拂」的緣故，我們因此知道，坐在椅座上呈「垂一坐相」的人物，即是一位轉輪王。

「大支提」也造有其他形式的轉輪王造像。譬如，諾斯圍欄橫樑編號 23 號內面的「圓形造像」（圖 16），看來就很像學者所言的，「頂生王本生故事」（Māndhātā jātaka）或簡稱為「頂生王故事」中的「頂生王」（Māndhātā）及「帝釋」（Śakra）同坐在天上的造像。諾斯圍欄橫樑編號 23 內面此鋪圓形造像的中心

---

115 Robert Knox, *Amarāvatī: Buddhist Sculpture from the Great Stūpa*, p. 99, Illustration 40, Plate 40.

人物，也是一位呈「垂一坐相」的轉輪王造像。我們知道其為轉輪王造像的原因是，此像除了將轉輪王的造像被造成轉輪王的「垂一坐相」坐在長椅座上外，轉輪王的後方也立有一位手持轉輪王寶物「白拂」的人物，說明坐在長椅座的人物是位轉輪王。

圖 15　諾斯牆頂石雕殘片編號 40 的造像　　圖 16　諾斯圍欄橫樑編號 23 內面頂生王故事

　　諾斯圍欄橫樑編號 23 內面「頂生王故事」的轉輪王造像，因與一位容貌、服飾，甚至坐姿相似的男性人物同坐在一張長椅上，因此科威爾（Cowell）在 1981 年即判定，坐在此椅座上的兩位人物，各別為「頂生王故事」中的「頂生王」像及「帝釋」的造像。[116] 自科威爾將此像定為「頂生王圓形造像」（Māndhātā roundel）之後，學者都以此名稱呼此像，並將此像視為古代案達羅雕刻藝術最精美的作品之一。[117]

　　此鋪所謂「頂生王圓形造像」或「頂生王故事」的造像，最引我們注意的是，造像中除了坐在椅座上的兩位男性人物的容貌、服飾及坐相相似外，造像中的其他人物，全如下面《頂生王故事經》所載的，都是女性的造像。

　　中國在歷史上多次翻譯《頂生王經》。《頂生王經》記述的是，頂生王是一位慾望無窮的轉輪王。頂生王因慾想上到帝釋或釋提桓因（Śakra / Indra）的

116　Robert Knox, *Amarāvatī: Buddhist Sculpture from the Great Stūpa*, p. 74, Illustration 23.

117　Robert Knox, *Amarāvatī: Buddhist Sculpture from the Great Stūpa*, p. 74, Illustration 23.

天宮，他因此如願以償的上到了帝釋的天庭，並與帝釋「分座而坐」。在帝釋的天庭上，頂生王貪婪無度，他甚至想奪取帝釋統管天庭的權利。此念一生，頂生王便立即從空中掉落到地面死去。[118] 頂生王故事因此是一則勸誡轉輪王不要貪婪無度的故事。西晉時代（統治，265-316）法炬翻譯的《佛說頂生王故事經》，是中國早期翻譯的此經之一，此經如此記述頂生王在天上的情形：

> 釋提桓因與頂生王半座使坐，二人同坐光色無異，顏彩容貌皆悉同一，唯眼眴異。爾時阿難，頂生王於彼此是三十三天所娛樂處，四月之中五欲自娛。此五欲而自娛樂，無有厭足。無數百千無數萬歲……善法堂所皆青琉璃，此是天帝所坐處，百臺圍繞皆七寶成。一一臺有七百閣，一一閣有七七玉女，一一玉女有七七使人，皆是釋提桓因所領。[119]

這段經文非常可能即是科威爾當日比定上面此鋪造像為「頂生王故事」的經文依據。由於龍樹山的轉輪王像的造像法，與「阿瑪拉瓦底大支提」的轉輪王像的造像法同屬一個造像傳統，都出自龍樹所策劃、製作的轉輪王造像法。我們在龍樹山的支提信仰遺址，因此也見到造有許多呈「垂一坐相」或「案達羅風格」的轉輪王造像。龍樹山的轉輪王坐像，也一致的用「垂一坐相」說明其轉輪王的坐相。除此之外，龍樹山的轉輪王造像，也常用轉輪王的「隨身七寶」及轉輪王寶物，如「白蓋」和「白拂」等，表達轉輪王的身分。這就是龍樹山的轉輪王造像與「阿瑪拉瓦底大支提」的轉輪王像，非常相像的原因。[120] 我們在龍樹山所見的轉輪王造像，也見有轉輪王與敵人征戰的造像，[121] 及轉輪王在宮中過悠閒生活的造像等。目前龍樹山所保留的龍樹山支提信仰造像，基本上都被視為甘蔗王朝時代製作的造像，而甘蔗王朝統治龍樹山的時間因有百年之久，故龍樹山的轉輪王造像內容，要比「阿瑪

---

118 （西晉）三藏法炬譯，《佛說頂生王故事經》，《大正》卷1，頁823中、下。

119 （西晉）三藏法炬譯，《佛說頂生王故事經》，《大正》卷1，頁823下。

120 Elizabeth Rosen Stone, *The Buddhist Art of Nāgārjunakonda*, Plate 198, "A Chakaravartin and His Seven Jewels, continuation of fig. 197"; see also, Plate 64.

121 Elizabeth Rosen Stone, *The Buddhist Art of Nāgārjunakonda*, Plate 196, Continuation of fig. 195.

拉瓦底大支提」的轉輪王造像內容豐富得多。

我們在龍樹山見到的一鋪
轉輪王在宮中生活的寫照，便
不見於現存的「阿瑪拉瓦大支
提」的轉輪王造像。此像即是
龍樹山第 2 遺址（Site 2）出土
的「阿雅卡柱子」上的造像（圖
17）。[122] 此鋪龍樹山第 2 遺址
出土的轉輪王造像，也呈「垂
一坐相」坐在椅座上，轉輪王
的兩側，造有兩位與其同坐在

圖 17　龍樹山第 2 遺址出土轉輪王與其愛犬的造像

一張椅座上的女伴。椅座的兩側及後方也造有許多女性人物立像。此造像最
吸引我們注意的地方是，轉輪王的座前，造有一隻仰視轉輪王的立狗像。這
樣悠閒的轉輪王在宮中生活的寫照，絕對不會見造於犍陀羅或貴霜製作的轉
輪王造像。[123]

（2）依據《證明經》製作的轉輪王用「釋迦佛誕」方式出世的造像

「大支提」所造的轉輪王像，以依據《證明經》製作的轉輪王用「釋迦佛
誕」的方式出世世間的造像，為「大支提」最重要的轉輪王造像。《證明經》
共載有兩種彌勒佛下生或出世世間的經文：（1）彌勒佛坐「支提」下生世間的
經文，及（2）彌勒佛以「釋迦佛誕」的方式出生世間的經文。[124] 我們在讀到
《證明經》如此說明彌勒佛下生或出生世間的情形時，自然會感到悶納。因為
我們會問，《證明經》為何會載有兩種截然不同的彌勒佛下生或出生世間的方
式。《證明經》在經中如此說明「釋迦佛誕」的情形：

---

122 Elizabeth Rosen Stone, *The Buddhist Art of Nāgārjunakonda*, Plate 195.

123 有關貴霜或犍陀羅的佛教轉輪王造像，請見本書第三章，〈貴霜佛教建國信仰的發展者迦尼色迦
　　第一及胡為色迦王〉。

124 見後詳述。

釋迦從起苦行元由瞿夷在脇底生。生時舉手仍沛多，腳躡雙蓮華，左脇生釋迦。老子作相師，白疊承釋迦。老子重瞻相，此人非常聖，難解難思議，號為釋迦文。[125]

《證明經》雖在經中說明「釋迦佛誕」，然其並不是要說明釋迦佛出生或釋迦佛誕生的情形。因為《證明經》不是一部說明釋迦佛信仰的經典，而是一部要說明彌勒佛下生為轉輪王的經典。我們從《證明經》也記載有釋迦佛身與彌勒佛身是同一身體或「同身」（having the same identity）的經文，[126] 即知道，《證明經》所載的「釋迦佛誕」，乃要說明彌勒佛用「釋迦佛誕」的方式出世世間的經文；否則《證明經》在陳述「釋迦佛誕」的經文之際不會說：「左脇生釋迦」。很顯然的，《證明經》為了區別彌勒佛的佛誕或支提信仰的佛誕，與我們所了解的佛陀的佛誕方式或「釋迦佛誕」不同，故稱彌勒佛的佛誕為「左脇生釋迦」的佛誕。但《證明經》在此所言的「釋迦佛誕」，事實上也不是要說明彌勒佛的佛誕方式，而是要說明彌勒佛下生的轉輪王的出生方式。[127]

為何龍樹要稱《證明經》的彌勒佛誕為「釋迦佛誕」或「左脇生釋迦」的佛誕？筆者推測，龍樹所言的轉輪王身既是彌勒佛身下生的身體，彌勒佛在《證明經》中既被視為與釋迦佛是「同身」的神祇，支提信仰的轉輪王身，因此也被視為聖神之身，因此支提信仰的轉輪王身出生的情形，也被比喻為如釋迦佛出生的情形一樣。釋迦佛的出生情形既被視為「右脇生釋迦」的情形，故《證明經》便視轉輪王的出生情形為「左脇生釋迦」的情形。《證明經》如此記載釋迦佛與彌勒佛「同身」的信仰：

佛言；汝當至心聽，為汝分別說，我本根元，或是定光身，或是句樓秦佛身，或是無光王佛身，或是寶勝佛身，或是登明王佛身，或是須彌尊王佛身，或是釋迦身。我本菩薩時，名為阿逸多。釋迦涅槃後，先做法王治，却後三十年，

125 《普賢菩薩說證明經》，《大正》卷85，頁 1365 上。
126 見下詳述。
127 見下詳述。

彌勒正身下。[128]

《證明經》在此不但要說明彌勒佛有「多身」的信仰，而且也要說明，「彌勒佛身」也是「釋迦佛身」的信仰。這就是我們可以稱彌勒佛誕為「釋迦佛誕」的原因。但我們在「大支提」的造像，並沒見有彌勒佛用「釋迦佛誕」方式出世的造像；相反的，我們在「大支提」見到的「釋迦佛誕」的造像，都被造在轉輪王造像的兩側或上下，說明轉輪王是用「釋迦佛誕」的方式出世世間。我們從「大支提」的造像，因此知道，《證明經》所言的彌勒佛用「釋迦佛誕」方式出生的經文，乃要說明具有彌勒佛身的轉輪王身是用「釋迦佛誕」的方式出世世間。我們不要忘記，龍樹在其《寶行王正論》用「佛有三身」的信仰說明轉輪王的身體，即是彌勒佛的「法身」下生的轉輪王身體（化身）。這就是龍樹在其《寶行王正論》說，「大王佛法身」的意思。[129]《證明經》雖然在經中談論彌勒佛用「釋迦佛誕」的方式出世世間，但我們是在「大支提」的造像才看到，《證明經》事實上是要說明，彌勒佛坐支提下生之後，其「化身」的轉輪王身體是用「釋迦佛誕」的方式出世世間。

「大支提」所造的「釋迦佛誕」的造像，基本上都與轉輪王的造像造在一起。但「大支提」並沒有直接將轉輪王的造像造成從佛母左脅出生的佛誕情況。這種造像情形，因此沒有直接說明轉輪王的出世方式是用「釋迦佛誕」或《證明經》所言的「左脅生釋迦」的出生方式。由於「大支提」不斷的將轉輪王的造像造在「釋迦佛誕」的造像兩側或上下，我們因此非常確定，「大支提」是用這種造像法說明轉輪王是用「釋迦佛誕」的方式出世世間。

龍樹在其撰造的《證明經》，不但沒有進一步說明彌勒自兜率天坐支提下生的目的，而且也沒有進一步解釋「釋迦佛誕」為何是用「左脅生釋迦」的方式出生世間。龍樹這種用「言語道斷」的方法談論其所闡述的「宗教經驗」（religious experience），可以說是龍樹在《證明經》中常作的事。這就是無論我們如何去解釋《證明經》所載的「釋迦佛誕」或「左脅生釋迦」的經驗，我

---

128 《普賢菩薩說證明經》，《大正》卷85，頁1362下。
129 見本書第四章，〈佛教支提信仰的奠立者——龍樹菩薩〉。

們都只能用推測的方法去說明這些支提信仰的信仰含義。由於龍樹在「大支提」上也用造像的方法說明轉輪王是用「釋迦佛誕」的方式出世世間，故龍樹在「大支提」上也像其使用文字說明其「宗教經驗」一樣，不但沒有直接造轉輪王用「釋迦佛誕」的方法出生世間的造像，也沒有造嬰兒自佛母左脅出世的造像。這些龍樹用文字及造像方法表達其支提信仰內容的方法，的確是我們處理龍樹的支提信仰理論及造像最困難的地方，也是我們了解《證明經》經文及大支提造像最困難的地方。

《證明經》為了讓我們知道，彌勒佛在下生之後會在地上出世做轉輪王，《證明經》不但在經中談論「轉輪王座」的造像法，[130] 而且也如此說明「彌勒佛王」此概念：「天出明王（彌勒）、地出聖主（轉輪王），二聖並治，並在神州」。[131] 所謂「彌勒佛王」，有指「彌勒佛即是轉輪王，轉輪王即是彌勒佛」的意思。《證明經》因提到「彌勒佛王」（Buddharāja Maitreya）的概念，因此此經不僅要談論彌勒佛坐支提下生的信仰，同時也要談論，具有彌勒佛身的轉輪王是用「釋迦佛誕」方式出世世間的信仰。

許多學者，包括諾斯在內，因見「大支提」造有「釋迦佛誕」的造像，因此認為「大支提」的佛誕造像，是要說明釋迦佛誕或釋迦佛出世的造像。學者會這樣說的原因，自然與這些學者都從釋迦佛的佛誕故事角度去了解這些「大支提」的「釋迦佛誕」的造像內容有關；而沒有注意到，為何「大支提」在造「釋迦佛誕」的造像之際，都將「釋迦佛誕」的造像與轉輪王的造像造在一起的原因。下面我們要談論的此鋪「釋迦佛誕」的造像，即是學者常用以說明「大支提」的造像是表達釋迦佛誕的故事或釋迦佛出生的故事。我們在下面要談論的此鋪「釋迦佛誕」的造像，即是諾斯鼓形石板編號 61 號的造像（圖 18）。諾斯認為，此鋪佛誕造像，是一鋪描述釋迦佛從未出生到出生之後的四小段釋迦佛誕的造像。此四小段故事本來都具有其等各自的造像名稱，但我們常通稱這些與轉輪王「釋迦佛誕」有關的造像為「釋迦佛誕」

---

130 見下詳述。

131 《普賢菩薩說證明經》，《大正》卷 85，頁 1366 上。

的造像。《證明經》也用「釋迦佛誕」此
詞，說明「釋迦佛誕」的各種造像細節。
諾斯如此命名「大支提」鼓形石板編號 61
號此鋪「釋迦佛誕」的四小段造像內容（順
時鐘各為）：（1）摩耶夫人與淨飯王坐宮中
圖（左上圖）、（2）摩耶夫人在睡夢中受孕
圖（右上圖）、（3）摩耶夫人（佛母）左脅出
生太子圖（右下圖），及（4）釋迦的出生被
釋迦族認證圖（左下圖）。[132]

諾斯明顯的用佛傳故事所載述的「釋
迦佛誕」此名稱命名鼓形石板編號 61 號的
造像內容。諾斯如此說明此四小段佛誕圖
或「釋迦佛誕」的造像內容不是沒有問
題；特別是，諾斯稱（1）段此造像為「摩

圖 18　諾斯鼓形石板編號 61 號釋迦佛
　　　誕圖

耶夫人與淨飯王坐宮中圖」，便有商榷的餘地。因為（1）段造像中的所謂「淨
飯王」，乃以轉輪王呈「垂一坐相」的坐姿出現於造像中。此段所謂的「淨飯
王」造像，便不會是淨飯王的造像。因為「佛教建國信仰」在大乘佛教於西
元 1 世紀 60 年代後半葉出現於歷史之後，大乘佛教經典才載有「轉輪王建國
信仰」及轉輪王定義的經文。[133] 佛陀出生之前，自然沒有佛教，也應該沒有
「佛教建國信仰」或轉輪王造像。（1）段造像中的轉輪王像，因此不會是釋迦
佛的父親「淨飯王」的造像。此像因此可以指佛教轉輪王的造像，也可以指
建造此「大支提」的娑多婆訶王的轉輪王坐宮中的造像。

諾斯對（3）段佛誕圖，即「摩耶夫人左脅出生太子造像」的解釋，也有
問題。因為佛母用「左脅生釋迦」的方式生太子，只見載於龍樹撰造的《證

132 Robert Knox, *Amarāvatī: Buddhist Sculpture from the Great Stūpa*, p. 119, Illustration, p. 121, Plate 61.
133 見古正美，《從天王傳統到佛王傳統》第一章，〈中國第一位佛教轉輪王──漢桓帝〉，頁 36-
　　38；並見本書第二章，〈大乘佛教建國信仰的奠立者──貴霜王丘就卻〉。

明經》。《證明經》雖然在經中說，「左脇生釋迦」，事實上《證明經》在此要說的是，彌勒佛誕或轉輪王用「左脇生釋迦」的方式出世世間。載有釋迦佛誕故事的釋迦佛傳故事（Life story of the Buddha）都說，釋迦是由佛母的右脇出生。譬如，馬鳴菩薩所造的《佛所行傳》便說：「菩薩右脇生」。[134]《證明經》所載的「左脇生釋迦」的經文，因此是《證明經》用來說明彌勒佛或轉輪王用「釋迦佛誕」方式出生的方法。諾斯鼓形石板編號 61 的佛誕造像，因明顯的依據《證明經》所載的「釋迦佛誕」經文，即「左脇生釋迦，白疊承釋迦，老子作相師，老子重瞻相」，製作此鋪造像的主要造像內容。諾斯鼓形石板編號 61 號的造像，因此是一鋪用（1）段轉輪王造像，結合（2）、（3）、（4）段《證明經》所載的「釋迦佛誕」的造像內容說明轉輪王是用「釋迦佛誕」方式出生世間的造像。

「大支提」在造「釋迦佛誕」的故事時，通常只造一段或二段《證明經》所載的「釋迦佛誕」故事內容，表達轉輪王用「釋迦佛誕」的方式出生。換言之，「大支提」通常都沒有將《證明經》所載的「釋迦佛誕」的全部故事內容用造像的方法呈現於「大支提」的造像。譬如，諾斯欄頂橫樑編號 41 號內面（inner face）的造像（圖 19），[135] 也是一鋪說明轉輪王用「釋迦佛誕」方式出世世間的造像。諾斯欄頂橫樑編號 41 內面的造像，是一鋪呈長方形的橫幅造像。此鋪造像含有三小段的造像內容：（1）左邊此段造像是一段說明轉輪王的造像。此段轉輪王造像，和諾斯鼓形石板編號 61 號的轉輪王造像一樣，都將轉輪王像造成瓔珞莊嚴，並呈轉輪王「垂一坐相」的坐姿坐在宮室內。轉輪王的王座左側，造有夫人寶及另一女眷的坐像，轉輪王座的右側，則造有四位面向轉輪王的大臣坐像。轉輪王的頭部後方，造有一位手執「白蓋」的侍者，執「白蓋」侍者的兩側，又各造有一位手執「白拂」的侍者立像。此段轉輪王造像的內容，明顯的要說明，轉輪王與其大臣和女眷坐在宮中論事的造像。

---

134 馬鳴菩薩造，（北涼）曇無讖譯，《佛所行傳》，《大正》卷 3，頁 14。
135 Robert Knox, *Amarāvatī: The Buddhist Sculpture from the Great Stūpa*, p. 100, Plate 41.

圖 19　諾斯欄頂橫樑編號 41 內面轉輪王的釋迦佛誕圖

諾斯欄頂橫樑編號 41 內面中間的這段造像（2）是一段《證明經》說明轉輪王用「釋迦佛誕」方式出生世間的造像。此段「釋迦佛誕」的造像，造有《證明經》所載的「左脇生釋迦」及「白疊承釋迦」的造像內容。[136] 欄頂橫樑編號 41 內面右段的造像（3）也是一段說明轉輪王的造像。此段轉輪王的造像兩腳，雖然都安置於王座上，然因其一腳也呈「垂一坐相」的轉輪王坐姿安置在王座上，故此段造像也是一段說明轉輪王與其女眷坐在宮室內的造像。諾斯欄頂橫樑編號 41 內面的此鋪造像，因此是用兩段轉輪王的造像，即（1）及（3）的造像，將此像中段的「釋迦佛誕」造像夾在中間，因此我們無論是從（1）段或從（3）段的轉輪王造像，來看中間此鋪「釋迦佛誕」的造像，此鋪橫幅的造像，都要說明，轉輪王用「釋迦佛誕」的方式出生於世間的造像。

我們在上面提到的兩鋪「大支提」上的轉輪王造像，都用同時造轉輪王像及「釋迦佛誕」造像的方法，表達轉輪王用「釋迦佛誕」的方式出生於世間的信仰。「大支提」用結合轉輪王造像及「釋迦佛誕」的造像方法表達轉輪王出世世間的信仰，後來也成為亞洲許多地區說明支提信仰內容的方法。譬如，西元 9 世紀初期建成的中爪哇「婆羅浮屠遺址」，也用此方法說明轉輪王是用「釋迦佛誕」的方式出世世間的信仰。

「婆羅浮屠遺址」，指的就是前章及本章所言的「婆羅浮屠大支提」的建築及造像址。此遺址的建築結構，也如「阿瑪拉瓦底大支提」的建築結構一

---

136 Robert Knox, *Amarāvatī: Buddhist Sculpture from the Great Stūpa*, pp. 100-101, Illustration （b）.

樣，在「大支提」上建造有許多小支提的建築結構。換言之，「婆羅浮屠大支提」的建築結構，也造有如龍樹所設計的，在其大支提上建造許多「開放式小支提」及「關閉式小支提」的建築結構。在「婆羅浮屠大支提」地面第 1 層造像廊道內面的主牆（the main wall of the 1ˢᵗ art gallery）上，其造像的設計法，即用在同第 1 層造像廊道內面的主牆上，用分造兩層造像的方法表達：（1）「釋迦佛誕」的造像（上層）。此層表達「釋迦佛誕」的造像常被學者視為「釋迦佛傳的故事」造像，及（2）轉輪王信仰及形象的造像（下層）。換言之，「婆羅浮屠大支提」的造像者，在第 1 層造像廊道內面的主牆上層用造「釋迦佛傳的故事」（Life story of the Buddha）及各種「釋迦佛誕」的造像（圖 20），表達轉輪王用「釋迦佛誕」的方式出生世間的信仰；並在同第 1 層造像廊道內面的主牆下層，造各種轉輪王的造像，作為說明轉輪王的信仰及形象（圖 21）。「婆羅浮屠大支提」在同第 1 層造像廊道的牆面上用上、下層牆面各別造「釋迦佛誕」及轉輪王造像的方法，明顯的乃受「阿瑪拉瓦底大支提」表達其轉

輪王是用「釋迦佛誕」的方法出生世間的造像法的影響。「婆羅浮屠大支提」第 1 層造像廊道內面主牆上層所造的「釋迦佛傳的故事」，因此不是如今日許多學者所言的，是要表達「釋迦佛傳」的造像；而是要說明轉輪王是用「釋迦佛誕」方式出生世間的造像。[137]

龍樹山所造的轉輪王用

圖 20　婆羅浮屠 1 層造像廊道內面主牆上層摩耶夫人夜夢白象入胎圖

---

[137] 許多學者都將婆羅浮屠第 1 層造像廊道內面主牆上層的造像視為表達釋迦佛傳故事。譬如，美國學者約翰・密西（John Miksic）就是一個例子。See John Miksic, *Borobudur: Golden Tales of the Buddhas.* Singapore: Bamboo Publishing Ltd, 1990, pp. 97-123, "The *Lalitavistara*: Life of Gautama Buddha".

「釋迦佛誕」方式出世的造像，與「阿瑪拉瓦底大支提」所造的轉輪王用「釋迦佛誕」方式出生的造像一樣，除了常將轉輪王像造在宮室內與其大臣及宮女論事或享樂的造像外，在轉輪王造像側也常造「釋迦佛誕」的造像。龍樹山出土的「阿雅卡柱子」（Ayaka panel），也造有此類轉輪王用「釋迦

圖21　婆羅浮屠1層造像廊道主牆下層造轉輪王呈垂一坐相的造像

佛誕」方式出世世間的橫幅造像。龍樹山此橫幅造像，出土於龍樹山9號遺址（Site 9）。其造像內容可辨識者，有我們「阿瑪拉瓦底大支提」所見的「轉輪王與夫人寶坐宮中的造像」（中段）、「摩耶夫人睡夢受孕圖」（右段）及「左脅出生釋迦」（左段）的造像（圖22）。[138] 龍樹山此鋪說明轉輪王用「釋迦佛誕」方式出世的橫幅造像，不但明顯的依據《證明經》的經文製作其造像，而且也依據諾斯鼓形石板編號61的轉輪王用「釋迦佛誕」方式出生的造像內容製作此造像。此鋪橫幅造像最有趣的地方是，它與諾斯橫樑編號41內面的橫幅造像內容安排方式恰好相反，即在兩段「釋迦佛誕」造像的中間，造一段轉輪王的造像。

圖22　龍樹山9號遺址出土轉輪王用釋迦佛誕出世的造像

138　Elizabeth Rosen Stone, *The Buddhist Art of Nāgārjunakonda*, Plate 65, "Ayaka Panel 2, Site 9," 印度考古局的圖片（Archaeological Survey of India）。

龍樹山製作的轉輪王用「釋迦佛誕」出世的造像，以伊麗莎白‧羅森‧史通龍樹山編號或圖版 188 的造像內容（圖 23），[139] 最能說明轉輪王用「釋迦佛誕」方式出世世間的造像。此像的造像方法，從上段的轉輪王」造像開始造起，便用一鋪「釋迦佛誕」、一鋪轉輪王像、一鋪「釋迦佛誕」及一鋪轉輪王像的造像法，製作此鋪直立的造像。但此像事實上只造三段造像，因為上段的造像，有同時造一鋪轉輪王坐宮室內的造像（右）及一鋪「釋迦佛誕」或「老子作相師」／「老子重瞻相」（左）的造像情形。此鋪造像中段的「釋迦佛誕」的造像，造有「左脇生釋迦」及「白疊承釋迦」的「釋迦佛誕」的造像內容。此像下段的造像，則造轉輪王在宮內議事或飲食的造像。

伊麗莎白‧羅森‧史通龍樹山編號或圖版 188 號造像上段的造像，是一段非常不同於其他造轉輪王用「釋迦佛誕」方式出世世間的造像。此上段造像含有兩小鋪內容不同的造像：右方此鋪造像，主要造一尊呈「垂一坐相」的轉輪王坐像，而左方此鋪的造像，則造一位女性雙手抱著一個小孩呈給站在建築物內面人物看的造像。此鋪造像要說明或表達的是，諾斯大支提鼓形石板編號 61 號第（4）鋪「老子重瞻相」的造像。「老子重瞻相」的造像，也是《證明經》記載「釋迦佛誕」的一個故事情節。伊麗莎白‧羅森‧史通龍樹山圖版或編號 188 上段此二鋪造像被造在同一段或同一鋪造像內，明顯的要將造像中的轉輪王像與「釋迦佛誕」的造像連結起來，說明轉輪王的出世方式是用「釋迦佛誕」的方式出世。早期案達羅造轉輪王用「釋迦佛誕」方式出生的造

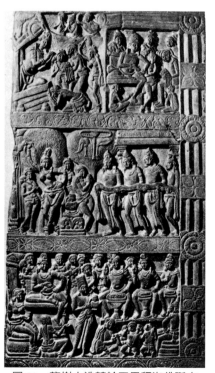

圖 23　龍樹山造轉輪王用釋迦佛誕方式出生圖

139 Elizabeth Rosen Stone, *The Buddhist Art of Nāgārjunakoṇḍa*, Plate 188.

像，都會將此二不同主題的造像內容分成兩鋪造像來造。但伊麗莎白・羅森・史通龍樹山編號或圖版 188 號上段此段造像，卻把轉輪王及「釋迦佛誕」此二不同主題的造像造在同一鋪造像，或同一段造像。

伊麗莎白・羅森・史通龍樹山編號或圖版 188 中段的造像，是一鋪用「左脇生釋迦」及「白疊承釋迦」的造像，說明「釋迦佛誕」的造像內容。中段此鋪造像的中央，為了要表達此「釋迦佛誕」的造像，是一鋪要說明具有彌勒佛身的轉輪王身的「釋迦佛誕」造像，甚至造有一棵象徵彌勒佛的菩提樹，[140] 並在菩提樹上造有一支象徵轉輪王身分的「白蓋」及一雙象徵轉輪王身分的「白拂」造像。此鋪造像因此可以說是目前保存的，最具有圖像說明效果的，表達支提信仰的轉輪王以「釋迦佛誕」方式出生的造像。

伊麗莎白・羅森・史通龍樹山編號或圖版 188 下段的造像內容，與諾斯大支提欄頂橫樑編號 41 內面左側此段造像內容非常相像。在轉輪王的左側，造有夫人寶及另一女眷的坐像，轉輪王的右側，造有四位大臣的坐像。此四位大臣坐像的前方，都見造有盆裝食物。轉輪王的身後，造有手持轉輪王寶物「白拂」的侍者。諾斯從釋迦佛誕故事的角度認為，這是一鋪佛誕之後的「釋迦算命圖」。伊麗莎白・羅森・史通也視此像下段的造像，為「釋迦算命的場景」。[141] 此二學者的說法都有問題。因為此像下段的造像，是一鋪轉輪王坐在宮中與其大臣及女眷論事或進食的造像。

伊麗莎白・羅森・史通認為，此像的三段造像內容是：上段說明「阿斯陀將佛陀呈現給釋迦族廟」（Sākya Temple）的造像，中段說明「佛誕圖及佛陀行七步」（Nativity and seven steps）的造像，而下段則說明「釋迦被算命」（Casting the horoscope）的造像。[142] 伊麗莎白・羅森・史通很顯然也是從「釋迦佛傳的故事」角度解釋此鋪造像的內容。伊麗莎白・羅森・史通如此解釋此鋪造像的內容，自然有商榷的餘地。

---

140 見下詳述。

141 Elizabeth Rosen Stone, *The Buddhist Art of Nāgārjunakoṇḍa*, Plate 188.

142 Elizabeth Rosen Stone, *The Buddhist Art of Nāgārjunakoṇḍa*, Plate 188.

伊麗莎白・羅森・史通所提到的「阿斯陀」，即是馬鳴《佛所行讚》所載的「知相婆羅門」。初唐時代地婆訶羅翻譯的《方廣大莊嚴經》也載有阿斯陀為「五通仙人」來到宮中為佛陀算命的事。[143] 伊麗莎白・羅森・史通顯然的將此 188 號圖版上段的轉輪王坐宮中圖及「老子重瞻相」的造像連結在一起看，但她對此二鋪造像的解釋是：「阿斯陀見淨飯王並將佛陀呈現給釋迦族廟」。顯然的，伊麗莎白・羅森・史通也將此像中的轉輪王造像視為釋迦父親淨飯王的造像。伊麗莎白・羅森・史通對此像的解釋，因此也非常有問題。

伊麗莎白・羅森・史通會稱龍樹山圖版 188 號的造像為釋迦或佛陀的「釋迦佛誕的造像」，乃因過去的學者都不知道，「阿瑪拉瓦底大支提」及龍樹山出現的所謂「釋迦佛誕的造像」，與支提信仰的轉輪王出世信仰有極大的關聯。因此學者都將呈「垂一坐相」的轉輪王像，不是視為佛陀父親「淨飯王」的造像，便是用「釋迦佛傳的故事」說明「大支提」及龍樹山的「釋迦佛誕」造像性質及造像內容。

案達羅出土的「釋迦佛誕」造像，都有一個共同的造像特徵，那就是，在轉輪王的造像中間，都會安插至少一段「釋迦佛誕」的造像。被安插的「釋迦佛誕」造像，常見的造像內容是「左脇生釋迦」及「白氎承釋迦」的造像內容。在轉輪王造像中間安插「釋迦佛誕」造像的用意，自然是要說明轉輪王用「釋迦佛誕」的方式出世世間的信仰。既是如此，「阿瑪拉瓦底大支提」及龍樹山的案達羅造像者，都用《證明經》所載的彌勒佛坐支提下生的經文，表達彌勒佛坐支提下生的信仰及造像；並用《證明經》所載的「釋迦佛誕」的經文，表達轉輪王在世間出生的信仰及造像。「阿瑪拉瓦底大支提」及龍樹山製作如此多「釋迦佛誕」造像的原因，因此與「阿瑪拉瓦底大支提」要表達《證明經》所載的轉輪王用「釋迦佛誕」方式出生的信仰有密切的關聯。

「阿瑪拉瓦底大支提」及龍樹山雖然都用「釋迦佛誕」的造像表達轉輪王在世間出世的方式，然兩處所造的「釋迦佛誕」造像，都沒有造嬰兒自「佛母左脇出生」的造像。「阿瑪拉瓦底大支提」及龍樹山如此製作「釋迦佛誕」

---

143 （唐）中天竺沙門地婆訶羅奉詔譯，《方廣大莊嚴經》，頁 556 中-下。

的造像，與後來犍陀羅製作的「釋迦佛誕」的造像，便有極大的區別。因為後者所造的「釋迦佛誕」的造像，都見有嬰兒自「佛母右脅出生」的造像。[144]為何「阿瑪拉瓦底大支提」及龍樹山的支提信仰造像都不見造有嬰兒自「佛母左脅出生」的造像？這與 4 世紀末、5 世紀初，支提信仰傳入犍陀羅之後，犍陀羅的造像者因拒絕使用《證明經》造支提信仰的造像，並改用與犍陀羅撰造的《彌勒下生經》及依據《彌勒下生經》撰造的《彌勒大成佛經》製作犍陀羅的支提信仰造像有極大的關聯，筆者將在本書的第七章詳細說明此事。[145]

犍陀羅因信仰上的變化，從而造成犍陀羅造「釋迦佛誕」的造像，造成有嬰兒自「佛母右脅出生」的造像。犍陀羅轉變製作「釋迦佛誕」造像的方法，因此說明了一個事實，那就是，支提信仰的造像雖有龍樹創造一套完整的支提信仰造像法，然因犍陀羅在信仰上的轉變，因此支提信仰的造像也隨之改變。

三 依據「待至慈氏」信仰所造的造像

所謂「慈氏」（Maitreya），即指彌勒。《彌勒下生經》很明顯的用「慈氏」此詞稱呼「彌勒佛」。[146]《大唐西域記》在談論娑多婆訶王「引正王」與龍樹所發展的「待至慈氏」信仰之際，因有指此信仰具有「等待彌勒佛下生為轉輪王」的意思，[147] 故我們知道，「待至慈氏」此詞也有「支提信仰」的含義。我們在龍樹撰造的《寶行王正論》、《證明經》，及後來大乘撰造的「支提信仰」經典，如《入法界品》、《大方等無想經》（《大雲經》）及《大方等大集經》等，

---

144 見本書第七章，〈犍陀羅的支提信仰性質及造像〉。

145 見本書第七章，〈犍陀羅的支提信仰性質及造像〉。

146 見下詳述。

147 見本書第四章，〈佛教支提信仰的奠立者——龍樹菩薩〉；並見玄奘編撰，《大唐西域記》載：龍樹與引正王在黑蜂山所發展的「待至慈氏」信仰，「功績未成，財用已竭」。見（唐）三藏法師玄奘奉詔譯，大總持寺沙門辯機撰，《大唐西域記》卷 10，《大正》卷 51，頁 930 上，「憍薩羅國」。

都沒見到這些支提信仰經典載有「待至慈氏」的信仰或造像法。「待至慈氏」的信仰，因此很可能是當年龍樹及其造像集團在奠立支提信仰之際，或策劃「阿瑪拉瓦底大支提」的造像之際，從民眾的觀點或立場，所設計的一種用象徵物造像法，作為表達民眾等待彌勒佛下生為轉輪王的信仰。由於民眾還在等待彌勒佛下生為轉輪王，「待至慈氏」的造像，便不能用「人形佛像」（human-formed image of the Buddha）的造像法製作彌勒佛像及轉輪王像。「待至慈氏」的造像法，因此是用各種象徵物（symbolism）說明或表達民眾等待彌勒佛下生為轉輪王的信仰。「待至慈氏」的造像法，因此只造象徵物的造像及民眾恭敬等待彌勒佛下生的造像，而不造彌勒佛像，也不造轉輪王像。

「待至慈氏」的造像法雖然用不同的象徵物表達彌勒佛下生為轉輪王的信仰，然這些象徵物都具有與文字一樣的使用功能。譬如，「待至慈氏」的造像，常用「菩提樹」（bodhi tree）象徵、表達彌勒佛或彌勒佛身。因為義淨翻譯的《佛說彌勒下生成佛經》說，彌勒佛是在「菩提樹」或「龍華樹」（Nāgapuśpa）下成道：

> 時有菩提樹／號名曰龍華／高四踰繕那／翁鬱而榮茂／枝條覆四面／蔭六俱盧舍／慈氏大悲尊／於下成正覺。[148]

因「菩提樹」在《彌勒下生經》中又被稱為「龍華樹」的緣故，許多中文佛教文獻因此也用「龍華信仰」說明彌勒佛的下生信仰。譬如，梁代僧祐（445-518）在其所撰的《法苑雜緣原始集目錄序第七》提到，梁代的支提信仰在承襲南朝劉宋（統治，420-479）及南齊（統治，479-502）的「龍華」信仰之下，也稱此信仰為「龍華聖僧之會」。[149] 僧祐在此便有將「龍華」一詞作為「彌勒佛」的代名詞。又，《水經註・泗水》也用「龍華圖」此名說明法顯於 5 世

---

148 （唐）三藏法師義淨奉制譯，《佛說彌勒下生成佛經》，《大正》卷 14，頁 426 下-427 下。

149 見古正美，〈梁武帝的彌勒佛王形象〉，《傳統中國研究季刊》，第二輯（2006），頁 40-42；並見 Kathy Ku Cheng Mei（古正美），"The Buddharaja Image of Emperor Wu of the Liang," in Alan K. L. Chan and Yuet-keung Lo, eds., *Philosophy and Religion in Early Medieval China.* New York: State University of New York Press, 2010, pp. 265-290；並見（梁）僧祐撰，《出三藏記集・法苑雜緣原始集目錄序第七》，《大正》卷 55，頁 90。

紀初期自印度取來的「彌勒佛像」。[150] 非常明顯的，中國在 5 世紀初期已有將「菩提樹」或「龍華樹」，視為「彌勒佛」的象徵物或代名詞。「菩提樹」或「龍華樹」在支提信仰的造像裡，因此便有被固定使用以象徵「彌勒佛」或「彌勒佛身」的意思。支提信仰的造像，因常用「菩提樹」或「龍華樹」象徵「彌勒佛」的緣故，在造像上，我們因此常見「菩提樹」及「菩提樹葉」，被刻意造成具有藝術風格的「龍華樹」或「龍華樹葉」。近時在鄴都（臨漳）出土的東魏、北齊製作的，坐在「菩提樹」下，一手作「思惟」狀，呈「垂一坐相」的「轉輪王思惟像」，就都被造成坐在不同設計風格的「龍華樹」下，面對轉輪王愛馬的造像情形（圖 24）。「菩提樹」

或「菩提樹葉」，因此成為我們辨認「彌勒佛像」或支提信仰像的一個重要造像元素。鄴城出土東魏武定五年弄女等造的轉輪王像，因是彌勒佛「法身」下生的轉輪王像，因此此像也造有「菩提樹」或「龍華樹」，說明此轉輪王是一位彌勒佛下生的轉輪王或彌勒佛的「化身」。[151] 支提信仰自在「阿瑪拉瓦底大支提」用「菩提樹」象徵「彌勒佛」之後，支提信仰的造像，便常用「菩提樹」作為「彌勒佛」或「彌勒佛身」的象徵物。譬如，我們在後來犍陀羅所造的彌勒佛像，便常見彌勒佛坐像的頭部上方或身後，造有「菩提樹」或「菩提樹葉」的方法作為說明「彌勒佛」的象徵物。

圖 24　鄴城出土東魏武定五年弄女等造轉輪王像（背面）

　　「阿瑪拉瓦底大支提」的造像，也用「金輪

150 有關法顯取回「龍華圖」的記載，見《水經註・泗水》載：「泗水有龍華寺，是沙門釋法顯遠出西域浮海東還，持龍華圖，首創此制，法流中夏，自法顯始者」。王國維校，袁英光、劉寅生整理標點，《水經注・泗水》卷 25（上海：上海人民出版公司，1984），頁 820-821。

151 有關轉輪王是彌勒佛「法身」下生的轉輪王身的說明，見本書第四章，〈佛教支提信仰的奠立者──龍樹菩薩〉。

寶」作為象徵轉輪王的身分或轉輪王的形象的象徵物。「金輪寶」因是轉輪王的隨身七寶之一，甚至是轉輪王最重要的象徵物，因此「金輪」或「輪寶」的造像，便具有象徵轉輪王的身分及形象的作用。「阿瑪拉瓦底大支提」也用「空王座」（the empty throne）及具「寶相輪」的「雙足印」（Footprints with cakras），象徵轉輪王座，或轉輪王的身分。龍樹在其《寶行王正論》中說：「手足寶相輪／當成轉輪王」。[152] 此話的意思是，手掌或足底如果造有「寶相輪」或「金輪」的造像，我們便知道此人將成為轉輪王。「大支提」也常將具有「寶相輪的雙足印」造在「空王座」的前方，作為表達此人將來取「空王座」或「轉輪王座」，做轉輪王的意思。「大支提」不但出土有多鋪大型的「具寶相輪的雙足印」造像，也出土有許多小型的「具寶相輪的雙足印」造像。這些「具寶相輪的雙足印」造像的腳底板，因常見造有一對如「金輪」或「寶相輪」的造像，故龍樹稱呼此類「具寶相輪的雙足印」的象徵物，為「做轉輪王」或成為轉輪王的象徵物。諾斯在其書中收錄有兩對大型的「具寶相輪的雙足印」的造像。此二對「具寶相輪的雙足印」的造像，即是諾斯在其書中收錄的大支提圖像編號120 號及圖像編號 121 號的造像（圖 25）。[153]

圖 25　諾斯編號 121 號具寶相輪的雙足印造像

　　諾斯收錄的此二對大型「具寶相輪的雙足印」的造像，其等的造像法非常相似，都在其等的雙足腳底板各造有一對諾斯認為是「法輪」（dharmacakra）的圖像。[154] 諾斯所言的具「法輪」的「雙足印」造像，事實上即是龍樹所言的，「具寶相輪的雙足印」的造像。「阿瑪拉瓦底大支提」此二「具寶相輪的雙足印」的腳底板內面上，在造其「寶相輪」的造像

152 （陳）代天竺三藏真諦譯，《寶行王正論》，《大正》卷32，頁497中。

153 Robert Knox, *Amarāvatī: Buddhist Sculpture from the Great Stūpa*, p. 211, Plate 120 and p. 213, Plate 121.

154 Robert Knox, *Amarāvatī: Buddhist Sculpture from the Great Stūpa*, pp. 211-212, Plate 120 and Plate 121, Illustration 120 and Illustration 121, "Buddhapāda".

上、下方，也常見淺刻有佛教的「卍」字（svastikas），及學者所言的「三寶圖案」（triratna）。[155]「大支提」上的小型「雙足印」，也常見被造在「空王座」的前方。但由於這些小「雙足印」的造像年代太久，並受嚴重的風化，因此常不能清楚的看出，「雙足印」上所雕造的「寶相輪」圖案和其他圖案。這些小型的「雙足印」造像，從其造像出現的位置來判斷，我們認為其等應都是「具寶相輪的雙足印」造像。[156] 這類小型的「具寶相輪的雙足印」的造像，與我們在「佛誕圖」常見的「七佛足印」的造像性質及造像法，完全不同。因為前者要說明的是，彌勒佛將下生做轉輪王的造像記號（mark），而後者則要表達「佛誕」或佛陀出生的記號。

從中譯「寶相輪」此詞的意思來看，「寶相輪」明顯的不是指佛陀所轉的「法輪」（dharmacakra），而是指具有象徵轉輪王身分的「金輪」。特別是，「寶相輪」的造像法，與大乘佛經，如《彌勒下生經》，所載的轉輪王的「金輪寶」或「輪寶」的造像法，完全一致，都在輪上造有「千輻轂輞」的造像特徵。[157] 因此「具寶相輪的雙足印」出現在「阿瑪拉瓦底大支提」的造像上，即有說明，「具寶相輪的雙足印」造像，乃要說明此人將做轉輪王的意思；也有說明，此「大支提」是一座支提信仰或「佛教建國信仰」的造像址的意思。

「阿瑪拉瓦底大支提」也用「支提」的造像象徵或表達支提信仰，或「彌勒佛坐支提下生」的信仰。「大支提」使用的

圖 26　諾斯鼓形石板編號 60 號的待至慈氏的造像

---

155 Robert Knox, *Amarāvatī: Buddhist Sculpture from the Great Stūpa*, pp. 211-212, Illustrations 120 and 121.

156 見後詳述。

157 （姚秦）龜茲三藏鳩摩羅什譯，《佛說彌勒大成佛經》，《大正》卷 14，頁 429 上；並見後詳述。

象徵物意涵都非常固定，因此結合這些象徵物造像的結果，常有說明彌勒佛下生取「空王座」或「轉輪王座」，做轉輪王的意思。譬如，諾斯鼓形石板編號 60 號的造像（圖 26），[158] 即是一鋪含有「菩提樹」、「空王座」及「具寶相輪的雙足印」等象徵物，作為表達、說明「待至慈氏」信仰或支提信仰的意思。

諾斯鼓形石板編號 60 號的造像，在「菩提樹」的前方，造有一張「空王座」或「轉輪王座」，說明彌勒佛要下生取「空王座」為「轉輪王」的意思；特別是此「空王座」的背靠前方立有一支「轉輪王」的寶物「白蓋」，說明此「空王座」即是一張「轉輪王座」。我們知道此像的彌勒佛要取「轉輪王座」為「轉輪王」的主要原因是，在「空王座」的前方，造有一對「具寶相輪的雙足印」，說明彌勒佛要下生為「轉輪王」的意思。由於此像的象徵物兩側都造有二至三位恭敬等待彌勒佛下生的民眾跪像，故此像明顯的是一鋪用龍樹的象徵物造像法表達「待至慈氏」的信仰。

諾斯鼓形石板編號 60 號的造像，完全用象徵物表達「待至慈氏」的信仰，或說明民眾等待彌勒佛下生為轉輪王的信仰。諾斯鼓形石板編號 60 號的造像，因此也是一鋪說明支提信仰的造像。諾斯似乎完全不知道，「阿瑪拉瓦底大支提」用「菩提樹」、「空王座」、「具寶相輪的雙足印」，及「白蓋」造像的用意，因此他沒有稱「白蓋」為「白蓋」，而稱其為「傘」，並說，「大支提」用「菩提樹」及菩提樹下的「空王座」和「具寶相輪的雙足印」的造像，乃要表達「佛陀成道」（Enlightenment of the Buddha）的事蹟。因為「菩提樹」、「空王座」及「具寶相輪的雙足印」，都有象徵「佛陀成道」的意思。[159]日本學者高田修也說，此造像為西元前 1 世紀的造像，此造像為「禮拜佛」的造像。[160] 就此龍樹製作的「待至慈氏」的造像法出現在「阿瑪拉瓦底大支提」的情形，此造像便不會如高田修所言，為西元前 1 世紀的造像；也不會如其所言的，此像是「禮拜佛」的造像。因為此像出現的時間，最早不會超

---

158 Robert Knox, *Amarāvatī: Buddhist Sculpture from the Great Stūpa*, p. 120, Plate 60.

159 Robert Knox, *Amarāvatī: Buddhist Sculpture from the Great Stūpa*, p.119, Illustration 60.

160 高田修，《佛像の起源》（東京：岩波書店，1994，第六刷），頁 37，見該書插圖 8。

過西元 2 世紀中期左右，龍樹在娑多婆訶王朝發展支提信仰及建造「阿瑪拉瓦底大支提」的時間。[161]

「大支提」造有許多「待至慈氏」的造像，其中也有用「空王座」及「支提」此二象徵物說明彌勒佛下生取「轉輪王座」，為轉輪王的造像。譬如，諾斯圍欄橫樑（railing crossbar）編號 27 號內面（inner face）的「人形龍王」護持彌勒佛坐支提下生取「轉輪王座」的造像（圖 27），即是一個例子。此像的後方，因見有一人形龍王與其侍者立在「轉輪王座」的後方，護持已經下降於「轉輪王座」上的「小支提」，諾斯因此認為，此像是「龍王（nāgarāja, snake-kings）禮拜佛陀舍利盒（Relic-casket）」的造像。[162] 但筆者並不同意諾斯此說。因為：首先，此造像「轉輪王座」上的塔形建築物，明顯的是一座與「阿瑪拉瓦底大支提」有相同建築形制的支提造像。其次，「阿瑪拉瓦底大支提」使用許多象徵物造像，包括「支提」此象徵物。由於「支提」是彌勒佛坐以下生的工具，「支提」因此有象徵支提信仰或彌勒佛坐支提下生的信仰。此造像上的「轉輪王座」上造有一小支提，即有說明彌勒佛坐支提下生取「轉輪王座」的意思。特別是，此像的「轉輪王座」已經具有《證明經》所載的「轉輪王座」（the cakravartin seat）的造像元素，如「摩羯魚頭」（makara head）、「立馬」及獅子等象徵轉輪王身分或形象的造像內容。[163]

諾斯圍欄橫樑編號 27 號內面所造的小支提下降「轉輪王座」的造像，因此有說明彌勒佛坐支提下生取「轉輪王座」，為「轉輪王」的意思。此像因也造有許多民眾恭敬等待彌勒佛下生的造像，此造像無論如何都不會如諾斯所言的，是「龍王禮拜佛陀舍利盒」的造像，而是一鋪「阿瑪拉瓦底大支

圖 27　諾斯圍欄橫樑編號 27 號龍王護持支提下降轉輪王座的造像

161　見本書第四章，〈佛教支提信仰的奠立者——龍樹菩薩〉。

162　Robert Knox, *Amarāvatī: Buddhist Sculpture from the Great Stūpa*, p. 84a.

163　見本書第四章，〈佛教支提信仰的奠立者——龍樹菩薩〉。

提」用象徵物（如「支提」及「空王座」或「轉輪王座」）表達民眾「待至慈氏」信仰的造像。

「大支提」所造的「待至慈氏」的造像，都用結合各種象徵物造像的方法表達彌勒佛下生取「轉輪王位」，作「轉輪王」的信仰。「大支提」用「待至慈氏」的造像法表達支提信仰的內容，與「大支提」用《證明經》的經文表達支提信仰的內容，完全一樣，都用支提信仰的造像說明龍樹與娑多婆訶王朝所提倡的支提信仰的內容。

「大支提」也常用結合象徵物「金輪」、「空王座」及具「寶相輪的雙足印」的方法說明「待至慈氏」的信仰。佛經在談論轉輪王的「隨身七寶」之際，一定都會談到「金輪寶」或「輪寶」具有象徵轉輪王的功用及「金輪寶」或「輪寶」的重要性。譬如，元魏時代（統治，386-534）菩提留支翻譯的《大薩遮尼乾子所說經》，在其〈王論品〉中即如此談論轉輪王的「金輪寶」或「輪寶」的功用：

> 時彼輪寶隨王念處，即飛虛空，在前而去，依彼輪力，四兵象馬及車步等一切悉皆飛騰而去……所有不伏轉輪王者，王若心念，而彼輪寶隨所念處即飛而去，悉令降伏……彼輪寶勢無有敵對，一切小王見者降伏。[164]

「金輪寶」或「輪寶」很顯然的也是轉輪王降伏天下最重要的武器或象徵物。東漢時代（統治，25-220）竺大力及康孟詳共譯的《修行本起經》，對「金輪寶」或「輪寶」也作有下面的說明：

> 金輪寶者，輪有千輻，雕文刻鏤，重寶填廁，光明洞達，絕日月光。當在王上，王心有念，輪則為轉，案行天下，須史周匝，是故名為金輪寶也。[165]

「金輪寶」能隨王心之所念而案行天下或降伏天下，因此是「轉輪王」最重要的象徵物。隋代天竺沙門達摩笈多（Dharmagupta）翻譯的《起世因本經‧

---

164 （元魏）菩提留支譯，《大薩遮尼乾子所說經》卷 3，《大正》卷 9，頁 331 上。

165 （西漢）西域三藏竺大力、康孟詳共譯，《修行本起經》卷上，《大正》卷 3，頁 462-463。此經雖然是「西漢時代」的譯經，然此經所載的轉輪王建國信仰，一直到西元 60 年代之後才出現在歷史上，我們因此非常懷疑此經的翻譯時間是在「西漢時代」。有關佛教轉輪王建國信仰出現的時間，參見本書第二章，〈大乘佛教建國信仰的奠立者──貴霜王丘就卻〉。

轉輪王品》也說,「轉輪王」登位時,「金輪寶」或「輪寶」必現天空來應:

> 其轉輪王出閻浮提,以水灌頂為剎帝利(古案:帝王)。於彼逋沙他(隋言齋日)
> 十五日月滿時,洗沐頭髮,著不搗白疊,垂髮下向,飾以摩尼及諸瓔珞。在樓
> 閣上,親屬諸臣,前後圍繞。是時王前,自然而有天金輪寶,千輻轂輞,諸相
> 滿足,自然來應。非工匠成,皆是金色,輪徑七肘,有是瑞時,彼則成就轉輪
> 王德,我們今定應是轉輪王。[166]

由於「金輪寶」或「輪寶」有象徵「轉輪王」的作用,因此常被用作轉輪王的代名詞。武則天在長壽二年(693)所改用的王號「金輪聖神皇帝」號,便用「金輪」說明其以轉輪王的姿態統治大周的史實。此事如此記載於《資治通鑑》:

> 秋九月丁亥朔,日有食之。魏王武承嗣等五千人表請加尊號曰金輪聖神皇帝。
> 乙未(九日)太后御萬象神宮,尊號,赦天下,作金輪等七寶,每朝會陳之殿
> 庭。[167]

我們在「阿瑪拉瓦底大支提」所見的「金輪寶」或「輪寶」的造像法,與龍樹所言的「寶相輪」的造像法非常相像,因為此二輪都具有「輪有千輻」或「千輻轂輞」的造像特徵。諾斯欄頂橫樑編號 38 號的「金輪寶」造像(圖28),[168] 被造在此像「空王座」的後方,為一具有「輪有千輻」的大金輪造像。由於此像是「金輪寶」、「空王座」及「具寶相輪的雙足印」三象徵物組合的一鋪造像,我們因此知道此「空王座」是一張「轉輪王」要取的「轉輪王座」,及

圖 28　諾斯欄頂橫樑編號 38 號的待至慈氏造像

---

166 (隋)天竺沙門達摩笈多譯,《起世因本經・轉輪王品》卷 2,《大正》卷 1,頁 372 中。

167 (宋)司馬光著,元胡三省音注,《資治通鑑》,《唐紀》21(上海:上海古籍出版公司,1986),頁 1382 下。

168 Robert Knox, *Amarāvatī: The Buddhist Sculpture from the Great Stūpa*, p. 97, Plate 38.

做轉輪王的造像。此鋪造像的「金輪寶」、「空王座」及「具寶相輪的雙足印」三象徵物的兩側，因也造有恭敬等待彌勒佛下生為轉輪王的民眾造像，我們因此知道，此像也是一鋪表達民眾「待至慈氏」信仰的造像。諾斯欄頂橫樑編號 38 號的造像，雖然沒有造「菩提樹」，然此造像因造有其他象徵物及民眾的造像，我們因此可以將此像視為民眾等待彌勒佛下生為轉輪王的造像。但諾斯對此像的解釋非常不同。他認為，此像的「金輪」為佛陀所轉的「法輪」（the wheel of the Law），此像因此是一鋪象徵「佛初轉法輪或佛陀第一次說法」（First Sermon of the Buddha）的造像。[169] 諾斯顯然也沒有將此「金輪」視為轉輪王的「金輪」，而將其視為表達佛陀說法的「法輪」。

用同樣的「金輪」及「空王座」作為象徵物表達「待至慈氏」信仰的實例，也見於蘇珊・杭庭頓（Susan L. Huntington）提到的，馬德拉斯政府博物館（Madras Government Museum, Madras）收藏的一座在「阿瑪拉瓦底大支提」出土的小支提造像。馬德拉斯政府博物館此鋪造像，其「金輪」及「空王座」都造在小支提的入口處，為小支提的主題信仰造像。此造像非常強調「金輪」的重要性，因為此像除了將「金輪」造在小支提的入口處外，也將「金輪」的造像造在小支提兩側所造的，雕有各種複雜圖案的鼓形壁柱（Drum pilasters）上方，作為表達轉輪王的信仰或轉輪王的象徵物。蘇珊・杭庭頓說，在此小支提的入口處安置此「輪」（cakra），乃供人們禮敬。[170] 蘇珊・杭庭頓沒有說明此「輪」為何輪，也沒有解釋「空王座」此象徵物出現於此像的原因；甚至沒有說明「空王座」與其所言的「輪」的關係。

諾斯在其書中收錄有多鋪「金輪」與「空王座」組合在一起的造像。其中有兩鋪「金輪」與「空王座」的造像，也如馬德拉斯政府博物館收藏的小支提一樣，將「金輪」與「空王座」造在鼓形石板小支提的入口處。[171] 由於

---

169 Robert Knox, *Amarāvatī: The Buddhist Sculpture from the Great Stūpa*, p. 96b, Illustration 38.

170 Susan L. Huntington, *The Art of Ancient India: Buddhist*, *Hindu*, *Jain*, with contribution by John Huntington. New York: Weather Hill, 1985, pp. 175-176. Fig. 9.21

171 Robert Knox, *Amarāvatī: The Buddhist Sculpture from the Great Stūpa*, p. 151, Plate 77 and p. 155, Plate 79.

諾斯鼓形石板編號 79 號的「金輪」與「空王座」下方，明顯的造有一雙「佛足印」，及恭敬等待彌勒佛下生為轉輪王的民眾造像，[172] 我們因此也可以視此鼓形石板的造像為一鋪表達民眾「待至慈氏」信仰的造像。

我們在龍樹山的支提信仰造像，也常見用結合「金輪」與「空王座」的方法表達民眾「待至慈氏」的信仰。譬如，印度學者拉瑪（Rama）收錄的龍樹山佛教造像編號 25 號的造像（圖 29），[173] 即與諾斯欄頂橫樑編號 38 號的造像（見圖 28）非常相像。龍樹山此像，在「空王座」，的後方，明顯見有兩位侍者手持「白拂」立於「空王座」的後方，與豎立的「金輪」並立，有說明此「金輪」具有象徵轉輪王的身分，或說明「空王座」為「轉輪王座」的意思。此像的「空王座」前沒見造有「雙足印」，但見造有「二跪鹿像」。拉瑪大概見此像造有「二跪鹿像」及「輪寶」的緣故，因此稱此造像為「佛陀鹿野苑初轉法輪」的造像。[174]「阿瑪拉瓦底大支提」的造像，也沒見造有「二跪鹿」的造像情形，但後來犍陀羅製作的「彌勒佛下生說法像」的座前，[175] 常見造有「二跪鹿」的造像。這說明龍樹山此像，很可能是龍樹山晚期製作的造像，或受晚期犍陀羅造像影響的造像。[176] 龍樹山此像造有「二跪鹿」的原因，非常可能除了要表達「待至慈氏」的信仰外，也要表達「民眾等待彌勒下生說法」的信仰。由上面筆者所提到的學者對「輪寶」的看法，我們可以看出，目前學者在談論「阿瑪拉瓦底大支提」及龍樹山所造的輪狀物或「金輪」的造

圖 29　龍樹山造待至慈氏造像

172　Robert Knox, *Amarāvatī: The Buddhist Sculpture from the Great Stūpa*, p. 155, Plate 79.

173　Rama, *Buddhist Art of Nāgārjunakonda.* Delhi: Sundeep Prakashan, 1995, Plate 25.

174　Rama, *Buddhist Art of Nāgārjunakonda*, p. 91, Illustration 17, "First Sermon in the Deer Park."

175　見本書第七章，〈犍陀羅的支提信仰性質與造像〉。

176　見本書第七章，〈犍陀羅的支提信仰性質與造像〉。

像時，都還是一律將「金輪」視為「法輪」。

　　總的來說，在「阿瑪拉瓦底大支提」所造的「輪」，都是象徵轉輪王的「金輪」，不是學者所言的「法輪」或佛說法的象徵物。「大支提」造「金輪」的原因，乃要用「金輪」象徵轉輪王的信仰或轉輪王的身分。「金輪」的作用除了象徵轉輪王的信仰及身分外，也有象徵轉輪王的王權或形象，因此「金輪」與「法輪」的性質完全不同。

　　直至今日，很多研究「阿瑪拉瓦底大支提」及龍樹山佛教造像的學者都還認為，「支提」、「菩提樹」、「空王座」、「雙足印」及「金輪」等象徵物，出現在「大支提」及龍樹山佛教造像址的原因是，此二佛教造像址，乃用古代印度象徵物造像法表達「佛陀偉大事蹟」的方法。這些學者之所以會如此認為，乃因他們都受法國學者佛謝爾所奠立的佛教造像史觀及造像理論的影響。[177]

　　佛謝爾在其書《佛教藝術的初始》（*The Beginning of Buddhist Art*）談到山崎大塔（Sānchī stūpa）及巴滬遺址（Bhārhut）使用象徵物（symbols）造像的情形時說，山崎大塔及巴滬遺址造像的方法，就是用古代印度使用象徵物造像法製作此二地的造像。由於古代印度沒有用「人形佛像」（human-formed image of the Buddha）造像，只使用象徵物，如樹、輪等造像，因此佛謝爾認為，佛教造像的發展過程，是從使用「無人形佛像」（no human-formed image of the Buddha）的造像法，或使用象徵物的造像法，發展至造「人形佛像」的造像演變過程。佛謝爾因此認為，山崎大塔及巴滬的造像，是使用古代印度象徵物造像法，表達「佛陀重要事蹟」（Great events of the Buddha）的早期佛教造像。[178]佛謝爾因此從佛陀信仰的角度如此解釋山崎大塔的象徵物造像情形：山崎大塔用「佛塔」（支提）象徵佛陀的死亡（death）；用「菩提樹」象徵佛陀的成道（enlightenment）；用「法輪」（金輪）象徵佛陀的「初轉法輪」或說法（The first

---

177 見本書第六章，〈山崎大塔的支提信仰造像〉；並見下說明。

178 A. Foucher, *The Beginning of Buddhist Art and Other Essays in Indian and Central–Asian Archaeology*. New Delhi: Asian Educational Services, 1994, p. 4；並見本書第六章，〈山崎大塔的支提信仰造像〉。

sermon）。[179] 佛謝爾在談論山崎大塔及巴滬的象徵物造像法時，他似乎完全沒有注意到，山崎大塔及巴滬所使用的象徵物，如菩提樹、金輪、支提及具寶相輪的雙足印等，都與龍樹在「大支提」所造的象徵物內容完全相同；他似乎也沒有注意到，山崎大塔所使用的象徵物造像法，如其所舉例的「大出離」的造像法，也是用龍樹使用象徵物表達「待至慈氏」信仰的方法。很顯然的，佛謝爾並不知道，山崎大塔及巴滬的象徵物造像法，是龍樹在 2 世紀中期左右於案達羅所奠立的支提信仰造像法。佛謝爾對山崎大塔用象徵物造像的解釋及其對佛教造像發展情形的解釋，因此都有問題，都值得商榷。筆者將在本書第六章談論山崎大塔的造像時，再詳細說明此事，故在此不再贅述。

龍樹在發展其象徵物的造像法，或「待至慈氏」的造像法之際，龍樹在「阿瑪拉瓦底大支提」也造有彌勒佛像及轉輪王像，而龍樹在造彌勒佛像及轉輪王像之前，貴霜王朝也在犍陀羅造有彌勒佛像及釋迦佛像的活動。[180] 因此龍樹使用象徵物造像法表達支提信仰的方法，並不是因為歷史上還沒有用「人形佛像」的造像法製作佛像的緣故。龍樹在歷史上製作佛像的情形，因此不是歷史上首見的製作佛像的活動。我們不要忘記，《道行般若經》卷十即告訴我們，佛陀涅槃後，信徒因思念佛陀的偉大功蹟，便有製作佛像及供養佛像的行法。[181] 由此，龍樹在案達羅使用象徵物造像法造像的活動，甚至後來的山崎大塔及巴滬使用象徵物造像法造像的活動，都與佛謝爾所言的佛教造像「演化論」完全無關。

四 依據《證明經》所造的其他大支提造像

（1）護持支提信仰的菩薩像：普賢菩薩及觀世音菩薩的造像

護持「阿瑪拉瓦底大支提」及其信仰的人、物，除了有龍王外，還有《證

---

179 A. Foucher, *The Beginning of Buddhist Art and Other Essays in Indian and Central–Asian Archaeology*, pp. 11-21；並見本書第六章，〈山崎大塔的支提信仰造像〉。

180 見本書第三章，〈貴霜佛教建國信仰的發展者迦尼色迦第一及胡為色迦王〉。

181 見本書第二章，〈大乘佛教建國信仰的奠立者——貴霜王丘就卻〉。

明經》所載的普賢菩薩（Bodhisattva Samantabhadra）及觀世音菩薩（Bodhisattva Avalokiteśvara）。此二位菩薩的造像，常被造在小支提入口處兩側的大造像龕內。就小支提入口處兩側的大造像龕內的造像而言，常造有一位至四位不同組合的人物造像。此四位人物的造像，固定的除了有普賢菩薩及觀音菩薩外，也常見造有一位女性人物及一位侏儒的造像。《證明經》也提到此位女性人物的名字，並說她就是佛陀的姨母「摩訶波闍波提」（Mahāprajāpatī）。《證明經》沒有記載侏儒的名字，但由於此位侏儒在此二造像龕中常出現的緣故，我們知道，侏儒也有護持支提或支提信仰的作用。侏儒有護持支提或支提信仰的作用，非常可能也是娑多婆訶王朝的信仰。因為龍樹山所造的同類彌勒佛坐支提下生像，也見在普賢及觀音的造像龕內造有佛陀姨母摩訶波闍波提及侏儒的造像。龍樹山在此二菩薩造像龕內造侏儒的造像，顯然是沿襲其前代娑多婆訶王朝的信仰及造像法。伊麗莎白・羅森・史通在其龍樹山造像編號 143 號，即今日馬德拉斯政府博物館收藏的一鋪龍樹山出土的彌勒佛坐支提下生像（坐像），便造有侏儒的造像。伊麗莎白・羅森・史通認為，此像為甘蔗王朝晚期製作的，具有甘蔗王朝風格（the Iksvaku style）的造像。[182]「阿瑪拉瓦底大支提」及龍樹山會造有如此多侏儒的造像，不是沒有原因。因為在「大支提」的造像，我們便常見侏儒的造像出現在圍欄柱子大蓮花飾紋的中間。譬如，諾斯造像編號 6、10、11、12 及 13 號的造像外側（outer face），在兩個大蓮花飾紋的中間，便見造有三位敲鑼、打鼓及舞蹈作樂的侏儒造像。[183] 由此可見，在龍樹發展支提信仰的時代，娑多婆訶王朝的民眾必有相信侏儒具有護持支提信仰或支提的力量。

　　《證明經》是在說明觀世音及普賢菩薩受持《證明經》法的場合提到普賢、觀音及佛母的名字，並說他們都是能救濟眾生並護持《證明經》法或支提信仰的人物。《證明經》載：

182　Elizabeth Rosen Stone, *The Buddhist Art of Nāgārjunakonda*, p. 60, plate 143.

183　Robert Knox, *Amarāvatī: The Buddhist Sculpture from the Great Stūpa*, p. 51, Plate 6 （outer face）, p. 57, Plate 10 （outer face）, p. 59, Plate 11 （outer face）, p. 61, Plate 12 （outer face）, and p. 62, Plate 13 （outer face） and p. 63, Plate 13 （detail of outer face）.

西方無量壽佛弟子大慈觀世音，此大菩薩與閻浮履地拯濟有緣。爾時東方王明諸佛弟子摩訶波闍波提、普賢菩薩，香火燈明功德利益有緣。此二菩薩（普賢及觀音）希有拯濟拔諸眾生苦……爾時觀世音托生凡夫，爾時普賢菩薩優婆塞身……爾時觀世音並共普賢菩薩來詣佛所，胡跪受敕，唯願如來為我演說，為我解說。諦聽，諦聽，受執取受持，不敢為違犯，不敢缺落，不敢毀損。[184]

就上面此段經文的說法，觀世音菩薩及普賢菩薩不但是受持《證明經》法的主要人物，而且也是護持《證明經》法或支提信仰的兩位最重要的菩薩。因此此二菩薩的造像，常被造在小支提入口處兩側的大龕內，作為說明其等是護持彌勒佛及其他支提信仰造像的主要人物。上面此段經文說：「爾時觀世音托生凡夫，爾時普賢菩薩優婆塞身（upāsaka）」，故此二菩薩在「阿瑪拉瓦底小支提」入口處兩側的造像，都以「凡夫」或「優婆塞」（在家居士）的姿態出現在造像上。由此經文，我們也知道，與佛母一起出現在同一造像龕中的「菩薩」，應該就是「普賢菩薩」。但今日所保存的「阿瑪拉瓦底大支提」的造像，也見在此二龕中造有佛母的造像及侏儒的造像情形。印度考古局保存的一座龍樹山出土的彌勒佛立在小支提下生的造像，即伊麗莎白・羅森・史通龍樹山造像編號 152 號的造像（見圖 6），在此像小支提入口處兩側的龕內，只見各造一尊普賢菩薩像及一尊觀音菩薩像。[185] 伊麗莎白・羅森・史通認為，印度考古局此小支提中間部位的造像，與紐約大都會博物館（Metropolitan Museum of New York）收藏的一座支提石板（the caitya slab）中間部位的造像內容非常相像。[186] 印度考古局此像的彌勒佛下生立像上方，即五支「阿雅卡柱子」的下方，造的是「案達羅式」（the Āndhra style）的轉輪王呈「垂一坐相」的造像，而大都會博物館收藏的相似造像，在同一位置，則造「禮拜支提」的造像。這兩座龍樹山出土的造像，明顯的都說明，只有普賢菩薩及觀音菩薩才是支提信仰的真正護持者。因此在此二支提入口處兩側的大龕內，常只見造

---

184 《普賢菩薩說證明經》，《大正》卷 85，頁 1365 上-中。

185 Elizabeth Rosen Stone, *The Buddhist Art of Nāgārjunakonda*, p. 62, Plate 152. 此像為鼓形石板的造像，為印度考古局所拍攝。

186 Elizabeth Rosen Stone, *The Buddhist Art of Nāgārjunakonda*, p. 62; see also, the same book, Plate 115.

普賢立像及觀音立像。這種支提信仰造像法，非常接近《證明經》所說的：「爾時觀世音並共普賢菩薩來詣佛所，胡跪受敕」的二菩薩護持支提信仰的形象。

　　支提信仰因為有普賢菩薩及觀音菩薩護持彌勒佛下生的信仰，後來支提信仰的造像者，便常將早期案達羅支提信仰的彌勒佛像及其二位護持菩薩普賢菩薩及觀音菩薩的造像，造成「彌勒一組三尊」的造像。支提信仰的「彌勒一組三尊」的造像法，始見於 4 世紀末、5 世紀初，犍陀羅開始發展支提信仰及其造像的時間。[187] 在「彌勒一組三尊」像裡，彌勒佛常被造坐在造像的中央，彌勒佛的兩側各造普賢菩薩及觀世音菩薩的立像。我們除了在 5 世紀初期開鑿的克孜爾石窟（Kizil caves）見造有「彌勒一組三尊像」的造像外，[188]

我們在 5 世紀後半葉於西印度開鑿的阿旃陀石窟（Ajanta caves）也見造有「彌勒一組三尊像」的造像情形。[189] 阿旃陀石窟常在石窟中造有一後室。譬如，第 1、第 2 及第 7 窟等石窟，都是開造有一後室的石窟。這些阿旃陀石窟後室內的主要造像，常造支提信仰的「彌勒一組三尊」像。彌勒佛常被造呈禪定坐姿或倚坐坐姿，坐在後室中央的「轉輪王座」（摩羯魚座）上。彌勒佛兩手常作轉法輪印或說法印，彌勒佛坐像的兩側，各造有一位一手執持「白拂」的普賢菩薩立像及一位手執同樣「白拂」的觀世音菩薩立像（圖 30）。彌勒佛頭部的兩側，常造象徵彌勒佛的菩提樹或

圖 30　阿旃陀石窟後室所造彌勒一組三尊像

187　見本書第七章，〈犍陀羅的支提信仰性質與造像〉。
188　見本書第八章，〈新疆克孜爾石窟的支提信仰造像特色及其影響〉。
189　Pushpesh Pant, *Ajanta & Ellora: Cave Temple of Ancient India.* Holland: Roli & Janssen BV, 1998, p. 23.

菩提樹葉，[190] 及一身飛天像。這樣的造像情形，說明石窟中坐在「轉輪王座」上的彌勒佛身，也具有轉輪王身，是位「彌勒佛王」。

　　阿旃陀石窟使用「彌勒一組三尊像」的造像法之後，我們便見亞洲各地常用「彌勒一組三尊像」的造像法說明支提信仰的內容。譬如，中國 5 世紀之後開鑿的敦煌、雲崗、龍門和麥積山石窟，都見造有此類「彌勒一組三尊像」的造像。又如，西元 8 世紀左右開鑿的葉羅拉石窟（Ellora caves）、及西元 9 世紀初建成的中爪哇婆羅浮屠遺址，也都見造有「彌勒一組三尊像」的造像（圖31）。[191]

　　從早期「阿瑪拉瓦底大支提」上的小支提造像，到用「彌勒一組三尊像」的造像法製作支提信仰造像的過程，我們可以看出，普賢菩薩及觀世音菩薩，一直都被早期的支提信仰造像者視為是兩位護持彌勒佛同等重要的支提信仰護持者。因此在早期的支提信仰造像上，兩人常被平等的造於彌勒佛像的兩側。但此二菩薩在歷史上的發展，並沒有一直受到同等的待遇。婆羅浮屠遺址的造像就顯示，

圖31　婆羅浮屠內面第 4 層造像廊道主牆彌勒一組三尊像

圖32　婆羅浮屠內面第 4 層造像廊道主牆九佛（上層）與普賢菩薩的造像（下層）

---

190 見下詳述。

191 有關「彌勒一組三尊」的造像發展情形，也見本書第三章，〈貴霜佛教建國信仰的發展者迦尼色迦第一及胡為色迦王〉及本書第七章，〈鍵陀羅的支提信仰性質與造像〉。

普賢菩薩在支提信仰「密教化」（esotericised）的過程中，有被特別重視的現象。婆羅浮屠遺址之所以會特別重視普賢菩薩的信仰，並造有許多普賢菩薩像的原因，除了因為其與現存的「敦煌遺書」《證明經》有特別推崇普賢菩薩具有「威神之力」或「神力」的信仰，及被視為救濟眾生的「良藥」菩薩有關外，與婆羅浮屠遺址的造像址，使用《入法界品》（the *Gandavyuha*）的經本製作婆羅浮屠的主要造像也有密切的關聯。[192] 因為《入法界品》也被視為一部談論「普賢行願」或「普賢行」的經典。[193] 這就是普賢菩薩在婆羅浮屠遺址特別受到重視的原因。

《證明經》在歷史上可能經過非常多次「密教化」的過程。目前此經所保存的「敦煌遺書」的《證明經》的經文，不但認為「普賢威神之力」能救濟眾生，[194] 而且也認為，「普賢菩薩（是）閻浮履地病之良藥」。[195] 現存《證明經》如此重視普賢菩薩的「神力」結果，即有將普賢菩薩視為如「救世主」一般的人物，或支提信仰最重要的護持神祇。

普賢菩薩被強度「密教化」之後的形象，與我們在「阿瑪拉瓦底大支提」所見的普賢菩薩及觀音菩薩同為護持支提信仰的形象，完全不同。普賢菩薩在「阿瑪拉瓦底大支提」的身分及地位，基本上還與觀世音菩薩相同，都是支提信仰或彌勒佛的護持者，甚至都只是「優婆塞身」或「居士身」，沒有甚麼特別的「威神之力」或「神力」。但現存的《證明經》在被強度「密教化」之後，普賢菩薩的身分便被極度的膨脹。婆羅浮屠遺址的造像者在側重普賢菩薩的信仰之際，不但將普賢像菩薩與龍王的造像造在

圖 33　法國集美博物館藏敦煌普賢菩薩絹畫

192　見本書第九章，〈《入法界品》的支提信仰性質及造像〉。

193　見本書第九章，〈《入法界品》的支提信仰性質及造像〉。

194　《普賢菩薩說證明經》，《大正》卷85，頁1363上。

195　《普賢菩薩說證明經》，《大正》卷85，頁1363中。

婆羅浮屠遺址地面第 1 層外牆外側（the outer wall of the balustrade）的牆面上，作為護持婆羅浮屠大支提的主要神祇，而且也將許多具有普賢菩薩的造像提升到同遺址內面第 4 層造像廊道（the art gallery）主牆上，說明其是諸佛的提倡者、擁護者及交通者，並與諸佛，如五佛、七佛、九佛及十佛等，共同護持眾生、國家及帝王。[196]

為何西元 8、9 世紀之間的普賢菩薩造像會出現手持「一枝三朵花」的造像特徵？這應該與密教胎藏派（the Garbhayāna）僧人善無畏（636-735）與一行（683-727）於 725 年翻譯的《大毗盧遮那成佛神變加持經》經文有密切的關聯。《大毗盧遮那成佛神變加持經》如此提到「普賢如意珠印」的造像情形如下：

復以定慧手合為一，以二風輪加火輪上，餘如前，是普賢如意珠印。[197]

所謂「普賢如意珠印」，即指普賢菩薩的手印（mudrā）。此普賢菩薩的手印，有「二風輪加火輪」，共三輪的手印造像特徵。由於密教胎藏派的《大毗盧遮那神變加持經蓮花胎藏悲生曼陀羅廣大成就儀軌供養方便會別本》也說：「普賢如意珠，蓮合風加火」，因此在造像上，密教胎藏派便用「一枝三朵花」或「一枝三朵蓮花」的造像形式表達普賢菩薩的「手印」。[198] 普賢菩薩手執「一枝三朵花」的造像變化，顯然與西元 8、9 世紀之間，密教胎藏派的發展有極密切的關聯。這種普賢菩薩造像上的變化，與《入法界品》本身的「密教化」應也有關聯。

普賢菩薩造像的「密教化」，事實上早見於 5 世紀末期阿旃陀石窟第 4 窟所造的普賢菩薩造像。普賢菩薩在此石窟中已被造成一手握有「金剛杵」（vajra）的造像。普賢菩薩手握「金剛杵」的造像，也見於西元 7、8 世紀之間開鑿的葉羅拉石窟第 12 窟所造的普賢菩薩造像，及西元 9 世紀初葉建成的婆羅浮屠遺址的普賢菩薩造像。這說明，支提信仰的「密教化」，不僅受胎藏密

---

196 見本書第九章，〈《入法界品》的支提信仰性質及造像〉。

197 （唐）善無畏並一行譯，《大毗盧遮那成佛神變加持經》，《大正》卷 18，頁 26 中。

198 《大毗盧遮那神變加持經蓮花胎藏悲生曼陀羅廣大成就儀軌供養方便會別本》，《大正》卷 18，頁 130 中。

教的影響，其「密教化」的過程也受金剛頂（the Vajrayāna）密教發展的影響。普賢菩薩大概因自早期便有手握金剛杵的造像特徵，我們因此推測，普賢菩薩在其「密教化」的過程中，最後變成密教「金剛手菩薩」（Vajrapāni），並與密教金剛頂派發展的普賢菩薩形象有密切的關聯。龍樹在其《廣大發願頌》中說：「願與普賢尊無異……願我得如金剛手」。[199] 從龍樹此話，我們看不出普賢菩薩即是密教「金剛手」菩薩。但從龍樹此話，我們可以看出，普賢菩薩在歷史上的發展及「密教化」，與龍樹有一定的關聯。到了西元 8 世紀中期，唐代金剛頂派密教僧人不空金剛（Amoghavajra, 705-774）翻譯的《仁王護國般若波羅蜜多經陀羅尼念誦儀軌》（此後，《儀軌》），便明顯的將普賢菩薩視為密教「金剛手菩薩」。因為該《儀軌》說：「此金剛手即普賢菩薩」。[200]

「阿瑪拉瓦底大支提」或《證明經》所載的普賢及觀世音護持支提的信仰，經過此經長期並複雜的密教化結果，我們從後來的普賢菩薩與觀音菩薩的造像，常無法看出其等與原初造像的關聯性，也常無法看出其等在造像上的變化軌跡。由於許多學者都不知道普賢菩薩與支提信仰的關聯性，因此都不知道其等所言的「金剛手菩薩」，即指普賢菩薩。譬如，許多印尼學者直到今日，還常將與婆羅浮屠遺址同時代建造的支提信仰遺址「蒙度遺址」（Candi Mendut）的「彌勒一組三尊」像，各別定名為「觀世音菩薩」（Avalokiteśvara，左）、佛陀（the Buddha，中）及「金剛手菩薩」（Vajrapāni，右）的造像。[201] 學者如此定名此三位「蒙度遺址」的主要神祇造像，自然與其等不知道，蒙度遺址所造的此三位神祇的造像是《證明經》所載的三位主要神祇的造像，即觀世音菩薩像、彌勒佛像及普賢菩薩像的造像。這些學者顯然也不知道，蒙度遺址的建造，與其鄰近的婆羅浮屠遺址的建造一樣，都要說明、表達當時的中爪哇王，以龍樹所奠立的支提信仰作為其「佛教建國信仰」的造像址；否則蒙度遺址的「彌勒一組三尊像」的菩薩及佛的坐姿，不會都被造呈佛教轉

---

199 龍樹菩薩造，《廣大發願頌》，《大正》卷 32，頁 756 下。

200 （唐）不空譯，《仁王護國般若波羅蜜多經陀羅尼念誦儀軌》，《大正》卷 19，頁 514 上。

201 R. Soekmono, "Indonesian Architecture of the Classical Period: A Brief Survey," in Jan Fontein and others, *The Sculpture of Indonesia*. Washington: National Gallery of Art Press, 1990, p. 74.

輪王及佛王的坐相：二菩薩都被造呈轉輪王的「垂一坐相」，而彌勒佛則被造呈「彌勒佛王」的「倚坐相」。[202] 距蒙度遺址 10 公里處的婆羅浮屠遺址，也不會在其地面第 3 層造像廊道內面的主牆上，依據《入法界品》的「彌勒佛王」信仰經文，製作了整牆不同形式的「彌勒菩薩佛王」的造像。[203]

（2）金翅鳥的造像

目前保留的阿瑪拉瓦底大支提的造像，也見造有「金翅鳥」（garuda）的造像。「金翅鳥」在《證明經》中被載與彌勒佛共同上、下兜率天的鳥類。諾斯收錄的一幅殘破的圍欄柱子半圓形大蓮花飾紋的中央，即諾斯圍欄柱子編號 3號的造像中央或蓮花心，便造有一隻金翅鳥的造像（圖 34）。[204] 此像蓮花心的上半部造像雖已殘缺，然我們尚能清楚的看到，一隻金翅鳥立在蓮花心上，口咬一條龍蛇的造像。[205]

我們不知道，此金翅鳥嘴咬龍蛇的造像是不是「阿瑪拉瓦底大支提」製作金翅鳥造像的唯一例子。如果是的話，此像非常可能即是支提信仰在歷史上最早製作的一鋪金翅鳥口銜龍蛇的造像。我們在後來建造的支提信仰造像址的造像，如本書在後面幾章要談論的山崎大塔的造像、犍陀羅的支提信仰造像，及古代中亞克孜爾石窟的支提信仰造像等，也常見這些地方的造像造有金翅鳥的造像。山崎大塔所造的金翅鳥像，常被造成人面鳥身的金翅鳥造像，[206] 而克孜爾石窟所造的金翅鳥造像，則常被造成一身兩頭，口咬

圖 34　阿瑪拉瓦底大支提的金翅鳥造像

---

202 有關「彌勒佛王」的坐相，見本書第八章，〈新疆克孜爾石窟的支提信仰造像特色及其影響〉。

203 見本書第九章，〈《入法界品》的支提信仰性質及造像〉。

204 Robert Knox, *Amarāvatī: The Buddhist Sculpture from the Great Stūpa*, p. 46, Plate 3.

205 Robert Knox, *Amarāvatī: The Buddhist Sculpture from the Great Stūpa*, p. 45, Illustration 3.

206 見本書第六章，〈山崎大塔的支提信仰造像〉。

龍蛇的造像。[207] 金翅鳥的造像出現在支提信仰造像址的原因，與《證明經》所載的下面這段經文有密切的關聯。《證明經》載：

> 我爾時天上遣金翅鳥下召取有緣。此鳥身長二十里，縱廣三十里，口銜七千人，背負八萬人，得上兜率天，彌勒俱時下。[208]

《證明經》在談論金翅鳥的信仰及作用時說，金翅鳥不但能背負「八萬人」上彌勒的兜率天，而且也能與「彌勒俱時下」。金翅鳥既然能與彌勒佛一樣，同上、下兜率天，支提信仰的遺址或造像址，便自然會造金翅鳥的造像，作為象徵或說明支提信仰的作用。古代中亞克孜爾石窟的造像者大概認為，金翅鳥是彌勒佛下生信仰最重要的象徵物，因此除了常將金翅鳥的造像造在石窟主室券頂的中央，或學者所言的「星相圖」的中央，說明此鳥與彌勒佛一起下生外，也常將金翅鳥像造在石窟窟頂的四角，[209] 說明金翅鳥也能攜帶眾生上兜率天。克孜爾石窟主室券頂中央所造的金翅鳥像，常被造成一身二頭的金翅鳥像，鳥嘴常含咬兩條龍蛇。[210] 我們在「阿瑪拉瓦底大支提」所見的口咬龍蛇的金翅鳥像，因此非常可能是歷史上最早製作的金翅鳥口咬龍蛇的造像。山崎大塔的金翅鳥造像，與後來中爪哇婆羅浮屠遺址製作的金翅鳥造像非常相像，兩處都將金翅鳥造成人面鳥身像。[211] 許多研究婆羅浮屠遺址造像的學者，還常將婆羅浮屠遺址此類人面鳥身的金翅鳥造像，視為「緊那羅」（kinnara）的造像。約翰・密西便是用「緊那羅」此名稱呼婆羅浮屠的「金翅鳥」像的一位學者。[212]

（3）摩羯魚的造像

---

207 見本書第八章，〈新疆克孜石窟的支提信仰造像特色及其影響〉。

208 《普賢菩薩說證明經》，《大正》卷85，頁1366中。

209 有關克孜爾金翅鳥的說明，見本書第八章，〈新疆克孜爾石窟的支提信仰造像特色及其影響〉。

210 見本書第八章，〈新疆克孜爾石窟的支提信仰造像特色及其影響〉；並見北京大學考古系等編，《中國石窟・克孜爾石窟》第一冊（北京：文物出版公司，1989），圖版 127，第 38 窟注視券頂西側壁，菱形格壁畫全景等處。

211 見本書第六章，〈山崎大塔的支提信仰造像〉。

212 John Miksic, *Borobudur: Golden Tales of the Buddhas*, pp. 56-57.

目前保留的「阿瑪拉瓦底大支提」的造像，也見造有許多「摩羯魚」（makara）的造像（圖 35）。我們在本書的第四章《佛教支提信仰的奠立者──龍樹菩薩》談到，《證明經》在記載「轉輪王座」的造像法時說，轉輪王的「轉輪王座」背靠兩側造有「摩羯魚頭」的造像。《證明經》所言的「轉輪王座」，就是今日學者所言的「摩羯魚座」（makara seat）或「魚象座」。[213]「轉輪王座」之所以會被稱為「摩羯魚座」，乃因此座的背靠上方兩側常見各造有一隻「摩羯魚頭」，而「轉輪王座」兩扶手下方及座前又常見造有轉輪王隨身七寶中的「象寶」、「馬寶」的造像，及象徵轉輪王王權及形象的獅子像。[214]「象寶」、「馬寶」及獅子，既都是轉輪王的寶物及象徵物，「摩羯魚」的造像出現在「轉輪王座」上，自然有說明，「摩羯魚」也被視為「轉輪王」的寶物或象徵物。「阿瑪拉瓦底大支提」常在圍欄柱子造大蓮花飾紋的外沿造「摩羯魚」的造像。[215] 上面提到的「大支提」金翅鳥嘴咬龍蛇像的半圓形蓮花飾紋的下方，也見造有四隻「摩羯魚」及獅子的造像（見圖 34）。造像中的「摩羯魚」的嘴，確實如《證明經》所言的，如「鳳凰」的啄，而其身體，也如《證明經》所言的，如「麒麟」的身體。[216]「摩羯魚」之所以被《證明經》稱為「鳳凰與麒麟」的原因，自然與其嘴具有「鳳凰的啄」，及身體具有「麒麟」的身體有關。

圖 35　阿瑪拉瓦底大支提的摩羯魚造像（最左、最右）

---

213 見本書第四章，〈佛教支提信仰的奠立者──龍樹菩薩〉。

214 見本書第四章，〈佛教支提信仰的奠立者──龍樹菩薩〉。

215 譬如，Robert Knox, *Amarāvatī: The Buddhist Sculpture from the Great Stūpa*, p. 63, Plate 13，本章圖 12 三位舞蹈侏儒上方的蓮花飾紋的外沿。

216 見本書第四章，〈佛教支提信仰的奠立者──龍樹菩薩〉。

（4）七佛的造像

　　筆者在前章，即本書的第四章談到《證明經》時說，《證明經》是由兩部「敦煌遺書」組成的一部經典。此二部「敦煌遺書」即是：《普賢菩薩說證明經》，及《佛說證香火本因經》。此二經一前一後都被記載於《普賢菩薩說證明經》的名下。[217] 龍樹奠立的支提信仰或彌勒佛下生為轉輪王的信仰，基本上被記載於「敦煌遺書」的《佛說證香火本因經》。《證明經》此二部經典，都記載有「七佛」的信仰內容，可見「七佛」的信仰，是《證明經》相當重要的信仰。但《證明經》的「敦煌遺書」《普賢菩薩說證明經》所載的「七佛」信仰，與《證明經》的「敦煌遺書」《佛說證香火本因經》所記載的「七佛」信仰內容，不但非常不同，而且「七佛」的名字在兩部「敦煌遺書」中都不相同。《普賢菩薩說證明經》之所以推崇「七佛」及「九佛」的信仰，乃因此經所載的「七佛」及「九佛」都具有「陀羅尼力」（dharanī）或「神力」。因此此經認為，此經所載的「七佛」及「九佛」都具有救濟眾生的「神力」。《普賢菩薩說證明經》如此記載「七佛」及「九佛」的救世「神力」或「陀羅尼力」的功能：

> 普賢菩薩閻浮履地病之良藥，此經閻浮履地厄難橋樑。何以意故？此經是病之良師，如是受持者，皆是普賢菩薩威神之力。爾時普賢菩薩白佛言：世尊，欲為眾生說咒？三稱南無佛，復稱九佛名……受持讀誦此九佛名字，不墮橫死，不遭八難，憐憫一切眾生故，即稱七佛名字。第一維衛佛、第二維式佛、第三隨葉佛、第四拘樓秦佛、第五句那含牟尼佛、第六迦葉佛、第七釋迦牟尼佛。一切眾生若在病中，若在困厄中，若在大火中、山谷虎狼中，若在險路賊盜中，若在河厄難中，常當誦讀七佛名字，悉皆消滅。何以意故？此經多饒神力，往昔過去七十七億諸佛所說陀羅尼神咒。[218]

　　上面這段文字說，普賢菩薩不但具有「威神之力」，可以救濟眾生，普賢菩薩也是促成及提倡「七佛」信仰及「九佛」信仰的主要人物。但《佛說證

---

217 見《普賢菩薩說證明經》，《大正》卷85，頁1362下-1368中。
218 《普賢菩薩說證明經》，《大正》卷85，頁1363下。

香火本因經》所記載的「七佛」信仰及「七佛」的名字，與《普賢菩薩說證明經》所載的「七佛」信仰及名字則完全不同。《佛說證香火本因經》如此記載其「七佛」的名字及「七佛」的信仰：

> 香火之本，七佛所說。爾時七佛在白淨天中，佛之頭領空王如來，上首空王佛、第二雲雷音宿王佛、第三華智佛、第四白淨王如來佛、第五寶住蓮華佛、第六無根王佛、第七授記彌勒尊佛。七佛云會，初首結願結願在白淨天中……。[219]

《佛說證香火本因經》所載的第七佛的名字是「授記彌勒尊佛」。這就是此經認為，彌勒佛的下生信仰或「支提信仰」出自此「七佛所說」的原因。《佛說證香火本因經》並沒有提到此「七佛」具有「神力」。由此可見，《普賢菩薩說證明經》所載的「七佛」信仰，更具有發展的潛力，這就是後來支提信仰所側重並推崇的「七佛」信仰，基本上指《普賢菩薩說證明經》所載的「七佛」信仰。就《普賢菩薩說證明經》所載的「七佛」及「九佛」信仰都是普賢菩薩所提倡的密教信仰來看，此「七佛」及「九佛」信仰的發展，與普賢菩薩極力的推動自然有密切的關聯。這就是為何婆羅浮屠的「七佛」及「九佛」造像的下方，都造有普賢菩薩的造像的原因（見圖32）。我們因此推測，普賢菩薩具有「神力」的形象，與其提倡「七佛」信仰及「九佛」信仰的活動有密切的關聯。

「七佛」及「九佛」信仰的發展，非常可能都是在龍樹死後的事。因為1954年大英博物館製作的《造像目錄》說，「阿瑪拉瓦底大支提」出土的「七佛造像」，可能出自「大支提」旁的小支提造像（Barrett, 1974）。言下之意，此「七佛」的造像，原來並非「大支提」的造像。諾斯從此「七佛」造像上侍者立像狹窄的腳部造像情形也認為，此「七佛」造像是「大支提」晚期製作的造像。[220] 換言之，「阿瑪拉瓦底大支提」早期的造像並沒有造「七佛」的造像。「阿瑪拉瓦底大支提」出土的「七佛造像」，被造成一排七位的禪定佛坐

---

219 《普賢菩薩說證明經》，《大正》卷85，頁1364下。
220 Robert Knox, *Amarāvatī: The Buddhist Sculpture from the Great Stūpa*, p. 112, Illustration 52, Plate 52.

像，每一位坐佛側，都造有一位手持如白拂的人物立像（圖36）。如果此像是依據《普賢菩薩說證明經》所載的「七佛」信仰內容製作的造像，立在每位佛側的「人物」造像，理應是普賢菩薩的立像。因為《普賢菩薩說證明經》所載的「七佛」信仰，是普賢菩薩所提倡及推崇的信仰。但就犍陀羅在發展支提信仰之際，及後來中國「北涼石塔」所造的「七佛」造像的情形來判斷，犍陀羅及「北涼石塔」都在「七佛造像」的一端造有一位轉輪王像的情形來判斷，[221]「大支提」所造的每位佛像側所造的人物立像，就應該是位轉輪王的造像。無論如何，我們對「大支提」所出現的「七佛造像」的確實造像情形不是很確定。但從此「七佛造像」出現在「大支提」造像的情形來看，「大支提」在其晚期的造像已經出現有「七佛」的信仰及「七佛」的造像。這大概就是後來的支提信仰及造像，都造有「七佛」信仰的造像的原因。

圖36　阿瑪拉瓦底大支提的七佛造像

（5）支提崇拜的造像

龍樹在其《寶行王正論》中一直強調，要「建造支提及佛像」及「供養支提」或「崇拜支提」。[222] 在支提信仰成為娑多婆訶王朝的國教信仰之後，我們便自然會在此時代建造的「阿瑪拉瓦底大支提」造像見到「崇拜支提」或「供養支提」的造像。特別是，龍樹就是用「供養支提」及「崇拜支提」的方法將支提信仰變成娑多婆訶王朝的國教信仰。[223] 諾斯在其書中收錄有幾鋪「崇拜支提」的造像。這些「崇拜支提」的造像，都造在圓頂石板（dome slabs）

---

221 見本書第七章，〈犍陀羅的支提信仰性質及造像〉。
222 見本書第四章，〈佛教支提信仰的奠立者——龍樹菩薩〉。
223 見本書第四章，〈佛教支提信仰的奠立者——龍樹菩薩〉。

上，其等的造像形式，都非常相似：造像的中央都造有一座支提的造像，支提的上方，都造有如蘑菇狀的「白蓋」數個。支提的兩側則各造有雙手做恭敬禮拜「支提」，或跪、或立，或等待彌勒佛下生的人物造像（圖36）。支提的上方兩側，有時也見造有如《證明經》所載的，「轉輪王座」上方所造的飛天造像。這些「支提崇拜」的造像，常造在「三寶圖案」及獅子造像的下方（見圖37），說明「供養支提」及「崇拜支提」的活動，是國教的信仰活動，也是佛教的信仰活動。[224]「支提崇拜」的造像，也常見造於後來建造的許多支提信仰造像址，如山崎大塔 [225] 及犍陀羅的支提信仰造像址等地。[226]

圖37　阿瑪拉瓦底大支提的支提崇拜造像

（6）金輪崇拜的造像

在龍樹提倡的支提信仰裡，「崇拜支提」即有崇拜下生的「彌勒佛王」的意思。在支提信仰裡，下生的「彌勒佛王」就是在世間出世的轉輪王。因此，「大支提」所造的崇拜「金輪」的造像，即有崇拜在世間出世的轉輪王的意思；特別是，我們在上面說過，「金輪」即有象徵轉輪王的意思。龍樹所奠立的支提信仰，事實上就是龍樹所奠立的新轉輪王信仰。因此崇拜「金輪」在其時代，具有特別的意義。諾斯收錄的「金輪崇拜」造像為數不少。「阿瑪拉瓦底大支提」常將「金輪」造在「空王座」的後方，說明「待至慈氏」的信仰。譬如，我們在上面提到的諾斯圍欄橫樑編號 38（見

---

224 Robert Knox, *Amarāvatī: The Buddhist Sculpture from the Great Stūpa*, p 166, p. 169, p. 171, p. 173, Plate 90, Plate 92, Plate 94, and Plate 95.

225 見本書第六章，〈山崎大塔的支提信仰造像〉。

226 見本書第七章，〈犍陀羅的支提信仰性質與造像〉。

圖 28）、鼓形石板編號 77 號、[227] 鼓形石板編號 79 號，[228] 及圓頂石板編號 88 號中段的造像，[229] 都用「金輪」、「空王座」及「佛足」說明「待至慈氏」的造像。這些「待至慈氏」的造像，都將「金輪」造得特別大，強調「金輪」或轉輪王的重要性。「崇拜金輪」，因此有崇拜轉輪王的意思。這就是筆者在上章提到，龍樹奠立的支提信仰，事實上就是轉輪王崇拜的信仰。但這些造像，都沒有像諾斯圓頂石板編號 93 號的殘破造像（圖 38）一樣，[230] 在造像上明顯的顯示民眾「崇拜金輪」的情形。直至今日，學者還常將這些「金輪」造像視為「法輪」的造像。譬如，諾斯便一直視這些「金輪」造像為「法輪」的造像，並認為，圓頂石板編號 93 號此鋪造像，是一鋪「佛初轉法輪」的造像。[231]「大支提」造如此多「崇拜金輪」的造像，便有說明「大支提」的造像者，有用「崇拜金輪」的造像法表達崇拜轉輪王的意思。

圖 38　諾斯石板編號 93 號大支提金輪崇拜造像

第五節　結論

很顯然的「阿瑪拉瓦底大支提」並不是向來學者所言的，是一座說明「佛塔禮拜」或「佛陀崇拜」的造像址，也不是一座學者所言的，阿育王時代建

227 Robert Knox, *Amarāvatī: The Buddhist Sculpture from the Great Stūpa*, pp. 149-151, Illustration 77, Plate 77.

228 Robert Knox, *Amarāvatī: The Buddhist Sculpture from the Great Stūpa*, p. 152, pp. 154-155, Illustration 79, and Plate 79.

229 Robert Knox, *Amarāvatī: The Buddhist Sculpture from the Great Stūpa*, p. 163, Plate 88, 中段造像。

230 Robert Knox, *Amarāvatī: The Buddhist Sculpture from the Great Stūpa*, p. 168, Illustration 93, p. 170, Plate 93.

231 Robert Knox, *Amarāvatī: The Buddhist Sculpture from the Great Stūpa*, p. 168.

造的佛塔，而是西元 2 世紀中期左右或稍後，龍樹策劃及建造的一座說明支提信仰的「大支提」。從「大支提」的造像內容，我們可以看出，龍樹建造「阿瑪拉瓦底大支提」的目的，就是要表達其所提倡的「佛教建國信仰」的內容。龍樹在「阿瑪拉瓦底大支提」所造的主要造像，無論是「彌勒佛坐支提下生」的造像，或轉輪王用「釋迦佛誕」方式出生的造像，都依據龍樹撰造的《證明經》經文製作的造像。「大支提」的其他造像，如普賢菩薩及觀世音菩薩，甚至金翅鳥及摩羯魚的造像，也都依據《證明經》的經文製作的造像。「大支提」所造的大部分造像，因都依據龍樹所撰造的《證明經》製作的緣故，我們因此可以說，龍樹撰造《證明經》的主要原因是要建造「阿瑪拉瓦底大支提」的造像。龍樹在「阿瑪拉瓦底大支提」上也造有許多表達民眾表達其「待至慈氏」信仰的造像。「待至慈氏」此詞，雖不見載於《證明經》及龍樹撰造的《寶行王正論》，然此類「待至慈氏」的造像也是龍樹用以說明其支提信仰內容的重要造像。

筆者在此文中常說，龍樹策劃、建造「阿瑪拉瓦底大支提」及其造像的工作，但常識告訴我們，龍樹不可能自己一手策劃、設計，並建造「阿瑪拉瓦底大支提」及其造像的工作。筆者在上章提到，龍樹曾在黑蜂山「召募千僧」，並成立「大眾部支提派」。龍樹在黑蜂山「召募千僧」的原因，即是要訓練這些「支提派」的僧人，在全國各地建造支提、管理支提及造像。[232] 龍樹策劃、設計及建造「阿瑪拉瓦底大支提」及其造像的工作，顯然不是其一人完成的工作。龍樹當時在娑多婆訶王朝發展支提信仰的事業，包括其在都城建造「阿瑪拉瓦底大支提」及造像的工作，都由龍樹及其「支提派」僧人集團或造像集團，共同完成的工作。

龍樹在娑多婆訶王朝的都城建造「阿瑪拉瓦底大支提」的目的，除了要提倡其「佛教建國信仰」的內容外，也要讓其國人行「供養支提」的活動。換言之，龍樹也借用建造此「大支提」的方法，表達、說明其時統治娑多婆訶王朝的喬達彌子・禪陀迦，是彌勒佛下生的佛教轉輪王。這就是為何「大

---

232 見本書第四章，〈佛教支提信仰的奠立者——龍樹菩薩〉。

支提」的造像，主要造有「彌勒坐支提下生像」、轉輪王用「釋迦佛誕」的方式出世世間的造像，及民眾表達「待至慈氏」的造像的原因。「阿瑪拉瓦底大支提」的建造，因此是龍樹提倡及宣傳其支提信仰或轉輪王崇拜的造像址。

「阿瑪拉瓦底大支提」的建造性質既是如此，我們就可以說，「阿瑪拉瓦底大支提」是娑多婆訶王朝在發展支提信仰之際，官方建造的一座表達其國教信仰的造像址。是否因為此原因，玄奘雖到了「案達羅國」，然其在《大唐西域記》卻沒有提及，也沒有談論「阿瑪拉瓦底大支提的建築」及造像。無論如何，「阿瑪拉瓦底大支提」的建築及造像，在歷史上是支提信仰的建築及造像的源頭，這就是為何後來發展支提信仰的國家或帝王，常用「阿瑪拉瓦底大支提」或「阿瑪拉瓦底」此名作為其等說明支提信仰的代名詞或坐標。

過去研究藝術史的學者，都將「阿瑪拉瓦底大支提」視為我們崇拜及紀念佛陀或釋迦「偉大功績」所建造的造像址或佛塔。這種錯誤的釋像法，主要源自兩個原因：（1）過去的學者都不知道貴霜的建國者丘就卻在歷史上有創造大乘「佛教建國信仰」的活動，也不知道龍樹在歷史上也有奠立支提信仰，及建造「阿瑪拉瓦底大支提」的活動。（2）佛教藝術史的研究者，過去都不知道佛教造像的依據是大乘經典所記載的「佛教建國信仰」內容及其造像法，故都用推測或猜測的方法定像，或說明佛教造像的性質及造像的年代。這才會出現目前這種佛教藝術史研究者，都將佛教造像視為佛陀造像，及所有佛塔都與阿育王建造的佛塔有關的說法。「佛教建國信仰」及其造像的發展，都有大乘經典記載其等發展及造像的經文。譬如，貴霜王丘就卻有用大乘經典記載其發展「佛教建國信仰」的活動及內容，胡為色迦王統治貴霜的時代，也有撰造佛教轉輪王造像經典《悲華經》的活動。[233] 龍樹在娑多婆訶王朝不僅有發展支提信仰及撰造《寶行王正論》及《證明經》的活動，更有親自建造「阿瑪拉瓦底大支提」的建築及造像的活動。[234] 這就是筆者在本書的〈緒

---

233 見本書第二章，〈大乘佛教建國信仰的奠立者──貴霜王丘就卻〉及本書第三章，〈貴霜佛教建國信仰的發展者迦尼色迦第一及胡為色迦王〉。

234 見本書第二章，〈大乘佛教建國信仰的奠立者──貴霜王丘就卻〉及本書第三章，〈貴霜佛教建國信仰的發展者迦尼色迦第一及胡為色迦王〉。

論〉說，我們要用「依經」的方法研究及了解「佛教建國信仰」及其佛教造像在亞洲發展的情形的原因。

　　無論如何，龍樹建造「阿瑪拉瓦底大支提」的建築及造像，對我們研究亞洲佛教建築及造像，特別是支提信仰的造像，非常重要。因為「案達羅佛教藝術」的造像風格及造像內容，除了與「犍陀羅佛教藝術」（Gandhāra Buddhist art）的造像風格及造像內容非常不同外，其造像法實際上影響亞洲佛教造像的層面，就支提信仰在亞洲歷史上的發展如此長久及如此廣闊而言，甚至大於犍陀羅的佛教造像對亞洲佛教造像的影響。我們因此不能忽視龍樹建造「阿瑪拉瓦底大支提」的建築及造像的重要性。

第六章

山崎大塔的支提信仰造像

第一節　學者研究山崎大塔的問題
　　　　　及筆者的研究方法

　　自 20 世紀初期開始，許多考古學家及藝術史學家即開始研究山崎大塔
（Great stūpa at Sāñci / Sanchi）的佛教建造性質及造像內容。由於這些學者都從佛
傳（Life stories of the Buddha）或「佛陀偉大事蹟」（Great events of the Buddha）的角
度去了解山崎大塔的建造性質及造像內容，因此衍生出許多解釋山崎大塔的
造像問題。研究山崎大塔造像的學者似乎都沒有注意到，甚至不知道，山崎
大塔的建築及造像都不是要表達他們所言的「佛塔崇拜」（Stūpa worship）或「佛
陀崇拜」（Buddha worship）的造像，而是要表達龍樹／龍猛於 2 世紀中期左右
或稍後，在古代的「案達羅國」（Āndhra）或南印度（South India）所奠立的「支
提信仰」的造像。[1] 筆者在此章因此要重新檢查一些被學者談論過及未談論過
的山崎大塔的造像；特別是學者至今尚認為的，山崎大塔的造像是用「古代
印度象徵物造像法」製作的表達「佛陀偉大事蹟」的造像及理論。

　　山崎大塔的建造時間，也是學者至今尚無共識或定論的一個問題。許多
學者因為西元前 3 世紀印度大王阿育王曾在山崎建造佛塔的緣故，因此認為
山崎大塔的建造時間至少是在阿育王統治印度的時代。為了要了解山崎大塔
的確實建造時間，筆者要用山崎大塔所造的「功德天女神」或也稱「吉祥天
女神」（Lakṣmī）的造像，作為筆者探索此問題的切入點。筆者之所以要用功
德天女神作為筆者判斷山崎大塔的建造時間有兩個理由：（1）山崎大塔的功德
天女神的造像顯示，山崎大塔的功德天女神，已經具有「政治化」或「支提
信仰化」的現象。所謂「政治化」，在此指山崎大塔的功德天女神的造像，已
經具有支提信仰的佛教轉輪王的造像元素（elements）。這種山崎大塔的功德天
女神的造像現象，與 7 世紀之後我們見到的西藏（Tibet）信奉的功德天女神
（吉祥天女神）的信仰；甚至 9 世紀晚期之後，越南占婆王朝（the Champa, c.

1　見本書第四章，〈佛教支提信仰的奠立者——龍樹菩薩〉。

2AD-1832）「因陀羅跋摩第二」（Indravarman II, 860/875-900）所發展的功德天女神的信仰，都有密切的關聯。筆者在此章，因此除了要談論山崎大塔的功德天女神的信仰性質及造像法外，也要談論西藏及占婆因陀羅跋摩第二所發展的功德天女神的信仰性質及造像法。（2）中國早期翻譯的佛教經典，基本上都沒有記載功德天女神的信仰及其造像法。但自西元5、6世紀之後，中國便出現許多談論功德天女神的信仰及造像法的譯經。筆者在此章因此也要談論這些中國的佛教譯經所載的功德天女神的信仰及造像法。

筆者注意到，山崎大塔的造像內容，具有明顯使用龍樹用象徵物造像法表達「待至慈氏」的信仰內容。龍樹在其建造的「阿瑪拉瓦底大支提」，常用各種象徵物的造像法表達其「待至慈氏」或支提信仰的造像。[2] 我們是在玄奘（602-664）所撰的《大唐西域記》卷10，見到玄奘稱龍樹與南印度的娑多婆訶王（或也稱「引正王」）有共同發展「待至慈氏」的信仰。[3] 所謂「待至慈氏」的信仰，有從民眾等待彌勒佛下生為轉輪王的立場，去表達支提信仰的意思。龍樹所奠立的支提信仰，因也被稱為「彌勒佛坐支提下生為轉輪王」的信仰，[4] 故龍樹的「待至慈氏」的信仰，因民眾還在等待彌勒佛下生為轉輪王的緣故，在造像上，龍樹不僅不造彌勒像，同時也不造轉輪王像；只造各種象徵物的造像及民眾等待彌勒佛下生的造像。這就是為何龍樹製作的「待至慈氏」的造像，都用各種象徵物及民眾的造像表達「待至慈氏」信仰的原因。

龍樹在「大支提」除了造有「待至慈氏」的造像外，也造有表達「彌勒佛坐支提下生」的造像及各種「轉輪王」的造像。[5] 我們在山崎大塔不僅見此大塔造有許多「待至慈氏」的造像，也見此大塔造有許多「轉輪王」的造像。這說明，山崎大塔的造像者要表達的信仰，並不是今日學者所言的「佛陀信仰」或「佛塔信仰」，而是龍樹所奠立的支提信仰。筆者因此認為，山崎大塔是一處要說明支提信仰的造像址。山崎大塔除了造有我們在早期案達羅所見

2　見本書第五章，〈龍樹與阿瑪拉瓦底大支提的建築及造像〉。

3　見本書第四章，〈佛教支提信仰的奠立者——龍樹菩薩〉。

4　見本書第四章，〈佛教支提信仰的奠立者——龍樹菩薩〉。

5　見本書第五章，〈龍樹與阿瑪拉瓦底大支提的建築及造像〉。

的支提信仰造像外，山崎大塔也造有各種我們在早期案達羅不見的造像，如功德天女神的造像等像。

　　山崎大塔之所以會被筆者認為是支提信仰的造像址還有另一個原因。山崎大塔也出現具有標示支提信仰含義的「婆多婆訶王的名字」銘文。[6] 既是如此，山崎大塔的建造或造像時間，便不會落在如今日學者所言的：西元 1 世紀，或西元前 1 世紀，甚至在阿育王統治的時代。[7] 今日學者所說的，代表「佛塔研究」的山崎大塔造像址，因此也不會是如其等所言的，是佛教藝術或佛教造像最早出現的代表作。

　　占婆王因陀羅跋摩第二在統治占婆之後（860，一說 875 之後），才開始發展大乘佛教的信仰。在因陀羅跋摩第二發展大乘佛教信仰建國的時間，其不但有提倡功德天女神信仰的活動，而且也造有許多功德天女神的造像。因陀羅跋摩第二因此可以說是占婆史上發展大乘佛教信仰及功德天女神信仰最不遺餘力的占婆王。目前越南的大南占婆雕刻博物館（Museum of Cham Sculpture at Da Nang），尚保留有許多因陀羅跋摩第二時代製作的佛教造像。許多學者，特別是法國的學者，對占婆的佛教造像都撰有專書及專文，說明這些佛教造像的性質及內容。這些學者所撰寫的研究報告，雖然對我們了解占婆佛教發展的情形具有巨大的影響，然而這些研究報告，特別是說明及解釋因陀羅跋摩第二發展大乘佛教信仰的報告，常有嚴重誤解占婆王朝實際發展大乘佛教的性質及內容。為了了解因陀羅跋摩第二發展大乘佛教及功德天女神的信仰性質及造像內容，筆者在此章也要重新檢查因陀羅跋摩第二發展大乘佛教及功德天女神的信仰性質及造像內容。

　　因陀羅跋摩第二在統治占婆期間，雖有明顯提倡功德天女神信仰的活動，但學者似乎都沒有注意到，因陀羅跋摩第二發展功德天女神信仰的原因及作用。這與學者對因陀羅跋摩第二的佛教發展性質及造像內容，至今都沒有比較全面及正確的了解有密切的關聯。譬如，學者常將功德天女神的造

6　見下詳述。

7　見下詳述。

像，視為與密教觀音信仰有關的「度母」（Tārā）造像，即是一個例子。[8] 這就是筆者在此章中，也要重新檢查因陀羅跋摩第二提倡的大乘佛教信仰性質、功德天女神的信仰性質，及其造像法的原因。

第二節 山崎大塔的地理位置、建造時間及造像內容

一 山崎大塔的地理位置及建造時間

山崎大塔坐落在印度中部惟第沙（Vidiśa）西南 9 公里的山丘上，即今日印度中部（Madhya Pradesh）瑞生縣（District Risen）的唄斯納加（Besnagar）地方。由於山崎大塔位於古代印度南北大道的交會處，從古代印度北方的舍衛城（Śrāvasti）及高參比（Kauśāmbi），到南方的烏加因尼（Ujjayini）及宿帕拉卡（Śūrpāraka），都要經過此地的緣故，歷史上最有名的，用佛教信仰建國的佛教轉輪王（Buddhist cakravartin）阿育王，在去烏加因尼擔任總督的途中，因在此地娶了其有名的妻子戴維（Devī / Vidisādevī），[9] 阿育王建造山崎大塔之說，隨之成為學界常見的論調。特別是，阿育王在統治印度期間，在天下造有八萬四千大塔的活動，在山崎也見有阿育王造塔的遺址，因此學者（如馬歇爾爵士等）便視山崎大塔覆蓋的原來磚製圓頂塔（the original dome of bricks）為阿育王時代所建之塔。[10] 阿育王在山崎也立有阿育王石敕（Asokan stone edict），[11] 而此石敕，因立於大塔南塔門入口處（the southern gateway）的附近，[12] 因此許多學

8　見後詳述。

9　Kanoko Tanaka, *Absence of the Buddha Image in Early Buddhist Art.* Delhi: D. K. Printworld, Ltd., 1998, p. 11.

10　Sir John Marshall, *A Guide to Sāñcī.* Calcutta: The Government of India Press, 1955, 3rd edition, p. 33.

11　Balkrishna Govind Gokhale, *Asoka Maurya.* New York: Twayne Publishers, 1966, p. 163, Appendix: Samchi-Sarnath-Kashambi Edict.

12　Kanoko Tanaka, *Absence of the Buddha Image in Early Buddhist Art*, p. 11.

者從而也認為，山崎大塔即是阿育王建造的佛塔。學界因有這些說法，山崎大塔因此常被視為印度保存的最早佛塔，或印度在西元前即已建造的大佛塔。

圖 1　印度山崎大塔的外貌

　　目前山崎佛教遺址尚保存有三座塔址。其中最大、建造最早，並保存最良好的塔址，即是一號大塔。山崎大塔遺址的一號大塔，即是我們今日所言的「山崎大塔」（圖 1）的塔址。山崎大塔高 16.5 公尺，塔寬為 36.6 公尺。[13] 由於山崎大塔的造像及建築保存情況良好，其便成為學者研究早期印度佛教建築及造像的重要對象。山崎大塔的建築形式，與龍樹設計及參與建造的阿瑪拉瓦底大支提的建造形式，[14] 非常相像，都造有圓形塔頂及圓桶形塔身，圓形塔頂上方造有一小方臺，方臺上立有一支短剎柱的建築結構。但山崎大塔的建築及造像，與阿瑪拉瓦底大支提的建築及造像，也有不同的建築結構及造像內容。譬如，山崎大塔的塔身外還造有兩道圍欄（vedika, railing），形成高、低二環塔廊道，作為民眾繞塔（circumambulation）之用；而阿瑪拉瓦底大支提只造有一重圍欄。在造像上，山崎大塔的造像基本上都造於大塔四個入口處（gateway）外的塔門（torana）上（圖 2），而阿瑪拉瓦底大支提的造像，則直接造於塔身底部及圍欄上的雕刻石板。山崎大塔的四大塔門的建築形式相

13　Ali Javid and Tabassum Javeed, *World Heritage Monuments and Related Edifices in India*, Vol. 1. New York: Algora Publishing, 2008, p. 51.

14　見後詳述。

當一致，每座塔門高 8.5 公尺，都由兩支方形門柱支撐。每支方柱寬 0.68 公尺寬，高 4.2 公尺。四方形門柱上方的塔門，都造有三支寬 6 米的橫樑，橫樑之間造有短柱支撐。[15]

圖 2　山崎大塔塔門上的造像

　　山崎大塔的佛教造像因都被雕造在其四座塔門及塔門下方的方形門柱上，因此山崎大塔的塔身及其圍欄都沒有造像。南塔門的造像風格，因與其他塔門的造像風格不同，又因阿育王石敕被立於近南塔門之處的緣故，許多學者因此認為，大塔最早建造的塔門即是南塔門。特別是，大塔南塔門保留有娑多婆訶王朝的「禪陀迦王」（Rāja Śrī Sātakarṇi）名字的銘文，[16] 因此許多學者視此南塔門，甚至四塔門的造像，都是由娑多婆訶王朝製作的造像。但美國學者蘇珊・杭庭頓（Susan L. Huntington）認為，南塔門只有一部分的造像是由娑多婆訶王朝「禪陀迦王」的工匠製作的造像。[17]

15　見林保堯，《山奇大塔：門道篇》（新竹：覺風法人覺風佛教藝術文化基金會，2009），頁 20；並見，A. Foucher, *The Beginning of Buddhist Art and Other Essays in Indian and Central–Asian Archaeology*. New Delhi: Asian Educational Services, 1994, p. 65.

16　A. Foucher, *The Beginnings of Buddhist Art and Other Essays in Indian and Central–Asian Archaeology*, p. 67.

17　Susan L. Huntington, with contribution by John Huntington, *The Art of Ancient India.* New York: Weather Hill, 1985, p. 93.

山崎大塔銘文中所載的「禪陀迦王」，如果是始建山崎大塔及其造像的印度帝王，山崎大塔的建造時間，便不會落在美國學者蘇珊・杭庭頓和日本學者宮治昭（Akira Miyaji）所言的，西元 1 世紀娑多婆訶王朝的「禪陀迦第一」（Sātakarṇi I）統治印度中部及南部的時間。[18] 縱然「禪陀迦第一」有可能到過惟第沙（山崎），並在該處住過一段時間，但由於他是一位印度教徒，[19] 他在統治娑多婆訶王朝的時代，不會有發展佛教支提信仰及建造大支提或「山崎大塔」的活動。我們因此推測，山崎大塔銘文所載的「禪陀迦王」，非常可能是指那位與龍樹一起在西元 2 世紀中期左右或稍後，於南印度發展支提信仰為其國教信仰的「喬達彌子・禪陀迦」（Gautamīputra Sātakarṇi）。[20] 因為此位與龍樹一起發展支提信仰的「禪陀迦王」，是歷史上首位提倡支提信仰為其「佛教建國信仰」的娑多婆訶王。[21]「禪陀迦王」的名字因此就像支提信仰一樣，成為支提信仰的一個記號（Sign）或標誌（label），具有說明或表達支提信仰歷史及內容的作用。我們所言的「禪陀迦王」，其統治娑多婆訶王朝的時間，是在學者所認定的「禪陀迦王第一」之後。[22] 大塔上所銘刻的「禪陀迦王」的名字，因此不會是蘇珊・杭庭頓和宮治昭所言的，西元 1 世紀統治娑多婆訶王朝的「禪陀迦王第一」；也不會是佛謝爾（A. Foucher, 1865-1952）所言的西元前1、2 世紀的人物。[23] 因為支提信仰在歷史上出現的時間，是在西元 2 世紀中期左右或稍後，龍樹與「禪陀迦王」提倡支提信仰為其國教信仰的時間。[24]「禪陀迦王」的名字之所以會出現於山崎大塔，因此有兩種可能性：（1）要說

18　Susan L. Huntington, *The Art of Ancient India*, with contribution by John Huntington, p. 93; see also, Akira Miyaji, *Indo Bujutsushi*（History of Indian Buddhist Art）. Tokyo: Yoshikawa Kobunkan, 1984, p. 42.

19　Gindallian Mangvungh, *Buddhism in Western India*. Meerut: Kusumanjali Prakashan, 1990, pp. 41-42.

20　見本書第四章，〈佛教支提信仰的奠立者──龍樹菩薩〉。

21　見本書第四章，〈佛教支提信仰的奠立者──龍樹菩薩〉。

22　見本書第四章，〈佛教支提信仰的奠立者──龍樹菩薩〉。

23　A. Foucher, *The Beginning of Buddhist Art and Other Essays in Indian and Central–Asian Archaeology*, p. 67。

24　見本書第四章，〈佛教支提信仰的奠立者──龍樹菩薩〉。

明被今日山崎大塔所覆蓋的原來小磚塔，是一座龍樹與「禪陀迦王」在發展支提信仰之際，在山崎所立的一座「關閉式支提」；（2）要說明今日覆蓋在原來小磚塔上的山崎大塔，是一座後來建造的支提信仰建築物或「大支提」。這兩種可能性，無論是哪一個，都說明山崎大塔的建築及造像與支提信仰有關。

就今日保存的中譯支提信仰經典及其他佛教文獻的記載來看，今日山崎大塔的建造時間，非常可能要晚到西元 5、6 世紀之間，甚至更晚。因為中譯佛教經典最早提到功德天女神的名字及信仰的時間，都要晚到西元 5、6 世紀中國翻譯這些大乘經典的時間。[25] 我們因此推測，今日保存的山崎大塔，非常可能是一座 5、6 世紀之間或之後建造的，覆蓋在早期建造的磚製小支提上的「大支提」。因為龍樹與「喬達彌子・禪陀迦王」在印度中、南部發展支提信仰之際，其等在全國各地都建造有小支提或小型的「關閉式小支提」，供人們禮拜、供養之用。[26] 當時的山崎非常可能也是娑多婆訶王朝的領地，因此龍樹及其造像集團也在此處造有小支提供山崎的人們作禮拜及供養之用。這就是筆者推測，今日山崎大塔覆蓋的原來磚造小塔，即是龍樹時代建造的小支提的原因。

如果筆者在上面所作的推測無誤，今日保存的山崎大塔及造像，便是後來統治山崎地區的帝王在發展支提信仰之際，用覆蓋小支提的方法所建造的一座大支提。山崎大塔的建造，包括原來小支提的建造，因此都與阿育王造塔的活動無關。筆者如此推測山崎大塔的建造情形，不是沒有原因或依據。我們注意到，後來泰國在佛統（Nakhon Pathom）所建造的大支提，也有將大支提的建築，覆蓋在原來的小支提上的情形。在古代暹羅（Siam）建國的墮和羅王朝（Srī Dvāravatī，6-11世紀），在發展支提信仰為其國教信仰之際，[27] 在其都城佛統也建造有一座名為「佛統支提」（Pra Pathom Chedi）的建築物。此座「佛統支提」在西元 19 世紀被當時的泰皇拉瑪四世蒙谷王（King Rama IV, King

---

25 見後詳述。

26 見本書第四章，〈佛教支提信仰的奠立者——龍樹菩薩〉。

27 見古正美，〈古代暹羅墮和羅王國的大乘佛教建國信仰〉，《饒宗頤國學院院刊》，第 3 期（2016），頁 241-286。

Mongkut, 1851-1868）重新建造時，蒙谷王並沒有將原來的「佛統支提」毀掉或拆掉重建；相反的，蒙谷王將新建的大支提覆蓋在原來的「佛統支提」之上，重新建造其大支提的建築物。蒙谷王如此做的原因，根據今日泰國習俗的說法，泰國在傳統上，不但有不願在坍塌的佛教遺址重新建造新建築物的習慣，而且也有不願摧毀佛教舊址重建新建築物的習慣。因為泰國人認為，這些舊佛教遺址，還被視為神聖之地。[28] 筆者因此認為，泰王蒙谷王將佛統的大支提建造在原來的「佛統支提」之上的做法，非常可能就是受到山崎大塔在其舊塔上重新建造其新大支提做法的影響。

■二 山崎大塔的建造性質及造像

　　學者過去對印度有名的山崎大塔的建築及造像著墨很多，但專門論及山崎大塔功德天女神造像的報告，幾乎不見。學者基本上都認為，佛教造像遺址，如阿瑪拉瓦底大支提及山崎大塔等，都是用造像的方法表達「佛陀偉大事蹟」或「佛傳故事」的造像址，因此佛教造像址的造像，包括佛教石窟的造像，常都被視為是信徒或捐贈者（donors）為了累積功德或增長自己的宗教修行，而為自己、父母、帝王及親友造像的地方。[29] 這種看法造成的結果，就如美國學者班傑明‧羅蘭（Benjamin Rowland, 1904-1972）所說的，山崎大塔的造像，無論是整體的大塔造像（the sculptural decoration of the monument as a whole），或各別的造像（individual portrayal），都沒有經過整體的造像策劃（no unified iconographic scheme）就開始建造的造像活動址。換言之，山崎大塔的造像，都

28　Steve Van Beek and Luca Invernizzi Tettini, *The Arts of Thailand.* Hong Kong: Periplus, 1999, p. 64.

29　See Hugo Munsterberg, *Art of India and South East Asia.* New York: Harry N. Abrams, Inc., 1970, p. 87: "What is always astonishing about works such as the sculptures at Elura and other Hindu religious sites is that the innumerable carvings decorating the facades of the temples and the walls of the caves were not the creations of some uniquely gifted man of genius, some divine Michelangelo of medieval India, but merely part of the vast artistic output produced by medieval Hindu society, and these were not created by self-conscious artists for their own fame and satisfaction but for the greater glory of the god and for the spiritual merit of the carver and the donor."

是造像者自選的造像題材（disparate subjects）堆集在一起的造像現象。[30] 班傑明·羅蘭對佛教造像址造像的看法，自然有商討的餘地。因為從龍樹建造的阿瑪拉瓦底大支提的造像情形來看，我們就可以看出，有名的佛教造像址的建造及造像，不僅是國家經過謹慎策劃之後才建造的造像址，同時造像址的造像內容，也都依據當時國家要發展的「佛教建國信仰」的經典或內容，所製作的表達其時代「佛教建國信仰」的內容的造像。[31]

　　筆者在上章提到，龍樹及其造像集團，在建造其都城的「阿瑪拉瓦底大支提」的造像之際，除了依據龍樹撰造的《證明經》，用造像的方法表達彌勒佛坐支提下生為轉輪王或支提信仰的內容外，其等也用象徵物的造像法表達民眾「待至慈氏」信仰的造像。[32] 山崎大塔的造像者，因常用龍樹使用的象徵物造像法表達民眾的「待至慈氏」信仰，因此西方學者便認為，山崎大塔是一處用古代印度使用象徵物的造像法，表達「佛陀偉大事蹟」的造像址。「待至慈氏」此詞及其造像法，雖然沒有被記載於龍樹撰造的支提信仰的經典，如《證明經》及《寶行王正論》，然就此類造像法而言，其也是一種說明支提信仰的重要造像法。[33] 由於「待至慈氏」的造像法，要表達的是民眾等待彌勒佛下生為轉輪王的信仰，因此「待至慈氏」的造像法，除了常用各種象徵物，如「菩提樹」、「空王座」、「具寶相輪的雙足印」、「金輪」及「支提」等造像外，此類造像法因民眾尚未見到彌勒佛及轉輪王，故在造像上，都不造彌勒佛像及轉輪王像，只造民眾恭敬等待彌勒佛下生為轉輪王的造像。[34] 山崎大塔使用「待至慈氏」造像法造像的例子不少。但山崎大塔也造有其他的支提信仰造像，譬如，轉輪王的造像及功德天女神的造像等。山崎大塔因此是否如法國學者佛謝爾及其他的東、西方學者所言，山崎大塔的造像址乃用古代印

---

30 Benjamin Rowland, *The Art and Architecture of India: Buddhist, Hindu and Jain,* revised and updated by J. C. Harle. New York: The Penguin Books, 1977, pp. 95-97.

31 見本書第五章，〈龍樹與阿瑪拉瓦底大支提的建築及造像〉。

32 見本書第五章，〈龍樹與阿瑪拉瓦底大支提的建築及造像〉。

33 見本書第五章，〈龍樹與阿瑪拉瓦底大支提的建築及造像〉。

34 見本書第五章，〈龍樹與阿瑪拉瓦底大支提的建築及造像〉。

度的象徵物造像法表達「佛陀偉大事蹟」的造像址？這自然值得我們深思。筆者在此章的上半部，因此便要檢查山崎大塔一些被學者談論過及未談論過的造像，特別是用象徵物表達「待至慈氏」信仰的造像。

　　法國佛教藝術史學者佛謝爾在談論山崎大塔的造像之際，因奠立了佛教藝術史上非常重要的佛教造像理論，我們在此章因此也要談論佛謝爾對山崎大塔造像的看法及解釋。自佛謝爾在歷史上提出山崎大塔使用古代印度所使用的象徵物造像法製作山崎大塔的造像理論之後，後來東、西方的佛教藝術史研究者在其影響之下，不但認為山崎大塔的造像，即使不是歷史上最早建造的佛教造像，山崎大塔的造像製作時間，也可以上溯至西元前 1 至 2 世紀之間。[35] 這些學者也如佛謝爾一樣認為，山崎大塔的造像，都要表達釋迦信仰或「佛陀偉大事蹟」的造像。佛謝爾的山崎大塔造像理論，因此是 19 世紀初期英國人發現山崎大塔之後，[36] 在學界所奠立的解釋山崎大塔造像或早期佛教造像的最重要理論。這就是為何佛謝爾所奠立的山崎大塔造像理論，直至今日尚深刻地影響學界對山崎大塔造像的解釋及了解的原因。

　　山崎大塔因常用龍樹所使用的象徵物，如「菩提樹」（Bodhi tree）、「金輪」（the gold wheel）、「空王座」（the empty throne）、「具寶相輪的雙足印」（footprints with cakrĭs）及「支提」（caitya），或學者所言的「塔」（stūpa）等造像的緣故，佛謝爾因此認為，這些象徵物都是表達「佛陀偉大事蹟」的象徵物。[37] 很顯然的，佛謝爾並不知道龍樹在歷史上曾經使用過這些象徵物在案達羅造像。這也是為何佛謝爾會說，這些象徵物出現在山崎的原因，與山崎大塔用這些象徵物表達「佛陀偉大事蹟」有密切的關聯。[38] 佛謝爾對山崎大塔象徵物的了

35　A. Foucher, *The Beginning of Buddhist Art and Other Essays in Indian and Central–Asian Archaeology*, p. 67.

36　1818 年泰勒（Taylor）將軍首次見到此遺址，費爾上校（Fell）在 1819 年曾描述過此遺址。See A. Foucher, *The Beginning of Buddhist Art and Other Essays in Indian and Central–Asian Archaeology*, p. 63.

37　支提（caitya）與塔（stūpa）的功用不同，但學者常將山崎大塔的支提視為塔，並見下詳述；也見本書第四章〈佛教支提信仰的奠立者──龍樹菩薩〉。

38　A. Foucher, *The Beginning of Buddhist Art and Other Essays in Indian and Central–Asian Archaeology*,

解，都從佛陀信仰的角度解釋這些象徵物的意思。這就是為何佛謝爾會如此提到佛陀生命中的最重要或偉大事蹟有四種：（1）佛陀的「出生」（birth），（2）佛陀的「成道」（enlightenment），（3）佛陀「第一次說法」或「初轉法輪」（First Sermon），（4）佛陀的「般涅槃」（parinirvana，死亡）。佛謝爾為了要說明山崎大塔的象徵物與佛陀的四大偉事蹟有密切的關聯，因此他又說：山崎的「佛足印」象徵佛陀的「出生」；「菩提樹」是「知識之樹」（the tree of knowledge）或「成道之樹」」（the tree of sambodhi），因此有象徵佛陀在此樹下「成道」（sambodhi, enlightenment）的意思；[39]「輪」則象徵佛陀第一次說法或「初轉法輪」；[40] 而「塔」則象徵佛陀事業的終結或「死亡」（般涅槃）。[41] 佛謝爾用自己的解釋說明山崎大塔的象徵物結果，從而在歷史上奠立了其佛教造像理論或佛教造像史觀。

由於佛謝爾認為，佛教最早使用的造像方法是用象徵物表達「佛陀偉大事蹟」的造像法，因此他認為，佛教造像的發展過程是從製作「無人形佛像」（No human-formed-image of the Buddha）或使用象徵物造像法（aniconic imagery）的過程，發展到用「人形佛像」（Human-formed-image of the Buddha）的造像法過程。用佛謝爾自己的話來說，山崎大塔是一處使用「沒有佛像」的造像法說明或表達佛陀的生活或事蹟（Representing the life of Buddha without Buddha）的造像址。[42] 佛謝爾說，在「人形佛像」出現之前，古代印度的佛教造像者，特別是中印度的佛教造像者，常用印度古代使用象徵物的造像法表達「佛陀偉大事蹟」。[43]

---

p. 73.

39　A. Foucher, *The Beginning of Buddhist Art and Other Essays in Indian and Central–Asian Archaeology*, pp. 16-17.

40　A. Foucher, *The Beginning of Buddhist Art and Other Essays in Indian and Central–Asian Archaeology*, p. 19.

41　A. Foucher, *The Beginning of Buddhist Art and Other Essays in Indian and Central–Asian Archaeology*, p. 18.

42　A. Foucher, *The Beginning of Buddhist Art and Other Essays in Indian and Central–Asian Archaeology*, p. 4.

43　A. Foucher, *The Beginning of Buddhist Art and Other Essays in Indian and Central–Asian Archaeology*,

佛謝爾也說，我們知道印度古代的造像，常用象徵物造像的原因是，在目前
保留的古代印度銀幣及銅幣上，我們都未見造有「人形佛像」的造像，我們
只在這些古錢幣上見到造「戳印」（punch mark）、「樹」（tree）、「輪」（wheel）
及「塔」等的造像。[44] 這說明，印度古代有用象徵物造像的傳統及方法。佛謝
爾因此認為，山崎大塔是一處使用印度古代象徵物造像法表達「佛陀偉大事
蹟」的造像址。換言之，山崎大塔用象徵物造像的情形，便是沿襲印度古代
用象徵物造像法造像的例子。[45]

　　所謂「無人形佛像」的造像法，就是指沒有用「人形」造像法製作佛像，
而是用上面所言的象徵物造像的造像法。目前研究佛教藝術史的學者，基本
上都受佛謝爾此佛教造像理論及造像史觀的影響。譬如，美國學者羅拔・費
雪（Robert Fisher），在受到佛謝爾此佛教造像理論及造像史觀的影響下說：

> 人形佛像並沒有出現在佛教藝術史發展的早期。在說明釋迦的前生造像時，他
> 常以無人形（non-human form）的形式出現，譬如，以鹿或其他的動物出現。早
> 期在說明釋迦為歷史人物時，造像者常用象徵物，如，「空王座」、「佛塔」或
> 「樹」，來指射佛陀。這些象徵物，甚至在人形佛像出現之後，還繼續被使
> 用。學者解釋早期不造佛像的原因時常認為，早期造像者偏好使用無人形的造
> 像法（aniconic imagery）造像，並用象徵物（emblem or symbol）代替主角（primary
> figure）。就好像早期的基督教徒（Christians）用十字架（the cross）代替基督的形
> 象（image of Christ）一樣。比較近期的說法是，樹、空王座並不是指特定的事
> 蹟，而是指朝拜的地點或佛陀事蹟發生的地方，因此他（佛陀）不需要出現，
> 只用象徵物說明就可以。……爭論何時、何地人形佛像出現的問題，已經要進
> 入第二百年的時間，但幾乎還是沒有解決甚麼問題。我們能作的結論的是，我
> 們知道，在西元前 3 世紀已造有佛像，但第一尊佛像則出現在西元前 1 世紀。

---

p. 15.

44　A. Foucher, *The Beginning of Buddhist Art and Other Essays in Indian and Central–Asian Archaeology*,
　　p. 14.

45　A. Foucher, *The Beginning of Buddhist Art and Other Essays in Indian and Central–Asian Archaeology*,
　　p. 11, p. 14 and p. 21…etc.

其造像的形式主要是印度式的（primary Indian），即如我們在山崎（Sanchi）及巴滬（Bharhut）大塔所見的古代禪定者（ancient meditative）及早期夜叉（yaksha）的混合形像。[46]

佛謝爾的佛教造像史觀，看來似乎相當有說服力。但如果我們仔細檢查案達羅、山崎大塔及巴滬使用象徵物造像的情形，我們不但不能同意佛謝爾所奠立的佛教造像史觀；而且也無法認同佛謝爾認為早期佛教造像皆用象徵物表達「佛陀偉大事蹟」的說法。但東、西學者對山崎大塔的研究，一直深受佛謝爾的佛教造像理論及造像史觀的影響，並因此延伸出許多有關佛陀造像起源的研究問題。[47] 這些佛教造像理論及造像史觀，不僅嚴重地妨礙了我們對佛教造像的認識及了解，同時也引領我們走向一條漫長研究佛教藝術史的不歸路。

筆者之所以會認為，佛謝爾的研究方法是一種錯誤的研究方法，乃因佛謝爾似乎完全不知道，山崎大塔使用象徵物表達佛教信仰的方法，並不是因為山崎大塔的造像者使用印度古代象徵物造像的結果，而是山崎大塔的造像者，在沿襲龍樹的「待至慈氏」造像法之下，使用龍樹所奠立的象徵物造像法造像的結果。山崎大塔所使用的「待至慈氏」的造像法，既是沿襲龍樹在阿瑪拉瓦底大支提及龍樹山的「待至慈氏」造像法造像，我們便不能只用佛謝爾所使用的「大出離」造像了解山崎大塔的造像性質。換言之。我們也要檢查山崎大塔製作的其他支提信仰造像，如大塔上其他的「待至慈氏」的造像及轉輪王的造像等，作為我們了解山崎大塔的造像性質及造像內容。為了證明佛謝爾對「大出離」造像的解釋有問題，我們在下面便要談論佛謝爾對「大出離」或「（佛陀）出家」（Great departure, Mahābhinishkramaṇa）此鋪圖像的解釋。

三 山崎大塔的造像內容及造像特徵

---

46 Robert Fisher, *Buddhist Art and Architecture.* London: Thames and Hudson Ltd, 1993, pp. 41-42.

47 見本書第一章，〈緒論〉。

（1）山崎大塔的待至慈氏信仰的造像

A. 山崎大塔的大出離造像

圖3　山崎大塔的大出離造像

　　佛謝爾說：山崎東塔門正面中間橫梁（the façade of the middle lintel of the eastern gate of Sanchi）所造的「大出離」造像，乃要說明太子（悉達多）騎在馬背上「出家」（his departure on horseback from his house）的場景。但馬背上用作馬鞍的繡毯卻是個「空座」，[48] 即不見悉達多太子或佛陀的造像坐在「空座」上。此「大出離」的造像極左側造有如宮室的建築物，極右側則造有一對大型的「具寶相輪的雙足印」（此後，也稱「雙足印」）。宮室及大型「雙足印」的中間，造有五匹馬及許多人物。其中三匹馬都被馬側的人物抬著走，而靠近大型「雙足印」的二匹馬，則自然的在地上行走。這些馬，無論是被抬起，或自己在地上行走，都沒有造騎士的造像（the image of rider），但這些馬及大型「雙足印」的上方，都豎立有一支象徵轉輪王身分或寶物的「白蓋」。「大出離」造像的中央，造有一棵直立的「菩提樹」，而「菩提樹」的上方，也豎立一支象徵轉輪王身分或寶物的「白蓋」（parasol）及兩隻「白拂」（fly-flappers）（圖3）的造像。[49]

　　從上面所描述的「大出離」的造像，山崎大塔用以說明「大出離」造像

48　A. Foucher, *The Beginning of Buddhist Art and Other Essays in Indian and Central–Asian Archaeology*, p. 105.

49　A. Foucher, *The Beginning of Buddhist Art and Other Essays in Indian and Central–Asian Archaeology*, pp. 105-106；有關「白蓋」及「白拂」為轉輪王的寶物或象徵物，見本書第五章，〈龍樹與阿瑪拉瓦底大支提的建築及造像〉。

的象徵物有：「菩提樹」、「具寶相輪的雙佛足」、「白蓋」和「白拂」。這些象徵物，都是龍樹在其建造的阿瑪拉瓦底大支提使用以表達「待至慈氏」信仰的象徵物。[50] 這說明山崎大塔所使用的象徵物造像法，很顯然的沿襲龍樹使用象徵物的造像法所造的造像。但佛謝爾似乎完全不知道，在山崎大塔建造之前，龍樹已經在南印度奠立了支提信仰及支提信仰的造像法，包括用象徵物表達「待至慈氏」信仰的造像法。[51] 照龍樹的說法，「菩提樹」出現在「大出離」造像的中央，有說明此「菩提樹」是此造像的中心信仰。「菩提樹」在支提信仰裡則有象徵彌勒佛或彌勒佛身的作用。[52] 但佛謝爾卻如此解釋「白蓋」及「菩提樹」的意思及作用：

> 造像上的白蓋，是為了要說明菩提樹的神聖性（sacredness）。[53] 因為這棵菩提樹立在此幅造像的中央，有作為造像的對稱（symmetry）之用，而其意義，與佛陀追求成道的經驗不無關聯。[54]

佛謝爾對「大出離」造像中的「菩提樹」及「具寶相輪的雙足印」的解釋，都從「佛陀偉大事蹟」的角度去了解此二象徵物的造像性質及造像含義。因為他說：「菩提樹」具有象徵佛陀成道的作用，而具「寶相輪的雙足印」，則具有說明菩提樹的神聖性。[55]

佛謝爾顯然完全不知道龍樹在阿瑪拉瓦底大支提使用象徵物造像法的作用。龍樹及其造像集團在製作「待至慈氏」的造像之際，除了用「菩提樹」象徵彌勒佛外，也用「具寶相輪的雙足印」說明彌勒佛將下生為轉輪王的記

---

50 見本書第五章，〈龍樹與阿瑪拉瓦底大支提的建築及造像〉。

51 有關龍樹奠立的支提信仰造像法，見本書第五章，〈龍樹與阿瑪拉瓦底大支提的建築及造像〉。

52 見本書第五章，〈龍樹與阿瑪拉瓦底大支提的建築及造像〉。

53 A. Foucher, *The Beginning of Buddhist Art and Other Essays in Indian and Central–Asian Archaeology*, p. 106.

54 A. Foucher, *The Beginning of Buddhist Art and Other Essays in Indian and Central–Asian Archaeology*, pp. 106-107.

55 A. Foucher, *The Beginning of Buddhist Art and Other Essays in Indian and Central–Asian Archaeology*, p. 106.

號。因為龍樹在其《寶行王正論》說：「手足寶相輪／當成轉輪王」。[56] 龍樹更用「白蓋」及「白拂」作為象徵轉輪王身分及形象的寶物。[57] 龍樹所使用的象徵物，顯然都有其自己的造像含義。龍樹或用佛教經典說明這些象徵物的含義，或從其支提信仰的角度說明象徵物的含義；龍樹也從傳統的信仰說明這些象徵物的含義。由於龍樹所使用的象徵物都有其固定的造像含義及造像依據，因此其使用象徵物造像的情形，就如其使用語言一樣，每樣象徵物都有其固定的含義，不會錯亂。

佛謝爾不僅用佛陀信仰解釋其在山崎大塔所見到的象徵物，如「菩提樹」、「雙足印」，「金輪」及「支提」，他也用自己的解釋說明「大出離」造像上豎立在馬匹、大型「雙足印」及菩提樹上方的象徵物「白蓋」及「白拂」的意思。雖然佛謝爾也注意到，「白蓋及白拂是帝王的標誌」，[58] 然他並沒有用「帝王的標誌」解釋「白蓋」及「白拂」的意思。佛教經典，如唐代義淨（636-713）翻譯的《佛為勝光天子說王法經》，也如此認為：「如意髻珠」、「白蓋」、「白拂」、「寶履」、及「寶劍」，都是「灌頂大王」或轉輪王的「寶物」。[59] 佛教經典既視「白蓋」及「白拂」此象徵物有表達轉輪王寶物或象徵轉輪王身分的作用，我們便能明白龍樹也如佛教信仰傳統一樣，視「白蓋」及「白拂」有象徵轉輪王的寶物或象徵轉輪王身分的作用。這就是為何龍樹在其建造的阿瑪拉瓦底大支提的造像，也用「白蓋」及「白拂」象徵轉輪王的寶物或象徵轉輪王身分的原因。

「大出離」所造的民眾等待彌勒佛下生為轉輪王的造像，都將民眾的立像造在五匹馬的身側，作為表達民眾等待彌勒佛（菩提樹）下生的轉輪王（具寶相

56　（陳）真諦譯，《寶行王正論》，《大正》卷 32，頁 497 中；並見本書第五章，〈龍樹與阿瑪拉瓦底大支提的建築及造像〉。

57　見本書第五章，〈龍樹與阿瑪拉瓦底大支提的建築及造像〉；並見下詳述。

58　A. Foucher, *The Beginning of Buddhist Art and Other Essays in Indian and Central–Asian Archaeology*, p. 91: "…Behind him stand the bearers of his parasol and fly-flapper, insignia of his royalty."

59　（大唐）沙門釋義淨奉詔譯，《佛為淨光天子說王法經》，《大正》卷 15，頁 125 中；並見本書第五章，〈龍樹與阿瑪拉瓦底大支提的建築及造像〉。

輪的雙足印）來騎這些轉輪王的「馬寶」（白蓋及白拂）。「馬寶」是轉輪王的「隨身七寶」之一，[60]「大出離」造像所造的五匹馬，因此都與「大出離」造像上的象徵物有關，都要說明彌勒佛下生之後，其即以轉輪王的姿態出世世間，並要來騎這些轉輪王的寶馬。造像上的這些馬，因此不是如佛謝爾所言的，都是沒有騎士的馬，或是佛陀出家（出離）時要騎的馬。

　　在龍樹所造的支提信仰造像裡，譬如，阿瑪拉瓦底大支提的造像，我們便常見「具寶相輪的雙足印」被造在「菩提樹」及「空王座」的前方，作為表達彌勒佛（菩提樹）下生要取「轉輪王座」（空王座），為轉輪王的信仰。[61] 案達羅此類「待至慈氏」造像最有名的例子，即是筆者在前章談論過的，諾斯（Robert Knox）鼓形石板（drum slab）編號 60 此鋪「待至慈氏」的造像（圖 4）。[62] 諾斯鼓形石板編號 60 的造像，是一鋪阿瑪拉瓦底大支提用象徵物說明彌勒佛（菩提樹）下生取「空王座」，為轉輪王（「具寶相輪的雙足印」）的造像。此鋪造像的造像者，為了要說明該「空王座」是一張「轉輪王座」，其也在「空王座」的上方立有象徵轉輪王身分或轉輪王寶物的「白蓋」。[63]

圖 4　諾斯鼓形石板編號 60 待至慈氏的造像

諾斯鼓形石板編號 60 的造像，為了要說明此鋪造像是一鋪表達「待至慈氏」信仰的造像，也在「菩提樹」及具「寶相輪的雙足印」兩側，造有多位兩手合掌、蹲跪，恭敬等待彌勒佛下生為轉輪

60　見本書的第二章，〈大乘佛教建國信仰的奠立者——貴霜王丘就卻〉。

61　見本書第五章，〈龍樹與阿瑪拉瓦底大支提的建築及造像〉及圖版 27。

62　Robert Knox, *Amaravati: Buddhist Sculpture from the Great Stūpa.* London: British Museum Press, 1992. p. 119, Illustration 60, Plate 60 （page 120）；並見本書第五章，〈龍樹與阿瑪拉瓦底大支提的建築及造像〉，及圖版 27。

63　見本書第五章，〈龍樹與阿瑪拉瓦底大支提的建築及造像〉。

王的民眾造像。[64]

　　山崎大塔因明顯的沿用案達羅或龍樹使用象徵物造「待至慈氏」的造像，山崎大塔使用象徵物造像的方法，因此並不是如佛謝爾所言，用古代印度使用象徵物造像法表達佛陀信仰的造像如此簡單。

　　山崎大塔的「大出離」造像，雖然沒像諾斯鼓形石板編號 60 造有「空王座」的造像，然山崎大塔此鋪「大出離」造像，因造有象徵彌勒佛的「菩提樹」及象徵彌勒佛要下生做轉輪王的「具寶相輪的雙足印」，我們因此可以說，此鋪「大出離」的造像，已具備用支提信仰的象徵物造像法表達「待至慈氏」的信仰，或說明支提信仰的內容。

　　用「菩提樹」及「具寶相輪的雙足印」表達「待至慈氏」信仰的造像法，也見於加爾各答博物館（Calcutta Museum）收藏的一鋪由巴滬遺址出土的造像。不過巴滬遺址出土的此鋪造像，還造有一張極其精美的「空王座」或「轉輪王座」的造像。

　　加爾各答博物館收藏的巴滬遺址的此鋪造像，在其下段的造像裡，也造有一鋪如諾斯鼓形石板編號 60 的「待至慈氏」造像內容的造像。巴滬此鋪造像將「菩提樹」造在「空王座」的上方／後方，「空王座」被造得非常精美、華麗，說明其是一張「轉輪王座」。「空王座」前造有一雙「具寶相輪的雙足印」，說明彌勒佛（菩提樹）將下生取「空王座」（轉輪王座），做轉輪王（圖 5）

圖 5　加爾各答博物館藏巴滬
待至慈氏的造像（下段）

的意思。巴滬此鋪造像因此也是一鋪受早期案達羅或龍樹表達「待至慈氏」

64　見本書第五章，〈龍樹與阿瑪拉瓦底大支提的建築及造像〉。

造像法影響的一鋪用象徵物造像法製作的造像。特別是巴滬此像，在象徵物造像的兩側及下方，也造有多位或跪或立，恭敬等待彌勒佛下生為轉輪王的民眾造像。今日學者對巴滬此鋪造像的解釋，與我們對此鋪造像的解釋非常不同。譬如，哈樂（J. C. Harle, 1920-2004）便將此鋪造像視為印度諸神因佛誕而進入佛陀父親的宮中，禮拜象徵佛陀「出生」的「佛足印」（footprints of the Buddha）的造像。[65] 哈樂的解釋，明顯的受佛謝爾造像理論的影響，也從象徵物表達「佛陀偉大事蹟」的觀點解釋此像。如果此鋪造像如哈樂所言，是一鋪「禮拜象徵佛陀出生的佛足印」，此鋪造像的「佛足印」，便應該被造於此像的中央，並被造成「大佛足印」或象徵佛陀出生的「七佛足印」。但此鋪造像的「佛足印」不但被造得非常小，而且被造於「空王座」的座下。此鋪造像的中心造像，顯然是此鋪造像中央的「空王座」或華麗的「轉輪王座」，而不是哈樂所言的「佛足印」。此鋪造像明顯的也是一鋪要說明彌勒佛（菩提樹）下生要取「轉輪王座」做轉輪王的造像。無論如何，加爾各答博物館收藏的此鋪巴滬造像，再次的告訴我們，此鋪巴滬用象徵物造像法製作的造像，與山崎「大出離」用象徵物造像法製作的造像一樣，都深受早期龍樹使用象徵物造像法表達「待至慈氏」信仰的影響。「待至慈氏」的造像法，既是龍樹在建造阿瑪拉瓦底大支提造像之際所創造的一種用象徵物造像法表達支提信仰的方法，[66] 山崎大塔用象徵物表達「待至慈氏」信仰的時間，便要比阿瑪拉瓦底大支提用象徵物造像的時間晚。山崎大塔的「大出離」造像，因明顯的是一鋪用龍樹象徵物造像法製作的「待至慈氏」的造像，山崎大塔此鋪「大出離」的造像，便是一鋪明顯的支提信仰造像。山崎大塔此鋪造像，因此不會是如佛謝爾所言的，是一鋪用古代印度象徵物造像法表達佛陀（太子）出家成道的造像。佛謝爾對山崎大塔此鋪「大出離」造像的解釋，因此非常有問題。

佛謝爾在解釋「大出離」造像之際出現的最大問題是，他沒有注意到，

65　J. C. Harle, *The Art and Architecture of the Indian Subcontinent.* New Haven: Yale University Press, 1994, p. 27, Illustration and Plate 11, lower register.

66　見本書第四章，〈佛教支提信仰的奠立者——龍樹菩薩〉；並見第五章，〈龍樹與阿瑪拉瓦底大支提的建築及造像〉。

龍樹所使用的每一樣象徵物都有其固定的造像意涵。因為龍樹使用的每一樣象徵物都有其經典或支提信仰的造像依據，因此龍樹在使用這些象徵物造像之際，就如他使用其熟悉的語言一樣，他完全知道其使用的象徵物要表達的意涵。[67] 佛謝爾顯然也沒有注意到，山崎大塔、巴滬遺址與案達羅的支提信仰造像，都使用相同的象徵物製作其等的「待至慈氏」的造像；也沒有注意到，當初龍樹在使用象徵物表達其「待至慈氏」的信仰之際，這些象徵物都有其各自固定的意涵，因此我們不能隨意用自己的理解及方法解釋這些象徵物的意思。佛謝爾隨意地用自己的理解重新定義山崎及巴滬遺址的象徵物造像結果，他便不能對山崎及巴滬遺址的造像作正確的解釋。這就是筆者認為，佛謝爾對山崎大塔象徵物造像，如「大出離」的解釋，完全無效的原因。

山崎大塔的造像者除了在「大出離」的造像使用龍樹的象徵物造像法表達其「待至慈氏」的信仰外，山崎大塔的造像者也在其大塔所造的「支提崇拜圖」、「金輪崇拜圖」及「七佛坐支提下生信仰圖」等的造像，使用龍樹的象徵物造像法表達「待至慈氏」的信仰。由於這些造像或圖像，也能證明山崎大塔是一座支提信仰的造像址，我們在下面也要談論這些造像。

B. 山崎大塔的支提崇拜圖

山崎大塔在許多處都造有「支提」或「支提崇拜」的造像。這些「支提」或「支提崇拜」的造像，與我們在阿瑪拉瓦底大支提所見的「支提崇拜」或「供養支提」的造像非常相像。譬如，在大塔南門正面及東門背面所造的一鋪學者所謂「佛塔禮拜圖」，[68] 便是一個例子。山崎大塔製作如此多支提造像的原因，自然是要說明山崎大塔是一座支提信仰的造像址。

山崎大塔所造的支提建築形制，與早期案達羅所造的「關閉式支提」的建築形制完全相同；[69] 特別是我們在下面要談論的山崎大塔北塔門右側方柱上方第一段所造的「支提崇拜圖」的支提造像的建築形制，便與阿瑪拉瓦底大

---

67 見本書第五章，〈龍樹與阿瑪拉瓦底大支提的建築及造像〉。

68 見林保堯，《山奇大塔；門道篇》，頁 80 及 141 等處。

69 見本書第五章，〈龍樹與阿瑪拉瓦底大支提的建築及造像〉。

支提所造的「關閉式小支提」的建築形制，完全相同。北塔門右側方柱上方第一段所造的「支提崇拜圖」（圖6），不但造有我們在阿瑪拉瓦底大支提所見的支提建築形制，而且也有阿瑪拉瓦底大支提所造的「大支提」繞塔「圍欄」（railing）的建築結構。[70]

圖6　山崎大塔北門右側方柱上方支提崇拜圖

山崎大塔所造的「支提崇拜圖」，其保存的情形相當良好，且造像的內容非常豐富。[71] 許多學者都懷疑，目前山崎大塔的建築形制，就是依據北塔門右側方柱上方此鋪大塔（支提）的造像形制復原的建築物。山崎大塔北塔門右側方柱上方或第一段所造的「支提崇拜圖」，除了造有一座大型的支提外，此支提兩側及下方也造有支提的圍欄、塔門，及恭敬禮拜支提，並立在支提兩側的兩對「人面金翅鳥像」、許多恭敬等待彌勒佛下生的民眾造像，及演奏各種樂器的樂隊造像（最下方）。

山崎大塔北塔門右側方柱上方或第一段此「支提崇拜圖」所造的兩對「人面金翅鳥」（garuda with human face）的造像，都以「人面鳥身」的姿態被造在支提的兩側，並作恭敬禮拜支提的姿勢。金翅鳥的造像，在阿瑪拉瓦底大支提的造像出現之後，[72] 山崎大塔、中亞的克孜爾石窟，及其他的亞洲支提信仰造像址，便常見都造有此類「人面鳥身」的金翅鳥造像。[73] 譬如，9世紀初期建成的中爪哇（Central Java）婆羅浮屠遺址（Candi Borobudur），便造有許多「人面鳥身」的金翅鳥造像。[74]《證明經》說，金翅鳥不僅能背負眾生上兜率天，同

70　見本書第五章，〈龍樹與阿瑪拉瓦底大支提的建築及造像〉。

71　見林保堯，《山奇大塔：門道篇》，頁210，北門西柱（右柱）內側，「佛塔禮拜圖」。

72　見本書第五章，〈龍樹與阿瑪拉瓦底大支提的建築及造像〉，圖版36。

73　見本書第八章，〈新疆克孜爾石窟的支提信仰造像特色及其影響〉。

74　見本書第九章，〈《入法界品》的支提信仰性質及造像〉。

時也能與彌勒佛一起下生閻浮提。《證明經》載：

> 我爾時天上遣金翅鳥下召取有緣。此鳥身長二十里，縱廣三十里，口銜七千
> 人，背負八萬人，得上兜率天，彌勒俱時下。[75]

金翅鳥既然能背負眾生上兜率天，也能與彌勒佛一起下生閻浮提（彌勒俱時下），山崎大塔此鋪「支提崇拜圖」上的金翅鳥造像，便是與造像上彌勒佛乘坐的「關閉式小支提」一起從兜率天下生的金翅鳥造像。在支提信仰裡，金翅鳥因有與彌勒佛一起下生的信仰，因此造像中的此座支提造像，便有象徵並表達「彌勒佛坐支提下生」的意思。山崎大塔北門右側方柱第一段所造的「支提崇拜圖」，雖常被學者視為「佛塔禮拜」或「佛塔崇拜圖」，[76] 然此鋪「支提崇拜圖」明顯的也是一鋪用早期龍樹所用的象徵物，如「支提」、「金翅鳥」，及民眾等像，作為表達「待至慈氏」的造像內容。此鋪「支提崇拜圖」的「支提」及「金翅鳥」造像，除了有表達「彌勒佛坐支提下生」的信仰外，此鋪「支提崇拜圖」也因造有許多民眾等待彌勒佛下生的造像，此鋪「支提崇拜圖」，因此也是一鋪用象徵物表達「待至慈氏」信仰的造像。特別是，此鋪「支提崇拜圖」的上方，也造有象徵轉輪王身分的三支「白蓋」，說明此鋪造像具有表達「彌勒佛坐支提下生為轉輪王」的含義，或「待至慈氏」的信仰含義。[77] 山崎大塔此鋪「支提崇拜圖」，因用「關閉式小支提」作為民眾及其他有情崇拜的對象，此鋪造像因此也可以被視為「支提崇拜」的造像。

佛謝爾認為，山崎大塔上的塔形建築，都是「佛塔」的建築，並有象徵佛陀事業的終結或佛陀的死亡。既是如此，坐落在山崎大塔北塔門右側方柱第一段的此鋪「支提崇拜圖」，便被佛謝爾視為一座象徵佛陀死亡的造像。如果此「支提崇拜圖」被視為象徵佛陀死亡的造像，此「佛塔」四周的人物面貌，應都會呈現哀戚的面貌。但我們在此鋪造像所見的人物造像，包括樂師的造像，都面呈歡愉的表情。此鋪佛謝爾所謂的「佛塔」造像，因此不會如

75　《普賢菩薩說證明經》，《大正》卷 85，頁 1366 下。

76　Susan L. Huntington, with contribution by John Huntington, *The Art of Ancient India*, p. 100；並見林保堯，《山奇大塔：門道篇》，頁 210。

77　見本書第五章，〈龍樹與阿瑪拉瓦底大支提的建築及造像〉。

佛謝爾所言，是一鋪具有象徵佛陀事業終結或佛陀死亡的造像。特別是，此鋪「佛塔」造像的上方，不但立有象徵轉輪王身分的「白蓋」，而且在「白蓋」的兩側，還造有與彌勒佛一起下生的兩對金翅鳥造像。這些造像現象及造像內容，都說明了此鋪「佛塔」不是一座象徵佛陀死亡的佛塔，而是一鋪說明「彌勒佛坐支提下生為轉輪王」的造像。既是如此，依據此支提造像建造的「山崎大塔」，便不會是一座如佛謝爾或許多學者所言的「佛塔」或「大塔」，而應是一座表達支提信仰的「大支提」（mahācaitya）。為了說明上的方便，筆者此後在此文中還是依循舊說，用「山崎大塔」稱呼「山崎大支提」。山崎大塔的建築性質既是「大支提」的建造性質，我們現在便能明白，為何娑多婆訶王朝的「禪陀迦王」的名字或銘文會出現在此塔上。

龍樹在其《寶行王正論》多次提到要「供養支提」的文字，[78] 其中有兩處，還說要用各種寶物或其他方式，如明燈及鼓樂聲，供養支提。《寶行王正論》載：

> 正法及聖眾／以命色事護／金寶網傘蓋／奉獻覆支提／金銀眾寶花／珊瑚琉璃珠／帝釋青大青／金剛供支提。[79]

> 支提列燈行／幽闇秉火燭／布施續明燈／故得淨天眼／供養支提時／即設鼓聲樂……。[80]

從《寶行王正論》所載的此二句偈語，我們可以看出，龍樹是如何重視「供養支提」或「支提崇拜」的活動及方法。上面所引述的第二句偈語因提到，「供養支提時／即設鼓聲樂」，這就是為何山崎大塔此鋪「支提崇拜圖」用「鼓聲樂」或「樂隊」，作為「供養支提」的方法的原因。由此，我們也可以說，山崎大塔此鋪「支提崇拜圖」，不是一鋪佛謝爾所言的，象徵佛陀死亡的「佛塔」或「佛塔崇拜圖」，而是一鋪「支提崇拜圖」或「支提供養圖」。

C. 山崎大塔的金輪崇拜信仰及造像

78　見本書第四章，〈佛教支提信仰的奠立者──龍樹菩薩〉。

79　（陳）真諦譯，《寶行王正論》，《大正》卷32，頁498下。

80　（陳）真諦譯，《寶行王正論》，《大正》卷32，頁500上。

阿瑪拉瓦底大支提常造有「金輪」的造像，並常將金輪的造像造在阿育王柱（Aśokan pillar）的上方，說明「金輪崇拜」或「轉輪王崇拜」的意思。「金輪寶」是轉輪王的「隨身七寶」之一，並是最具有象徵轉輪王形象的寶物，因此「金輪寶」有象徵轉輪王的意思。[81] 為何阿瑪拉瓦底大支提及山崎大塔都造有如此多的金輪造像？我們不要忘記，龍樹所奠立的支提信仰，就是一種表達「轉輪王信仰」或「轉輪王崇拜」的信仰。

山崎大塔的金輪造像，也被造成如阿瑪拉瓦底大支提所造的金輪造像一樣，造成具有千輻的金輪造像。[82] 因此山崎大塔的金輪造像，甚至「金輪崇拜圖」，都有說明或象徵轉輪王崇拜的意思。金輪在山崎大塔的出現，自然有說明此大塔是一座與「轉輪王建國信仰」有關的造像址。但學者一般都將山崎大塔的金輪造像視為「法輪」（dharma-cakra）的造像，因此都將山崎大塔的「金輪」視為象徵佛陀「初轉法輪圖」或「法輪禮拜圖」。[83]

山崎大塔的「金輪崇拜圖」，雖常將金輪造在阿育王柱上說明轉輪王的信仰，[84] 然有時也會將金輪造在如阿瑪拉瓦底大支提的「空王座」或「轉輪王座」上，只是山崎大塔的「空王座」製作得比較簡單，像普通的椅座。譬如，山崎大塔南門西柱（左柱）正面，林保堯所稱的「初轉法輪圖」，便將其所謂的「法輪」造在阿育王柱的上方。[85] 林保堯所稱的「法輪」上方，立有一支象徵轉輪王身分的「白蓋」。這說明林保堯所謂的「法輪」，事實上是一鋪象徵轉輪王的「金輪」造像。在同山崎大塔北門正面第二橫樑支柱所見的金輪造像，林保堯也稱其為「法輪禮拜圖」。[86] 此鋪所謂「法輪禮拜圖」，因將「法輪」安置在「空王座」的上方，而此鋪「法輪」的上方，也見造有象徵轉輪王身分的「白蓋」，故我們非常確定，此鋪林保堯所言的「法輪禮拜圖」的「法輪」

81　見本書第五章，〈龍樹與阿瑪拉瓦底大支提的建築及造像〉。
82　見本書第五章，〈龍樹與阿瑪拉瓦底大支提的建築及造像〉。
83　見下詳述。
84　見林保堯，《山奇大塔：門道篇》，頁143，南門西柱（左柱）正面「初轉法輪圖」。
85　見林保堯，《山奇大塔：門道篇》，頁142-143，「初轉法輪圖」。
86　見林保堯，《山奇大塔：門道篇》，頁178，「法輪禮拜圖」。

造像，也不是一鋪「法輪」的造像，而是一鋪象徵轉輪王身分的金輪造像。由此，我們也不能稱此鋪圖像為林保堯所言的「初轉法輪圖」，而應稱其為「金輪禮拜圖」。

圖7　山崎大塔南門西柱正面金輪禮拜圖

　　山崎大塔製作的「金輪禮拜圖」，常在金輪的兩側，簡單的造有兩位或數位民眾及金翅鳥恭敬禮拜金輪的造像。但這並不意味，山崎大塔的「金輪禮拜圖」都被造成這個樣子。山崎大塔的「金輪禮拜圖」也有被造成比較複雜的情形。譬如，在大塔南門西柱（左柱）正面所謂的「初轉法輪圖」的兩側，即造有象徵彌勒佛下生信仰的人面鳥身的金翅鳥造像、許多民眾的造像，甚至動物崇拜金輪的造像（圖7）。[87] 由於此「金輪禮拜圖」的上方，也造有象徵轉輪王身分的「白蓋」，我們因此認為，此類造像雖也可以被視為「金輪禮拜圖」，然此類造像事實上要表達「待至慈氏」的信仰或「等待彌勒佛下生為轉輪王」的信仰。因為除了「金輪」及「白蓋」的造像有象徵轉輪王的身分外，人面鳥身的金翅鳥造像也有象徵或說明彌勒佛下生信仰的意思。

　　由於向來學者都將山崎大塔所造的金輪及「金輪禮拜圖」視為「法輪」及「法輪禮拜圖」或「初轉法輪」的造像，[88] 因此直至今日，山崎大塔的造像都被學者視為與佛陀崇拜及佛陀信仰有關的造像。從山崎大塔製作有如此多鋪的金輪及「金輪禮拜圖」的情形來判斷，我們知道，山崎大塔乃是一處如案達羅的阿瑪拉瓦底大支提一樣，要表達「支提信仰」或「佛教建國信仰」的造像址；否則山崎大塔不會用同樣的象徵物表達「待至慈氏」的信仰，也不會造「支提崇拜圖」，更不會造「金輪禮拜圖」。由上面我們談論的這些山崎大塔的造像，我們因此可以說，山崎大塔並不是一處如學者所言的，用印

87　見林保堯，《山奇大塔：門道篇》，頁142-143，「初轉法輪圖」。

88　見林保堯，《山奇大塔：門道篇》，頁143及頁90-91，「初轉法輪圖」及「法輪禮拜圖」。

度早期的造像法表達「佛陀偉大事蹟」的造像址。

D. 山崎大塔的七佛下生信仰及造像

在山崎大塔的「待至慈氏」造像中，以表達「七佛下生信仰」的「七佛」造像最為重要。山崎大塔表達「七佛下生信仰」的造像，因與 4 世紀末、5 世紀初期在犍陀羅依據《彌勒下生經》撰造的《佛說彌勒大成佛經》的信仰有密切的關聯，我們因此在此先要了解《佛說彌勒大成佛經》所載的「七佛下生信仰」的內容。大約在西元 4、5 世紀之間，我們注意到，依據《彌勒下生經》製作的《佛說彌勒大成佛經》（此後，《彌勒大成佛經》）出現有將「七佛下生信仰」與彌勒佛下生信仰連結在一起的現象。《彌勒大成佛經》載：

> 若於過去七佛所，得聞佛名，禮拜供養，以是因緣，淨除業障。復聞彌勒大慈
> 根本，得清淨心，汝等今當一心合掌，歸依未來大慈悲者。[89]

《彌勒大成佛經》所言的「過去七佛」的信仰，有明顯的指其為「彌勒大慈根本」的信仰基礎。所謂「彌勒大慈根本」，即指「彌勒佛下生為轉輪王的信仰」或「支提信仰」。《彌勒大成佛經》說，「過去七佛」的信仰是「彌勒佛下生信仰」的根本或信仰基礎的說法，也見載於早期龍樹撰造的《普賢菩薩說證明經》（此後，《證明經》）所載的「七佛信仰」內容。[90]《彌勒大成佛經》因視「過去七佛」的信仰為「支提信仰」的發展基礎，因此「過去七佛」的信仰必須與「彌勒佛下生信仰」連結在一起看，我們才能明白，「彌勒佛下生為轉輪王的信仰」或「支提信仰」是繼承或沿襲「過去七佛下生信仰」的情形。《證明經》說，此「七佛」的信仰也有護持「支提信仰」或「彌勒佛下生為轉輪王信仰」的作用，[91] 因此 4、5 世紀之後犍陀羅所造的支提信仰的造像，便造有說明「七佛」下生為「轉輪王」的造像，即「七佛一轉輪王」的造像。[92] 這也是為何北涼王朝（401-439/460）在發展支提信仰之際，在其時代

---

89 （姚秦）龜茲三藏鳩摩羅什譯，《佛說彌勒大成佛經》，《大正》卷 14，頁 429 上。

90 見後詳述。

91 見後詳述；並見本書第五章，〈龍樹與阿瑪拉瓦底大支提的建築及造像〉。

92 見本書第七章，〈犍陀羅的支提信仰性質及造像〉。

所造的「北涼石塔」上，[93] 也將「七佛」的造像與「一轉輪王」的造像並列造在一起，說明「七佛」下生為「轉輪王」的信仰，是支提信仰的淵源或基礎，同時也說明，「七佛」有護持「轉輪王」的作用。

山崎大塔為了說明此造像址是一處支提信仰的造像址，在大塔的四塔門上方橫樑第一橫樑，常造有用象徵物說明「七佛下生」信仰的象徵物造像。這些表達「七佛下生」信仰的象徵物造像，都用各種不同的「樹」、「支提」及「民眾」的造像，表達「七佛下生」的信仰。山崎大塔用各種不同的「樹」象徵「七佛」不同的身分，不是沒有原因。因為《法苑珠林・千佛篇・七佛部》載

圖 8　山崎大塔西塔門上方七佛下生的造像

有「七佛」坐在不同的「樹」下成道的信仰，而這應該就是山崎大塔在說明「七佛下生」信仰之際，使用不同的「樹」，象徵過去不同的「七佛」身分及信仰的原因。《法苑珠林》載：

> 第一維衛佛得道為佛時，於波陀羅樹下；第二式棄佛得道時，於分塗利樹下；
> 第三隨葉佛得道為佛時，於菩薩羅樹下；第四拘樓秦佛得道為佛時，於斯利樹
> 下；第五俱那含牟尼佛得道為佛時，於烏暫樹下；第六迦葉佛得道成佛時，於
> 拘類樹下；第七佛今我作釋迦牟尼佛時，於阿沛多羅樹下。[94]

《法苑珠林》所載的「過去七佛」的名字，就是支提信仰經典《普賢菩薩

93　見本書第七章，〈犍陀羅的支提信仰性質及造像〉。

94　見（唐）西明寺沙門釋道世撰，《法苑珠林・千佛部》第五，《大正》卷53，頁334中。

說證明經》或《證明經》所載的第一組七佛的名字，[95] 也是北涼沮渠氏在統治北涼的時代，於河西所造的「北涼石塔」上所造的「七佛」造像的名字。北涼石塔上的七佛名字是：

> 第一維衛佛、第二維式佛、第三隨葉佛、第四拘樓秦佛、第五句那含牟尼佛、
> 第六迦葉佛、第七釋迦牟尼佛。[96]

此「七佛」的名字，與佛謝爾所提供的山崎大塔的「七佛」名字，甚至與《證明經》所載的第一組「七佛」的名字，[97] 非常相似，都指《彌勒大成佛經》的「七佛」名字。佛謝爾所說的「七佛」名字是：

> Vipaśyin（維衛佛）、Śikhin（維式佛／尸棄佛）、Viśvabhu（隨葉佛／毗舍浮）、
> Krakucchanda（拘樓秦佛）、Kanakamuni（句那含牟尼佛）、Kāśyapa（迦葉佛）及
> Gautama（喬達摩／釋迦牟尼佛）。[98]

《證明經》所載的第一組「七佛」，不但具有救濟眾生的作用，而且也具有護持「支提信仰」的作用。古代龜茲僧人鳩摩羅什（Kumārajīva, c, 350-409）於西元 5 世紀初期翻譯的《彌勒大成佛經》，在談論歸依彌勒佛的場合說：「（我們）不僅要禮拜供養過去七佛，同時也要一心歸依彌勒」。[99]《彌勒大成佛經》此話的意思是，「過去七佛」的下生信仰與彌勒佛的下生信仰有密切的關聯。換言之，彌勒佛下生為轉輪王的信仰，乃奠立於「過去七佛」下生為轉輪王的信仰上。「過去七佛」下生的信仰因此與「彌勒佛下生為轉輪王的信仰」或「支提信仰」，有前後承傳的關係，甚至屬於同一信仰系統的關係。我們在後來的支提信仰造像上，因此常見「七佛下生」的造像出現在表達彌勒佛下生為轉輪王的造像上。譬如，雲崗石窟便造有許多這類「七佛」與彌勒佛下生像一起出現的造像。在山崎大塔所見的「七佛下生」的造像，除了常

---

95 《普賢菩薩說證明經》，《大正》卷 85，頁 1363 中、下。

96 殷光明，《北涼石塔研究》（新竹：覺風佛教藝術文化基金會出版，2000），頁 164。

97 見本書第四章，〈佛教支提信仰的奠立者——龍樹菩薩〉。

98 A. Foucher, *The Beginning of Buddhist Art and Other Essays in Indian and Central–Asian Archaeology*, p. 104.

99 （姚秦）龜茲三藏鳩摩羅什譯，《佛說彌勒大成佛經》，《大正》卷 14，頁 429 上。

見用不同的「樹」表達各別「七佛」的身分外，也用裝飾不同的「支提」表達各別的「七佛」坐不同的「支提」下生的信仰及造像。山崎大塔為了說明「過去七佛」各別坐裝飾不同的「支提」下生，山崎大塔的「七佛下生」的造像，常在不同的「樹」中間各造一座「支提」的造像，說明每一「下生佛」坐一「支提」下生的信仰。山崎大塔的「七佛」造像，並沒有將象徵「七佛」的七種「樹」全都造出來。由於在龍樹的「支提信仰」裡，其「支提」的造像有象徵彌勒佛坐「支提」下生的信仰，[100] 因此我們認為，山崎大塔不同的「支提」在說明「七佛」的造像處出現，就有象徵「七佛」坐不同的「支提」下生的意思。山崎大塔的造像者，因此常用不同的「樹」結合不同的「支提」的造像方法，使其「樹」及「支提」的造像數目都形成 7 的造像法，說明或象徵「七佛」坐「支提」下生的信仰。這種用「樹」與「支提」組合或結合形成數目 7 的造像法，有造二棵「樹」及五座「支提」的情形，也有造四棵「樹」及三座「支提」的情形等。山崎大塔各塔門上方的「樹」及「支提」的組合方式都不同。山崎大塔的造像者，為了更清楚的說明，「七佛下生」的目的是要作「轉輪王」，在每棵「樹」頂及每座「支提」的上方都立有一支象徵轉輪王身分的「白蓋」，說明「七佛下生」的目的就是要做「轉輪王」。山崎大塔造如此多「七佛下生」的造像，顯然是要說明，「彌勒佛下生為轉輪王」的信仰，乃沿襲「七佛下生」的信仰。這就是為何後來的大乘佛經會說，繼七佛下生之後，彌勒佛才下生的原因。[101] 山崎大塔的「七佛下生」造像，因此不僅是要表達「待至慈氏」的信仰，同時也是要表達，「支提信仰」的發展始自「七佛下生」的信仰。

《彌勒大成佛經》說：此「七佛」的下生，都在彌勒佛下生之前，因此此「七佛」除了被視為「過去七佛」外，也有說明彌勒佛的下生乃繼「七佛」或「諸佛」之後，而「七佛」的下生與彌勒佛的下生一樣，都用坐「支提」下生的方式出世為轉輪王。從山崎大塔造「七佛」坐「支提」下生的造像情形，

---

100 見本書第五章，〈龍樹與阿瑪拉瓦底大支提的建築及造像〉。
101 見本書第八章，〈新疆克孜爾石窟的支提信仰造像特色及其影響〉。

我們便知道，山崎大塔的造像，乃因循龍樹所奠立的支提信仰的造像法，製作其「七佛」坐「支提」下生的造像。既是如此，山崎大塔的建造時間，無論如何都不會在龍樹奠立支提信仰，或西元 2 世紀中期左右之前的時間。

從山崎大塔用象徵物表達「七佛下生」為轉輪王的信仰的方法，也在每座「支提」的兩側，各造有一位等待「下生佛」下生的民眾造像來判斷，山崎大塔的「七佛下生」造像法，不僅深受龍樹或案達羅造「待至慈氏」造像法的影響，同時也如龍樹一樣，用象徵物的造像法，如「樹」及「支提」表達民眾等待「七佛下生」為轉輪王的信仰。

「七佛下生」像在山崎大塔出現的地方，基本上都位於大塔東、西、南、北塔門正面的第一條橫樑上（圖8）。由於這些地方都用不同的「樹」及「支提」組成一排數目為 7 的造像，學者因此認為，此些「樹」及「支提」有象徵「過去七佛」的造像，並稱此類造像為「過去七佛禮拜圖」。[102] 就鳩摩羅什翻譯的《彌勒大成佛經》或《彌勒下生經》的說法，我們非常確定，山崎大塔的「七佛下生」像，具有表達「山崎大塔」是一座支提信仰建築物的意思。因為「七佛下生」的造像，可以說是擴大版或廣義的支提信仰的造像。所謂「擴大版或廣義」的意思是，「七佛下生」的信仰，除了能說明或表達「七佛坐支提下生為轉輪王」的信仰外，也能說明或表達「彌勒佛坐支提下生為轉輪王」的信仰。因為「七佛下生信仰」是「彌勒佛下生信仰」的根源。這就是為何山崎大塔在造如此多鋪「七佛下生」造像之後，便將造「彌勒佛坐支提下生像」的設計方案省略掉的原因；這也是「七佛下生」被視為山崎大塔說明支提信仰的最重要造像，甚至有表達「彌勒佛坐支提下生信仰」的意思；否則這些「七佛下生」像不會都被造在四塔門正面最上方的第一條橫樑上。山崎大塔的「七佛下生」造像的設計，因此可以說，是山崎大塔的造像者用另一種造像形式表達「彌勒佛坐支提下生的信仰」或支提信仰的方法。

（2）山崎大塔的轉輪王造像

我們在山崎大塔也見此造像址造有與支提信仰有關的轉輪王造像。就龍

---

102 見林保堯，《山崎大塔：門道篇》，頁 86、87 及頁 88、89。

樹建造的阿瑪拉瓦底大支提的支提信仰造像內容來判斷，支提信仰因為也被稱為「彌勒佛坐支提下生為轉輪王的信仰」，因此轉輪王的造像，也是表達支提信仰的一種重要造像。[103] 山崎大塔造轉輪王像的方法，也用案達羅造轉輪王呈「垂一坐相」的方法製作其轉輪王的坐像。[104] 我們因此能輕易地辨認，山崎大塔的轉輪王造像。事實上，我們辨認轉輪王像的方法有多種，其中常用的方法是，用象徵轉輪王身分的「白拂」及「白蓋」，作為我們辨認轉輪王像的方法。在山崎大塔製作的轉輪王像中，最容易辨認的轉輪王像是，造在大塔東塔門正面右邊方柱，用六橫格製作的轉輪王坐宮室內的造像（圖 9）。此鋪造像六橫格上的每一橫格，都造有宮室石柱四支，將每一橫格分為三個造像空間。在左側的二造像空間，各造一尊「案達羅式」或呈「垂一坐相」的轉輪王坐像。[105] 每位轉輪王坐像的頭部上方，因都見有轉輪王身後的侍者手舉轉輪王寶物「白拂」及「白蓋」遮向轉輪王的造像，我們因此非常確定，這些在橫格內呈「垂一坐相」的人物造像，即是山崎大塔的轉輪王造像。在左二橫格的右側空間，則造有轉輪王宮室內的人物造像。

　　佛謝爾也注意到，東塔門此六橫格內呈「垂一坐相」的人物造像，是一鋪具有印度帝王造像特徵的造像。[106] 但自德國的印度學者格林威德（A. Grunwedel, 1856-1935）認為此鋪六橫格及其頂端的造像代表「梵天與六欲天」的造像之後，[107] 此鋪轉輪王造像便被學者視為「梵天與六欲天」的造像。「六欲天」是佛教二十七天的最初六天。[108] 林保堯因沿襲格林威德的說法，因此

---

103 見本書第五章，〈龍樹與阿瑪拉瓦底大支提的建築及造像〉。

104 見本書第三章，〈貴霜佛教建國信仰的發展者迦尼色迦第一及胡為色迦王〉；並見本書第五章，〈龍樹與阿瑪拉瓦底大支提的建築及造像〉；並見（唐）不空金剛譯，《金剛頂一字頂輪王瑜伽一切時處念誦成佛儀軌》，《大正》卷 19，頁 326。

105 見本書第五章，〈龍樹與阿瑪拉瓦底大支提的建築與造像〉。

106 A. Foucher, *The Beginning of Buddhist Art and Other Essays in Indian and Central–Asian Archaeology*, p. 71.

107 見林保堯，《山奇大塔：門道篇》，頁 58-64。

108 A. Foucher, *The Beginning of Buddhist Art and Other Essays in Indian and Central–Asian Archaeology*, p. 71.

其也將此鋪轉輪王造像視為「梵天及六欲天」的造像。[109]

　　山崎大塔最能說明支提信仰或彌勒佛下生取轉輪王座，為轉輪王的造像之一，即是南門西柱（左柱）內側的柱面造像，或學者所謂的「菩提迦耶大塔圖」（圖10）。[110] 南門西柱內側的柱面造像，從上至下共造有三段造像：上段所造的「菩提樹像」，與山崎大塔許多菩提樹的造像法非常相像，都將菩提樹的樹枝及樹葉造成看似從菩提樹下方的宮室屋頂生長出來的樣子。譬如，我們在東門南柱（左柱）正面，學者所謂的「降魔成道」或「菩提迦耶大精舍禮拜圖」的菩提樹造像，[111] 也見此像的菩提樹被造成看似從宮室屋頂生長出來的情形。這種將菩提樹造成看似從宮室屋頂生長出來的造像形式，與單純的「聖樹禮拜圖」的菩提樹造像形式並不一樣。因為後者的造像，如西門南柱正面的「聖樹禮拜圖」，[112] 便沒有將其「聖樹」或「菩提樹」造成從其下方的宮室屋頂生長出來的情形。早期案達羅或阿瑪拉瓦底大支提所造的「菩提樹」，都有象徵彌勒佛或彌勒佛身的意思。[113] 但由於目前學者都將山崎大塔的菩提樹視為象徵佛陀在「菩提迦耶」（Bodhgayā）成道的菩提樹，因此這些學

圖9　山崎大塔轉輪王坐宮室內的造像

者不但視山崎大塔的菩提樹為「菩提迦耶的菩提樹」[114] 而且也視山崎大塔此類看似從宮室屋頂生長出來的菩提樹，與佛陀在「菩提迦耶菩提樹下成道」的經驗有關，因此也稱此菩提樹為「降魔成道」或「菩提迦耶大精舍禮拜

109　見林保堯，《山奇大塔：門道篇》，頁59。

110　見林保堯，《山奇大塔：門道篇》，頁146-147。

111　見林保堯，《山奇大塔：門道篇》，頁46，圖2。

112　見林保堯，《山奇大塔：門道篇》，頁109，圖4。

113　見本書第五章，〈龍樹與阿瑪拉瓦底大支提的建築與造像〉。

114　見林保堯，《山奇大塔：門道篇》，頁146-147。

圖」。[115] 山崎大塔此類看似從宮室屋頂生長出來的菩提樹，與佛陀成道地「菩提迦耶」的菩提樹事實上完全無關，也與佛陀成道的經驗無關。因為《佛傳故事》（如《佛說普曜經》）所載的佛陀成道的菩提樹或「佛樹／聖樹」，並沒有說此樹是自宮室屋頂生長出來的菩提樹。因此佛陀成道的菩提樹不會被造在宮室內，或從宮室屋頂生長出來的樣子。[116] 山崎大塔此類看似從宮室屋頂生長出來的菩提樹，事實上也是山崎大塔的造像者，用菩提樹象徵彌勒佛，並說彌勒佛要下生取同鋪造像中段或造像第二段宮室內的「空王座」或「轉輪王座」的意思。我們知道此事，除了此像的菩提樹頂造有一支象徵轉輪王身分的「白蓋」外，也因龍樹所建造的阿瑪拉瓦底大支提造有用菩提樹象徵彌勒佛取「空王座」為轉輪王的造像。[117] 阿瑪拉瓦底大支提事實上常用菩提樹象徵彌勒佛取「空王座」為轉輪王的造像法，表達支提信仰的內容。[118] 譬如，上面我們談論的諾斯鼓形石板編號 60 號的造像（圖 4），就是一個例子。[119] 山崎大塔南門西柱內面第三段的人物造像，因此是菩提樹象徵的彌勒佛取「轉輪王座」之後的轉輪王及其女眷或侍者的立像。這鋪造像的三段造像因此要說明，彌勒佛（菩提樹）下生取「空王座」或「轉輪王座」並為轉輪王的意思。由山崎大塔南門西柱內側此鋪造像，我們因此知道，此鋪造像第一段造像所造的菩提樹，並不是如筆者在上面所言的，「看似從宮室屋頂生長出來的菩提樹」，而是此菩提樹從空中下生宮室，取造像第二段的「空王座」，作第三段造像中的「轉輪王」的意思。山崎大塔南門西柱內側第三段造像中的轉輪王身側，因也造有一侍者手持舉象徵轉輪王身分的「白蓋」，我們因此知道，此柱第三段造像中的男性人物立像，即是轉輪王的立像。林保堯稱南門西柱內側此轉輪王與其女眷的造像，為「貴族巡禮圖」或「阿育王與二夫人巡禮圖」

---

115 見林保堯，《山崎大塔：門道篇》，頁 46，圖 2。

116 見（西晉）月氏三藏竺法護譯，《佛說普曜經》卷 5，《大正》卷 3，頁 513 上。

117 見本書第五章，〈龍樹與阿瑪拉瓦底大支提的建築及造像〉。

118 見本書第五章，〈龍樹與阿瑪拉瓦底大支提的建築及造像〉。

119 Robert Knox, *Amarāvatī: Buddhist Sculpture from the Great Stūpa*, p. 120, Plate 60：並見本書第五章，〈龍樹與阿瑪拉瓦底大支提的建築及造像〉。

（見圖10）。[120] 山崎大塔南門西柱內側的此鋪造像，因用龍樹的象徵物，如「菩提樹」及「空王座」的造像法表達支提信仰的內容，因此此鋪造像也可以說是一鋪具有轉輪王造像的「待至慈氏」的造像。山崎大塔南門西柱內面的造像，因此也是一鋪明顯的受到早期案達羅造支提信仰造像法影響所製作的，說明支提信仰的造像。

山崎大塔所造的轉輪王造像，還有林保堯提及的，北門正面第三橫樑上所謂「毗輪安坦羅本生」的造像。[121] 在此鋪「毗輪安坦羅本生」的造像，我們除了見有轉輪王立於馬車上的造像外，在同造像右側建築物的前方，也見有一位轉輪王的立像。此二轉輪王立像的頭部上方因都見有侍者手舉象徵轉輪王身分的「白蓋」及「白拂」，我們因此知道其等皆為轉輪王的造像。此鋪所謂「毗輪安坦羅本生」的造像，很可能是一鋪轉輪王的出征圖。山崎大塔製作的轉輪王造像數目不少，上面所舉的例子，只是其中比較明顯的三例。

圖10　山崎大塔南門西柱彌勒佛下生為轉輪王像

（3）山崎大塔的造像特徵

龍樹在阿瑪拉瓦底大支提所造的造像，共造有三種重要的支提信仰造像內容。此三種支提信仰的造像內容即是：（1）彌勒佛坐支提下生的造像，（2）轉輪王的造像，及（3）「待至慈氏」的造像。[122] 山崎大塔所造的「七佛坐支提下生」的造像，雖然用「待至慈氏」的方法製作，然因其具有說明「支提信仰」或「彌勒佛坐支提下生為轉輪王的信仰」含義，山崎大塔的「七佛作支提下生」的造像，因此可以

120 見林保堯，《山奇大塔：門道篇》，頁146-148，「菩提迦耶大塔圖」及「貴族巡禮圖」。

121 見林保堯，《山奇大塔：門道篇》，頁170-171，北門正面第三橫樑「毗輪安坦羅本生」（上）（圖C）。

122 見本書第五章，〈龍樹與阿瑪拉瓦底大支提的建築及造像〉。

說是山崎大塔表達其支提信仰的一種重要造像。山崎大塔所造的「待至慈氏」的造像，如「大出離」、「金輪禮拜圖」，及「支提崇拜圖」的造像，因完全因循龍樹在阿瑪拉瓦底大支提製作「待至慈氏」的造像法製作這些像，這些「待至慈氏」的造像，因此也是山崎大塔表達其支提信仰的一種重要造像；特別是，「支提崇拜圖」，無論是其造支提的造像，或造表達「鼓樂聲」的造像，都很明顯的依據龍樹在《寶行王正論》所載的「供養支提」的行法製作。山崎大塔也如阿瑪拉瓦底大支提一樣，造有許多轉輪王的造像。我們在山崎大塔雖然不見此大支提造有轉輪王用「釋迦佛誕」的方式出生世間的造像，但就山崎大塔也完整的用阿瑪拉瓦底大支提所造的三種支提信仰的造像內容表達其支提信仰的造像內容而言，山崎大塔的此三種造像已很能說明此山崎大塔是一座支提信仰的造像址。

山崎大塔很顯然的不全然都使用象徵物的造像法製作其大塔或大支提的造像，我們因此不能接受佛謝爾所言的，大塔是使用印度古代象徵物的造像法表達「佛陀偉大事蹟」的造像址這種說法。很顯然的佛謝爾沒有注意到山崎大塔除了用象徵物造像法造像外，還有用其他的造像方法說明大塔的造像性質及造像內容。佛謝爾也沒有注意到，山崎大塔最喜歡使用的象徵物造像法，是龍樹所奠立的「待至慈氏」的造像法，因此他對山崎大塔造像所作的解釋，出現各種錯誤及問題。

山崎大塔的建築及造像，就其沿襲案達羅或阿瑪拉瓦底大支提的建築及造像法建造的情形而言，其在歷史上出現的時間，便不會早過龍樹在南印度發展支提信仰的時間，即西元 2 世紀中期左右。我們就山崎大塔所造的「七佛坐支提下生」的造像、女夜叉（yakṣī）的造像及功德天女神的造像來推測，山崎大塔的建造時間可能也要遲到西元 5、6 世紀之間，甚至更晚。因為記載這些造像，特別是功德天女神的造像，出現在支提信仰經典的時間，最早都已經到了 6 世紀。筆者在下面便要談論這個問題；特別是用功德天女神的造像來來談論這個問題。

在山崎大塔的支提信仰新造像中，不但以功德天女神或拉絲蜜女神的造像最引人注意，而且其出現在山崎大塔的數量也很多。這說明功德天女神

是山崎大塔的重要造像。由於功德天女神的造像不見於早期案達羅的造像，筆者在下面便要談論及檢查山崎大塔製作功德天女神像的情形及原因。

第三節　早期記載功德天女神信仰的文獻和史料

一　功德天女神信仰在大乘佛經及歷史上被記載的情形

　　佛教功德天女神的信仰及造像，非常可能始自印度中部的山崎大塔。因為我們在歷史上見到最早的佛教，或支提信仰的功德天女神的造像，就是在山崎大塔見到的造像。功德天女神的梵文名字被音譯為「拉絲蜜」（Lakṣmī）。此名有指「繁榮與美等」的女神的意思。中文也將其梵文名字譯成「吉祥天」或「功德天」。[123] 為了說明上的方便，筆者在此文中要用中譯「功德天女神」或「功德天」之名談論此女神在早期佛教史上的信仰性質及造像情形。

　　目前山崎大塔保存的功德天女神造像共有九鋪，[124] 其中有坐像，也有立像。由於目前山崎大塔的造像保存情形不是很完整，筆者因此推測，山崎大塔原來製作的功德天女神造像應該更多。法國學者佛謝爾說，我們很容易的就能辨認常出現在大塔上被兩隻大象灌水的「拉絲蜜女神」的造像。[125] 山崎大塔為何要製作如此多鋪的功德天女神像，或提倡功德天女神的信仰？許多學者雖然都注意到功德天女神出現在山崎大塔造像的頻繁性，然這些學者對山崎大塔功德天女神的造像，都沒有作過比較深刻的研究及分析。學者對山崎大塔功德天女神造像的了解，至今甚至沒有甚麼共識。原因大概是，早期中文佛教文獻及史料都沒有記載功德天女神的信仰及造像情形，因此學者對

123　荻原雲來編纂，《梵和大辭典》下冊（台北：新文豐出版公司，1979），頁 1141b。

124　見林保堯，《山奇大塔：門道篇》，頁 37。

125　A. Foucher, *The Beginning of Buddhist Art and Other Essays in Indian and Central–Asian Archaeology*, p. 70.

山崎大塔功德天女神的信仰及造像，常作各種推測。有些學者認為，功德天女神像象徵佛陀；[126] 有些學者則認為，功德天女神出現在山崎大塔的原因，與其象徵財富（wealth）、富饒（abundance）及多產（fertility）的信仰有密切的關聯；[127] 有些學者則如台灣學者林保堯一樣，視其與佛誕或佛母的造像有關。譬如，林保堯在一處說，功德天女神像出現在山崎大塔如此多次的原因，與大塔要說明的「佛誕」有密切的關聯；他甚至認為，此像就是佛母「摩耶夫人」的造像。[128] 林保堯也稱功德天女神像為「二象灌水圖」，[129] 或「二象灌水摩耶夫人圖」。[130] 到底這些功德天女神的造像，在山崎大塔出現的真正原因及意義為何？這就是筆者在下面要探索的問題。

功德天女神的信仰，是否如許多學者所認為，其源自印度教（Hinduism）的功德天女神信仰？[131] 由於早期佛教文獻幾乎沒有談論此女神的信仰，而我們對其出現在山崎大塔的確實時間及背景也不清楚，筆者在此文中因此將不談論此女神的出處問題及其與印度教功德天女神信仰的關係。

功德天女神在印度教及佛教的信仰裡一直有身分重疊的現象。換言之，我們在印度教信仰中，也見有同樣性質的功德天女神信仰。功德天女神在印度教的信仰裡，其不僅被視為印度神「因陀羅」（Indra）、「毘濕奴」（Viśnu）及

---

126 J. C. Harle, *The Art and Architecture of Indian Subcontinent*, p.34: "Lakṣmī being lustrated （anointed with water） by a pair of elephants appear several times; this is thought to represent the conception of the Buddha."

127 Susan L. Huntington, with contribution by John Huntington, *The Art of Ancient India*, 1985, p. 157.

128 林保堯，《山奇大塔：門道篇》，頁37。

129 林保堯，《山奇大塔：門道篇》，頁37，「二象灌水圖」。

130 林保堯，《山奇大塔：門道篇》，頁97，西門「二象灌水摩耶夫人圖」。

131 高岩、鄂崇榮，〈吉祥天女儀軌及功能在青藏高原民間信仰中的流變〉，《青海社會科學》，第6期（2011），頁210：吉祥天女，梵文音譯「師利摩訶提毘耶」（Śrīmahādevī），原型起源於印度的「摩訶葛立女神」（Mahākālī），後來婆羅門教和印度教把她塑成一個有血有肉的女神，並取名「功德天」，又稱「吉祥天」。名稱最早見於《梨俱吠陀》，在《阿闥婆吠陀》中被人格化。她的誕生有兩種傳說，一種說在創造世界之時，她踞於蓮花座上隨水漂流，所以又名蓮花；第二種說法更為普遍，認為她是眾天和阿修羅聯合攪拌乳海攪出的第二寶，有乳海之女的稱號。

其他印度神祇的配偶（consort），[132] 同時也被視為主宰「財富」及「富饒」的女神；甚至是「財富」、「富饒」及「多產」的象徵女神。[133] 她在印度教信仰裡所扮演的「富饒女神」的角色，也見於佛教。她在山崎大塔上與大象一起出現的造像，[134] 也見於印度教的造像。[135] 由此可見，功德天女神的出處及信仰問題，非常複雜，並是跨越印度兩大宗教系統的信仰。

　　功德天女神的信仰在古代即傳入中國、中亞（Central Asia）、西藏、蒙古及東南亞等地區，並盛行至明（1368-1662）、清（1616-1912）時代，甚至今日。我們在中國佛經上見到比較早的功德天女神的記載，是在那連提（黎）耶舍（Narendrayasasa, 490-589）於北齊（統治，550-577）末為後主溫公（統治，565-577）發展月光童子信仰之際所翻譯的《大方等大集經·月藏分》（此後，《大集經》）。[136]《大集經》卷 57 至卷 58 提到，功德天守護四天下眾生的信仰。《大集經》說：功德天與釋迦牟尼佛往昔在「因陀羅幢相王佛所」共同發誓成佛，釋迦佛後來成佛，但功德天只住功德處。功德天認為自己「未能滿昔願成熟眾生」，且因此處尚有「象龍、馬龍、蛇龍、魚龍、蝦龍等對眾生起惡行」，又因自己「猶未制此諸惡龍」，而「這些惡龍常起非時寒熱、惡雲、暴雨、旱潦不調，傷害眾生及五穀、芽莖、枝葉、華果、藥草，（因此決心救濟眾生）」。[137] 觀世音菩薩摩訶薩見功德天女神，即以手執持彼種子器遍示十方，並如此說明功德天女神的救世功能：

---

132 荻原雲來編纂，《梵和大辭典》下冊，頁 1141b；並見 Susan L. Huntington, *The Art of Ancient India*, p. 208: "…while Laṣmī, Vishnu's consort…"; see also, P. Pratap Kumar, The Goddess Laksmi: The Divine Consort in *South Indian Vaiṣṇava Tradition*. Georgia: Scholars Press, 1997, pp. 15-20.

133 見下詳述。

134 Susan L. Huntington, with contribution by John Huntington, *The Art of Ancient India*, p. 211, figure 10.31, "Gajendramoksa."

135 見下詳述。

136 （北齊）那連提（黎）耶舍在北齊天統二年（566）翻譯《大方等大集經·月藏分》十卷。見（唐）釋道宣，《開元釋教錄·那連提黎耶舍》卷 6，《大正》55，頁 543 下；並見本書第九章，〈《入法界品》的支提信仰性質及造像〉。

137 （高齊）天竺三藏沙門那連提（黎）耶舍譯，《大方等大集經》卷 58，《大正》卷 13，頁 388 上。

一切十方諸菩薩及以諸龍，今現在者，願悉念我，令一切諸四天下所有種子、芽莖、枝葉、華果、五穀及諸藥味、地味精氣、眾生精氣、善法精氣，增長無損。又復令此四天下中三寶種性相續不斷，使功德天一切所願皆悉滿足。常使功德天能令一切眾生資財豐足，亦能教化眾生，遠離一切惡，令發菩提心，又令諸眾生離三惡道生於天中。[138]

上面這段經文說，功德天「能令一切眾生資財豐足，亦能教化眾生遠離一切惡，並發菩提心，又能令諸眾生離三惡道生於天中」。功德天在佛教信仰裡因此不僅是一位能護持佛教，並令眾生發菩提心的女神，同時其也能「令一切眾生資財豐足」，「令使一切諸四天下所有種子、芽莖、枝葉、華果、五穀及諸藥味、地味精氣、眾生精氣、善法精氣，增長無損」。《大集經》所載的功德天女神具有護持眾生，並具「富饒女神」的形象，到了西元 7、8 世紀之間即見出現變化。雖是如此，變化後的功德天女神仍然保留有《大集經》所載的功德天女神的信仰內容。初唐中天竺僧人阿地瞿多（無極高，死於西元 650）翻譯的《功德天法》，除見有《大集經》記載的功德天女神的信仰內容如：「（供養她的人）能集聚資財、寶物，以是因緣增長地味，能令諸天悉得歡喜，所種穀米、芽莖、枝葉、果實、滋茂，樹神歡喜，出生無量種種諸物」外，[139] 也說：功德天能「施珍寶」及「施一切鬼神種種飲食」，甚至能「療病家鬥」等。[140]

《功德天法》所載的功德天女神的信仰，以此經將功德天女神與「北方毗沙門天王」（Vaiśrāvanadevarāja）的信仰連結在一起，並說，功德天住在北方毗沙門天王名叫「金幢」的園子，變化最大。[141] 這種連結毗沙門天王及功德天

---

138 （高齊）天竺三藏沙門那連提（黎）耶舍譯，《大方等大集經》卷 58，《大正》卷 13，頁 394 上。

139 （唐）中天竺菩提寺僧阿難律木叉師、迦葉師等共瞿多譯，《功德天法》卷 10，《大正》卷 18，頁 874 下。

140 （唐）中天竺菩提寺僧阿難律木叉師、迦葉師等共瞿多譯，《功德天法》，《大正》卷 18，頁 857 上-下。

141 （唐）中天竺菩提寺僧阿難律木叉師、迦葉師等共瞿多譯，《功德天法》，《大正》卷 18，頁 874 下。

女神的信仰現象，也見於唐代中亞于闐（Khotan）的功德天女神的信仰。[142] 功德天在《大集經》中事實上也與地藏菩薩有一段非常長的對話。在此對話中，功德天對地藏菩薩說：

> 我於爾時於因陀羅幢相王佛所作如是願：乃至我世間隨其久近，種種精勤難行苦行，布施調伏，禁攝放逸及諸禪定，營助眾事，多聞捨行，皆悉修習，所有種種難捨能捨，如是我父，於當來世人壽百歲煩惱怨諍穢濁迷惑惡世界中成阿耨多羅三藐三菩提。於彼國現為功德主，於釋迦牟尼佛境界，眾生及其眷屬施無上衣服、飲食資身之具……願我爾時於彼眾生福德加被、智慧威力，悉令遮止生其信心。又令眾生資生不乏，不令行惡，增長善法。[143]

唐代阿地瞿多等翻譯的《功德天法》，與北齊那連提（黎）耶舍翻譯的《大集經》內容非常相似；但其造像法，則與我們在山崎大塔所見的功德天像有很大的出入。《功德天法》如此載其造像法：

> 其功德天像，身端正赤白色二臂，畫作種種纓絡（瓔珞）環釧、耳璫、天衣寶冠。天女左手持如意珠，右手施咒無畏，宣臺上坐。左邊畫梵摩天（梵天），手執寶鏡，右邊畫帝釋天，如散花供養天女。背後畫一七寶山，於天像上作五色雲。雲上安六牙白象，象鼻絞瑪瑙瓶，瓶中傾出種種寶物，罐（灌）於功德天頂神背後。畫百寶華林，頭上畫千葉寶蓋，蓋上作諸天伎樂散華供養。其像底下右邊復畫作咒師形，著鮮白衣，手把香爐，胡跪供養，於白素紬上坐，以上功德天像法竟。[144]

《功德天法》所載的功德天造像法，還保留有山崎大塔的功德天造像法，但其身「赤白」及其與「梵摩天」（Brahmā 梵天）及「帝釋」（Śakra）一起出現的造像法，則是新見的功德天造像法。阿地瞿多等翻譯的《功德天法》很可能是密教胎藏派在中印度發展時期製作的功德天信仰經典。《功德天法》所載

---

142 見後詳述。

143 （高齊）天竺三藏沙門那連提（黎）耶舍譯，《大方等大集經·須彌藏分》，《大正》卷 13，頁 385 中。

144 （唐）中天竺菩提寺僧阿難律木叉師、迦葉師等共瞿多譯，《功德天法》，《大正》卷 18，頁 876 上。

的功德天信仰，與西元 8 世紀不空金剛（Amoghavajra, 705-774）翻譯的《佛說大吉祥天女十二名號經》，內容大同小異，都說吉祥天女（功德天）有濟世、消災及富饒的作用。不空翻譯有二部吉祥天女經。[145] 此二部吉祥天女經，很可能都是密教金剛頂派在印度發展時期製作的經典。不空翻譯的《佛說大吉祥天女十二名號經》說：

> （眾生）手持、讀誦、修習、供養、宣說大吉祥天十二名號，能除一切貧窮業障，獲得豐饒財寶富貴。[146]

西元 8 世紀大吉祥天女的信仰，都具有濟貧、消災及使人富饒的作用。大吉祥天女的十二名號包括：「吉慶、吉祥、蓮花、嚴飾、具財、白色、大名稱、大光曜、施食者、施飲者、寶光、大吉」。[147]

不空翻譯的有些大吉祥天女的名號，是我們在山崎大塔及《功德天法》見到的功德天形象及信仰。[148] 譬如，其「蓮花」及「嚴飾」的名號，與其在山崎大塔的造像，具有「蓮花」及瓔珞莊嚴的形象有密切的關聯。功德天在早期應也有「吉慶」、「吉祥」及「具財」的象徵。因為這些象徵一直是功德天的基本信仰內容。從山崎大塔的造像，我們很難看出其身是「白色」，並具有「大光曜」、「施食者」、「施飲者」的形象。但西元 7 世紀翻譯的《功德天法》及不空的譯經，都見有這些信仰內容。

西藏在西元 7 世紀傳入功德天女神的信仰之後，到了西元 14 世紀便出現有不同的功德天造像法及信仰內容。研究西藏功德天女神信仰的中國學者高岩及鄂崇榮說：

> 西元 7 世紀時，在拉薩修建了大昭寺，專請印度女神吉祥天女坐鎮大昭寺三樓的護法神殿，尊為大昭寺的總護法、拉薩城的守護神。吉祥天在西元 11 世紀

---

145 目前收入《大正藏》的兩部唐代不空金剛翻譯的吉祥天／功德天女神的經典為：《佛說大吉祥天女十二名號經》及《大吉祥天女十二契一百八名無垢大乘經》。此二部經都收在《大正》卷 21，頁 252-255。

146 （唐）不空金剛奉詔譯，《佛說大吉祥天女十二名號經》，《大正》卷 21，頁 252 中。

147 （唐）不空金剛奉詔譯，《佛說大吉祥天女十二名號經》，《大正》卷 21，頁 252 中。

148 有關山崎大塔功德天女神的造像，見後詳述。

就已經成為大譯師仁欽桑波的個人護法神。吉祥天女曾作為薩迦派主要護法神中的首位護法神出現在喜金剛禮拜等儀式中。在噶舉派行的金剛舞中，直貢噶舉派的主要護法神是貢布和阿吉曲珍，而阿吉曲珍被普遍認為是吉祥天母的一個化身。西元 14 世紀，蔡巴萬戶長格德伯父子在維修大昭寺期間塑造了班丹拉姆威猛像和兩個不同法相（美相白拉姆和醜相白拉東瑪）。西元 1433 年左右，一世達賴喇嘛根敦珠巴（dge-'dun grub, 1391-1474）從嘉色活佛的親傳弟子卻桑貝哇處受吉祥天女的隨許法教誡及經咒。二世達賴喇嘛根敦嘉措（dge-'dun rgya-mtsho, 1475-1542）將拉姆拉措湖與吉祥天女結合到一起，吉祥天女開始成為歷輩達賴喇嘛的特別保護神，到拉姆拉措湖觀影像，也成為尋找達賴喇嘛轉世靈童過程中的重要步驟。[149]

高岩及鄂崇榮在上面此段話的開頭說：「西元 7 世紀時，在拉薩修建了大昭寺，專請印度女神吉祥天女坐鎮大昭寺三樓的護法神殿，尊為大昭寺的總護法、拉薩城的守護神」。高岩及鄂崇榮顯然沒有注意到，西元 7 世紀之前，吉祥天女或功德天女神已經進入佛教，並出現在山崎大塔的佛教造像，成為佛教的護法女神，因此他們兩人還認為，西藏在西元 7 世紀所傳入的吉祥天女是「印度教」的女神。

高岩及鄂崇榮記述的這段有關西藏發展功德天女神或吉祥天女神的信仰情形，說明了功德天女神在西藏也有很長的信仰發展時間。西藏各佛教宗派在歷史上不僅出現與功德天女神信仰結合的現象，同時其等對功德天女神的信仰，也有不同的了解及認識，甚至造有自己的功德天像。西藏在 7 世紀之後，出現這種特別崇奉功德天女神的現象，與西藏認為功德天女神具有護持國家及政權的力量有極大的關聯。[150] 因此到了一世達賴喇嘛的時代，功德天女便被認為是歷代達賴喇嘛最重要的護法神祇或護持者。

由上面中譯佛經及佛教文獻所載的功德天女神在歷史上的發展情形，我

---

149 高岩、鄂崇榮，〈吉祥天女儀軌及功能在青藏高原民間信仰中的流變〉，《青海社會科學》，第 6 期（2011），頁 211。

150 見後詳述。

們可以將功德天女神在歷史上所扮演的角色分為兩類：一是扮演財物救濟者的角色，二是扮演護持政權或帝王及國家的角色。這兩種功德天女神的角色，到了西元 9 世紀的後半葉，便都顯見的出現在占婆王朝（the Champa，約 4 至 14 世紀）發展的功德天女神的信仰，占婆製作的功德天女神造像即能證明此說。[151]

到底功德天女神的信仰，何時開始具有救濟眾生並護持政權或帝王，甚至國家的作用？我們從目前的佛教文獻完全看不出來。但西藏及于闐在歷史上所崇奉的功德天女神信仰都具有此信仰特色。晚唐西藏僧人法成所撰的《釋迦牟尼如來像法滅盡之記》（此後，《滅盡之記》）便提到，古代中亞的于闐（Khotan），在像法滅盡時，護持于闐的毗沙門天王帶著功德天離開于闐。[152] 毗沙門天王及功德天女神當時都是于闐佛教王國的重要護持者，[153] 于闐的佛教被消滅，毗沙門天王及功德天信仰自然就不再有存在的理由。這就是法成在其所撰的《滅盡之記》說的，「護持于闐的毗沙門天王帶著功德天離開于闐」的原因。

佛教文獻及歷史都很明顯的告訴我們，佛教功德天女神的信仰，並不只因功德天女神具有濟貧、消災及令人得到財富的能力而使其信仰得以廣傳。古代的佛教國家及帝王推崇功德天女神信仰的原因，也是由於功德天女神具有護持國家及帝王的力量。功德天具有護持帝王及國家的作用，是否源自山崎大塔的功德天女神信仰？這是我們在下面要追問的問題。

二 山崎大塔的功德天女神造像

山崎大塔製作的功德天女神造像，常以轉輪王的「垂一坐相」，即一腳下

---

151 見後詳述。

152 （唐）國大德三藏法師沙門法成，《釋迦牟尼如來像法滅盡之記》，《大正》卷 51，頁 996 上。

153 見古正美，《從天王傳統到佛王傳統：中國中世佛教治國意識形態研究》（以後簡稱《從天王傳統到佛王傳統》）第十章，〈于闐與敦煌的毗沙門天王信仰〉（台北：商周出版公司，2003），頁 458-490。

垂踩在小蓮花上,一腳安置在其蓮座上的坐姿,出現於山崎大塔的造像上。山崎大塔的功德天女神像的「垂一坐相」,乃屬「案達羅式」(the Āndhra style)的佛教轉輪王坐相。[154] 這種轉輪王的「垂一坐相」,也見於上面我們談論的山崎大塔的轉輪王造像。「垂一坐相」既被用來說明轉輪王的身分,功德天女神呈「垂一坐相」的坐姿,便有說明其身分與轉輪王身分相等或有密切關聯的意思。我們如此說的原因是,山崎大塔西門上的功德天女神立像,[155] 及北門正面第三橫樑支柱的功德天女神坐像,[156] 在其等的頭部上方,都造有象徵轉輪王身分的「白蓋」。這說明,山崎大塔的功德天女神顯然是轉輪王的「眷屬」,並與轉輪王的信仰有密切的關聯。

除此之外,山崎大塔的功德天女神的造像,無論是坐像或立像,都造有轉輪王隨身七寶之一的「象寶」,立在功德天女神的兩側,用鼻子向功德天女神的頭部噴水或噴寶物。這樣的造像現象,也見載於唐代阿地瞿多等翻譯的《功德天法》所記的相似造像法。《功德天法》如此載白象向功德天噴下各種寶物的情形:「於天像上作五色雲,雲上安六牙白象,象鼻絞瑪瑙瓶,瓶中傾出種種寶物,罐(灌)於功德天女神背後」。《功德天法》所記的這種白象向功德天噴下各種寶物的情形,讓我們聯想到,與佛教帝王登上轉輪王位的儀式,即「七寶灌頂」儀式,有密切的關聯。《宋高僧傳·釋不空傳》載:「乾元中,帝請入內建道場護摩法,為帝授轉輪王位,七寶灌頂」。[157] 上面《宋高僧傳·釋不空傳》所載的這段不空金剛為唐肅宗(統治,756-762)所行的「七寶灌頂」的儀式,被明顯的記載為「為帝授轉輪王位」的儀式。由此,我們知道,佛教轉輪王的登位儀式,有用水灌的「九龍灌頂」的儀式,[158] 也有用「七寶灌頂」的儀式。《功德天法》所載的這段經文,很可能就是功德天女神

---

154 見本書第五章,〈龍樹與阿瑪拉瓦底大支提的建築及造像〉。

155 林保堯,《山奇大塔:門道篇》,頁 97,「二象灌水摩耶夫人圖」。

156 林保堯,《山奇大塔:門道篇》,頁 178,第三橫樑支石,「二象灌水圖」。

157 (宋)贊寧撰,《宋高僧傳·釋不空傳》卷 1,《大正》卷 50,頁 713。

158 見古正美,《從天王傳統到佛王傳統》第二章,〈東南亞的天王傳統與後趙石虎時代的天王傳統〉,頁 83-86。

兩側造有白象噴水或噴寶物的造像法的由來。從山崎大塔所造的白象或轉輪王的「象寶」，向功德天女神噴水的造像法，應也有說明功德天女神也如佛教轉輪王一樣，行過轉輪王登位儀式，從而成為轉輪王的「家眷」或「眷屬」。山崎大塔所造的功德天女神的造像，因此不是普通的功德天女神的造像，而是與轉輪王信仰或轉輪王位有關的女神造像。由此，我們可以說，山崎大塔的功德天女神的信仰及造像，已經被「政治化」，並成為轉輪王信仰的內容，或支提信仰的一種新信仰內容。這就是筆者也稱功德天女神的「政治化」為「支提信仰化」的原因。

圖 11　山崎大塔東塔門功德天女神坐像　　　圖 12　山崎大塔西塔門功德天女神立像

　　山崎大塔的功德天女神的坐像，都以轉輪王的「垂一坐相」坐在大蓮花座上（圖 11）。其右手上舉持一物，左手則下垂貼放在垂下的腿上。其身上及四肢都佩戴有如《功德天法》所載的手環及腳環等飾物。山崎大塔的功德天女神造像，最引人注意的地方是，其豐滿的雙乳及曝露的下體。這種造像形式應與功德天女神象徵「多產」或「富饒」的個性有關。山崎大塔的功德天女神所坐的蓮花座和其蓮花座兩側及上方的蓮花苞及蓮葉，都由其蓮花座下的「賢瓶」（bhadraghata）生長出來充滿整個造像空間。北齊或 6 世紀初期那連提（黎）耶舍翻譯的《大集經》稱「賢瓶」為「智慧之瓶」，[159] 功德天女神因

<hr>

159　（北齊）那連提（黎）耶舍譯，《大方等大集經》卷 58，《大正》卷 13，頁 389上：「於一切智

此也有智慧女神的象徵或稱呼。山崎大塔的功德天女神的頭部兩側，造有兩隻大象各立於其身側半圓形的蓮花心上，並用其等的長鼻向功德天女神的頭部灌水，我們因此看到兩道水柱就像瀑布一樣沖下功德天的頭部。山崎大塔的功德天女神立像見於多處。譬如，大塔西塔門所造的功德天女神立像，即是一個例子（圖12）。功德天女神的立像，其立像周邊也都充滿蓮花的造像。山崎大塔的功德天女神的立像造像法，基本上都與山崎大塔所塑造的功德天女神坐像的造像法如出一轍，只是其立像的頭部上方立有一象徵轉輪王寶物的「白蓋」，說明功德天女神與轉輪王的關係。這種功德天女神的造像法，因具有二象灌水的造像特徵，因此常被學者稱其為「有象的功德天像」（gaja Lakṣmī）。[160]

大英博物館收藏有一枚造有功德天女神立像的錢幣（圖13）。此錢幣上的功德天女神的立像造像法，與山崎大塔功德天女神立像的造像法，非常相像。我們雖無法判定此功德天女神錢幣流通的確實時間及地點，然我們非常確定，此錢幣上的功德天女神像的造像法，乃受到山崎大塔功德天女神造像法的影響。由此，我們推測，山崎大塔曾是印度歷史上發展佛教功德天女神信仰及造像的中心。因為大英博物館收藏的鑄有功德天女神造像的錢幣，明顯是仿造山崎大塔的功德天女神的造像鑄造其錢幣上的女神造像。大英博物館將此枚造有功德天女神立像的錢幣鑄造時間，定為西元前 1 世紀。[161] 大英博物館對此幣的定年確實過早。因為我們在上面說過，山崎大塔的建造時間不會早過龍樹奠立支提信仰的西元 2 世紀中期左右，而功德天女神造像出現的時間，也不會早過西元 5 世紀初期。雖然山崎大塔的功德天女神的造像法不全然見載於 5、6 世紀之間出經的《大集經》，然山崎大塔所造的功德天女神造像中的「賢瓶」及蓮花等造像內容，都已經被記載於 6 世紀初期之後中國翻譯的《大集經》。我們因此推測，《大集經》記載功德天女神信仰及造像

猶如賢瓶，一切佛護猶如如意珠」。

160 See Emmanuel Guillon, *Hindu-Buddhist Art of Vietnam: Treasures from Champa.* Thailand: Amarin Printing and Publishing Public Co. Ltd., 1996, p. 86, Illustration 26, "Gaja–Lakshmi."

161 "Azilises Coin," Whttp://en. Wikipedia. org, 2012.09.26.

法的時間，非常可能在山崎大塔發展功德天女神信仰及造像法之後不久的時間；而大英博物館收藏的鑄有功德天女神造像的錢幣，非常可能也在山崎大塔發展功德天女神信仰及造像法之際鑄造的一枚功德天女神的錢幣。

　　無論如何，就功德天女神的造像及信仰出現在山崎大塔及《大集經》此事來判斷，功德天女神的信仰，應在 5、6 世紀之間，便與支提信仰有密切的關聯；否則其造像不會頻繁的出現於說明支提信仰的山崎大塔，甚至出現於于闐撰造的說明支提信仰的《大集經》。[162] 由於目前保存的佛教文獻都沒有提到功德天女神的信仰與轉輪王信仰有關的經文，我們因此便要在

圖 13　大英博物館藏功德天女神像錢幣

9 世紀後半葉占婆發展的功德天女神信仰及造像的活動中去尋找此女神與轉輪王信仰的關聯性。我們要這樣做的原因是，占婆王因陀羅跋摩第二在以轉輪王的姿態統治占婆之際，其不僅有同時提倡支提信仰及功德天女神信仰的活動，同時其也造有許多功德天女神的造像。

第四節　因陀羅跋摩第二的佛教信仰及佛王形象

■ 目前學者所了解的因陀羅跋摩第二的佛教發展性質及內容

　　功德天女神的信仰及造像，也傳入在今日越南中南部建國的占婆王朝，特別是在 9 世紀後半葉統治占婆的因陀羅跋摩第二的王朝。因陀羅跋摩第二統治占婆的時間相當長，[163] 澳洲學者伊安・馬倍特（Ian Mabbett）說，因陀羅

---

162 見本書第九章，〈〈入法界品〉的信仰性質及造像〉。

163 Georges Maspero, *The Champa Kingdom: The History of an Extinct Vietnamese Culture.* Bangkok: White Lotus, 2002, pp. 53-54.

跋摩第二於西元 875 年開始統治占婆之後，直到西元 889 年尚未結束其統治。[164] 因陀羅跋摩第二為了發展佛教，將其都城從潘大潤伽（Pandarunga）遷回「阿瑪拉瓦底」，並稱其新都城為「因陀羅地」（Indrapura，大南的廣南地區）。[165] 因陀羅跋摩第二在登位的初期，即在「東都翁」（Dong Duong），即其建都的地方，建造了一座佛教「大寺」（Great vihāra），作為其發展佛教的中心。[166] 因陀羅跋摩第二在「東都翁」所建的大寺，位於今日眉山（Mi Son）西南 25 公里的地方，並名之為「功德天因陀羅─世界（間）主─自性成就」（Lakṣmīndra Lokeśvara Svabhāyada），[167] 或簡稱為「功德天因陀羅─世界主」大寺。伊安・馬倍特說，此大寺的建造規模，比任何一座占婆的印度教寺院規模都大，大寺的面積長 300 公尺，寬 150 公尺，四周並有磚製圍牆圍住。大寺面向東方，西邊中庭造有中央塔形的建築物及 18 個小寺（shrines）。[168] 就此大寺的名字被稱為「功德天因陀羅」來看，因陀羅跋摩第二在登位的初始，即有提倡功德天女神信仰及因陀羅信仰的現象。因為大寺之名是一個複合名詞（A compound noun），由「功德天」（Lakṣmī）及「因陀羅」（Indra）此二神祇的名字組成的複合名字。《大南占婆雕刻博物館》此書因此認為，「功德天」及「因陀羅」此二神祇都是因陀羅跋摩第二的守護神祇（the genie-guardians of king Indravarman II）。[169]

　　《大集經》說，功德天女神曾住「因陀羅幢相王佛所」，並發願，希望在

---

164 Ian Mabbett, "Buddhism in Champa," in David G. Marr and A. C. Milner, *Southeast Asia in the 9th to 14th Centuries*. Singapore: Institute of Southeast Asian Studies, 1986, p. 298.

165 Guang Nam-Da Nang Culture and Information Service, *Museum of Cham Sculpture in Da Nang*. Hanoi: Foreign Languages Publishing House, 1987, p. 9.

166 Ian Mabbett, "Buddhism in Champa," in David G. Marr and A. C. Milner, *Southeast Asia in the 9th to 14th Centuries*, p. 298.

167 Ian Mabbett, "Buddhism in Champa," in David G. Marr and A. C. Milner, *Southeast Asia in the 9th to 14th Centuries*, p. 298.

168 Ian Mabbett, "Buddhism in Champa," in David G. Marr and A. C. Milner, *Southeast Asia in the 9th to 14th Centuries*, p. 298.

169 Guang Nam-Da Nang Culture and Information Service compiled, *Museum of Cham Sculpture in Da Nang*, p. 10.

「因陀羅幢相王佛所」作「功德主」，並救濟眾生。因陀羅跋摩第二建造大寺的時期，其不僅以「彌勒佛王」的姿態統治占婆，同時也用「因陀羅」之名作為其都城及自己的名字。因陀羅跋摩第二因此非常可能有被認為是住在「因陀羅幢相王佛國」的帝王，並有功德天女神作為其國的「功德主」之說。這大概就是為何功德天女神會成為因陀羅跋摩第二的「功德主」或護法神的原因。因陀羅跋摩第二的佛教活動，因以「東都翁」作為其佛教的發展中心，其時代的佛教造像因此也有「東都翁風格」（the Dong Duong style）之稱。

　　許多學者根據目前保留的因陀羅跋摩第二的造像及銘文認為，因陀羅跋摩第二當時發展的佛教為大乘佛教，而此大乘佛教還具有「密教個性」。[170] 譬如，研究大南占婆雕刻博物館造像的法國學者葉馬紐・貴龍（Emmanuel Guillon），便如此解釋「占婆佛教」（Buddhism in Champa）的發展特性：

> 西元 875 年製作的因陀羅跋摩第二 B 面的碑文（the stele of Indravarma II）顯示，當時發展的大乘佛教，乃具有密教個性（Tantric character）的佛教，這由當時的造像可以證明。至於是哪種特定的佛教，我們還不確定。它有非常複雜及抽象的教義，此教義在 7 世紀之後即流行於北印度。就如路易士・芬諾（Louis Finot）在 1904 年指出，這種多樣化的佛教強調菩薩的理想（the ideal of Bodhisattva），菩薩經歷多階段的修行之後即成就佛道，或絕對慈悲（Absolute Compassion）的境界，與空的概念（the perception of Emptiness）相應。其中最有名的菩薩，就是觀世音菩薩，其造像也間接地（indirectly）見於「東都翁風格」的造像。[171] 此傳統特別強調三佛的崇拜，即釋迦佛（Śākyamuni）、阿彌陀佛（Amitabha）及毘盧遮那佛（Vairocana）的崇拜。這三種佛的信仰，能使三種大乘佛教的空觀（śūnya），即空（śūnya）、大空（mahāśūnya）及特空（atitaraśūnya）表露無遺……。[172]

170　Emmanuel Guillon, *Hindu-Buddhist Art of Vietnam: Treasures from Champa,* p. 81, "Buddhism in Champa."

171　見下詳述。

172　Emmanuel Guillon, *Cham Art: Treasures from the Da Nang Museum, Vietnam.* London: Thames & Hudson, 2001, p. 81.

葉馬紐・貴龍雖然提到有佛教經典說明此事，但他並沒有告訴我們，有哪部佛教經典說明此事。就他所說的占婆發展大乘佛教信仰的內容來看，他也沒有清楚的說明占婆發展的佛教性質及內容。由於葉馬紐・貴龍視占婆的功德天女神像為密教觀音的「度母」造像，[173] 故其認為此時代的大乘佛教具有密教個性，並間接與觀音信仰有關。葉馬紐・貴龍的這個看法，很可能受到法國學者喬治・馬司培羅（Georges Maspero, 1872-1942）誤譯「世間主」此梵字為「觀自在」的名字的影響。[174]

二 因陀羅跋摩第二的世間主或佛王形象

　　受馬司培羅誤譯梵語「世間主」（Lokeśvara）此詞為密教「觀音／觀自在」（Avalokiteśvara）此名影響的人物，也有伊安・馬倍特。伊安・馬倍特認為，「世間主」此詞有指「密教觀音」的意思。伊安・馬倍特說：因陀羅跋摩第二在如其前人神化自己的過程中，以一種密教觀音或「世間主——自性成就菩薩」（Bodhisattva Lokeśvara Svabhāyada, a form of Avalokiteśvara）的姿態出現或面臨其子民。[175] 伊安・馬倍特之所以會將「世間主」此詞視為「觀自在」，乃因喬治・馬司培羅在 1920 年代便將「世間主」此詞誤譯成「觀自在」。馬司培羅在其《占婆王朝：一個亡滅的越南文化歷史》（*The Champa Kingdom: The History of an Extinct Vietnamese Culture*），如此翻譯此段文字：「他將這些都捐給（供養）至高無上的觀自在——自性成就」（that he donates to the Supreme Avalokiteśvara Svabhāyada）。[176] 印度學者馬君達（R.C. Majumdar, 1888-1980）將「Svabhāyada」（自

173　見後詳述。

174　見下詳述。

175　Ian Mabbett, "Buddhism in Champa," in David G. Marr and A. C. Milner, *Southeast Asia in the 9th to 14th Centuries*, p. 298: "In this case, however, the patron divinity was a Mahāyāna Buddhist figure, the bodhisattva Lokeśvara Svabhāyada, a form of Avalokiteśvara."

176　Georges Maspero, The Champa kingdom: *The History of an Extinct Vietnamese Culture*, p. 54: "…that he donates to the Supreme Avalokiteshvara（古案：Lokeśvara）Svabhayada for the use of the community of religious persons and for the achievement of the propagation of the Dharma."

性成就）此梵字翻譯成「佛」（Buddha）。[177] 在因陀羅跋摩第二時代，用「自性成就」此詞作為名字的還有因陀羅跋摩第二所建的大寺名稱。因陀羅跋摩第二所建的大寺名字，在「自性成就」及「功德天因陀羅」二名的中間，即用「世間主」此名。筆者因此認為，馬司培羅將「世間主」此名譯成「觀自在」不是沒有問題。因為「觀自在」或觀世音只是菩薩，不是「佛」（Svabhāyada）。

「世間主」此詞，常被學者視為「觀自在」的梵文名字。日本學者荻原雲來編纂的《梵和大辭典》，在不確定此詞的意思下，也將「世間主」的梵文名字 lokeśvara 譯成「菩薩的名字」或「觀自在」，並打了個？號。[178]「世間主」lokeśvara 此詞，是由梵文 loka（世間或世界）及梵文 īśvara（主）二名詞組合而成的一個複合名詞。筆者因此將此詞譯成「世間主」或「世界主」，並認為此詞有指「統治世間的大王」或「轉輪王」的意思。因陀羅跋摩第二非常喜歡用梵文 īśvara（主）此詞稱呼自己。在其登位之前，其便用「土地主」（bhūmīśvara）及「聚落主」（grāmasvāmin）之名稱呼自己。[179] 馬君達說，因陀羅跋摩第二在登位之後，即以「因陀羅跋摩王、大王、王中之王」（Sri Jaya Indravarmā Mahārājadhirāja）稱呼自己。[180] 此處所言的 Mahārājadhirāja，即是「大王及王中之王」（Mahārāja and Rājadhirāja）二大王稱號的合稱。此二大王稱號，常被轉輪王用來說明其為「世界大王」（Universal monarch）或轉輪王的稱號。[181] 因陀羅跋摩第二在登位後，顯然即以「世間主」或「轉輪王」的稱號稱呼自

---

177 R.C. Majumdar, *Champa: History and Culture of an Indian Colonial Kingdom in the Far East, 2nd–16th Century A.D.* Delhi: Gian Publishing House, p. 59.

178 荻原雲來編纂，《梵和大辭典》下冊，頁 1159a。

179 Ian Mabbett, "Buddhism in Champa," in David G. Marr and A. C. Milner, *Southeast Asia in the 9th to 14th Centuries*, p. 298; see also, R. C. Majumdar, *Champa,* p. 59: "He was originally called 'Śrī Laksmīndra Bhumīśvara Grāmansvāmin'."

180 R. C. Majumdar, *Champa*, p. 59.

181 見古正美，《貴霜佛教政治傳統與大乘佛教》（台北：允晨出版公司，1993），頁 55-107。貴霜王朝（the Kushāns, c. 30-375）的建國者丘就卻（Kujūla Kadaphises，統治，c. 30-78 / 80）以佛教轉輪王的姿態出現在大乘佛經，並以「大王、王中之王、貴霜王」之轉輪王稱號出現在其時代鑄造的錢幣及實物；並見本書第二章，〈大乘佛教建國信仰的奠立者──貴霜王丘就卻〉。

己。「觀自在」或「觀音菩薩」有「世間主」或「轉輪王」的稱號，乃因「觀自在」或「觀世音菩薩」在密教的信仰裡，也有以「轉輪王」或「世界大王」的姿態出現於大乘經中或佛教銘文，故「觀自在」或「觀世音菩薩」在歷史上也有「世間主」或「轉輪王」的稱號。[182] 伊安‧馬倍特因注意到，12 至 13 世紀統治吳哥（Angkor Thom）的闍耶跋摩第七（Jayavarman VII, c. 1181-1218），有以「世間主」此名及「觀音菩薩」的面貌統治吳哥的活動，[183] 因此他將「世間主」此詞也視為「密教觀音」的名字。事實上，目前研究東南亞佛教藝術的學者，還有將「世間主」此詞視為「菩薩」的代名詞者。譬如，英國學者約翰‧蓋（John Guy），便用「菩薩」（Bodhisattva）之名解釋因陀羅跋摩第二的「世間主」此稱號的意思。[184]「世間主」此詞並不是「觀自在」或「觀音菩薩」的專有名詞，也不是「菩薩」的代名詞，而是一個普通名詞。換言之，任何一位以佛教轉輪王或「世界大王」的姿態統治天下的帝王，[185] 都能使用「世間主」此名說明自己是位「世界大王」或轉輪王。學者因誤將「世間主」視為密教「觀自在」或「觀世音菩薩」的名字，因此他們不僅認為，因陀羅跋摩第二所提倡的大乘佛教信仰是一種觀音菩薩信仰，同時也認為此信仰也具有「密教個性」。換言之，由於這些學者視因陀羅跋摩第二的大乘信仰是「密教觀音信仰」的緣故，因此也認為，此信仰也具有密教「度母」（Tārā）的信

---

182 見古正美，《從天王傳統到佛王傳統》第六章，〈武則天神功之前所使用的密教觀音佛王傳統及佛王形象——中國女相觀音出現的原因〉，頁 276-316。

183 觀世音菩薩以轉輪王或佛王的姿態出現的例子，見古正美，《從天王傳統到佛王傳統》第六章，〈武則天神功之前所使用的密教觀音佛王傳統及佛王形象：中國女相觀音出現的原因〉，頁 276-324；並見 Ian Mabbett, "Buddhism in Champa," in David G. Marr and A. C. Milner, *Southeast Asia in the 9th to 14th Centuries*, p. 298；及古正美，《從天王傳統到佛王傳統》第二章，〈東南亞的天王傳統與後趙石虎時代的天王傳統〉，頁 74-77。

184 John Guy, "Pan-Asian Buddhism and the Bodhisattva Cult in Champa," in Tran Ky Phurong and Bruce M. Lockhart, eds., *The Cham of Vietnam: History, Society and Art.* Singapore: National University of Singapore Press, 2011, p. 314.

185 見下詳述；並見 John Guy, "Pan-Asian Buddhism and the Bodhisattva Cult in Champa," in Tran Ky Phurong and Bruce M. Lockhart, eds., *The Cham of Vietnam: History, Society and Art*, p. 314.

仰。[186] 這種誤讀因陀羅跋摩第二時代梵文銘文的研究結果，學者便將因陀羅跋摩第二時代的功德天女神像，視為與密教觀音信仰有關的「度母」像。[187] 用這樣的研究方法去了解因陀羅跋摩第二所發展的佛教信仰，我們自然無法真正的了解因陀羅跋摩第二所發展的佛教信仰性質及內容。

因陀羅跋摩第二因在登位之後即有使用「世間主」此名統治占婆的歷史，我們因此非常確定，其在使用「世間主」此名後，其即以佛教「轉輪王」或「佛王」的姿態統治占婆。筆者在本書第二章說過，佛教的轉輪王，除了有用佛教信仰統治天下的活動外，其因發展佛教信仰的緣故，因此也有「法王」及「王中之王」或「世界人王」之稱號。[188] 因陀羅跋摩第二的「世間主」稱號，因此有說明其用佛教信仰建國的活動，也有表達其以「轉輪王」或「世界大王」之名統治占婆的意思。因陀羅跋摩第二在以佛教信仰統治占婆期間，因此並沒有如學者伊安‧馬倍特所言，以「菩薩」或「觀音菩薩」的面貌統治占婆的情形。因為從因陀羅跋摩第二死後的諡號（posthumous），即「最勝佛世界」（Paramabuddhaloka）的名號，[189] 及其時代所造的佛教造像，甚至其時代所造的銘文，[190] 我們都可以看出，其以「佛王」（Buddharāja）的姿態統治占婆。

所謂「佛王」（Buddharāja），就是指「轉輪王」也有「佛身」的意思。這就是筆者定義「佛王」此詞為：「既是佛，又是王」（he who is Buddha is raja / cakravartin）的意思。龍樹奠立的「支提信仰」，就是一種「佛王」信仰。因為龍樹不僅用「佛有三身」（trikāyas），即「法身」、「報身」及「化身」的信仰，說明「彌勒佛身」與「轉輪王身」的關係，龍樹也在其《寶行王正論》用「大王佛法身」說明「轉輪王身」（大王身）即是彌勒佛的「法身」下生的「身體」

---

186 見下詳述。

187 見下說明。

188 見本書第二章，〈大乘佛教建國信仰的奠立者──貴霜王丘就卻〉。

189 G. Coedes, *The Indianized States of Southeast Asia*, edited by Walter F. Vella, and translated by Susan Brown Cowing. Kuala Lumpur: University of Malaya Press, 1968, p. 123.

190 見下詳述。

或「化身」。[191] 因此在支提信仰裡，帝王認為自己就是彌勒佛（Buddha Maitreya）的「法身」（dharmakāya）自兜率天（Tusita paradise）下生的轉輪王（化身，nirmānakāya）。由於龍樹認為，大王或轉輪王具有彌勒佛的身體，彌勒佛下生或出世的轉輪王因此也能被視為具有「彌勒佛身」的「轉輪王身」或「彌勒佛王身」。這就是支提信仰被視為「佛王」信仰的原因；這也是支提信仰的造像，在造轉輪王像之際，常將轉輪王的造像造成彌勒佛像或彌勒佛王像的原因。[192]

因陀羅跋摩第二使用支提信仰或以彌勒佛下生為轉輪王或「彌勒佛王」的姿態統治占婆的事，事實上還可以用其遷都之事、其時代建造的大寺造像，及其時代製作的銘文證明此事。

（1）遷都之事

就因陀羅跋摩第二將都城遷回「阿瑪拉瓦底」（Amarāvatī）此事來判斷，因陀羅跋摩第二所發展的大乘佛教，應該就是龍樹奠立的「支提信仰」；否則其不會將都城遷回具有支提信仰含義的地標「阿瑪拉瓦底」作為其都城的名稱。筆者在本書的第四章說過，「阿瑪拉瓦底」因與娑多婆訶王朝（the Sātavāha / Sātavāhana, c. ?-225）的都城非常相近，因此後來常被視為娑多婆訶王朝的都城名字，或支提信仰的代名詞。[193] 因陀羅跋摩第二在發展大乘佛教之際，將其都城遷回具有說明支提信仰地標的「阿瑪拉瓦底」，其遷都的目的自然與其要發展的支提信仰的活動有密切的關聯。[194]

（2）大寺的造像

A. 因陀羅跋摩第二的倚坐彌勒佛王像

1935 年，在東都翁（Dong Duong）大寺大堂西側的基座，發現一尊 9 世紀

---

191 見本書第四章，〈佛教支提信仰的奠立者——龍樹菩薩〉。

192 見本書第五章，〈龍樹與阿瑪拉瓦底大支提的建築及造像〉。

193 見本書第四章，〈佛教支提信仰的奠立者——龍樹菩薩〉。

194 占婆王國（the kingdom of Champa）共治四個地方，北方的大南（Da Nang）地區被稱為「阿瑪拉瓦底」（Amalawati）。See Guang Nam-Da Nang Culture and Information Service, *Museum of Cham Sculpture in Da Nang*, p. 1.

建造，高 1.54 米，呈「倚坐相」（pralambapādasana, or European seated posture）的石造大佛像（Large Buddha）（圖 14）。[195] 此大佛像無頭，後來被收入大南占婆雕刻博物館。此像的造像，因兩手平放於兩膝上，葉馬紐・貴龍因此認為，此像與中國隋代所造的佛像有相同的手印（mudrā）外，佛衣的造法，也受中國佛像造像明顯的影響。[196]

　　許多學者在談論占婆的佛教造像之際，都會提到在大寺發現的此尊倚坐大佛像。這些學者基本上都認為，此時代的佛教造像，鮮少受印度造像的影響，[197] 而多受中國及東南亞島嶼（archipelago），如馬來亞（Malaya）及柬埔寨（Khmers）等地佛教造像的影響。[198] 這些學者在談論因陀羅跋摩第二的造像時，縱然也會談到因陀羅跋摩第二時代製作的銘文；但這些學者，包括伊安・馬倍特在內，都沒有系統性的研究及分析這些銘文的文字意思，或從這些銘文了解其時代發展的佛教發展性質及內容。因此許多學者都將在大寺發現的倚坐大像，視為佛陀或釋迦的造像。[199]

　　西元 3、4 世紀之後，倚坐的佛坐相便常被視為彌勒佛或彌勒佛王的坐相。我們最早見到的倚坐彌勒佛王造像，就是印度甘蔗王朝（the Ikṣuvāku / Ikshvaku，3 至 4 世紀）於龍樹山（Nāgārjunakoṇḍa）發展支提信仰之際所

圖 14　越南占婆大寺出土倚坐彌勒佛大像

195 Emmanuel Guillon, *Cham Art: Treasures from the Da Nang Museum, Vietnam*, p. 81, Illustration and Plate 20, "Large Buddha seated in the European position."

196 Emmanuel Guillon, *Cham Art: Treasures from the Da Nang Museum, Vietnam*, p. 82.

197 Philippe Stern, *L'Art du Champa（ancient Annam）et son Evolution.* Paris: Adrien-Maisonneuve, 1942, p. 8.

198 見 B. P. Groslier, *The Art of Indochina.* New York: Crown Publishers, 1962, p. 143 etc.

199 Emmanuel Guillon, *Cham Art: Treasures from the Da Nang Museum*, p. 82.

製作的倚坐彌勒佛王像。[200] 之後，犍陀羅在發展支提信仰之際，也造有倚坐的彌勒佛王像。栗田功（Kurita Isao）所歸類的犍陀羅「佛陀倚坐像」，即是犍陀羅製作的倚坐彌勒佛王造像。[201] 西元 4 世紀初期左右之後，古代中亞所開鑿的克孜爾石窟（Kizil caves）的中心柱窟券頂，也常見繪有倚坐的彌勒佛王像坐在支提內準備下生的造像。譬如，克孜爾 186 窟、188 窟及 205 窟的券頂，都見繪有此類倚坐彌勒佛王坐在支提內下生的造像。[202] 西元 5 世紀後半葉在西印度開鑿的阿旃陀石窟（Ajantā caves），[203] 也見造有呈倚坐相的彌勒佛王像坐在支提內下生的造像。譬如，阿旃陀石窟第 26 窟所造的彌勒佛王下生像，就是一尊非常有名的，呈「倚坐相」坐在支提內下生的彌勒佛王造像。[204] 武則天在建立大周王朝（統治，690-705）的初期，在龍門東山擂鼓臺中洞正壁所造的武氏以彌勒佛下生為女轉輪王的彌勒佛王造像，也是一鋪用「倚坐彌勒像」製作的其「彌勒一組三尊」的主尊造像。[205]

佛教經典及造像既如此重視用坐相及飾物說明轉輪王及佛王的坐相及身分，[206] 倚坐的彌勒佛王像在西元 3、4 世紀之間出現於龍樹山的支提信仰造像

---

200 Elizabeth Rosen Stone, *The Buddhist Art of Nāgārjunakoṇḍa*. Delhi: Motilal Banarsidass Publishers, 1994, Plate 218 and Plate 229；並見本書第七章〈犍陀羅的支提信仰性質與造像〉，圖版 21。

201 栗田功，《ガンダーラ美術》第二冊，《佛陀の世界》（東京：二玄社，1988），頁 97-99，圖 247-圖 258；並見本書第七章〈犍陀羅的支提信仰性質與造像〉，圖版 21。

202 見本書第八章〈新疆克孜爾石窟的支提信仰造像特色及其影響〉，圖版 10。

203 見本書第八章〈新疆克孜爾石窟的支提信仰造像特色及其影響〉。

204 見本書第八章〈新疆克孜爾石窟的支提信仰造像特色及其影響〉，圖版 18。蘇珊·杭庭頓將阿旃陀此支提視為塔。見 Susan L. Huntington, *The Art of Ancient India*, p. 251, Plate 12.

205 龍門東山擂鼓臺中洞，也稱為「大萬五千佛龕」。溫玉成認為，窟內多次出現武則天創造的新字如日、月、天、地、臣、正等，說明該洞刻於武則天時代（684-704），具體推斷造像的時間是天授年間（690-692）。見溫玉成，《龍門唐窟排年》，龍門文物保管所及北京大學考古系編，《龍門石窟》第二冊（北京；文物出版公司，1992），頁 205-206。「天授年間」，即是武氏開始發展支提信仰，以彌勒佛下生為轉輪王的姿態統治大周的時間。見古正美，《從天王傳統到佛王傳統》第五章，〈武則天的《華嚴經》佛王傳統與佛王形象〉，頁 233-256。筆者在此處所言的「《華嚴經》佛王傳統及佛王形象」，乃指武氏所發展的支提信仰及支提信仰造像。有關此石窟的武則天的彌勒佛王造像，見本書第七章，〈犍陀羅的支提信仰性質與造像〉，圖版 19。

206 見本書第三章，〈貴霜佛教建國信仰的發展者迦尼色迦第一及胡為色迦王〉。

址之後，此呈「倚坐相」的彌勒佛王坐相，便成為後來支提信仰造像址常用以表達「彌勒佛王」身分或造像的坐相。[207] 占婆大寺出土的倚坐彌勒佛大像，顯然是一尊因陀羅跋摩第二的倚坐彌勒佛王造像（見圖 14）。此尊因陀羅跋摩第二時代製作的倚坐彌勒佛王大像，除了能說明因陀羅跋摩第二當時以彌勒佛或彌勒佛王下生的姿態統治占婆外，此尊倚坐彌勒大佛像自然也能被視為因陀羅跋摩第二在發展支提信仰之際所造的其「世間主」造像。因陀羅跋摩第二在大寺所造的倚坐彌勒佛王像，不止於此尊，我們在目前保存的大寺神壇基座的小型造像裡，也見有另一尊呈「倚坐相」的彌勒佛王造像。

大寺神壇基座所造的小型「倚坐彌勒佛王像」，就是葉馬紐·貴龍編號40 的神壇造像。[208] 此像保存的情形雖然非常殘破，然從葉馬紐·貴龍對此像的描述及此像所保留的造像痕跡，我們可以看出，此像也是一尊「倚坐彌勒佛王像」，而不是葉馬紐·貴龍所言的，「上生兜率天像」（Ascent to Tusita heaven）。[209] 此像周圍及下方造有許多恭敬、禮拜，迎接倚坐彌勒佛王下生的人物造像。這些人物迎接倚坐彌勒佛王像的樣子，與我們在阿瑪拉瓦底大支提，甚至山崎大塔所見的，恭敬禮拜、等待彌勒佛下生的民眾造像，完全一樣。[210] 這說明，因陀羅跋摩第二的支提信仰造像，可以上溯至早期案達羅的龍樹山及阿瑪拉瓦底大支提的支提信仰造像。就因陀羅跋摩第二遷都之事及其在大寺所造的倚坐彌勒像而言，因陀羅跋摩第二所發展的佛教信仰性質明顯的說明，其發展的大乘佛教，是龍樹奠立的支提信仰，而因陀羅跋摩第二自己的造像，則也明顯的說明，其以「彌勒佛王下生為轉輪王」的姿態統治當時的占婆。

---

207 見本書第五章，〈龍樹與阿瑪拉瓦底大支提的建築及造像〉。

208 Emmanuel Guillon, *Cham Art: Treasures from the Da Nang Museum*, p. 94, Illustration 40, "Panel of the life of Buddha, 2, the ascent to Tusita heaven."

209 Emmanuel Guillon, *Cham Art: Treasures from the Da Nang Museum*, p. 94, Illustration 40, "Panel of the life of Buddha, 2, the ascent to Tusita heaven."

210 Robert Knox, *Amaravati: Buddhist Sculpture from the Great Stūpa*, "drum slabs no. 71" and "drum slabs no. 140"…etc.

B. 因陀羅跋摩第二的轉輪王造像

　　學者目前都視大寺神壇基座四周的造像為「佛傳故事」的造像。但筆者認為，大寺神壇基座四周所造的這些小像，基本上都是因陀羅跋摩第二的轉輪王造像。理由是，支提信仰的造像址，除了會造彌勒佛下生的造像外，也會造轉輪王像。[211] 大寺神壇基座上的轉輪像，都造得非常一致：轉輪王像都戴冠，兩耳配戴沉重、下垂的耳環／耳璫，上身裸露，下身穿裙褲，與我們在同神壇基座所見的功德天立像所護持的轉輪王像的造像法，完全一致。[212]大寺神壇基座上所造的轉輪王像有：轉輪王與其大臣坐宮室內的造像、轉輪王騎馬出行的造像、轉輪王與家眷在一起的生活造像、轉輪王在宮室內享樂的造像等。這些轉輪王的造像內容與我們在早期案達羅所見的轉輪王造像內容非常相似，都將轉輪王坐在宮室內的造像、與女眷同樂的造像、外出，甚至出外征戰的造像，用造像的方法一一登錄下來，用以說明此時代的轉輪王信仰及轉輪王形象。這種造轉輪王像的方法及傳統，除了見於早期案達羅的支提信仰造像址，如阿瑪拉瓦底大支提及龍樹山的造像外，也見於山崎大塔的造像。[213] 大寺神壇基座的造像者，在沿襲支提信仰的造像傳統下，為了要說明神壇基座上的主要造像人物都是轉輪王的造像，在轉輪王像的頭部上方，有時也會造我們在早期案達羅及山崎大塔造像所見的，具有象徵轉輪王身分的「白蓋」，說明該像是轉輪王的造像（圖15）。

圖 15　越南占婆大寺神壇基座轉輪王造像

　　大寺神壇基座的造像，造有許多轉輪王像，也造有因陀羅跋摩第二的倚坐彌勒佛王像及護持

211　見本書第五章，〈龍樹與阿瑪拉瓦底大支提的建築及造像〉。

212　見後詳述。

213　見本書第五章，〈龍樹與阿瑪拉瓦底大支提的建築及造像〉。

轉輪王的功德天女神像。[214] 大寺的造像者，顯然的將大寺要表達的支提信仰主要造像內容，或因陀羅跋摩第二發展「佛教建國信仰」的內容，用造像的方式表達於大寺神壇的基座上。因此從大寺神壇的基座，我們即能看出因陀羅跋摩第二的佛教發展性質及造像內容。根據大寺所造的造像，我們因此非常確定，因陀羅跋摩第二當時乃以支提信仰為其「佛教建國信仰」的主軸，並以彌勒佛王或轉輪王的姿態統治占婆。

　　由於過去學者對占婆造像的研究，都沒有從因陀羅跋摩第二的佛教轉輪王信仰或支提信仰的角度去了解大寺的造像性質及內容，因此都將大寺神壇基座的小像視為佛傳故事。事實上除了大寺神壇基座保存有因陀羅跋摩第二的轉輪王造像外，目前大南占婆雕刻博物館也保存有兩尊因陀羅跋摩第二的大型、單尊轉輪王坐像及一尊其轉輪王立像。此二尊因陀羅跋摩第二的轉輪王坐像，都被葉馬紐・貴龍分別定為「帝王隨意坐像」（rājlilasana）[215] 及「天坐像」（Seated deva）。[216] 此二尊因陀羅跋摩第二的轉輪王坐像，都頭戴王冠，雙耳掛大耳環／耳璫，上身裸露，下身只穿裙褲。此二因陀羅跋摩第二的轉輪王造像所戴的頭冠或王冠及耳環／耳璫，甚至其以轉輪王「垂一坐相」

圖16　大南占婆雕刻博物館
　　　藏因陀羅跋摩第二的
　　　轉輪王坐像

坐相」的坐姿，都與大寺神壇基座上所造的轉輪王小像的裝扮及坐姿非常相似。因陀羅跋摩第二時代所造的轉輪王「垂一坐相」，雖不似案達羅所造的轉輪王「垂一坐相」，將一腳下垂至地面或踩在腳墊上，然這種將兩腳都安放在椅座上，一腳呈「垂一坐相」的坐姿，也是轉輪王的一種「垂一坐相」。我們

---

214 見下詳述。

215 Emmanuel Guillon, *Cham Art: Treasures from the Da Nang Museum*, p. 94, Illustration 42, Plate 42；並見後說明。

216 Emmanuel Guillon, *Cham Art: Treasures from the Da Nang Museum*, p.97, Illustration 43, Plate 43.

在中爪哇的婆羅浮屠遺址，也見有此類坐相的轉輪王造像。葉馬紐・貴龍由於不確定呈此類坐相的人物造像是何許人物的造像，因此稱此類坐相的人物造像為「菩薩隨意坐相」的造像，並在「菩薩」此詞後打了個？號（Bodhisattva（?）crouching in rājlilasana）。[217] 葉馬紐・貴龍所言的梵文字 rājlilasana，即有「帝王隨意蹲坐相」的意思。此類所謂的「菩薩」坐相，既被視為「帝王隨意坐相」，其所謂的「菩薩」像，自然是帝王像或轉輪王造像（圖 16）。我們如此確定此事的原因是，在一尊其所謂的「菩薩」人物的造像頭冠後方，我們也見到造有一舟形具火焰飾紋的頭光，說明此造像人物也如佛一樣，具有頭光。我們知道，只有在支提信仰裡，轉輪王像能造有頭光或身光。因為支提信仰的轉輪王身，是彌勒佛「法身」下生的轉輪王

圖 17　大南占婆雕刻博物館藏東都翁風格轉輪王立像

身，因此轉輪王的造像也能造有彌勒佛像的頭光像；何況在支提信仰裡，轉輪王或「大王」也能用佛的「三十二相」或「八十種好」作為其現世的面貌或「嚴飾物」。[218]

　　葉馬紐・貴龍所定的「天坐像」，馬司培羅將之視為「濕婆的造像」（Image of Śiva）。[219] 所謂「天坐像」或「濕婆的造像」左手所握的如「短劍」式樣的物件，也見於馬司培羅提到的另一尊大南占婆雕刻博物館收藏的「東都翁濕婆立像」（Standing Shiva of Dong-duong）（圖 17）。[220] 從馬司培羅所言的「東都翁

217　Emmanuel Guillon, *Cham Art: Treasures from the Da Nang Museum*, p. 94, Illustration 42, "A Bodhisattva（?）crouching in rajlilasana."

218　見本書第四章，〈佛教支提信仰的奠立者──龍樹菩薩〉。

219　Georges Maspero, *The Champa Kingdom: The History of an Extinct Vietnamese Culture*, p. 70, Plate 47 and Plate 48.

220　Georges Maspero, *The Champa Kingdom: The History of an Extinct Vietnamese Culture*, p. 95, Plate 49.

濕婆立像」的人物穿著情形來判斷，我們非常確定此尊立像也是一尊因陀羅跋摩第二的等身轉輪王立像。因陀羅跋摩第二時代製作如此多尊其佛教轉輪王造像的原因是，自 2 世紀後半葉統治貴霜王朝（the Kushāns, c. 30-375）的胡為色迦王（Huvishka, c. 160-190）奠立用依經造像的方法表達「佛教建國信仰」內容及轉輪王形象的傳統之後，[221] 歷史上發展「佛教建國信仰」的亞洲帝王，都會用造像的方法表達自己的「轉輪王建國信仰」內容及轉輪王形象。因陀羅跋摩第二造彌勒佛王像及轉輪王像的傳統，因此可以上溯至早期貴霜王朝發展「佛教建國信仰」的時代。[222] 因此，根據因陀羅跋摩第二的造像傳統及造像內容，我們也能證明，因陀羅跋摩第二在統治占婆期間有發展「佛教建國信仰」或支提信仰統治其國的活動。

（3）因陀羅跋摩第二時代的銘文

目前保留西元 9 世紀末至西元 10 世紀初期因陀羅跋摩第二時代所造的銘文，以伊安・馬倍特翻譯的因陀羅跋摩第二的 B 面銘文最能說明因陀羅跋摩第二的佛教轉輪王建國信仰內容及其轉輪王形象。伊安・馬倍特如此翻譯 B 面 IV 段的文字：「成就此至高、無上的世間主，繼諸佛之後下生⋯⋯救濟眾生」。[223] 這段文字很清楚的說明，因陀羅跋摩第二的「世間主」身分，乃是「繼諸佛之後下生」的「下生佛」。雖然此段文字沒有告訴我們此「世間主」是誰，然而從此段銘文說：「繼諸佛之後下生」，我們便知道，此「世間主」是位「下生佛」，而此「下生佛」，應指「繼諸佛之後下生」的「彌勒佛」。[224]

---

221 見本書第三章，〈貴霜佛教建國信仰的發展者迦尼色迦第一及胡為色迦王〉。

222 見本書第三章，〈貴霜佛教建國信仰的發展者迦尼色迦第一及胡為色迦王〉。

223 Ian Mabbett, "Buddhism in Champa," p. 299: "… and in making this supreme, this eminent Lokesvara, issued from the succession of the Buddhas, … may I contribute to the deliverance of（beings in）the worlds."

224 從伊安・馬倍特翻譯的 "issued from the succession of the Buddhas"，我們知道，此句譯文乃指銘文中的「世間主」。如果我們認真的閱讀伊安此英譯文，我們確實不知道此句話的意思。因為其所翻譯的 issued 此字有「發給」、「通知」及「從何處出來」等意。筆者非常懷疑此詞的梵文原文有「下生」的意思。因為我們常在中文經文見有彌勒的下生是繼諸佛之後的說法。譬如，《現在賢劫千佛名經》在談到拘留孫佛、拘那含牟尼佛、迦葉佛及釋迦佛下生、成佛之後，便說：

因為無論是從上面我們所談論的山崎大塔「七佛下生」的信仰，或從《現在賢劫千佛名經》所載的「繼諸佛之後下生」的人物，都指「彌勒佛」。[225]

伊安・馬倍特翻譯同 B 面第 V 段的銘文，是一段說明為「世間主」造像（the image of lokeśvara）的原因的銘文。伊安・馬倍特如此翻譯此段文字：「此王因念及世間主常以慈悲為懷，故造世間主像」。[226] 我們因此推測，此段文字要說明的是，銘文中的「世間主」，因「常以慈悲為懷」，故為之造像。由這段文字，我們便非常確定，因陀羅跋摩第二的「世間主」形象，即是彌勒佛下生為轉輪王的形象。因為上面這段銘文說，因陀羅跋摩第二以「繼諸佛之後下生」的「彌勒佛」姿態下生，而此段銘文又說，「世間主」「常以慈悲為懷」，故此「世間主」便是「繼諸佛之後下生」的「彌勒佛」；特別是，「彌勒」（Maitreya）此名的梵文意思，即有「慈悲為懷」的意思，故其名常被譯成「慈氏」或「大慈」。[227] 從此二段銘文的記載，我們便知道，因陀羅跋摩第二的確以彌勒佛下生為轉輪王（世間主）的姿態，或用支提信仰統治占婆。B 面第 V 段銘文所言的「造像」，因此是造因陀羅跋摩第二當時的「世間主像」或轉輪王像。我們因此推測，此像非常可能是指我們在大寺所見的「倚坐彌勒佛王大像」，或其轉輪王像。

伊安・馬倍特翻譯的 B 面 X 段的銘文對我們了解當時占婆佛教發展的情形也很重要。伊安・馬倍特如此翻譯 B 面 X 段的銘文：「希望天王因陀羅（King of gods, Devendra）以佛法（dharma）長久統治天上……祈望大王常現莊嚴（majesty），守護榮譽（honour）及佛位（position of Buddha）」。[228] 此段銘文要說

繼此四如來下生的是「彌勒佛」。筆者因此將此句話翻譯成「繼諸佛之後下生」。見闕譯人名，今附梁錄，《現在賢劫千佛名經》，《大正》卷 14，頁 383 下。

225 見闕譯人名，今附梁錄，《現在賢劫千佛名經》，《大正》卷 14，頁 383 下。

226 Ian Mabbett, "Buddhism in Champa," p. 299: "（paraphrase）This king, thinking that Lokeśvara is always full of compassion, has made the lokeśvara （image）...."

227 荻原雲來編，《梵和大辭典》下冊，頁 1066a；並見（西晉）竺法護譯，《佛說彌勒下生經》，《大正》卷 14，等處。

228 Ian Mabbett, "Buddhism in Champa", p. 299: "As long as the king of the gods （devendra）shall govern heaven by dharma...so long may the king, constant in majesty, secure nayatu）the honor and

明兩件事：一是「天王因陀羅」（King of gods Devendra）以佛教統治「天上」。
此段話看來便有語病。因為我們從來沒有聽過「天王」用佛教信仰統治「天
上」的事。筆者因此認為，此段話的意思是要說，因陀羅跋摩第二既以「天
王因陀羅」之名或姿態下生用佛教信仰統治世間，或用「佛教信仰建國」，因
陀羅跋摩第二以「天王」之名或姿態用佛教信仰統治「世間」的「世間」，便
猶如「天上」一樣，故此銘文說，「天王因陀羅」用佛教統治「天上」。

中國史料也提到，古代南印度及東南亞國家的帝王，常如因陀羅跋摩第
二一樣，因事奉「天神」或「天王」（devarāja）的緣故，從而用「天神」及「天
王」（devarāja）的名稱統治天下。譬如，《南齊書·蠻傳》載：「古代扶南國（柬
埔寨）事摩醯首羅天神，常降於摩耽山，土地恆暖，草木不落。……國王悉蒙
佑，人民皆安寧」。[229] 此處所言的「摩醯首羅天神」（Maheśvara），在中文佛教
文獻常被視為「大自在天」，或「印度教濕婆神（Śiva）的異名」，也是東南亞
帝王常用的「天王」名稱。[230]

我們也注意到，柬埔寨王闍耶跋摩第二（Jayavarma II, Khmer King, c. 770-
852），乃用印度教的登位儀式登上其「天王位」（devarāja seat / position）或「轉
輪王位」（cakravartin seat / position）。[231] 柬埔寨王闍耶跋摩第二的「天王」稱號，
因此有說明其用印度教「天神」的名字統治其國。

二是下面這段話，是一段對因陀羅跋摩第二以「佛王」的形象或姿態統
治占婆的事所作的祈福語言：「祈願大王常現莊嚴，守護榮譽及佛位」。如果
因陀羅跋摩第二沒有以「彌勒佛王」的姿態統治世間，此段銘文不會說其必
須守護「佛位」。因陀羅跋摩第二既以「下生佛」、「慈氏」或「彌勒佛」的

---

position of Buddha."

229 （梁）蕭子顯譯，《南齊書·蠻傳》第38卷，「扶南國條」。

230 見姑蘇景德寺普潤大師編，《翻譯名義大集》卷2，《大正》卷54，頁1077；並見饒宗頤，《饒
宗頤史學論著選》（上海：上海古籍出版公司，1993），頁422；也見古正美，《從天王傳統到佛
王傳統》第二章，〈東南亞的天王傳統與後趙石虎時代的天王傳統〉，頁69-71。

231 G. Coedes, *The Indianized States of Southeast Asia*, edited by Walter F. Vella, translated by Susan
Brown Cowing. p. 99.

形象出現在其時代製作的造像及銘文，這些銘文所載的因陀羅跋摩第二，顯然也有以佛教「天王」或「彌勒佛下生為轉輪王」的姿態統治占婆的史實，或因陀羅跋摩第二在占婆有施行支提信仰為其「佛教建國信仰」的活動。就此而言，因陀羅跋摩第二也可以用佛教的「天王」之名統治占婆。因為中國十六國時代用支提信仰建國的中國帝王，如石虎（統治，335-349）及符堅（統治，357-384）等，都被稱為「天王」。[232] 因陀羅跋摩第二製作的這些銘文的內容因此與其用支提信仰建國的各種活動都非常契合。

第五節　因陀羅跋摩第二的功德天女神信仰及造像

■一 因陀羅跋摩第二的功德天女神信仰及造像

在因陀羅跋摩第二提倡功德天女神的信仰之前，功德天女神的信仰應該已經是亞洲各地的重要佛教信仰。從因陀羅跋摩第二所建的大寺名稱及造像，我們甚至可以說，因陀羅跋摩第二所提倡的功德天女神的信仰，與其發展的支提信仰活動有密切的關聯；否則因陀羅跋摩第二所建的大寺名稱不會叫作「功德天因陀羅大寺」，而其大寺的造像也不會出土有功德天女神的造像。我們不知道，因陀羅跋摩第二的支提信仰由何處傳入，但我們知道，其功德天女神的信仰及其以彌勒佛／佛王

圖 18　占婆具東都翁風格的占婆功德天女神像

---

232 見古正美，《從天王傳統到佛王傳統》第二章，〈東南亞的天王傳統與後趙石虎時代的天王傳統〉，頁 69-71。

下生的姿態統治占婆的活動，都可以上溯至山崎大塔的支提信仰及功德天信仰。我們說此話不是沒有原因。在「東都翁風格」的造像裡，我們見有一鋪與山崎功德天女神像非常相似的功德天女神的造像。此鋪功德天女神像的兩側，也造有兩隻大象向功德天噴水的造像（圖18）。[233] 此鋪具「東都翁風格」的功德天女神像的存在，說明了當時的占婆或因陀羅跋摩第二完全知道，山崎功德天女神的信仰性質及造像方法，是後來佛教功德天女神信仰及造像之源頭或依據；否則其不會仿照山崎大塔功德天女神的造像製作其時代具「東都翁風格」的功德天女神像。

這鋪具「東都翁風格」的功德天女神像製作的時間，非常可能是在因陀羅跋摩第二開始建造大寺的初期，即 875 年左右。距此鋪造像製作的時間約九十三年之後，柬埔寨吳哥王朝闍耶跋摩第五（Jayavarman V, 968-1001），在吳哥王朝興建班挑・斯瑞（Banteay Srei）造像址時所造的功德天女神像（圖19），[234] 即與占婆此尊功德天女神像的造像法或造像風格，非常一致。柬埔寨吳哥王朝闍耶跋摩第五所造的功德天女神像，也造有二象向功德天女神噴水的畫面，功德天的雙手都持有物件，並都張開貼在其呈趺坐的兩腿上。闍耶跋摩第五在班挑・斯瑞造功德天女神像的時間，既晚於因陀羅跋摩第二製作其功德天女神像的時間，我們因此推測，闍耶跋摩第五在吳哥發展佛教之際，其所提倡的功德天信仰及造像法，非常可能傳自占婆，並受占婆功德天信仰及

圖19　吳哥班挑・斯瑞遺址功德天女神像

233 Emmanuel Guillon, *Cham Art: Treasures from the Da Nang Museum*, p. 86, Illustration 26, "gaja-Lakshmi."

234 See Bruno Dagens, *Angkor: Heart of an Asian Empire.* London: Thames and Hudson, 1995, p. 170: "Banteay Srei was built by Jayavarman V（968-1000）, as was the temple-mountain of Ta Keo（never finished）."

造像法的影響。

因陀羅跋摩第二既以「功德天因陀羅」之名作為其大寺的名稱，並提倡功德天女神的信仰，我們因此相信，因陀羅跋摩第二不僅會在大寺造有功德天女神像，同時也會在全國建造的重要佛教寺院造有功德天女神的造像。因為此「功德天因陀羅」此名給我們的印象是，「功德天」與「因陀羅」一樣重要，「功德天」甚至是「因陀羅」的「伴侶」。「因陀羅」既是當時「因陀羅跋摩第二」的名字，「功德天」自然是當時轉輪王或「世間主」的護持者或「伴侶」。

1978 年在大寺發現一尊占婆最大身的銅雕女性神祇的造像。此尊造像有 114 / 120 公分高，並常被學者視為「功德天因陀羅——世界主」的造像，[235] 或密教「度母」的造像（圖 20）。[236] 大南占婆雕刻博物館視此女像為「世間主」像或「功德天因陀羅」像的看法，不是沒有問題。因為因陀羅跋摩第二的「世間主」像或轉輪王的造像，必是因陀羅跋摩第二的王裝轉輪王造像或是一尊男性的帝王造像。此像因是一尊女性的造像，因此此像不會是尊因陀羅跋摩第二的「世間主」或轉輪王的造像。「功德天因陀羅」此名，是一梵文複合名詞，含有功德天女神的名字及因陀羅跋摩第二的名字。此二名字結合在一起的造像，既要有

圖 20　占婆大寺出土銅雕功德天女神像

圖 21　大湖南寺出土占婆石雕功德天女神像

---

235 Guang Nam-Da Nang Culture and Information Service, *Museum of Cham Sculpture in Da Nang*, p.10.

236 Emmanuel Guillon, *Cham Art: Treasures from the Da Nang Museum*, p. 103, Illustration 56, "Bronze Tara."

功德天女神的女性造像，也要有因陀羅跋摩的男性造像。目前保存的因陀羅
跋摩第二的造像，不曾見過造有一半男性及一半女性的造像，此像因此也不
會是因陀羅跋摩第二的「功德天因陀羅」的造像或轉輪王像。

　　葉馬紐・貴龍從密教（Tantrism）的觀點判定，1978 年在大寺發現的此尊
銅雕女像，為一尊與密教觀音信仰有關的「度母」像。[237] 葉馬紐・貴龍此說，
也有商榷的餘地。1978 年在大寺發現的此尊銅雕女像，上身裸露、身穿長及
腳髁的長裙（沙龍）。其胸部豐滿，面呈方形，兩眼張大直視，寬額、連眉、
厚唇、下顎較短，不帶微笑，額上佩戴有一菱形的飾物，頭梳高髻，高髻前
造有小坐佛像。下垂的兩手看似作彌勒菩薩的「瑜伽—曼陀羅手印」（yoga-
mandala mudrā），即拇指與食指相觸，餘指上揚的手印（見圖 20）。[238] 但由於此
像與下面我們要談論的這尊在大湖出土的石雕女神的造像非常相似，而後者
的這尊石雕女神的造像，其兩手原是握持兩條如木棍之物，筆者因此推測，
此尊在大寺出土的銅雕女神的造像，其兩手原也是握持兩條如木棍之物。大
寺出土的銅雕女神的造像在出土時因其如木棍之物已不復存在，故今日我們
所見的銅雕女神的兩手便只作握持狀。這樣一尊女神的造像，非常可能就是
因陀羅跋摩第二在提倡支提信仰之際所提倡及尊崇的功德天女神的造像；否
則此尊銅雕女神的造像不會在因陀羅跋摩第二建造的用以發展其支提信仰的
佛教發展中心大寺出土。

　　目前出土的西元 9 至 10 世紀具「東都翁風格」的佛教造像，也見有一尊
高 97 公分，與 1978 年在大寺發現的銅雕女像非常相似的石雕女神的造像（圖
21）。此石雕女神的造像，在 1922 年及 1925 年之間，於大湖（Dai Hu or Guang
Binh）佛教遺址的南寺（the south shrine）被挖掘出土。此像自胸部以下的造像，
在 1972 年之後便不復存在。[239] 就此石雕女性的造像情形來看，此像與 1978

237　Emmanuel Guillon, *Cham Art: Treasures from the Da Nang Museum*, pp. 102-103, Illustration and Plate
　　56, "Bronze Tara."

238　見本書第九章，〈《入法界品》的支提信仰性質及造像〉及本書第五章，〈龍樹與阿瑪拉瓦底大
　　支提的建築及造像〉。

239　Emmanuel Guillon, *Cham Art: Treasures from the Da Nang Museum*, p. 85, Illustration 25, "Bust of

年在大寺發現的銅雕女神的造像，有相同的面貌，如寬額、連眉、厚唇、短下顎，及同樣的髮型、同樣的髮髻坐佛、同樣的額上菱形飾物、同樣的豐滿身材、同樣裸露上身，及同樣穿著長沙龍的造像特徵。這尊大湖南寺出土的石雕女像雙手各握一支如木棍之物，[240] 由於此二造像如此相似，筆者因此推測，在大湖出土的此尊女性造像，也是因陀羅跋摩第二在提倡支提信仰之際所造的一尊具有「占婆風格」（the Campa style）的功德天女神像（見圖 20 及圖 21）。但葉馬紐‧貴龍認為，此尊石雕女像是尊「度母」像，[241] 而大南占婆雕刻博物館則認為，此尊石雕女像是尊「般若波羅蜜多」（Prajñāpāramitā）的造像。[242]

此二尊具「占婆風格」的功德天女神像，與我們在山崎大塔所見的功德天女神像，除了豐滿的身軀相同外，其他的造像細節完全不同。如果西藏在 7 世紀之後可以製作其自己的西藏形式的功德天女神的造像，9 世紀統治占婆的因陀羅跋摩第二在發展功德天信仰之際，自然也可以用自己的方法創造自己的具有「占婆風格」的功德天女神造像。這說明，自山崎大塔出現支提信仰的功德天女神的造像之後，功德天女神的造像在歷史上便一直在變化。譬如，我們在上面談到的具「東都翁風格」的功德天女神像，雖然其造像形式還保留有山崎大塔的功德天女神像的基本造像形式，然占婆此尊具「東都翁風格」的功德天女神像，已不再造蓮花及蓮葉，甚至其像也不再坐／立在蓮座上。14 世紀之後於西藏製作的功德天女神像，變化更大。西藏在 14 世紀之後所造的功德天或吉祥天女神像（圖 22），甚至完全沒有早期功德天女神造像的美麗身軀。[243] 這就是筆者認為，因陀羅跋摩第二在發展功德天信仰之際，

Tara."

240 Emmanuel Guillon, *Cham Art: Treasures from the Da Nang Museum*, p. 85.

241 Emmanuel Guillon, *Cham Art: Treasures from the Da Nang Museum*, p. 85.

242 Guang Nam-Da Nang Culture and Information Service, *Museum of Cham Sculpture in Da Nang*, p. 18, Illustration 27.

243 見 Marylin M. Rhie and Robert A. F. Thurman, *The Sacred Art of Tibet.* London: Thames and Hudson, 1991（Expanded Edition）, p. 303, Plate 116, "Penden Lhamo（Shri Devi）." 此書的作者沒有稱此像為西藏 17 至 18 世紀造的「功德天女像／吉祥天女像」，代之稱此像為「天像」。此像為廓州

其有用自己的方法創造其具有「占婆風格」的功德天女神像的活動。從大寺
及大湖出土的功德天女神像，我們可以看出，因陀羅跋摩第二在發展功德天
信仰之際，不但有尊崇功德天女神的信仰，甚至製作有許多功德天女神的造
像。

圖 22　美國羅斯美術館藏西藏 17-18 世
　　　紀吉祥天女像

圖 23　大寺神壇功德天女神護持轉輪王像

　　我們如此確定此二尊女像為占婆自創的功德天女神造像的原因是，大南
占婆雕刻博物館收藏的大寺石雕神壇基座（vihāra pedestal），也見造有一尊與上
面筆者提到的，具有「占婆風格」的，銅雕及石雕功德天女神像非常相像的
造像。葉馬紐・貴龍將大寺神壇基座的小造像，一律視為「佛傳故事」的造
像。[244] 在葉馬紐・貴龍所言的「佛傳故事」中，其將我們談論的此鋪造像視
為「佛誕圖」（detail of the Birth）的造像，並編號 37 號。此像造有一尊體型高
大的女性立像，此位高大女性的立像，被葉馬紐・貴龍視為「摩耶夫人」的
造像。[245]

　　波蘭得斯大學羅斯美術館（Rose Art Museum, Brandeis University, Massachusetts）所藏。

244 Emmanuel Guillon, *Cham Art: Treasures from the Da Nang Museum*, p. 92. 葉馬紐・貴龍將「大寺神
　　壇基座」的外文名稱稱為（vihāra pedestal），與中文名稱不符。

245 Emmanuel Guillon, *Cham Art: Treasures from the Da Nang Museum*, p. 93, Illustration 37, "Panel of
　　the life of Buddha, I, detail of the Birth."

葉馬紐‧貴龍所言的體形高大的「摩耶夫人」立像，從其額上的菱形裝飾、寬額、連眉、方臉、厚唇、短頸、梳高髻、裸露豐滿上身及身穿長及腳踝的沙龍（長裙）等造像特徵來看（圖23），此像的造像法，完全看不出此像有「佛誕圖」上佛母左手上舉採花要生太子的姿態，[246] 但此像卻與同時代製作的，具有占婆風格的銅雕及石雕功德天女神的立像造像法製作的功德天女神像，非常相像。大寺神壇基座此尊我們視為功德天女神的立像，造得比其左手下方兩位人物的立像要高大的原因，非常可能是造像者要用功德天女神高大的身軀說明，功德天女神具有護佑其手下人物的功用。受功德天護佑的二人物立像，一人很明顯的是位轉輪王的立像。因為此位轉輪王的造像法，與大寺神壇上的其他轉輪王像的造像法，非常一致。受功德天女神護佑的另一位身材較矮小的人物，即立在轉輪王身邊的人物，非常可能是轉輪王的侍者。無論如何，這樣一鋪功德天女神護持轉輪王的造像，明顯的說明了功德天女神有護持轉輪王及其人民的作用。此鋪功德天女神的造像，除了用功德天高大的身軀表達功德天為轉輪王及其人民的護持者外，也用功德天左手所示現的景象，說明、表達其是具有滋長樹木及萬物的功德天女神像。《大集經》及《功德天法》都載有：功德天女神具有「增長地味，能令諸天悉得歡喜，所種穀米、芽莖、枝葉、果實、滋茂，樹神歡喜，出生無量種種諸物」的功能（見圖23）。大寺神壇上的此鋪造像，因此無論如何都不會是葉馬紐‧貴龍所言的「佛傳故事」，也不會是其所言的「摩耶夫人」的造像。

大寺神壇此鋪功德天女神的造像，應該就是要表達因陀羅跋摩第二時代的功德天女神的信仰內容：功德天女神除了具有護持轉輪王因陀羅跋摩第二及其人民的作用外，其也具有護持眾生並令五穀、草木繁榮的作用。此鋪造像因此非常能說明因陀羅跋摩第二的功德天女神的信仰性質及信仰內容。由於此鋪功德天女神的造像被完好的保存於大寺神壇的基座，我們因此可以確定，因陀羅跋摩第二當時的確非常推崇具有護持轉輪王及其國家和人民作用的功德天女神的信仰。因陀羅跋摩第二不僅在大寺建造其時代最大尊的銅雕

---

246 見本書第五章，〈龍樹與阿瑪拉瓦底大支提的建築及造像〉。

功德天女神像，同時也如我們推測，其在全國重要的寺院，如大湖南寺，也造有大型的石雕功德天女神像，作為全國人民崇拜之用。除此之外，因陀羅跋摩第二在發展功德天女神信仰之際，也造有近似山崎大塔的功德天女神的造像。因陀羅跋摩第二在全國推動功德天女神信仰的情形至如此地步，我們現在就可以明白，為何「大寺」的名字會被稱為「功德天因陀羅」的原因。「功德天女神」及「因陀羅」顯然都是因陀羅跋摩第二在發展支提信仰為其「佛教建國信仰」之際最推崇的兩位護持自己及國家的佛教護持者或神祇。

功德天女神在因陀羅跋摩第二用支提信仰統治占婆的時代，其扮演的角色，就如我們在山崎大塔所見的功德天女神所扮演的角色一樣，她不僅以轉輪王「眷屬」或「伴侶」的姿態出現在轉輪王用佛教信仰建國的國度，其也以轉輪王護持者的姿態護持轉輪王及其國家。功德天女神這種護持轉輪王及其國家的角色，我們也見於西藏的「佛教建國信仰」及亞洲其他的地方。我們因此推測，西藏及占婆的功德天女神的信仰，可能最早出現於山崎大塔。這就是為何山崎大塔的功德天女神的造像，都具有明顯的轉輪王造像元素的原因。由此，我們應該可以說，功德天女神的信仰最早被帶入支提信仰的地方，或被「政治化」或「支提信仰化」的地方，應該就是在山崎大塔。就山崎大塔的「七佛下生」信仰的造像在歷史上出現的時間來判斷，山崎大塔建造的時間非常不可能在西元 5 世紀之前。因為記載製作山崎大塔的「七佛下生信仰」的《彌勒大成佛經》，是一部在貴霜亡滅之後，才出現於犍陀羅的大乘佛經。[247]

二 因陀羅跋摩第二建造大寺的功用

最後，我們要談論有關因陀羅跋摩第二建造「大寺」的作用。就目前保存的大寺造像內容來判斷，因陀羅跋摩第二在登位初始所建的大寺，非常可能就是其發展支提信仰之際所造的「大支提」所在地，或其策劃及發展佛教

---

247 見本書第七章，〈犍陀羅的支提信仰性質與造像〉。

信仰的中心。因為就大寺出土的造像內容來看，此大寺即造有因陀羅跋摩第二的倚坐彌勒佛王像、各式轉輪王像，及大小功德天的造像。這些造像內容不但顯示大寺的名稱為「功德天因陀羅——世間主」的造像內容，而且也表達了此「大寺」是一處因陀羅跋摩第二發展其支提信仰或「佛教建國信仰」的最重要基地或中心。伊安・馬倍特也說，此大寺的建造規模，比任何一座占婆的印度教寺院規模都大，大寺的範圍長 300 公尺，寬 150 公尺，四周並有磚製圍牆圍住。大寺面向東方，西邊中庭造有中央塔形的建築物及 18 個小寺（shrines）。伊安・馬倍特所言的「西邊中庭造有中央塔形的建築物」，非常可能就是因陀羅跋摩第二在發展其支提信仰期間所建造的國內最大「支提」。伊安・馬倍特認為，此大寺是在其王國（kingdom）建造的「一種新宗教基地」（a new religious foundation）。[248] 我們從「一種新宗教基地」此名，完全看出大寺的建造功用、性質，及因陀羅跋摩第二發展支提信仰為其「佛教建國信仰」的內容。我們因此認為，大寺的建造性質不能用「一種新宗教基地」之名說明清楚。

第六節　結論

　　占婆因陀羅跋摩第二所發展的大乘佛教，很顯然的是龍樹在 2 世紀中期左右或稍後所奠立的「佛教建國信仰」或支提信仰。因陀羅跋摩第二所造的造像，有支提信仰的主要造像內容，如彌勒佛王像（倚坐像）、轉輪王像，及護持轉輪王及國家的功德天女神像等。就因陀羅跋摩第二所造的「大寺」造像內容來判斷，因陀羅跋摩第二所發展的佛教，完全沒有伊安・馬倍特所言的，「佛教與濕婆教融合的情形」（the Śiva-Buddhist association or the syncretism of Buddha and Śiva）的現象，[249]也沒有葉馬紐・貴龍及伊安・馬倍特等人所言的，

---

248 Ian Mabbett, "Buddhism in Champa," p. 298.
249 Ian Mabbett, "Buddhism in Champa," p. 300.

因陀羅跋摩第二有提倡密教觀音信仰，甚至度母信仰的現象。[250]

　　因陀羅跋摩第二不是沒有發展濕婆教帝王信仰的可能性。因陀羅跋摩第二是位非常尊崇其祖先遺志的帝王。在其長期統治占婆的時間裡，其非常可能也有推崇過濕婆教信仰的活動。特別是，在其銘文 A，其便有將自己與歷代信奉濕婆教的祖先連結在一起，並用此說明自己統治占婆的正當性及連續性。其甚至也造有象徵濕婆教的「山部林噶」（Sambhu linga，即男性生殖器）說明自己是位濕婆信徒。[251]但從「大寺」目前保存的造像內容來看，因陀羅跋摩第二發展濕婆信仰的時間非常可能只是極短的時間。因為目前大寺遺址所保留的佛教造像及出土銘文，都顯見的說明因陀羅跋摩第二所發展的佛教，自始至終都是龍樹奠立的支提信仰。縱然因陀羅跋摩第二所發展的支提信仰也有密教的元素，然這些密教元素，並不能說明其有專一或徹底發展密教信仰，如密教觀音信仰的現象。從大寺出土的支提信仰造像內容來看，大寺的造像內容也沒有如伊安‧馬倍特所言的，「佛教與濕婆教結合或混合」發展的現象。

　　因陀羅跋摩第二在統治占婆期間，共造有兩種功德天女神的造像：一是依據山崎大塔功德天女神像的造像法製作的功德天女神像，二是自己創造的具「占婆風格」的功德天女神像。因陀羅跋摩第二在發展功德天女神信仰時期，其流通天下的功德天女神像，大都屬於第二類其自己製作的具「占婆風格」的功德天女神像。

　　我們從因陀羅跋摩第二的功德天女神信仰具有護持轉輪王及其國家或人民的特色可以推知，因陀羅跋摩第二所提倡的功德天女神的信仰，可以上溯至山崎大塔的功德天女神信仰。其情形如果不是如此，山崎大塔的功德天女神的信仰及造像，不會有被明顯「支提信仰化」或「政治化」的現象。因此可以說，山崎大塔的功德天女神的信仰，是歷史上功德天女神信仰被「支提

---

250 Ian Mabbett, "Buddhism in Champa," p. 300.

251 Ian Mabbett, "Buddhism in Champa," p. 300: "In B VIII the present ruler is described as establishing a Sambhulinga."

信仰化」或「政治化」的肇始地點。這就是為何大英博物館收藏的功德天像的錢幣及因陀羅跋摩第二所造的具「東都翁風格」的功德天女神像的造像模式，都要依據山崎大塔的功德天女神像製作的原因。

山崎大塔的支提信仰造像，雖受案達羅支提信仰造像的影響，然山崎大塔的造像，包括功德天女神的造像，都說明了山崎大塔除了是一處表達支提信仰的造像址外，其也是一處在歷史上開創具有「政治格性」的「功德天女神信仰」的重要場地。

山崎大塔的建築及造像時間，因此無論如何都不會如今日學者尚以為的造於西元 1 世紀、西元前 1 世紀，甚或早至阿育王時代。山崎大塔的造像因為有明顯沿襲阿瑪拉瓦底大支提造像法的現象，並出現許多新的支提信仰造像元素，如功德天女神像及「七佛下生」信仰的造像等。我們因此認為，山崎大塔的建築及造像在歷史上出現的時間，不會如目前學者所言的如此早。因為就山崎大塔新出現的支提信仰造像元素，及中國翻譯功德天女神的譯經時間來判斷，山崎大塔此規模的建築及造像，在歷史上出現的時間，大概都要到了西元 5、6 世紀之間或之後。

佛教的造像，自然不是如早期西方學者所言，「都沒有經過整體的造像策劃（no unified iconographic scheme）就開始建造的造像活動」，也不是如法國學者佛謝爾所言，佛教造像的發展，都從「無人形佛像」的造像法或用古代印度象徵物的造像法發展到「人形佛像」的造像過程。山崎大塔也不是一處要表達「佛陀偉大事蹟」的造像址。從山崎大塔的造像內容具有阿瑪拉瓦底大支提的造像內容此事來看，山崎大塔的造像不但是一處支提信仰的造像址，而且也是一處支提信仰的「大支提」造像址。至於此具有造像的山崎大塔是何人、何時所造，由於文獻闕如，我們完全不知道。